Über dieses Buch Während die französische Königin Marie Antoinette in der ›Conciergerie‹ auf den Urteilsspruch ihrer weltlichen Richter wartet, legt sie Rechenschaft vor einem höheren Gericht ab. Die Nähe des Todes gibt ihrer Lebensbeichte das Stigma der Wahrheit, verleiht ihr den Abstand der Objektivität. Und es wird deutlich: Wie jene andere Königin auf Schottlands Thron kann auch Marie Antionette von sich sagen: »Ich bin besser als mein Ruf.«

Eines fügt sich ins andere: die glanzvolle Jugend dieser faszinierenden Frau, die als fünfzehntes Kind der österreichischen Kaiserin Maria Theresia in Wien geboren wurde, die viel zu frühe Heirat, als Marie Antoinette viel lieber noch mit der Krone spielte, als sie zu tragen; Versailles und Petit Trianon, in den Augen der jungen Herrscherin zunächst Spielplätze für ihre überschäumende Lebenslust, für die leidenschaftliche Frau, die vom Leben alles verlangt und vieles erhält, dann Schicksalsort, Kulisse für Verrat und Intrigen, für Hochmut und Eitelkeit. Geblendet vom Glanz des Hofes sieht sie die Mauer nicht, die ihn hermetisch abschließt vor dem Draußen, spürt sie nicht, daß die Mauer unterhöhlt ist, reif zum Sturm.

Unterhaltsam und spannend zeigt Victoria Holt, wie die Lebensfäden dieser Königin in den Gobelin der Geschichte verwoben sind, zeichnet sie das farbige Porträt Marie Antoinettes und ihrer Zeit, einer Epoche, die Königsnamen auslöschte und den Namen des Monsieur Guillotin mit blutigen Lettern ins Buch der Geschichte schrieb.

Die Autorin Victoria Holt wurde in London als Tochter eines literaturbegeisterten Kaufmanns geboren. Da mehr Bücher als Geld im Hause waren, begann sie früh zu lesen und bald auch selbst zu schreiben – anfangs Kurzgeschichten, später zahlreiche Romane, die Bestseller wurden und sie zu einer international berühmten Autorin machten.

Im Fischer Taschenbuch Verlag sind außerdem erschienen: ›Treibsand‹ (Bd. 1671), ›Harriet – sanfte Siegerin‹ (Bd. 2403), ›Im Schatten des Luchses‹ (Bd. 2423) und ›Herrin auf Mellyn‹ (Bd. 2469).

Victoria Holt

Königsthron und Guillotine

Das Schicksal der Marie Antoinette

Roman

Aus dem Englischen
von Karin Krausskopf

Fischer Taschenbuch Verlag

21.–30. Tausend: Mai 1987

Ungekürzte Ausgabe
Veröffentlicht im Fischer Taschenbuch Verlag GmbH,
Frankfurt am Main, November 1979

Lizenzausgabe mit freundlicher Genehmigung
der S. Fischer Verlag GmbH, Frankfurt am Main
Die englische Originalausgabe erschien 1968
unter dem Titel ›The Queen's Confession‹
bei Doubleday u. Co., New York.

Titel der 1970 im Wolfgang Krüger Verlag erschienenen Ausgabe:
›Die Königin gibt Rechenschaft‹
Umschlaggestaltung: Rambow, Lienemayer, van de Sand
Druck und Bindung: Clausen & Bosse, Leck
Printed in Germany
1280-ISBN-3-596-28221-7

For Naomi Burton,

Guide, Counselor and Friend

INHALT

Ludwig XVI. beabsichtigte, seine Memoiren zu schreiben; die Zusammenstellung seiner persönlichen Unterlagen deutete auf dieses Vorhaben hin. Die Königin hegte ebenfalls diese Absicht. Sie bewahrte viele Jahre lang ihre umfangreiche Korrespondenz und viele detaillierte Berichte auf, die sie aus der jeweiligen Stimmung des Augenblicks über alle möglichen Ereignisse aufgezeichnet hatte.

– Madame Campans Memoiren –

I

»Das einzig wirkliche Glück dieser Welt entspringt einer glücklichen Ehe. Ich sage das aus Erfahrung. Und dabei hängt alles von der Frau ab, ob sie nachgiebig, amüsant und stets bestrebt ist, ihren Mann zu erfreuen ...«

Aus einem Brief Maria-Theresias an Marie-Antoinette

DIE FRANZÖSISCHE HEIRAT

Man sagte, ich sei »mit der Vision eines Thrones und der eines französischen Henkers« über der Wiege geboren worden; aber das kam erst viel später, und es ist eine allgemeine Angewohnheit, sich an prophetische Zeichen und Symbole zu erinnern, wenn die Zeit den Lauf der Ereignisse enthüllt hat. Meine Geburt im November 1755 bereitete meiner Mutter nur wenig Schwierigkeiten, denn sie erfolgte unmittelbar vor Ausbruch des Siebenjährigen Krieges, als ihre Gedanken mehr um diese drohende Gefahr kreisten als um die Geburt ihrer kleinen Tochter. Fast unmittelbar nach meiner Geburt widmete sie sich wieder ihren Staatsgeschäften und dachte, wie ich überzeugt bin, kaum mehr an mich. Sie war es gewohnt, Kinder zu bekommen; ich war ihr fünfzehntes.

Sie hatte sich selbstverständlich einen Knaben gewünscht, obgleich sie schon vier Söhne hatte, aber Herrscher wünschen sich nun einmal immer möglichst viele Thronfolger. Sieben Töchter waren ihr geblieben, nachdem drei entweder bei der Geburt oder in der frühen Kindheit gestorben waren. Ich mochte es gern, wenn sie erzählte, wie sie mit dem alten Herzog von Tarouka vor meiner Geburt eine Wette abgeschlossen hatte. Sie hatte behauptet, daß es ein Mädchen würde, und so mußte Tarouka zahlen.

Während sie auf meine Geburt wartete, beschloß meine Mutter, daß der König und die Königin von Portugal meine Taufpaten sein sollten. Später sah man auch das als ein weiteres böses Omen an, denn am Tage meiner Geburt erschütterte ein schreckliches Erdbeben Lissabon, das die Stadt völlig verwüstete und vierzigtausend Menschen tötete. Später, sehr viel später hieß es, alle an diesem Tag geborenen Kinder seien Unglückskinder.

Doch nur wenige Prinzessinnen können eine glücklichere Kindheit gehabt haben. Während jener langen, sonnigen Tage, an denen meine Schwester Caroline und ich im Park des Schönbrunner Schlosses spielten, dachte keine von uns beiden auch nur mit einem einzigen Gedanken an die Zukunft; niemals kam mir die Idee, daß das Leben nicht immer so weitergehen könnte. Wir waren kleine Erzherzoginnen, unsere Mutter war die österreichische Kaiserin, und es war nach Brauch und Tradition unvermeidlich, daß man unsere Kindheit abkürzen würde und wir – die Töchter – von zu Hause wegmußten, um uns unbekannte Männer zu heiraten ... Bei unseren Brüdern war es etwas anderes. Da war Ferdinand, der altersmäßig zwischen Caroline und mir stand, und Max, der ein Jahr jünger als ich und das Nesthäkchen der Familie war. Sie waren davor sicher. Sie würden heiraten und ihre jungen Gemahlinnen nach Österreich holen. Wir sprachen jedoch in diesen Jahren weder an den Sommertagen in Schönbrunn noch in den Wintermonaten in der Wiener Hofburg je darüber. Wir waren zwei glückliche, unbeschwerte kleine Mädchen – und unsere einzige Sorge bestand darin, welche Hündin wohl zuerst werfen würde und wie die herzigen Welpen aussehen würden. Beide liebten wir Hunde sehr.

Wir wurden unterrichtet, wußten jedoch mit unserer Aja umzugehen, wie wir sie nannten. Für alle übrigen war sie die Gräfin von Brandeiss – äußerlich sehr streng und unnahbar, doch so vernarrt in uns, daß wir immer erreichten, was wir wollten. Ich weiß noch genau, wie ich einmal im Schulzimmer saß und in den Park hinausschaute und dachte, wie schön es doch dort draußen war, während ich versuchte, so sauber und ordentlich wie Aja zu schreiben. Doch die Seite war schon voller Tintenkleckse, und ich erreichte es nie, in geraden Zeilen zu schreiben. Sie kam zu mir und meinte, indem sie mißbilligend mit der Zunge schnalzte, ich würde es nie lernen und man würde sie noch deshalb wegschicken. Ich legte ihr die Arme um den Hals und sagte, ich hätte sie lieb – was durchaus stimmte – und würde nie erlauben, daß man sie wegschickte – was ganz töricht war, denn falls meine Mutter es anordnen sollte, würde Aja uns unverzüglich verlassen müssen. Meine Worte stimmten sie jedoch milder, und sie zog mich an sich; dann setzte sie sich neben mich und schrieb mir die Aufgabe mit einem spitzen Stift vor, so daß ich nur noch ihre Zeilen mit Tinte nachzumalen brauchte, um eine einwandfreie Schönschrift vorzuweisen. Von dem Tage an wurde das ein fester Brauch; sie schrieb mir sogar meine anderen Aufgaben mit dem Stift vor, die ich dann nur noch mit meinem Federkiel nachzog, so daß es aussah, als hätte ich einen recht guten Aufsatz geschrieben.

Ich wurde Maria Antonia genannt – von der Familie nur Antonia. Erst später, als beschlossen wurde, daß Frankreich meine neue Heimat werden sollte, wurde mein Name in Marie-Antoinette geändert, und ich mußte vergessen, daß ich Österreicherin war, um ganz Französin zu werden.

Unsere Mutter war der Mittelpunkt unseres Lebens, obgleich wir sie nicht sehr oft zu sehen bekamen. Sie war jedoch immer um uns, eine Präsenz, die höchste Instanz, deren Wort und Wunsch für uns Gesetz bedeuteten. Wir fürchteten uns alle sehr vor ihr.

Wie gut kann ich mich noch an die kalte Hofburg im Winter erinnern, in der alle Fenster sperrangelweit offen stehen mußten, da unsere Mutter glaubte, frische Luft tue jedem gut. Der schneidend kalte Wind pfiff daher ungehindert durch die ganze Burg. Ich habe nie in meinem Leben eine derartige Kälte erlebt wie in jenen Wiener Wintern, und mir taten immer ihre Zofen leid, besonders jene arme Kleine, die um fünf Uhr morgens aufstehen mußte, um meiner Mutter dicht neben dem offenen Fenster in jenem eiskalten Raum das Haar zu frisieren. Sie war so stolz gewesen, als meine Mutter sie wegen ihrer besonderen Geschicklichkeit dafür ausgewählt hatte, doch ich fragte sie einmal – ich war immer freundlich zu den Zofen –, ob sie ihre Geschicklichkeit nicht manchmal bereue, da sie sonst ja nicht für diese Aufgabe ausgesucht worden wäre.

»O nein, Madame Antonia«, erwiderte sie, »es ist eine *solche Ehre* für mich, wenn's auch manchmal hart ist.«

Und so empfanden alle am Hofe. Alle mußten wir meiner Mutter gehorchen, doch erschien uns das vollkommen richtig und natürlich, und wir wären niemals auf den Gedanken gekommen, es nicht zu tun. Wir wußten alle, daß sie die höchste Macht in Händen hielt, weil sie die Tochter unseres Großvaters, Karl VI., war, der keinen Sohn gehabt hatte; und wenn auch unser Vater der Kaiser war, so kam er doch erst nach ihr.

Der gute Vater! Wie ich ihn liebte! Er war fröhlich und unbekümmert und ein wenig nachlässig, und ich glaube, ich habe viel von ihm geerbt. Vielleicht war ich deshalb sein besonderer Liebling. Mama bevorzugte keines von uns Kindern, und wir waren eine so große Familie, daß ich einige meiner älteren Geschwister kaum kannte. Wir waren insgesamt sechzehn Kinder gewesen, doch fünf hatte ich nie gekannt, da sie starben, bevor ich sie in mein Bewußtsein aufnehmen konnte. Mama war sehr stolz auf ihre große Kinderschar und pflegte mit ausländischen Besuchern zu uns zu kommen, um uns zu zeigen. »Meine Familie ist nicht gerade klein«, sagte sie dann, und ihr Benehmen verriet, wie es sie freute und befriedigte, so viele Kinder zu haben.

Einmal in der Woche untersuchten uns die Hofärzte, um festzustellen, ob wir gesund waren; ihre Berichte wurden dann unserer Mutter vorgelegt, die sie sorgfältig prüfte. Wenn wir zu ihr gerufen wurden, waren wir alle schüchtern und gehemmt; sie pflegte uns Fragen zu stellen, die wir richtig beantworten mußten. Für mich als Zweitjüngstes war es nicht schlimm, doch einige meiner älteren Geschwister hatten jedes Mal schreckliche Angst – sogar Joseph, mein ältester Bruder, der vierzehn Jahre älter als ich war und eine sehr wichtige Persönlichkeit zu sein schien, da er ja eines Tages Kaiser werden sollte. Er wurde überall ehrfürchtig gegrüßt und, wenn meine Mutter nicht in der Nähe war, sogar so behandelt, als wäre er schon der Kaiser. Einmal, als er außerhalb der Wintermonate Schlittenfahren wollte, holten seine Diener ihm dafür Schnee von den Bergen. Er war sehr eigensinnig und neigte zu einer gewissen arroganten Überheblichkeit, und mein Bruder Ferdinand erzählte mir, daß unsere Mutter ihn wegen seiner »ungezügelten Art, immer seinen Kopf durchzusetzen« getadelt hätte.

Ich glaube, auch unser Vater lebte in ehrfürchtigem Respekt vor ihr. Er hatte nur wenig mit den Staatsgeschäften zu tun, und so sahen wir ihn sehr häufig. Nicht immer war er glücklich, und einmal sagte er ziemlich traurig und sogar etwas verbittert: »Die Kaiserin und die Kinder – das ist der Hof! Ich bin hier nur eine Privatperson.«

Viele Jahre später, als ich einsam und verlassen im Gefängnis saß, dachte ich wieder an jene Zeit meiner Kindheit, und ich verstand meine Familie viel besser als damals, als ich in ihrer Mitte gelebt hatte. Es war, als wäre man etwas von einem Bild zurückgetreten und stände nun in seine Betrachtung versunken davor. Alles fügte sich zu einem Ganzen, und Dinge, die ich damals kaum bemerkt hatte, wurden mir jetzt in aller Deutlichkeit klar.

Ich sah meine Mutter – eine gute Frau, bestrebt, das Beste für ihre Kinder und ihr Land zu tun, die meinen Vater innig liebte, doch entschlossen war, ihm nicht das Geringste von ihrer Macht abzutreten. Ich sah sie jetzt nicht mehr als den gestrengen Zuchtmeister, den ich zu sehr in ihr gefürchtet hatte, um sie lieben zu können, sondern als die weise, scharfsichtige Mutter, die unablässig um mich besorgt gewesen war. Wie mußte sie gelitten haben, als ich in meine neue Heimat zog! Ich war wie ein Kind, das auf einem gespannten Seil über dem Abgrund dahintanzt, ohne sich der Gefahr bewußt zu sein, in der es schwebt; sie jedoch, Tausende von Kilometern entfernt, erkannte diese Gefahr nur allzu genau.

Und ich sah meinen Vater. Wie konnte man nur von irgendeinem Mann erwarten, glücklich und zufrieden unter der Herrschaft einer solchen Persönlichkeit zu sein! Ich begriff jetzt, daß die geflüsterten Bemerkungen, die ich manchmal gehört hatte, bedeuteten, daß er ihr nicht treu war und daß dies sie tief verletzte. Und doch, obgleich sie sehr viel für ihn getan hätte, gab sie ihm nicht das, was er sich am meisten wünschte – ein klein wenig von ihrer Macht.

Und ich sah mich selbst – kindisch und töricht. Ich weiß, man entschuldigte es mit meiner Jugend, aber es waren angeborene Eigenschaften. Ich war kerngesund und immer vergnügt und ausgelassen und mochte am liebsten draußen sein und spielen... immer nur spielen. Nicht fünf Minuten brachte ich es fertig, still zu sitzen. Nie konnte ich mich auch nur für einen Augenblick auf etwas konzentrieren; meine Gedanken blieben einfach nicht bei der Sache. Ich wollte am liebsten immer nur lachen und schwatzen und spielen, den ganzen lieben Tag lang. Wenn ich jetzt zurückblicke, erkenne ich, was für große Dramen sich damals in meiner Familie abspielten – und ich tollte nur mit meinen Hunden herum, tuschelte mit Caroline über meine Klein-Mädchen-Geheimnisse und bemerkte nichts von all dem.

Ich muß sieben Jahre alt gewesen sein, als mein Bruder Joseph heiratete, denn er war damals einundzwanzig. Er wollte nicht heiraten und sagte: »Ich habe mehr Angst vor der Ehe als vor einer Schlacht.« Ich wunderte mich darüber, denn ich hatte das Verheiratetsein nicht für etwas gehalten, vor dem man sich fürchten mußte. Doch wie alles, was ich hörte, ging es zu dem einen Ohr hinein und zum anderen wieder hinaus; ich beschäftigte mich nie länger mit etwas oder zerbrach mir zu sehr den Kopf. Meine Gedanken kreisten lediglich um die Frage, was für Bänder Aja wohl heute für mich herauslegen würde und ob Caroline mit mir tauschen würde, wenn mir die Farbe nicht gefiel.

Jetzt kann ich mir das Drama deutlich vorstellen. Josephs Braut war das bezauberndste Geschöpf, das wir jemals erblickt hatten. Wir waren alle so blond und blauäugig, während sie eine dunkle Schönheit war. Unsere Mutter liebte Isabella, und Caroline vertraute mir an, daß unsere Mutter sicherlich wünschte, wir wären alle wie sie. Vielleicht tat sie das wirklich, denn Isabella war nicht nur schön, sondern auch sehr intelligent – was wir alle nicht waren. Doch besaß sie eine Eigenschaft, die wir nicht hatten – sie war schwermütig. Ich mag leichtfertig und unbekümmert gewesen sein, mag wenig über Bücherweisheit gewußt haben, doch gab es etwas, auf das ich mich verstand, und das war die Lebensfreude und die Gabe, das Leben zu genießen; und das lag trotz all ihrer Belesenheit und Bildung außerhalb von Isabellas Möglichkeiten. Die einzige Gelegenheit, bei der ich sie jemals lachen sah, ergab sich, wenn sie meine Schwester Maria-Christina, die ein Jahr jünger als Joseph war, traf.

Isabella pflegte in den Park zu Maria-Christina hinauszugehen, wenn sie diese sah; sie wandelten dann Arm-in-Arm, und Isabella sah so glücklich aus wie sonst nie. Ich freute mich, daß sie wenigstens einen von uns mochte, bedauerte aber, daß es nicht Joseph war; der hatte sich nämlich bis über beide Ohren in sie verliebt.

Es herrschte große Aufregung, als sie ein Kind erwartete; doch als es zur Welt kam, war es ein Schwächling und blieb nicht lange am Leben. Sie bekam zwei Kinder, und beide starben bald.

Doch Caroline und ich waren zu sehr mit unseren eigenen Angelegenheiten beschäftigt, um viel über Joseph und seine Schwierigkeiten nachzudenken. Ich muß aber trotzdem bemerkt haben, daß er immer sehr traurig aussah, und es muß mich sogar damals irgendwie berührt haben, denn ich erinnere mich nach all diesen Jahren so deutlich daran. Was für eine Tragödie war es! Und da lebte ich unter dem gleichen Dach mit ihr.

Isabella redete dauernd über den Tod und wie sehr sie sich nach ihm sehnte. Das schien mir seltsam. Der Tod war doch etwas, was alten Menschen widerfuhr – oder kleinen Kindern, die man noch nicht richtig kannte. Aber mit uns hatte er doch wenig zu schaffen.

Einmal, als Caroline und ich uns hinter einer geschnittenen Hecke

versteckten, konnten wir ein Gespräch zwischen Isabella und Maria-Christina belauschen.
»Was habe ich nur für eine Daseinsberechtigung in dieser Welt?« klagte Isabella. »Ich bin zu nichts nutze. Wenn ich kein armer Sünder wäre, würde ich mich umbringen. Ich hätte das schon längst tun sollen.«
Maria-Christina lachte sie aus. Sie war nicht die liebenswerteste von unseren Schwestern, und wenn sie – was selten genug vorkam – einmal Notiz von uns nahm, sagte sie stets etwas Gehässiges, und so gingen wir ihr aus dem Weg.
»Du leidest nur unter deinem Wunsch, heroisch zu erscheinen«, erwiderte sie. »Es ist krassester Egoismus.«
Und sie ging weg und ließ Isabella stehen, die ihr bestürzt nachblickte. Ganze fünf Minuten dachte ich über diesen Auftritt nach, und das war für mich eine lange Zeit.
Und Isabella starb tatsächlich – genau so, wie sie es sich gewünscht hatte. Sie hatte im Ganzen nur zwei Jahre in Wien gelebt. Der arme Joseph war völlig gebrochen. Er schrieb dauernd Briefe an Isabellas Vater in Parma. Sie handelten alle von Isabella, wie wundervoll sie gewesen wäre und daß es für ihn keine Zweite wie sie gäbe.
»Mit ihr habe ich alles verloren«, sagte er einmal zu meinem Bruder Leopold. »Meine geliebte Frau ... meine Liebe ... alles verloren! Wie soll ich nur diesen grausamen Verlust überleben!«
Eines Tages sah ich Joseph mit Maria-Christina. Ihre Augen funkelten vor Haß, und sie sagte: »Aber es stimmt! Ich werde dir ihre Briefe zeigen. Aus ihnen wirst du alles erfahren. Du wirst sehen, daß sie nicht dich ... sondern mich liebte!«
Alles fügte sich jetzt zu einem Bild zusammen. Armer Joseph! Arme Isabella! Nun verstehe ich, warum Isabella so traurig war und den Tod herbeisehnte, zutiefst beschämt über ihre Liebe und doch außerstande, sie zu unterdrücken; und Maria-Christina, die immer ihre Rache suchte, hatte sie noch nach ihrem Tode an den armen Joseph verraten.
Ganz vertieft in meine eigenen Angelegenheiten, nahm ich diese Tragödie damals nur wie durch eine beschlagene Scheibe wahr, doch weil mein eigenes Leid einen anderen Menschen aus mir gemacht hat, so ganz verschieden von dem unbekümmerten Geschöpf meiner Jugendzeit, kann ich jetzt so vieles verstehen und habe Mitgefühl mit anderen, die leiden. Ich grübele über ihre Leiden nach – vielleicht, weil ich es nicht ertrage, an mein eigenes Leid zu denken.

Joseph war lange Zeit tief unglücklich, doch da er der älteste von uns war und dadurch wichtiger als wir alle, mußte er wieder heiraten. Er hatte eine solche Wut, als ihm von unserer Mutter und dem Fürsten Wenzel Anton von Kaunitz eine neue Frau ausgesucht wurde, daß er kaum mit dieser sprach, als sie in Wien eintraf. Sie war aber auch so ganz anders als Isabella! Sie war klein und dick und hatte braune, unregelmäßige Zähne und rote Flecken im Gesicht. Joseph gestand Leopold, dem er mehr anzuvertrauen pflegte als irgend jemandem sonst bei Hofe, daß er schrecklich unglücklich sei und auch kein Hehl daraus machen werde, denn es läge ihm nicht zu heucheln. Sie hieß Josepha und muß ebenfalls unglücklich gewesen sein, denn er ließ eine Trennwand auf dem Balkon errichten, auf den ihre getrennten Schlafzimmer gingen, damit er sie nie sehen mußte, falls sie zufällig einmal beide gleichzeitig auf den Balkon hinaustraten. Maria-Christina meinte: »Wenn ich Josephs Frau wäre, würde ich mich im Schönbrunner Park aufhängen.«

Mit zehn Jahren begriff ich, was menschliche Tragik ist, und sie war sogar für mich eine Wirklichkeit, denn sie berührte mich tief. Leopold sollte heiraten. Dies war für Caroline und mich nicht weiter aufregend, denn bei so vielen Geschwistern gab es eine Menge Hochzeiten; außerdem hätte nur eine in Wien veranstaltete Hochzeit uns interessiert. Leopold heiratete jedoch in Innsbruck. Vater fuhr zu der Hochzeit, doch unsere Mutter konnte nicht aus Wien weg, weil ihre Regentschaftspflichten sie dort festhielten.
Ich saß gerade im Schulzimmer und malte ein Bild, als einer der Lakaien meines Vaters hereinkam und meldete, der Kaiser wünsche mir auf der Stelle Adieu zu sagen. Es erstaunte mich, denn ich hatte ihm schon vor einer halben Stunde Adieu gesagt und ihn mit seinem Gefolge fortreiten sehen.
Aja war ganz aufgeregt. »Es ist etwas passiert«, sagte sie. »Lauf sofort hinunter!«
Also eilte ich mit dem Lakaien hinunter. Mein Vater saß zu Pferde und blickte zur Hofburg zurück. Als er mich auf sich zukommen sah, leuchteten seine Augen auf, und er schien sich sehr zu freuen. Er stieg nicht ab, sondern ließ mich zu sich heraufheben und drückte mich so heftig an sich, daß es weh tat. Ich fühlte, daß er etwas sagen wollte und nicht wußte wie, und daß er mich am liebsten nicht wieder losgelassen hätte. Ich dachte, er wollte mich nach Innsbruck mitnehmen,

aber das konnte nicht sein, denn meine Mutter hätte es ja sonst vorbereitet.

Er lockerte seine Arme ein wenig und sah mich liebevoll an. Ich warf ihm die Arme um den Hals und rief: »Lieber, lieber Vater!« Tränen standen ihm in den Augen, und er umschlang mich fest mit dem rechten Arm, während er mir mit der linken Hand über das Haar strich. Er hatte das immer gern getan, denn mein Haar war dick und hellblond – rötlichblond fanden einige, weshalb meine Brüder Ferdinand und Max mich »Karotte« nannten. Das Gefolge schaute zu, und unvermittelt bedeutete mein Vater einem von ihnen, mich herunterzuheben.

Er wandte sich zu seiner Begleitung um und sagte mit vor Bewegung bebender Stimme: »Meine Herren, Gott allein weiß, wie sehr ich mir wünschte, dieses Kind zu umarmen!«

Das war alles. Vater lächelte mir noch einmal zu, und ich kehrte ins Schulzimmer zurück, einige Minuten lang verwirrt und erstaunt, um den Vorfall dann zu vergessen, was typisch für mich war.

Das war jedoch das Letzte, was ich je von meinem Vater sah. Es ging ihm in Innsbruck plötzlich sehr schlecht, und sein Gefolge beschwor ihn, sich zur Ader zu lassen; er hatte jedoch an dem Nachmittag mit Leopold in die Oper gehen wollen und wußte, er würde, falls die Ärzte ihn zur Ader ließen, ruhen und die Oper absagen müssen, was Leopold beunruhigen würde, der ihn, wie alle seine Kinder, innig liebte. Es wäre besser, entschied er, in die Oper zu gehen und hinterher in aller Stille den Aderlaß vornehmen zu lassen, ohne seinen Sohn zu beunruhigen.

Er fuhr also in die Oper, und dort ging es ihm dann auf einmal furchtbar schlecht. Er bekam einen Schlaganfall und starb in Leopolds Armen. Hinterher sagte man natürlich, er hätte, selbst dem Tode nahe, eine schreckliche Vorahnung meiner Zukunft gehabt und mich deshalb auf so unübliche Weise noch einmal holen lassen. Wir waren alle todunglücklich über den Verlust unseres Vaters. Ich war mehrere Wochen lang traurig, und dann schien es mir allmählich, als hätte ich ihn nie gekannt. Meine Mutter war jedoch vollkommen gebrochen. Sie umschlang den Leichnam meines Vaters mit den Armen, als er zurückgebracht wurde, und mußte mit Gewalt von ihm fortgezerrt werden. Sie schloß sich darauf in ihrer Suite ein und gab sich ganz ihrem Schmerz hin, der so heftig war, daß die Ärzte sich gezwungen sahen, sie zur Ader zu lassen, um damit ihre beängstigende

Erregung ein wenig zu dämpfen. Sie schnitt sich das Haar ab – auf das sie immer so stolz gewesen war – und legte ein dunkles Witwengewand an, in dem sie strenger denn je aussah. In den darauffolgenden Jahren sah ich sie niemals in einem anderen Aufzug.

Nach dem Tode meines Vaters schien meine Mutter mich mehr zu bemerken. Vorher war ich nur eines der Kinder gewesen; nun merkte ich oft, wie ihre Aufmerksamkeit auf mir ruhte, wenn wir alle ihr unsere Aufwartung zu machen hatten. Das war alarmierend, doch entdeckte ich bald, daß ich sie milder stimmen konnte, wenn ich sie anlächelte, genau so, wie ich es bei der guten alten Aja machte, obgleich es schwieriger war und nicht immer wirkte; ich bemühte mich natürlich, meine Mängel zu überspielen, indem ich diese Gabe benutzte, um meine Umwelt nachsichtig mir gegenüber zu stimmen.

Es war kurz nach Vaters Tod, daß ich zum erstenmal Gerede über die »Französische Heirat« hörte. Ständig waren Kuriere mit Briefen zwischen Kaunitz und meiner Mutter und unserem Botschafter in Frankreich unterwegs.

Kaunitz war der mächtigste Mann in ganz Österreich. Obgleich ein Dandy, war er einer der geschicktesten Politiker Europas, und meine Mutter hielt große Stücke auf ihn und vertraute ihm mehr als irgend jemandem sonst. Bevor er ihr Hof- und Staatskanzler wurde, war er ihr Botschafter in Versailles gewesen, wo er ein großer Freund der Madame de Pompadour geworden war, was zur Folge hatte, daß er einen wohlwollenden Empfang beim König von Frankreich fand. Während jener Zeit in Paris hatte er den Gedanken einer Allianz zwischen Österreich und Frankreich durch eine Heirat zwischen den Häusern Habsburg und Bourbon verfolgt. Durch sein Leben in Frankreich hatte er die Allüren eines Franzosen angenommen, und da er sich auch wie ein solcher kleidete, galt er in Österreich als sehr exzentrisch. Er war jedoch auf gewisse Weise sehr deutsch – ruhig, diszipliniert und präzise. Ferdinand hatte uns erzählt, daß er Eigelb für seinen Teint benutzte und sich damit das ganze Gesicht regelmäßig einschmierte, um eine frische, glatte Haut zu behalten. Und um seine Zähne gesund zu erhalten, pflegte er sie nach jeder Mahlzeit mit einem kleinen Schwamm und einem Zahnstocher zu reinigen – und das bei Tisch! Er legte solchen Wert darauf, daß seine Perücke auch überall gut eingepudert war, daß er seinen Kammerdienern befahl, sich im Spalier aufzustellen; zwischen diesem schritt er dann hindurch, während sie ihre Puderquasten schwenkten. Er verschwand darauf in einer Puderwolke, hatte jedoch die Gewißheit, daß seine Perücke schön gleichmäßig eingepudert war.

Wir pflegten uns über ihn lustig zu machen. Ich hatte ja keine Ahnung, daß er, während wir über seine sonderbaren Gepflogenheiten lachten, über meine Zukunft entschied; wäre er nicht gewesen, ich säße heute nicht hier.

Wie Caroline entdeckte, bestand eine Möglichkeit, daß entweder sie oder ich den König von Frankreich heiraten sollte, worüber wir nur in Gekicher ausbrachen, denn es schien so widersinnig; er war doch ein alter Mann von fast sechzig, und wir dachten, es müßte lustig sein, einen Mann zu haben, der älter als unsere Mutter war. Als jedoch der Dauphin von Frankreich starb – der Sohn des Königs, der ein Ehemann für eine von uns hätte sein können – und dessen Sohn nun Dauphin wurde, herrschte große Aufregung, denn der neue Dauphin war noch ein Jüngling und nur etwa ein Jahr älter als ich.

Caroline und ich unterhielten uns manchmal über die »Französische Heirat«, um sie dann wieder wochenlang zu vergessen; doch mit jedem Tag entwuchsen wir mehr und mehr unserer Kindheit. Ferdinand versuchte, ernsthaft mit uns darüber zu sprechen – wie günstig es für Österreich wäre, wenn eine Allianz zwischen dem Hause Habsburg und Bourbon zustande käme.

Die Witwe des vor kurzem verstorbenen Dauphin, die großen Einfluß auf den König hatte, war jedoch dagegen und wollte, daß eine Prinzessin aus ihrem eigenen Hause mit dem Dauphin vermählt wurde. Aber sie starb ganz plötzlich an Schwindsucht, die sie sich wahrscheinlich geholt hatte, als sie ihren Mann pflegte. Meine Mutter war sehr zufrieden darüber.

Die arme unglückliche Frau meines Bruders Joseph starb an Pocken, und meine Schwester Maria-Josepha, die vier Jahre älter als ich war, wurde davon angesteckt und starb ebenfalls. Sie hatte sich gerade nach Neapel begeben sollen, um dort den König von Sizilien zu heiraten. Da unsere Mutter jedoch eine Allianz für notwendig hielt, wurde beschlossen, daß nun Caroline ihn heiraten sollte.

Dies war die größte Tragödie meiner Kindheit. Ich hatte meinen Vater geliebt und war auf meine Weise traurig gewesen, als er starb; Caroline dagegen war meine ständige Gefährtin, und ich konnte mir nicht vorstellen, wie es ohne sie sein würde. Caroline, bei der alles tiefer ging als bei mir, war völlig verzweifelt.

Ich war damals zwölf, Caroline fünfzehn; und als sie für Neapel vorgesehen wurde, fand meine Mutter, es sei an der Zeit, mich für Frankreich vorzubereiten. Sie verkündete, man sollte mich nicht mehr Antonia nennen. Von nun an hieße ich Antoinette – oder Marie-Antoinette. Allein diese Änderung meines Namens schien mich in einen anderen Menschen zu verwandeln. Ich wurde jetzt oft in den Salon meiner Mutter gerufen und mußte die Fragen beantworten, die einflußreiche Herren mir stellten; ich mußte immer die richtigen Antworten geben und bekam sie deshalb vorher gesagt, vergaß sie nur so leicht wieder. Das unbeschwerte Leben war vorbei. Ich wurde beobachtet; es wurde über mich geredet, und ich malte mir aus, wie meine Mutter und ihre Minister versuchten, mich ganz anders darzustellen als wie ich in Wirklichkeit war – eher so, wie sie mich immer haben wollten oder so, wie die Franzosen es gerne von mir hätten. Ich hörte ständig Geschichten über meine Herzensgüte, meinen Charme und meine Intelligenz, die mich überraschten.

Vor einigen Jahren war Mozart einmal an den Hof gekommen. Er war damals noch ein Kind gewesen, doch schon ein Genie, und meine Mutter hatte ihn gefördert. Als er in den großen Salon kam, um der versammelten Hofgesellschaft vorzuspielen, war er so verschüchtert, daß er stolperte und hinfiel, worauf alles lachte. Ich lief jedoch zu ihm, um zu sehen, ob er sich wehgetan hatte, und um ihm zu sagen, daß es nicht schlimm wäre; so wurden wir Freunde, und er spielte dann im besonderen für mich. Er gestand mir sogar, er würde mich gern heiraten, und da mir das ein angenehmer Gedanke war, willigte ich ein. Man erinnerte sich auch an diese Geschichte und erzählte sie nun über mich. Sie kursierte als eine der »entzückenden« Geschichten.

Eines Tages teilte meine Mutter mir mit, daß der französische Botschafter wahrscheinlich mit mir reden würde, wenn ich in den Salon käme; falls er mich fragen würde, welches Volk ich am liebsten regieren würde, sollte ich »das französische« sagen, und falls er mich dann fragte, warum, sollte ich antworten: »Weil sie Heinrich IV. den Guten und Ludwig XIV. den Großen gehabt haben.« Ich lernte es auswendig und hatte Angst, es durcheinanderzubringen, denn ich wußte nicht so recht, wer diese Leute waren; ich brachte es aber doch richtig heraus, und das wurde dann eine weitere Geschichte, die man über mich erzählte. Ich sollte jetzt alles mögliche über die Franzosen lernen, sollte mich im Französisch üben – alles änderte sich.

Was Caroline betraf, so heulte sie dauernd und war nicht mehr der lustige Spielkamerad von einst. Sie hatte entsetzliche Angst vor dem Heiraten und wußte, sie würde den König von Sizilien hassen. Unsere Mutter kam schließlich zu uns ins Schulzimmer und redete sehr streng mit ihr.

»Du bist kein Kind mehr«, schalt sie. »Wie ich gehört habe, bist du sehr ungezogen gewesen.«

Ich wollte ihr erklären, daß Caroline nur ungezogen war, weil sie sich so fürchtete, aber es war unmöglich, meiner Mutter etwas zu erklären. Sie blickte darauf mich an und fuhr fort: »Ich werde dich von Antoinette trennen. Ihr vertut eure Zeit mit dummem Geschwätz. Dies nutzlose Getratsche wird aufhören. Damit ist jetzt Schluß. Und ich warne euch – man wird euch überwachen, und du, Caroline, wirst als die Ältere die Verantwortung zu tragen haben.«

Und damit entließ meine Mutter mich, während sie Caroline im Schulzimmer behielt, um ihr eine Lektion darüber zu erteilen, wie sie sich zu benehmen habe.

Schweren Herzens ging ich hinaus. Caroline würde mir schrecklich fehlen. Merkwürdigerweise dachte ich gar nicht an mein eigenes zukünftiges Schicksal. Frankreich war zu weit weg, um mir real zu erscheinen, und ich hatte meine angeborene Fähigkeit vervollkommnet, Dinge zu vergessen, die mir nicht angenehm waren.

Caroline verließ uns schließlich – blaß und schweigsam und so gar nicht mehr meine lustige kleine Schwester. Joseph begleitete sie, und ich glaube, sie tat ihm leid. Er hatte irgendwo ein gutes Herz, obwohl er so hochmütig und pompös war.

Eine meiner anderen Schwestern machte ebenfalls Schwierigkeiten, doch das berührte mich nicht so direkt, denn Maria-Amalia war neun Jahre älter als ich. Caroline und ich hatten seit langem gewußt, daß sie in einen jungen Mann am Hofe – den Prinzen von Zweibrücken – verliebt war und hoffte, ihn heiraten zu dürfen; es war zweifellos töricht von ihr, denn sie hätte wissen müssen, daß wir zum Wohle Österreichs Herrscher zu heiraten hatten. Maria-Amalia glich mir jedoch darin, daß sie glaubte, was sie glauben wollte, und so hoffte sie weiter, daß man ihr erlauben würde, den Prinzen von Zweibrücken zu heiraten.

Carolines Befürchtungen wurden voll und ganz bestätigt. Sie war sehr unglücklich in Neapel und schrieb nach Hause, ihr Gatte sei äußerst häßlich, doch versuche sie tapfer zu sein, weil sie immer an das dächte, was unsere Mutter ihr gesagt hätte; und sie gewöhne sich

sogar an ihn, fügte sie hinzu. An Gräfin Lerchenfeld, die Aja als Gouvernante zur Seite stand, schrieb sie:
»Man leidet Qualen, und diese sind um so größer, da man sich den Anschein geben muß, als wäre man glücklich. Wie tut mir Antoinette leid, auf die dies ebenfalls wartet! Hätte ich nicht meinen Glauben, ich hätte mich lieber umgebracht, als so zu leben, wie ich es acht Tage lang mußte. Es war die Hölle, und ich sehnte den Tod herbei. Wenn meine kleine Schwester dies durchmacht, werde ich um sie weinen.«

Die Gräfin hatte mir diesen Brief nicht zeigen wollen, aber ich bat und bettelte, und so gab sie schließlich wie immer nach; doch als ich ihn gelesen hatte, bereute ich es. War es tatsächlich so schlimm? Meine Schwägerin Isabella hatte davon geredet, sich umzubringen. Ich, die ich das Leben so liebte, konnte diese Einstellung nicht verstehen; aber es schien seltsam, daß zwei, die so viel mehr Erfahrung im Leben hatten als ich, beide das gleiche sagten.
Ich dachte einige Stunden über Carolines Brief nach, und dann glitt er aus meinem Denken, und ich vergaß ihn – vielleicht, weil meine Mutter mir jetzt immer mehr ihre Aufmerksamkeit zuwandte.
Sie kam in das Schulzimmer, um meine Fortschritte zu überprüfen, und war entsetzt, als sie entdeckte, wie wenig ich wußte. Meine Handschrift war unsauber und nachlässig; und was französische Konversation betraf, so war ich ein hoffnungsloser Fall, auch wenn ich italienisch plappern konnte. Nicht einmal Deutsch beherrschte ich grammatikalisch richtig.
Aber meine Mutter war nicht böse auf mich; sie war vielmehr bekümmert. Sie legte den Arm um mich und zog mich an sich und erklärte mir, was für eine große Ehre mir widerfahren könnte. Es wäre das Schönste auf der Welt, wenn dieser Plan, den Fürst Kaunitz hier in Wien und der Herzog von Choiseul in Frankreich auszuarbeiten versuchten, sich verwirklichen ließe. Es war das erste Mal, daß ich den Namen des Herzogs von Choiseul hörte, und so fragte ich, wer das wäre. Sie sagte, er wäre ein brillanter Staatsmann und der Außenminister des Königs von Frankreich und – was das wichtigste wäre – ein Freund Österreichs. Vieles hinge von ihm ab, und wir dürften nichts tun, was ihn kränken könnte. Was er allerdings sagen würde, wenn er erführe, was ich für eine kleine Ignorantin wäre, könnte sie sich nicht vorstellen. Der ganze schöne Plan würde wahrscheinlich scheitern.

Sie sah mich so streng an, daß ich einen Augenblick ganz niedergeschlagen war. Es schien eine sehr große Verantwortung auf mich zu warten; doch dann spürte ich, wie meine Mundwinkel sich nach oben bogen, denn ich konnte einfach nicht glauben, daß ich wirklich so wichtig sein sollte. Und als ich dann lachte, sah ich, daß meine Mutter ein Lächeln unterdrücken mußte; ich legte ihr darauf die Arme um den Hals und versicherte ihr, Monsieur de Choiseul würde sich bestimmt nicht daran stoßen, daß ich nicht gescheit sei.

Sie hielt mich eng an sich gedrückt und sah mich dann, indem sie mich auf Armeslänge von sich schob, wieder ernst an. Sie erzählte mir von dem mächtigen Sonnenkönig, der Versailles erbaut hätte, das größte Schloß der Welt; und der französische Hof wäre der eleganteste und kultivierteste, und ich wäre der größte Glückspilz aller kleinen Mädchen dieser Welt, weil ich vielleicht dorthin dürfte. Ich hörte eine Weile ihrer Beschreibung der herrlichen Gärten und wunderschönen Salons zu, die viel prächtiger sein sollten als alles, was wir hier in Wien hatten, nickte und lächelte dann aber nur noch, ohne richtig zuzuhören.

Plötzlich hörte ich, wie sie sagte, meine Gouvernanten wären ungeeignet, und ich müßte andere Erzieher haben. Sie wünsche, daß ich in wenigen Monaten fließend französisch spräche, ja in Französisch dächte, als *wäre* ich eine Französin.

»Aber vergiß dabei nie, daß du eine gute Deutsche bist!«

Ich nickte lächelnd.

»Du mußt jedoch ein gutes Französisch sprechen. Monsieur de Choiseul schreibt, daß der König von Frankreich ein sehr empfindliches Ohr für die französische Sprache habe und du einen anmutigen und reinen Akzent sprechen müßtest, der sein Ohr nicht beleidigt. Verstehst du?«

»Ja, Mama.«

»Du wirst also sehr, sehr hart arbeiten müssen.«

»O ja, Mama.«

»Hörst du eigentlich zu, Antoinette?«

»O ja, Mama.« Ich lächelte sie aufmerksam an, um ihr zu zeigen, daß ich jedes Wort in mich aufnahm und ernsthaft darüber nachdachte – zumindest so ernsthaft, wie mir das möglich war. Sie seufzte. Ich fühlte, sie machte sich Sorgen um mich, doch war sie viel nachsichtiger mit mir als mit Caroline.

»Es ist da eine Schauspieltruppe in Wien – eine französische Truppe, und ich habe veranlaßt, daß zwei Schauspieler herkommen und dir Französisch beibringen, wie man es am Versailler Hof spricht, und auch französische Manieren und Sitten ...«

»Schauspieler!« rief ich entzückt aus und dachte an den Spaß, den wir immer im Winter in der Hofburg hatten, wenn meine älteren Geschwister Theaterstücke aufführten, Ballett tanzten und Opernarien zum besten gaben. Caroline, Ferdinand, Max und ich durften dabei immer nur zuschauen, weil wir, wie unsere älteren Geschwister erklärten, dafür noch zu klein waren. Aber wie sehr hatte ich es mir gewünscht! Wann immer sich mir eine Gelegenheit bot, war ich auf die Bühne gesprungen und hatte getanzt, bis sie mich mit dem ständigen Ausruf wegschickten: »Geh weg, Antonia! Du bist noch zu klein. Du mußt zuschauen.« War es ein Theaterstück oder ein Ballett, so hielt es mich kaum an meinem Platz, so gerne wollte ich trotz ihrer ewigen Proteste mitmachen. Tanzen liebte ich mehr als alles andere. Als meine Mutter mir daher sagte, daß zwei Schauspieler kämen, war ich ganz aufgeregt vor Freude.

»Sie kommen nicht, um mit dir zu spielen, Antoinette«, mahnte sie streng. »Sie kommen, um dir Französisch beizubringen. Du wirst hart arbeiten müssen! Monsieur Aufresne wird dir bei der Aussprache helfen und Monsieur Sainville dir Gesangstunden geben.«

»Ja, Mama.« Meine Gedanken waren weit weg – auf der Bühne im Hoftheater, als Maria-Christina so böse war, weil sie nicht die Heldin des Stückes spielen durfte, oder damals, als Maria-Amalia immer den Prinzen von Zweibrücken ansah, als sie ihren Text deklamierte, und Max und ich indessen vor Aufregung auf unseren Stühlen her umhopsten.

»Und Monsieur Noverre wird dir Tanzunterricht erteilen.«

»Oh ... Mama!«

»Du hast noch nie etwas von Monsieur Noverre gehört, aber er ist der beste Tanzmeister Europas.«

»Ich werde ihn lieben!« rief ich.

»Du mußt nicht so impulsiv sein, mein Kind! Denk nach, bevor du sprichst. Einen Tanzmeister *liebt* man nicht. Doch solltest du dankbar sein, den besten Tanzmeister Europas zu haben, und seine Anweisungen befolgen.«

Das war eine glückliche Zeit! Es half mir, nicht mehr an die arme Caroline in Neapel zu denken und an jene andere Familienkrise, als Maria-Amalia nach Parma geschickt wurde, um dort Isabellas Bruder zu heiraten. Sie war dreiundzwanzig und er noch ein Kind – kaum älter als vierzehn –, und Maria-Amalia mußte von dem Prinzen von Zweibrücken Abschied nehmen. Sie war keine unterwürfige kleine Caroline; sie raste und tobte, und ich dachte, sie würde das tun, was noch nie jemand gewagt hatte – sich meiner Mutter widersetzen. Aber sie reiste ab, weil es gut für Österreich war, und wir setzten unsere Allianz mit Parma fort. So hatte die leidenschaftliche Maria-Amalia diesen kleinen Jungen zum Gatten und Caroline mit ihren fünfzehn Jahren den alten Mann in Neapel.

Es kam damals jedoch so viel Neues auf mich zu, daß ich nur Zeit hatte an das zu denken, was man von mir erwartete. Meine Mutter war verzweifelt, weil ich nicht lernen konnte. Die Schauspieler zwangen mich nie zu lernen, und wenn ich französisch sprach – was ich die ganze Zeit tun mußte –, lächelten sie zärtlich und erklärten: »Charmant, Madame Antoinette, charmant! Zwar nicht Französisch, aber charmant!« Dann lachten wir gemeinsam, und so waren diese Stunden keineswegs unangenehm. Was mir jedoch am meisten Spaß machte, waren die Tanzstunden. Noverre war von mir begeistert. Ich lernte die Schritte spielend leicht, und er klatschte mir fast ekstatischen Beifall. Manchmal machte ich einen falschen Schritt, und er unterbrach mich dann und rief: »Aber nein! Wir werden es so lassen. Es ist viel anmutiger, wie Sie es tanzen.« Meine Lehrer waren alle so liebenswürdig. Sie machten mir ständig Komplimente und tadelten mich nie, und ich dachte, die Franzosen müßten das bezauberndste Volk der Welt sein.

Doch dieser mir äußerst angenehme Zustand war nicht von langer Dauer. Ich wurde aufmerksam beobachtet, und der Marquis de Durfort, der französische Botschafter an unserem Hof, berichtete über alles nach Versailles; und so wurde dort bald bekannt, daß ich von Monsieur Aufresne und Monsieur Sainville Unterricht erhielt. Man stelle sich vor, die Kronprinzessin von Frankreich wurde von herumzigeunernden Schauspielern unterrichtet! Das war ganz undenkbar! Monsieur de Choiseul würde veranlassen, daß ein *geeigneter* Erzieher unverzüglich nach Wien käme. An dem einen Tag hatte ich noch meine Stunden wie immer, und am nächsten Tag waren meine Freunde verschwunden. Ich war eine Zeitlang sehr traurig, doch gewöhnte ich mich allmählich daran, daß mir Menschen plötzlich entrissen wurden, an die ich mich gewöhnt hatte.

Meine Mutter ließ mich rufen und teilte mir mit, daß Monsieur de

Choiseul mir einen neuen Erzieher schickte. Ich müßte die Schauspieler vergessen und sie nie mit einem Wort erwähnen. Man erwiese mir eine große Ehre, denn der Bischof von Orléans hätte diesen französischen Erzieher für mich ausgesucht, den Abbé Vermond.
Ich schnitt eine Grimasse. Ein Abbé würde sehr anders sein als meine lustigen Schauspieler! Meine Mutter übersah diese Grimasse und hielt mir eine jener Moralpredigten – wie wichtig es wäre, Sprache, Sitten und Bräuche meines zukünftigen Landes zu lernen. Ich freute mich ganz und gar nicht auf die Ankunft des Abbé Vermond!
Ich hätte mir keine Sorgen zu machen brauchen, denn sofort bei unserer ersten Begegnung sah ich, daß ich ihn ebenso wie meine Gouvernanten um den Finger wickeln konnte; als Kind hatte ich eine bei einem so oberflächlichen Mädchen wie mir erstaunliche Einfühlungsgabe für Menschen. Ich will nicht behaupten, daß ich die inneren Motive der Menschen um mich herum erfassen konnte. Wäre ich mit dieser Gabe gesegnet gewesen, hätte ich mir wahrscheinlich viel Kummer und Leid erspart; ich hatte jedoch einen Blick für kleine Angewohnheiten, die ich recht amüsant zu imitieren verstand (ich glaube, ich hätte eine erträgliche Schauspielerin abgegeben), und ich erreichte damit das bei Menschen, was ich wollte. Die meisten meiner Geschwister waren gescheiter als ich, aber sie konnten nicht wie ich meine Mutter aus einer mißbilligenden Stimmung in wohlwollende Zärtlichkeit hinüberlocken. Vielleicht lag es an meiner Kindlichkeit, meiner Unschuld, wie man es nannte; und natürlich half mir auch mein Äußeres dabei. Ich war klein und zierlich wie eine Elfe. Der französische Botschafter, der dauernd seinem hohen Herren in Versailles über meine Erscheinung berichtete, bezeichnete mich als »Ein graziles Etwas«. Aber vermutlich war es nicht nur das. Ich glaube, ich verstand – wenn auch natürlich auf höchst oberflächliche Weise – jene kleinen Wesenszüge eines Menschen richtig zu erfassen und wußte dadurch dann, wie weit ich bei dem Betreffenden gehen konnte. Sowie ich den Abbé Vermond erblickte, war ich daher erleichtert.
Selbstverständlich war er ein gelehrter Mann und würde über meine Unwissenheit entsetzt sein – und das war er auch! Was konnte und wußte ich schon? Ich konnte einigermaßen italienisch und französisch sprechen – unter Zuhilfenahme vieler deutscher Ausdrücke –, doch meine Handschrift war eine Schande; ich hatte keine Ahnung von Geschichte und ebenfalls keine von französischer Literatur, die Mon-

sieur de Choiseul beide als so wichtig bezeichnet hatte. Ich konnte ganz gut singen; ich liebte Musik und tanzte, laut Noverre, »wie ein Engel«. Ich war überdies eine Erzherzogin von Geburt und schien im Salon meiner Mutter instinktiv zu wissen, mit welchen Leuten ich reden mußte und welchen ich lediglich zunicken sollte. Dies war angeboren. In der privateren Atmosphäre meiner Suite war ich manchmal zu vertraulich mit meinen Zofen, das stimmte, und wenn eine von ihnen kleine Kinder hatte, spielte ich gern mit ihnen, denn ich liebte Kinder. Als Caroline einmal sagte, die Ehe wäre etwas Widerwärtiges, erinnerte ich sie daran, daß sie bedeutete, Kinder zu haben; und diese Möglichkeit müßte viele Unannehmlichkeiten wert sein. Wenn ich auch freundlicher mit den Dienstboten war als der übrige Rest meiner Familie, nutzten diese das doch nur selten aus, weil ich jene angeborene hoheitsvolle Art besaß. Meine Mutter hatte es natürlich bemerkt, und ich glaube, sie hielt es für klüger, nicht zu versuchen, mich darin zu ändern. Der Abbé Vermond war keineswegs attraktiv. Mir erschien er alt, doch würde ich jetzt sagen, er war damals in den Vierzigern. Er war Bibliothekar gewesen, und mir wurde sehr bald klar, daß er davon begeistert war, für diese Aufgabe gewählt worden zu sein. Ich begann zu begreifen, wie wichtig meine Person wurde. Man bereitete mich darauf vor, Kronprinzessin von Frankreich zu werden; diese konnte sehr schnell zur Königin aufrücken, und das war eine der höchsten Rangstellungen, die eine Frau überhaupt auf der Welt einnehmen konnte. Es war etwas sehr anderes, als Erzherzogin von Österreich zu sein! Manchmal war es zu beängstigend, um auch nur daran zu denken – und so dachte ich meiner Angewohnheit folgend eben einfach nicht daran.

Obgleich der Abbé über meine Unwissenheit entsetzt war, wollte er sich um jeden Preis gut mit mir stellen. Die Schauspieler und mein Tanzmeister hatten sich um mich bemüht, weil ich ein hübsches Mädchen war; der Abbé Vermond jedoch wollte meine Gunst gewinnen, weil ich ja eines Tages Königin von Frankreich sein konnte. Ich erkannte den Unterschied.

Es zeigte sich bald, daß er durchaus nicht gewohnt war, in Schlössern zu leben, und wenn unser Schönbrunn und die Hofburg auch nicht mit Versailles oder den anderen Schlössern und Palästen Frankreichs zu vergleichen waren, verriet er doch ganz deutlich, daß er alles überaus prächtig fand. Er war in einem Dorf aufgewachsen, wo sein

Vater Landarzt und sein Bruder Geburtshelfer gewesen waren; er selbst war Priester geworden und hätte ohne die Protektion des Erzbischofs niemals diese Position erreicht.

In Anbetracht seines Bestrebens, nicht nur meine Gunst, sondern auch die meiner Mutter zu gewinnen, war es mir ganz recht, mit dem Abbé zu lernen. Wir lasen und arbeiteten jeden Tag eine Stunde zusammen, was er als ausreichend bezeichnete, weil er wußte, daß ich es nicht länger aushielt, ohne gelangweilt und gereizt zu werden. Sehr viel später wies mich Madame Campan, die zu dem Zeitpunkt nicht nur meine Kammerfrau, sondern meine Freundin war, auf das Unheil hin, das Vermond anrichtete. Aber sie mochte ihn nicht und fand, daß er an allem, was uns widerfuhr, mit die Schuld trüge. Anstatt vergnügt mit mir zu lesen und mir jederzeit zu erlauben zu unterbrechen, um verschiedene Leute bei Hofe zu imitieren, an die ein Satz unserer Lektüre mich erinnerte, hätte er mir eine gründliche Unterweisung nicht nur in französischer Literatur, sondern auch in den Sitten und Gebräuchen jenes Landes erteilen sollen. Ich hätte, so sagte sie, auf das Leben am Versailler Hof vorbereitet werden müssen, von dem ich ein wichtiger Bestandteil werden sollte. Monsieur Vermond hätte mich, falls nötig, den ganzen Tag über lernen lassen sollen (ganz egal, wie unbeliebt er sich damit auch gemacht hätte), hätte mir etwas über französische Geschichte und das französische Volk beibringen sollen; ich hätte etwas von der gärenden Unzufriedenheit erfahren müssen, die sich, lange bevor ich ankam, schon bemerkbar machte. Aber die gute Campan war von Natur aus ein Blaustrumpf und haßte Vermond und liebte mich; außerdem war sie zu jenem Zeitpunkt in entsetzlicher Sorge um mich.

Wenn ich nun auch einen Priester anstelle meiner Schauspieler hatte, war es doch gar kein so schlechter Tausch, und die tägliche Stunde mit Vermond war recht angenehm.

Man ließ mich jedoch nicht in Ruhe. Meine Erscheinung wurde dauernd besprochen. Weshalb nur, fragte ich mich, und dachte an Josephs Frau mit der untersetzten Figur und den roten Flecken im Gesicht. Ich hatte einen feinen Teint und zarte Farben. Mein Haar war dick und voll; manche nannten es goldblond, manche rötlichbraun und manche rot. Aschblond bezeichneten es später die Franzosen, und in den Pariser Geschäften legten sie goldschimmernde Seide in die Auslage und nannten sie *cheveux de la Reine*. Meine hohe Stirn verursachte jedoch große Bestürzung, da Fürst Starhemberg, unser Botschafter am französischen Hof, berichtet hatte: »Diese an sich geringfügige Unvollkommenheit könnte eines Tages störend wirken, wenn hohe Stirnen nicht mehr Mode sind.«

Ich saß darauf oft vor dem Spiegel und betrachtete diese kritisierte Stirn, an der mir vorher nie etwas Ungewöhnliches aufgefallen war; und sehr bald traf dann Monsieur Larsenneur aus Paris ein. Er schnalzte mißbilligend mit der Zunge über mein Haar, musterte mit gerunzelten Brauen meine Stirn und begab sich ans Werk. Er versuchte alle möglichen Frisuren und entschied schließlich, daß meine Stirn niedriger wirke, wenn man mir das Haar straff in die Höhe zog und auf dem Kopf auftürmte. Es wurde also so fest hochgezerrt, daß es wehtat; der kunstvolle Aufbau wurde dann durch falsches Haar in meiner Farbe gestützt. Zu meinem großen Unwillen mußte ich nun das Haar so tragen, doch sobald Monsieur Larsenneur verschwand, pflegte ich die Haarnadeln zu lockern. Einige der Höflinge meiner Mutter hielten diese neue Frisur nicht für sehr kleidsam, doch der alte Baron Neny sagte, alle Damen würden ihr Haar »à la Dauphine« frisieren, sobald ich in Versailles einträfe. Derartige Bemerkungen gaben mir immer einen unangenehmen Stich, besagten sie doch, daß die große Veränderung näher heranrückte; ich versuchte mit aller Kraft, diese Tatsache in der ganzen Aufregung um neue Frisuren und neue Tanzschritte zu vergessen, und konzentrierte mich weiter darauf, Abbé Vermond von dem Buch wegzulocken, das wir gerade lasen, um Leute bei Hofe nachzuahmen.

Meine Zähne erregten ebenfalls Anstoß, denn sie waren nicht regelmäßig. Man schickte uns einen Zahnarzt aus Frankreich, der sich meine Zähne ebenso stirnrunzelnd anschaute, wie Monsieur Larsenneur den Kopf über mein Haar geschüttelt hatte. Dauernd drückte er an meinen Zähnen herum, erreichte aber, glaube ich, nicht sehr viel; schließlich gab er es auf. Sie standen etwas vor, was meiner Unterlippe angeblich einen leicht geringschätzigen Ausdruck gab. Ich versuchte es mit einem Lächeln, das den verächtlichen Zug um den Mund wegwischte, obgleich dadurch die unregelmäßigen Zähne sichtbar wurden.

Ich mußte ein Korsett tragen, was mir zuwider war, und mußte mich an hohe Absätze gewöhnen, die mich daran hinderten, im Park mit meinen Hunden herumzutollen. Beim Gedanken, meine Hunde zurücklassen zu müssen, brach ich jedesmal in Tränen aus, und der Abbé tröstete mich dann, indem er mir versicherte, als Kronprin-

zessin von Frankreich bekäme ich so viele *französische* Hunde, wie ich nur wolle.
Als mein vierzehnter Geburtstag nahte, kündigte meine Mutter ein Fest dafür an, bei dem ich die Gäste empfangen sollte. Der gesamte Hof sollte daran teilnehmen, und es würde sich zeigen, ob ich in der Lage sei, Mittelpunkt eines derartigen Ereignisses zu sein. Die Aussicht darauf schreckte mich nicht sonderlich. Es waren die Unterrichtsstunden, die ich unerträglich fand. Ich empfing daher ganz gelassen die Gäste und tanzte so, wie Noverre es mich gelehrt hatte. Ich wußte, ich war ein Erfolg, denn sogar Kaunitz, der einzig und allein gekommen war, um mich zu beobachten und nicht um sich zu unterhalten, sagte es. Meine Mutter erzählte mir hinterher, er hätte erklärt: »Die Erzherzogin wird trotz ihres kindlichen Wesens ihre Sache gut machen, vorausgesetzt, niemand verdirbt sie.« Und meine Mutter betonte besonders die Worte *»ihr kindliches Wesen«* und *»vorausgesetzt, niemand verdirbt sie«*. Ich müßte schnell erwachsen werden, mahnte sie eindringlich, und dürfte nicht glauben, alles nur mit meinem Lächeln erreichen zu können.
Die Zeit verging. In zwei Monaten sollte ich nach Frankreich aufbrechen, vorausgesetzt, daß all die Vereinbarungen bis dahin getroffen waren und die Franzosen und Österreicher sich über all die strittigen Punkte geeignet hatten. Meine Mutter war äußerst beunruhigt. Ich sei so ungenügend darauf vorbereitet, sagte sie. Sie ließ mich zu sich in ihren Salon rufen und eröffnete mir, daß ich von nun an in ihrem Schlafgemach schlafen würde, damit sie sich in freien Augenblicken mit mir befassen könne. Diese unmittelbar bevorstehende Veränderung schreckte mich viel mehr als die über alles entscheidende Aussicht, ein neues Leben in einem fremden Land zu beginnen – und dies war typisch für mich.

Ich erinnere mich noch genau – und jetzt voller Wehmut – an jene Tage und Nächte voll äußerstem körperlichen Unbehagen und Furcht. Das große Prunkgemach war eisig kalt; alle Fenster standen weit offen, um frische Luft hereinzulassen, und der Schnee wehte in den Raum. Das Schlimmste war jedoch der schneidend kalte Wind. Die Fenster in unseren Zimmern sollten ebenfalls ständig offen sein, doch ich überredete meine Zofen immer, sie zu schließen, was sie nur zu bereitwillig taten – solange die Fenster wieder geöffnet wurden, bevor man entdeckte, daß sie zugemacht worden waren. Doch hier im

Schlafgemach meiner Mutter gab es keine derartige Möglichkeit; der einzig warme Ort war das Bett. Ich stellte mich manchmal schlafend, wenn meine Mutter sich über mich beugte und die Bettücher von meinem Gesicht zog, mußte mich dann aber sehr zusammennehmen, um nicht unter dem eisigen Wind zusammenzuzucken. Mit kalten Fingern pflegte sie mir das Haar aus der Stirn zu streichen und mir einen zärtlichen Kuß zu geben, so daß ich fast vergaß, mich schlafend zu stellen, weil ich am liebsten aufgesprungen wäre und ihr die Arme um den Hals geworfen hätte.

Erst jetzt verstehe ich, wie besorgt sie um mich war. Ich glaube, ich wurde ihre Lieblingstochter nicht nur, weil ich der besondere Liebling meines Vaters gewesen war, sondern weil ich klein, naiv, hoffnungslos für alle Erziehungsversuche und ... verwundbar war. Wie ich später begriff, fragte sie sich ständig, was wohl aus mir werden würde. Ich danke dem Herrgott, daß er sie zu sich nahm, bevor sie das erleben mußte!

Ich konnte mich aber nicht immer schlafend stellen, und so fanden lange Dialoge oder vielmehr Monologe statt, in denen sie mir Anweisungen gab, wie ich mich zu verhalten hätte. An einen dieser Monologe erinnere ich mich noch genau.

»Und sei nicht zu neugierig! Das ist eine Eigenschaft von dir, die mir große Sorge macht. Und vermeide Vertraulichkeiten mit Untergebenen!«

»Ja, Mama.«

»Monsieur und Madame de Noailles sind vom König von Frankreich zu deinem persönlichen Gefolge ernannt worden. Du wirst sie immer um Rat fragen, sobald du irgendwie im Zweifel bist, was du tun sollst. Bestehe darauf, daß sie dich auf die Dinge vorbereiten, die du wissen mußt. Und scheu dich nicht, um Rat zu fragen.«

»Nein, Mama.«

»Tu nichts, ohne erst die jeweils dafür zuständigen Personen zu fragen ...«

Meine Gedanken schweiften ab. Monsieur und Madame de Noailles ... wie waren sie? Ich begann widerspruchsvolle Bilder von ihnen vor meinem inneren Auge zu entwerfen, über die ich lächeln mußte. Meine Mutter sah das Lächeln und war halb erzürnt, halb gerührt. Sie zog mich an sich.

»Oh, mein geliebtes Kind, was wird nur aus dir werden!«

Es würde dort alles ganz anders sein, fuhr sie fort. Es bestünde ein großer Unterschied zwischen den Franzosen und den Österreichern.

Die Franzosen hielten jeden, der nicht Franzose wäre, für einen Barbaren. »Du mußt wie eine Französin sein, denn du wirst eine Französin werden. Du wirst Kronprinzessin von Frankreich und zu gegebener Zeit Königin. Erwarte das jedoch nicht voller Ungeduld! Der König würde es merken, und es würde ihm mißfallen.«
Den Dauphin erwähnte sie nicht, der mein Gemahl werden sollte, und so dachte ich ebenfalls nicht an ihn. Es drehte sich alles um den König, den Herzog von Choiseul, den Marquis de Durfort, den Fürsten Starhemberg und den Grafen von Mercy d'Argenteau – um all diese bedeutenden Männer, die ihre Staatsgeschäfte ruhen ließen, um über mich nachzudenken. Aber ich *war* ja eine Staatsaffäre – die wichtigste, mit der sie sich je zu befassen hatten. Es war so absurd, daß ich am liebsten laut darüber gelacht hätte.
»Zu Anfang jedes Monats werde ich dir einen Kurier nach Paris schicken«, erklärte meine Mutter. »Du kannst dann in der Zwischenzeit immer deine Briefe schreiben, damit sie sofort den Kurieren übergeben und mir überbracht werden. Vernichte meine Briefe! Dann kann ich dir offener schreiben.«
Ich nickte ernst. Es schien alles so aufregend – wie eines der Theaterstücke, die Ferdinand und Max aufzuführen pflegten. Ich sah im Geiste, wie ich die Briefe meiner Mutter empfing und las, um sie dann an einem geheimen Ort zu verstecken, bis ich eine Gelegenheit fand, sie zu verbrennen.
»Du hörst nicht richtig zu, Antoinette!« schalt meine Mutter seufzend. Diesen Tadel bekam ich ständig zu hören.
»Erzähle dort nichts von unseren familiären Angelegenheiten.« Wieder nickte ich. Natürlich! Ich durfte dort nicht erzählen, wie Caroline geweint hatte, und wie sie den König von Neapel als äußerst häßlich bezeichnet hatte; auch nicht, was Maria-Amalia über den Knaben gesagt hatte, den zu heiraten sie fortgeschickt worden war, noch wie Joseph seine zweite Frau gehaßt hatte und wie seine erste Frau Maria-Christina geliebt hatte. Das alles mußte ich vergessen.
»Sprich von deiner Familie mit Aufrichtigkeit und Mäßigung.« Sollte ich von diesen Geschichten erzählen, wenn man mich fragte? Ich grübelte darüber nach, doch meine Mutter fuhr bereits fort:
»Sage morgens immer deine Gebete beim Aufstehen und knie dabei nieder. Lies jeden Tag in einem geistlichen Buch. Nimm jeden Tag an der Messe teil und zieh dich zur Meditation zurück, wenn es dir möglich ist.«

»Ja, Mama.« Ich war entschlossen zu versuchen, all ihre Anweisungen zu befolgen.
»Lies kein beliebiges Buch oder Pamphlet ohne die Zustimmung deines Beichtvaters. Hör nicht auf Klatsch und bevorzuge niemanden.« Man hatte natürlich seine Freunde. Ich konnte nicht umhin, manche Menschen lieber zu mögen als andere, und wenn ich sie mochte, schenkte ich ihnen gern etwas.
Die Ratschläge gingen endlos weiter. Das mußt du tun – das darfst du nicht tun! Und ich zitterte vor Kälte, während ich zuhörte, denn wenn sich mit dem herannahenden April die Temperaturen auch besserten, war es im Schlafgemach doch immer noch empfindlich kalt.
»Du mußt lernen, Gefälligkeiten abzulehnen – das ist sehr wichtig! Antworte immer liebenswürdig, wenn du etwas ablehnen mußt. Schäm dich vor allem nie, um Rat zu fragen.«
»Nein, Mama.«
Vielleicht wurde ich dann durch meine Schulstunde bei Abbé Vermond erlöst, die gar nicht so übel war, oder durch eine Sitzung beim Friseur, der mein Haar in die Höhe zerrte, oder durch meine Tanzstunde, die ein reines Vergnügen bedeutete. Zwischen Monsieur Noverre und mir bestand ein stillschweigendes Übereinkommen, die Zeit zu vergessen; so taten wir immer erstaunt, wenn ein Lakai hereinkam, um zu melden, daß Monsieur l'Abbé oder der Friseur auf mich warte oder daß ich mich in zehn Minuten für ein Gespräch mit dem Fürsten Kaunitz bereithalten solle.
»Wir waren ganz in die Stunde versunken«, pflegte Monsieur Noverre dann zu sagen, als entschuldigte er uns dadurch, daß er dieses köstliche Vergnügen als Unterrichtsstunde bezeichnete.
»Du magst gern tanzen, mein Kind«, sagte meine Mutter in dem kalten Schlafgemach.
»Ja, Mama.«
»Und Monsieur Noverre meldet mir, daß du ausgezeichnete Fortschritte machst. Ach, wenn man das doch nur von deinen übrigen Studien behaupten könnte!« Ich zeigte ihr darauf einen neuen Tanzschritt, und sie lächelte und meinte, ich mache es sehr hübsch. »Anmutig zu tanzen ist schließlich auch eine notwendige Fertigkeit. Aber vergiß nicht, daß wir nicht zu unserem eigenen Plaisir leben. Vergnügungen werden einem von Gott als Erleichterung geschenkt.«
Als Erleichterung? Erleichterung wovon? Dies war wieder eine Andeutung, daß das Leben eine Tragödie sei. Ich begann an die arme

Caroline zu denken, doch meine Mutter holte mich sogleich wieder aus meinen Überlegungen zurück. »Tu nichts, was den Sitten und Gebräuchen in Frankreich widerspricht, und weise nie darauf hin, wie diese hier sind.«
»Nein, Mama.«
»Und deute nie mit einer einzigen Bemerkung an, daß wir hier in Wien etwas besser machten als die in Frankreich. Schlage nie vor, daß man dort etwas so wie hier tun sollte. Nichts ärgert die Menschen mehr. Du mußt lernen, alles zu bewundern, was französisch ist.« Ich wußte, ich würde niemals all die Dinge behalten, die ich tun sollte und nicht tun sollte. Ich würde meinem Glück vertrauen, meiner Gabe, begangene Fehler durch mein Lächeln wieder gutzumachen. Meine Mutter war während jener zwei Monate, die ich in ihrem Schlafgemach zubrachte, in großer innerer Spannung, denn sie fürchtete, es könnte überhaupt nicht zu einer Heirat kommen. Sie und Kaunitz hatten dauernd geheime Unterredungen, und der Marquis de Durfort kam und ging ständig.
Dies bedeutete eine Erleichterung für mich, da mir dadurch jene Lektionen in dem zugigen Prunkschlafzimmer erspart blieben, die ein Teil meines Lebens geworden waren. Es ging alles darum, wer den Vorrang vor wem erhielt – ob der Name meiner Mutter und meines Bruders oder der des Königs von Frankreich zuerst auf den Dokumenten stehen sollte.
Kaunitz war gelassen, jedoch besorgt. »Das ganze Projekt einer Heirat könnte fallengelassen werden«, berichtete er meiner Mutter. »Es ist lächerlich, daß so viel von so unwichtigen Details abhängt.« Man stritt sich über die feierliche Übergabe meiner Person. Sollte sie auf französischem oder österreichischem Boden stattfinden? Man mußte sich für eine der beiden Möglichkeiten entscheiden. Die Franzosen verlangten, es müßte auf französischem Boden geschehen, die Österreicher fanden, es müßte auf österreichischem erfolgen. Meine Mutter erzählte mir manchmal einiges von diesen Erörterungen. »Es ist gut für dich, das zu wissen.«
Es ging um das Prestige. Es war eine Frage von allergrößter Wichtigkeit, wieviele Dienstboten ich in meinem Gefolge mitnahm und wie viele mich nach Paris begleiten würden. Der Zeitpunkt kam, wo ich überzeugt war, daß gar keine Heirat stattfinden würde, und ich wußte nicht, ob ich froh oder enttäuscht darüber war. Einerseits hätte ich es bedauert, nicht mehr so im Mittelpunkt zu stehen, doch

andererseits überlegte ich mir, wie angenehm es wäre, wie Maria-Amalia bis zu meinem dreiundzwanzigsten Geburtstag zu Hause in Wien zu bleiben.

Ich habe während der letzten Monate oft an jenes Tauziehen gedacht und mich gefragt, wie anders mein Leben verlaufen wäre, wenn die Staatsmänner sich nicht geeinigt hätten.

Das Schicksal entschied jedoch anders, und man gelangte schließlich zu einer Einigung.

Der Marquis de Durfort kehrte nach Frankreich zurück, um sich weitere Anweisungen von seinem Herrscher zu holen. In aller Eile wurde mit dem Umbau der französischen Botschaft in Wien begonnen, um diese zu vergrößern, denn fünfzehnhundert Gäste mußten eingeladen werden. Es wäre ein Verstoß gegen die Etikette gewesen, einen einzigen zu übergehen. Etikette! Das war ein Wort, welches ich immer häufiger hörte.

Die Neuigkeit erreichte uns, daß König Ludwig beschlossen hätte, in Versailles ein Opernhaus zu errichten, um die Hochzeit dort zu feiern, da in Wien Umbauten notwendig wären.

Meine Mutter war entschlossen, mich mit einer so prächtigen Garderobe auszurüsten, wie die Franzosen sie nicht großartiger anfertigen konnten. Ich vermochte mein Entzücken über diesen ganzen Wirbel um mich nicht zu unterdrücken und merkte manchmal, wie meine Mutter mich forschend beobachtete. Ich frage mich jetzt, ob sie nicht froh über meine Oberflächlichkeit war, da diese verhinderte, daß mich die Aussicht, von zu Hause fortzugehen, zu sehr beschäftigte oder gar bedrückte. Nach Carolines herzzerreißender Verzweiflung muß meine Art eine Erleichterung für sie gewesen sein.

Als der Marquis de Durfort nach Wien zurückkehrte, schien es mir tatsächlich wie ein wundersames Theaterspiel, in dem man mich für die wichtigste und aufregendste Rolle vorgesehen hatte, denn nun begannen die offiziellen Zeremonien. Der April begann mit gutem Wetter. Am siebten April fand die feierliche Verzichterklärung statt, in der ich meine österreichischen Thronfolgerechte aufgab. Es erschien mir alles ziemlich bedeutungslos, als ich in der Halle der Burg stand und die in Latein abgefaßte Erklärung unterschrieb und dann vor dem Bischof von Laylach den Eid ablegte. Ich fand die Zeremonie ermüdend und langweilig, genoß aber das anschließende Fest und den Ball.

Der große Ballsaal wurde von dreitausendfünfhundert Kerzen strahlend erleuchtet, und ich erfuhr, daß achthundert Feuerwehrleute ständig wegen der herunterfallenden Funken mit feuchten Schwämmen aufpassen mußten. Als ich tanzte, vergaß ich alles und gab mich nur der Freude am Tanze hin. Ich vergaß sogar, daß dies einer der letzten Bälle war, die ich in meinem Heimatland erlebte.

Gleich am folgenden Tag empfing der Marquis de Durfort im Namen des Königs von Frankreich den österreichischen Hof, und dieser Abend mußte ebenso glanzvoll – wenn nicht noch prächtiger – als der vorhergehende Abend sein. Er mietete daher das Palais Lichtenstein. Es war ein herrlicher Abend! Ich erinnere mich noch genau an die Fahrt dorthin. Entlang des ganzen Weges waren die Bäume illuminiert, und zwischen jedem Baum hatte man einen Delphin aufgestellt, der eine Laterne trug. Es war zauberhaft, und wir bewunderten es mit staunenden Ausrufen, während wir durch diese Märchenallee hindurchfuhren.

Der Marquis de Durfort hatte im Ballsaal schöne Gemälde aufhängen lassen, die den Anlaß in Symbolen verherrlichten. Besonders deutlich erinnere ich mich an eines der Gemälde, das mich selbst auf dem Weg nach Frankreich darstellte. Vor mir breitete sich ein Teppich von Blumen aus, die von einer die Liebe verkörpernden Nymphe hingestreut wurden.

Es gab ein Feuerwerk und Musik, und die Prachtentfaltung dieses Abends übertraf tatsächlich unseren Ball trotz jener dreitausendfünfhundert Kerzen.

Am neunzehnten April wurde ich in Vertretung dem Dauphin von Frankreich angetraut. Auch dies war nur ein Teil des ganzen Theaterspiels, denn Ferdinand spielte die Rolle des Bräutigams; da mein Bruder also den Dauphin von Frankreich vertrat, schien es mir genau wie eines jener Theaterstücke, die meine Geschwister zu meinem Entzücken aufzuführen pflegten mit dem einzigen Unterschied, daß ich jetzt alt genug war, mitzuspielen. Ferdinand und ich knieten nebeneinander vor dem Altar, und ich wiederholte mir immer wieder die Worte *»Volo et ita promitto«*, um sie richtig herauszubekommen, wenn der Augenblick kam, sie laut zu sagen.

Nach der Trauzeremonie wurden Kanonenschüsse auf dem Spitalplatz abgefeuert, und dann folgte das Bankett.

In zwei Tagen sollte ich meine Heimat verlassen, und ich fing plötzlich an zu begreifen, was das bedeutete. Mir wurde mit Schrecken klar, daß ich meine Mutter vielleicht niemals wiedersehen würde. Sie

rief mich zu sich und erteilte mir wieder viele Instruktionen. Angsterfüllt hörte ich zu; ich begann, mich zu fürchten.
Sie wies mich an, mich an einen Tisch zu setzen und meinen Federkiel zu nehmen. Ich sollte einen Brief an meinen Großvater schreiben, denn von nun an würde der König von Frankreich das sein. Ich dürfte das nicht vergessen. Ich müßte mich bemühen, ihn zu erfreuen. Ich müßte ihm gehorchen und ihn niemals kränken. Und jetzt müßte ich ihm schreiben. Ich war froh, daß ich mir den Inhalt dieses Briefes nicht selbst ausdenken mußte. Das hätte meine Möglichkeiten wirklich überschritten. Es war schon schlimm genug, nach dem Diktat meiner Mutter zu schreiben. Sie ließ den Blick nicht von mir. Ich kann mir jetzt ihre Befürchtungen lebhaft vorstellen. Da saß ich vor ihr, den Kopf zu Seite geneigt, die Stirn vor konzentrierter Anstrengung gerunzelt, und biß mir auf die Zunge, deren Spitze ein wenig zwischen den Zähnen hervorschaute; ich gab mir die größte Mühe, brachte aber nur ein kindliches Gekritzel zustande, dessen Zeilen auf und nieder tanzten. Ich erinnere mich, daß ich den König von Frankreich bat, nachsichtig mit mir zu sein und auch den Dauphin um Nachsicht mir gegenüber zu bitten.
Ich hielt inne, um über den Dauphin nachzudenken, der die andere Hauptrolle in dieser ... Farce, Komödie oder Tragödie? ... spielte. Wie konnte ich wissen, was es sein würde? Später schien es das alles gleichzeitig zu sein. Was wußte ich über den Dauphin? Niemand sprach viel von ihm. Nach den gelegentlichen Erwähnungen meines Gefolges zu urteilen, schien er ein schöner Held ... wie alle Prinzen es sein sollten. Selbstverständlich würde er schön sein. Wir würden zusammen tanzen und Kinder haben. Wie sehnte ich mich nach Kindern! Kleine blonde Kinder, die mich vergöttern würden. Als Mutter würde ich aufhören, selbst ein Kind zu sein. Und dann dachte ich an Caroline – an jene erschütternden Briefe von ihr. »Er ist äußerst häßlich ... aber man gewöhnt sich daran ...« Meine Mutter hatte mir von allem erzählt, was mich am Versailler Hof erwarten mochte ... nur nicht von meinem Bräutigam.
Nun legte meine Mutter den Arm um mich und hielt mich an sich gezogen, während jetzt sie dem König von Frankreich schrieb. Ich verfolgte bewundernd, wie schnell und geschickt ihre Feder über das Papier glitt. Sie legte dem König inständig »ihr heiß geliebtes Kind« ans Herz. Sie bat den König, sich »ihres so sehr geliebten Kindes« anzunehmen. »Ich bitte Sie, nachsichtig mit jeder unbesonnenen

Geste oder Äußerung meines lieben Kindes zu sein. Sie hat ein gutes Herz, ist aber manchmal impulsiv und etwas ungebärdig...« Mir traten die Tränen in die Augen, weil sie mir leid tat. Das schien seltsam, aber sie machte sich solche Sorgen, weil sie mich so gut kannte und sich die Art von Welt vorstellen konnte, in die ich gestoßen wurde.

Der Marquis de Durfort hatte zwei Karossen mit nach Österreich gebracht, die der König von Frankreich zu dem einzigen Zweck hatte anfertigen lassen, mich nach Frankreich zu holen. Wir hatten schon von diesen Karossen gehört, bevor sie eintrafen. Sie waren von Francien, dem ersten Kutschenmacher von Paris, und der König hatte befohlen, daß bei ihrem Bau keine Kosten gescheut werden sollten. Francien hatte seinem Ruf Ehre gemacht, und die beiden Karossen waren wirklich prachtvoll. Sie waren innen mit Seidenatlas ausgeschlagen und mit Malereien in zarten Farben geschmückt; goldene Kronen prangten auf der Außenseite, um sie als königliche Karossen zu kennzeichnen. Ich sollte feststellen, daß sie nicht nur die schönsten waren, in denen ich jemals gereist war, sondern auch die komfortabelsten.

Der Marquis traf mit einhundertsiebzehn Leibwächtern ein, alle in bunten Uniformen, und es wurde damit geprahlt, daß die Kosten dieser vergnügten kleinen Kavalkade sich auf etwa dreihundertfünfzigtausend Dukaten beliefen.

Am einundzwanzigsten April trat ich meine Reise nach Frankreich an. In den vergangenen letzten Jahren habe ich oft an meine Mutter gedacht, als sie von mir Abschied nahm. Sie wußte, es war das letzte Mal, daß sie mich in den Armen hielt, das letzte Mal, daß sie mich küßte. Ohne Zweifel kamen ihr ermahnende Worte in den Sinn. ›Denk an dies! Tu nicht das!‹ Sie hatte es mir bestimmt schon alles in ihrem eisigen Schlafzimmer gesagt, doch da sie mich kannte, begriff sie unvermittelt, daß ich die Hälfte davon schon vergessen hatte. Ich hatte auf jeden Fall wenig von dem verstanden, was sie zu mir sagte. Jetzt weiß ich, daß sie stumm zu Gott und den Heiligen betete und sie anflehte, mich zu beschützen. Ich erschien ihr wie ein hilfloses Kind in der Wildnis.

»Mein geliebtes Kind«, flüsterte sie, und plötzlich wollte ich nicht mehr von ihr fort. Dies war mein Zuhause! Ich wollte hierbleiben – auch wenn es Schulstunden und schmerzhafte Frisuren und Lektionen im kalten Schlafzimmer bedeutete. Erst im November würde ich fünfzehn werden, und so kam ich mir auf einmal sehr jung und unerfahren vor. Ich wollte sie bitten, noch etwas zu Hause bleiben zu dürfen, doch Monsieur de Durforts prachtvolle Reisekarossen warteten. Kaunitz sah ungeduldig und erleichtert aus, daß das Feilschen vorbei war. Nur meine Mutter war traurig, und ich überlegte mir, ob ich einen Augenblick mit ihr allein sein und sie anflehen konnte, bleiben zu dürfen. Aber das ging natürlich nicht. So sehr sie mich auch liebte, würde sie doch nie zulassen, daß meine Launen ihre Staatsaffären durchkreuzten. Und ich war eine Staatsaffäre. Dieser Gedanke reizte mich zum Lachen – gefiel mir aber auch. Ich war tatsächlich eine sehr wichtige Persönlichkeit.

»Adieu, mein geliebtes Kind. Ich werde dir regelmäßig schreiben. Es wird so sein, als wäre ich bei dir.«

»Ja, Mama.«

»Wir werden zwar getrennt sein, aber ich werde nie aufhören, an dich zu denken, solange ich lebe. Hab mich immer lieb! Es ist das Einzige, was mich trösten kann.«

Und dann mußte ich mit Joseph in die Karosse einsteigen; er begleitete mich den ersten Reisetag. Ich hatte mir wenig mit Joseph zu sagen, der so viel älter war und jetzt als Kaiser und Mit-Regent meiner Mutter so bedeutend geworden war. Er war freundlich und gütig, doch in meiner Gemütsverfassung fand ich sein pompöses Gehabe aufreizend, und die ganze Zeit gab er mir Ratschläge, denen zuzuhören ich keine Lust hatte. Ich wollte an meine kleinen Hunde denken, für die die Diener gut sorgen würden, wie sie mir versichert hatten. Als wir am Schönbrunner Schloß vorbeikamen, blickte ich zu der gelben Fassade und den grünen Läden und wurde daran erinnert, wie Caroline, Ferdinand, Max und ich zuzuschauen pflegten, wenn unsere älteren Geschwister ihre Theaterstücke, Opern und Ballette aufführten. Und ich dachte daran, wie die Lakaien uns Erfrischungen in den Park zu bringen pflegten – Limonade, die meine Mutter für bekömmlich hielt, und kleine Wiener Kuchen bedeckt mit Schlagsahne.

Vor meiner Abreise hatte meine Mutter mir ein Paket mit Papieren gegeben, die ich regelmäßig lesen sollte. Ich hatte einen Blick hineingeworfen und festgestellt, daß sie Anweisungen und Verhaltensregeln enthielten, die sie mir bereits in ihren Lektionen erteilt hatte. Ich würde sie später lesen, versicherte ich mir. Jetzt wollte ich an die alten Zeiten denken – an das ungetrübte Glück jener Tage, bevor Caroline und Maria-Amalia so unglücklich wurden. Ich blickte zu Joseph hinüber, der seine eigene Tragödie durchgemacht hatte; er schien sie verwunden zu haben, wie er dort so heiter und gelassen in den prächtigen Seidenpolstern saß.

»Denk immer daran, daß du eine Deutsche bist...«

Ich mußte gähnen. Joseph versuchte mir auf seine umständliche Art die Bedeutung meiner Heirat klarzumachen. Ob ich mir bewußt sei, daß mein Gefolge aus einhundertzweiunddreißig Personen bestände? Ja Joseph, ich hatte das alles schon gehört.

»Deine Hofdamen und Zofen, Friseure und Schneider, deine Sekretäre, Chirurgen, Pagen und Lakaien, deine Kürschner, deine Geistlichen, deine Köche und so weiter. Dein Oberpostmeister, der Prinz von Paar, hat vierunddreißig Untergebene.«

»Ja Joseph, es ist eine imponierende Anzahl.«

»Es ist ja nicht so, als würden wir den Franzosen erlauben zu denken, wir könnten dir nicht in gleich großem Stil das Geleit geben wie sie. Wußtest du, daß unser Zug dreihundertsechsundsiebzig Pferde umfaßt und daß diese vier- bis fünfmal pro Tag gewechselt werden müssen?«

»Nein Joseph. Aber jetzt hast du es mir ja gesagt.«

»Du solltest diese Dinge wissen. Zwanzigtausend Pferde stehen entlang der Reiseroute von Wien nach Straßburg bereit, um dich und dein Gefolge dorthin zu bringen.«

»Eine große Anzahl.«

Ich wünschte, er hätte mir mehr von seiner Ehe erzählt und mir gesagt, was ich mir von der meinigen erwarten sollte. Seine Zahlen langweilten mich, und ich kämpfte die ganze Zeit gegen die Tränen.

In Melk, wo wir nach einer Fahrt von acht Stunden eintrafen, übernachteten wir in dem Benediktinerkloster, dessen Schüler uns zu Ehren eine Oper aufführten. Es war schrecklich langweilig. Ich war sehr schläfrig, und als ich an die vergangene Nacht dachte, die ich noch im Schlafgemach meiner Mutter in der Hofburg verbrachte, überkam mich das heftigste Verlangen nach dem Trost, den sie mir zu geben vermochte. Denn merkwürdigerweise hatte sie mich trotz ihrer Lektionen getröstet; ohne daß ich mir dessen bewußt gewesen war, hatte ich mich sicher und geborgen gefühlt, solange sie bei mir war – allmächtig und allwissend, denn ihre ganze Fürsorge galt ja nur mir.

Josef verließ mich am folgenden Tag, was ich nicht bedauerte. Er war ein guter Bruder, der mich lieb hatte, doch seine Unterhaltung langweilte mich; es fiel mir immer schwer, mich zu konzentrieren. Was für eine lange Reise! Die Prinzessin von Paar fuhr mit mir in meiner Karosse und versuchte mich aufzuheitern, indem sie mir von den Herrlichkeiten von Versailles erzählte und mir ausmalte, was für eine strahlende Zukunft vor mir läge. Wir kamen durch Enns, durch Lambach – und weiter ging es nach Nymphenburg. In Günsburg ruhten wir uns zwei Tage bei Prinzessin Charlotte, der Schwester meines Vaters, aus. Ich erinnerte mich undeutlich an sie, denn sie hatte eine Zeitlang bei uns in Schönbrunn gelebt. Mein Vater hatte sie sehr geliebt, und sie hatten lange Spaziergänge zusammen gemacht; doch meine Mutter irritierte ihre Anwesenheit. Vielleicht irritierte sie jeder, den mein Vater gern hatte; und so zog sich Charlotte schließlich als Äbtissin zurück. Sie sprach sehr liebevoll von meinem Vater, und ich begleitete sie, um Nahrung unter die Armen zu verteilen, was für mich eine Abwechslung nach all den Banketten und Bällen war.
Wir überquerten den Schwarzwald und langten bei der Abtei von Schüttern an, wo mir der Graf von Noailles seine Aufwartung machte, der zu meiner Begleitung bestimmt war. Er war alt und sehr stolz auf die Aufgabe, die ihm von seinem Freund, dem Herzog von Choiseul, anvertraut worden war. Ich fand ihn einen eitlen alten Kerl und wußte nicht so recht, ob ich ihn mochte. Er blieb nicht lange, denn es gab Schwierigkeiten bezüglich der bevorstehenden Zeremonie. Wieder ging es darum, wessen Name zuerst auf dem Dokument stehen sollte. Prinz Starhemberg, der mich feierlich den Franzosen übergeben sollte, bewegte das ebenso leidenschaftlich wie den Herzog von Noailles. Ich war an jenem Abend sehr traurig, wußte ich doch, es war meine letzte Nacht auf deutschem Boden. Und plötzlich lag ich weinend in den Armen der Prinzessin von Paar und wiederholte immer wieder schluchzend: »Ich werde meine Mutter nie wiedersehen!«
An jenem Tag hatte mich ein Brief von ihr erreicht. Sie mußte sich sofort nach meiner Abreise hingesetzt und ihn geschrieben haben; und ich wußte, sie hatte ihn unter Tränen geschrieben. Einige Passagen kommen mir wieder in den Sinn:

»Mein liebes Kind, Du befindest Dich jetzt an dem Platz, an den das Schicksal Dich gestellt hat. Sogar wenn man von der Macht Deiner

Stellung einmal absieht, bist Du die Glücklichste unter Deinen Geschwistern. Du wirst einen gütigen Vater vorfinden, der gleichzeitig Dein Freund sein wird. Hab volles Vertrauen zu ihm. Liebe ihn und gehorche ihm. Von dem Dauphin spreche ich nicht. Du kennst meine Delikatesse zu diesem Punkt. Eine Ehefrau ist ihrem Gemahl in allen Dingen untertan, und Du solltest kein anderes Ziel haben, als ihn zu erfreuen und ihm zu Willen zu sein. Das einzig wirkliche Glück dieser Welt entspringt einer glücklichen Ehe. Ich sage das aus Erfahrung. Und dabei hängt alles von der Frau ab, ob sie nachgiebig, amüsant und stets bestrebt ist, ihren Mann zu erfreuen . . .«

Ich las den Brief ein ums andere Mal. Er war in jener Nacht mein größter Trost. Am nächsten Tag würde ich mein neues Land betreten; ich würde mich von all den Menschen verabschieden, die mich bis hierher begleitet hatten. Es gab so vieles, was ich lernen mußte, so vieles, was man von mir erwarten würde; und ich weinte nach meiner Mutter – das war alles, was ich konnte. »Ich werde sie nie wiedersehen!« murmelte ich erstickt in mein Kopfkissen.

2

> »Das Goldene Zeitalter wird einer solchen Verbindung entspringen, und unter der glücklichen Herrschaft von Marie-Antoinette und Ludwig-August werden unsere Kinder die Fortdauer des Glückes erleben, dessen wir uns unter Ludwig dem Vielgeliebten erfreuen.« *Prinz von Rohan in Straßburg*

DIE VERWIRRTE BRAUT

Die feierliche Zeremonie der Übergabe sollte in einem Gebäude stattfinden, das auf dem Niemandsland einer Insel im Rhein errichtet worden war. Die Prinzessin von Paar hatte mir eingeschärft, daß dies die bisher wichtigste Zeremonie war, denn in ihrem Verlauf würde ich aufhören, Österreicherin zu sein. Als österreichische Erzherzogin würde ich jenes Gebäude betreten, um es als französische Kronprinzessin auf der anderen Seite wieder zu verlassen.

Es war kein sehr imponierender Bau, da er in aller Eile errichtet worden war; man wollte ihn nur für diese eine Gelegenheit benutzen und dann nie wieder. Auf der Insel angekommen, führte man mich in ein Vorzimmer, wo meine Zofen mir die gesamte Kleidung abstreiften; und als ich dort splitternackt vor ihnen allen stand, war mir so kläglich zumute, daß ich an meine Mutter in ihren gestrengsten Augenblicken denken mußte, um nicht in Tränen auszubrechen. Schützend legte ich die Hand auf das Halskettchen, das ich so lange Jahre getragen hatte, um es zu verbergen. Aber ich konnte es nicht retten. Das arme Kettchen war österreichisch und mußte deshalb weg.

Ich zitterte, als sie mir meine französischen Gewänder anlegten, mußte jedoch feststellen, daß sie schöner waren als alles, was ich in Österreich besessen hatte, und das hob meine Stimmung. Hübsche Kleider bedeuteten mir sehr viel, und ich wurde nie müde, mich über ein neues Gewebe, eine neue Mode oder einen Diamanten zu freuen.

Als ich fertig angekleidet war, brachte man mich zum Fürsten Starhemberg, der auf mich wartete; mit fester Hand führte er mich in die Halle, die den Hauptteil dieses Gebäudes bildete. Nach dem kleinen Vorzimmer erschien sie recht groß; in der Mitte stand ein mit rotem Samt bedeckter Tisch. Starhemberg bezeichnete diesen Raum als den Salon der Übergabe und sagte mir, daß der Tisch die Grenze zwischen meiner alten und neuen Heimat symbolisiere. Die Wände waren mit sehr schönen Tapisserien bedeckt, obgleich ich die auf ihnen dargestellten Szenen grauenvoll fand, denn sie schilderten die Geschichte von Jason und Medea. Meine Blicke schweiften während der kurzen Zeremonie immer wieder zu ihnen empor, und anstatt zuzuhören, dachte ich an Jasons ermordete Kinder und den flammenden Wagen der Furien. Viele Jahre später erfuhr ich, daß der Dichter Goethe, damals ein junger Jurastudent in Straßburg, sich die Halle vor der Zeremonie angesehen hatte und über diese Tapisserien entsetzt war; er könne nicht fassen, hatte er hinzugefügt, daß jemand sie dort aufhing, wo eine junge Braut das Land ihres Gemahls betrat. Er nannte sie »Schilderungen der gräßlichsten Hochzeit, die man sich vorstellen konnte«. Die Leute sahen auch dies später als ein böses Omen an.

Die Zeremonie dauerte zum Glück nicht lange. Ich wurde an die andere Seite des Tisches geleitet, einige Worte wurden gesprochen – und ich war Französin. Dann entließ mich Fürst Starhemberg aus seiner Obhut und übergab mich dem Grafen von Noailles, der mich in das Vorzimmer auf der französischen Seite des Gebäudes führte, wo er mir seine Gemahlin vorstellte, die zusammen mit ihm für meinen persönlichen Schutz verantwortlich war. Ich war verwirrt und sah sie mir kaum an. Ich wußte nur, daß ich mich einsam und verlassen fühlte und mich fürchtete und daß diese Frau sich um mich kümmern sollte; und so warf ich mich, ohne weiter nachzudenken, in der unbewußten Überzeugung in ihre Arme, daß diese Geste sie bezaubern würde. Als ich fühlte, wie sie erstarrte, blickte ich zu ihrem Gesicht auf. Sie schien alt ... sehr alt zu sein; ihr Gesicht war faltig und von strengen Zügen geformt. Einen kurzen Augenblick lang hatte mein Benehmen sie aus der Fassung gebracht, dann entzog sie sich jedoch behutsam, aber energisch meiner Umarmung und sagte:

»Ich bitte Madame la Dauphine mich freizugeben, um ihr ihre Erste Kammerfrau, die Herzogin von Villars, vorzustellen.«

Ich war zu überrascht, um mir anmerken zu lassen, daß ich verletzt war. Das Gefühl für die persönliche Würde war mir außerdem durch meine Erziehung und die Instruktionen meiner Mutter so eingeschärft worden, daß es mir fast in Fleisch und Blut übergegangen war; ich akzeptierte daher die Tatsache, daß wenig Trost von Madame de Noailles zu erhoffen war, und wandte mich der Herzogin von Villars zu, um festzustellen, daß auch sie alt und kalt und distanziert war. »Und die Ehrendamen von Madame la Dauphine.« Und da standen sie: die Herzogin von Picquigny, die Marquise de Duras, die Gräfin von Saulx-Tavannes und die Gräfin von Mailly – und alle waren sie alt! Eine Schar gestrenger alter Damen!
Kühl erwiderte ich ihre Begrüßung.

Von der Niemandsinsel ging der prunkvolle Zug weiter nach Straßburg im Elsaß, das 1697 durch den Frieden von Ryswik an Frankreich gefallen war. Die Straßburger waren begeistert über die Heirat, weil sie so gefährlich nahe der Grenze lebten, und bestrebt, ihre Freude auch zum Ausdruck zu bringen. Der Empfang, den man mir in dieser Stadt bereitete, ließ mich die kühle Begrüßung im Salon der Übergabe und die erste Begegnung mit den Hofdamen vergessen, die man für mich ausgesucht hatte. Dies war die Art von Ovationen, die ich genoß. In den Straßen überreichten mir kleine als Schäfer und Schäferinnen verkleidete Kinder Blumensträuße, und ich liebte diese kleinen Geschöpfe und wünschte, all die feierlichen ernsten Herren und Damen meines Gefolges möchten mich mit den Kindern allein lassen. Die Einwohner von Straßburg hatten die geglückte Idee gehabt, entlang unseres Weges durch die Stadt kleine als Schweizer Garde verkleidete Knaben aufzustellen. Sie sahen entzückend aus, und als ich im bischöflichen Palais ankam, in dem ich übernachten sollte, erbat ich mir diese kleine Garde als Nachtwache. Als die Kleinen das erfuhren, hüpften und lachten sie vor Freude; und am nächsten Morgen schaute ich aus dem Fenster und sah sie als meine Leibwache unten stehen. Sie erspähten mich und jubelten mir zu. Das sollte meine angenehmste Erinnerung an Straßburg sein.
Der Kardinal von Rohan empfing mich in der Kathedrale; er war ein uralter Mann, der sich bewegte, als leide er schwer unter der Gicht. Es folgte ein feierliches Bankett und ein Besuch des Theaters. Danach sahen wir uns von dem Balkon des Palais' die geschmückten Kähne auf dem Fluß an, und das Feuerwerk war sehr aufregend, be-

sonderns als ich meine Initiale verschlungen mit denen des Dauphin hoch oben am nächtlichen Himmel erblickte. Und dann ging es zu Bett, bewacht von meiner kleinen Schweizer Garde.
Am nächsten Morgen begab ich mich in die Kathedrale zur Messe. Ich rechnete damit, den alten Kardinal wiederzusehen, doch er fühlte sich nicht wohl genug, um die Messe zu zelebrieren, und so vertrat ihn sein Neffe, ein sehr gut aussehender junger Mann, Bischof-Koadjutor der Diözese, der Prinz Ludwig von Rohan. Er würde bestimmt Kardinal werden, wenn sein Onkel starb, was nach dessen Aussehen nicht mehr fern sein konnte.
Er besaß eine der schönsten Stimmen, die ich jemals gehört hatte – doch vielleicht erschien mir das nur so, weil ich nicht an die Vorliebe der Franzosen für das anmutig gesprochene Wort gewöhnt war. In wenigen Tagen sollte ich die Stimme des Königs von Frankreich für die schönste Stimme der Welt halten. Noch entzückte mich jedoch die des Prinzen Ludwig von Rohan. Er war sehr ehrerbietig, doch in seinen Augen war ein Glimmen, das mich verwirrte. Er gab mir das Gefühl, sehr jung und unerfahren zu sein, obgleich sogar meine Mutter sich seine Worte nicht hätte anders wünschen können.
»Für uns, Madame«, erklärte er, »werden Sie das lebende Abbild der verehrten Kaiserin sein, der schon so lange Zeit die Bewunderung Europas gegolten hat und auch in Zukunft gelten wird. Der Geist Maria-Theresias wird sich durch Sie mit dem der Bourbonen verbinden.«
Das klang sehr schön, und ich war glücklich, daß man eine so hohe Meinung von meiner Mutter hatte.
»Das Goldene Zeitalter wird einer solchen Verbindung entspringen, und unter der glücklichen Herrschaft von Marie-Antoinette und Ludwig-August werden unsere Neffen die Fortdauer des Glückes erleben, dessen wir uns unter Ludwig dem Vielgeliebten erfreuen.«
Bei diesen Worten des Prinzen erhaschte ich einen flüchtigen Ausdruck auf einigen Gesichtern meiner Begleitung – fast schien es ein höhnisches Lächeln zu sein. Ich wunderte mich einen Augenblick, was es wohl bedeutete, und neigte dann den Kopf, um den Segen zu empfangen.
Später sollte ich mich an diesen Mann erinnern – als meinen Feind. Meine liebe Campan glaubte, daß seine Torheiten und seine Billigung meiner Lebensführung entscheidend mit daran Schuld tragen, daß ich mich heute hier befinde. Doch damals war er nur ein attrak-

tiver junger Mann, der den Platz eines gichtkranken alten Kardinals eingenommen hatte, und ich dachte nicht mehr an ihn, als wir Straßburg verließen und unsere Fahrt durch Frankreich antraten.

Unsere Reise ging von Fest zu Fest. Ich wurde es müde, unter Triumphbögen hindurchzufahren und Lobliedern auf mich zuzuhören, ausgenommen, wenn sie von Kindern gesungen wurden; dann erfreuten sie mich. Es war alles sehr fremd, und ich fühlte mich oft einsam trotz der mich umgebenden Menschenmenge. Die einzigen Personen in meiner Nähe, die ich von meinem Wiener Leben kannte, waren der Abbé Vermond, der auf höhere Order noch etwas bei mir blieb, der Fürst Starhemberg und der Graf von Mercy d'Argenteau – alles ernste alte Männer; ich sehnte mich nach gleichaltrigen Gefährten. Meine Hofdamen hätte ich nur zu gerne fortgeschickt. Es gab niemanden, einfach niemanden, mit dem ich hätte plaudern und lachen können.

Und weiter zog unsere Kavalkade mit den beiden Fuhrwerken an der Spitze, die meine Schlafzimmermöbel enthielten. Überall, wo wir übernachteten, wurden sie ausgeladen und Bett, Stühle und Sessel in ein Zimmer gebracht, das für mich vorbereitet worden war – in Saverne, Nancy, Commercy und Reims, der Stadt, in der die Franzosen ihre Könige und Königinnen krönten.

»Ich hoffe«, erklärte ich inbrünstig, »es wird sehr lange dauern, bis ich wieder in diese Stadt komme!«

Der Aufenthalt in Reims hatte mich daran erinnert, daß ich jederzeit Königin von Frankreich werden konnte, denn mein neuer Großvater war ein alter Mann von sechzig Jahren. Der Gedanke alarmierte mich. Während jener Reise kroch mir viele Male ein kalter Schauder über den Rücken; doch ich verjagte meine dunklen Befürchtungen, und es kam mir alles wieder wie ein Spiel vor.

Von Reims ging es dann nach Châlons und von dort... in den Wald von Compiègne.

Am vierzehnten Mai 1770 erblickte ich zum ersten Mal meinen Gemahl. Fast drei Wochen lang war ich unterwegs gewesen, und der Hof meiner Mutter schien sehr fern. Nun wünschte ich, ich hätte etwas mehr über meine neue Familie gewußt. Ich versuchte mehr über sie herauszufinden, erfuhr jedoch weder etwas von Madame de Noailles noch von einer meiner anderen Hofdamen. Ihre Antworten waren immer rein konventionell und einsilbig, so als wollten sie mich daran erinnern, daß es der Etikette widersprach, Fragen zu stellen. Etikette! Ich wurde dieses Wortes schon langsam überdrüssig.

Es war ein strahlender Tag. Die knospenden Bäume schlugen aus, die Vögel schmetterten aus voller Kehle, und es schien, als versuchte die Herrlichkeit der Natur vergebens, mit der verschwenderischen Pracht des höfischen Schauspiels zu wetteifern.

Ich wußte, der König von Frankreich – und mit ihm mein Bräutigam – konnten nicht mehr fern sein, denn die Trompeten erschallten, und die Musketiere schlugen ihre Trommeln. Es war ein unbeschreiblich aufregender Augenblick! Wir befanden uns am Rande des Waldes, und die Bäume bildeten gleichsam einen malerischen Bühnenhintergrund. Vor mir erblickte ich die farbenfrohen Gardeuniformen und leuchtenden Livréen der Lakaien und prächtiger gekleidete Herren und Damen, als ich sie jemals zuvor gesehen hatte. Und ich erkannte die allerprächtigste Gestalt unter ihnen allen; sie stand da und wartete... auf *mich*! Ich wußte sofort durch seine Kleidung, hauptsächlich jedoch durch seine Haltung, daß dies der König von Frankreich war. Er besaß jene Würde, jene Anmut, jene absolut königliche Art, die er von seinem Urgroßvater, dem Sonnenkönig, geerbt haben mußte.

Meine Karosse hatte angehalten, und ich stieg auf der Stelle aus, was, wie ich genau wußte, Madame de Noailles schockierte; sie fand zweifellos, daß ich nach der Etikette hätte warten müssen, bis jemand an unseren Reisewagen vortrat, um mich zu dem König zu geleiten. Es kam mir einfach nicht in den Sinn zu warten. Drei Wochen lang hatte ich nach Zärtlichkeit und Zuneigung gehungert, und dies war doch mein lieber Großvater, der, wie meine Mutter mir versichert hatte, sich um mich kümmern, mich lieb haben würde und mein Freund sein sollte. Ich glaubte das und hatte deshalb keinen sehnlicheren Wunsch, als mich in seine Arme zu stürzen und ihm zu sagen, wie einsam und verlassen ich mich fühlte.

Ein Herr kam auf mich zu – ein sehr eleganter Höfling mit einem rosigen, lachenden Gesicht, das mich an einen Mops erinnerte, den ich einmal besessen hatte. Im Vorbeilaufen lächelte ich ihm zu. Er schien erstaunt, lächelte jedoch ebenfalls, und ich entdeckte fast unmittelbar darauf, daß es der vielerwähnte Herzog von Choiseul war, den der König mir entgegengeschickt hatte, um mich zu ihm zu geleiten.

Aber ich brauchte niemanden, der mich zum König brachte. Schnurstracks ging ich auf ihn zu und kniete vor ihm nieder.

Er hob mich auf und küßte mich auf beide Wangen. »Aber ... Sie sind ja schön, mein Kind!« sagte er. Seine Stimme war melodiös und viel wohltönender als die des Prinzen von Rohan; und seine Augen blickten warm und freundlich.
»Eure Majestät sind sehr gütig ...«
Er lachte und zog mich an sich; sein Rock war überaus prachtvoll und mit den schönsten Edelsteinen geschmückt, die ich jemals gesehen hatte.
»Wir sind glücklich, daß Sie endlich zu uns gekommen sind«, fuhr er fort.
Wir sahen uns an, und er lächelte, und ich vergaß meine Furcht und jenes verhaßte Gefühl der Einsamkeit. Er war alt, aber man dachte in seiner Gegenwart nicht an sein Alter. Seine Manieren waren vollendet, königlich und doch liebenswürdig. Ich errötete im Gedanken an mein eigenes mangelhaftes Französisch. Ich wollte ihm so gern gefallen.
Er umarmte mich erneut, als empfände er wirkliche Zuneigung für mich. Seine Augen studierten mich eingehend von Kopf bis Fuß. Ich wußte damals noch nichts von seiner Vorliebe für junge Mädchen meines Alters und dachte, all diese Freundlichkeit, all dies Interesse und all diese schmeichelhafte Aufmerksamkeit gälten mir, weil er eine besondere Zuneigung zu mir gefaßt hätte. Er wandte darauf den Kopf ein wenig, und ein Knabe trat vor. Er war groß und plump und wandte sofort den Blick von mir ab, als interessiere er sich nicht im geringsten für mich; diese Gleichgültigkeit traf mich nach der herzlichen Begrüßung des Königs fast wie ein körperlicher Schlag. Die Gefühle, die er in mir erweckte, waren so gemischt, daß ich nicht einmal versuchte, sie zu analysieren – denn dies war mein Gemahl. Er war ebenfalls wunderbar gekleidet. Aber wie anders als sein Großvater sah er aus! Er schien nicht zu wissen, was er mit seinen Händen machen sollte.
Der König sagte: »Madame la Dauphine ehrt und entzückt uns mit ihrer Gegenwart.«
Der Knabe stand mit törichtem Gesicht da und sagte kein Wort, tat überhaupt nichts, als auf die Spitzen seiner Schuhe zu starren. Ich dachte, ich könnte diese Gleichgültigkeit durchbrechen und trat einen Schritt auf ihn zu und hielt ihm mein Gesicht zu einem Begrüßungskuß entgegen; denn wenn der König mich geküßt hatte, warum sollte mich dann mein Bräutigam nicht küssen? Er wich erschreckt zurück, kam dann aber wieder näher, als zwinge er sich zu einer verhaßten Pflicht. Ich spürte seine Wange an der meinen, doch seine Lippen

berührten nicht meine Haut, so wie die des Königs es getan hatten. Ich wandte mich zum König um, und wenn er sich auch nicht anmerken ließ, daß er das Benehmen des Dauphin sonderbar fand, so wußte ich doch, daß er verärgert war, denn ich hatte immer rasch die Reaktionen von Menschen zu erfassen gewußt. Der Dauphin mag mich nicht! überlegte ich erschüttert. Mir fiel wieder Caroline ein, die so bitterlich geweint hatte, weil sie mit einem häßlichen alten Mann verheiratet worden war. Aber ich war weder alt noch häßlich. Selbst der König fand mich bezaubernd – wie die meisten Menschen. Sogar der alte Kaunitz hatte gemeint, nichts in meiner Erscheinung gefährde die Verbindung.

Der König hatte seine Hand unter meinen Arm geschoben und stellte mich drei der seltsamsten alten Damen vor, die ich jemals gesehen hatte. Sie seien meine Tanten, erklärte er: Adelaide, Victoria und Sophie. Ich fand sie alle sehr häßlich, wirklich – aber noch mehr als das, nämlich sonderbar. Sie erinnerten mich an die alten Hexen in einem Theaterstück, das ich einmal gesehen hatte. Die älteste von ihnen, die offensichtlich die Ranghöchste war, stand einen halben Schritt vor den anderen; die zweite war dicklich und hatte noch das freundlichste Gesicht von den dreien; und die dritte war die allerhäßlichste. Doch sie waren meine Tanten, und ich mußte versuchen, sie zu lieben. Ich ging also zuerst zu Madame Adelaide und küßte sie. Sie gab darauf Madame Victoria ein Zeichen, einen halben Schritt vorzutreten, was diese tat, und ich küßte auch sie. Dann kam Madame Sophie an die Reihe. Sie sahen wie zwei Soldaten bei der Abnahme der Parade aus, bei der Adelaide als Offizier die Befehle erteilte. Ich hätte am liebsten gelacht, wußte aber, das ich das nicht durfte. Und ich überlegte, wie lustig es wäre, wenn ich mit Caroline in mein Zimmer in der Hofburg hätte gehen können, um ihr von all diesen neuen Verwandten zu erzählen und sie der Reihe nach für sie nachzumachen. Ich hätte jede der drei absonderlichen Schwestern imitieren können – und den Dauphin!

Der König sagte, ich würde die restliche Familie später kennenlernen, und indem er meine Hand ergriff, half er mir selbst in seine Karosse einzusteigen, wo ich zwischen ihm und dem Dauphin saß. Die Trompeten erschallten, die Trommeln dröhnten, und wir rollten Compiègne entgegen, wo wir übernachten sollten, bevor wir unsere Fahrt nach Versailles fortsetzten.

Der König sprach mit mir, während wir dahinfuhren, und seine

sanfte Stimme glich einer Liebkosung. Und er streichelte und tätschelte auch tatsächlich meine Hand. Er erzählte mir, daß er mich schon jetzt liebe und daß ich seine liebe Enkelin sei und er diesen Tag zu den glücklichsten in seinem ganzen Leben zähle, weil er mich in die Familie gebracht hätte.
Ich fühlte, wie frohes Lachen in mir aufstieg. Ich hatte solche Angst vor diesem Zusammentreffen gehabt, denn alle hatten immer mit ehrfurchtsvoller Scheu von diesem Mann gesprochen. Er wäre der mächtigste Monarch Europas, hatte meine Mutter gesagt. Ich hatte ihn mir streng und furchteinflößend vorgestellt. Doch hier saß er nun neben mir, hielt meine Hand fast wie ein Liebhaber und sagte solch charmante Dinge, als erwiese ich ihm damit, daß ich hierhergekommen war, um seinen Enkel zu heiraten, eine große Ehre, und als sei das nicht eine große Ehre für mich, wie meine Mutter mir eingeschärft hatte. Während der König so mit mir plauderte und sich benahm, als wäre *er* mein Bräutigam, saß der Dauphin in mürrischem Schweigen neben mir.
Später sollte ich vieles über diesen König erfahren, der immer von Jugend und Unschuld entzückt war, beides Eigenschaften, die ich zweifellos besaß. Er mag gewünscht haben, ich wäre seine Braut, denn er konnte nie ein hübsches junges Mädchen ansehen, ohne sich vorzunehmen, es zu verführen. Der Dauphin dagegen konnte nie ein junges Mädchen ansehen, ohne den heftigen Wunsch zu empfinden, davonzulaufen. Doch meine Einbildung dramatisierte alles und malte ein Bild von einer Situation, wie sie gar nicht existierte. Weder hatte der König sich in mich verliebt – wie ich törichterweise annahm – noch haßte mich der Dauphin. Die Wirklichkeit war viel weniger dramatisch. Ich hatte sehr viel über die allgemeine französische Art zu lernen, ganz besonders aber über die Familie, von der ich nun ein Mitglied war.

Als wir in Compiègne ankamen, teilte der König mir seinen Wunsch mit, mich einigen seiner Vettern vorzustellen, den Prinzen von königlichem Geblüt. Ich erwiderte, daß ich mich freuen würde, alle Menschen kennenzulernen und daß die Mitglieder meiner neuen Familie mich ganz besonders interessierten.
»Und sie werden sich ganz besonders für Sie interessieren«, entgegnete er mit einem Lächeln. »Sie werden entzückt und hingerissen sein und alle den armen Berry hier beneiden.«

Der Dauphin, der Herzog von Berry war, wandte den Kopf ab, so als wollte er sagen, er würde mich ihnen gern überlassen, worauf der König tröstend meine Hand drückte und mir zuflüsterte: »Er ist von seinem Glück ganz überwältigt, der arme Berry!«
Ich wurde zu der Suite des Königs geleitet und dort den Prinzen vorgestellt; als erstes dem Herzog von Orléans, einem Enkel des Onkels des Königs; es folgten der Herzog von Penthièvre, ein Enkel von Ludwig XIV. (später erfuhr ich, daß seine Großmutter Madame de Montespan war, die Mätresse des Königs) und danach die Prinzen von Ludwig XIV. (später erfuhr ich, daß seine Großmutter die Madame doch wurden mir auch einige junge Familienmitglieder an jenem Tag vorgestellt; eine von diesen war die Prinzessin von Lamballe. Sie war einundzwanzig, was mir damals ebenfalls alt erschien, aber sie interessierte mich sofort, und ich spürte, ich könnte sie gern haben, denn ich war verzweifelt auf der Suche nach einer Freundin, der ich vertrauen konnte. Sie war schon verwitwet und hatte eine sehr unglückliche Ehe hinter sich, die glücklicherweise nur zwei Jahre gedauert hatte. Ihr Gatte war nach einer Liebesaffäre »krank« geworden, erzählte man mir, denn er hatte ein sehr ausschweifendes Leben geführt und war an dessen Folgen gestorben. Arme Marie-Thérèse! Als wir uns kennenlernten, mußte sie ständig ihrem Schwiegervater Gesellschaft leisten, der sehr exzentrisch war und die ganze Zeit den Tod seines Sohnes beklagte. Sein einziges sonstiges Interesse galt seiner Kollektion von Uhren, und wenn er nicht in tiefe Melancholie über den Tod seines Sohnes versunken war, saß er über seinen Uhren, zog sie auf und führte sie jedem vor, dessen er habhaft werden konnte. Wenn ich auch Angst hatte, so fand ich doch alles aufregend. Das Leben der Prinzessin von Lamballe dagegen war eine einzige trostlose Reise von Schloß zu Schloß mit ihrem verdrehten Schwiegervater und seinen Uhren. Doch tröstete mich unsere Begegnung, und der Augenblick, als sie mir vorgestellt wurde, ist mir sogar jetzt noch ganz deutlich in Erinnerung trotz all jenen anderen Personen, die in jener scheinbar stundenlangen Zeremonie an mir vorbeidefilierten.
Alles geschah mit peinlichst beachtetem Zeremoniell – sogar die Anprobe meines Trauringes. Sie mußten sichergehen, daß sie einen Ring hatten, der paßte. Also kam der Zeremonienmeister in Begleitung des Königs in meine Gemächer. Mit ihnen kamen die Prinzen von königlichem Geblüt und die Tanten, obwohl diese kleine Zeremonie

lediglich darin bestand, daß ich zwölf Ringe anprobierte, um zu sehen, welcher paßte. Als dieser ermittelt worden war, wurde er mir wieder weggenommen, um mir vom Dauphin an den Finger gesteckt zu werden. Dann umarmte mich der König und verließ uns, und einer nach dem anderen taten die anderen dasselbe.

Ich war müde und sehnte mich nach meinem Bett, und als meine Zofen mich dafür zurechtmachten, begann ich an den Dauphin zu denken, der so anders schien als alle anderen. Er hatte kaum mit mir gesprochen, hatte mich kaum angeschaut, und ich konnte mich eigentlich nicht daran erinnern, wie er eigentlich aussah. An das Gesicht des Königs und das der Prinzessin von Lamballe erinnerte ich mich jedoch genau.

»Madame ist nachdenklich«, bemerkte die eine meiner Zofen.

»Sie denkt an den Dauphin«, flüsterte die andere verstohlen.

Ich lächelte den beiden Mädchen zu. Sie sahen vergnügt aus, als freuten sie sich, der Aufsicht von Madame de Noailles und der meiner gestrengen Hofdamen entronnen zu sein.

»Ja«, gab ich zu. »Das tat ich.« Und als ich das sagte, war es mir, als hörte ich warnend die Stimme meiner Mutter: »Sei nicht zu vertraulich mit Untergebenen!« Aber ich mußte mit jemandem reden! Ich sehnte mich nach einem kleinen Schwatz, der nicht von der Etikette regiert wurde.

»Es ist nur natürlich, daß eine Braut an ihren Bräutigam denkt.«

Ich lächelte ihnen ermutigend zu.

»Er wird heute nacht unter einem anderen Dach schlafen.« Das Mädchen brach in ein Kichern aus.

»Weshalb?«

Sie sahen mich nachsichtig lächelnd an, so wie man es zuhause in Wien getan hatte.

»Weil er bis zur Hochzeitsnacht nicht unter dem selben Dach mit der Braut schlafen darf. Er wird im Haus des Grafen von Saint-Florentin übernachten, des Ministers und Haushofmeisters des königlichen Haushalts.«

»Interessant«, meinte ich und unterdrückte ein Gähnen.

Im Bett dachte ich weiter über den Dauphin nach. Ich hätte gern gewußt, ob er an mich dachte und falls ja, was für Gedanken das waren. Viele Jahre später, als ich ihn sehr gut kennengelernt hatte, sah ich, was er an jenem Abend in sein Tagebuch geschrieben hatte. Es war typisch für ihn und verriet nichts (doch inzwischen hatte ich sein Geheimnis erfahren und kannte den Grund für sein merkwürdiges Verhalten mir gegenüber.) Da stand lediglich: *»Interview mit Madame la Dauphine.«*

Am nächsten Tag sollten wir zum Château de la Muette fahren, um dort die Nacht zu verbringen, bevor wir am darauffolgenden Tag in Versailles eintrafen.

Als wir aufbrachen, spürte ich sofort, daß etwas nicht in Ordnung war. Erstens begleitete der König uns nicht. Er war vorausgefahren. Ich fragte mich, warum er das wohl tat. Später hörte ich, daß der Weg von La Muette nach Versailles durch Paris führte und der König niemals in großem Prunk durch seine Hauptstadt oder in ihre Nähe fuhr, wenn es sich vermeiden ließ. Er hatte keine Lust, bei einem Anlaß wie diesem das feindselige Schweigen der Menge als einzige Ovation entgegenzunehmen. Deshalb auch der höhnische Ausdruck auf jenen Gesichtern in der Straßburger Kathedrale, als der Prinz von Rohan Ludwig als den Vielgeliebten bezeichnet hatte. Als junger Mann hatte das Volk ihn so genannt; aber das war jetzt anders geworden. Die Einwohner von Paris haßten ihren König. Sie waren arm, hatten oft nicht genug zu essen und waren verbittert, weil er große Geldsummen auf seine Paläste und Mätressen verschwendete, während sie Hunger litten.

Aber nicht das verursachte solche Beunruhigung unter meiner Begleitung. Mercy schien in großer Aufregung und hatte einen Kurier nach Wien entsandt. Der Abbé machte ein besorgtes Gesicht wie auch Starhemberg. Ich hätte gern gewußt, worum es ging, aber sie erzählten mir natürlich nichts. In den Gesichtern einiger meiner Zofen entdeckte ich einen Ausdruck heimlicher Belustigung. Irgend etwas würde in La Muette passieren.

Unterwegs statteten wir dem Karmeliterkloster von St. Denis einen Besuch ab, in dem ich Louise vorgestellt wurde, der vierten Tante und jüngsten Schwester von Adelaide, Victoria und Sophie. Louise interessierte mich; sie war anders als ihre Schwestern, und obwohl sie mir hätte leid tun müssen, weil sie stark hinkte und jämmerlich mißgestaltet war mit einer viel höheren Schulter, tat sie mir nicht leid, denn sie schien so viel glücklicher als die anderen drei. Voller Würde, und trotz ihres Äbtissinnengewandes mit dem Auftreten einer königlichen Prinzessin, war sie sehr freundlich und schien zu spüren, daß ich mit jemandem reden wollte. Sie stellte mir viele Fragen und

sprach auch von sich selbst. Sie erzählte mir, wie viel glücklicher sie in dem Kloster wäre als in den königlichen Schlössern, und daß die Schätze dieser Erde nicht in Palästen zu finden wären. Sie wüßte das schon lange und hätte sich daher entschlossen, ihr Leben in Zurückgezogenheit zu verbringen, um für die Sünden zu büßen.
Ich konnte mir nicht vorstellen, daß sie viele Sünden begangen hatte, und mein Gesichtsausdruck muß das verraten haben, denn sie fügte fast heftig hinzu: »Meine eigenen Sünden und die anderer!«
Mir brannten Fragen auf den Lippen. Welcher anderer? Doch immer, wenn ich eine unbesonnene indiskrete Frage stellen wollte, die zweifellos eine interessante Antwort ergeben hätte, sah ich das warnende Gesicht meiner Mutter vor mir und hielt inne. Und dann war der Augenblick für die Frage jedesmal verstrichen.
Als wir uns La Muette näherten, nahm Mercys Nervosität zu. Ich hörte, wie er Starhemberg zuflüsterte: »Es gibt nichts... einfach nichts, was wir tun könnten. Daß er aber auch ausgerechnet diesen Augenblick gewählt hat... es ist nicht zu fassen!«
Meine Aufmerksamkeit wurde von den Menschen gefangengenommen, die zu beiden Seiten des Weges standen, und um so dichter, je näher wir Paris kamen. Wir fuhren nicht in die Stadt hinein, sondern schlugen einen Weg drumherum ein, und die Hochrufe waren ohrenbetäubend. Ich lächelte und neigte den Kopf, wie man es mich gelehrt hatte; und die Leute schrien, ich sei *»mignonne«*, und ich vergaß ganz Mercys Besorgnis, denn ich genoß immer sehr diese Art von Applaus.
Ich bedauerte es daher fast, als wir in La Muette anlangten. Der König war schon dort und wartete darauf, mir meine Schwäger vorzustellen. Der Graf von Provence war vierzehn Jahre alt – er war sechzehn Tage jünger als ich und viel hübscher als der Dauphin, doch auch ein wenig plump wie sein älterer Bruder. Er war jedoch lebhafter und schien sehr an mir interessiert. Sein Bruder, der Graf von Artois, war etwa ein Jahr jünger als ich, hatte aber einen so wachen, wissenden Blick in den Augen, daß er älter als seine beiden Brüder wirkte – ich meine, weltgewandter und erfahrener. Er ergriff meine Hand und küßte sie umständlich, während seine kecken Augen volle Bewunderung ausdrückten; und da ich auf Bewunderung immer reagierte, zog ich Artois seinem Bruder vor – vielleicht sogar beiden Brüdern, doch ließ ich den Dauphin außerhalb jedes Vergleichs. Ich bemühte mich sogar, nicht an ihn zu denken, weil mich das doch

recht verwirrte und auch ein wenig bedrückte. Ich wußte wirklich nicht, was ich von ihm halten sollte, und fürchtete mich sogar, zu sehr über ihn nachzudenken; so verbannte ich den Gedanken an ihn erfolgreich aus meinem Bewußtsein. Es gelang mir immer, im Augenblick zu leben, und es gab genügend, um meine Gedanken zu beschäftigen.

Nachdem ich meine beiden Schwäger kennengelernt hatte, war es Zeit, daß ich mich für das Bankett zurechtmachen ließ, welches im engsten Kreis eingenommen werden sollte – als Familienfeier und deshalb viel intimer als alle bisherigen Festlichkeiten. Ich würde damit in meine neue Familie aufgenommen.

Der König kam in meine Suite und teilte mir mit, daß er ein Geschenk für mich hätte; es war ein Kästchen mit Juwelen. Ich war entzückt darüber, und ihn entzückte es wiederum, meine Begeisterung zu sehen, und er sagte mehrmals, wie bezaubernd es doch wäre, so jung zu sein und sich so über unbedeutende Kleinigkeiten zu freuen. Dann entnahm er dem Kästchen einen Perlenhalsschmuck und hielt diesen empor. Jede der Perlen war von der Größe einer Haselnuß und genau von der gleichen Farbe.

»Er kam durch Anna von Österreich nach Frankreich«, erzählte er mir. »Wie angebracht also, daß wieder eine Prinzessin aus Österreich diesen Schmuck trägt! Meine Mutter und meine Gemahlin haben ihn getragen. Er gehört den Kronprinzessinnen und Königinnen von Frankreich.«

Als er ihn mir dann selbst umlegte, verweilten seine Finger auf meinem Nacken, und er sagte, die Perlen wären nie vollendeter zur Geltung gebracht worden. Ich hätte schöne Schultern und würde in einigen Jahren eine schöne Frau sein und eine Zierde für den Thron von Frankreich.

Ich dankte ihm ehrerbietig, sah dann aber zu ihm auf und warf ihm die Arme um den Hals. Dies war ganz und gar gegen jede Etikette, wie ich sofort an Madame de Noailles Gesicht sah, die daneben stand und vor Entsetzen über meine Anmaßung fast in Ohnmacht fiel. Aber ich kümmerte mich nicht darum und er sich auch nicht.

»Bezaubernd«, murmelte er, »bezaubernd! Ich werde Ihrer Mutter schreiben, um ihr mitzuteilen, daß wir alle von ihrer Tochter entzückt sind.«

Lächelnd verließ er mich.

Madame de Noailles hielt mir darauf eine lange Predigt, wie ich mich in Gegenwart des Königs von Frankreich zu verhalten hätte; ich hörte aber nicht zu. Ich überlegte, daß mir, falls man mich mit ihm verheiratet hätte – wie einmal erwogen worden war – sehr viel wohler beim Gedanken an meinen morgigen Hochzeitstag zumute gewesen wäre.

Bei dem Dîner im Familienkreis lernte ich alle meine neuen Verwandten kennen. Angetan mit dem Perlenschmuck, den der König mir selbst um den Hals gelegt hatte, saß ich neben dem Dauphin, der weder mit mir sprach noch in meine Richtung blickte; doch sein Bruder Artois lächelte mir zu und flüsterte, ich sähe sehr hübsch aus.

Ich spürte sofort die gespannte Atmosphäre. Eine junge Frau, die um einiges lauter als die übrige Gesellschaft sprach, zog meine Aufmerksamkeit auf sich. Sie war mir nicht vorgestellt worden, und da dies eine Familienfeier war, konnte ich mir nicht denken, wer sie war. Sie war sehr schön – die schönste Frau an der ganzen Tafel. Ihr Haar war blond und sehr dick und lockig, und ihr Teint war einer der lieblichsten, die ich jemals gesehen hatte. Ihre blauen Augen waren ungewöhnlich groß und etwas vorstehend. Sie lispelte leicht, was einen Kontrast zu ihrer vollendeten Erscheinung bildete. Sie war hinreißend gekleidet und mit blitzenden Juwelen bedeckt; ja sie trug mehr Schmuck als irgendeine der anderen anwesenden Damen. Man mußte sie einfach anschauen, und sogar der König am Kopf der Tafel blickte immer wieder zu ihr hinunter. Er schien sich über ihre Anwesenheit sehr zu freuen, und ich bemerkte, wie sie einige Male einen Blick und ein Lächeln tauschten, was mir den Eindruck vermittelte, daß sie in der Tat große Freunde waren. Aber wenn der König, überlegte ich, sie so gern mag, warum ist sie dann hier nicht willkommen? Denn die Tanten flüsterten untereinander, und wenn sich Adelaide unbeobachtet wähnte, warf sie einen Blick zu der schönen Frau hinüber, den man nur als giftig bezeichnen konnte. Von Zeit zu Zeit wandte der König sich mir mit einer Bemerkung zu, und wenn ich in meinem drolligen Französisch antwortete, pflegte er zu lächeln, wie auch alle anderen. Mein Französisch sei charmant, fand er. Mir schien es ein gelungener Abend zu sein, und ich konnte mir nicht vorstellen, weshalb Mercy so aufgeregt gewesen war.

Schließlich wurde meine Neugier zu groß, um sie länger zu ertragen, und ich fragte meine Nachbarin: »Wer ist die hübsche Dame mit den blauen Augen und dem Lispeln?«

Es entstand eine kurze Stille, als hätte ich etwas Peinliches gesagt.

Wäre Madame de Noailles dagewesen, hätte ich an ihrem Gesicht sofort gesehen, wie sehr das der Fall war.
Ich wartete auf eine Antwort, für die man lange Zeit zu brauchen schien.
»Es ist Madame du Barry, Madame la Dauphine.«
»Madame du Barry! Sie ist mir nicht vorgestellt worden.«
Sie schienen plötzlich alle sehr an ihren Tellern interessiert, und einige unterdrückten ein Lächeln. Dann sagte jemand: »Was ... halten Sie von ihr, Madame?«
»Sie ist charmant. Was sind ihre Funktionen bei Hofe?«
Und wieder jene Stille, jene leichte Röte in einigen Gesichtern und unterdrücktes Lächeln. »Oh – Madame, ihre Funktion ist, den König zu unterhalten.«
»Den König zu unterhalten!« Ich lächelte ihm über die Tafel zu. »Dann will ich ihre Rivalin sein!«
Was hatte ich bloß gesagt? Es war doch nur eine loyale Äußerung. Warum wurde sie derartig aufgenommen? Ich sah das Gemisch aus Entsetzen und Belustigung.

Wir verließen La Muette am folgenden Morgen fuhren dem Endziel meiner Reise, von Versailles, entgegen. Kerzengerade saß ich in meiner Kutsche, denn die Gräfin von Noailles begleitete mich, und ich hatte mir während der Fahrt eine erneute Strafpredigt anhören müssen. Ich müßte lernen, daß der französische Hof sehr anders sei als der österreichische. Ich dürfte nie vergessen, daß mein Großvater der König von Frankreich sei, und wenn die Etikette ihm auch verbiete, sein Mißfallen zu zeigen, könnte es sehr wohl vorhanden sein. Ich hörte nur mit einem halben Ohr zu und überlegte, wie wohl mein Hochzeitskleid aussehen würde und ob der Dauphin über mich enttäuscht sei; und ich dachte flüchtig an meine Schwester Caroline, die an diesem Tag für mich betete – und um mich weinte.
Endlich kamen wir in Versailles an!
Es war ein denkwürdiger Augenblick. Versailles – wie oft hatte ich diesen Namen während meiner Kindheit im Tone bewundernder Ehrfurcht vernommen. »So ist es in Versailles üblich.« Und das bedeutete immer, daß es so und nicht anders richtig war. Versailles war das Gesprächsthema und neidvoller Blickpunkt jedes europäischen Hofes.
An der Einfahrt des Schlosses boten Händler Schwerter und Hüte

feil. Inzwischen habe ich sagen hören, Versailles wäre ein großes Theater, in dem das Stück »Majestäten ganz privat« gespielt würde. An diesem Ausspruch war viel Wahres, denn jeder konnte in den Herkules Salon kommen mit Ausnahme von Hunden, Bettelmönchen und frisch von den Pocken verunstalteten Leuten – vorausgesetzt sie trugen ein Schwert und einen Hut. Es war erheiternd, jene ins Schloß stolzieren zu sehen, die niemals ein Schwert in der Hand gehabt hatten, bevor sie sich nun eines vor dem Schloß mieteten. Sogar Prostituierte wurden eingelassen, vorausgesetzt, sie gingen im Schloß nicht ihrem Gewerbe nach oder versuchten sich dort Kunden zu angeln. Um jedoch Zugang zu den privateren Gemächern zu erhalten, mußte man bei Hofe vorgestellt worden sein. Natürlich gab es nur sehr wenig Privatleben in Versailles. An unserem Wiener Hof, wo alles einfacher und mit viel weniger Etikette zuging, war ich an eine gewisse Aufsicht gewöhnt gewesen; hier dagegen sollte ich fast den ganzen Tag zur öffentlichen Besichtigung freistehen.
Die Tore öffneten sich, um uns einzulassen, und wir fuhren durch das Spalier der Schweizer Garde und der französischen Schloßwache, die sich mir zur Ehren aufgestellt hatten. Mich erfaßte ein merkwürdiges Gefühl, gemischt aus Erregung und Furcht. Ich neigte wirklich nicht dazu, in mein Inneres zu horchen, doch in jenem Augenblick hatte ich die düstere Ahnung, daß ich einem tragischen Schicksal entgegengetragen wurde, das ich erfüllen mußte und nicht abwenden konnte, auch wenn ich es versucht hätte.
Im Schloßhof standen bereits die Equipagen der Prinzen und Adligen aufgereiht. Mit einem entzückten Ausruf betrachtete ich bewundernd die mit roten Straußenfedern und blauen Kokarden geschmückten Pferde, denn Pferde liebte ich beinahe ebenso wie Hunde; sie tänzelten nervös auf der Stelle und sahen sehr edel aus mit ihren von bunten Bändern durchflochtenen wehenden Mähnen. Vor uns lag das Schloß. Die Sonne spiegelte sich in seinen unzähligen Fenstern, so daß es wie im Feuer von Diamanten glitzerte – eine großartige Welt für sich. Und so zog ich in das Schloß von Versailles ein, das während so vieler Jahre mein Zuhause sein sollte – bis zu dem verhängnisvollen Tage, als ich aus ihm vertrieben wurde. Bei meiner Ankunft führte man mich in eine Suite im Erdgeschoß, da die normalerweise von den Königinnen von Frankreich bewohnten Gemächer noch nicht fertig waren. Wenn ich jetzt an Versailles zurückdenke, entsinne ich mich noch in allen Einzelheiten der Räume, die

ich nach jenen ersten anfänglichen sechs Monaten bewohnte – jener wunderschönen Gemächer im ersten Stock neben dem Spiegelsaal. Mein Schlafzimmer war von Maria-Theresia, der Gemahlin Ludwig des XIV. benutzt worden und von Maria Leszcynska, der Gemahlin Ludwig des XV.; von seinen Fenstern blickte man auf den See – *Pièce d'eau des Swisses* – und die Blumenrabatten mit den beiden Treppen, die *Les Escaliers des Cent Marches* genannt wurden und zu der Orangerie mit den zwölfhundert Orangenbäumen hinunterführten. Doch damals wurde ich zuerst in meine Suite im Erdgeschoß geleitet, wo jene gestrengen Hofdamen mit meinem Hochzeitskleid meiner harrten. Ich hielt vor Entzücken den Atem an, und meine düsteren Gedanken wurden von diesem Anblick beiseite gefegt. Noch nie hatte ich so ein märchenhaftes Kleid gesehen; ich war von den weißen Brokatreifröcken ganz hingerissen.
Gleich darauf kam auch der König, um mich in Versailles willkommen zu heißen. Was hatte er für charmante Manieren! Zwei kleine Mädchen begleiteten ihn – meine Schwägerinnen, Clothilde und Elisabeth. Clothilde, die Ältere, war ungefähr elf und zeigte eine Anlage, dick zu werden, war aber sehr nett; die kleine Elisabeth fand ich sogar ganz reizend. Ich umarmte sie und sagte, wir sollten Freundinnen werden. Der König war erfreut und flüsterte mir zu, je öfter er mich sähe, um so mehr verfalle er meinem Zauber. Dann verließ er mich wieder mit den beiden kleinen Mädchen, und die Hofdamen fielen über mich her, um mich für die Trauung zurechtzumachen.
Um ein Uhr mittags kam der Dauphin, um mich in die Kapelle zu führen. Es war sehr heiß, und obgleich er vor purem Gold nur so glitzerte, ließ die Pracht seiner Kleider ihn nur noch verstockter erscheinen. Er würdigte mich keines Blickes, als er meine Hand ergriff, um mich in den Thronsaal des Königs zu führen, wo der Hochzeitszug sich formierte. Ich weiß noch, wie mir das rote Marmorsims des Kamins und der Geruch nach Pomade auffielen; die Luft war durch die vielen üppigen Perücken von Puderwolken erfüllt, und es raschelte von Seide und Brokat, als die Damen in ihren weitschwingenden, kunstvollen Reifröcken den Raum durchquerten.
Der Oberste Zeremonienmeister führte den feierlichen Zug an, gefolgt von dem Dauphin und mir. Dieser hielt meine Hand nur widerwillig, wie ich genau wußte; seine war heiß und feucht. Ich lächelte ihm zu, doch er wich meinem Blick aus, und da Madame de Noailles direkt hinter mir ging, konnte ich ihm nichts zuflüstern. Hinter ihr

gingen wiederum die Prinzen aus königlichem Geblüt mit ihrem Gefolge und hinter diesen meine jungen Schwäger und der König; ihm folgten die kleinen Prinzessinnen, die ich kurz kennengelernt hatte, mit ihren Tanten und den anderen Prinzessinnen des königlichen Hofes.

Wir zogen durch den Spiegelsaal und die Prunkgemächer zur Kapelle, in der die Schweizer Garde Spalier stand. Beim Eintreten des Königs bliesen sie ihre Pfeifen und schlugen sie ihre Trommeln zu seiner Begrüßung.

Die Kapelle war durch ihre elegante Ausschmückung so ganz anders als unsere zuhause in Wien. Meine Mutter hätte das Dekor bestimmt unpassend gefunden, denn obgleich ganz in Weiß und Gold gehalten, sahen die Engel doch eher wollüstig als heilig aus.

Der Dauphin und ich knieten auf dem roten Teppich mit der goldenen Fransenborte nieder, und der Groß-Almosenier von Frankreich, Monseigneur de la Roche-Aymon, trat auf uns zu, um die Zeremonie zu vollziehen.

Meinen Bräutigam schien das Ganze immer mehr zu langweilen. Er griff ungeschickt daneben, als er mir den Ring an den Finger steckte, und ich dachte schon, er würde die vom Groß-Almosenier gesegneten Goldstücke fallenlassen, die er mir als Teil der Trauzeremonie zu überreichen hatte. Wir waren also wirklich verheiratet! Der Erzbischof erteilte uns seinen Segen, die Messe wurde zelebriert, und dann brauste die Orgel auf, und der Heiratsvertrag wurde dem König zur Unterzeichnung überreicht. Nachdem auch der Dauphin seinen Namen daruntergesetzt hatte, war die Reihe an mir. Meine Hand zitterte, als ich die Feder ergriff, und ich schrieb meinen Namen in einem unschönen Gekritzel: *Marie-Antoinette Josèphe Jeanne.* Ein Tintenstrahl schoß auf das Papier, und ich spürte, wie alle auf den Tintenklecks starrten, den ich gemacht hatte. Später wurde auch das ein böses Omen. Falls Tintenkleckse tatsächlich böse Omina waren, so hatte ich sie viele Jahre lang recht großzügig über meine Schulaufgaben gespritzt. Doch dies war etwas anderes: dies war mein Heiratsvertrag.

Man hätte annehmen sollen, daß dies genug Feierlichkeiten für einen Tag waren. Aber mitnichten! Ich war jetzt wirklich Kronprinzessin von Frankreich, und Madame de Noailles führte mich in meine Suite, wo meine erste Pflicht darin bestand, die Mitglieder meines

Haushaltes zu empfangen und ihren Treueeid entgegenzunehmen. Es waren so viele! Meine Hofdamen, mein oberster *Maître d'Hôtel*, mein Almosenier, meine Stallmeister, meine Ärzte – ich hatte sogar zwei Apotheker und vier Chirurgen, obwohl ich mir nicht vorstellen konnte, weshalb ich, die ich so kerngesund war, so viele dieser Spezies benötigen sollte. Ich hatte sowohl einen Uhrmacher wie einen Teppichweber als auch einen Perückenmacher, der mir gleichzeitig beim Bad zu Diensten stehen sollte. Es war ermüdend, sich zu überlegen, wie viele Personen sich versammelt hatten, um mich zu bedienen; einhundertachtundsechzig waren allein damit beschäftigt, für meine Ernährung zu sorgen.

Während ich den Treueeid meiner Kellermeister, Chefköche, Butler, Truchsesse, Mundschenke und Lakaien entgegennahm, mußte ich halb lachen, halb gähnen, weil alles so absurd erschien. Ich wußte damals nicht, daß sie mir meine Haltung verübeln würden. Ich verstand die Franzosen so gar nicht. So viele sollte ich noch kränken, bevor ich die Fehler erkannte, die ich in jener Anfangszeit beging – und als ich sie einsah, hatte ich schon großen Schaden angerichtet. Was für einen klügeren Menschen ganz offensichtlich gewesen wäre, blieb mir verborgen, nämlich, daß diese in den obersten Kreisen so rigoros beachtete Etikette bis hinunter in die unteren Schichten unerbittlich befolgt wurde. Meine leichtfertige Art ihnen und ihren Bräuchen gegenüber erregte bei ihnen ebenso große Bestürzung wie bei Madame de Noailles.

Ich sehnte wirklich das Ende herbei, denn als nächstes sollte ich das Hochzeitsgeschenk des Königs auspacken, und da ich bereits seine Großzügigkeit kennengelernt hatte, waren meine Erwartungen keine geringen. Und ich wurde auch nicht enttäuscht. Das Geschenk des Königs bestand aus einer Toilettengarnitur aus blauem Email, einer Nadelbüchse, einem Nähkästchen und einem Fächer – alle mit Diamanten besetzt. Wie liebte ich diese kalten Steine, die plötzlich in rotem, grünem und blauem Feuer aufblitzen konnten!

Ich ergriff die Nadelbüchse und erklärte: »Als erstes will ich etwas für den König machen. Ich werde ihm eine Weste besticken.«

Madame de Noailles erinnerte mich daran, daß ich dafür zuerst einmal die Erlaubnis Seiner Majestät zu erbitten hätte. Ich lachte nur und sagte, es sollte doch eine Überraschung sein. Dann fügte ich jedoch hinzu, da es Jahre dauern würde, bis ich die Weste fertig hätte, wäre es vielleicht besser, ihm von meinem Vorhaben zu erzählen; er erführe sonst ja nichts von meiner Dankbarkeit und meinem Plan, sein köstliches Geschenk zu benutzen.

Sie sah verärgert aus. Arme alte Madame de Noailles! Ich hatte sie bereits Madame Etikette getauft, und als ich dies einer meiner Hofdamen gegenüber erwähnte, lachte diese laut auf. Es freute mich, und ich beschloß, mich über ihre Etikette lustig zu machen, wo immer sich mir die Gelegenheit dazu bot, da es die einzige Möglichkeit für mich war, sie zu ertragen.

Der König hatte mir auch einige wunderschöne und kunstvolle Geschenke für mein Gefolge gegeben; während ich diese bewunderte, hörte ich ein Donnergrollen. Der strahlend blaue Himmel hatte sich bezogen, und ich dachte sofort an all die armen Menschen, die ich unterwegs auf der Straße von Paris nach Versailles gesehen hatte; sie waren gekommen, um die Hochzeitsfeierlichkeiten zu sehen, denn es sollte auch ein Feuerwerk bei Anbruch der Dunkelheit stattfinden. Und jetzt, so überlegte ich, wird es regnen, und das wird alles verderben. Während des Gewitters erhielt ich einen kleinen Einblick in die Eigenheiten der Tanten. Als ich in meine Suite kam, sah ich Madame Sophie eifrig und auf das freundlichste auf eine meiner Zofen einreden. Das war eigenartig, denn als ich ihr vorgestellt worden war, hatte sie kaum mit mir gesprochen, und ich hatte gehört, daß sie nur selten ein Wort sagte und manche ihrer Bediensteten sie noch nie hatten reden hören. Und hier sprach sie nun leutselig mit der armen Zofe, die ganz verwirrt war und nicht zu wissen schien, wie sie sich zu verhalten hatte. Als ich näher kam, sah ich, wie Madame Sophie beide Hände der Zofe ergriff und sie freundlich drückte. Als sie mich erblickte, rief sie mir entgegen, wie es mir ginge. Wie ich mich fühle? Ob ich müde sei? Ein gräßliches Gewitter sei im Anzug, und sie hasse Gewitter. Die Worte sprudelten nur so aus ihr heraus. In diesem Augenblick ertönte ein solcher Donnerschlag, daß das ganze Schloß zu erzittern schien, und Sophie legte der Zofe die Arme um den Hals und küßte sie. Es war wirklich ein höchst außergewöhnlicher Anblick. Madame Campan erzählte mir später, daß Madame Sophie schreckliche Angst vor Gewittern hätte und sich ihr ganzes Wesen änderte, wenn eines im Anzug war. Anstatt wie sonst überall eiligen Schrittes herumzulaufen und jeden mit flinken Blikken aus den Augenwinkeln zu mustern – »wie ein Hase« nannte Madame Campan es –, um die Leute betrachten zu können, ohne sie offen anzusehen, sprach sie dann mit jedem, auch dem einfachsten

Lakaien, drückte ihm die Hand und umarmte ihn sogar, wenn ihre panische Angst ihren Höhepunkt erreichte. Ich sollte noch sehr vieles über meine Tanten lernen, doch wie alles übrige, lernte ich es zu spät.

Sowie das Gewitter vorbei war, benahm sich Sophie wieder wie sonst, sprach mit niemandem mehr und eilte in ihrer sonderbaren Art durch die Gemächer. Madame Campan, der die Tante Victoria viele Jahre lang offen alles anvertraut hatte, erzählte mir, daß Victoria und Sophie derartige Greuel in der Abtei von Fontrevault durchgemacht hätten, wo sie als Kinder erzogen worden waren, daß sie dadurch sehr schreckhaft und verängstigt wären und das auch als Erwachsene geblieben wären. Man hatte sie dort zur Strafe in die Grabgewölbe eingesperrt, in der die Nonnen beigesetzt wurden; sie mußten allein dortbleiben und beten. Und einmal schickte man sie in die Kapelle, um für einen der Gärtner zu beten, der wahnsinnig geworden war. Seine Hütte lag neben der Kapelle, und während sie dort ganz allein knieten und beteten, mußten sie sein Brüllen und Toben anhören, das einem das Blut in den Adern hätte gerinnen lassen können. »Seitdem neigen wir zu Angstanfällen«, hatte Madame Victoria erklärt.

Wenn auch der Donner langsam erstarb, hörte es doch nicht auf zu regnen, und die Menschen, die von Paris nach Versailles gekommen waren, um sich das Feuerwerk anzuschauen, wurden enttäuscht, wie ich es befürchtet hatte. Bei derartigem Wetter konnte kein Feuerwerk stattfinden. Ein weiteres böses Omen!

Der König gab einen Empfang im Spiegelsaal, und wir waren alle dort versammelt. Die strahlende Pracht dieser Galerie bei diesem Anlaß war einfach atemberaubend; später gewöhnte ich mich daran. Ich erinnere mich noch an die Kandelaber – glitzernd in ihrer Vergoldung –, von denen jeder mit dreißig Kerzen bestückt war, so daß es trotz der Dunkelheit hell wie am Tag war. Ich saß mit dem König und meinem Gemahl an einem Tisch, der mit einer grünen Samtdecke mit goldener Borte und Fransen bedeckt war. Wir spielten ein Kartenspiel, das man mir zum Glück in weiser Voraussicht beigebracht hatte; ich verstand mich weitaus besser auf dieses alberne Spiel als aufs Schreiben. Der König und ich lächelten uns über den Tisch hinweg zu, während der Dauphin mürrisch dasaß und spielte, als verachte er diese Beschäftigung – was natürlich auch der Fall war.

Während wir spielten, defilierten die Leute an uns vorbei, um uns zu sehen. Ich überlegte, ob ich ihnen zulächeln sollte, doch da der König so tat, als wären sie nicht vorhanden, machte ich es ebenso. Unter den Zuschauern befanden sich mehrere ungeladene Gäste, obwohl feierliche Einladungen für diesen Empfang ergangen waren; doch einige der Leute, die das Gewitter nicht nach Hause getrieben hatte und die sich für das ausgefallene Feuerwerk entschädigen wollten, durchbrachen die Absperrungen und erzwangen sich einen Weg herein, um sich ungeniert unter die geladenen Gäste zu mischen. Es war den Türhütern und Wachen unmöglich, sie zurückzudrängen, und da niemand an diesem Festtag irgendwelche unglückseligen Wutausbrüche des Volkes sehen wollte, unternahm man nichts dagegen.

Als der Empfang im Spiegelsaal zu Ende war, begaben wir uns zum Souper in das Opernhaus hinüber, das der König zur Feier meiner Ankunft in Frankreich hatte errichten lassen. Als wir hinübergingen, stand die Schweizer Garde, zusammen mit den königlichen Leibwächtern, Spalier für uns; sie sahen großartig aus in ihren gestärkten weißen Halskrausen und den mit Straußenfedern geschmückten Hüten, doch auch die Leibwächter waren ebenso farbenprächtig in ihren mit silbernen Tressen besetzten Wämsern und den roten Kniehosen und Strümpfen. Das schöne Opernhaus diente an diesem Abend nicht seinem eigentlichen Zweck. Man hatte einen falschen Boden eingezogen, um das Gestühl zu verdecken; auf diesem stand der mit Blumen und blinkendem Silber und Kristall geschmückte Tisch. Mit großer Feierlichkeit nahmen wir unsere Plätze ein; der König am Kopf der Tafel, ich rechts und mein Gemahl links von ihm. Neben mir – und dafür war ich dankbar – saß mein verwegener junger Schwager, der Graf von Artois. Er war sehr aufmerksam und bezeichnete sich als meinen Knappen, wobei er in seiner skandalösen Art durchblicken ließ, daß er die Ehre Frankreichs an Stelle seines Bruders hochhalten würde, wann immer ich es nur wünschte. Er war sehr kühn, aber ich hatte ihn vom ersten Augenblick an gemocht. Neben Artois saß Madame Adelaide, die das Ganze sichtlich genoß und ein wachsames Auge auf ihre Schwestern hielt – Sophie saß neben ihr und Victoria ihr gegenüber, neben Clothilde; sie versuchte über Artois hinweg mit mir zu reden, und ihre scharfen Augen waren überall zugleich. Sie hoffe, so sagte sie, wir beide hätten bald Gelegenheit, uns gemütlich bei ihr zu unterhalten. Es war ein Befehl. Artois, der zugehört hatte, schaute mich mit hochgezogenen Augenbrauen an, so daß Adelaide es nicht sehen konnte, und ich fühlte, wir waren Verbündete. Am unteren Ende der Tafel saß die junge Frau, die mich so interessiert hatte, als ich meinen neuen Verwandten vorgestellt worden war: die Prinzessin von Lamballe; sie war die rangniedrigste der einundzwanzig Mitglieder der königlichen Familie. Sie lächelte mir sehr freundlich zu, und ich fand, ich brauchte keine Angst mehr vor der Zukunft zu haben mit meinen neuen Freunden – der Prinzessin, dem König und meinem neuen Ritter Artois.

Ich war viel zu aufgeregt, um essen zu können, bemerkte aber, daß mein Gemahl einen gesunden Appetit entwickelte. Noch nie hatte ich jemanden gesehen, der sich so wenig seiner Umgebung bewußt zu sein schien. Als das Königsmahl (wie die zahlreichen Gänge genannt wurden) mit größtem Zeremoniell hereingebracht wurde, hätte er sich ebensogut ganz allein in einem Zimmer befinden können, denn sein Interesse galt einzig und allein den verschiedenen Gerichten, über die er herfiel, als käme er gerade von einem anstrengenden Jagdtag zurück.

Der König, der den gefräßigen Appetit seines Enkels bemerkte, sagte so laut, daß alle es hören konnten, zu ihm: »Sie essen zu viel, Berry. Gerade heute abend sollten Sie Ihren Magen nicht überladen.«

»Ich schlafe immer besser nach einem guten Souper«, erwiderte mein Gemahl, und alle horchten auf – wahrscheinlich, weil sie seine Stimme so selten vernahmen.

Ich merkte, wie Artois neben mir seine Belustigung unterdrückte; und auch alle anderen schienen plötzlich ganz auf ihre Teller konzentriert zu sein oder in fesselnde Gespräche mit ihren Tischnachbarn vertieft – auf jeden Fall hatten sie alle die Gesichter von uns am Kopf der Tafel abgewandt.

Der König sah mich mitleidig an und sprach dann mit dem Grafen von Provence über den Dauphin.

Der nächste Teil des Programms war mir so peinlich, daß ich sogar jetzt nicht daran denken mag. Als die Nacht hereingebrochen war und ich gegen Ende des Soupers einmal aufschaute, fing ich einen Blick meines Gemahls auf; er sah mich unsicher an und blickte dann schnell weg. Da erkannte ich, daß es ihm ebenso unbehaglich zumute war wie mir. Ich wußte, was in dieser Nacht von mir erwartet wurde, und wenn ich mich auch keineswegs darauf freute, so war ich doch überzeugt, daß mir – wie gräßlich es auch sein mochte – als Ergebnis mein sehnlichster Wunsch erfüllt würde. Ich würde ein Kind bekommen – und jedes Ungemach war mir willkommen, um Mutter zu werden.

Wir zogen also zurück ins Schloß, und die Zeremonie begann, in der das junge Paar zu Bett gebracht wurde. Die Herzogin von Chartres reichte mir als ranghöchste verheiratete Frau mein Nachtgewand; anschließend führte man mich in das Schlafgemach, in dem mein Gemahl auf mich wartete, dem der König beim Anlegen seines Nachthemdes geholfen hatte. Wir saßen nebeneinander im Bett, und mein Gemahl schenkte mir die ganze Zeit nicht einen einzigen Blick. Ich wußte nicht, ob er das Ganze unbeschreiblich albern fand oder ob er einfach schläfrig war nach allem, was er gegessen hatte.

Die Bettvorhänge wurden zurückgezogen, damit alle uns sehen konnten, und der Erzbischof von Reims segnete das Bett und besprengte es mit Weihwasser. Wir müssen ein sonderbares kleines Paar abgegeben haben – beide so jung, eigentlich noch Kinder; ich verängstigt und mit gerötetem Gesicht, mein Gemahl sichtlich gelangweilt. Wir waren wirklich nur zwei verschreckte Kinder.

Der König sah mich nachdenklich lächelnd an, als würde er nur zu gern mit dem Dauphin tauschen; dann wandte er sich zur Tür, um uns allein zu lassen. Die andern verneigten sich und folgten ihm hinaus, und meine Zofen zogen die Bettvorhänge zu und schlossen mich ein – allein mit meinem jungen Gemahl.

Wir lagen im Bett und starrten zum Baldachin hinauf. Ich fühlte mich einsam und verloren – eingesperrt mit einem Fremden. Er machte keinen Versuch, mich zu berühren; ja, er sprach nicht einmal mit mir. Da lag ich nun und lauschte den Schlägen meines Herzens – oder waren es die seinigen? – und wartete ... wartete.

Um dies hier hatte sich also das ganze Theater der Vorbereitungen gedreht! Die feierliche Zeremonie in der Kapelle, das festliche Bankett, das neugierige Spähen des Volkes. Ich sollte die Mutter der Thronfolger von Frankreich werden; durch meine Aktivität in diesem Bett sollte ich den zukünftigen König von Frankreich gebären.

Aber nichts geschah ... einfach nichts! Ich lag wach. Es muß bald geschehen, sagte ich mir; doch ich lag unbeweglich da, und das tat auch er ... in tiefem Schweigen, ohne Anstalten zu machen, mich zu berühren, ohne ein Wort zu sagen.

Nach einer mir endlos lang erscheinenden Zeit merkte ich an seinen Atemzügen, daß er schlief.

Ich war ratlos und verwirrt und auch irgendwie enttäuscht.

Jetzt weiß ich, daß er ebenso litt wie ich. Am nächsten Tag schrieb er nur ein einziges Wort in sein Tagebuch: *»Rien!«* – Nichts!

3

»Als Folge des Brandes, der während der Hochzeitsfeierlichkeiten auf der Place Louis XV entstand, haben der Dauphin und die Kronprinzessin ihre gesamten Einkünfte eines Jahres zur Verfügung gestellt, um den unglücklichen Familien zu helfen, die an jenem verhängnisvollen Tag ihre Angehörigen verloren.«

Madame Campans Memoiren

BÖSE VORZEICHEN

Ich weiß nicht, wann ich zu begreifen begann, daß nichts so war, wie ich anfangs geglaubt hatte. Das unbekümmerte junge Mädchen, das wenig vom Leben wußte, zog, ohne recht zu verstehen, vorschnelle Schlußfolgerungen aus dem, was sich ihm oberflächlich darbot; so merkte ich nicht, daß meine neuen Landsleute mit ihrer Liebe für Etikette und ihrer Entschlossenheit, in jeder Situation ihre untadeligen Manieren beizubehalten, hohe Meister der Täuschung waren.

Ich hatte geglaubt, daß mein Gemahl und ich ein Liebespaar sein würden. In Gedanken sah ich uns unbändig glücklich Hand-in-Hand durch die herrlichen Gärten von Versailles wandeln; und vor Ablauf eines Jahres würde ich einen entzückenden kleinen Sohn haben, der mir weitaus mehr Freude machen würde als all meine kleinen Hunde zusammen genommen. Doch ich hatte einen Gemahl, dem ich scheinbar gleichgültig war.

Ich war ratlos, und alle beobachteten uns verstohlen, fast hinterhältig; der König mit gefaßter Resignation, die Tanten mit hysterischer Erregung, meine Schwäger mit unterdrückter Belustigung; Mercy und Starhemberg waren jedoch zutiefst beunruhigt.

Etwas stimmte nicht. Der Dauphin mochte mich nicht, und mich traf die Schuld daran.

Dies wurde mir in den ersten Tagen noch nicht klar. Ich merkte nur, daß die Ehe nicht das ist, wofür ich sie gehalten hatte. Der Tag nach der Hochzeit verging mit weiteren Festlichkeiten, von denen eine die andere ablöste, so daß keine Zeit zum Nachdenken blieb. Am Abend wurde das neue Opernhaus eingeweiht, und zwar mit der Oper *Perseus*, was durchaus erträglich gewesen wäre, wenn man nicht versucht hätte, diese durch eine Balletteinlage zu modernisieren. Alles ging schief. Der Direktor brach sich bei der Generalprobe das Bein und lag während der ganzen Aufführung auf einer Bahre. Keine der Bühnenrequisiten funktionierte wie vorgesehen. Mir zu Ehren sollte ein großer Adler – das Wappentier meines Hauses – hoch über dem Hochzeitsaltar schweben; er krachte jedoch statt dessen auf den Altar herunter. Perseus glitt aus und fiel ausgerechnet im Augenblick der Rettung zu Andromedas Füßen hin. Die einzig interessanten Momente waren jene, wenn wieder etwas schief ging – und man mußte den Direktor daran hindern, sich umzubringen.
Mich langweilte diese Aufführung derartig, daß ich wiederholt gähnen mußte. Ich wußte, daß ich genau beobachtet wurde, und überlegte mir mit Schrecken, ob man mein Benehmen meiner Mutter berichten würde. Leider war ich überzeugt davon.
Schließlich begab ich mich mit meinem Gemahl zu Bett, und es war wieder genau so, wie in der Nacht zuvor – nur lag ich diesmal nicht lange wach, da ich von der vorigen schlaflosen Nacht und der langweiligen Oper zu müde war.
Als ich erwachte, befand ich mich allein im Bett. Ich erfuhr, daß der Dauphin sich früh erhoben hatte, um auf die Jagd zu reiten. Alle wußten es schon und fanden es höchst seltsam, daß er die Jagd dem Zusammensein mit seiner jungvermählten Gemahlin vorzog.
Als er zurückkam, sprach er mich an. Da er das so selten tat, erinnere ich mich noch genau an seine Worte und an den Tonfall. Kühl und unbeteiligt fragte er mich: »Haben Sie gut geschlafen?«
»Ja«, antwortete ich.
Er warf mir ein verhaltenes Lächeln zu und entfernte sich.
Der Abbé Vermond, der gerade bei mir war, machte ein so ernstes Gesicht, daß ich einen der kleinen Hunde, die man mir bei meiner Ankunft in Frankreich geschenkt hatte, auf den Schoß nahm und mit ihm zu spielen anfing. Doch als ich den Abbé murmeln hörte: »Es bricht mir das Herz!«, gab es für mich keinen Zweifel mehr, daß etwas ganz und gar nicht in Ordnung war. Es war mir, die alle so

hübsch und bezaubernd gefunden hatten, nicht gelungen, das Interesse des Dauphin zu wecken. Er konnte mich nicht lieben.
Graf Florimond Claude Mercy d'Argenteau kam zu mir und stellte mir viele peinliche Fragen. Seit dem Abschied von meiner Mutter war er immer wachsam um mich besorgt gewesen. Meine Mutter hatte gesagt, ich solle ihm in allem vertrauen und immer auf seinen Rat hören, denn er würde das verläßliche Bindeglied zwischen ihr und mir sein. Ich war überzeugt, daß sie recht hatte, aber er war so alt und streng – ein ziemlich kleiner, gebeugter und zweifellos sehr kluger Mann. Aber es war mir unangenehm, so unverhohlen beobachtet zu werden; man mag Spitzel nie, gleichgültig, wie nützlich sie einem sind oder aus was für einem Grund sie einen kontrollieren.
Er war Belgier, stammte aus Lüttich und schien etwas Verwandtes mit den Franzosen zu haben; er war jedoch der treue Diener meiner Mutter. Sein einziger Wunsch war, dessen bin ich sicher, die ihm übertragene Mission so gut wie möglich auszuführen; mir war es um so unbehaglicher, da ich ja genau wußte, wie tüchtig und gründlich er vorging. Er hatte unter Kaunitz gearbeitet, und ich überlegte, daß ich ebensogut jenen als ständigen Aufpasser neben mir hätte haben können als Mercy, der es jahrelang sein sollte.
Er stellte mir alle möglichen Fragen, doch ich wußte genau, was er herauszufinden versuchte; er wollte wissen, was sich in dem Bett abgespielt hatte, das ich mit meinem Gemahl teilte, nachdem man uns allein ließ.
Ich sagte ihm, daß ich glaubte, mein Gemahl interessiere sich nicht für mich. Er hätte mich nicht berührt und wolle anscheinend, sowie er im Bett war, unverzüglich schlafen; und heute morgen sei er, lange bevor ich aufwachte, aufgestanden und auf die Jagd geritten.
»Sie werden finden, daß das ein seltsames Verhalten für einen jungen Gemahl ist«, meinte er sehr ernst.
Ich stimmte ihm zu – obwohl ich nicht wußte, was ich von einem Gemahl eigentlich erwarten sollte.
»Ich habe Medizin studiert«, fuhr er fort, »und ich glaube, die Entwicklung des Dauphin ist etwas langsam, weil seine Konstitution durch sein plötzliches und schnelles Wachstum geschwächt worden ist.«
Also das war es! Ich hatte den Herzog de la Vauguyon gleich nicht gemocht, den ehemaligen Erzieher meines Gemahls, der, wie ich bemerkt hatte, immer noch großen Einfluß auf ihn besaß. Ohne nach-

zudenken platzte ich heraus: »Meines Gemahls Schüchternheit und Gefühlskälte kommt von der Erziehung, die er erhalten hat. Ich bin überzeugt, daß der Dauphin einen guten Charakter hat, glaube aber, daß Monsieur de la Vauguyon ihn durch Gewöhnung und Angst ...« Ich brach ab im Bemühen, einen anderen Grund für die Kälte meines Gemahls mir gegenüber zu finden als die Tatsache, daß ich ihm nicht gefiel.

Mercy sah mich kalt an. Er hatte einen durchdringenden Blick, der mir unangenehm war.

»Die Kaiserin wird höchst beunruhigt sein, wenn sie von diesem Tatbestand erfährt. Ich werde ihr sagen, daß es bisher ja nur der Anfang ist, und ihr meine Ansicht darüber mitteilen, worunter der Dauphin leidet.«

Ich stellte mir meine Mutter zu Hause in Schönbrunn vor und erschauderte, denn sie hatte die Macht, mich sogar aus einer solchen Entfernung einzuschüchtern. Ich wußte, ich enttäuschte sie, denn sie würde ungeduldig auf die Nachricht meiner Schwangerschaft warten. Aber wie sollte ich schwanger werden, wenn mein Gemahl mich ignorierte!

Mercy wechselte das Thema und sagte, ich müßte zurückhaltender in meinem Benehmen dem König gegenüber sein. Ob ich nicht merke, daß ich zu frei und unbekümmert sei? Ich erwiderte, es stände wohl außer Zweifel, daß der König mich gern hätte. *Er* sei nicht kalt und gleichgültig! Er hätte mir gesagt, daß er mich vom ersten Augenblick an liebgewonnen hätte und die ganze Familie von mir begeistert sei.

»Dann will ich Ihnen sagen, was der König an Ihre Mutter geschrieben hat«, antwortete Mercy. »›Ich finde die Kronprinzessin recht lebhaft, wenn auch noch sehr kindlich. Aber sie ist ja noch jung und wird dem zweifellos entwachsen.‹«

Ich fühlte, wie ich dunkel errötete, was mir nicht so leicht passierte. Das also schrieb er nach all den charmanten Dingen, die er mir zugeflüstert hatte! Nach all den kleinen Zärtlichkeiten, all den Komplimenten!

Mercy lächelte über meine zornige Enttäuschung und gab mir dadurch zu verstehen, daß es gut für mich wäre, mir dumm und töricht vorzukommen, denn nur dadurch könnte ich die Lektionen lernen, die zu bewältigen für mich so wichtig wären.

Er ging und ließ mich niedergeschlagen zurück. Mein Gemahl mochte mich nicht, und auch der König mochte mich nicht! Der einzige Un-

terschied zwischen ihnen bestand darin, daß der eine seine wahren Gefühle verbarg und der andere nicht.
Ich hatte sehr vieles zu lernen!
Die Tanten waren nett zu mir gewesen und hatten den Wunsch geäußert, meine Freundinnen zu werden. Als ich daher an jenem Tag eine Einladung von Madame Adelaide erhielt, sie zu besuchen, nahm ich diese freudig an.
Sie umarmte mich herzlich, als ich ihren Salon betrat, und hielt mich dann auf Armeslänge von sich. »Berrys Frau!« sagte sie und brach in kicherndes Lachen aus. »Ich werde Victoria holen lassen. Ihre Suite liegt neben meiner. Sie wird nach Sophie schicken, und wir werden es uns gemütlich machen ... nur wir vier, eh?«
Ich bemerkte eine junge Frau, die mit einem Buch an einem kleinen Tischchen saß, und lächelte ihr zu. Sie war äußerst unscheinbar, doch empfand ich eine spontane Sympathie für sie. Sie errötete leicht, als sie sah, daß Notiz von ihr genommen wurde, und stand unverzüglich auf, um in einen Knicks zu versinken.
»Das ist unsere Vorleserin, Jeanne Louise Henriette Genet«, bemerkte Madame Adelaide. »Sie liest gut vor, und wir sind zufrieden mit ihr.«
Ich sagte ihr, sie könne sich setzen, und erkannte sofort, daß es wahrscheinlich ein Fehler war, mit ihr zu sprechen oder ihr diese Erlaubnis zu geben. Ich würde diese komplizierte Etikette nie begreifen! Adelaide war zumindest in diesem Augenblick so freundlich, es zu übergehen. Victoria trat ein.
»Hast du nach Sophie geklingelt?« erkundigte sich Adelaide sofort.
»Ja, bevor ich herkam«, erwiderte ihre Schwester.
Adelaide nickte gnädig. Dann wandte sie sich hoheitsvoll an die junge Vorleserin und erteilte ihr die Erlaubnis, sich zurückzuziehen. Die junge Frau schlüpfte leise wie eine Maus hinaus – sie erinnerte mich überhaupt an eine Maus, so klein, grau und schüchtern wie sie war. Aber mir blieb keine Zeit, über sie nachzudenken, denn Sophie war eingetroffen.
»Berrys Frau ist hier«, verkündete Adelaide ihr, und Sophie zwang sich, mich anzusehen. Ich ging lächelnd zu ihr und gab ihr einen Kuß. Es war mir zuwider, weil sie so häßlich war. Sie erwiderte meine Begrüßung nicht, sondern stand mit hängenden Armen und abgewandtem Blick steif da.
Adelaide stieß ein lautes, wieherndes Lachen aus und meinte, sie

dürften sich setzen, wenn sie sich auch in Anwesenheit der Kronprinzessin befänden, worüber ich lachen mußte; Adelaide lachte ebenfalls. Victoria sah ihre Schwester an und stimmte dann mit ein, und als Adelaide Sophie anstieß, lachte auch diese. Es war ein recht unheimliches Gelächter, und in Gedanken an das, was Mercy mir vom König berichtet hatte, berührte es mich unangenehm.

»Sie sind also Berrys Frau«, meinte Adelaide. »Ein merkwürdiger Junge, dieser Berry.« Sie nickte mit dem Kopf und beobachtete ihre Schwestern, die ebenfalls nickten und sich bemühten, ihren Gesichtsausdruck nachzuahmen – wobei die arme Sophie immer etwas zu spät kam. »So gar nicht wie andere Jungen«, fuhr Adelaide langsam fort und näherte ihren Mund meinem Ohr.

Ich machte ein erstauntes Gesicht, und die drei Schwestern fingen wieder an, mit den Köpfen zu nicken.

»Er hat einen gesunden Appetit«, bemerkte Victoria.

Adelaide lachte. »Sie findet, daß das für ihn spricht. Sie sollten *sie* essen sehen! Sie hat den Appetit der Bourbonen.«

»Aber ich kann Pastetenkruste nicht vertragen«, verriet Victoria verschwörerisch.

»Sie denkt immer nur daran, wann sie wieder in ihrem Sessel sitzen und essen kann.«

»Ich liebe meine Bequemlichkeit«, gab Victoria zu.

Sophie betrachtete ihre Schwestern, als staune sie über diese geistreiche Unterhaltung. Ich mochte sie. Sie waren was Liebes, überlegte ich, wenn auch einfältig. Ich war an jenem Tag auf der Suche nach Freunden.

»Der arme Berry! Er lacht nie und stellt nie etwas an«, meinte Adelaide.

»Wie Artois!« äußerte Victoria.

»Dieser Bengel!« Adelaide war nachsichtig. »Er hat schon eine Mätresse«, flüsterte sie mir zu. »In seinem Alter! Man stelle sich vor!«

»Er ist noch sehr jung«, stimmte ich zu.

»Was Berry betrifft ...« Sie sah Victoria an, und beide fingen sie an zu lachen. Sophie brauchte wieder einige Zeit, bis sie den Anschluß bekam. »Er hat sich nie für Mädchen interessiert.«

»Er schätzt aber sein gutes Essen!« Victoria war so nett, das zu seinen Gunsten vorzubringen.

Adelaide sah ihre Schwester ungeduldig an, und Victoria verstummte. Adelaide fuhr darauf fort: »Wenn er als kleiner Junge zu mir kam, pflegte ich zu ihm zu sagen: ›Komm, Berry. Hier kannst du dich ganz ungeniert benehmen. Erzähl! Schrei! Mach Krach – was du nur willst! Ich gebe dir *carte blanche*, mein armer Berry.‹«

»Und tat er das?« fragte ich.

Adelaide schüttelte den Kopf, und die drei Schwestern glichen drei weisen alten Affen, wie sie so dasaßen und alle die Köpfe schüttelten.

»Er war nicht wie andere Jungen«, fuhr Adelaide bekümmert fort, doch dann glitzerten ihre Augen hinterhältig. »Aber jetzt ist er ja Ihr Ehemann. – *Ist* er Ihr Ehemann, Madame la Dauphine?«

Sie lachte schrill auf, und die anderen stimmten mit ein. »Ja, er ist mein Ehemann«, entgegnete ich würdevoll.

»Ich hoffe, er ist ein *guter* Ehemann!« sagte Adelaide.

»Ich finde, daß er es ist.«

Victoria lachte, wurde aber durch einen Blick ihrer Schwester zum Verstummen gebracht, die beschloß, das Thema zu wechseln.

»Was hielten Sie von der Fremden, die zum Souper im Château de la Muette kam?«

»Oh ... von der schönen Frau mit den blauen Augen?«

»... und dem Lispeln?«

»Ich fand sie entzückend.«

Victoria und Sophie sahen Adelaide an, um ihr Stichwort von ihr zu erhalten. Adelaides Augen blitzten, und sie sah sehr kriegerisch aus.

»Sie führt den König ins Verderben.«

»Wieso ...?« fragte ich verblüfft. »Ich hörte, es sei ihre Aufgabe, ihn zu unterhalten.«

Adelaide brach in lautes, gackerndes Lachen aus. Ich wartete, daß die andern beiden mit einstimmten – erst Victoria und dann Sophie.

»Sie ist eine *putain*. Wissen Sie, was das ist?«

»Ich erinnere mich nicht, das Wort schon mal gehört zu haben.«

»Sie ist seine Mätresse. Verstehen Sie?« Ich nickte, und sie trat mit glänzenden Augen dicht an mich heran. »Sie arbeitete in Bordellen, bevor sie hierher kam! Man sagt, sie erfreue sich seiner Gunst, weil sie voll neuer Tricks stecke, die sie alle in den Bordellen gelernt hat, wo sie eine Expertin war.«

Ich errötete vor Verlegenheit. »Das kann doch nicht sein ...«

»Oh, Sie sind noch jung und unschuldig, meine Liebe! Sie kennen diesen Hof nicht. Sie brauchen Freunde ... brauchen jemanden, der sich mit dieser Verderbtheit auskennt ... jemanden, der Sie berät, Ihnen hilft.«

Sie hatte meinen Arm gepackt und das Gesicht ganz dicht an meines geschoben. Auch die beiden anderen traten kopfnickend näher, und ich wäre am liebsten weggerannt, um zum König zu gehen und ihn zu fragen, ob dies stimmte. Aber ich kannte den König ja nicht. Er war nicht der, für den ich ihn gehalten hatte. Mercy konnte ich vertrauen; er war der einzige Mensch, auf den ich mich verlassen konnte. Und er hatte es mir gesagt.

Adelaide redete mit leiser, monotoner Stimme weiter: »Es war nicht richtig vom König, sie zum Souper mitzubringen ... besonders bei einem solchen Anlaß! Es war eine Beleidigung ... für Sie! Ihr erstes Familiensouper ... und er wählte diesen Augenblick, um diese Person bei Hofe einzuführen.«

Da verstand ich, weshalb Mercy und die anderen so aufgeregt gewesen waren; sie hatten gewußt, daß diese Frau, diese Prostituierte, an dem Essen teilnehmen würde, was eine Beleidigung für mich bedeutete. Ich war tief gekränkt, denn nichts hätte mir deutlicher zeigen können, daß der König wenig Achtung vor mir hatte. Und ich hatte gedacht, er liebte mich, während er sich die ganze Zeit über meine Kindlichkeit mokierte und sogar seine Mätresse zum Souper mitbrachte, um mich zu beleidigen. Das Ganze war ein kunstvoll abgekartetes Spiel, um etwas zu verbergen, was verderbt und beängstigend war.

»Sie sollten sich nicht aufregen«, sagte Adelaide. »Denn wir sind ja Ihre Freundinnen.« Und gebieterisch sah sie ihre Schwestern an, die alle bestätigend nickten.

»Sie sollen, wann immer Sie es möchten, zu uns kommen! Sie sollen Ihren eigenen Schlüssel zu diesen Appartements haben. Hier! Beweist das nicht, wie wir Sie lieben? Wir sind Ihre Freundinnen! Vertrauen Sie uns! Wir werden Ihnen zeigen, wie Sie aus Berry einen guten Ehemann machen. Aber kommen Sie immer zu uns! Wir werden Ihnen helfen.« Adelaide machte darauf Kaffee in ihrer Suite, worauf sie sehr stolz war; sie erlaubte keinem Dienstboten, ihn zu bereiten.

»Der König hat es mir gezeigt«, erzählte sie. »Als er noch jünger war, pflegte er sich Kaffee in seiner Suite zu machen und ihn herzubringen. Ich klingelte dann nach Victoria, und die klingelte wiederum nach Sophie, bevor sie herkam, und Sophie klingelte nach Louise ... das war damals, bevor diese ins Kloster ging. Sie tat das, wissen Sie, nicht nur, um ihre eigene Seele zu retten, sondern auch die des Königs. Sie betet unablässig für ihn, denn sie fürchtet, er könnte mit all seinen Sünden beladen sterben. Wenn er nun mit dieser *putain* neben sich sterben würde! Louise hatte einen langen Weg hierher, und wenn sie ankam, war der König meist schon im Aufbruch, so daß ihr oft nur Zeit blieb, ihn auf die Stirn zu küssen, bevor er ging. Das waren glückliche Zeiten ... bevor jene Person herkam! Natürlich war die Pompadour damals da. Der König war immer die Beute irgendwelcher Weiber. Aber es gab eine Zeit ...«

Ihre Augen blickten weich und träumerisch. »Man wird alt ... Ich war seine Lieblingstochter, wissen Sie. Er pflegte mich Loque zu nennen – das war ein Kosename. Manchmal nennt er mich auch jetzt noch so; und Victoria heißt bei ihm Coche.«

»Weil ich so gern esse«, fügte Victoria hinzu. »Ich bin dadurch ein wenig dick geworden ... aber nicht so dick wie ein Schwein!«

»Sophie nannte er Graille und Louise Chiffe. Unser Vater gibt den Leuten gern andere Namen. Die Frau unseres Bruders nannte er immer ›Arme Pepa‹. Sie hieß Marie-Josepha, wissen Sie. Ich habe ihn Ihren Gemahl selten anders als ›Armer Berry‹ nennen hören.«

»Warum waren diese beiden ›arm‹?«

»Pepa war arm dran, weil ihr Mann sie nicht wollte. Er war schon einmal verheiratet gewesen und liebte immer noch seine erste Frau; und in seiner zweiten Hochzeitsnacht weinte er in den Armen seiner zweiten Frau um die Verstorbene. Aber Pepa hatte Geduld, und schließlich liebte er sie, doch dann starb er. So hieß sie die ›Arme Pepa‹. Und der ›Arme Berry‹ ... Tja, er ist eben so anders als die meisten andern jungen Männer ... deshalb ist er der ›Arme Berry‹.«

»Ich möchte wissen, ob es ihm etwas ausmacht.«

»Dem ›Armen Berry‹? Ihn interessiert nichts als die Jagd, seine Bücher und das Herumbasteln mit Türschlössern und Bauwerken.«

»Und sein Essen«, ergänzte Victoria.

»Armer Berry!« seufzte Adelaide, und die beiden andern seufzten mit ihr.

Ich verließ sie ihm Gefühl, sehr vieles über die königliche Familie gelernt zu haben, was ich vorher nicht gewußt hatte. Ich besaß den Schlüssel zu den Gemächern der Tanten. Ich würde ihn oft benutzen, denn bei ihnen konnte ich wenigstens für kurze Zeit der rigiden Etikette von Madame de Noailles entrinnen.

Der Ball, der einige Tage später stattfand, verursachte schon vorher durch einen Punkt der Etikette große Aufregung, weil die Prinzen von Lothringen sich den Vortritt ihres Hauses vor allen andern erbeten hatten, da der Ball mir zu Ehren veranstaltet wurde; sie pochten auf die nahe Verwandtschaft mit mir durch meinen Vater, Franz von Lothringen. Folglich fand Fräulein von Lothringen – eine entfernte Cousine –, daß sie auf diesem Ball in einem Menuett vor allen andern Damen das Parkett betreten müßte. Die Herzoginnen der königlichen Familie waren empört, und im ganzen Schloß herrschte große Aufregung. Sogar der König lief, tief erregt über dieses Dilemma, in seinen Gemächern auf und ab. Die Forderung der Lothringer abzulehnen, wäre eine Beleidigung des Hauses Habsburg, ihr nachzugeben dagegen eine Beleidigung der Häuser Orléans, Condé und Conti.

Niemals war mir ihre Etikette so albern erschienen. Der König hatte Madame du Barry gestattet, mit mir an einem Tisch zu speisen, und doch schien er zu fürchten, mich zu beleidigen, wenn eine entfernte Cousine von mir nicht den Vortritt vor seinen nahen Verwandten erhielt! Ich beschloß, alles dagegen zu tun, um nicht ein Sklave ihrer lächerlichen Etikette zu werden.

Die Kontroverse ging jedoch weiter, und schließlich entschied der König zugunsten der Lothringer, worauf die königlichen Herzoginnen unter dem Vorwand einer Unpäßlichkeit absagten.

Ich bemerkte ihre Abwesenheit kaum. Ich tanzte – und wie gern tanzte ich! Wenn ich tanzte, war ich glücklicher als bei irgendeiner anderen Beschäftigung. Ich tanzte mit meinem Gemahl, der sehr ungeschickt war und sich immer nach rechts drehte, wenn er sich hätte nach links wenden müssen. Ich lachte laut auf, und er warf mir sein langsames Lächeln zu und gestand: »Ich bin kein guter Tänzer!« Das schien mir ein großer Fortschritt in unserer Beziehung zu sein. Wie anders war es dagegen, mit meinem jüngsten Schwager zu tanzen! Er war ein geborener Tänzer. Er sagte mir, ich sähe schön aus und Berry sei der glücklichste Mann am ganzen Hof und sich hoffentlich dessen auch bewußt. Es schien eine Frage zu sein, und so parierte ich sie, fühlte mich jedoch herrlich unbeschwert in seiner Gesellschaft. Es war wundervoll, mit einem gleichaltrigen jungen Menschen zusammenzusein, mit dem ich etwas gemein hatte. Artois lachte über alles, so wie ich es am liebsten getan hätte, und ich war überzeugt, wir würden Freunde werden. Ich tanzte auch mit dem jungen Chartres, dem Sohn des Herzogs von Orléans, den ich gar nicht leiden mochte. Er war zwar liebenswürdig, doch seine kalten Augen erinnerten mich an die einer Schlange. Es war meine erste nähere Begegnung mit ihm, und ich frage mich, ob ich in jener Nacht nicht eine Vorahnung hatte, daß er unser Feind werden würde.

Diese Menschen waren so ganz anders als alle, die ich von zuhause kannte; wie sehr sie mich auch in französische Kleidung steckten, was für französische Manieren und Bräuche ich auch annahm, ich würde doch immer Österreicherin bleiben. Wir waren direkt, natürlicher, vielleicht sogar unkultiviert und mochten im Vergleich mit ihnen ungehobelt erscheinen; wir waren nicht geistreich und brillant, aber leicht zu verstehen. Wir sagten, was wir dachten, und verbargen unsere wahren Gefühle nicht unter einem Berg von Etikette. Hier herrschte überall die Etikette. Sie erdrückte mich. Ich wollte aufschreien, daß ich ihrer müde war, wollte sie mit einem Fußtritt beiseite schleudern, wollte mich über sie lustig machen und ihnen sagen, daß falls sie so an ihr hingen, sie sie ja gern haben könnten, aber sie mich mit ihr verschonen sollten!

Wie konnte ich wissen, daß der Ball, auf dem ich es so genoß, mit Artois zu tanzen, ja, sogar mit meinem linkischen Gemahl, alles andere als ein Erfolg war und ich daran die Schuld hatte. Meine Verwandten hatten ihn verdorben. Die kleine Lothringen war wegen mir ranghöher als die Häuser Orléans und Condé gewesen. Diese fühlten sich tödlich beleidigt und sollten mir das nie verzeihen. Sie beschlossen in jener Nacht, nicht meine Freunde zu sein, obschon sie sich nie etwas anmerken ließen, wenn wir uns danach trafen. Sie erwiesen mir jedoch keine Zuneigung; sie brachten nur der Kronprinzessin von Frankreich ihre Huldigungen dar. Was war ich doch für eine kleine Närrin! Es gab außer Mercy niemanden, der mir half, und ihm ging ich aus dem Wege; und meine Mutter war Tausende von Kilometern weit weg. Ich war ganz allein und lief blindlings in die Gefahr hinein, nur hatte es wie alles Französische in diesem Stadium nicht den Anschein einer echten Gefahr; ich wußte nicht, daß jener scheinbar sanfte, grüne Rasen in Wirklichkeit ein lauernder Sumpf war ... bis ich tief in ihm versank und mich nicht mehr aus ihm befreien konnte. Einer intelligenten Frau wäre es schwer gefallen, sich an einem derartigen Hof klug zu verhalten. Was für eine Hoffnung bestand da für ein leichtfertiges, unerfahrenes junges Mädchen?

Einige Wochen waren seit meiner Hochzeit vergangen, und in der ganzen Zeit hatte mein Gemahl nur einige wenige Sätze zu mir gesagt. Wenn ich den König sah, war er immer so liebenswürdig zu mir, daß ich vergaß, was Mercy und die Tanten mir erzählt hatten. Ich glaubte weiter, er liebte mich, und nannte ihn sogar Papa, weil ich – wie ich ihm sagte – fand, Großvater klänge zu alt für ihn. Es hatten so viele Feste und Bälle stattgefunden, daß ich meine Ängste vergaß. Mein Schwager Artois war ständig um mich; ich hatte den Tanten mehrere Besuche gemacht. Meine anfängliche Unsicherheit legte sich. Vielleicht wollte ich auch nur nicht daran denken. Es war so viel lustiger, vergnügt zu sein und mir einzureden, daß alle mich liebten und ich ein großer Erfolg war.

Madame Adelaide nahm mich mit nach Paris, um das Feuerwerk anzusehen. Ich fuhr incognito, weil mein offizieller Einzug in die Hauptstadt selbstverständlich ein sehr feierlicher sein mußte. Ich wollte das Feuerwerk so gern sehen, und Adelaide, immer bereit zu einer Verschwörung, erbot sich, mit mir hinzufahren. Wehmütig überlegte ich mir, daß eigentlich mein Gemahl mit mir hinfahren könnte. Was für ein Spaß wäre es gewesen, wenn er ebenso lustig wie Artois wäre und wir beide verkleidet nach Paris gefahren wären! Doch er war entweder auf der Jagd oder beim Schlosser. Der König war mit Madame du Barry in Bellevue. Warum sollte ich also nicht hinfahren, meinte Adelaide. Und so fuhren wir in ihrer Kutsche los.

Sie schien weniger sonderbar, wenn ihre Schwestern nicht zugegen waren. Man hatte sie über alles informiert, was zu meinen Ehren in der Stadt veranstaltet wurde. Entlang den Champs Elysée hatte man die Bäume mit Lampions dekoriert, was ganz entzückend bei Einbruch der Dämmerung aussehen mußte. Das Zentrum der Festlichkeiten würde die Place Louis XV sein, auf der dicht neben dem Standbild des Königs ein korinthischer Tempel errichtet worden war; auch Delphine und ein großes Bild von mir und dem Dauphin in einem Medaillon hatte man aufgestellt. Bergamottöl war auf die Ufer der Seine gegossen worden, um den fauligen Gestank zu verscheuchen, der manchmal von diesem Fluß aufstieg, und aus allen Fontänen der Stadt floß Wein.

»Alles Ihnen und Ihrem Gemahl zu Ehren, meine Liebe.«

»Dann sollte ich es mir bestimmt auch ansehen«, erwiderte ich.

»Aber unerkannt!« Sie lachte jenes seltsame, wiehernde Lachen.

»Es entspräche wohl nicht der Etikette, wenn das Volk mich sehen würde, bevor ich ihm offiziell vorgestellt worden bin.«

»Das täte es wahrlich nicht! Heute abend sind wir daher nur zwei adelige Damen, die gekommen sind, um sich anzuschauen, wie sich das Volk vergnügt.«

Als wir uns der Stadt näherten, wurde der schon dämmrige Himmel plötzlich von Feuerwerk erleuchtet. Ich stieß einen staunenden Ausruf aus, denn so etwas Schönes hatte ich noch nie gesehen.

Wir waren fast auf der Place Louis xv angelangt, die ich damals noch nicht kannte, als unsere Eskorte abrupt stehenblieb. Unsere Kutsche hielt ebenfalls mit einem Ruck an. Ich vernahm Schreie und lautes Rufen und sah undeutlich eine tobende Menschenmenge, ohne eine Ahnung zu haben, was dies bedeutete. Der Kutscher wendete die Pferde, und mit der Leibwache um uns herum jagten wir mit höchster Geschwindigkeit den Weg zurück, den wir gekommen waren.

»Was ist denn los?« fragte ich.

Madame Adelaide antwortete nicht. Sie war sehr verschreckt und gab keinen Laut von sich, während wir eiligst nach Versailles zurückfuhren.

Am Tag darauf erfuhr ich, was geschehen war. Einige Feuerwerkskörper waren explodiert, und es hatte zu brennen angefangen; ein Feuerwehrwagen, der auf den Platz einbog, war auf einen vor dem Feuer fliehenden Strom von Menschen und Kutschen gestoßen; eine zweite Menschenmenge drängte auf den Platz, um zu sehen, was los war. Als Folge konnte niemand mehr vor noch zurück, und die Verstopfung um den Platz war vollkommen. Vierzigtausend Menschen waren so in der Rue Royale, der Rue de la Bonne-Morue und der Rue Saint-Florentin eingekeilt. Eine Panik brach aus. Viele Leute fielen hin und wurden niedergetrampelt, Kutschen kippten um, und Pferde versuchten sich loszureißen. Die Menge kletterte, in dem aussichtslosen Versuch zu entkommen, über die Körper derjenigen, die hingefallen waren, und viele wurden so zu Tode getrampelt. Grauenvolle Berichte wurden über diese Nacht gegeben. Der ganze Hof sprach über das Unglück. Der Dauphin kam in mein Schlafzimmer. Er war tief bestürzt, und dies ließ ihn älter erscheinen, lebendiger. Einhundertzweiunddreißig Menschen seien in der vergangenen Nacht umgekommen, teilte er mir mit.

Ich fühlte, wie mir die Tränen in die Augen traten. Er sah mich an, ohne sich sofort wieder abzuwenden, wie er es bisher immer getan

hatte. »Es ist meine Schuld«, sagte ich. »Wäre ich nicht hierher gekommen, wäre es nicht passiert.«
Er sah mich unverwandt an. »Ich muß alles tun, was in meinen Kräften steht, um zu helfen«, erklärte er.
»O ja«, antwortete ich lebhaft. »Bitte tun Sie das!«
Er setzte sich an einen Tisch und fing an zu schreiben; ich ging zu ihm und schaute ihm über die Schulter.
»Ich habe von dem Unglück erfahren«, schrieb er, und ich verfolgte, wie rasch seine Feder über das Papier glitt, »das durch mich Paris widerfahren ist. Ich bin tief bekümmert und sende Ihnen die Summe, die mir der König für meine persönlichen Ausgaben gibt. Es ist alles, was ich habe. Ich möchte denen helfen, die am schlimmsten betroffen worden sind.«
Er hob den Blick zu meinem Gesicht und berührte meine Hand – nur eine Sekunde lang. »Es ist das Mindeste, was ich tun kann«, sagte er.
»Ich möchte auch das geben, was ich habe«, erklärte ich.
Er nickte und blickte wieder auf den Tisch hinunter. Und da erkannte ich: es stimmte nicht, daß er mich nicht mochte! Es gab einen anderen Grund dafür, daß er mich vernachlässigte.

Noch lange Zeit wurde über das Unglück gesprochen. Es war wieder eines der bösen Vorzeichen wie das Gewitter, das die Festlichkeiten meines Hochzeitstages verdorben hatte, wie der Tintenklecks, den ich bei meiner Unterschrift gemacht hatte, und nun dieses große Unglück, als die Bewohner von Paris zu Tausenden zusammenströmten, um die Hochzeit zu feiern, und statt dessen von Tod und Leid getroffen wurden.

4

»Misch Dich nicht in die Politik noch in anderer Leute Angelegenheiten!«

»Du mußt Dir diese Enttäuschung nicht zu sehr zu Herzen nehmen. Sei nie gereizt! Sei zärtlich, aber auf keinen Fall fordernd. Wenn Du Deinem Mann Zärtlichkeiten erweist, tu es mit Mäßigung. Wenn Du Ungeduld zeigst, könntest Du die Dinge nur noch verschlimmern.«

»Hör Dir keine Vertraulichkeiten an und zeig keine Neugier! Ich bedaure, Dir sagen zu müssen: Vertraue niemanden etwas an – nicht einmal Deinen Tanten!« *Maria-Theresia an Marie-Antoinette*

»Personen nicht die gebührende Höflichkeit zu erweisen, die der König zu Mitgliedern seines engsten Kreises erwählt hat, ist eine Geringschätzung dieses gesamten Kreises; und alle Personen, die der König als seine Vertrauten betrachtet, müssen als Mitglieder dieses Kreises betrachtet werden, wobei niemandem das Recht zusteht zu fragen, ob der König das zu Recht oder zu Unrecht tut.«

Kaunitz an Marie-Antoinette

»Deine Angst und Verlegenheit, mit Personen zu sprechen, mit denen zu reden man Dir nahelegt, ist genauso lächerlich wie kindisch... Was für eine Aufregung wegen eines schnell gesagten Wortes! Du hast Dich verleiten lassen, und Deine Pflicht vermag Dich jetzt nicht mehr zu überzeugen.«

Maria-Theresia an Marie-Antoinette

»Ich bin überzeugt, Sie werden zufrieden sein. Sie können sicher sein, daß ich immer meine persönlichen Standpunkte opfern werde, solange man nichts von mir verlangt, was gegen meine Ehre geht.«

Marie-Antoinette an Maria-Theresia

Choisy

Madame, meine geliebte Mutter,
ich kann nicht mit Worten zum Ausdruck bringen, wie mich Euer Majestät Güte bewegt, und ich versichere Ihnen, daß ich bisher noch keinen einzigen Ihrer lieben Briefe empfangen habe, ohne daß mir nicht die Tränen des Kummers darüber in die Augen stiegen, von solch einer gütigen Mutter getrennt zu sein; und wenn ich auch hier sehr glücklich bin, so würde ich mir doch inniglich wünschen, zurückzukommen, um meine liebe, so liebe Familie wiederzusehen, und sei es auch nur für eine kurze Zeit.
Seit gestern sind wir hier in Choisy, und von ein Uhr mittags, wenn wir dinieren, bis ein Uhr morgens können wir nicht in unsere Gemächer zurückkehren, was mir sehr unangenehm ist. Nach dem Dîner spielen wir bis sechs Uhr Karten; dann gehen wir ins Theater bis halb zehn; dann folgt das Souper; dann wieder Karten bis ein Uhr, manchmal sogar bis halb zwei. Erst gestern abend entließ mich der König, der sah, daß ich todmüde war, zu meiner großen Erleichterung gütigerweise um elf, und ich schlief ausgezeichnet bis morgens um halb elf.
Eure Majestät ist sehr gütig, ein solches Interesse an mir zu zeigen und sogar danach zu fragen, wie ich gewöhnlich meine Tage in Versailles verbringe. Ich will es deshalb beschreiben: Ich stehe um neun oder zehn Uhr auf und spreche meine Gebete, nachdem ich mich angekleidet habe; dann frühstücke ich und gehe anschließend zu den Tanten, wo ich meistens den König antreffe. Dort bleibe ich bis halb elf. Um elf lasse ich mich frisieren. Um zwölf wird das *Chambre* hereingerufen, und jeder von genügend hohem Rang kann hereinkommen. Ich lege mir vor allen mein Rouge auf und wasche mir die Hände; dann gehen die Herren hinaus, während die Damen bleiben, und ich kleide mich vor ihnen allen fertig an. Um zwölf ist Messe, und wenn der König in Versailles ist, gehe ich mit ihm und meinem Gemahl und den Tanten hin; wenn er nicht da ist, gehe ich mit Monsieur le Dauphin, immer jedoch zur gleichen Stunde. Nach der Messe dinieren wir zusammen, womit wir aber schon um halb zwei fertig sind, da wir beide schnell essen. Dann gehe ich mit zu Monsieur le Dauphin. Ist er beschäftigt, kehre ich in mein eigenes Appartement zurück, wo ich lese, schreibe oder arbeite, denn ich be-

sticke eine Weste für den König, womit ich nicht sehr schnell vorankomme, doch hoffe ich, daß sie mit Gottes Hilfe in einigen Jahren fertig sein wird. Um drei gehe ich zu den Tanten, wohin sich der König gewöhnlich um diese Zeit begibt. Um vier kommt der Abbé zu mir, um fünf der Cembalolehrer oder Gesanglehrer, der bis sechs bleibt. Sie müssen wissen, daß mein Gemahl mich oft zu den Tanten begleitet. Von sieben bis neun spielen wir Karten; und wenn es gutes Wetter ist, gehe ich ins Freie, und dann findet das Kartenspielen bei den Tanten und nicht in meiner Suite statt. Um neun ist Souper; wenn der König nicht da ist, kommen die Tanten zu mir, um mit mir zu soupieren; ist der König da, gehen wir nach dem Souper zu ihnen und warten dort auf den König, der gewöhnlich um viertel vor elf kommt. Ich liege jedoch bis zu seiner Ankunft auf einem Sofa und schlafe. Wenn wir ihn nicht erwarten, gehen wir um elf zu Bett. So verläuft mein Tag. Ich bitte Sie inständigst, meine liebe Mutter, mir zu verzeihen, wenn dieser Brief zu lang ist; aber es ist meine größte Freude, auf diese Weise mit Eurer Majestät in Verbindung zu sein. Ich erbitte auch Ihre Vergebung für diesen verkleckſten Brief. Ich mußte ihn an zwei Tagen während meiner eiligen Toilette schreiben, da mir sonst keine Zeit zur Verfügung steht; und wenn ich nicht alle Fragen genau beantwortet habe, so hoffe ich, wird Eure Majestät mir zugute halten, daß ich Ihren Brief zu gehorsam verbrannte. Ich muß schließen, um mich anzukleiden und zur Messe zu gehen. Ich habe die Ehre, Eurer Majestät gehorsamste Tochter zu sein –

Marie-Antoinette

Dieser Brief, den ich in Choisy schrieb, einem der königlichen Schlösser, in dem wir uns ab und zu aufhielten, gibt ein Bild von der Eintönigkeit meiner Tage in jener Zeit. Ich hatte gedacht, daß das Leben in Frankreich aufregend und bunt sein würde, voll des Neuen und Unbekannten, fand es aber viel langweiliger als es das jemals in Schönbrunn gewesen war.

Ich war während jener ersten Monate meines neuen Lebens am französischen Hof oft krank vor Heimweh und Sehnsucht nach meiner Mutter, obgleich ich vor Furcht zitterte, wenn ich ihre Briefe erhielt und mich immer beklommen fragte, was sie wohl enthielten. Ich bemerkte damals noch nicht, in welchem Ausmaß Mercy die kleinsten Details meines Lebens beobachtete. Ich hatte ihn immer für einen strengen, alten Staatsmann gehalten, und die Tatsache, daß er sich

dafür interessieren sollte, was ein junges Mädchen anzog oder wie oft es mit einem bestimmten Dienstboten lachte, schien zu widersinnig. Aber da irrte ich mich. Ich hatte mich kaum geändert – immer noch war ich das unbekümmerte Kind, das in den Gärten von Schönbrunn mit seinen Hunden herumtollte; noch genauso inkonsequent, noch genauso ahnungslos. Ich begriff damals nicht – und das zu meinem großen Unglück –, daß die Kronprinzessin von Frankreich, die eines Tages Königin sein würde, nicht sosehr ein junges Mädchen oder eine Frau ist wie vielmehr ein Symbol. Krieg und Frieden konnten von ihrem Tun abhängen, ihre Torheiten konnten einen Thron ins Wanken bringen. Als ich an meine Mutter schrieb und sie fragte, woher sie so viel über mein unwichtiges Tun und Lassen wüßte, antwortete sie »Ein kleiner Vogel hat es mir erzählt«; sie schrieb mir nie, daß Mercy dieser kleine Vogel war. Ich hätte es natürlich wissen müssen. Doch Mercy war wenigstens mein Freund, wenn auch ein unbequemer, und ich hätte ihm dankbar sein sollen.
In jener Zeit überschattete selbstverständlich eine schwerwiegende Tatsache mein Leben: die unnatürliche Beziehung zwischen mir und meinem Gemahl. Ich wußte, daß der ganze Hof darüber sprach – einige besorgt, die meisten jedoch mit belustigtem Kichern. Provence, den ich trotz seines immer äußerst korrekten Verhaltens nicht leiden konnte, freute sich, wie ich genau wußte, denn das letzte, was er sich wünschte, war, daß ich einen Sohn bekam. Er war eifersüchtig, weil er nicht der Älteste war, und glaubte – und viele stimmten darin mit ihm überein – daß er einen viel besseren Thronfolger abgegeben hätte als mein Gemahl Ludwig. Artois war lustig und amüsant, versuchte mit mir zu flirten und betrachtete mich immer mit einem sehnsüchtig schmachtenden Ausdruck, hinter dem seine Teufeleien auf der Lauer lagen. Mercy ließ dauernd warnende Bemerkungen fallen, ich solle vor Artois auf der Hut sein. Und die Tanten – sie warfen ihre Netze in Form von Hunderten von Andeutungen im verbissenen Bemühen aus, herauszubekommen, was sich zwischen mir und dem »Armen Berry« abspielte.
Als meine Mutter mir jedoch schrieb, es wäre vielleicht das Beste, daß die Dinge so stünden, weil wir beide noch so jung wären, verscheuchte ich erleichtert dieses Problem fürs erste aus meinem Denken und fühlte mich berechtigt, das Leben so gut ich konnte zu genießen. Es gab einen Mann am Hofe, der mein Freund war – den Herzog von Choiseul. Er war bestrebt, meiner Ehe zu einem Erfolg zu ver-

helfen, da er sie ja arrangiert hatte. Unglücklicherweise kam ich nach Frankreich, als seine Macht zu schwinden begann, denn er hätte mir sonst ebenso hilfreich zur Seite gestanden wie Mercy – und das mit viel größeren Möglichkeiten, war er doch des Königs Erster Minister. Er war ein ziemlich häßlicher Mann, doch von einer reizvollen Häßlichkeit. Er war faszinierend, und ich hatte ihn vom ersten Augenblick an gemocht. Meine Mutter hatte mir gesagt, ich könnte ihm vertrauen, da er ein Freund Österreichs sei, und das nahm mich für ihn ein. Er war jedoch in Ungnade. Wie Mademoiselle Genet mir erzählte, hatte er sich mit Madame de Pompadour zu ihrer beiden Vorteil befreundet, dabei jedoch die Macht von Madame du Barry unterschätzt; das war einer der Gründe, weshalb er gestürzt wurde.

Wenn ich auch anfangs Madame du Barry anziehend gefunden hatte, haßte ich sie doch jetzt auf kindische Weise, weil der König ihr gestattet hatte, zu jenem ersten Familienessen zu erscheinen, was – laut Mercy – eine Beleidigung für mich war. An meine Mutter schrieb ich: »Sie ist eine törichte und impertinente Person« in der Annahme, daß meine Mutter eine derartige Einstellung dieser Frau gegenüber richtig finden würde, deren Funktion bei Hofe ihr zweifellos bekannt war.

»Misch dich nicht in die Politik und anderer Leute Angelegenheiten ein!« lautete die Antwort meiner Mutter, doch begriff ich nicht, daß es sich auf Madame du Barry bezog, und wie so viele andere wichtige Ratschläge nahm ich es nicht in mich auf. Ich wollte mich ja gar nicht in die Politik einmischen. Meine Unterrichtsstunden waren schon das Äußerste, was ich bewältigen konnte. Ich wollte mein Leben genießen – wollte Paris sehen, aber das durfte ich nicht vor meinem offiziellen Einzug in die Hauptstadt, und der wiederum war Gegenstand langwieriger Erörterungen, bevor er in Szene gesetzt werden konnte.

»Etikette!« seufzte ich.

»Vielleicht könnte ich wenigstens zwei meiner Hunde aus Wien herkommen lassen«, sagte ich zu Mercy.

»Sie haben doch schon zwei Hunde«, erwiderte er streng.

»Ja, ich weiß, aber ich liebe meine alten zu Hause, und sie werden sich in Wien nach mir verzehren, der kleine Mops ganz bestimmt! Bitte schreiben Sie, daß sie ihn schicken!«

Er wollte mir diese Bitte abschlagen, konnte sich aber nicht so offen meinen Wünschen widersetzen. Ich bekam also meine vier Hunde. Wenn sich kleine Welpen einstellten, würde ich noch mehr haben und

sie mir nicht wegnehmen lassen, obgleich Mercy auf unsaubere Gewohnheiten hinwies, über die man in den eleganten Versailler Gemächern nicht entzückt sein würde.
Der Herzog von Choiseul besuchte mich während jener ersten Wochen häufig und sagte mir auch, wie ich mich dem König gegenüber verhalten sollte.
»Seien Sie ernst und natürlich«, riet er, »und nicht zu kindlich, wenn Seine Majestät auch kein politisches Wissen von Ihnen erwartet.« Ich sagte ihm, wie froh ich darüber wäre, und erzählte ihm von meiner Abneigung gegen Madame du Barry.
»Ich kann ihr albernes Lispeln nicht hören! Und sie scheint sich für die wichtigste Dame am ganzen Hof zu halten. Ich blicke immer geradeswegs durch sie hindurch, als existiere sie nicht, wenn ich sie treffe. Aber sie schaut immer hoffnungsvoll zu mir herüber, als flehe sie mich an, sie anzusprechen.«
Monsieur de Choiseul lachte und meinte, es wäre nur allzu verständlich, daß sie sich einen Freundschaftsbeweis von der Kronprinzessin erhoffe.
»Den wird sie nicht bekommen!« entgegnete ich, und da es genau das war, was Monsieur de Choiseul aus meinem Mund hören wollte, beschloß ich, mich an diesen Vorsatz zu halten.
Lieber Monsieur de Choiseul! Er war so charmant und gleichzeitig doch so aufrichtig... wenn es um mich ging! Hätte er in meiner Nähe bleiben können, so hätte er mich bestimmt von vielen Torheiten zurückgehalten, davon bin ich fest überzeugt.
Als ich in Frankreich ankam, war die gräßliche du Barry schon Mittelpunkt eines Kreises geworden, der sich »Les Barrien« nannte; zu ihm gehörten einige der einflußreichsten Minister, wie der Herzog von Aiguillon, der Herzog von Vauguyon und der Herzog von Richelieu – alles Feinde von Choiseul, die versuchten, ihn zu stürzen. Und sie waren sehr erfolgreich in diesem Bemühen, indem sie ihm die Schuld an dem Desaster des Siebenjährigen Krieges zuschrieben – der im Jahr meiner Geburt ausbrach – und den Verlust der französischen Kolonien an England. Er sollte an allem Schuld haben, und wie ich später verstand, war die österreichische Heirat ein Versuch von ihm gewesen, seine Machtstellung wiederzuerlangen. Schwere Sorgen müssen ihn bedrückt haben, als ich ihn kennenlernte, doch ließ er es sich nie anmerken; er war einer der fröhlichsten Menschen, denen ich jemals begegnet war.

Es war daher ein schwerer Schlag für mich, als er seinen *lettre de cachet* vom König erhielt, der ihn in sein Schloß in Chanteloup verbannte. Es kam so plötzlich – am Heiligabend. Er verschwand einfach, und ich konnte nicht fassen, daß er weg war. Es war traurig, einen Freund zu verlieren, doch gleichzeitig alarmierte es mich, daß einen ein derartiges Schicksal so unvermittelt treffen konnte. Ganz besonders verletzte mich Mercys Kommentar.

»Er hat seinen Fall durch seine Indiskretionen noch beschleunigt«, sagte er. »Es hätte mich wirklich überrascht, wenn er noch viel länger in seinem Amt geblieben wäre. Hoffen wir, daß er nicht von jemandem ersetzt wird, der ein noch größerer Wirrkopf ist!«

»Aber er ist unser Freund!« rief ich bestürzt.

»Er ist jetzt von keinerlei Nutzen mehr für uns«, entgegnete Mercy zynisch.

Ich war sehr verletzt und betrübt. Gelegentlich hörten wir von Choiseul. Er lebte in sehr großem Stil in Chanteloup und veröffentlichte Chansons über Madame du Barry, in der er seine erbittertste Feindin erblickte. Dauernd fand sie mit obszönen Versen bedeckte Zettel in ihren Gemächern, lachte jedoch nur darüber, und so verloren sie ihre Wirkung.

Der Strom von Briefen aus Wien ging weiter, und jedesmal, wenn ich einen Brief meiner Mutter in Händen hielt, zitterte ich. Was hatte ich jetzt schon wieder falsch gemacht? Ich hätte mein Korsett nicht getragen – die verhaßten Fischbeinstäbe, mit denen ich stocksteif dasitzen mußte und die mir sogar Schmerzen verursachten. Es wäre unumgänglich, daß ich es in diesem Stadium meines Wachstums trüge, wurde ich belehrt. Ich müßte mir stets meiner Erscheinung bewußt sein. Die Franzosen legten größten Wert auf das Äußere, und ich müßte immer versuchen, meinem Gemahl zu gefallen. Es kamen ständig Andeutungen über meine Beziehung zu diesem.

»Du darfst nicht zu große Eile oder Ungeduld zeigen, denn es wird nur schlimmer werden, falls Du seine Unsicherheit vergrößerst.«

Ein andermal schrieb sie:

»Du mußt Dir diese Enttäuschung nicht zu sehr zu Herzen nehmen. Du darfst sie Dir nie anmerken lassen. Sei nie gereizt! Sei zärtlich, aber auf keinen Fall fordernd. Wenn Du Deinem Mann Zärtlichkeiten erweist, tu es mit Mäßigung. Wenn Du Ungeduld zeigst, könntest Du die Dinge nur noch verschlimmern.«

Nicht nur der französische Hof, sondern alle Höfe Europas schienen über das Unvermögen des Dauphin zu reden, unsere Ehe zu vollziehen. Sie sagten, er sei impotent, und es wäre ein hoffnungsloser Fall, wenn ein so attraktives Mädchen wie ich nicht sein Interesse wecken könnte.

Es war unendlich peinlich für uns beide. Ich flüchtete mich in meine Kindlichkeit und tat, als verstände ich nicht, worum es ging, auch dann, als ich es durchaus verstand; ich spielte mit meinen Hunden, tanzte, wann immer ich konnte, und gab mir den Anschein, als wüßte ich nicht, daß an meiner Ehe etwas merkwürdig war. Die Methode meines Gemahls bestand in Gleichgültigkeit – die er, wie ich wußte, in Wirklichkeit gar nicht empfand. Er verteidigte sich mit dem Vorwand, sich zu langweilen, und zog sich mit seinem Schlosser und seinen Architektenfreunden zurück. So oft er konnte, ritt er auf die Jagd und aß kräftig – kurz, er tat, als wären diese Dinge das einzige, was ihn interessierte. Ich entdeckte jedoch, daß es ihn genauso bedrückte wie mich, ja, noch viel mehr, da er ernster veranlagt war und die Schuld an allem hatte; und mit hundert kleinen Gesten zeigte er mir in diesen Monaten, wie leid es ihm tat, mir kein guter Ehemann zu sein. Er war bestrebt, mich zu erfreuen, und wenn seine Vorlieben auch das genaue Gegenteil von meinen waren, so hinderte er mich doch nie daran, das zu tun, wozu ich Lust hatte.

Ich begann ihn recht gern zu haben, und ich glaube, er mich auch, doch diese verhaßte Situation stand zwischen uns. Wären wir ein munteres Liebespaar gewesen, hätte man nachsichtig über uns gelächelt; doch so, wie die Dinge standen, beschäftigten unsere Schlafzimmergeheimnisse ganz Europa. Gesandte eilten zwischen Versailles und Sardinien und Preußen wie auch Österreich hin und her, und auf den Straßen sang man Lieder über uns. »Kann er oder kann er nicht?« – »Hat er oder hat er nicht?« Falls die Schwierigkeiten meines Gemahls auf einem seelischen Konflikt beruhten, genügte all dies, ihn endgültig daran zu hindern, diesen jemals zu überwinden.

Meine Mutter drang weiter in ihren Briefen darauf, daß ich sie über jede Kleinigkeit unterrichtete. Ich sollte ihr alles mitteilen, was der Dauphin sagte oder tat. Ich sollte ihre Briefe lesen und sie anschließend sofort verbrennen. Ich wußte, ich war von Spionen umgeben, deren Oberhaupt der Erzieher meines Gemahls war, der Herzog von Vauguyon, ein Freund der Madame du Barry. Als ich einmal mit meinem Gemahl allein war, öffnete einer der Lakaien unvermittelt eine der Türen, und wir erblickten den gebückt dastehenden Herzog, dessen Ohr ganz offensichtlich am Schlüsselloch gelegen hatte. Ich vermute, der Lakai hatte uns warnen wollen. Ich machte eine Bemerkung zu Ludwig darüber, wie lästig es doch sei, daß Leute an unseren Türen lauschten. Der Herzog von Vauguyon war sehr verlegen und murmelte irgendeine Entschuldigung; aber ich glaube, Ludwig hat danach nie mehr eine so gute Meinung von ihm gehabt wie vorher.

Es lag mir nicht, über meine Lage nachzugrübeln. Ich wollte mein Leben genießen. Nichts liebte ich so sehr wie reiten, doch Pferde waren mir verboten, weil meine Mutter meinte, wildes Reiten könnte mich unfruchtbar machen. Als ob ich eine Chance hatte, etwas anderes zu sein! Doch sie und Mercy beschlossen, den König zu veranlassen, mir das Reiten zu untersagen.

Das war ein schwerer Schlag für mich! Ich hätte am liebsten laut herausgeschrien, daß ich mich am französischen Hof langweilte, aber glücklich war, wenn ich mit dem Wind im Gesicht dahinritt und mein Haar sich von jenen Nadeln befreite, mit denen der Friseur mich quälte!

Ich ging zum König und ließ all meinen Charme spielen; ich nannte ihn ›Lieber Papa‹ und erzählte ihm, wie unglücklich ich darüber sei, daß man mich nicht reiten ließe.

Er war konsterniert. Ich hätte wissen müssen, daß er eine derartige Situation irritierend fand und es haßte, sich zu einer Entscheidung gezwungen zu sehen, die jemanden kränken würde, besonders einem hübschen jungen Mädchen gegenüber. Er ließ sich jedoch nichts davon anmerken und war voll des lächelnden Mitgefühls. Woher sollte ich wissen, daß er innerlich über meine kindischen Probleme gähnte und mich weit weg wünschte? Er legte mir die Hand auf die Schulter und erklärte mir sehr liebevoll, meine Mutter wünsche nicht, daß ich ritte. Ob ich meiner Mutter nicht in allem Freude machen wolle?

»O ja, lieber Papa! Und ob ich das will ... aber ich kann es nicht ertragen, auf das Reiten zu verzichten!«

»Sie hält Pferde für zu gefährlich, und ich habe gesagt, daß Sie nicht reiten werden.« Er hob die Hände, und sein Gesicht erhellte sich in jenem charmanten Lächeln, das es trotz der Tränensäcke und der unzähligen Falten immer noch anziehend machte. »Man hat allerdings nur von Pferden gesprochen ... nicht von Eseln«, und damit hatte er die Lösung gefunden. »Keine Pferde – aber reiten Sie doch eine Zeitlang einen Esel.«

Also ritt ich auf Eseln, was ich demütigend fand.
Trotzdem fiel ich einmal herunter. Es war wirklich nur ein dummer Zufall. Der Esel stand, und ich saß lässig im Sattel, als er plötzlich einen Satz zur Seite machte. Das Nächste, was ich wußte, war, daß ich auf der Erde lag. Ich hatte mir nicht im geringsten wehgetan, doch mein Gefolge war sehr erschreckt und kam herbeigestürzt. Ich lag jedoch da und lachte sie an.
»Rühren Sie mich nicht an«, rief ich. »Ich bin nicht im geringsten verletzt, habe nicht einmal einen Schreck bekommen. Es war ein ganz törichter und überflüssiger Sturz.«
»Wollen Sie uns dann nicht gestatten, Ihnen beim Aufstehen behilflich zu sein?«
»Ganz gewiß nicht! Sie müssen Madame Etikette rufen. Schauen Sie, ich weiß nicht, was für Zeremonien zu befolgen sind, wenn eine Kronprinzessin von einem Esel fällt.«
Sie lachten alle, und wir setzten unseren Ritt sehr vergnügt fort; aber der Vorfall wurde natürlich berichtet. Er kam meiner Mutter zu Ohren. Sie war sehr verletzt, daß ich doch ritt – auch auf Eseln –, und ich weiß jetzt, sie befürchtete, ihren Einfluß auf mich zu verlieren. Ihr Wunsch, mich zu beeinflussen, entsprang keinem Machtstreben ihrerseits, sondern der tiefen Kenntnis vom Wesen ihrer Tochter und der schrecklichen Angst, was aus ihr werden würde. Sie sah mich als unschuldiges Lämmchen unter den Wölfen von Frankreich – und sie hatte, wie immer, auch damit recht.
Sie schrieb mir:
»Ich höre, daß Du auf einem Esel reitest. Ich habe Dir gesagt, daß ich nichts von dieser Reiterei halte. Sie wird mehr Schaden anrichten, als nur Deinen Teint und Deine Figur zu ruinieren.«
Als ich diesen Brief las, bereute ich, ihren Unwillen erregt zu haben, und gelobte mir, nicht wieder zu reiten, bis ich ihre Erlaubnis dazu hatte, die ich zweifellos erhalten würde, wenn ich etwas älter war – wenn ich eine richtige Ehefrau war und bewiesen hatte, daß ich Kinder kriegen konnte. (Wie doch alles darauf hinauslief!) Bald vergaß ich jedoch meine guten Vorsätze, und schon nach wenigen Tagen ritt ich wieder auf meinem Esel herum.
Die Tanten sah ich recht häufig, die stets viel Aufhebens um mich machten. Adelaide war immer über irgend etwas zornig. Sie mußte einfach etwas haben, für das sie eintreten konnte, und so war ihr jeder auch noch so kleine Anlaß willkommen. Madame du Barry war ihre

Hauptzielscheibe; als sie jedoch hörte, daß man mir verboten hatte, Pferde zu reiten, wandte sie ihre Aufmerksamkeit diesem Thema zu. »Es ist einfach lächerlich!« erklärte sie. »Nicht reiten zu dürfen! Jeder Mensch muß reiten können! Die Kronprinzessin von Frankreich auf einem Esel! Das ist eine Beleidigung!«

Victoria nickte, und Sophie schloß sich nach einigen Sekunden dem an. »Das haben unsere Gegner eingefädelt«, sagte Adelaide düster.

Ich wollte sie darauf hinweisen, daß meine Mutter es verboten hatte und Mercy und der König sie darin unterstützten. Und diese konnte ich nun wirklich nicht als meine Gegner bezeichnen. Aber Adelaide hörte nie zu, wenn sie etwas entdeckt hatte, für das sie kämpfen konnte. Man solle mich nicht schlecht behandeln! Solle mich nicht demütigen! Sie und ihre Schwestern wären meine Verbündeten, und sie hätte einen Plan. Ich sollte wie immer auf meinem Esel ausreiten. Ein Stallmeister würde mich mit einem Pferd an einer vorher vereinbarten Stelle erwarten. Ich würde dann von dem Esel auf das Pferd umsteigen und davonreiten, um nach meinem Ausritt zu dem Esel zurückzukehren, um auf ihm zum Schloß zurückzutraben. Es wäre ganz einfach.

»Und es wird sie alle an der Nase herumführen!« rief Adelaide triumphierend.

Ich zögerte. »Es würde meiner Mutter sehr mißfallen.«

»Wie sollte sie es erfahren?«

»Trotzdem, ich möchte nichts gegen ihren ausdrücklichen Wunsch tun.«

»Ach, sie ist weit weg in Wien! Sie weiß nicht, daß Sie hier eine Witzfigur sind . . . man stelle sich vor! Auf einem Esel zu reiten!«

Sie überredeten mich, und es folgte eine Menge verschwörerisches Geflüster; und nach den notwendigen Vorbereitungen ritt ich mit einigen Begleitern auf meinem Esel los, um den Stallmeister mit dem Pferd zu treffen, der auf mich wartete. Sie hatten alle ziemliche Angst, denn sie wußten, daß der König wie auch meine Mutter mir verboten hatten, ein Pferd zu reiten, und ich schämte mich auf einmal. Ich willigte ein, nicht zu galoppieren, und erlaubte dem Stallmeister, das Pferd am Zügel zu führen, während ich es im Schritt gehen ließ. Aber was machte es mir für Freude, wieder auf einem Pferd zu sitzen! Ich vergaß, wie ungehorsam ich war, und lachte Tränen beim Gedanken daran, was Mercy für ein Gesicht machen würde, wenn er mich sehen könnte. Ich machte zu einem meiner Begleiter eine Äußerung darüber, und sie stimmten alle in mein Lachen mit ein. Es war so lustig – und dann ritten wir zurück, wo einer der Lakeien mit dem Esel wartete, und ich trottete auf diesem scheinheilig zum Schloß zurück, während der Stallmeister mit dem Pferd davongaloppierte.

Einer der Begleiter, der mit mir gelacht hatte, wußte jedoch nichts Eiligeres zu tun, als Mercy zu berichten, was vorgefallen war; und als dieser gleich darauf in meiner Suite erschien, sah ich sofort an seinem strengen Gesicht, daß er um mein Täuschungsmanöver wußte. Er war betrübt und besorgt. »Sie wissen also, daß ich auf einem Pferd geritten bin?« stieß ich hervor.

»Ja«, antwortete er.

»Ich hätte es Ihnen erzählt«, sagte ich und fügte zu meiner Verteidigung hinzu: »Alle, die mich reiten sahen, freuten sich, daß ich ein solches Vergnügen daran hatte.«

»Es würde mich sehr kränken«, erwiderte er in seiner ernsten Art, »wenn Sie annehmen würden, daß ich mich denen anschließen würde, die entzückt darüber waren. Da Ihre Angelegenheiten mir so sehr am Herzen liegen, bekümmert es mich zutiefst, daß es zu einem Vorfall gekommen ist, der Ihnen sehr schaden kann und der das größte Mißfallen der Kaiserin erregen wird.«

Beim Gedanken an meine Mutter bekam ich wie immer Angst. Rasch sagte ich: »Ich wäre sehr unglücklich, wenn ich dächte, ich hätte die Kaiserin damit betrübt. Doch wie Sie wissen, ist Reiten die liebste Beschäftigung des Dauphin. Sollte ich diese Passion von ihm nicht teilen, die ihm solche Freude macht?«

Mercy antwortete mir nicht hierauf, sondern bemerkte lediglich, daß er sich zurückziehen und mich allein lassen werde, damit ich über das nachdenken könnte, was ich getan hätte.

Ich wünschte, ich hätte es nicht getan, und bereute es; doch dann wurde ich wütend. Es war alles so albern! Weshalb sollte ich nicht auf einem Pferd ausreiten, wenn ich dazu Lust hatte?

Ich war jedoch sehr verstört, und eines blieb mir klar in meinem leichtfertigen Sinn haften: daß meine Mutter wie kein anderer Mensch auf dieser Erde um mein Wohlergehen besorgt war. Sie hatte jetzt immer noch den gleichen großen Einfluß auf mich wie damals in Wien. Natürlich erfuhr sie, was ich getan hatte, und sie schrieb mir, wie es sie schmerze, daß ich so gehandelt hätte. Sie setze dabei voraus, daß sowohl der König wie der Dauphin ihre Erlaubnis zu meinem Aus-

ritt gegeben hatten und meinte, diese müßten selbstverständlich alles mich Betreffende entscheiden, doch sei sie sehr verärgert.
»Ich werde nichts weiter dazu sagen«, schloß sie ihren Brief, »und will versuchen, nicht daran zu denken.«
Sie muß gehört haben, welche Rolle die Tanten in dieser Angelegenheit spielten, denn kurz darauf warnte sie mich vor ihnen.

»Halte Dich mit allem in einer neutralen Position! Ich wünsche, daß Du reservierter denn je allen Vorgängen gegenüber bist, die sich bei Hofe abspielen. Hör Dir keine Geheimnisse an und zeig keine Neugier! Ich bedaure Dir sagen zu müssen: Vertraue niemandem etwas an ... nicht einmal Deinen Tanten, die ich so sehr schätze. Ich habe meine Gründe, dies zu sagen.«

O ja, sie hatte sehr gute Gründe dafür! Wahrscheinlich sogar bessere als sie selbst damals wußte.

Ein Jahr nach meiner Hochzeit erhielt mein Schwager Provence eine Gemahlin. Sie kam im Mai in Versailles an – so wie ich – und hieß Marie-Josèphe von Savoien. Ich mochte sie gleich nicht; sie war sehr häßlich und ohne jeden Charme – und das war nicht nur meine Ansicht. Provence war sehr über sie enttäuscht, und alle stellten Vergleiche zwischen ihr und mir an, die ihr zu Ohren kamen und sie in Rage brachten. Ich wußte, sie haßte mich, obwohl sie immer bestrebt war, es zu verbergen, denn sie war recht geschickt.
Mir war ihre Haltung jedoch gleichgültig, da die Prinzessin von Lamballe, die ich liebenswert und umgänglich fand, meine Freundin geworden war. Abbé Vermond erklärte sie jedoch für dumm, da er nicht wollte, daß ich zu freundschaftlich mit jemandem außer ihm stand. Doch ich nahm die Prinzessin vor ihm in Schutz.
»Sie hat einen guten Ruf«, verteidigte ich sie, »was man nicht von allen an diesem Hofe behaupten kann.«
»Den Ruf könnte sie schon morgen verlieren«, entgegnete er, »aber das Ausmaß ihrer Dummheit wächst ganz offenkundig mit jedem Tag!«
Ich lachte mit ihm darüber, denn wir verkehrten sehr freundschaftlich miteinander.
Ich hatte noch eine andere Freundin gefunden, und wenn diese ihm auch ebenfalls nicht gefiel, konnte er sich doch nicht über deren

Dummheit aufregen. Es war Jeanne Louise Henriette Genet, die Vorleserin der Tanten. Ich hatte sie oft bei diesen gesehen, und ihre ruhige Art und ihr eher strenges Aussehen hatten mich angezogen. Es war die Anziehungskraft der Gegensätze. Wie groß auch ihr Respekt vor den Tanten und vor mir war, so fühlte ich doch, daß sie mich außerdem gern mochte.

Ich fragte den König, ob ich die Vorleserin der Tanten benützen dürfe, was er mir sofort erlaubte. Also kam Mademoiselle Genet zu mir in meine Suite, um mir vorzulesen, doch ich zog es vor, mich mit ihr zu unterhalten, denn sie wußte solch interessante Geschichten über den Hof zu erzählen. Ich glaube, ich lernte mehr von ihr als von irgend jemand anders bis zu diesem Zeitpunkt. Nur drei Jahre älter als ich, schien sie jedoch mindestens zehn Jahre älter zu sein, so gesetzt und ernst wie sie war. Ich war überzeugt, sie hätte Anklang bei meiner Mutter gefunden. Manchmal überlegte ich mir, daß die nette, verständige Jeanne Louise meiner Mutter eine viel bessere Tochter gewesen wäre als ich. Ihr Vater hatte in Auswärtigen Diensten gearbeitet und war so dem Herzog von Choiseul aufgefallen; und durch diesen hatte dann Jeanne ihre Stellung bei Hofe erhalten. Sie war ein wißbegieriges Kind gewesen, das alle mit seiner Gelehrsamkeit erstaunte; einer ihrer größten Vorzüge war ihre klare Stimme wie auch ihre Gabe, stundenlang laut vorlesen zu können. Dadurch wurde sie Vorleserin bei den Tanten. Sie war mit fünfzehn Jahren an den Hof gekommen, und ich mochte zu gern ihre ersten Eindrücke darüber hören. Ich pflegte sie von dem Buch wegzulocken und zu sagen: »Wissen Sie, Mademoiselle Lectrice, ich möchte mich mit Ihnen unterhalten.«

Gefügig klappte sie darauf mit sehr schuldbewußtem Gesicht das Buch zu; aber ich wußte, daß sie ebenso gern plauderte wie ich. »Erzählen Sie mir von dem Tag Ihrer Ankunft bei Hofe«, sagte ich einmal, und sie schilderte mir darauf, wie sie in das Arbeitszimmer ihres Vaters gegangen war, um ihm auf Wiedersehen zu sagen, und wie er über ihren Anblick in der höfischen Aufmachung geweint hatte.

»Ich trug zum ersten Mal ein Korsett und ein langes Kleid mit einem Reifrock. Mein blasses Gesicht war mit Rouge und Puder beschmiert, was die höfische Etikette sogar für eine so bescheidene Person wie mich vorschrieb.«

»Etikette«, murmelte ich und mußte über sie lachen, denn meine freien und ungezwungenen Manieren schockierten sie immer.

»Mein Vater ist ein sehr weiser Mann. Damals begriff ich das noch nicht so richtig. Er sagte zu mir: ›Die Prinzessinnen werden Deine Talente zu schätzen wissen. Hohe Herrschaften verstehen Lob sehr anmutig auszuteilen, aber laß Dir ihre Komplimente nie zu sehr zu Kopfe steigen! Sei auf der Hut! Sei sicher, jedes Mal einen Feind zu gewinnen, wenn Dir schmeichelhafte Aufmerksamkeit zuteil wird. Wenn es mir gelungen wäre, eine andere Position für Dich zu finden, ich schwöre Dir, ich würde Dich niemals den Gefahren des Lebens bei Hofe überlassen!‹«
Sie hatte eine Art sich auszudrücken, die mich faszinierte. So erzählte sie mir von dem Tag ihrer Ankunft, als der Hof in Trauer war wegen des Todes der Königin Maria Lesczinska – wie im Schloßhof die Equipagen aufgereiht standen mit den Pferden, die ihre hohen schwarzen Straußenfedern schwenkten, und den Pagen und Lakaien mit ihren flittergeschmückten schwarzen Schulterschleifen. Die Prunkgemächer waren mit schwarzem Flor ausgehängt, und über den Sesseln hatte man mit schwarzen Straußenfedern geschmückte Baldachine errichtet.
Sie vermittelte mir ein neues Bild des Königs. »Er war die imposanteste Gestalt, die ich jemals erblickt hatte, und seine Augen blieben die ganze Zeit auf einen gerichtet, während er zu einem sprach.«
Ich nickte zustimmend.
»Trotz der Schönheit seiner Gesichtszüge erweckte er so etwas wie Furcht in mir.«
»Ich empfand keine Furcht«, unterbrach ich sie impulsiv.
Sie lächelte ihr langsames, gelassenes Lächeln. »Sie sind die Kronprinzessin, Madame! Ich bin nur die Vorleserin.«
»Hat er mit Ihnen gesprochen?«
»Ja, bei zwei Gelegenheiten. Eines Morgens, als er sich auf die Jagd begab, war ich in der Suite von Mesdames; er kam, um Madame Victoria zu sprechen, und fragte mich, wo Coche sei. Ich war verwirrt, denn ich kannte diesen Spitznamen nicht. Er fragte mich darauf nach meinem Namen, und als ich ihm diesen sagte, meinte er: ›Aha! Sie sind die Vorleserin. Wie man mir versicherte, sind Sie sehr belesen und sprechen fünf Sprachen.‹ ›Nur zwei, Sire.‹ ›Welche?‹ wollte er wissen. ›Englisch und Italienisch, Sire.‹ ›Fließend?‹ ›Ja, Sire.‹ Worauf er in Gelächter ausbrach und sagte: ›Das genügt, um einen Ehemann wahnsinnig zu machen!‹ Und sein ganzes Gefolge lachte über mich, und ich war völlig ratlos und verwirrt.«

»Das war aber nicht sehr nett von ihm«, erklärte ich und betrachtete sie aufmerksam. Man konnte sie in ihrem einfachen Kleid kaum als hübsch bezeichnen; vermutlich hatte er sie nicht attraktiv gefunden.

Ein andermal besuchte er die Tanten, als sie ihnen gerade vorlas. Sie zog sich eiligst in ein Vorzimmer zurück, und da sie dort nichts zu tun fand, vergnügte sie sich damit, sich in ihrem höfischen Reifrock um sich selbst zu drehen; und als sie aus reiner Freude daran, die rosige Seide ihres Unterrockes um sich herumwirbeln zu sehen, plötzlich inmitten ihrer Röcke am Boden kniete, trat der König ein. Es amüsierte ihn sehr zu sehen, wie die gelehrte kleine Vorleserin selbstvergessen wie ein Kind mit sich selbst spielte. »Ich rate Ihnen, eine Vorleserin in die Schule zurückzuschicken, die Ringelreihen mit ihren Reifröcken spielt!« hatte er gesagt. Und wieder war die arme Jeanne Louise völlig ratlos und verwirrt gewesen. Sie hatte den König nicht wie ich von seiner besten Seite erlebt, und ich vermutete, daß sie ihn mit einiger Kritik sah. Selbstverständlich war sie bestrebt, ihre wahren Gefühle mir gegenüber nicht zu verraten – und wie recht tat sie damit! Sie wußte zweifellos, daß ich es ausplaudern würde, und so war sie vorsichtig. Viel später, als der König tot war, erzählte sie mir, wie er *le trébuchet*, die Vogelfalle, in der Nähe seiner Suite in Versailles errichten ließ und sich später mit den Freuden seines kleinen Harems im Parc au Cerfs begnügte, wo junge Mädchen meines Alters ihm zu seiner Kurzweil von Madame de Pompadour zugeführt wurden; Madame du Barry erfüllte danach die gleiche Pflicht. Wäre mir das damals bekannt gewesen, so hätte ich ihn vielleicht richtiger eingeschätzt.

Und noch etwas anderes erzählte sie mir viele Jahre später, was damals sehr nützlich für mich hätte sein können. Aber hätte ich einen Nutzen aus meinem Wissen gezogen? Ich bezweifele es. Was sie mir erzählte, hatte sie ebenfalls in ihr Tagebuch geschrieben, wie sie mir sagte, denn sie hatte immer den Drang verspürt, die täglichen Ereignisse schriftlich festzuhalten:

»Ich hörte, wie mein Vater die französische Monarchie einmal mit einer schönen antiken Statue verglich; er sagte, ihr Sockel, der sie trüge, sei im Begriff zu verfallen, und die Statue verschwände unter schmarotzenden Pflanzen, die sie allmählich gänzlich überwucherten. ›Aber‹, so fragte er, ›wo ist der Künstler, der so geschickt wäre, den Sockel zu reparieren, ohne daß die Statue in Stücke ginge?‹«

Hätte sie es mir jedoch damals erzählt, so hätte ich nicht verstanden, was damit gemeint war. Jahre danach, als der Terror über uns hereinbrach, verstand ich es nur zu gut!
Madame Louise interessierte mich sehr – die Tante, die ich vor meiner Ankunft in Versailles in ihrem Karmeliterkloster in St. Denis kennengelernt hatte. Mademoiselle Genet erzählte mir auch von ihr: »Ich pflegte ihr jeden Tag fünf Stunden lang vorzulesen, und meine Stimme verriet oft die Ermüdung meiner Lungen. Die Prinzessin bereitete mir dann Zuckerwasser und entschuldigte sich dafür, daß sie mich so lange hatte vorlesen lassen. Wie sie sagte, geschah es, weil sie sich einen sehr umfangreichen Leseplan aufgestellt hatte, um die Geschichte anderer Länder kennenzulernen, denn sie glaubte, man würde ihr im Kloster nur religiöse Bücher erlauben. Eines Morgens war sie dann verschwunden, und ich erfuhr, daß sie in das Kloster von St. Denis eingetreten war.«
»Waren Sie traurig darüber, Mademoiselle?«
»Sehr traurig, Madame! Ich liebte Madame Louise. Sie war...«
Gespannt sah ich sie an, denn ich wußte, sie hatte sagen wollen, daß Madame Louise die vernünftigste, die normalste der Tanten sei; aber sie hielt noch rechtzeitig inne.
»Erzählen Sie weiter!« befahl ich.
»Madame Adelaide war sehr böse. Als ich ihr mitteilte, daß Madame Louise verschwunden war, fragte sie: ›Mit wem ist sie verschwunden?‹ Sie dachte, Madame Louise sei mit einem Liebhaber durchgebrannt.«
»Das sieht Madame Adelaide ähnlich! Sie hat eine Vorliebe für alles Dramatische, und es ist ja viel dramatischer, mit einem Liebhaber durchzubrennen, als in ein Kloster einzutreten. Für Sie bedeutete es aber weniger Arbeit.«
»Ich befürchtete, Madame Victoria würde dem Beispiel von Madame Louise folgen.« Ich nickte. Meine kleine Vorleserin hatte schon erkennen lassen, daß sie von den drei Tanten Victoria den Vorzug gab.
»Ich sagte es ihr, und sie lachte nur und erklärte, sie würde niemals Versailles verlassen. Sie hätte ihr gutes Essen und ihr Sofa zu gern.«
Es war lästig für mich, daß Mademoiselle Genet und der Abbé Vermond von einer gegenseitigen Abneigung erfaßt wurden. Ich beschloß aber trotzdem, meine gescheite Vorleserin zu behalten; vielleicht könnte ich sie eines Tages ganz von den Tanten übernehmen und sie mei-

nem Haushalt eingliedern. Das sollte jedoch erst viel später geschehen.

Und so ging das Leben in den nächsten Monaten in Versailles weiter. Meine Freundschaft zu der Prinzessin von Lamballe wurde enger; von meiner Mutter kamen regelmäßig Briefe; ich verbrachte meine tägliche Stunde mit dem Abbé, der sich um meinen Geist bemühte, und hatte Unterredungen mit Mercy, der sich um mein Benehmen bemühte. Ferner gehörten zu meinem Leben meine Vertrautheit mit den Tanten, meine Freundschaft mit dem König und mein Kokettieren mit Artois. Als neu kam hinzu, daß ich eine wachsende Zuneigung zu meinem Gemahl empfand. Doch befanden wir uns derartig im Licht der Öffentlichkeit und waren uns so bewußt, bei jeder kleinsten Geste beobachtet zu werden, daß unsere Situation wenig Chancen hatte, sich zu ändern.
Sogar die Mahlzeiten wurden in Anwesenheit der Öffentlichkeit eingenommen – ein Brauch, der mir verhaßt war; es schien jedoch niemanden sonst zu stören, und für das Volk war es eine Selbstverständlichkeit. Die Leute pflegten von Paris herauszukommen, um uns bei unseren Mahlzeiten zuzuschauen. Wir waren wie Tiere in einem kostbar vergoldeten Käfig.
Wenn das Diner aufgetragen wurde, kamen die Leute, um sich anzusehen, wie mein Gemahl und ich unsere Suppe aßen; dann eilten sie weiter, um die Prinzen bei ihrem Rindfleisch zu sehen; danach mußten sie rennen, bis sie außer Atem waren, um mit dabei zu sein, wenn Mesdames ihr Dessert verspeisten. Wir waren für das Volk wie ein lebendes Schaukastenbild.
Das besondere Kunststück des Königs bei Tisch war die Art, in der er mit einem einzigen Schlag seiner Gabel das Hütchen von einem Ei abzuschlagen verstand. Man sprach in ganz Versailles und Paris darüber, und er war daher dazu verdammt, ständig gekochte Eier zu essen, damit die Leute nicht enttäuscht wurden, die kamen, um sich sein Kunststück anzuschauen. Obgleich er sich weigerte, sich nach Paris zu begeben, um sein Volk zu sehen, kam dieses doch zu ihm nach Versailles, um ihn zu sehen – oder war es vielleicht nur sein Trick mit dem Ei, den die Leute sich anschauen wollten? Er machte es so geschickt; doch das Erstaunliche daran war für mich, daß er sich benahm, als wäre er ganz allein – wie ein Schauspieler auf der Bühne, der seine Zuschauer völlig vergessen hat.

Es gab ein Gerücht am Hof, daß Adelaide einmal ein Kind gehabt hatte. Plötzlich wäre es in den Appartements der Prinzessinnen aufgetaucht, und die königlichen Schwestern hätten großes Aufhebens um es gemacht. Es sollte Ludwig xv ähnlich gesehen haben. Diese Affäre zusammen mit dem Verblühen ihrer Schönheit und der Verachtung des Königs für sie anstelle seiner früheren zärtlichen Zuneigung hatten zweifellos ihre Wirkung auf Adelaides Wesen und ließen sie so exzentrisch werden. Es gab ein sogar noch abscheulicheres Gerücht, nachdem der König sie inzestiös geliebt haben sollte. Vielleicht gab sie sich deshalb jenen wissenden Anschein und bedeutete mir, daß sie mich in der delikaten Situation mit meinem Gemahl beraten könnte.

Ich brauchte ihren Rat aber nicht, denn ich wußte, daß mein Gemahl durchaus keine Abneigung gegen mich empfand, sondern vielmehr recht angetan von mir war. Man bewunderte mich allgemein wegen meiner Erscheinung, meiner Anmut und meines Charmes; und diese Vorzüge wurden häufig erwähnt. Es gefiel meinem Gemahl, wenn Artois sich ritterlich um mich bemühte. Das einzig Schlimme war nur, daß er mir keine Zärtlichkeit erweisen und mir kein Kompliment machen konnte, ohne schrecklich verlegen zu werden. Wenn er seinen Jagdanzug oder den Arbeitskittel für die Schlosserwerkstatt anhatte, schien er ein Mann zu sein; er wirkte dann groß und stattlich und selbstbewußt. Sobald er jedoch die Kleidung des höfischen Edelmannes anlegte, wurde er linkisch und unbeholfen. Ich gab mir Mühe, seine Interessen zu teilen. Obgleich ich so leidenschaftlich gern ritt, war es mir zuwider, Tiere leiden zu sehen, weshalb die Jagd mich nie interessiert hatte; außerdem durfte ich ja immer noch nicht reiten. Ich ging in seine Werkstatt, und er versuchte mir zu erklären, was er dort an der Drehbank machte; aber ich verstand es nicht, und es fiel mir schwer, ein Gähnen zu unterdrücken.

Als er eine leichte Magenverstimmung bekam, schlief er in einem anderen Raum, um mich nicht zu stören. Er hatte zuviel gegessen, was eine Angewohnheit von ihm war, wenn er heißhungrig von der Jagd oder aus seiner Werkstatt zurückkam. Dies hatte bei manchen große Belustigung und bei anderen Bestürzung hervorgerufen, denn es war allgemein bekannt, wie die Dinge zwischen uns standen. Das Peinlichste an der ganzen Sache war, daß jeder am Hof uns beobachtete und alles, was wir taten, kommentiert, interpretiert und oft mißdeutet wurde. Für einen empfindlichen Jüngling, der sich seiner

Schwierigkeiten bewußt war, bedeutete dies wahrhaftig eine äußerst heikle Situation!

Unsere Zuneigung zueinander wuchs jedoch. Er wandte im Zusammensein mit mir den Blick nicht mehr ständig von mir ab. Manchmal ergriff er sogar meine Hand und küßte sie – oder gab mir sogar einen Kuß auf die Wange. Und als ich ihn einmal fragte, ob ich ihn enttäuscht hätte, antwortete er, er wäre sehr zufrieden mit mir.

Eines Tages sagte er dann zu mir: »Denken Sie nicht, ich wäre mir der ehelichen Pflichten nicht bewußt. Ich werde es Ihnen beweisen ... bald.« Ich war ganz aufgeregt. Alles würde nun gut! Ich mußte nur warten können. Es stimmte ja, wir waren beide noch so jung!

Mein Warten wurde belohnt, denn als wir eines Tages allein in unseren Gemächern waren – ich wollte gerade zu den Tanten gehen – flüsterte er mir zu: »Heute abend werde ich wieder in unserem Bett schlafen!« Überrascht sah ich ihn an, und er nahm ungeschickt meine Hand und küßte sie mit echter Zuneigung. »Mögen Sie mich denn, Ludwig?«

»Wie können Sie daran zweifeln! Ich liebe Sie aufrichtig und achte Sie noch viel mehr.«

Dies war nun kaum eine leidenschaftliche Liebeserklärung, doch war es mehr als ich je von ihm gehört hatte, und ich begab mich in einem Zustand großer Erregung zu den Tanten, was sehr töricht war, denn sie errieten sofort, daß etwas vorgefallen war.

»Sie kommen gerade vom ›Armen Berry‹«, sagte Adelaide. »Ist etwas passiert?«

»Er wird heute nacht bei mir schlafen!«

Adelaide umarmte Victoria, und Sophie sah mich verblüfft an.

»Ja«, verkündete ich triumphierend, »er hat es mir eben gesagt!«

»In Kürze werden Sie uns dann eine aufregende Neuigkeit zu berichten haben«, meinte Adelaide vielsagend. »Dessen bin ich sicher!«

»Ich hoffe es. Oh, ich hoffe es so sehr!«

Doch wie töricht ich war! Noch bevor es Abend wurde, summte es im ganzen Schloß wie in einem Bienenkorb von dieser Neuigkeit: »Der Dauphin wird bei der Kronprinzessin schlafen! Heute nacht ist es soweit!« Und die zynischen Höflinge wie Richelieu – jener alte Genüßling – schlossen Wetten über den Erfolg unseres nächtlichen Rendezvous ab. »Wird er? Oder wird er nicht?« Überall wurde geflüstert und getuschelt. Und was am schlimmsten war: Adelaide beorderte Ludwig zu sich, weil sie ihn »unterweisen« wollte.

Ich lag in jener Nacht wach und wartete auf meinen Gemahl – der nicht kam. Es hätte mich nicht überraschen sollen. Mein unbesonnenes Gerede hatte alles verdorben.

Obwohl unsere Situation jetzt Anlaß größter Besorgnis war, bezweifele ich, daß der König ohne das Drängen meiner Mutter sich darum gekümmert hätte. Sie schrieb ihm dauernd und bat ihn dringend, doch etwas zu unternehmen. Man müßte feststellen, welcher Natur die Schwierigkeiten des Dauphin seien, und falls es ein Heilmittel dagegen gäbe, müßte es gefunden werden.

Auf das Drängen meiner Mutter ließ der König schließlich meinen Gemahl zu sich rufen und hatte eine lange Unterredung mit ihm; Ludwig willigte daraufhin ein, sich von Monsieur Lassone, dem Leibarzt des Königs, untersuchen zu lassen. Dieser stellte fest, daß des Dauphin Unvermögen, unsere Ehe zu vollziehen, auf nichts anderem als einem kleinen physischen Defekt beruhte, der mit dem Messer zu kurieren war. Wenn der Dauphin sich dieser harmlosen Operation unterziehen würde, käme alles in Ordnung.

Alle diskutierten über diese Operation, doch Ludwig äußerte sich nicht dazu, ob er sich ihr unterziehen werde. Wir schliefen im selben Bett, und er benahm sich wie ein Liebhaber; aber unsere Zärtlichkeiten erlangten nie den Höhepunkt, den wir beide so sehr herbeiwünschten, und nach einiger Zeit fanden wir beide diesen Zustand zu entnervend und demütigend. Von der Operation wurde nicht mehr gesprochen. Der König zuckte die Achseln, und die Entscheidung blieb Ludwig überlassen, und ich begriff, daß er sich dagegen entschieden hatte. Er versuchte verzweifelt zu beweisen, daß sie nicht nötig war – aber vergebens.

Ich kann mir nicht vorstellen, weshalb er sich damals nicht jener Operation unterziehen wollte. Er war kein Feigling; wahrscheinlich widerte das Ganze ihn genau so an wie mich. Wären wir ein gewöhnliches Ehepaar gewesen, hätte sich die Angelegenheit in kürzester Zeit von ganz alleine erledigt; aber das waren wir eben nicht. Wir waren das Thronfolgerpaar von Frankreich. Seine Impotenz wurde am Hofe und in der Armee besprochen. Unsere engsten Dienstboten wurden ständig ausgefragt, und als wir entdeckten, daß der spanische Botschafter eine unserer Schlafzimmerzofen bestochen hatte, sich die Bettücher anzuschauen und ihm ihren Zustand mitzuteilen, machte das das Maß voll! Wenn wir auch das selbe Bett teilten, zog Ludwig sich doch abends früher zurück und schlief bereits fest, wenn ich kam; und morgens war er immer schon fort.

Dieser Zustand änderte sich nicht, und von meiner Mutter erhielt ich ständig zornige Briefe, denn sie regte sich viel mehr über das Demütigende meiner Situation auf als ich selbst.

Doch als mein zweites Ehejahr begann, brach eine andere Kontroverse aus, über die alle die Tragödie unseres Schlafzimmers vergaßen.

Meine Feindseligkeit gegen Madame du Barry ging auf den Tag zurück, als die Tanten mir ihre wahre Position bei Hofe eröffnet hatten. Ich war damals zu dumm, um zu begreifen, daß ich sehr viel klüger daran getan hätte, anstelle der Tanten mir Madame du Barry zur Verbündeten zu machen. Sie waren – was ich nicht wußte – von Anfang an gegen mein Kommen gewesen, wie sie auch mit allen Kräften versucht hatten, die Allianz mit Österreich zu verhindern. In Wirklichkeit waren sie gar nicht meine Freundinnen, während diese Frau aus dem Volke, mochte sie auch vulgär sein, ein gutes Herz besaß und keinen Groll gegen mich hegte, obgleich Choiseul, der ihr Feind war, diese Heirat arrangiert hatte. Hätte ich ihr die geringste Freundlichkeit erwiesen, hätte sie mir diese doppelt vergolten. Aber ich war zu dumm! Von den Tanten angespornt, ignorierte ich sie unbeirrt weiter. Ich benutzte mein mimisches Talent, um sie nachzuahmen, was jedesmal große Heiterkeit hervorrief und ihr selbstverständlich hinterbracht wurde. Ich konnte ihre kleinen Manieriertheiten nachmachen, ihr vulgäres Lachen, ihr leichtes Lispeln – und das tat ich auch, wobei ich alles noch ein wenig übertrieb, um das Amüsement zu steigern.

Ich begriff nie, daß sie sehr viel klüger als ich sein mußte, war sie doch von den Straßen von Paris zur höchsten Position bei Hofe emporgestiegen, und das aus eigenen Kräften. Der König betete sie an; er erlaubte ihr, bei Sitzungen auf der Lehne seines Armstuhls zu sitzen, ihm Papiere wegzuziehen, wenn sie seine Aufmerksamkeit wünschte und ihn auf unverschämt familiäre Art »France« zu nennen. Er fand das alles amüsant, und wenn jemand sie kritisierte, sagte er nur: »Sie ist so hübsch, und sie gefällt mir – das sollte Ihnen genügen.« So erkannten alle, daß sie sich gut mit Madame du Barry stellen mußten, wollten sie die Gunst des Königs nicht verlieren. Aber ich besaß ja seine Gunst! Ich brauchte mich nicht den normalen Maßstäben unterzuordnen – dachte ich! –, und ich beschloß, nie die Freundschaft einer Straßendirne zu suchen, und wenn sie auch des Königs Mätresse war. Ich benahm mich also, als wäre sie Luft. Sie suchte oft die Gelegenheit, im Hofknicks vor mir zu versinken, doch konnte sie ja nicht mit mir sprechen, bevor ich sie nicht anredete – es wäre gegen die Etikette gewesen, und sogar sie mußte das Knie vor der Etikette beugen. Also ignorierte ich sie jedesmal.

Wenn sie auch kein rachsüchtiger Mensch war, so besaß sie doch ihren Stolz. Sie gab mir den Spitznamen ›Kleine österreichische Karotte‹, und als andere diesen übernahmen, wurde ich sehr wütend und versuchte noch emsiger, sie mit meinen Imitationen lächerlich zu machen. Natürlich schaute ich weiter durch sie hindurch, wenn wir uns begegneten. Mein Verhalten ihr gegenüber wurde so offensichtlich, daß bald der gesamte Hof darüber redete und Madame du Barry derartig in Wut geriet, daß sie dem König sagte, sie könnte es nicht länger aushalten; die ›Kleine Karotte‹ müßte Order erhalten, mit ihr zu sprechen.

Der König, der jede Art von Komplikationen haßte, war verärgert, und ich besaß nicht genug Verstand zu merken, daß er auf mich als Urheberin des Ganzen böse war. Er schickte unverzüglich nach Madame de Noailles. Selbstverständlich kam er nicht gleich auf sein Anliegen zu sprechen. Sowie der König sie entließ, erstattete Madame de Noailles mir in höchster Aufregung Bericht. Er hätte mit einigen Komplimenten über mich begonnen, so sagte sie, und hätte mich dann ganz offen kritisiert.

»Kritisiert!« rief Madame de Noailles entsetzt aus. »Sie haben ihn offensichtlich schwer verstimmt! Sie würden zu unüberlegt daherreden, und derartiges Geschwätz könnte eine schlechte Wirkung auf das Familienleben haben, sagte er. Sie erzürnen den König, wenn Sie Mitglieder seines Haushaltes lächerlich machen.«

»Was für Mitglieder?«

»Seine Majestät hat niemanden ausdrücklich mit Namen genannt, aber ich glaube, wenn Sie einige Worte zu Madame du Barry sagen wollten, würden Sie diese erfreuen, und sie würde ihre Freude dem König mitteilen.« Ich preßte die Lippen zusammen. Niemals! dachte ich. Ich werde einer Straßendirne nicht gestatten, mir Vorschriften zu machen.

Dumm wie ich war, lief ich auf der Stelle zu den Tanten und erzählte ihnen, was geschehen war. Und welch eine Aufregung herrschte dann erst bei ihnen! Adelaide hörte gar nicht auf, mit der Zunge zu schnalzen. »Die Frechheit dieser *putain!* Die Kronprinzessin von Frankreich muß also von Prostituierten ihre Orders entgegennehmen!« Sie hielt die Frau für eine Hexe und glaubte, der König sei von ihr behext worden. Sie konnte sich keinen anderen Grund für sein Verhalten denken. Wie recht täte ich doch daran, zu ihnen zu kommen! Sie würden mich beschützen... falls notwendig, sogar vor dem König! Sie würde sich einen Plan einfallen lassen, und in der Zwischenzeit sollte ich so tun, als hätte Madame de Noailles gar nicht mit mir gesprochen. Ich dürfte auf keinen Fall dieser Person nachgeben.

Der Abbé merkte mir meine Verärgerung an und fragte nach deren Grund, den ich ihm erzählte; er ging jedoch darauf schnurstracks zu Mercy und erzählte ihm alles. Mercy erkannte sofort die gefährlichen möglichen Folgen und schickte einen Eilkurier nach Wien mit einer genauen Schilderung des gesamten Vorfalles.

Meine arme Mutter! Wie sie unter meiner Dummheit leiden mußte! Ein einziges nichtssagendes Wort war alles, was man von mir verlangte, und ich weigerte mich, es zu sagen. Ich war damals überzeugt, im Recht zu sein. Meine Mutter war ein tief religiöser Mensch; immer hatte sie leichtfertiges Benehmen bei Frauen verurteilt und hatte ein Komitee der Öffentlichen Moral gegründet, damit jede in Wien aufgegriffene Prostituierte in eine Besserungsanstalt eingeliefert werden konnte. Ich war sicher, sie würde meine Handlungsweise verstehen und billigen. Ich konnte nicht einsehen, daß meine Weigerung, mit der Mätresse des Königs zu sprechen, ein Politikum war – nur deshalb, weil sie die Mätresse des Königs war und ich die französische Kronprinzessin und frühere österreichische Erzherzogin. Ich erkannte nicht, in was für eine schwierige Lage ich meine Mutter damit brachte. Sie mußte entweder ihren strengen Moralkodex verleugnen oder den König von Frankreich verärgern; und wenn sie auch eine Moralistin sein mochte, so war sie doch in erster Linie Regentin. Ich hätte den Ernst der Situation erkennen müssen, als sie nicht selbst an mich schrieb, sondern Kaunitz damit beauftragte. Der Eilkurier kehrte mit einem Brief von ihm aus Wien zurück.

Kaunitz schrieb darin an mich:

»Personen nicht die gebührende Höflichkeit zu erweisen, die der König zu Mitgliedern seines engsten Kreises erwählt hat, ist eine Geringschätzung dieses gesamten Kreises; und alle Personen, die der König als seine Vertrauten betrachtet, müssen als Mitglieder dieses Kreises betrachtet werden, wobei niemandem das Recht zusteht zu fragen, ob der König das zurecht oder zu unrecht tut. Die Wahl des regierenden Souveräns muß uneingeschränkt respektiert werden.«

Ich las es und zuckte die Achseln. Der Brief enthielt keinen ausdrücklichen Befehl, mit Madame du Barry zu sprechen. Mercy, der gerade bei mir war, las ihn ebenfalls.

»Ich hoffe«, sagte er, »Sie erkennen den Ernst dieses Briefes vom Fürsten Kaunitz!«

Alle warteten darauf, daß ich mit Madame du Barry sprach, denn es dauerte nicht lange, und der gesamte Hof wußte, daß der König Madame de Noailles dementsprechend instruiert hatte. Sie rechneten mit meiner Niederlage, doch ich war entschlossen, das Gegenteil zu beweisen. Ich konnte sehr halsstarrig sein, wenn ich mich im Recht wähnte, und das war hier absolut der Fall. Madame du Barry erwartete ebenfalls, daß ich sie ansprach. Bei jeder Soiree und jedem Kartenspiel wartete sie darauf... hoffnungs- und erwartungsvoll, und jedes Mal fand ich einen Vorwand, mich gerade in dem Augenblick abzuwenden, wenn sie sich mir näherte. Überflüssig zu sagen, daß der Hof dieses Schauspiel höchst unterhaltend fand.

Adelaide und ihre beiden Schwestern waren hell begeistert von mir. Sie warfen mir verstohlene Blicke zu, wenn wir uns in Gesellschaft und der Nähe von Madame du Barry befanden. Sie gratulierten mir zu meiner Standhaftigkeit. Ich erkannte einfach nicht die Tatsache, daß ich dem König nicht die gebührende Ehrerbietung erwies, wenn ich seine Mätresse verächtlich behandelte; ein solches Verhalten konnte man mir selbstverständlich nicht durchgehen lassen.

Der König schickte nach Mercy, und dieser kam zu mir, um ernster mit mir zu reden als er es jemals bis dahin getan hatte.

»Der König hat so klar und unmißverständlich, wie es ihm überhaupt möglich ist, gesagt, daß Sie mit Madame du Barry zu sprechen haben.« Er seufzte. »Als Sie nach Frankreich kamen, schrieb mir Ihre Mutter, sie wünsche nicht, daß Sie einen entscheidenden Einfluß in Staatsaffären nähmen. Sie sagte, sie kenne Ihre Jugend und Ihre Leichtfertigkeit, Ihre Zerstreutheit und Ihre Unwissenheit – und sie wüßte zu genau über die chaotischen Zustände am französischen Hofe Bescheid. Sie wolle nicht, daß man Ihnen den Vorwurf mache, sich einzumischen. Und glauben Sie mir, jetzt mischen Sie sich ein!«

»In Staatsaffären? Weil ich mich weigere, mit dieser Frau zu sprechen?«

»Es wird eine Staatsaffäre! Ich bitte Sie dringend, mir jetzt aufmerksam zuzuhören! Friedrich der Große und Katharina von Rußland wollen Polen teilen. Ihre Mutter ist dagegen, obgleich Ihr Bruder, der Kaiser, dazu neigt, sich Preußen und Rußland anzuschließen. Moralisch hat Ihre Mutter selbstverständlich recht, aber sie wird nachgeben müssen, da nicht nur Ihr Bruder, sondern auch Kaunitz für die Teilung Polens sind. Ihre Mutter befürchtet eine heftige Reaktion Frankreichs darauf. Falls Frankreich nämlich beschlösse, sich der Teilung zu widersetzen, würde Europa in den Krieg gestürzt.«
»Und was hat das damit zu tun, ob ich mit jener Frau spreche oder nicht?«
»Sie werden noch erfahren, daß die banalste Geste der zündende Funke von furchtbaren Katastrophen sein kann. Familiäre Ereignisse können ihre Wirkung auf Staatsaffären haben. Ihre Mutter legt gerade jetzt allergrößten Wert darauf, den König von Frankreich nicht zu irritieren. Er erwartet von ihr, daß sie diesen albernen Streit zwischen zwei Frauen schlichtet, über den ganz Frankreich spricht – und vielleicht sogar noch andere Länder. Sehen Sie die Gefahr denn nicht?«
Ich sah sie nicht. Es schien so absurd.
Er reichte mir einen Brief meiner Mutter und beobachtete mich, während ich diesen las.

»Man sagt mir, daß Du völlig unter dem Einfluß der drei Prinzessinnen stehst. Sieh Dich vor! Dem König wird das sehr mißfallen. Diese Prinzessinnen haben sich äußerst unbeliebt gemacht. Sie haben es nie verstanden, die Liebe ihres Vaters noch die Achtung von irgend jemand anders zu gewinnen. Alles, was in ihren Appartements gesagt wird und geschieht, wird bekannt. Du wirst letzten Endes dafür verantwortlich gemacht werden – Du ganz allein! Es ist an Dir, den Ton gegenüber dem König zu bestimmen... nicht an ihnen!«

Sie versteht es nicht, sagte ich mir – sie ist nicht hier.
»Ich muß der Kaiserin unverzüglich schreiben«, sagte Mercy, »und ihr von meiner Unterredung mit dem König berichten. In der Zwischenzeit bis zu ihrer Antwort flehe ich Sie an, diese Kleinigkeit zu tun. Nur einige Worte! Mehr verlangt sie ja gar nicht! Ist das so viel?«

»Bei einer Frau ihrer Sorte würde es nicht bei einigen Worten bleiben. Sie würde sich ständig an meine Fersen heften.«
»Ich bin überzeugt, Sie wüßten das zu verhindern.«
»In Benehmensfragen habe ich es nicht nötig, irgend jemanden um Rat zu fragen«, erwiderte ich kühl.
»Das stimmt, ich weiß. Aber würden Sie nicht Reue empfinden, wenn die französisch-österreichische Allianz wegen Ihres Benehmens auseinanderbräche?«
»Ich würde es mir nie verzeihen!«
Ein Lächeln zerknitterte sein altes Gesicht, und er sah fast menschlich aus.
»Jetzt weiß ich«, meinte er, »daß Sie den Rat Ihrer Mutter und derjenigen annehmen werden, die Ihr Bestes wollen.«

Aber ich konnte meine Lektion nicht lernen. Ich erzählte den Tanten von der Unterredung mit Mercy. Adelaides Augen sprühten Feuer. Es wäre unmoralisch, entrüstete sie sich.
»Mir bleibt keine Wahl. Meine Mutter wünscht es. Sie befürchtet, der König könnte nicht nur mir, sondern Österreich zürnen.«
»Man muß den König oft vor sich selbst retten.«
»Ich muß es aber tun«, beharrte ich.
Adelaide schwieg, und die Schwestern sahen sie erwartungsvoll an. Ich dachte: Sogar sie findet sich jetzt mit der Situation ab.
Ich hätte es besser wissen müssen.

Der gesamte Hof wußte es. »Heute abend wird die Kronprinzessin mit der du Barry sprechen! Der Zwist der beiden endet also mit dem Sieg der Stärkeren!« Jeder, der jetzt noch eine Wette über den Ausgang abgeschlossen hätte, wäre ein Dummkopf. Aber es würde amüsant sein, die Demütigung der ›Kleinen Karotte‹ und den Triumph der du Barry mitanzusehen.
Die Damen warteten im Salon auf mein Erscheinen. Ich pflegte zwischen ihnen hindurchzugehen und an jede ein Wort zu richten. Zwischen ihnen stand nun Madame du Barry. Ich spürte, wie sie gespannt wartete; in ihren großen blauen Augen war nur die Spur eines Triumphes. Sie wollte mich nicht demütigen, wollte lediglich eine Situation ändern, die sie unerträglich fand.
Ich war nervös, wußte aber, daß ich nachgeben mußte. Ich konnte mich nicht dem König von Frankreich und der Kaiserin von Öster-

reich widersetzen. Zwei andere Damen trennten mich jetzt nur noch von ihr. Ich wappnete mich – ich war bereit.
Da fühlte ich eine leichte Berührung an meinem Arm. Ich wandte mich um und erblickte Adelaide, deren Augen einen verschlagenen Triumph enthielten. »Der König wartet in Madame Victorias Suite auf uns«, sagte sie. »Es ist Zeit, daß wir uns dorthin begeben.«
Ich zögerte. Dann drehte ich mich jedoch um und verließ mit den Tanten den Salon. Es herrschte tiefes Schweigen. Ich hatte die du Barry noch kränkender denn je geschnitten.
Die Tanten waren ganz aus dem Häuschen vor Schadenfreude. Na bitte, wie hatten wir sie alle überlistet! Es wäre undenkbar, daß ich – Berrys Gemahlin – mit dieser Person spräche!
Ich wartete auf den Sturm und wußte, ich würde nicht lange zu warten haben. Mercy erschien und teilte mir mit, der König wäre ernstlich erzürnt. Er hätte nach ihm geschickt und ihm kalt erklärt, sein Eingreifen schiene nicht sehr wirksam gewesen zu sein und er werde sich selbst darum kümmern müssen. »Ich habe einen Eilkurier nach Wien entsandt«, fuhr Mercy fort, »mit einem genauen Bericht über das Vorgefallene.« Und dann schrieb mir meine Mutter höchstpersönlich in dieser Angelegenheit.

»Deine Angst und Verlegenheit, mit Personen zu sprechen, mit denen zu reden man Dir nahelegt, ist genauso lächerlich wie kindisch! Was für eine Aufregung wegen eines schnell gesagten Wortes ... vielleicht über ein Kleid oder einen Fächer! Du hast Dich verleiten lassen, und Deine Pflicht vermag Dich jetzt nicht mehr zu überzeugen. Ich selbst muß Dir über diese törichte Angelegenheit schreiben. Mercy hat mir von den Wünschen des Königs berichtet – und Du hast die Dreistigkeit gehabt, Dich ihnen zu widersetzen! Was für einen Grund kannst Du für ein derartiges Benehmen anführen? Keinen einzigen! Es ist höchst unangebracht, in Madame du Barry etwas anderes zu sehen als eine Dame, die der König mit seinem Wohlwollen ehrt. Du bist des Königs erste Untertanin und schuldest ihm absoluten Gehorsam! Du solltest ein gutes Beispiel geben! Du solltest den Damen und Herren des Hofes zeigen, daß Du willens bist, Deinem Herrscher zu gehorchen. Wenn man irgendeine Vertraulichkeit von Dir verlangen würde, irgend etwas Unrechtes, weder ich noch irgend jemand anders würde Dir raten, es zu tun. Aber alles, was man von Dir verlangt, ist ein einziges Wort – daß Du sie freundlich ansiehst und ihr zulächelst – und nicht um ihretwillen, sondern um des Königs willen, Deines Großvaters, der nicht nur Dein Herrscher, sondern auch Dein Wohltäter ist!«

Ich war völlig verwirrt, nachdem ich diesen Brief gelesen hatte. Alles, für das meine Mutter immer eingetreten war, schien plötzlich aus kluger Berechnung beiseite gefegt zu sein. Ich hatte mich entsprechend ihrer Erziehung verhalten und es dennoch verkehrt gemacht. Dieser Brief war ein so klarer Befehl, wie sie ihn mir noch nie gegeben hatte.
Ich schrieb ihr, da sie eine Antwort erwartete:

»Ich sage ja nicht, daß ich mich weigere, mit ihr zu sprechen, aber ich kann mich nicht bereit erklären, es zu einer festgesetzten Stunde an einem bestimmten Tag zu tun, den man ihr im voraus mitteilt, damit sie darüber triumphieren kann.«

Ich wußte, daß dies Ausflüchte waren und ich geschlagen war.

Am Neujahrstag sprach ich dann mit ihr. Alle wußten, daß es an diesem Tag geschehen würde, und warteten darauf. Die Damen defilierten gemäß ihrer Rangfolge an mir vorbei, und unter ihnen befand sich Madame du Barry.
Ich wußte, daß nichts mich daran hindern durfte, sie diesmal anzusprechen. Die Tanten hatten wieder versucht, mich umzustimmen, aber ich hatte nicht auf sie gehört. Mercy hatte mich darauf aufmerksam gemacht, daß sie selbst immer sehr liebenswürdig zu Madame du Barry waren, wenn sie auch hinter ihrem Rücken über sie herzogen. Ob ich das nicht bemerkt hätte? Sollte ich mich nicht ein wenig vor Menschen vorsehen, die sich so verstellen konnten?
Wir standen uns jetzt gegenüber. Sie sah mich wie um Verzeihung bittend an, so als wollte sie sagen: ›Ich möchte es Ihnen nicht zu schwer machen, aber Sie verstehen, es muß sein!‹
Wäre ich feinfühliger gewesen, hätte ich erkannt, daß sie das ehrlich meinte; doch ich konnte nur Schwarz und Weiß unterscheiden. Sie war eine sündige Frau und folglich durch und durch schlecht.
Ich sagte die Worte, die ich mir zurechtgelegt hatte: *»Il y a bien du monde aujourd'hui à Versailles.«* – Es sind heute viele Menschen in Versailles.

Das genügte. Die schönen Augen leuchteten vor Freude auf, und die lieblichen Lippen lächelten zärtlich; ich ging jedoch weiter.
Ich hatte es getan! Der gesamte Hof sprach darüber. Als ich den König sah, umarmte er mich; Mercy war milde und Madame du Barry glücklich. Nur die Tanten waren verärgert, aber ich stellte fest, daß Mercy recht hatte. Sie waren in der Tat immer liebenswürdig zu Madame du Barry, während sie so häßliche Dinge hinter ihrem Rücken über sie sagten. Ich selbst war jedoch verletzt und böse.
»Ich habe nun mit ihr gesprochen«, erklärte ich Mercy, »aber es wird nie wieder geschehen! Nie wieder wird diese Person den Klang meiner Stimme hören.«

Und an meine Mutter schrieb ich:
»Ich bezweifle nicht, daß Mercy Ihnen berichtet hat, was am Neujahrstag geschehen ist, und ich bin überzeugt, Sie werden zufrieden sein. Sie können sicher sein, daß ich immer meine persönlichen Standpunkte opfern werde, solange man nichts von mir verlangt, was gegen meine Ehre geht.«

Noch nie hatte ich meiner Mutter in diesem Ton geschrieben. Ich wurde erwachsen.
Der gesamte Hof lachte natürlich über diese Affäre. Wenn sich jemand auf der großen Treppe begegnete, flüsterte man sich zu: *»Il y a bien du monde aujord'hui à Versailles.«* Sogar die Dienstboten kicherten darüber in den Schlafgemächern. Es war das Bonmot des Tages. Aber zumindest hatte meine Bemerkung, die alle als geistlos bezeichneten, sie vorübergehend von ihren Spekulationen über die Vorgänge in meinem Schlafzimmer abgelenkt.

Ich hatte recht gehabt: die du Barry gab sich nicht mit ihrem Sieg zufrieden. Sie sehnte sich nach Freundschaft. Ich begriff nicht, daß sie mir zu verstehen geben wollte, daß sie nicht den Wunsch hatte, ihren Sieg auszunutzen und vielmehr hoffte, ich hege keinen Groll gegen sie wegen meiner Niederlage. Sie war eine Frau aus dem Volke, die durch Glücksfälle reich geworden war; ein Palast war jetzt ihr Heim, und sie war dem Geschick dankbar, welches sie dorthin gebracht hatte. Sie wollte in gutem Einvernehmen mit ihrer Umgebung leben, und ich muß ihr wie ein dummes kleines Mädchen erschienen sein.

Was konnte sie tun, um mich zu versöhnen? Alle wußten, daß ich Juwelen liebte. Weshalb also nicht ein Schmuckstück, das ich mir wünschte? Der Hofjuwelier hatte ein Paar sehr schöne Ohrringe bei Hofe herumgezeigt in der Hoffnung, daß sie Madame du Barry gefallen würden. Sie kosteten siebenhunderttausend Pfund – eine große Summe, aber sie waren wirklich hinreißend! Ich hatte sie gesehen und war begeistert über ihre Schönheit gewesen. Madame du Barry schickte eine Freundin zu mir, um das Gespräch auf die Ohrringe zu bringen – ganz wie von ungefähr natürlich. Ich hätte sie sehr bewundert, meinte diese, und ich antwortete, daß sie die schönsten Ohrringe wären, die ich jemals gesehen hätte. Und da kam die Andeutung: Madame du Barry glaube, den König überreden zu können, sie für mich zu kaufen.
Ich hörte es mir in verblüfftem Schweigen an und gab keine Antwort. Die Frau wußte nicht, was sie tun sollte. Schließlich sagte ich hochfahrend, sie hätte die Erlaubnis, sich zurückzuziehen.
Die Antwort war klar. Ich wollte keine Gefälligkeiten von der Mätresse des Königs; und bei unserer nächsten Begegnung sah ich wieder durch sie hindurch, als existierte sie nicht.
Madame du Barry zuckte die Schultern. Ich hatte sie einmal angesprochen, und das genügte. Wenn *La Petite Rousse* – der kleine Rotschopf – ein kleiner Dummkopf sein wollte, so sollte sie es! Indessen bemerkten alle bei Hofe weiter, daß heute sehr viele Leute in Versailles wären.

5

»Ich hoffe, Madame, es wird Monsieur le Dauphin nicht kränken, aber dort unten sind zweihunderttausend Menschen, die sich in Sie verliebt haben.«

Maréchal de Brissac, Gouverneur von Paris, zu Marie-Antoinette

EINZUG IN PARIS

Diese ganze Affäre hatte ein Gutes: ich begriff, daß ich mich vor den Tanten vorsehen mußte; mir wurde klar, daß es ohne sie nie zu dieser unglückseligen Geschichte gekommen wäre. Sogar Mercy gab verdrossen zu, daß sie mir möglicherweise eine nützliche Lektion erteilt hätte und man sie – falls das wirklich der Fall war – deshalb nicht nur als beklagenswerten Vorfall betrachten dürfte.

Ich war nicht mehr das Kind, als das ich in Frankreich ankam. Ich war ein tüchtiges Stück gewachsen und keineswegs mehr *petite*; mein Haar war dunkler geworden, was ich wegen des neuen bräunlichen Schimmers sehr begrüßte, weil dadurch der Spitzname Karotte nicht mehr auf mich zutraf. Der König verzieh mir sehr bald meine Unnachgiebigkeit gegenüber Madame du Barry, und meine Verwandlung von dem Kind in eine junge Frau gefiel ihm. Es wäre falsche Bescheidenheit, wollte ich nicht zugeben, daß aus dem reizenden Kind eine weitaus reizvollere junge Frau geworden war, wenn ich auch nicht glaube, daß ich schön war. Die hohe Stirn, die so viel Bestürzung verursacht hatte, war nach wie vor da, wie auch die leicht vorstehenden Zähne – aber ich verstand mühelos den Eindruck von Schönheit zu vermitteln, so daß alle Blicke sich auf mich richteten, wenn ich einen Raum betrat. Mein Teint war rein und makellos, und mein langer Hals und die schrägen Schultern wirkten anmutig.

Obwohl ich es liebte, mich mit Juwelen und schönen Kleidern zu schmücken, war ich nicht ausgesprochen eitel. Mein Charme hatte mir in Schönbrunn und der Hofburg immer in allem geholfen, und ich hielt es daher für selbstverständlich, daß es hier ebenso sein würde. Ich erkannte nicht, daß die selben Eigenschaften, die mir die Zuneigung des Königs wie die bewundernden Blicke von Artois einbrachten, auch Hunderte kleinlicher Eifersüchteleien am Hofe auslösten. Ich war so unbedacht und kurzsichtig wie eh und je. Jede einzelne Lektion mußte isoliert als solche gelernt und gemeistert werden; ich verstand es nicht, einen allgemeinen Nutzen aus einer solchen zu ziehen, und obwohl ich nun die Falschheit der Tanten erkannt hatte, kam es mir nie in den Sinn, mich deshalb auch bei anderen Menschen meiner Umgebung etwas vorzusehen.

Etwas sehr Erfreuliches war mein neues Verhältnis zum Dauphin. Er war stolz auf mich. Jenes langsame Lächeln erhellte sein Gesicht, wenn er Komplimente über meine Erscheinung hörte, und ich fing manchmal seinen voll staunender Bewunderung auf mir ruhenden Blicken auf. Dann war ich glücklich und eilte vielleicht sogar zu ihm, um seine Hand zu ergreifen, was ihn freute, wenn es ihm auch etwas peinlich war.

Ich mochte ihn allmählich wirklich gern. Unsere Beziehung war eine recht ungewöhnliche. Er schien sich dauernd stumm bei mir dafür zu entschuldigen, daß er mir kein sogenannter »guter Ehemann« sein konnte, während ich versuchte, ihm zu verstehen zu geben, daß es ja nicht seine Schuld wäre. Ich sollte wissen, daß er mich entzückend fand und völlig mit mir zufrieden war; nur sein Leiden hindere ihn daran, unsere Ehe zu vollziehen, und als wir älter wurden, wurde uns das immer klarer. Ich ließ ihn nicht länger gleichgültig, und er zeigte es mir durch seine Zärtlichkeiten; normale Instinkte erwachten in ihm, und es kam zu einigen Versuchen, denen ich mich ebenso hoffnungsvoll wie er unterwarf, glaubte ich doch, daß eines Tages das Wunder geschehen würde, das auch er sich so verzweifelt wünschte.

Mercy berichtete meiner Mutter, daß bis jetzt noch keine Anzeichen einer Schwangerschaft vorhanden wären, »man aber jeden Tag dieses ersehnte Ereignis erhoffen könnte«. Doktor Ganière, einer der Leibärzte des Königs, schrieb jedoch über meinen Gemahl:

»Indem er älter wird, erwecken die kräftigende Ernährung und die Gegenwart dieses frischen jungen Mädchens die trägen Sinne des Dauphin, doch muß er seine Bemühungen aufgeben wegen der Schmerzen, die seine Mißbildung ihm in gewissen Momenten verursacht. Die Ärzte stimmen darin überein, daß nur ein chirurgischer Eingriff dieser Tortur der vergeblichen und erschöpfenden Versuche ein Ende setzen kann. Aber er hat nicht den Mut, sich ihr zu unterziehen. Die Natur hat ihn einige Fortschritte machen lassen, und so schläft er nicht mehr sofort ein, wenn er das Ehebett besteigt. Er erhofft sich eine weitere Besserung, um das Skalpell umgehen zu können; er hofft auf eine plötzliche Heilung.«

Wir wurden zärtlicher miteinander. Ich schalt ihn aus, daß er zu viele Süßigkeiten aß; sie machten ihn so dick. Ich nahm sie ihm weg, wenn er sie gerade in den Mund stecken wollte, worauf er zum Schein ein finsteres Gesicht machte, aber darüber lachte und sich sehr freute, daß ich mich darum kümmerte.

Wenn er mit Mörtel bedeckt in unsere Appartements kam – er konnte nie Leute arbeiten sehen, ohne mit Hand anzulegen –, schalt ich ebenfalls mit ihm und sagte, er müßte sich bessern, worüber er dann ganz vergnügt lachte.

Selbstverständlich berichtete Mercy emsig meiner Mutter hierüber.

»Alles, was die Kronprinzessin auch unternimmt, vermag den Dauphin nicht von seiner ungewöhnlichen Vorliebe für alles, was mit Bauten, Maurer- oder Tischlerarbeiten zusammenhängt, abzubringen. Ständig läßt er irgendwelche Änderungen in seiner Suite machen und arbeitet mit den Arbeitern daran, schleppt eigenhändig Baumaterial, Balken und Steinplatten. Stundenlang widmet er sich ohne Unterbrechung solch anstrengenden Beschäftigungen, von denen er dann abends erschöpfter ist als ein Arbeiter nach getanem Tagewerk . . .«

Es gab Perioden, in denen mein Gemahl von einem geradezu rasenden Verlangen gepackt wurde, ein normaler Mann zu werden. Sie erschöpften uns körperlich und seelisch, und nach einer gewissen Zeit nahm er dann wieder seine alte Gewohnheit auf, vor mir zu Bett zu gehen und auf der Stelle einzuschlafen, um dann in aller Morgenfrühe zu verschwinden.

Ich begann mich zu langweilen. Wie sollte ich mich auch amüsieren, wenn Mercy mir immer auf den Fersen war? Was würde meine Mutter zu diesem oder jenem sagen? Sie warnte mich, nicht zu viele Süßigkeiten zu essen. Ob ich nicht wüßte, daß das Ergebnis davon

Embonpoint sein könnte? Meine zierliche, schlanke Figur wäre einer meiner Haupttrümpfe; meine Leichtfertigkeit und meine Sucht nach Zerstreuung – sie würden alle bemerkt und kritisiert, aber ich hätte wenigstens eine so entzückende Figur. Wenn ich diese durch Nachlässigkeit ruinierte ... Die Lektionen gingen weiter. Ich hätte mir nicht regelmäßig die Zähne geputzt, hätte mir nicht die Fingernägel geschnitten, und sie wären nicht so sauber, wie sie sein sollten. Jedes Mal, wenn ich einen Brief meiner Mutter öffnete, bekam ich Tadel und Vorwürfe zu hören.

»Sie kann mich nicht lieb haben«, sagte ich zu Mercy. »Sie behandelt mich wie ein Kind! Und sie wird mich immer weiter so behandeln, bis ich ... dreißig bin!«

Er schüttelte den Kopf über mich und meinte leise, meine Leichtfertigkeit wäre alarmierend. Leichtfertigkeit! Sie schienen mir dieses Wort um den Hals gebunden zu haben! Dauernd bekam ich es zu hören. Ich träumte manchmal, ich läge mit meinem Gemahl im Bett, umgeben von dreisten, neugierigen Dienstboten, die uns anstarrten und riefen: *Leichtfertigkeit ... Zerstreuung ... Etikette!*

»Du mußt Deinen Geist bilden«, schrieb meine Mutter. »Du mußt religiöse Bücher lesen! Das ist unentbehrlich – für Dich mehr als für irgend jemand anders, denn bis jetzt hast Du ja leider nur Musik, Zeichnen und Tanzen im Kopf.«

Als ich diesen Brief las, wurde ich böse – vielleicht war das möglich, weil meine Mutter so weit weg war; in ihrer Nähe hätte ich bestimmt niemals so empfinden können.

Mercy beobachtete aufmerksam, wie mir die Zornesröte ins Gesicht stieg, und ich sah rasch auf und ertappte ihn dabei.

»Sie scheint mich für ein Zirkuspferd zu halten!« Er war so schokkiert, daß das Bild meiner Mutter vor mir aufstieg und ich mich schämte. »Natürlich liebe ich die Kaiserin«, fuhr ich fort, »aber sogar, wenn ich ihr schreibe, bin ich ihr gegenüber immer verkrampft.«

»Sie haben sich verändert«, entgegnete Mercy. »Wenn Ihr Bruder, der Kaiser, Sie tadelte, was er sehr oft tat ...«

»O ja – sehr oft!« – seufzte ich.

»... schien es Ihnen nichts auszumachen. Sie lächelten nur und vergaßen es noch im selben Augenblick.«

»Das war etwas anderes. Er ist ja nur mein Bruder. Ihm konnte ich widersprechen ... und manchmal lachten wir auch zusammen darüber. Meiner Mutter konnte ich nie widersprechen ... und auch nie mit ihr lachen.«

Er berichtete unverzüglich hierüber an meine Mutter, und ihr nächster Brief lautete:

»Sag nicht, daß ich Dich nur tadele und ermahne! Sag vielmehr: ›Mama hat mich lieb und behält immer mein Wohlergehen im Auge. Ich muß ihr vertrauen und sie dadurch erfreuen, daß ich ihren guten Rat befolge!‹ Es wird Dir nur zum Nutzen gereichen, und dann wird es keine Schatten mehr zwischen uns geben. Ich bin offen und aufrichtig mit Dir und erwarte ebenfalls Offenheit und Aufrichtigkeit von Dir.«

Sie war jedoch enttäuscht von mir und schrieb gleichzeitig einen Brief an Mercy, den er mir zeigte, da er glaubte, es wäre gut für mich, zu sehen, was sie in ihm schrieb.

»Trotz all der Mühe und Umsicht, die Sie sich mit meiner Tochter geben, sehe ich nur zu deutlich, wie wenig sie bereit ist, Ihren und meinen Rat zu befolgen. Heutzutage liebt man nur Schmeicheleien und leichtfertiges Geplätscher. Wenn wir mit der besten Absicht einen ernsten Einspruch erheben, ist unsere Jugend verstimmt und meint, man tadele sie, und das noch dazu ohne Grund – wovon sie immer überzeugt sind. Ich sehe leider, daß dies bei meiner Tochter der Fall ist. Ich werde sie aber trotzdem weiter warnen, wenn Sie es für notwendig und nützlich halten, werde allerdings einige Schmeicheleien hinzufügen, wie sehr mir diese Art auch zuwider ist. Ich fürchte, ich habe wenig Aussichten auf Erfolg, meine Tochter aus ihrer geistigen Trägheit aufzurütteln.«

Die bitteren Pillen der guten Ratschläge sollten mir also mit einer dünnen – einer sehr dünnen einschmeichelnden Zuckerschicht versüßt werden! Als ich diesen Brief las, war ich außer mir, wenn es auch nichts an meiner Liebe zu meiner Mutter änderte. Ich mochte aufbegehren und zornig erklären, sie behandele mich wie ein Kind – und doch sehnte ich mich nach ihr und wünschte mir, wieder bei ihr zu sein. Es gab Augenblicke, in denen ich mich echt fürchtete, und dann schien ich tatsächlich nur wie ein Kind, das nach seiner Mutter rief. Als ich einmal an meinen Sekretär ging, fand ich ihn offen vor, obgleich ich genau wußte, daß ich ihn abgeschlossen hatte, als ich zuletzt an ihm schrieb – dies war eines der wenigen Dinge, in denen ich zuverlässig war. Jemand mußte mir den Schlüssel aus der Tasche genommen haben, als ich schlief!

Mir fiel die dringende Ermahnung meiner Mutter wieder ein, ihre Briefe zu verbrennen. Ich hatte diesen Rat immer gehorsam und treu befolgt, doch da es mir schwerfiel, den Inhalt ihrer Briefe zu behalten, mußte ich jeden Brief aufbewahren, bis ich ihn beantwortet hatte. Ich schlief also mit ihm unter dem Kopfkissen und griff nachts manchmal mit der Hand darunter, um die Blätter zu berühren.

»Jemand ist an meinem Sekretär gewesen«, teilte ich dem Abbé mit.

Er lächelte nachsichtig. »Sie werden selbst vergessen haben, ihn abzuschließen.«

»Nein, das habe ich nicht! Ganz bestimmt nicht! Ich weiß es genau!«

Doch er lächelte nur nachsichtig und glaubte mir nicht. So ein kleiner Kindskopf wie ich, der sich für nichts anderes als oberflächliches Vergnügen interessierte! War es nicht das Natürlichste von der Welt, daß ich vergaß, meinen Schreibtisch abzuschließen?

Niemandem konnte ich vertrauen. Mercy und Vermond waren zwar meine Freunde, aber alles, was ich Vermond erzählte, gab dieser an Mercy weiter – er tat es aus Sorge um seine Position, die er nur durch Mercys Gunst weiter behielt –, und Mercy berichtete es dann meiner Mutter.

So suchte ich Trost in oberflächlichen Vergnügungen. Artois war immer für eine lustige Unternehmung aufgelegt. Wir organisierten zusammen eine kleine Gesellschaft und fuhren nach Marly, um den Sonnenaufgang zu sehen. Wir waren zu mehreren, obgleich der Dauphin uns nicht begleitete, da er es vorzog, auszuschlafen. Es war herrlich zu verfolgen, wie die Sonne hinter dem Horizont aufstieg und ihre ersten Strahlen auf Marly fielen! Selbstverständlich war es gegen jegliche Etikette. Man stelle sich vor: Die Kronprinzessin unternimmt eigenmächtige Ausflüge in der Morgendämmerung! Zu welchem Zweck? Niemand glaubte, daß uns nur der Sonnenaufgang gelockt hatte. Ich setzte mich damit Gerede aus, ohne es zu erkennen, wenn auch die öffentliche Meinung noch sehr nachsichtig mit mir war. Ich war ein Kind, voll Unternehmensgeist und Abenteuerlust. Eine Kronprinzessin mit einem Gemahl, den man der Impotenz verdächtigte, sollte jedoch sehr vorsichtig sein. Unser harmloser Ausflug nach

Marly wurde bekannt, und Madame de Noailles wies mich darauf hin, daß sich ein derartig unbesonnenes Abenteuer auf keinen Fall wiederholen dürfe.

Was sollte ich nur gegen die Langeweile unternehmen? Wie viel interessanter wäre das Leben, wenn ich nach Paris fahren könnte! Paris war voll erregender Abenteuer. Es war eine faszinierende Stadt, und im Opernhaus wurden Bälle veranstaltet! Wie sehnte ich mich danach zu tanzen! Mich maskiert unter die Menge zu mischen, unerkannt, um dieser ewigen Etikette für einige Stunden zu entfliehen!

»Ihr Einzug in Paris muß offiziell geschehen«, sagte Madame de Noailles.

»Aber wann? Wann?« verlangte ich zu wissen.

»Das entscheidet Seine Majestät.«

Ich war enttäuscht. Die große Stadt lag so nahe, und doch durfte ich sie nicht betreten. Man war in wenig mehr als einer Stunde dort. Wie absurd, wie lächerlich, daß man mir verbot, hinzufahren! Ich sprach mit den Tanten über meinen Wunsch. Sie waren jetzt nicht mehr so liebevoll zu mir; Adelaide tat zwar noch sehr freundlich, doch Victoria und Sophie konnten ihre veränderten Gefühle nicht verbergen. Verstohlen beobachteten sie mich, wenn ich bei ihnen war. Ich hatte Adelaide in der Affäre mit der du Barry nicht gehorcht. Also war ich töricht und unberechenbar.

»Sie können nicht einfach so nach Paris fahren«, erklärte Adelaide. »Es müßte sorgfältig vorbereitet werden.«

Mein Gemahl meinte, ich würde Paris kennenlernen, wenn der Augenblick dafür reif sei. Ob er denn nicht etwas tun könnte, um mir diesen Wunsch zu erfüllen? Er war bestrebt, mir, so oft er nur konnte, eine Freude zu machen, doch dies lag nicht in seinem Entscheidungsbereich.

Sogar Artois antwortete ausweichend, und ich kam zu dem Schluß, daß keiner von ihnen wollte, daß ich nach Paris fuhr.

»Es würde im Moment nicht der Etikette entsprechen«, meinte Artois. »Wie Sie wissen, betritt Großpapa nie die Stadt. Er haßt Paris, weil Paris ihn nicht mehr liebt. Wenn Sie kämen, würde das Volk Ihnen zujubeln, weil Sie jung und hübsch sind; Großpapa würden die Leute nicht zujubeln. Aber es geht natürlich nicht, daß sie der Kronprinzessin zujubeln und den König beleidigen. Es entspräche nicht der Etikette.«

Ich beschloß, selbst den König zu bitten. Ich war überzeugt, er würde es mir nicht abschlagen können, wenn ich den richtigen Augenblick wählte; denn seit ich mit Madame du Barry gesprochen hatte und auch weniger intim mit den Tanten war, hatte er sich sehr liebevoll gegen mich gezeigt. Er umarmte mich immer zärtlich, wenn ich ihn besuchte, und machte mir Komplimente über meine Erscheinung. Ich würde auf bezaubernde Art erwachsen, sagte er.

Manchmal kam er zum Frühstück zu mir; er machte dann immer gern eigenhändig den Kaffee, und das war mehr als nur die Zubereitung einer Tasse Kaffee. Entsprechend den Regeln der Etikette bedeutete es, daß er mich aus ganzem Herzen als Mitglied der Familie akzeptierte und mir sein volles Wohlwollen schenkte.

Bei diesen Gelegenheiten holte ich manchmal die Weste hervor, die ich für ihn bestickte, und zeigte sie ihm.

»Aber sie ist ja prachtvoll!« pflegte er dann zu sagen. »Wann werde ich nur das Vergnügen haben, sie zu tragen?«

»Vielleicht in fünf Jahren, Papa ... oder in zehn!«

Es war ein ständiger Scherz zwischen uns.

Ich paßte also einen günstigen Augenblick ab und sagte zu ihm: »Papa! Ich bin nun seit drei Jahren Ihre Tochter, und ich habe immer noch nicht Ihre Hauptstadt gesehen. Ich möchte so schrecklich gern Paris kennenlernen!«

Er zögerte und meinte dann: »Aber natürlich werden Sie das ... zu gegebener Zeit.«

»Wann, Papa? Wann?«

Ich ging zu ihm und sah in lachend an, indem ich ihm die Arme um das Hals legte.

»Sie lachen?«

»Ja, denn ich denke, wie gut es ist, daß Madame Etikette nicht hier ist, um uns zu sehen.«

Nun lachte er ebenfalls. Der Name, den ich Madame de Noailles gegeben hatte, gefiel ihm, denn er war selbst groß im Geben von Spitznamen.

»Was für ein Glück für mich«, sagte er und hielt meine Hände um seinen Hals fest.

»Ich möchte so gern nach Paris, Papa! Werden Sie die Erlaubnis geben, die die Etikette verlangt?«

»Ah, die Etikette und Madame la Dauphine ... beide sind sie unwiderstehlich! Madame aber am allermeisten.«

So einfach war es also! Ich brauchte nur charmant zu fragen. Und da hatte man dieses ganze unnötige Theater gemacht!

Jetzt würde ich es ihnen allen aber zeigen! Der König hatte mir die Erlaubnis erteilt!
»Es wird so viel zu tun geben«, sagte ich im Gedanken daran. »Die Arbeit an Ihrer Weste wird dadurch verzögert werden.«
»Dann werde ich sie doch erst in zehn Jahren bekommen!«
Ich legte den Kopf auf die Seite und lächelte ihn an. »Ich verspreche Ihnen, daß ich fleißiger denn je daran arbeiten werde, und jede einzige Blume wird mit Liebe gestickt sein.«
»Was bestimmt viel schöner sein wird als alle Seide.«
Darauf umarmte ich ihn zärtlich und wünschte im geheimen, ich könnte meine Mutter ebenso leicht überreden wie den König von Frankreich.

Also ... nach Paris! Triumphierend eilte ich zu meinem Gemahl und berichtete ihm, daß ich den König überredet hatte. Er war leicht erstaunt, doch freute er sich wie immer, wenn mir meine Launen und Wünsche erfüllt wurden.
Ich erzählte es Artois. »Nach Paris! Wie sehne ich mich danach, auf dem Opernball zu tanzen! Wissen Sie, falls der König es mir verweigert hätte, wollte ich schon Sie fragen, eine kleine Gesellschaft zusammenzustellen und mich zu begleiten ... natürlich maskiert.«
Artois' Augen glänzten. Er steckte voller Abenteuerlust, liebte aber auch, ganz ähnlich wie die Tanten, jede Art von Intrige und Komplott. Er hatte mich zwar gern, liebte jedoch heikle Situationen als solche und hätte mich nur zu gern in eine solche verwickelt gesehen.
»Nun«, meinte er daher, »fragen Sie mich das jetzt immer noch?«
»Aber ich fahre ja hin ... mit aller Feierlichkeit, so wie die Etikette es verlangt.«
Er schnalzte wegwerfend mit den Fingern. »Lassen Sie uns dieser alten Pest doch ein Schnippchen schlagen!«
»Wie denn?«
»Indem wir ihr zuvorkommen! Wir werden uns in Dominos verkleiden und maskiert aus dem Schloß schlüpfen, um unerkannt auf den Maskenball in der Oper zu gehen.«
Überrascht sah ich ihn an, doch er hatte mich schon ergriffen und tanzte mit mir durch den Raum. Ich wurde von dem erregenden Plan angesteckt. Was für ein Spaß das wäre! Der Etikette ein Schnippchen zu schlagen! Heimlich nach Paris zu fahren, bevor die

feierliche Zeremonie es gestattete. Weshalb hatte Artois sich das nicht schon vor Monaten einfallen lassen?
Er küßte mir für einen Schwager entschieden zu leidenschaftlich die Hände, und seine kühnen Augen waren voller Zärtlichkeit. Ich beschloß, meinen Gemahl zu überreden mitzukommen.
Ludwig war sprachlos. Warum wollte ich nach Paris fahren, wenn ich es in so kurzer Zeit in aller Öffentlichkeit tun konnte?
»Weil es so viel mehr Spaß macht!«
Er runzelte die Stirn, um meine Art von Spaß zu verstehen. Lieber Ludwig! Er konnte genausowenig verstehen, wieso dieses Abenteuer mir zusagte, wie ich es verstehen konnte, warum es ihm Spaß machte, sich mit Gips zu bekleckern und an Türschlössern herumzubasteln.
Bittend sah ich ihn an. »Ich möchte es gern, und ich weiß, Sie wollen, daß ich mich unterhalte.«
Das stimmte. Zwischen uns bestand eine Welt stummen Einverständnisses. Er konnte sich nicht für die geschmacklosen Bemühungen in unserem Schlafzimmer entschuldigen, obwohl es ihn eigentlich dazu drängte. So tat er es auf indirekte Weise, indem er mir nachgab, wo er nur konnte. Er hielt es für einen sehr gewagten Plan, doch da ich nun einmal zu einem so verwegenen Unternehmen entschlossen war, würde es weniger gefährlich sein, wenn er mich begleitete.
So willigte der liebe Ludwig ein mitzukommen, und so machten wir uns abends in unseren Dominos, die Gesichter sorgsam hinter unseren Masken versteckt, auf nach Paris.
Es war eine der aufregendsten Nächte, die ich jemals bis dahin erlebt hatte. In Paris herrschte eine Erregung, die auf mich übersprang und mich ansteckte. Drei ganze Jahre hatte ich vergeudet! Diese hinreißende Stadt war die ganze Zeit nur eine Stunde entfernt gewesen, und ich hatte sie bis zu diesem Abend nie betreten! Artois zeigte mir – ich saß zwischen ihm und meinem Gemahl – den Invalidendom, die Bastille, das Hôtel de Ville, die Tuilerien und die mächtige Notre Dame. Ich bemerkte all die Menschen auf den Straßen, denn diese Stadt schien überhaupt nie zu schlafen. Ich sah die Brücken und den glänzenden Fluß, doch am meisten beeindruckte mich an jenem Abend das Opernhaus, was typisch für mich war.
Nie werde ich meinen Glücksrausch vergessen – die Menschenmassen, die Musik, zu tanzen! Wie war ich glücklich! In der Freude, wieder zu tanzen, vergaß ich alles andere. Man tanzte hier ungezwungener. Mehrere Unbekannte forderten mich auf, doch mein Gemahl

ließ nicht zu, daß ich mit ihnen tanzte, und ich war erstaunt über seine gelassene Autorität, die sogar trotz seiner Verkleidung von ihm ausging.

Ich tanzte also mit ihm und Artois und einigen unserer abenteuerdurstigen Begleiter, die auf Ludwigs Order ein wachsames Auge auf mich hielten.

Das Opernhaus – ich sehe es so deutlich vor mir! Die gewaltigen Kronleuchter, das Licht von Tausenden von Kerzen, der Duft von Pomade und der leichte Puderdunst in der Luft. Für mich hat es einen romantischen Zauber wegen des Menschen, dem ich sehr bald dort begegnen sollte.

Das Pariser Opernhaus sollte immer einen ganz besonderen Platz in meinen zärtlichsten Erinnerungen einnehmen.

Durch einen sehr großen Glücksfall, den wir nicht verdienten, geschah in jener Nacht kein Unglück. Wir hatten bis zum Morgen getanzt, und die Dämmerung brach schon an, als wir nach Versailles zurückfuhren.

Mittags waren wir dann alle bei der Messe, mit glänzenden Augen und unschuldigen Mienen, als wären wir gar nicht fähig, uns in solch verwegene Abenteuer zu stürzen.

Artois und ich beglückwünschten uns gegenseitig, mit diesem nächtlichen Ausflug der Etikette die Stirn geboten zu haben.

Der Tag meines feierlichen Einzugs in Paris brach an, und ich konnte es kaum abwarten, wieder in dieser Stadt zu sein, nachdem ich sie jetzt nachts mit all ihren faszinierenden Kontrasten, ihren prachtvollen Bauten und jener Atmosphäre ausgelassener Fröhlichkeit gesehen hatte, die so ganz ihr eigen war.

Paris! Diese Stadt, die mich anfangs liebte, dann meiner überdrüssig wurde und mich schließlich verschmähte und haßte. Sie glich eigentlich einem großen Schiff, mit Notre Dame an seinem Bug und der Pont Neuf als Heck auf der kleinen Insel in der Seine.

Es war ein strahlend schöner Tag mit blauem Himmel und Sonnenschein. Entlang der gesamten Straße von Versailles nach Paris stand wartend das Volk, um uns vorbeifahren zu sehen. Wenn die Menschenmenge mich erblickte, schrie sie mir ihre Begrüßungen zu. Mein Gemahl neben mir lehnte sich in die Polster zurück, damit alle mich besser sehen konnten.

»Sie jubeln uns zu«, sagte ich. »Sie mögen uns!«

»Nein«, widersprach er, »sie jubeln *Ihnen* zu!«
Ich war selig, denn nichts genoß ich mehr als Bewunderung. Ich reagierte spontan darauf. Lächelnd saß ich da und neigte den Kopf, und sie riefen, ich wäre hübsch wie ein Bild.
»Lang lebe die Kronprinzessin!« schrien sie.
Provence und Marie-Josèphe machten saure Gesichter, nicht fähig, ihre Eifersucht und Mißgunst zu verbergen; und ich lächelte immer strahlender und erweckte immer größeren Jubel.
Als wir uns der Stadt näherten, konnte ich kaum noch still sitzen, so aufgeregt war ich. Ich sah ein Meer von Gesichtern; es regnete Blumen auf meine Karosse, Fahnen wurden geschwenkt, und überall erschallte freudiger Willkommensjubel.
Vor den Toren der Stadt erwartete mich der Maréchal de Brissac, Gouverneur von Paris, mit den Schlüsseln der Stadt auf einem Silberteller; unter begeistertem Beifallssturm überreichte er sie mir. Vom Invalidendom ertönten darauf die Kanonensalven, denen die Salven vom Hôtel de Ville und der Bastille folgten.
Oh, was war es für ein wundervoller Anblick! All diese Menschen waren zusammengeströmt, um *mich* in ihrer Stadt willkommen zu heißen! Ich hörte ihre Bemerkungen. »Oh! Sie ist nicht nur hübsch! Sie ist eine kleine Schönheit! Zierlich wie eine Elfe!«
Das gute Volk! Wie ich es liebte! Im Überschwang meines Gefühls warf ich ihnen Kußhände zu, die sie begeistert erwiderten.
All die Marktfrauen hatten sich in ihren besten Kleidern aus schwarzer Seide versammelt, um mich zu begrüßen, und sie riefen mir zu, daß sie sich freuten, mich in ihrer Stadt zu sehen. Das Besitzergefühl dieser Leute für ihre Stadt verblüffte mich. Es war *ihre* Stadt, nicht die des Königs! Wenn der König Paris nicht liebte – nun, Paris konnte seine Liebe entbehren. Es gehörte den Kaufleuten, den Marktfrauen, den Händlern, den Lehrlingen. Das war die Botschaft, die ich an jenem Tag empfing. Paris gehörte ihnen, und sie hießen mich in ihrer Stadt willkommen, weil ich jung und hübsch war und ihnen gezeigt hatte, daß mir an ihrer Liebe gelegen war. Ich hatte mich in Paris verliebt, und so verliebte sich Paris in mich.
Was für ein prunkvoller Zug! Die persönliche Leibgarde des Königs eskortierte uns, und hinter unserer Karosse fuhren drei weitere Kutschen mit unserem Gefolge.
Nachdem mir die Schlüssel überreicht worden waren, fuhren wir in die Stadt hinein zur Kathedrale Notre Dame, wo wir an der Messe

teilnahmen; anschließend ging die Fahrt zu dem Kolleg Louis le Grand, wo der Abt mit den Mitgliedern seines Kapitels uns erwartete.
Nachdem wir uns seine Begrüßung angehört hatten, fuhren wir weiter – unter den Triumphbögen hindurch ging der Zug durch Paris, damit alle, die sich dort versammelt hatten, einen Blick von mir erhaschen konnten.
Es war eines der erregendsten Erlebnisse meines ganzen Lebens. Ich war restlos glücklich und hatte das herrliche Gefühl, daß alles gut werden würde.
Schließlich langten wir bei den Tuilerien an, wo wir dinieren sollten.
Die im Garten versammelte Menschenmenge war die größte, die ich bisher gesehen hatte.
Kaum hatten wir den Palast betreten, als die Menge auch schon nach uns zu rufen begann, und Monsieur de Brissac meinte: »Sie werden sich nicht zufrieden geben, bevor Sie sich nicht ihnen zeigen.«
»Dann will ich das auch tun«, erwiderte ich, »denn ich könnte die Einwohner von Paris nicht enttäuschen.«
Ich trat also auf den Balkon hinaus. Als das Volk mich erblickte, fing es an, mir zuzujubeln und mir mit Hochrufen ein langes Leben zu wünschen. Und ich stand da und neigte lächelnd den Kopf und war sehr glücklich.
»Aber sie ist ja bezaubernd!« riefen sie. »Sie ist entzückend! Möge der Herrgott unsere zauberhafte kleine Kronprinzessin segnen!«
Ich war so glücklich! Ich hatte von meiner Mutter und Mercy so viel Kritik erfahren, daß ich nach Bestätigung lechzte; und hier wurde sie mir in überschwenglicherer Fülle zuteil, als ich es jemals erlebt hatte.
»Oh! Das gute, gute Volk!« rief ich aus. »Wie ich es liebe! *Mon dieu*, was für Menschenmengen! Wie viele es sind!«
Monsieur de Brissac, der neben mir stand, verbeugte sich lächelnd: »Ich hoffe, Madame, es wird Monsieur le Dauphin nicht kränken, aber dort unten sind zweihunderttausend Menschen, die sich in Sie verliebt haben.«
Das wäre das Schönste, versicherte ich ihm, was mir je widerfahren wäre. Paris hatte mich in sein Herz geschlossen, und ich schloß es in das meine.
Wie in einem Traum kehrte ich nach Versailles zurück. Immer noch hörte ich den Jubel und die begeisterten Zurufe.

Der König kam zu mir, um zu erfahren, wie es mir ergangen wäre; ich befürchtete, es könnte ihn verstimmen, wenn ich ihm von dem überwältigenden Empfang erzählte, denn ich hatte etwas von der Bedeutung der fast frenetischen Begrüßung erfaßt. Jene Menschen, die mir und meinem Gemahl zugejubelt hatten, würden den König nicht freudig begrüßen. Sie warteten darauf, daß er starb, denn sie haßten ihn. Ludwig der Vielgeliebte war jetzt für sie Ludwig der Verhaßte. Wie traurig war das doch für ihn, aber es schien ihn nicht zu berühren.
Er ergriff meine Hände und küßte sie. »Wie ich höre, sind Sie im Triumph in Paris eingezogen«, sagte er.
»Eure Majestät ist erfreut darüber?«
»Ich hätte sie enteignet, wenn die Pariser nicht soviel Geschmack gehabt hätten, Sie anzubeten.«
Oh, diese Franzosen! Wie gut verstanden sie es, ihren kalten Zynismus unter blumigen Worten zu verbergen!

In triumphierender Stimmung setzte ich mich hin und schrieb an meine Mutter:

»Liebste Mutter!
Es ist unmöglich, Ihnen die Begeisterung und Zuneigung zu beschreiben, die das Volk uns heute erwiesen hat... Was haben wir für ein Glück, das Vertrauen und die Liebe des Volkes so leicht zu gewinnen! Aber ich weiß genau, daß diese Freundschaft etwas sehr Kostbares ist. Ich bin mir dessen voll bewußt, und es ist etwas, was ich niemals vergessen werde.«

Ich genoß es, meiner Mutter diesen Brief zu schreiben. Jetzt würde sie sehen, daß ich kein Mißerfolg war, wie sie manchmal anzudeuten schien. Mercy mochte mit vielem, was ich tat, nicht einverstanden sein, doch die Bewohner von Paris hatten einen einzigen Blick auf mich geworfen und auf unmißverständliche Weise ihren Beifall kundgetan.
Wie glücklich war ich, als ich an jenem Abend im Bett lag! Mein Gemahl lag neben mir in tiefem Schlaf. Die Feierlichkeiten hatten ihn, ganz im Gegensatz zu mir, ermüdet – ich war wie berauscht von ihnen.
Die Zeit der Langeweile war vorbei! Paris hatte mir eine neue Art zu leben gezeigt, und ich konnte es kaum abwarten, diese zu ergreifen.

6

»Sa figure et son air convenaient parfaitement à un héros de roman, mais non pas d'un roman français.«
Herzog von Lévis über Axel von Fersen

»Madame la Dauphine sprach lange Zeit mit mir, ohne daß ich sie erkannte. Schließlich gab sie sich selbst zu erkennen, worauf alle uns umringten und sie sich in ihre Loge zurückzog. Um drei Uhr morgens verließ ich den Ball.«
Aus dem Tagebuch von Axel von Fersen

DER ATTRAKTIVE UNBEKANNTE

Einige Monate, nachdem ich meinen Einzug in Paris gehalten hatte, wurde Artois verheiratet. Seine Braut war die Schwester von Marie-Josèphe. Ihr Vater, Victor Amadeus, König von Sardinien, hatte natürlich den Dauphin für eine seiner Töchter haben wollen; folglich hegten beide Schwestern einen Groll gegen mich.

Die neue Braut, Marie-Therèse, war sogar noch häßlicher als ihre Schwester. Das einzige Bemerkenswerte an ihr war ihre Nase, und die war es auch nur wegen ihrer Länge. Ihr Mund war riesig, die Augen winzig, und sie schielte leicht. Sie war sehr klein und besaß keinerlei Anmut. Der König zeigte deutlich, daß er sie geradezu abstoßend fand. Was Artois betraf, so ließ er sich keine Enttäuschung anmerken, sondern benahm sich, als wäre das Ganze ihm recht unwichtig. Marie-Therèse schien sich am liebsten immer verstecken zu wollen, und es war ihm nur zu recht, ihr diesen Wunsch zu gewähren. Er hatte bereits eine Mätresse – eine äußerst schöne Frau, viel älter als er selbst; sie hieß Rosalie Duthé und hatte schon dem Herzog von Chartres in der gleichen Eigenschaft zu Diensten gestanden wie jetzt Artois.

Alle amüsierten sich über Artois' Verhalten, und niemand hatte sonderlich viel Mitleid mit der armen jungen Frau. Ihr gesamtes Mitgefühl galt Artois, den das Unglück traf, eine solche Gemahlin zu bekommen.

Die Kommentare hierzu waren charakteristisch für Versailles: »Nachdem er sich an *gâteau de Savoie* den Magen verdorben hat, ist der Prinz nun nach Paris gefahren, um Tee* zu trinken.«

Ich war eine der wenigen, denen Marie-Therèse leid tat, und ich versuchte alles, um ihre Freundin zu werden, doch war sie sehr unliebenswürdig und kurz angebunden zu mir.

Ich vergnügte mich jedoch so gut, wie ich es seit meiner Ankunft in Frankreich noch nie getan hatte, und brauchte daher nicht die Freundschaft meiner Schwägerinnen. Die Prinzessin von Lamballe war meine gute Freundin geworden, und wir plauderten so vertraut zusammen, wie ich es früher mit Caroline getan hatte. Tatsächlich hatte ich zum ersten Mal das Gefühl, einen Ersatz für meine Schwester gefunden zu haben.

Und als es Winter wurde und zu schneien begann, konnte ich mir wirklich einbilden, wieder in Wien zu sein. Eines Tages entdeckte ich in den Stallungen einen alten Pferdeschlitten und erzählte der Prinzessin, die bei mir war, was für Spaß wir in Wien im Winter zu haben pflegten und wie Joseph sich einmal Schnee von den Bergen holen ließ, als bei uns unten nicht genug lag, weil er Schlittenfahrten so sehr liebte.

»Warum sollten wir es nicht machen?« rief ich. »Ich sehe keinen Grund, der dagegen spräche. Hier ist der Schlitten, und draußen liegt der Schnee!«

Ich befahl also den Stallburschen, den Schlitten fertigzumachen und die Pferde anzuspannen, und so fuhren die Prinzessin und ich aus. Wir fuhren nach Paris – immer nur nach Paris. Und wie war es lustig, so auf der Straße dahinzugleiten und schließlich im Bois de Boulogne anzukommen! Es war bitterkalt, doch hatten wir uns in dicke Pelze eingewickelt, und es war köstlich, unsere Gesichter in der eisigen Luft glühen zu fühlen.

»Es ist genau wie in Wien!« rief ich verzückt aus. »Und Sie erinnern mich an meine geliebte Schwester Caroline!«

Es war jedoch nicht wie in Wien, wo überall Pferdeschlitten fuhren und es die einzige Reisemöglichkeit im Winter war. Unser Schlitten war

* Wortspiel: Tee = franz. »du thé«

der einzige im ganzen Bois de Boulogne, und wir waren nicht auf der Reise – wir spielten nur ein Spiel. Die Leute kamen aus ihren Häusern, um es sich anzuschauen, und sie erschienen mir so ganz anders als die Menschen, die mich im Sommer in ihrer Stadt willkommen geheißen hatten. Diese hier hatten blau verfrorene Gesichter und standen zitternd vor Kälte da, und der Kontrast zwischen ihnen in ihren jämmerlichen Fetzen und uns in den prächtigen Pelzen war bestürzend. Der Unterschied drängte sich mir auf, doch ich versuchte, ihn nicht zu sehen, weil es mir den ganzen Spaß verdorben hätte.

Hinterher erschien dann Mercy mit strengem Gesicht in meiner Suite.

»Ihr neuer Zeitvertreib paßt den Parisern nicht«, eröffnete er mir.

»Aber warum denn nicht?«

»Diese Art von Vergnügung kennt man hier nicht.«

»Oh ...« murrte ich. »Schon wieder die Etikette!«

Es war jedoch mehr als nur die Etikette, und ich bedauerte nicht, es aufzugeben. Dies war das Ende unserer Schlittenfahrten.

Die Spannung in der Familie, die seit der Ankunft von Artois' Gemahlin zugenommen hatte, steigerte sich ständig. Die beiden Schwestern trafen sich in ihrem Groll gegen mich, so wie der Ehrgeiz meine beiden Schwäger verband. Provence war bei weitem der ehrgeizigere von den beiden. Marie-Josèphe zeigte keine Anzeichen einer Schwangerschaft, und es wurde gemunkelt, er litte unter dem gleichen Gebrechen wie der Dauphin.

Mercy hatte mich wiederholt vor den »kleinen höflichen Gaunereien« meines ältesten Schwagers gewarnt, doch da er mich ständig vor irgend etwas warnte, schenkte ich seinen Ratschlägen wenig Beachtung. Aber jetzt konnte sogar ich, so bestrebt ich auch war, alles Unangenehme zu ignorieren und neue Vergnügungen für mich zu entdecken, die zunehmende Spannung zwischen den Brüdern nicht übersehen.

»Provence ist ehrgeizig und in jeder Weise bestrebt, das dominierende Familienmitglied zu werden«, sagte Mercy. »Ich werde der Kaiserin darüber schreiben. Selten habe ich einen so ehrgeizigen jungen Mann gesehen.«

Dieser Ehrgeiz steigerte sich in Haß gegen meinen Gemahl. Wir sechs Geschwister waren häufig zusammen – die Etikette verlangte es. Einmal befanden wir uns in Provences Suite; mein Gemahl stand am

Kamin, auf dessen Sims eine wunderschöne Porzellanvase stand. Provence sammelte wertvolles Prozellan. Diese Vase hatte meinen Gemahl immer ganz besonders interessiert, und ich pflegte ihn zu beobachten und ihn lachend zu fragen, ob er gedächte, seine Mauersteine und Türschlösser aufzugeben, um Prozellan zu sammeln.
Das könnte eine interessante Beschäftigung sein, meinte er dann ernsthaft.
Da seine Hände nicht für den Umgang mit zarten Gegenständen geschaffen waren, war Provence sehr um die Sicherheit seiner Vase besorgt. Ich verfolgte, wie er Ludwig beobachtete, und mokierte mich lachend über seine Besorgnis. Das amüsierte Provence nun gar nicht; er hatte die Hände auf den Rücken gelegt, um zu verbergen, daß er sie vor Wut ballte.
Und da ... geschah es! Die Vase krachte auf den Fußboden und zersprang in tausend Stücke. Erst jetzt erkannte ich Provences Haß auf den Dauphin. Er sprang ihn wie ein wildes Tier an. Ludwig, völlig überrascht, fiel krachend zu Boden. Er war schwer, und ich schrie erschreckt auf, als er stürzte, doch Provence war schon auf ihm und hielt die Hände um seine Kehle geschlossen. Da machte sich Ludwig frei, und die beiden rollten über den Boden und benahmen sich, als wollte jeder den anderen umbringen. Die Schwestern standen in einiger Entfernung und sahen zu. Ich konnte jedoch nicht untätig dabeistehen; so lief ich zu den Kämpfenden, zerrte meinen Gemahl am Rockschoß und schrie, sie sollten aufhören.
Als Ludwig sah, daß nun ich in Gefahr war, rief er: »Vorsicht! Antoinette wird verletzt werden!« Meine Hände bluteten aus einem Kratzer, den ich mir in dem Handgemenge geholt hatte; der Anblick meines Blutes ernüchterte beide.
»Sie sind ja verletzt!« stieß mein Gemahl aus und erhob sich schwerfällig.
»Oh, das ist nichts! Aber ich bitte Euch, seid nicht wieder so töricht!«
Sie standen ziemlich verlegen da und schämten sich, wegen eines derartigen Anlasses die Beherrschung verloren zu haben. Mein Gemahl entschuldigte sich für seine Ungeschicklichkeit und Provence für seinen Wutausbruch; doch die beiden Schwestern flüsterten zusammen und ließen durchblicken, ich hätte ja nur die Aufmerksamkeit auf mich lenken wollen; nur deshalb hätte ich so besorgt getan und wäre herbeigestürzt und hätte mir einen kleinen Kratzer geholt.
Wie war es schwierig, freundlich zu diesen beiden Mädchen zu sein!

Aber ich war von Natur aus liebenswürdig und konnte nicht glauben, daß sie mich wirklich nicht mochten; so versuchte ich mir etwas einfallen zu lassen, um sie glücklicher zu machen. Es war schließlich kein Wunder, so folgerte ich mit der Prinzessin von Lamballe, daß sie so abscheulich zu mir waren. Wie wäre uns zumute, wenn wir so aussähen wie sie? Arme, häßliche, kleine Dinger!
Es wurde nicht einfacher dadurch, daß der König mich so unverhohlen bevorzugte. Als meine Schwägerinnen erfuhren, daß er zu mir zum Frühstück zu kommen pflegte und tatsächlich den Kaffee machte, waren sie ganz außer sich. Marie-Josèphe zeigte es nicht, denn sie war schlau und verschlagen, aber ihre jüngere Schwester vermochte ihre Gefühle nicht zu verbergen. Die Tanten versuchten außerdem ständig, Zwietracht zwischen uns zu säen, doch ich hörte nicht auf sie – ganz im Gegensatz zu meinen Schwägerinnen, wie ich überzeugt bin.
Der König wußte, daß ich das Theater liebte, und so veranlaßte er, daß jeden Dienstag und Freitag Komödien aufgeführt wurden. Ich war entzückt und immer anwesend, um den Schauspielern Beifall zu klatschen. Was ich mir jedoch in Wirklichkeit wünschte, war selbst auf einer Bühne zu stehen, und so kam mir der Gedanke, daß wir ja selbst ein Stück spielen könnten.
»Man würde es uns verbieten, wenn es herauskommt«, warnte Provence.
»Dann muß es eben nicht herauskommen!« entgegnete ich.
Es war eine ausgezeichnete Idee, denn wenn wir unsere Texte auswendig lernten und die Szenenbilder besprachen, vergaßen meine Schwägerinnen ganz ihren Haß auf mich. Und ich selbst war so glücklich, Theater zu spielen, daß ich alles übrige vergaß.
Ich entdeckte einige Ein-Akter, und manchmal waren wir sogar so ehrgeizig, uns an Molière zu versuchen. Nie werde ich vergessen, wie ich Cathos aus *Les Précieuses Ridicules* spielte. Wie stolzierte ich da über die Bühne, vollkommen in der Rolle aufgehend! Ich liebte alle Menschen, wenn ich auf der Bühne stand. Es brachte auch das Beste in meinem Schwager Provence hervor, der seine Texte mit spielender Leichtigkeit lernte und eine echte Gabe für komische Rollen besaß. Ich warf ihm dann wohl die Arme um den Hals und rief: »Aber Sie sind ja hervorragend! Sie spielen die Rolle völlig lebensecht!« Er freute sich dann – und war so anders als der verbissene junge Mann, der einen bitteren Groll gegen meinen Gemahl hegte, weil das

Schicksal nicht ihn zum Thronfolger bestimmt hatte. Artois fand es selbstverständlich herrlich, Theater zu spielen, aber auch meinen Schwägerinnen machte es Spaß. Sie hatten einen so altmodischen Akzent, wenn sie französisch sprachen, daß wir oft Lachanfälle bekamen, in die sie sogar mit einstimmten.

Manchmal erlaubten wir den kleinen Prinzessinnen Clothilde und Elisabeth mitzuspielen. Ich bat darum, sie mitmachen zu lassen, weil ich mich an meinen Kummer erinnerte, als man mich davon ausschloß, weil ich angeblich noch zu klein war. Sie waren natürlich begeistert, und ich hatte Elisabeth wie auch Clothilde sehr gern, bis die Gouvernante der letzteren diese gegen mich aufzuhetzen begann. Clothilde war ein gutartiges Kind – ein wenig faul, aber sie war ja so dick. Der König hatte sie bereits mit seiner Vorliebe für Spitznamen die ›Dickmadam‹ getauft. Es machte ihr nichts aus. Sie war wunderbar ausgeglichen und übernahm lächelnd die undankbarsten Rollen.

Es machte alles um so mehr Spaß, als wir unsere eigene Bühne errichten mußten, ein Problem, das wir mit Wandschirmen lösten; und die nahenden Schritte von jemandem, der nicht in unser Geheimnis eingeweiht war, bedeuteten, daß diese in größter Eile in einen Schrank gestopft werden mußten, während wir uns bemühten, so zu tun, als wären unsere Kostüme unser ganz normaler Aufzug, und uns in aller Eile so gruppierten, als plauderten wir lediglich gemütlich miteinander.

Mein Gemahl war selbstverständlich eingeweiht, wenn er auch keine Rollen übernehmen wollte; also war er das Publikum.

»Eine sehr notwendige Rolle«, betonte ich, »denn jedes Theaterstück braucht ein Publikum.«

Er saß also lächelnd da und applaudierte und schlief die meiste Zeit einfach ein. Ich bemerkte jedoch, daß er fast immer zuschaute, wenn ich an der Reihe war.

Wir waren so begeistert von unserer Schauspielerei, daß ich Monsieur Campan holte – meinen Sekretär und Bibliothekar, dessen Dienste und Diskretion ich schätzte – und ihn bat, uns zu helfen, die richtigen Kostüme zu finden, die wir für unsere Rollen benötigten. Er war sehr geschickt darin, wie auch sein Sohn, der ebenfalls mitspielte. Der Spaß ging weiter, und alle am Hof wunderten sich, wie wir sechs uns angefreundet hatten; sogar unsere Mahlzeiten nahmen wir gemeinsam ein.

Diese Theateraufführungen war nur eine der Arten, in der wir uns die Zeit vertrieben.

Ich arrangierte dauernd Ausflüge nach Paris, deren Ziel meistens Opernbälle waren. Ich bestand darauf, daß wir alle gemeinsam hinfuhren, obgleich meine Schwägerinnen keine guten Tänzerinnen waren und alles andere als erpicht darauf. Die Pariser Bevölkerung jubelte ihnen nie wie mir zu. Sie schienen meinen einen Lapsus vergessen zu haben, der als Abgleiten in schlechten Geschmack bezeichnet wurde – in einem Pferdeschlitten durch den Bois de Boulogne zu fahren! –, und hatten mich wieder rückhaltlos ins Herz geschlossen. Ich begriff nicht, daß das Volk den einen Tag seine Kronprinzessin lieben kann, um sie am nächsten Tag zu hassen. Ich kannte das Volk nicht und wußte trotz meiner vielen Fahrten in die Stadt nur sehr wenig von Paris . . . sehr wenig von dem wahren Gesicht und Wesen dieser Stadt.

Später lernte ich ein wenig davon kennen und wünschte, ich wäre damals aufmerksamer gewesen, denn Paris sollte sich in etwas mehr als zehn Jahren auf herzzerreißende Weise verändern.

Was für eine Stadt der Kontraste war es doch, obgleich ich zu jener Zeit vollkommen blind dafür war. Die elegante Place Dauphine – und jene gewundenen Straßen wie die Rue de la Juiverie, die Rue aux Fèves und die Rue des Marmousets, in der Diebe und Prostituierte der niedersten Sorte Seite an Seite mit den berühmten Pariser Färbern lebten, deren Wannen auf den Pflastersteinen aufgestellt standen. Manchmal sah ich im Vorbeifahren die roten, blauen und grünen Rinnsale aus diesen schmalen Gassen heraussickern. Man sagte mir, sie stammten von den Färbern, und ich begnügte mich damit, ohne mir jemals die Mühe zu machen, mehr über dieses faszinierende Handwerk zu erfahren.

Es war eine geschäftige und fröhliche Stadt. Ihre Fröhlichkeit war das Auffallendste. Wenn wir früh morgens von einem Ball nach Versailles zurückratterten, kamen uns von der anderen Seite des Schlagbaums Bauern mit ihren Erzeugnissen entgegen, die sie auf die Märkte brachten. So sahen wir auch die Bäcker von Gonesse ihr Brot nach Paris hereinbringen. In den darauffolgenden düsteren Jahren durften diese Bäcker kein unverkauftes Brot wieder mitnehmen, denn Brot war so kostbar geworden, daß die Obrigkeit sich jedes Laibes Brot bemächtigte, der in die Stadt gelangte. Brot! Dieses Wort sollte mir noch wie das unheilvolle Scheppern einer Totenglocke in den Ohren dröhnen. Doch damals waren jene Leute nur die Bäcker von Gonesse, die zweimal wöchentlich in die Stadt kamen und mit offenen Mündern stehenblieben, um staunend unseren Kutschen nachzustarren, wenn diese uns wieder nach Versailles zurückbrachten.

Ich wußte damals einfach nichts von dem Alltag dieser Stadt, an dem jeden Morgen sechstausend Bauern und Bäuerinnen mit ihren Waren ankamen. Paris war für mich das Opernhaus, das Zuhause jener Menschen, die mich so glühend liebten, die Hauptstadt des Landes, dessen Königin ich eines Tages sein würde.

Wenn man mir nur das wahre Gesicht von Paris gezeigt hätte! Madame Campan hat diese Unterlassungssünde oft zutiefst beklagt. Sie sagte, Vermond hätte mich in verbrecherischer Weise in Unwissenheit gehalten. So viel hätte ich lernen können, wenn ich Paris bei der Arbeit gesehen hätte, die Stadt, die es in Wirklichkeit für die Pariser war. Ich hätte die Angestellten auf ihrem Weg zur Arbeit sehen sollen, die Händler auf den Märkten, die mit Mehl bedeckten Barbiere – sie puderten ihre Perücken damit ein – die Advokaten in ihren langen Talaren und Perücken auf dem Weg ins Châtelet. Ich hätte die krassen Kontraste bemerken müssen, hätte einen Vergleich zwischen uns in unseren eleganten Kleidern und den armen Bettlern und *marcheuses* ziehen sollen, jenen traurigen Geschöpfen, die kaum noch Menschen waren, so sehr hatte ihr ausschweifendes und immer hartes Dasein sie gezeichnet; sie vegetierten zwischen Tod und Leben dahin, zu verbraucht, um ihrem alten Gewerbe weiter nachzugehen. Sie wurden *marcheuses* genannt, weil sie nur noch dazu taugten, Botengänge für die ärmsten Prostituierten zu erledigen. So viel Armut auf der einen Seite – so viel Pracht auf der anderen! Das Paris, durch das ich so fröhlich hindurchfuhr, war die fruchtbare Brutstätte von Aufstand und Revolution.

Im Herzen der Stadt lag das Palais Royal wie eine eigene kleine reiche Stadt. In dem Innenhof mit den Arkaden ringsum versammelte sich nach Einbruch der Dunkelheit eine sehr vielseitige Gesellschaft von Herren und Damen. Man diskutierte über Kunst, die Skandale bei Hofe – meine Heirat muß ein bevorzugtes Thema gewesen sein – und im Laufe der Jahre auch über die Mißstände und das Verlangen nach Freiheit, Gleichheit und Brüderlichkeit aller Menschen.

Mich überkam jedesmal freudige Erregung, wenn wir Versailles hin-

ter uns ließen und Paris entgegenfuhren. Auf der Landstraße begegneten wir den Kutschen und Reitern, denen oft ein prächtig gekleideter Lakai vorauslief zum Zeichen, wie reich und mächtig seine Herrschaft war. Die weniger Reichen benutzten die *carrabas*, jene recht schwerfälligen, von acht Pferden gezogenen Fahrzeuge, die sich mühsam ihren Weg zwischen Versailles und Paris hin und zurück bahnten oder auch die kleineren Wagen, denen man den Spitznamen *pots de chambre* – Nachttöpfe – gegeben hatte; sie waren komfortabler, doch war man in ihnen Wind und Wetter ausgesetzt.
Ich war jedesmal selig, in die Stadt zu kommen. Besonders aufregend erschien sie mir nach Einbruch der Dunkelheit, wenn die Straßenlampen brannten, die in gewaltigen Haltern an den Hauswänden angebracht waren. Im Vorbeifahren verspritzte unsere Karosse einen Schlammregen nach beiden Seiten, denn Paris war für seinen Schlamm berüchtigt. Er wäre anders als jeder sonstige Schlamm in Frankreich, sagte man mir. Er hatte einen deutlichen Schwefelgestank und brannte ein Loch in Kleidungsstücke, wenn man ihn nicht bald entfernte. Das kam zweifellos von den Abwässern, die durch die Straßen flossen. Paris wurde früher auch Lutetia genannt – die Schlammstadt.

Mit Anbruch des neuen Jahres kam auch der Karneval. Es war die Zeit der Maskenbälle und Aufführungen von Komödien, Opern und Balletten. Am liebsten hätte ich jeden Abend eine dieser Festlichkeiten besucht. Da bekannt war, wie leidenschaftlich gern ich tanzte, wurden mehr Maskenbälle denn je veranstaltet. Wir nahmen immer incognito an ihnen teil. Das machte am meisten Spaß. Manchmal trug ich einen Domino, oft aber auch ein einfaches Taftkleid oder sogar eines aus Gaze oder Musselin. Ich fand großes Vergnügen daran, meine wahre Identität zu verheimlichen, besuchte diese Bälle jedoch immer in Begleitung meines Gemahls oder meiner Schwäger; etwas anderes wäre nicht nur streng verboten, sondern auch äußerst gefährlich gewesen, was sogar ich begriff.
Es war der 30. Januar – ein Tag, den ich nie vergessen werde. Ich brach mit Provence und Artois, meinen Schwägerinnen und mehreren Hofdamen und Höflingen zu einem der Bälle auf. Mein Gemahl kam dieses Mal nicht mit. Ich versuchte nicht, ihn umzustimmen, wußte ich doch, daß er diese Festlichkeiten nicht mochte.
Ich trug einen schwarzen Seidenkimono wie so viele andere Gäste;

eine schwarze Samtmaske verbarg mein Gesicht. Sowie ich den Ballsaal betrat, tanzte ich auch schon mit Artois. Es war mir am liebsten so, denn er war ein vorzüglicher Tänzer, und ich glaube, er tanzte genauso gern mit mir wie ich mit ihm. Es war aufregend, doch hatte ich mittlerweile schon oft mit Artois getanzt. Ich merkte, daß man mir beim Tanzen zusah, wenn daran auch nichts Ungewöhnliches war. Ich tanzte meinen eigenen Stil, und mehrere aus meinem Gefolge hatten mir gesagt, daß sie mich immer an meinen Bewegungen erkennen würden, gleichgültig in welcher Verkleidung.

Der strahlend erleuchtete Ballsaal, die Musik, das Rascheln der seidenen Reifröcke, der Duft nach Pomade und Puder – es war berauschend! Am erregendsten war jedoch die Anonymität. Auf einmal bemerkte ich einen jungen Mann, der mich beim Tanzen beobachtete, und obgleich ich nur flüchtig zu ihm hinblickte, blieb mir sein Bild vor Augen. Er trug keine Maske und sah auf fremdländische Art blendend aus. Vielleicht fiel er mir auf, weil er sich so sehr von den Franzosen unterschied. Er war groß und schlank und fast weißblond und wirkte durch seine dunklen Augen höchst ungewöhnlich; dazu hatte er noch einen hellen, blassen Teint. Es war ein Gesicht der Kontraste – den ersten Augenblick schien es schön wie das einer Frau, und dann erkannte man die schweren, dunklen Augenbrauen, die diesem Gesicht einen sehr kraftvollen Ausdruck verliehen.

Mich überkam plötzlich der Wunsch, mit ihm zu sprechen, seine Stimme zu hören. Nun, warum eigentlich nicht? Es war schließlich ein Maskenball. Woher sollte er wissen, wer ich war? Noch dazu war es Karneval, eine Zeit, in der ungezwungenere Sitten herrschten. Weshalb sollte eine maskierte Gestalt in einem Domino nicht einige Worte mit einem anderen Tänzer auf einem Kostümball wechseln!

Wir hörten zu tanzen auf und kehrten zu unserer kleinen Gesellschaft zurück. Da erblickte ich den Fremden nur wenige Schritte von mir entfernt und wußte instinktiv, daß ich genauso seine Neugier erweckt hatte wie er die meine, denn er hatte sich ganz in unsere Nähe gestellt.

Ich sagte: »Ich will mich einen Augenblick allein amüsieren.« Und damit ging ich auf den Fremden zu und blieb lächelnd vor ihm stehen. »Ein ... amüsanter Ball«, sagte ich und griff mit der Hand an meine Maske, um mich zu vergewissern, daß sie nicht verrutscht war, bereute es jedoch sofort, da ich kostbare Diamantringe an den Fingern trug. Würde er erkennen, wie kostbar sie waren? Doch dann freute ich mich, denn meine Hände waren schön; ich war sehr stolz auf sie.

»Ich finde ihn sehr amüsant«, antwortete er, und mir fiel sofort sein ausländischer Akzent auf. Ob er meinen ebenfalls bemerkt hatte?

»Sie sind kein Franzose.«

»Nein, Schwede, Madame«, erwiderte er. »Oder sollte ich ›Mademoiselle‹ sagen?«

Ich lachte. Wie würde er reagieren, wenn er erführe, mit wem er in Wirklichkeit sprach?

»Sagen Sie Madame«, schlug ich vor.

Provence war hinterhergekommen, und ich sah, daß der Fremde ihn bemerkte. Ich versuchte nun meinerseits, Provence mit den Augen eines Fremden zu sehen. Er hatte das Gebaren eines Aristokraten. Auch auf einem Maskenball konnte er nicht verbergen, daß er fast der Kronprinz war.

Ich wollte mehr über den Unbekannten wissen, doch störte mich die Nähe von Provence.

»Darf ich sagen«, fuhr er nun fort, »daß Madame bezaubernd sind?«

»Sie dürfen es, wenn Sie es meinen.«

»Dann wiederhole ich: Madame sind bezaubernd!«

»Was machen Sie hier?«

»Ich bilde mich, Madame.«

»Auf einem Opernball?«

»Man weiß nie, wo man Bildung findet.«

Ich lachte. Ich wußte nicht, warum, wußte nur, daß ich glücklich war.

»Sie machen also die große Bildungsreise?«

»Ja, die große Reise, Madame.«

»Erzählen Sie mir, wo Sie überall waren, bevor Sie nach Frankreich kamen.«

»In der Schweiz und in Italien.«

»Und dann werden Sie nach Schweden zurückkehren ... Ich möchte wissen, welches Land Ihnen am besten gefallen wird. Reisen Sie auch nach Österreich? Ich wüßte gern, wie Sie Wien finden. Ich lebte früher dort.«

Eine kühne Verwegenheit schien mich zu überkommen. Atemlos fuhr ich fort: »Wie heißen Sie?«

»Axel Fersen«, antwortete er.

»Herr ... Prinz ... Graf ...?«

»Graf.«

»Graf Axel von Fersen«, wiederholte ich.

»Die Familie meiner Mutter stammt aus Frankreich.«

»Deshalb haben Sie also etwas Französisches in Ihrem Aussehen«, stellte ich fest. »Sie haben alles Blonde von Ihrem Vater und das Dunkle von Ihrer Mutter. Es fiel mir gleich auf.«

»Madame hat eine gute Beobachtungsgabe.« Er trat einen Schritt auf mich zu, und ich dachte, er wollte mich zum Tanzen auffordern. Ich überlegte, was ich in dem Fall tun sollte, denn ich wagte nicht, mit einem Unbekannten zu tanzen. Provence war bereit, jeden Augenblick einzugreifen, und auch Artois verfolgte unser Gespräch sehr wachsam. Falls der Unbekannte irgendeine Geste machte, die nach einer Majestätsbeleidigung aussah – und wie leicht mochte er das bei meinem Verhalten tun! –, würde Provence eingreifen. Ich sah Komplikationen voraus, die mich seltsamerweise nicht wie sonst begeisterten, sondern vielmehr beunruhigten.

»Madame stellen viele Fragen«, bemerkte der Graf Fersen, »und ich habe sie beantwortet. Sollte es mir fairerweise nicht gestattet sein, nun meinerseits einige zu stellen?«

Provence runzelte die Stirn, doch ich handelte mit meiner gewohnten Unbesonnenheit. Ich hob die Hand und zog die Maske vom Gesicht.

Ein Ausruf der Überraschung ertönte rings um uns herum.

»Madame la Dauphine!«

Ich lachte laut auf, um meine glückliche Erregung zu verbergen, löste den Blick aber nicht vom Gesicht des Grafen. Was mochte es für ein Gefühl sein, so fragte ich mich, sich auf einen Flirt mit einer Unbekannten einzulassen und dann zu entdecken, daß man mit der zukünftigen Königin von Frankreich gesprochen hat?

Er zeigte keinerlei Verwirrung und handelte mit bewundernswerter Gelassenheit und größter Würde. Er verneigte sich tief, und ich sah, wie sein blondes Haar seinen bestickten Kragen berührte. Es hatte die Farbe wie Sonnenschein... wunderschönes Haar war es! Er mußte meines ebenfalls schön finden.

Die Umstehenden drängten sich näher um uns zusammen. Alles starrte mich an. Viele mochten meine Anwesenheit vermutet haben, doch hatte niemand es mit Sicherheit zu sagen vermocht, da die Masken unsere Gesichter von der Stirn bis zum Kinn verbargen. Ich hatte mich jedoch einem plötzlichen Impuls nachgebend selbst verraten und verursachte nun einen Auflauf in dem dichtgedrängten Ballsaal. Doch da war Provence schon an meiner Seite und hielt mir mit königlicher Würde den Arm hin, den ich gehorsam ergriff. Artois und mein Gefolge bedeuteten bereits der Menge, zurückzutreten und eine Gasse für uns zu bilden.

Wir begaben uns schnurstracks zu unseren Karossen.

Weder Provence noch Artois oder meine Schwägerinnen erwähnten mit einem Wort meine eigenwillige Geste, doch ich erkannte an den spekulativen Blicken, die sie sich zuwarfen, daß sie sich über deren Bedeutung klar zu werden versuchten.

Ich hätte es ebenfalls tun sollen. Doch ich kam gar nicht auf den Gedanken, daß diese weltlichen jungen Leute mein Verhalten dahingehend auslegten, daß ich einer Ehe überdrüssig war, die keine richtige Ehe war. In ihren Augen war ich eine junge, gesunde, unerfüllte Frau. Eine höchst gefährliche Situation bei der Kronprinzessin von Frankreich, deren Kinder die Thronfolger sein würden! Provence beschloß, sehr wachsam zu sein. Wenn ich mir nun einen Liebhaber nahm? Wenn ich nun ein Kind bekam und es als das meines Gemahls ausgab? Ein Bastard könnte ihm auf diese Weise die Krone stehlen! Artois' Spekulationen bewegten sich in einer anderen Richtung. Gedachte ich, mir einen Liebhaber zuzulegen? Falls ja, so hatte er mich immer sehr anziehend gefunden ... Und meine Schwägerinnen, die ihre Männer allmählich kannten, folgten diesen im stillen bei ihren Überlegungen.

Und ich ... ich durchlebte noch einmal jede einzige Minute, die ich mit dem Fremden gesprochen hatte. Das Echo seiner Stimme klang mir noch im Ohr – und ich sah das Blond seiner Haare über seiner dunklen Jacke vor mir.

Ich nahm nicht an, den Grafen Fersen jemals wiederzusehen, doch sagte ich mir: ich werde noch lange an ihn denken – und er wird mich, solange er lebt, nicht vergessen!

Das schien zu genügen.

7

»Ein fürchterlicher Krach, wie Donnergepolter, ertönte in den Salons des königlichen Appartements; er wurde von der Menschenmenge verursacht, die Hals über Kopf das Vorzimmer des toten Souveräns verließ, um sich schleunigst vor der neuen Macht Ludwig des XVI. zu verneigen. Durch diesen außergewöhnlichen Tumult erfuhren Marie-Antoinette und ihr Gemahl, daß die Regentschaft auf sie übergegangen war; und in einer spontanen Geste, die alle in ihrer Nähe tief beeindruckte, fielen sie beide auf die Knie und riefen in Tränen aus: »O Gott, führe und beschütze uns! Wir sind zu jung, um zu herrschen!«

Madame Campans Memoiren

KÖNIGIN VON FRANKREICH

Ludwig faßte eine immer größere Zuneigung zu mir, die auch ich erwiderte. Ich hatte meiner Mutter geschrieben, daß ich ihn zum Gemahl gewählt hätte, wenn ich unter den drei königlichen Brüdern die Wahl gehabt hätte. Ich lernte seine guten Eigenschaften mit jedem Tag mehr schätzen, da ich meine Schwäger mit ständig wachsender Kritik sah. Er war ebenso klug wie Provence, obgleich dieser einen intelligenteren Eindruck machte, weil er eine große Leichtigkeit im Ausdruck besaß. Artois fehlte jeglicher Ernst; er war nicht nur leichtfertig, was ich ihm bereitwilliger als die meisten anderen verzieh, sondern auch boshaft, und das verzieh ich ihm nicht.

Mercy hatte mich wiederholt vor meinen beiden Schwägern gewarnt, und ich begann einzusehen, daß er mit seinen Warnungen recht hatte.

Doch das Leben am Hof war in jener Zeit zu amüsant für ernsthafte Überlegungen. So schrieb Mercy meiner Mutter, mein einziger wirklicher Fehler sei meine unstillbare Vergnügungssucht. Ich liebte es wahrhaftig, das Vergnügen, und suchte es überall.

Aber ich konnte auch ernst sein, und wenn man mich auf die Leiden armer Menschen aufmerksam machte, war ich voller Mitgefühl, und das viel aufrichtiger als die meisten Menschen meiner Umgebung. Ich brachte Madame de Noailles oft durch diese Neigung in Verlegenheit. Als wir einmal im Wald von Fontainebleau jagten, beging ich einen Verstoß gegen die Etikette, für den es ihr schwerfiel, mich zu tadeln. Es war eine Parforcejagd auf Hirsche; da ich kein Pferd reiten durfte, folgte ich der Jagd in meiner Kalesche. Ein Bauer war anscheinend gerade in dem Augenblick aus seiner Hütte getreten, als der Hirsch vorbeiflüchtete. Er war ihm im Weg, und das arme gehetzte Tier fügte ihm eine tiefe Wunde mit seinem Geweih zu. Der Mann lag neben dem Weg, als die Jagdgesellschaft vorbeigaloppierte. Als ich ihn sah, bestand ich jedoch darauf, anzuhalten und nachzusehen, wie schwer er verletzt war. Seine Frau war aus der Hütte gekommen und beugte sich mit verzweifelt gerungenen Händen über ihn; neben ihr standen zwei kleine weinende Kinder.

»Wir werden ihn in die Hütte tragen und nachsehen, wie schwer er verletzt ist«, sagte ich, »und ich werde nach dem Doktor schicken, damit er ihn verbindet.« Ich befahl den Herren meines Gefolges, den Mann hineinzubringen. Der Anblick jenes ärmlichen Heims entsetzte mich. Ich empfand eine Art Schuldgefühl beim Gedanken an die goldene Pracht meiner Gemächer in Versailles und wollte diesen Menschen zeigen, daß mir ihr Schicksal wirklich am Herzen lag. Als ich sah, daß die Wunde nicht tief war, verband ich sie daher selbst. Dann gab ich der Frau einiges Geld und versicherte, ich würde ihr einen Arzt schicken, damit ihr Mann sich schnell wieder von der Verletzung erhole.

Die Bäuerin hatte inzwischen begriffen, wer ich war, und starrte mich wie ein himmlisches Wesen an. Als ich ging, kniete sie zu meinen Füßen und küßte den Saum meines Kleides. Ich war tief bewegt.

Dieser Vorfall hatte mich ungewöhnlich nachdenklich gemacht. »Das gute, gute Volk!« wiederholte ich mir immer wieder; und als ich meinen Gemahl sah, erzählte ich ihm den Vorfall und beschrieb ihm die Armut jener Hütte. Aufmerksam hörte er zu.

»Ich freue mich«, sagte er mit einer bei ihm seltenen Bewegung, »daß Sie so denken wie ich. Wenn ich König dieses Landes bin, werde ich alles für das Volk tun, was in meinen Kräften steht. Ich will in die Fußstapfen meines Vorfahren Heinrich des IV. treten.«

»Ich möchte Ihnen dabei helfen«, sagte ich ernst.
»Bälle, Aufführungen ... alles eine unwürdige Verschwendung ...«
Ich schwieg. Warum, überlegte ich, konnte man nicht beides sein? Sowohl gut wie lustig?
Mein Mitleid mit den Armen war wie alles andere bei mir – flüchtig und oberflächlich. Doch wenn ich auf Elend und Leid gestoßen wurde, berührte es mich tief, wie ich aufrichtig sagen kann.
Es war das gleiche, als ich einen meiner Diener anwies, ein Möbelstück umzustellen. Der arme alte Mann fiel dabei hin und verletzte sich. Er wurde ohnmächtig, und ich rief mein Gefolge zu Hilfe.
»Wir werden nach einem der anderen Diener rufen, Madame«, verkündeten diese, doch ich wollte nichts davon hören. Ich selbst würde dafür sorgen, daß er gut verbunden würde, denn er hätte sich schließlich im Dienst für mich verletzt. Ich bestand also darauf, daß sie ihn auf ein Sofa legten, schickte nach Wasser und wusch selbst seine Verletzung.
Als er aus der Ohnmacht erwachte und mich neben sich knien sah, füllten sich seine Augen mit Tränen.
»*Madame la Dauphine ...*« flüsterte er in ungläubigem Staunen und schaute mich an, als wäre ich irgendein überirdisches Wesen.
Sollte Madame de Noailles mir ruhig sagen, es entspräche nicht der Etikette, daß eine Kronprinzessin sich eigenhändig um einen Diener bemüht! Ich kümmerte mich nicht darum und wußte, ich würde in ähnlichen Situationen wieder genauso handeln. Es war eine völlig spontane Geste gewesen, und da ich immer handelte, ohne nachzudenken, hatte ich wenigstens den Vorzug spontaner Natürlichkeit.
Beide Vorfälle wurden bekannt und zweifellos noch rührender ausgeschmückt, und als ich danach wieder in der Öffentlichkeit erschien, jubelte mir das Volk begeisterter denn je zu. Sie machten sich ein Bild von mir, dem ich niemals würde gerecht werden können. Ich war jung und schön und trotz der Berichte über meine leichtfertige Vergnügungssucht gut und barmherzig; ich liebte das Volk wie kein Monarch seit der Zeit von Heinrich IV. es getan hatte, der sagte: »Jeder Bauer sollte jeden Sonntag sein Huhn im Topf haben.« Ich war der gleichen Ansicht. Und mein Gemahl war ebenfalls ein guter Mensch. Gemeinsam würden wir Frankreich wieder die gute alte Zeit zurückgeben. Sie mußten nur warten, daß der alte Gauner starb, und eine neue Ära würde anbrechen.
Sie begannen, von meinem Gemahl als Ludwig dem Ersehnten zu spre-

chen. Verständlicherweise fühlten wir uns dadurch angespornt. Wir wollten ein gutes Königspaar sein, wenn unsere Zeit kam. Doch erinnerte es uns auch daran, daß wir in unserer obersten Pflicht versagten – der Pflicht, dem Thron Erben zu schenken. Ludwigs Gedanken kreisten, wie ich genau wußte, um das Skalpell, das ihn vielleicht von diesem Leiden befreite. Aber würde es das auch bestimmt tun? War es völlig ungefährlich? Und wenn es nun fehlschlug...
Es folgte eine weitere Periode von diesbezüglichen Bemühungen, die zu übergehen ich vorziehe. Armer Ludwig! Das Gefühl seiner Verantwortung drückte ihn zu Boden; sein Unvermögen deprimierte ihn, und er war sich seiner Pflichten nur allzu deutlich bewußt. Ich sah manchmal, wie er in einer Art von Raserei am Amboß herumhämmerte, wie um sich absichtlich zu ermüden, damit er unverzüglich in tiefen Schlaf fiel, wenn er abends zu Bett ging.
Wir hatten die besten Vorsätze – aber so vieles war gegen uns... nicht nur die Umstände. Wir waren von Gegnern und Feinden umgeben.
Ich war jedesmal von neuem erstaunt, wenn ich entdeckte, daß mich jemand haßte. Auch die belangloseste Bemerkung von mir wurde besprochen und falsch gedeutet. Die Tanten beobachteten mich hinterhältig, was bei Victoria mit Bedauern gemischt sein mochte. Sie glaubte tatsächlich, sie und ihre Schwestern könnten mir helfen und ich hätte einen großen Fehler gemacht, als ich mich Adelaide in der Affäre mit der du Barry widersetzte. Madame du Barry hätte mir helfen können, doch erreichte ich mit meinem Verhalten ihr gegenüber, daß sie nur die Achseln zuckte und mich ignorierte.
Sie hatte ihre eigenen Probleme, und ich glaube, sie war in jenen ersten Monaten des Jahres 1774 eine Frau mit ernsten Sorgen.
In dem *Almanach de Liège* – einer jährlich erscheinenden Publikation, die sich auf Zukunftsvoraussagen spezialisierte – war ein Artikel erschienen, in dem es hieß: »Im April wird eine hohe Dame, die ein Liebling Fortunas ist, ihren letzten großen Auftritt haben.« Alle redeten über diese Prophezeiung und behaupteten, sie bezöge sich auf Madame du Barry. Es gab nur eine Art und Weise, durch die sie ihre Position verlieren konnte, und das war der Tod des Königs.
Jene Wintermonate waren von einer Atmosphäre schleichender Unsicherheit und Furcht und von ausschweifendster Fröhlichkeit geprägt. Ich besuchte so viele Opernbälle wie nur möglich und dachte ab und zu an den attraktiven Schweden, der solchen Eindruck auf

mich gemacht hatte, und fragte mich, ob ich ihn wohl wiedersehen und wie unsere Begegnung dann verlaufen würde. Ich traf ihn jedoch nie.

In der Gräfin von Marsan entdeckte ich eine neue Feindin; sie war die Erzieherin von Clothilde und Elisabeth und mit meinem ältesten Widersacher befreundet, dem Herzog von Vauguyon, Ludwigs ehemaligem Erzieher. Er haßte mich mehr denn je, seit ich ihn beim Lauschen an unserer Tür ertappt hatte; und als Vermond die Fürsorge von Madame de Marsan für die beiden kleinen Prinzessinnen kritisierte, gab man mir die Schuld daran. Einige meiner Hofdamen erzählten mir Madame de Marsans Kommentare über mich, weil sie mich warnen wollten.

»Jemand bemerkte gestern, daß Sie, Madame, eine anmutigere Haltung als alle anderen Damen am Hof hätten, worauf Madame de Marsan entgegnete, Sie hätten den Gang einer Kurtisane.«

»Die arme Madame de Marsan!« rief ich aus. »Sie watschelt wie eine Ente!«

Alles lachte herzlich, doch irgend jemand fand sich immer, der Madame de Marsan diese Bemerkung hinterbrachte, wie auch umgekehrt.

Man lobte meine Lebhaftigkeit. »Sie tut gern so, als wüßte sie alles«, war Madame de Marsans Kommentar.

Als ich eine neue Frisur wählte und mein Haar in losen Locken um die Schultern trug, was mir sehr gut stand, erinnerte ich Madame de Marsan angeblich an eine »Bacchantin«. Mein spontanes Lachen war »affektiert« und meine Art, Männer anzusehen, »kokett«.

Ich begriff; was immer ich auch tat, es würde unweigerlich die Kritik von ihresgleichen auslösen. Was hatte es folglich für einen Sinn zu versuchen, sich gut mit solchen Menschen zu stellen? Es gab nur eine Möglichkeit für mich – ich mußte mir und meinem Wesen treu bleiben. Veränderungen lagen in der Luft.

Wir probten Szenen aus Theaterstücken von Molière, eine Beschäftigung, bei der sich meine Schwäger und Schwägerinnen in die Personen verwandelten, die darzustellen sie sich bemühten, was oft sehr viel angenehmer war als ihr eigenes Wesen. Mein Gemahl liebte diese Aufführungen; es entsprach genau seinem Geschmack, das Publikum darzustellen, und wann immer wir ihn beim Schlafen ertappten, verteidigte er sich damit, daß Zuschauer oft während der gesamten Aufführung schliefen, was nicht so sehr ihre Schuld wäre, sondern die

der Schauspieler. Oft lachte er aber auch und klatschte uns Beifall. Wir verstanden uns alle eindeutig besser miteinander und waren entschieden unbeschwerter, wenn wir Theater spielten.
Wir hielten es für notwendig, noch vorsichtiger zu sein. Ich wußte jetzt um Madame de Marsans Kritiksucht mir gegenüber, hatte erfahren, daß den Tanten kein einziger falscher Schritt von mir entging, und fühlte mich unablässig von den stets wachsamen Blicken der Madame Etikette beobachtet; falls man entdeckte, daß wir uns als Laienschauspieler vergnügten, würde das einen Schrei der Entrüstung auslösen, und was das Schlimmste war, man würde uns unsere Lieblingsunterhaltung verbieten. Wir schienen diese angesichts der ihr drohenden Gefahren jedoch nur um so mehr zu genießen.
Monsieur Campan und sein Sohn waren eine große Bereicherung für unsere kleine Gruppe. Vater Campan konnte gleichzeitig eine Rolle übernehmen, uns unsere Kostüme beschaffen und als Souffleur fungieren, denn er lernte so schnell auswendig, daß er unweigerlich alle Rollen konnte. Wir hatten wieder einmal unsere »Bühne« errichtet und machten uns fertig. Vater Campan sollte Crispin darstellen und sah wirklich sehr prächtig aus in seinem Kostüm. Er hatte sich in seiner peinlich genauen Art versichert, daß es bis ins kleinste Detail stimmte, und verkörperte die Figur nun einfach vollkommen mit den leuchtend rot geschminkten Wangen und der zotteligen Perücke.
Der Raum, der uns als Theater diente, wurde nur selten benutzt – weshalb wir ihn gewählt hatten; es gab in ihm jedoch eine kleine Wendeltreppe, die in meine Gemächer hinunterführte. Als mir einfiel, daß ich einen Umhang dort vergessen hatte, bat ich Monsieur Campan, über diese Treppe hinunterzugehen und ihn mir zu holen.
Ich hatte nicht damit gerechnet, daß um diese Zeit jemand in meiner Suite sein könnte; ein Diener war jedoch in irgendeinem Auftrag dort beschäftigt, und als dieser ein Geräusch hörte, kam er, um nachzusehen, was es war.
Und da tauchte über ihm auf der dämmerigen Treppe diese seltsame Gestalt aus einem vergangenen Jahrhundert auf! Er dachte natürlich, es wäre ein Gespenst. Er schrie auf und stürzte rücklings die restlichen Stufen hinunter.
Monsieur Campan eilte zu ihm, und auch wir kamen alle rasch die Treppe hinunter, um zu sehen, was der Lärm zu bedeuten hatte. Der Diener lag auf dem Boden, zum Glück unverletzt; er zitterte und war kreideweiß. Mit weitaufgerissenen Augen starrte er uns an. Wir

müssen wahrhaftig einen eigenartigen Anblick geboten haben! Monsieur Campan meinte jedoch in seiner gewohnten umsichtigen Art, es bliebe uns nichts anderes übrig, als dem Mann das Ganze zu erklären.

»Wir spielen Theaterstücke«, sagte er zu ihm. »Wir sind keine Gespenster. Schau mich an – du wirst mich erkennen... und *Madame la Dauphine*...«

»Du kennst mich«, erklärte ich. »Schau... wir spielten nur ein Theaterstück...«

»Ja, Madame«, stammelte er.

»Madame«, drängte der weise Campan, »wir müssen auf seiner Verschwiegenheit bestehen!«

Ich nickte, und Monsieur Campan schärfte dem Mann ein, er dürfte nichts von dem erzählen, was er gesehen hätte.

Er versprach es, entfernte sich aber sehr bestürzt, während wir zu unserer »Bühne« zurückkehrten, doch irgendwie hatte es uns den Elan für unser Stück genommen. Anstatt weiterzuspielen, sprachen wir über diesen Zwischenfall, und Monsieur Campan war sehr nachdenklich. Es wäre durchaus möglich, daß der Diener es nicht fertig brächte, den Mund zu halten, und doch etwas von dem erzählte, was er gesehen hatte. Man würde uns beobachten und unserem Theaterspiel alle möglichen bösen Verdächtigungen unterschieben; man würde uns bezichtigen, Orgien zu veranstalten, denn wie leicht wäre es, unserem schauspielerischen Zeitvertreib die verschiedensten verruchtesten Bedeutungen zu geben. Der weise Monsieur Campan meinte, wir sollten ganz damit aufhören – er dachte dabei an mich und kannte zweifellos weit mehr von den bösen Gerüchten, die man sich über mich erzählte, als ich jemals erfahren würde. Mein Gemahl schloß sich seiner Meinung an, und das war das Ende unserer schauspielerischen Aktivität.

Dieser Unterhaltung beraubt, wandte ich mich nun anderen Zerstreuungen zu. Mein früherer Cembalolehrer Gluck war vor kurzem in Paris eingetroffen, und meine Mutter hatte mich in einem Brief gebeten, ihm zu einem Erfolg in Paris zu verhelfen. Ich war entzückt von diesem Auftrag, denn im stillen war ich überzeugt, daß unsere deutschen Komponisten die französischen übertrafen; in Paris mußte ich mir jedoch immer französische Opern anhören. Selbstverständlich hatte ich eine hohe Meinung von Mozart. Ich war entschlossen, alles für Gluck zu tun, was in meinen Kräften stand. Die Pariser Akademie

hatte tatsächlich seine Oper ›Iphigenie‹ zurückgewiesen, doch Mercy hatte sie überredet, diese Entscheidung rückgängig zu machen.
Die Premiere dieser Oper verwandelte ich in einen Galaabend, indem ich meinen Gemahl bat, mich dorthin zu begleiten. Provence und seine Gemahlin kamen ebenfalls mit sowie einige Freunde, darunter auch meine liebe Prinzessin Lamballe. Es wurde ein Riesenerfolg! Die Zuschauer jubelten mir zu, und ich zeigte ihnen, wie ich mich freute, unter ihnen zu weilen. Und am Schluß der Oper wurde Gluck zwanzig Minuten lang immer wieder vor den Vorhang herausgeklatscht.
Mercy war sehr zufrieden mit mir. Er zeigte mir, was er meiner Mutter über den Abend schrieb.
»Ich sehe die Zeit heranrücken, in der sich die hohe Bestimmung der Erzherzogin erfüllen wird.«
Ich war eigentlich recht zufrieden mit mir, doch Mercy ließ es nicht zu. Er sagte: »Der König wird alt. Haben Sie bemerkt, wie sich seine Gesundheit in diesen letzten Wochen verschlechtert hat?«
Er schiene etwas müde zu sein, erwiderte ich, worauf Mercy sein allergeheimnisvollstes Gesicht machte, mit dem er mir immer bedeutete, daß das nun Folgende so vertraulich wie ein Staatsgeheimnis war und niemandem gegenüber mit einer Silbe erwähnt werden durfte.
»Falls es bald eintritt ... daß der Dauphin auf den Thron gerufen wird, hätte er alleine nicht die Kraft zu regieren. Wenn *Sie* ihn dann nicht lenken, werden andere es tun. Sie sollten das begreifen! Sie sollten erkennen, was für einen Einfluß Sie auf ihn haben können.«
»Ich!? Aber ich habe doch keine Ahnung von Staatsgeschäften!«
»Leider ist das nur allzu wahr! Sie fürchten sich vor ihnen. Sie begnügen sich mit Passivität und Abhängigkeit.«
»Bestimmt könnte ich niemals genug davon verstehen, um von irgendeinem Nutzen zu sein.«
»Sie sollten Ihre Ratgeber haben und sollten lernen, Ihre Stärken zu kennen und zu nutzen.«

In der Fastenzeit hielt der Abbé von Beauvais eine Predigt, über die man bald in ganz Versailles sprach wie auch bestimmt in jeder Taverne von Paris. Man schien allgemein das Gefühl zu haben, daß die Tage des Königs gezählt waren, und es war fast, als wartete das ganze Land darauf, daß er starb. Der Abbé hätte gewiß nicht gewagt, so eine Predigt zu halten, wenn der König sich blühender Gesundheit erfreut hätte. Wie ich entdeckt hatte, war mein Großvater trotz seines Zynismus' und seiner zügellosen Sinnlichkeit ein äußerst frommer Mann, denn er glaubte aus ganzem Herzen, daß die Sünder, die ihre Sünden nicht bereuen, in die Hölle kommen. Er hatte ein so ausschweifendes Leben geführt wie nur wenige Monarchen vor ihm – und das sogar unter den französischen Monarchen! – und er glaubte, er würde in die Hölle kommen, wenn er nicht Absolution für seine Sünden erhielt. Und davor hatte er Angst. Er wollte durchaus seine Sünden bereuen – aber noch nicht so bald, denn Madame du Barry war der Trost seines Alters.

Der Abbé prangerte in seiner Predigt das Leben bei Hofe und im besonderen das des Königs an. Er verglich ihn mit dem greisen König Salomon, übersättigt von seinen verderbten Ausschweifungen, der nun in den Armen von Dirnen nach neuen Sinnesgenüssen suchte. Ludwig versuchte es so hinzustellen, als hätte sich die Predigt in Wirklichkeit gegen gewisse Mitglieder seines Hofes gerichtet, wie etwa den Herzog von Richelieu, der als einer der größten Genüßlinge seiner Zeit berüchtigt war, oder aber gegen jeden beliebigen anderen Fürstenhof Europas.

»Hah!« meinte Ludwig, »der Moralprediger hat einige Steine in Ihr Gärtchen geworfen, mein Freund.«

»Es ist nur bedauerlich, Sire«, entgegnete darauf Richelieu, »daß dabei so viele in den Park Eurer Majestät gefallen sind.«

Über eine derartige Entgegnung konnte Ludwig nur säuerlich lächeln, doch war er echt beunruhigt. Er versuchte den freimütigen Abbé auf die einzige Möglichkeit zum Schweigen zu bringen, die ihm zur Verfügung stand – indem er ihm ein Bistum anbot. Der Abbé nahm dies zwar mit Freuden an, wetterte jedoch weiter von seiner Kanzel. Er ging sogar so weit, den Luxus in Versailles mit dem Leben der Bauern und Armen von Paris zu vergleichen.

»Noch vierzig Tage, und Ninive wird zerstört sein!«

Die Vorboten des Todes schienen in der Luft zu hängen. Mein charmanter Großvater veränderte sich sichtlich. Er war seit meiner Ankunft bedeutend dicker geworden und hatte noch mehr Falten bekommen; sein Charme blieb jedoch unverändert. Ich erinnere mich noch daran, wie einmal eine Partie Whist ihn völlig aus dem Gleichgewicht brachte. Einer seiner ältesten Freunde, der Marquis von Chauvelin, spielte an einem der Tische. Als das Spiel zu Ende war,

stand er auf und ging zu einer Dame an einem der anderen Tische, um mit ihr zu plaudern. Plötzlich verzerrte er das Gesicht, griff sich an die Brust und ... stürzte zu Boden.
Mein Großvater erhob sich sofort. Ich konnte sehen, daß er versuchte, etwas zu sagen, was ihm aber nicht gelang.
Jemand meldete ihm: »Er ist tot, Sire.«
»Mein alter Freund!« murmelte der König und verließ sofort den Salon, um sich geradewegs in sein Schlafgemach zu begeben. Madame du Barry folgte ihm; sie war die einzige, die ihn zu trösten vermochte. Und doch wußte ich, daß er sich fürchtete, sie in seiner Nähe zu behalten aus Angst, ebenso plötzlich zu sterben wie sein Freund der Marquis – mit all seinen Sünden.
Armer Großvater! Wie gern hätte ich ihn getröstet! Doch wie konnte ich das? Ich verkörperte die Jugend – und diese erinnerte ihn nur an sein eigenes Alter.
Fast war es, als mache sich das Schicksal über ihn lustig. Der Abbé de la Ville, den er vor kurzem befördert hatte, kam, um ihm dafür zu danken. Er wurde vorgelassen; doch kaum hatte er seine Dankesrede begonnen, da bekam er einen Schlaganfall und fiel direkt zu Füßen des Königs tot um.
Das war mehr, als der König ertragen konnte. Er schloß sich in seine Gemächer ein und schickte nach seinem Beichtvater. Madame du Barry machte sich ernste Sorgen.
Adelaide war selig. Wenn mein Gemahl und ich sie besuchten, sprach sie über das sündige Leben, das der König geführt hatte, und sagte, er sollte diese *putain* lieber auf der Stelle wegschicken, wenn ihm sein Platz im Himmel lieb wäre. Sie war kriegerisch wie ein General in der Schlacht, und ihre Schwestern waren ihre gehorsamen Offiziere.
»Ich habe es ihm immer wieder gesagt«, erklärte sie. »Die Zeit läuft ab. Ich habe einen Kurier zu Louise geschickt und ihr nahegelegt, ihre Gebete für den König zu verdoppeln. Es würde mir das Herz brechen, im Himmel anzukommen und meinen geliebten Vater – den König von Frankreich! – ausgesperrt zu finden!«
Als der König kurz nach dem Tod des Abbé de la Ville ausritt, begegnete er einem Leichenzug; er hielt an und erkundigte sich, wer der Tote sei. Dieses Mal war es kein alter Mann, sondern ein junges Mädchen von erst sechzehn Jahren – was ebenso bedeutungsvoll erschien. Der Tod konnte jeden Augenblick zuschlagen, und er war Mitte Sechzig.

Gleich nach Ostern schlug Madame du Barry ihm vor, daß sie beide für einige ganz ruhige und erholsame Wochen ins Trianon gehen sollten. Die Gärten seien wunderschön, denn der Frühling wäre jetzt da, und es sei der Moment, düstere Gedanken zu verscheuchen und an das Leben und nicht den Tod zu denken.

Sie verstand es immer, ihn zum Lachen zu bringen; und so willigte er ein. Er ritt zur Jagd, fühlte sich aber ausgesprochen schlecht. Madame du Barry hatte jedoch Heilmittel für ihn bereitet und versicherte ihm ständig, daß Ruhe und ihre Gesellschaft das einzige wären, was er bräuchte.

Am Tage nach ihrer Übersiedelung ins Trianon kam der Dauphin mit sehr ernstem Gesicht zu mir, als ich gerade meine Harfenstunde hatte.

Er setzte sich schwerfällig, und ich bedeutete meinem Musiklehrer und dem Gefolge, sich zurückzuziehen.

»Der König ist krank«, eröffnete er mir.

»Sehr krank?«

»Das sagen sie uns nicht.«

»Er ist doch im Trianon. Ich werde gleich hinfahren und nach ihm schauen«, erklärte ich. »Ich werde ihn pflegen. Bald wird er wieder gesund sein.«

Mein Gemahl sah mich an und lächelte traurig. »Nein«, entgegnete er, »das können wir nicht, außer, er schickt nach uns. Wir müssen auf seine Befehle warten; erst dann dürfen wir uns um ihn bemühen.«

»Etikette!« stieß ich hervor. »Unser geliebter Großvater ist krank, und wir müssen auf die Vorschriften der Etikette warten!«

»La Martinière fährt hinüber«, teilte mein Gemahl mir mit.

Ich nickte. La Martinière war der erste Leibarzt des Königs.

»Wir können nichts anderes tun als warten«, fuhr der Dauphin fort.

»Sie machen sich große Sorgen, Ludwig.«

»Ich habe das Gefühl, als stürze das Universum auf mich nieder«, antwortete er.

Als La Martinière den König erblickte, machte er ein ernstes Gesicht und bestand trotz des Protestes von Madame du Barry darauf, ihn sofort ins Schloß zurückzubringen. Das war als solches bedeutsam, und wir wußten es alle. Wäre die Krankheit des Königs harmlos gewesen, hätte man ihm gestattet, im Trianon zu bleiben, um sich dort von ihr zu erholen. Aber nein, er mußte ins Schloß zurück-

gebracht werden, denn die Etikette verlangte, daß die Könige von Frankreich in ihrem Prunkschlafgemach im Versailler Schloß starben.
Sie fuhren ihn die kurze Entfernung zum Schloß, und ich beobachtete, wie er aus der Kutsche auftauchte, denn ich hatte wartend am Fenster gestanden. Er war in einen dicken Mantel gehüllt und sah nicht mehr wie der selbe Mensch aus; er zitterte, doch sein Gesicht glühte von einer ungesunden Röte.
Madame Adelaide eilte zu der Kutsche und ging neben ihm, während sie Befehle erteilte. Er sollte in ihrer Suite warten, bis sein Schlafgemach fertig vorbereitet wäre, denn La Martinière hatte die Notwendigkeit, ihn ins Schloß zurückzubringen, für so eilig erklärt, daß das noch nicht geschehen war.
Als er dann in seinem Bett lag, wurden wir alle zu ihm gerufen, und ich mußte mich sehr zusammennehmen, um nicht in Tränen auszubrechen. Es war so schrecklich, ihn mit jenem seltsamen Ausdruck in den Augen daliegen zu sehen! Als ich ihm dann die Hand küßte, lächelte er auch nicht und schien es kaum zu bemerken. Es war, als läge ein Fremder da. Ich wußte, er war kein guter Mensch, doch hatte ich ihn lieb und konnte es daher nicht ertragen, ihn in einem derartigen Zustand zu sehen.
Er wünschte keinen von uns in seiner Nähe; nur als Madame du Barry an sein Bett trat, sah er wieder ein wenig mehr wie gewohnt aus.
Sie sagte: »Sie möchten, daß ich bleibe, France!« was sehr respektlos war, doch er lächelte und nickte bejahend; also ließen wir ihn mit ihr allein.
Jener Tag war wie ein böser Traum. Ich konnte mich für nichts interessieren. Ludwig blieb die ganze Zeit bei mir, denn er sagte, es wäre besser so.
Ich fürchtete mich, und er sah weiter aus, als würde jeden Augenblick das Universum auf ihn herunterstürzen.
Fünf Chirurgen, sechs Ärzte und drei Apotheker bemühten sich um den König. Sie stritten sich über die Art seines Leidens und ob man ihn an zwei oder drei Venen zur Ader lassen sollte. Die Neuigkeit war schon in ganz Paris bekannt. Der König ist krank! Man hat ihn vom Trianon ins Schloß zurückgebracht! Sein Körper mußte ja verbraucht sein, nach dem Leben, das er geführt hatte!
Ludwig und ich blieben die ganze Zeit beisammen und warteten auf

einen Ruf zum König. Er schien Angst zu haben, von meiner Seite zu weichen. Ich betete im stillen, unser lieber Großvater möchte bald wieder gesund werden, und wußte, Ludwig tat das gleiche.

In dem *oeil-de-boeuf* Salon, dem großen Vorzimmer vom Schlafgemach des Königs – es wurde so genannt wegen des runden Ochsenaugen-Fensters – versammelte sich der gesamte Hof. Ich hoffte, der König merkte es nicht, denn sonst hätte er gewußt, daß sie mit seinem Tod rechneten.

Im Verhalten unserer Umgebung uns gegenüber ging eine unmerkliche Veränderung vor sich. Man näherte sich Ludwig und mir vorsichtiger, ehrerbietiger. Ich hätte am liebsten gerufen: »Behandelt uns nicht anders! Papa ist noch nicht tot!«

Aus dem Krankenzimmer kamen Nachrichten. Der König war zur Ader gelassen worden, doch hatte ihm das keine Erleichterung von seinen Schmerzen gebracht.

Die schreckliche Spannung und Ungewißheit dauerte den ganzen nächsten Tag. Madame du Barry war immer noch in seiner Nähe, doch hatte der König nicht nach meinem Gemahl und mir gesandt. Die Tanten hatten indes beschlossen, ihren Vater zu retten; und sie würden bestimmt nicht dulden, daß er weiter der Obhut der *putain* überlassen blieb. Adelaide führte ihre Schwestern in das Krankenzimmer, obgleich die Ärzte sie daran zu hindern versuchten.

Was dann geschah, als die drei sich ihren Weg in das Krankenzimmer erzwungen hatten, war so dramatisch, daß der ganze Hof es in Windeseile wußte. Adelaide war gerade in dem Moment, als einer der Ärzte dem König ein Glas Wasser an die Lippen hielt, zu seinem Bett marschiert, die beiden Schwestern als Gefolge einige Schritte hinter sich.

Der Arzt fuhr zusammen und rief: »Haltet die Kerzen näher heran! Der König kann ja das Glas gar nicht sehen.«

Und da erkannten die andern, was den Arzt so erschreckt hatte: das Gesicht des Königs war mit roten Flecken übersät.

Der König hatte Pocken! Ein Gefühl der Erleichterung verbreitete sich, denn zumindest wußte man jetzt, was ihm fehlte, und die Ärzte konnten ihm die richtigen Heilmittel geben. Doch als Bordeau, der Arzt, den Madame du Barry hinzuzog, weil sie großes Zutrauen zu ihm hatte, hörte, wie erleichtert alle waren, bemerkte er zynisch, sie wären das wohl nur, weil sie hofften, etwas vom König zu erben.

»Pocken«, fuhr er fort, »sind für einen Mann von vierundsechzig mit der Gesundheit des Königs allerdings eine grauenvolle Krankheit!«
Die Ärzte befahlen den Tanten, sofort das Krankenzimmer zu verlassen, doch Adelaide richtete sich zu ihrer vollen Größe auf und erwiderte mit hoheitsvollem Gesicht: »Glauben Sie etwa, Sie könnten *mich* aus dem Schlafzimmer meines Vaters schicken? Hüten Sie sich lieber, daß ich nicht *Sie* hinauswerfe! Wir bleiben hier! Mein Vater braucht Krankenschwestern, und wer sollte ihn pflegen, wenn nicht seine eigenen Töchter?«
Es war unmöglich, sie zu entfernen, und so blieben sie und teilten sich tatsächlich mit Madame du Barry in die Pflege für ihn, wenn sie es auch immer so einrichteten, nicht gleichzeitig mit ihr in seinen Gemächern zu sein. Ich konnte nicht anders als sie alle bewundern. Sie arbeiteten, um sein Leben zu retten, und setzten sich dabei schrecklichen Gefahren aus; sie waren so aufopferungsvoll, wie Krankenpflegerinnen es nur hätten sein können. Nie habe ich den Mut von Tante Adelaide damals vergessen – und natürlich auch nicht den von Victoria und Sophie, doch gehorchten die beiden ja immer automatisch ihrer Schwester. Meinem Gemahl und mir wurde es nicht gestattet, in die Nähe des Krankenzimmers zu kommen – unser Leben war zu wichtig geworden.
Die Tage schienen endlos lang, wie ein nicht endender verschwommener Alptraum. Jeden Morgen fragten wir uns beim Aufstehen, was für Veränderungen in unserem Leben dieser Tag wohl bringen würde. Es gelang nicht, dem König zu verheimlichen, daß er Pocken hatte. Er verlangte einen Spiegel und stöhnte vor Entsetzen auf, als er sein Gesicht erblickte. Gleich darauf wurde er jedoch ganz ruhig.
»In meinem Alter überlebt man diese Krankheit nicht«, sagte er. »Ich muß meine Angelegenheiten ordnen.« Madame du Barry stand neben seinem Bett, doch er schüttelte nur traurig den Kopf. Sich von ihr zu trennen, schmerzte ihn mehr als alles andere, aber sie mußte ihn verlassen ... um ihret- und seinetwillen.
Widerstrebend gehorchte sie. Arme Madame du Barry! Die Kräfte verließen zusehends den Mann, der zwischen ihr und ihren Feinden stand. Als sie dann fort war, verlangte der König ständig nach ihr und war ganz verzweifelt ohne sie. Ich beurteilte sie seitdem anders und wünschte, ich wäre freundlicher zu ihr gewesen und hätte ab

und zu mit ihr gesprochen. Wie unglücklich mußte sie jetzt sein! Und in ihren Schmerz würde sich Angst einschleichen, denn was würde aus ihr werden, wenn ihr Beschützer nicht mehr war?
Er muß sie innig geliebt haben, denn als die Priester ihm dringend nahelegten zu beichten, schob er es immer wieder auf, denn wenn er erstmal gebeichtet hatte, mußte er endgültig Abschied von ihr nehmen; nur so konnte er Vergebung für seine Sünden erhalten. Er muß die ganze Zeit gehofft haben, doch nicht zu sterben und sie wieder zu sich holen zu können.
In den frühen Morgenstunden des 7. Mai verschlechterte sich der Zustand des Königs jedoch so sehr, daß er sich entschloß, einen Priester rufen zu lassen.
Von meinem Fenster aus konnte ich sehen, daß die Bevölkerung von Paris zu Tausenden nach Versailles gekommen war. Sie wollten zur Stelle sein, wenn ihr König starb. Schaudernd wandte ich mich vom Fenster ab, denn es schien mir ein so grauenvoller Anblick! Verkäufer von Eßwaren und Wein sowie Bänkelsänger hatten ihre Stände in den Gärten vor dem Schloß aufgeschlagen, und es glich alles mehr einem Festtag als einem so ernsten, fast heiligen Anlaß. Die Pariser waren zu realistisch, um Trauer zu heucheln; sie freuten sich, daß die alte Regierungszeit ablief, und erhofften sich sehr viel von der neuen.
Im Gemach des Königs bemühte sich der Abbé Maudoux um den Sterbenden. Wie ich aus einer Bemerkung hörte, war es das erste Mal seit über dreißig Jahren – damals war er zum Beichtvater des Königs ernannt worden –, daß er zur Ausübung seines Amtes gerufen wurde. In all diesen Jahren hatte der König keine Zeit zum Beichten gehabt. Wie, so fragte sich jetzt alles, wird Ludwig XV. es noch schaffen, all seine Sünden aufzuzählen?
Ich wünschte, ich hätte jetzt bei meinem Großvater sein können. Ich hätte ihm so gern gesagt, wie viel mir seine Güte bedeutet hatte, hätte ihm so gern erzählt, daß ich niemals unsere erste Begegnung in Compiègne vergessen würde, bei der er so bezaubernd zu einem verängstigten kleinen Mädchen gewesen war. Solche Güte würde bestimmt zu seinen Gunsten sprechen; und wenn er auch ein skandalöses Leben geführt hatte, so war doch niemand zu seinen Ausschweifungen gezwungen worden, und viele hatten ihn sogar gern gemocht. Madame du Barry hatte durch ihr Verhalten gezeigt, daß er nicht nur ihr hoher Gönner und Beschützer war, sondern daß sie ihn liebte. So hatte sie

ihn jetzt auch nicht aus Angst vor seiner Krankheit verlassen, sondern vielmehr um sein Seelenheil zu retten.
Man berichtete uns, was sich im Sterbezimmer abspielte. Als der Kardinal de la Roche Aymon in vollem Ornat mit der heiligen Hostie eintrat, nahm der König seine Nachtmütze ab und versuchte vergebens, sich im Bett aufzurichten und hinzuknien, denn er sagte: »Wenn mein Herrgott sich herabläßt, einen solchen Sünder wie mich mit seinem Besuch zu ehren, muß ich ihn mit Ehrerbietung empfangen.«
Armer Großvater! Sein ganzes Leben lang hatte er über andere geherrscht – ein König seit seinem fünften Lebensjahr –, und nun sollte er all seiner weltlichen Macht und Herrlichkeit beraubt werden, um dann vor einen mächtigeren König hinzutreten, als er es jemals hätte sein können.
Die hohen kirchlichen Würdenträger waren jedoch nicht gewillt, ihm die Absolution als Gegenleistung für einige gemurmelte Worte der Reue zu erteilen. Dies war kein gewöhnlicher Sünder. Dies war ein König, der in aller Öffentlichkeit die Gesetze der Kirche verspottet hatte. Er müßte ein öffentliches Bekenntnis seiner Sünden ablegen. Nur so könnte ihm verziehen werden.
Es wurde eine Messe zelebriert, an der wir alle teilnehmen mußten, um seine Seele zu retten. Wir bildeten einen Prozessionszug, den der Dauphin und ich anführten; hinter uns folgten Provence und Artois mit ihren Frauen. Mit ernsten Gesichtern und brennenden Kerzen in den Händen folgten wir dem Erzbischof aus der Kapelle bis zum Sterbezimmer; und mir und zumindest dem Dauphin war das Herz schwer vor Kummer und Furcht.
Wir blieben wartend vor der Tür stehen, während die Tanten hineingingen. Wir konnten die Stimmen der Priester und die Antworten des Königs hören und sahen durch die offene Tür, daß ihm das Viatikum gereicht wurde. Und dann kam der Kardinal de la Roche Aymon an die Tür und sagte zu allen dort Versammelten:
»Der König beauftragt mich, Ihnen mitzuteilen, daß er Gott um Vergebung für seine Sünden und das schändliche Beispiel bittet, das er seinem Volk gegeben hat. Falls er seine Gesundheit wiedererlangt, will er sich einem Leben der Reue und Frömmigkeit wie auch dem Wohlergehen seines Volkes widmen.«
Als ich das hörte, wußte ich, daß der König alle Hoffnung aufgegeben hatte, denn solange er lebte, würde er sich nie von Madame du Barry trennen; seine Worte bedeuteten, daß er sie für die ihm noch

verbleibende Zeit wegschickte. Und mit schleppender, undeutlicher Stimme, die so ganz anders klang als jene klare und melodische Stimme, die mich bei meiner Ankunft in Frankreich so beeindruckt hatte, hörte ich ihn sagen:
»Ich wünschte, ich hätte die Kraft gehabt, das selbst zu sagen!«

Das war aber noch nicht das Ende. Es wäre gnädiger gewesen, er wäre schon dann gestorben, aber es folgten noch einige grauenvolle Tage. Mein so gepflegter, verwöhnter Großvater! Ich hoffte, er merkte nicht mehr, was aus dem schönen Körper wurde, der im Laufe seines Lebens so viele Frauen beglückt hatte. Die Verwesung setzte schon vor dem Tod ein, und man sagte mir, daß der Gestank aus dem Sterbezimmer einfach schauerlich wäre. Die Diener, die zu ihm hineinmußten, erbrachen sich und wurden ohnmächtig in jenem Raum des Grauens. Sein ganzer Körper war schon schwarz und geschwollen, aber er konnte nicht sterben. Adelaide und ihre beiden Schwestern weigerten sich, ihn zu verlassen. Sie verrichteten die unangenehmsten Krankendienste für ihn und hielten Tag und Nacht bei ihm aus, obwohl sie am Rande der Erschöpfung waren; sie wollten aber niemandem ihren Platz an seinem Sterbebett überlassen. Mein Gemahl und ich durften nicht in die Nähe des Sterbezimmers, mußten aber im Schloß bleiben, bis der König starb. Sowie er tot war, sollten wir in größter Eile Versailles verlassen, denn es war eine Brutstätte der Ansteckung. Einige der Höflinge, die sich in dem *oeil-de-boeuf* Vorzimmer versammelt hatten, als man den König vom Trianon herüberbrachte, waren schon krank geworden und gestorben. In den Ställen war alles für unsere Abreise bereit. Wir sollten im gleichen Augenblick, wenn der König starb, nach Choisy aufbrechen, doch verlangte die Etikette, daß wir noch so lange in Versailles blieben.
In einem der Fenster stand eine brennende Kerze; sie war das Zeichen. Wenn die Flamme ausgemacht wurde, bedeutete es, daß das Leben des Königs verloschen war.
Mein Gemahl hatte mich in ein kleines Zimmer geführt, wo wir schweigend dasaßen und warteten. Keiner von uns beiden sagte etwas. Sein Gefühl düsterer Vorahnung hatte sich auf mich übertragen. Er war immer recht ernst gewesen, aber niemals so wie jetzt.
Und während wir so warteten, vernahmen wir plötzlich einen lauten Tumult. Wir fuhren halb von unseren Stühlen auf und sahen uns an.

Wir wußten nicht, was es bedeutete. Stimmen ertönten ... lautes Rufen und Schreien, wie uns schien, und dazu dieser völlig unbegreifliche Lärm.

Und da flog auch schon die Tür auf. Eine Menschenmenge strömte herein und umringte uns. Madame de Noailles war als erste bei mir; sie kniete vor mir nieder, ergriff meine Hand und küßte sie, wobei sie mich mit »Eure Majestät« anredete.

Jetzt begriff ich alles, und ich spürte, wie mir die Tränen in die Augen schossen. Der König war tot! Mein armer Ludwig war nun König von Frankreich, und ich war die Königin! Sie drängten sich um uns, als wäre es ein freudiges Ereignis. Ludwig und ich sahen uns an. Er ergriff meine Hand, und wir knieten uns einem spontanen Impuls folgend hin.

»Wir sind zu jung!« wisperte er, und es schien, als beteten wir zusammen.

»O Gott, führe und beschütze uns! Wir sind zu jung, um zu herrschen!«

8

»Ich staune über den Willen des Schicksals, der mich, die jüngste Eurer Töchter, dazu ausersehen hat, Königin des herrlichsten Königreichs von ganz Europa zu werden.«

Marie-Antoinette an Maria-Theresia

»Ihr seid beide noch so jung, und die Bürde ist sehr schwer, die nun auf Euren Schultern ruht. Es erfüllt mich mit großer Sorge.«

Maria-Theresia an Marie-Antoinette

»Petite Rein de vingt ans.
Vous, qui traitez si mal les gens,
Vous repasserez la barrière ...«

Lied, das einen Monat nach Marie-Antoinettes Thronbesteigung in Paris gesungen wurde.

SCHMEICHELEI UND TADEL

Sowie der König tot war, bestand kein Grund mehr, noch eine Minute länger in Versailles zu bleiben. Unsere Reisekutsche hatte schon seit Tagen wartend dagestanden, und so gab es keine Verzögerung für unsere Abfahrt. Wir sollten auf der Stelle nach Choisy aufbrechen.

Die Tanten sollten in Anbetracht der Tatsache, daß sie in direkter Berührung mit dem verstorbenen König gewesen waren und sich dadurch zweifellos angesteckt hatten, in einem extra Haus für sich allein bleiben, da die Gesundheit meines Gemahls nun von allergrößter Wichtigkeit war.

Wir waren alle sehr ernst, als wir aus Versailles abfuhren. Provence und Artois saßen mit ihren Frauen in unserer Kutsche, doch sprachen wir nur sehr wenig. Ich sagte mir immer wieder, daß ich meinen Großvater nie mehr sehen würde und daß ich jetzt Königin wäre.

Wir waren alle ehrlich betroffen und traurig, und es hätte sehr wenig gefehlt, und wir wären in Tränen ausgebrochen.
Ludwig war am unglücklichsten von uns allen, und mir fiel wieder jene Bemerkung ein, nach der er das Gefühl hatte, als stürzte das Universum auf ihn nieder. Armer Ludwig! Er sah aus, als täte es das bereits.
Aber wie oberflächlich war unser Kummer in Wirklichkeit! Wir waren noch so jung. Neunzehn Jahre ist ein sehr junges Alter für eine Königin – und noch dazu bei einem so leichtfertigen Mädchen wie mir! Mag sein, daß ich versuche, Entschuldigungen für mich zu finden; ich konnte nun mal nie sehr lange bei einem Gefühl ausharren – und schon gar nicht bei einem traurigen. Marie-Therèse machte irgendeine Bemerkung, und durch ihre seltsame Aussprache zuckte es belustigt um meinen Mund. Ich sah Artois an – er unterdrückte ebenfalls ein Lächeln. Wir konnten nichts dagegen machen. Es schien so komisch! Und dann lachten wir plötzlich. Vielleicht war es ein Lachen aus nervöser Spannung, aber es war trotzdem ein Lachen, und es brach den Bann. Der feierliche Ernst des Todes schien dadurch von uns abgefallen zu sein.
Es waren anstrengende Tage in Choisy, besonders für Ludwig. Er hatte eine neue Würde entwickelt und wirkte hoheitsvoller und bei aller Bescheidenheit wie ein König. Er war so aufrichtig bestrebt, das zu tun, was er für gut und richtig hielt, war sich so zutiefst seiner hohen Verantwortung und heiligen Verpflichtung bewußt.
Ich wünschte, ich wäre klüger gewesen, um ihm irgendwie helfen zu können, dachte aber sofort an den Herzog von Choiseul, den man an den Hof zurückholen sollte. Er war mir und Österreich ein Freund gewesen, und ich war überzeugt, es entsprach dem Wunsche meiner Mutter, daß ich meinen Einfluß auf meinen Gemahl dazu nutzte, ihn zurückzuholen.
Es war in der Tat ein neuer Mensch, den ich in Choisy in meinem Gemahl entdeckte, denn als ich den Herzog von Choiseul erwähnte, glitt ein abweisender Ausdruck über sein Gesicht.
»Ich hab den Kerl nie gemocht«, erklärte er.
»Aber er war die Triebfeder zu unserer Heirat.«
Zärtlich lächelte er mir zu. »Dazu wäre es auch ohne ihn gekommen.«
»Wie ich höre, ist er sehr intelligent und geschickt.«
»Mein Vater mochte ihn nicht. Es gab Gerüchte, nach denen er mit für seinen Tod verantwortlich sein soll.«

»Am Tod Ihres Vaters verantwortlich, Ludwig? Aber wie denn das?«
»Er soll ihn vergiftet haben.«
»Aber das können Sie doch nicht glauben. Nicht von Monsieur de Choiseul!«
»Auf jeden Fall hat er im Dienst für meinen Vater versagt.« Lächelnd sah er mich an. »Sie sollten sich nicht mit diesen Dingen beschäftigen.«
»Aber ich möchte Ihnen helfen, Ludwig.«
Er lächelte nur, ohne zu antworten. Er soll einmal geäußert haben: »Ich habe in meiner ganzen Kindheit und Jugend nichts von Frauen gelernt. Alles, was ich lernte, brachten mir Männer bei. Ich habe wenig über Geschichte gelesen, weiß aber eines: Mätressen und sogar rechtmäßige Ehefrauen haben oft ganze Königreiche in den Ruin gestürzt.« Er war zu gutmütig, mir das direkt zu sagen, hielt sich aber an diese seine Überzeugung.
Die Tanten hatten einen gewissen Einfluß auf ihn. Obwohl sie in einem gesonderten Haus untergebracht waren, durften sie uns besuchen, was sie auch taten. Sie könnten dem König so viel von der Vergangenheit erzählen, meinten sie; und er schien ihnen das zu glauben, denn er schenkte ihnen Gehör.
Es war ein ständiges Kommen und Gehen zwischen Choisy und Paris. Alle fragten sich, wie großen Einfluß die Tanten wohl auf den neuen König haben würden, wie groß mein Einfluß sein würde und wen sich der König als Mätresse zulegen würde. Diese letzte Überlegung reizte mich zum Lachen. Hatten sie denn alle vergessen, daß schon eine Ehefrau eine zu große und nicht zu bewältigende Aufgabe für den König war – von einer Geliebten ganz zu schweigen? Aber es erinnerte mich natürlich daran, daß dieses bedrückende und quälende Problem jetzt akuter denn je wurde. Ludwig war im Augenblick damit beschäftigt, sich einen Minister zu wählen, der ihn beraten konnte; und er suchte nach einem sehr erfahrenen Mann, um seine eigene Jugend und Unkenntnis auszugleichen. Er dachte sofort an Jean Baptiste d'Arouville Machault, der die Finanzen des Reiches unter sich gehabt hatte, bis die Intrigen von Madame Pompadour ihn zu Fall gebracht hatten. Er verfügte zweifellos über große Erfahrung und war einzig und allein durch die Feindschaft der Mätresse des Königs gestürzt worden – was ihn Ludwig nur um so sympathischer machte. Er beorderte ihn daher auf der Stelle nach Choisy, denn er war sehr ungeduldig, mit der Arbeit für sein Land zu beginnen.

Als er gerade diesen Brief schrieb, erschienen die Tanten; ich war bei meinem Gemahl, als sie gemeldet wurden. Adelaide erklärte, sie wäre auf der Stelle ihrem lieben Neffen zu Hilfe geeilt, denn sie sei überzeugt, ihm die Auskünfte geben zu können, die er bräuchte.
»Sehen Sie, lieber Berry ... Ach, ich darf ja jetzt nicht mehr Berry sagen! Eure Majestät ... Ich habe so lange in so unmittelbarer Nähe Eures Großvaters gelebt ... und ich weiß so vieles, was Euch von Nutzen sein kann.« Sie bedachte auch mich mit ihrem Lächeln, und ich war voller Bewunderung für die Art und Weise, in der sie ihren Vater gepflegt hatte und empfand eine Welle der Zuneigung für sie.
»Ihr schickt nach Machault! O nein ... nein ... nein!« Sie näherte ihren Mund dem Ohr des Königs und flüsterte: »Maurepas! Maurepas ist der Mann, den Ihr braucht!«
»Ist er einigermaßen alt?«
»Oh, Eure Majestät ist einigermaßen jung!« Sie lachte schrill auf. »Gerade deshalb ist er ja eine so ausgezeichnete Ergänzung! Ihr habt den Schwung und die Energie der Jugend – er hat die Erfahrung des Alters. Maurepas!« flüsterte sie wieder. »Ein sehr fähiger Mann! Mit vierundzwanzig Jahren hatte er schon den königlichen Haushalt wie auch die Admiralität unter sich.«
»Aber er verlor seine Posten.«
»Ja! Aber warum ... warum? Weil er kein Freund der Pompadour war. Und da machte unser Vater einen Fehler. Wie tüchtig auch ein Mann war, wenn eine seiner Favoritinnen ihn nicht mochte, war es aus mit ihm.«
Sie fuhr fort, die Vorzüge und Verdienste Maurespas' aufzuzählen, und schließlich entschloß sich mein Gemahl, den angefangenen Brief an Machault zu zerreißen und stattdessen an Maurepas zu schreiben. Ich war zugegen, als er den Brief schrieb, der ein so gutes Spiegelbild seiner damaligen Empfindungen ist.

»Inmitten des begreiflichen Kummers, der mich noch ganz überwältigt und den ich mit dem gesamten Land teile, habe ich große Pflichten zu erfüllen. Ich bin der König, und das Wort kündet von hoher Verantwortung. Leider bin ich erst zwanzig Jahre (mein Gemahl war es noch nicht einmal; erst in drei Monaten war sein zwanzigster Geburtstag) und verfüge nicht über die notwendigen Erfahrungen. Ich habe mich auch noch nicht mit den Ministern beraten können, da sie sich während seiner Krankheit in der Nähe des verstorbenen

Königs aufhielten. Meine Überzeugung von Ihrer Aufrichtigkeit und Ihrem Wissen veranlaßt mich, Sie um Hilfe zu bitten. Es wäre mir angenehm, wenn Sie sich so rasch wie möglich hierherbegeben.«

Kein König von Frankreich hatte jemals den Thron mit einem größeren Wunsch nach Selbstverleugnung und Bescheidenheit bestiegen als mein Gemahl.

Die Tanten triumphierten, nachdem sie den Ruf an Maurepas eingefädelt hatten und glaubten, sie würden die ausschlaggebende Macht hinter dem Thron bilden. Mißtrauisch beobachteten sie mich, und ich wußte, sowie ich nicht da war, warnten sie den König davor, seiner leichtfertigen kleinen Gemahlin zu gestatten, sich in seine Angelegenheiten einzumischen.

Er war ein so guter Mensch! Er ließ sofort zweihunderttausend Francs an die Armen verteilen; auch die ausschweifenden Sitten bei Hofe sah er mit großer Besorgnis und war entschlossen, dem ein Ende zu setzen. Er fragte Monsieur Maurepas, wie er vorgehen sollte, um einem Hof wieder zu Zucht und Anstand zu verhelfen, an dem so lange eine derartig laxe Moral geherrscht hatte.

»Es gibt nur einen Weg, Sire«, lautete die Antwort von Monsieur Maurepas. »Eure Majestät müssen selber ein gutes Vorbild sein. In den meisten Ländern – und das gilt ganz besonders für Frankreich – folgt das Volk dem Beispiel seines Herrschers.«

Mein Gemahl sah mich an und lächelte sehr gelassen und zuversichtlich. Nie würde er sich eine Mätresse nehmen. Er liebte mich. Wenn er nur ein normaler Mann werden könnte, würden wir Kinder bekommen, und unsere Ehe wäre dann das Abbild der Vollkommenheit.

Es gab aber so vieles, an das es zu denken galt, daß wir dieses unangenehme Thema rasch wieder vergaßen.

Ludwig war voller Güte. Nicht einmal zu Madame du Barry konnte er grausam sein. »Wir werden sie vom Hof verweisen«, sagte er. »Das sollte genügen. Sie soll dann für eine Weile in ein Kloster gehen, bis feststeht, wohin sie verbannt wird.«

Das war sehr milde, aber Ludwig hatte nicht den Wunsch, sie zu strafen; ich auch nicht. Ich dachte an die Zeit, als man mich gezwungen hatte, jene albernen Worte zu ihr zu sagen. Wie war ich damals wütend gewesen! Aber das war jetzt alles vergeben und vergessen. Ich dachte nur noch daran, wie sie beim König ausgehalten hatte, als

er so krank wurde und sie in Gefahr schwebte, sich an der furchtbaren Krankheit anzustecken. Sollte man sie vom Hofe verbannen! Das genügte.
Ludwig begriff schnell, daß die Finanzen seines Landes keineswegs im Gleichgewicht waren, und entschloß sich zu Einsparungen in der königlichen Haushaltsführung. Ich war bei ihm und erklärte mich ebenfalls bereit zu sparen. Ich verzichtete auf mein *droit de ceinture* – das Gürtelrecht –, einen Betrag, den ich aus der Staatskasse für meine persönliche Börse erhielt, die an meinem Gürtel hing. »Ich brauche es nicht«, sagte ich. »Man trägt keine Gürtel mehr.«
Diese Bemerkung sprach sich bei Hofe und in den Straßen von Paris herum.
Paris und ganz Frankreich war mit uns zufrieden. Ich war ihre bezaubernde kleine Königin. Mein Gemahl war ihr Ludwig der Ersehnte. Und eines Morgens, als die Händler sich ihren Weg zu den Markthallen bahnten, entdeckten sie, daß jemand in der Nacht RESURREXIT auf das Reiterdenkmal von Heinrich IV. geschrieben hatte, das auf der Pont Neuf errichtet worden war.
Als mein Gemahl dies erfuhr, leuchteten seine Augen vor Freude und Entschlossenheit auf. Heinrich IV. war in den Augen jedes Franzosen der größte und beste König, den Frankreich jemals gehabt hatte, der König, der um das Wohl des Volkes besorgt gewesen war wie kein anderer Monarch vor oder nach ihm.
Und jetzt hieß es, daß mit Ludwig dem Ersehnten dieser große Herrscher dem Land wiedergeschenkt war.

Es war leicht, in Choisy jenen Alptraum der letzten Tage in Versailles zu vergessen. Ich war die Königin von Frankreich – mein Gemahl liebte mich auf seine Weise – alle mußten mir ihre Huldigung darbringen. Weshalb hatte ich mich nur so vor diesem Augenblick gefürchtet?
Ich wußte, meine Mutter würde mit Argusaugen über mich und die Entwicklung der Dinge wachen. Sicherlich war ihr schon berichtet worden, wie ich mich während der Krankheit des Königs und bei seinem Tod verhalten hatte, doch wollte ich ihr selbst darüber schreiben.
Und ich schrieb ihr recht arrogant in dem neuen Rausch des Triumphes, was ich verzeihlich finde, genoß ich doch zum erstenmal die ganze Fülle von Schmeicheleien, die eine Königin umgibt.

»Wenn es dem Herrgott auch gefiel, daß ich von hoher Geburt bin, so staune ich doch über den Willen des Schicksals, der mich, die jüngste Eurer Töchter, dazu ausersehen hat, Königin des herrlichsten Königreichs von ganz Europa zu werden.«

Mein Gemahl betrat den Raum, als ich gerade diesen Brief schrieb, und ich rief ihn zu mir, um ihm zu zeigen, was ich geschrieben hatte. Lächelnd schaute er mir über die Schulter. Er wußte, wie schwer ich mich mit Feder und Papier tat, und meinte, es wäre sehr gut.
»Sie sollten etwas hinzufügen«, sagte ich. »Es würde sie erfreuen.«
»Ich wüßte nicht, was ich schreiben sollte.«
»Dann werde ich es Ihnen sagen.« Ich drückte ihm die Feder in die Hand, sprang auf und schob ihn auf meinen Stuhl. Er mußte ein Lachen unterdrücken und war wie so oft halb peinlich berührt, halb entzückt über meine spontanen Gesten.
»Schreiben Sie Folgendes: ›Ich freue mich sehr, meine liebe Mutter, Gelegenheit zu haben, Ihnen einen Beweis meiner Zuneigung und Ehrerbietung zukommen zu lassen. Es wäre mir eine große Befriedigung, wenn ich in einem Augenblick, der so voller Schwierigkeiten für uns beide ist, Nutzen aus Ihrem Rat ziehen könnte ...‹«
Er schrieb schnell und sah mich dann erwartungsvoll an.
»Sie sind so viel geschickter als ich im Umgang mit der Feder«, erklärte ich. »Sie können es gewiß besser beenden als ich.«
Er mußte wieder über mich lachen, begann dann aber rasch zu schreiben, so als sei er entschlossen, mich mit seinem Geschick zu beeindrucken:

»... aber ich werde mein Bestes tun, um Sie zufriedenzustellen und Ihnen dadurch meine Zuneigung und Dankbarkeit dafür zum Ausdruck bringen, daß Sie mir Ihre Tochter zur Gemahlin gegeben haben. Ich könnte nicht zufriedener mit ihr sein.«

»Sie sind also zufrieden mit mir«, stellte ich fest. »Vielen Dank, Sire.« Und ich versank in einen tiefen Hofknicks. Doch schon war ich wieder neben ihm und nahm ihm die Feder weg, um unter seine Worte zu schreiben:

»Der König wollte diese Sätze hinzufügen, bevor der Brief an Sie abgeht. Sie werden an dem Kompliment sehen, das er mir ausspricht, liebe Mutter, daß er mich wirklich gern hat, mich aber nicht mit hochfliegenden Phrasen verwöhnt und verdirbt.«

Er las es verdutzt und halb beschämt.
»Was möchten Sie denn, daß ich Ihnen sage?« fragte er.
Ich zog ihm lachend den Brief weg und versiegelte ihn eigenhändig.
»Nichts, was Sie nicht schon gesagt haben«, erwiderte ich. »Glauben Sie mir, Sire, das Schicksal hat mir den König von Frankreich gegeben, und ich könnte nicht zufriedener mit ihm sein.«
Dies war typisch für unsere damalige Beziehung. Er *war* mit mir zufrieden, obgleich er nicht wollte, daß ich mich in die Politik einmischte. Er war der treueste Ehemann am ganzen Hof, doch wußte ich zu jenem Zeitpunkt nicht, ob der Grund hierfür seine Zuneigung zu mir oder sein Leiden war.
Meine Mutter machte sich die allergrößten Sorgen. Sie war so klug! Sie beklagte zutiefst, daß der König sterben mußte. Hätte er noch zehn oder auch nur fünf Jahre länger gelebt, hätten wir Zeit gehabt, uns vorzubereiten. So wären wir nur zwei Kinder. Mein Gemahl hätte nie gelernt zu regieren; ich würde es niemals lernen. So sah sie die Lage. Und wie recht hatte sie damit! Ich staune jetzt oft darüber, daß meine ferne Mutter die Situation so klar erfaßte, während all jene Menschen in unserer Umgebung vom idealen Staat träumten und hofften, daß zwei unerfahrene junge Menschenkinder das Land in ihn verwandeln würden.
Ihre Antwort auf meinen triumphierenden Brief, unter den ich meinen Gemahl seinen Zusatz schreiben ließ, lautete:

»Ich beglückwünsche Sie nicht zu Ihrer neuen Würde. Es ist ein hoher Preis dafür gezahlt worden, und Sie werden noch einen viel höheren dafür zahlen müssen, es sei denn, Sie leben weiter ruhig und maßvoll, so wie Sie es seit Ihrer Ankunft in Frankreich getan haben. Sie genossen den Schutz und die Gunst eines Mannes, der wie ein Vater zu Ihnen war, und Sie verdanken es seiner Güte, daß Sie das Wohlwollen des Volkes gewinnen konnten, das Sie jetzt genießen. Das ist sehr schön, aber Sie müssen lernen, sich dieses Wohlwollen zu erhalten und es zum Besten des Königs, Ihres Gemahls, und zum Wohle des Landes, dessen Königin Sie jetzt sind, zu nutzen. Ihr seid beide noch so jung, und die Bürde ist sehr schwer, die nun auf Euren Schultern ruht. Es erfüllt mich mit großer Sorge!«

Es freue sie, daß mein Gemahl etwas unter diesen Brief an sie geschrieben hätte, und sie hoffe, daß wir beide alles in unseren Kräften Stehende tun würden, um die freundschaftlichen Beziehungen zwischen Frankreich und Österreich aufrechtzuerhalten.
Um mich machte sie sich die größten Sorgen – über meine Leichtfertigkeit, meine Vergnügungssucht (womit sie und Mercy die Beschäftigung mit Dingen meinten, die sie für nichtig und unwichtig hielten), meine Leidenschaft zu tanzen und zu plaudern, meine Mißachtung der Etikette und meine impulsive, unüberlegte Art. Das alles wären sehr bedauerliche Eigenschaften bei einer Kronprinzessin, erklärte meine Mutter mit Nachdruck, doch bei einer Königin seien sie schlechterdings untragbar! Sie schrieb im einzelnen dazu:

»Sie müssen lernen, sich für *ernsthafte* Dinge zu interessieren! Das wird von größtem Nutzen sein, falls der König den Wunsch verspüren sollte, mit Ihnen Staatsgeschäfte zu besprechen. Sie sollten sich sehr hüten, verschwenderisch zu werden, und sollten auch den König nicht dazu verleiten! Das Volk liebt Euch im Augenblick. Ihr müßt diesen Zustand aufrechterhalten. Es übertrifft all meine Hoffnungen, wie Ihr vom Glück begünstigt worden seid, aber Ihr müßt Euch nun auch die Liebe Eures Volkes bewahren! Das wird Euch und Eure Untertanen glücklich machen.«

Ich antwortete ihr gehorsam, daß ich die Bedeutung und Wichtigkeit meiner Aufgabe voll erkenne, meine Leichtfertigkeit einsähe, und beteuerte, meiner Mutter nur Ehre machen zu wollen. Und ich erzählte ihr von all den Huldigungen und den Feierlichkeiten und wie alle bestrebt wären, meine Gunst zu gewinnen. Und sie antwortete mir – manchmal liebevoll und zärtlich, manchmal tadelnd und ermahnend; ihr Kommentar anderen gegenüber lautete jedoch: »Ich fürchte, die sorglosen Tage meiner Tochter sind vorbei.«

Vier Tage nach unserer Ankunft in Choisy erschien ein Bote von dem Haus der Tanten, um uns zu melden, daß Madame Adelaide Fieber und Rückenschmerzen hätte. Zu hoffen, daß sie alle drei der Ansteckungsgefahr entgingen, war zu viel verlangt gewesen. Adelaide hatte tatsächlich die Pocken; und da Victoria und Sophie ihr ja immer alles nachmachten, erkrankten die beiden ebenfalls sehr bald an dem gräßlichen Übel.

In Choisy herrschte große Bestürzung. Ich hatte schon früher einmal einen milden Anfall von Pocken gehabt, so daß ich jetzt immun war. Aber wie stand es um den neuen König? Ich überredete ihn, sich impfen zu lassen, denn ich wußte, man bekam dadurch die Krankheit nur in einer sehr leichten Form und war dann immun gegen sie. Er wurde also zusammen mit Provence und Artois und dessen Frauen geimpft. Ludwig dachte immer an das Wohl seiner Umgebung und erließ sofort Befehl, daß niemand in seine Nähe kommen dürfe, der noch nicht die Pocken gehabt hätte.

Die Impfung galt als sehr gefährliches Unternehmen, doch ich war fest überzeugt, daß es das einzig Richtige war. Mercy warnte mich allerdings und sagte, wenn alles gut ginge, würde man mich für sehr klug halten, doch mir die Schuld geben, falls es weniger gut ausgehen sollte. Er beobachtete mich unerbittlich bei diesen Worten und hoffte offensichtlich, ich möchte die in ihnen enthaltene Lektion lernen. Ich lachte ihn aber nur aus und erklärte, ich kenne meinen Gemahl, und auch die andern würden mir dankbar sein, daß ich sie zu dieser Maßnahme überredet hätte.

Es erwies sich, daß ich recht gehabt hatte – doch wie leicht hätte ich mich irren können! Frohlockend schrieb ich meiner Mutter und berichtete ihr, wie viele Pusteln mein Gemahl hätte. Auch von den Tanten erzählte ich ihr.

»Man hat mir verboten, zu ihnen zu gehen. Es ist schrecklich für sie, daß sie so schnell diesen Preis für ihr großes selbstloses Opfer zahlen müssen.«

Ich hätte sie gern besucht, um ihnen zu sagen, wie sehr ich sie für das, was sie getan hatten, bewunderte, doch mußte ich mich dem Befehl fügen, ihnen fernzubleiben.

Unsere Beliebtheit beim Volk nahm in jenen Tagen noch zu. Sie hatten Ludwig XV. so gehaßt, daß sie meinen Gemahl allein für die Tatsache geliebt hätten, daß er anders als jener war. Sie liebten seine Jugend, seine freundliche Art mit ihnen und seine Schlichtheit. Er hatte sich acht Anzüge aus grobem, rauhem Wollstoff bestellt, und man sprach in ganz Paris darüber. Nicht Seide, Brokat oder Samt sondern Fries, diesen einfachen Wollstoff! König zu sein bedeutete für Ludwig, seinem Volk zu dienen, und nicht, sich von ihm bewundern zu lassen; und es hieß, er fühle sich unter seinen Untertanen

wohler als im Kreise von Edelleuten. In Choisy ging er einmal ganz allein spazieren, und als er zurückkam, trafen ich und meine Schwägerinnen ihn im Park, worauf wir uns alle auf eine Bank setzten und Erdbeeren aßen. Die Leute kamen näher, um uns staunend zu betrachten, und wir lächelten ihnen zu. Sie waren begeistert; wie ich später hörte, sollen wir ein entzückendes Bild abgegeben haben.
Manchmal wandelten wir auch Arm-in-Arm durch die Alleen des Parkes, und die Leute sagten, es wäre schön, ein derartiges eheliches Glück zu sehen. Wie anders sei doch ein König, der Freude an harmlosem Zeitvertreib fände, als jener, der seine Frau vernachlässigte und nur seine Mätressen im Kopf hatte!
In Anbetracht der Tatsache, daß die Tanten die Pocken hatten, wurde beschlossen, daß wir Choisy verlassen und nach La Muette fahren sollten, worüber ich mich freute, kam ich doch dadurch Paris näher. Das Volk strömte zu Tausenden aus der Stadt herbei, um uns ankommen zu sehen, und wir mußten auf den Balkon heraustreten und ihnen zulächeln und winken. Die Tore des Bois de Boulogne waren während Großvaters Herrschaft geschlossen gewesen, doch mein Gemahl befahl, sie zu öffnen, damit das Volk nach Herzenslust in ihm herumspazieren konnte. Sie waren natürlich begeistert darüber und kamen schon frühmorgens ab sechs in der Hoffnung, einen Blick auf uns zu erhaschen. Da Ludwig nichts lieber tat als sein Volk erfreuen und ich nichts lieber hatte als Bewunderung, waren alle glücklich und zufrieden.
Ludwig pflegte ohne Leibgarde zwischen den Leuten herumzugehen, ohne alles Zeremoniell. Eines Tages hatte er gerade einen Spaziergang gemacht, als ich zu einem Ausritt das Schloß verließ. Da sah ich ihn zurückkommen, stieg ab, übergab mein Pferd einem der Wachsoldaten und lief meinem Gemahl entgegen, um ihn zu begrüßen.
Schweigend sah die Menge zu, wie Ludwig mich umarmte und auf beide Wangen küßte.
Ihre Hochrufe waren ohrenbetäubend, und einige der Frauen wischten sich gerührt die Augen. Ihre Gefühle waren so leicht anzusprechen. Ludwig ergriff meinen Arm, und wir gingen zum Schloß zurück. Die Leute folgten uns, und als wir im Schloß verschwanden, mußten wir wieder auf den Balkon herauskommen. Wieder und wieder riefen sie uns heraus und wollten uns nicht fortlassen.
»Lang lebe der König und die Königin! Lang lebe Ludwig der Ersehnte und unsere schöne Königin!«

Es war herrlich! Ludwig und ich hielten uns an der Hand, küßten uns und warfen der Menge Kußhände zu.
Es war ein sehr glücklicher Tag, über den natürlich genauestens an meine Mutter berichtet wurde:
Sie schien endlich erfreut und schrieb:

»Ich kann meine Freude und Erleichterung über das, was ich höre, gar nicht mit Worten beschreiben ... Ein König von zwanzig Jahren, eine Königin von neunzehn! Und sie handeln mit menschlichem Verständnis, Generosität und Klugheit! Denkt immer daran, daß Frömmigkeit und untadelige Moralbegriffe unerläßlich sind, um Euch Gottes Segen zu erbitten und so die Liebe Eures Volkes zu erhalten. Ich bete zu Gott, daß er Euch in seiner Obhut behält zum Wohle Eures Volkes, zum Wohle Eurer Familie und dem Eurer Mutter, der Ihr neue Hoffnung geschenkt habt. Wie liebe ich die Franzosen! Was für eine Vitalität steckt in einem Volk, das so starke Gefühle zeigt!« Und sie fügte in für sie typischer Weise hinzu: »Man hofft nur, daß sie mehr Beständigkeit und weniger Frivolität entwickeln! Diese glückliche Zeit könnte anbrechen, wenn man ihre laxe Moralauffassung ändert.«

Wie immer hatte sie recht. Die Franzosen waren in der Tat das unbeständigste Volk der Welt.
Das erste, was ich als Königin von Frankreich tat, war selbstverständlich, mich der lästigen Madame Etikette zu entledigen, und die Freiheit stieg mir zu Kopf, glaube ich. Ich war entschlossen, alles zu tun, was in meiner Macht lag, um diese alberne Etikette zu verhöhnen. Als Königin konnte ich doch bestimmt den Ton bei Hofe angeben! Das Volk betete mich an, und ich wußte, daß sich die gesamten jüngeren Mitglieder des Hofes schon auf eine wundervolle Zeit freuten. Das Gelächter, das ich so mühelos auszulösen verstand, war Musik in meinen Ohren. Ich war all der alten Damen so müde! Jetzt würde ich Freundinnen haben ... jung und lustig wie ich selbst.
Und ich sagte viele törichte Dinge.
Menschen über Dreißig fand ich alt. »Ich verstehe nicht«, sagte ich leichthin, »wie Leute *dieses* Alters überhaupt an den Hof kommen können!«
Die jungen Frauen meines Gefolges stimmten mir natürlich in dieser Auffassung zu und lachten entzückt über alles, was ich sagte. Wie ärgerte ich mich, als ich die alten Damen empfangen mußte, die ge-

kommen waren, um ihre Trauerreverenz zu erweisen. Wie sahen sie scheußlich aus! Hinter meinem Fächer flüsterte ich der Prinzessin Lamballe zu, der Club der Hundertjährigen wäre erschienen, um mir einen Besuch zu machen. Sie mußte lachen, und wir verbargen die Gesichter hinter unsern Fächern, denn sie sahen wie Krähen aus in ihren schwarzen Kleidern aus *raz de Saint Maur*; dazu trugen sie alle schwarze Strümpfe und schwarze Handschuhe und nonnenähnliche Kopfdrapierungen; sogar ihre Fächer waren aus schwarzem Crêpe.
Und ich sollte sie nun mit meinen Hofdamen empfangen. Hinter mir hörte ich die junge Marquise de Clermont-Tonnerre kichern. Sie war ein lustiges kleines Ding, und ich mochte sie, weil sie immer zu einem Lachen bereit war.
Ich hörte, wie das unbesonnene Geschöpf sagte, sie hätte es satt, sich die Prähistorie anzusehen und würde sich jetzt auf den Boden setzen. Niemand würde es sehen, denn der Reifrock Ihrer Majestät und die Röcke der anderen Damen in der ersten Reihe würden sie vor den Blicken verbergen.
Damit gab sie sich aber noch nicht zufrieden. Ich ertappte sie dabei, wie sie hinter meinem Reifrock hervorspähte, als sich gerade die schwärzeste der alten Krähen vor mir verneigte, und ich konnte meine Gesichtszüge einfach nicht beherrschen. Ich hob den Fächer vor den Mund, doch diese Geste wurde bemerkt, und ich sah die Blicke, die die alten Prinzessinnen und Herzoginnen sich zuwarfen.
Als ich dann sprach, hörte ich das unterdrückte Lachen in meiner Stimme und konnte es doch nicht ändern.
Sowie der Empfang zu Ende war, zog ich mich in meine Gemächer zurück, wo wir geradezu hysterische Lachanfälle bekamen.
»Glauben Eure Majestät, daß sie es merkten?« fragte die kleine Clermont-Tonnerre.
»Was kümmert's mich! Soll die Königin von Frankreich sich um die Meinung solcher ... solcher Vogelscheuchen kümmern?«
Alle fanden das sehr komisch, doch seltsamerweise redete bald der gesamte Hof über mein frivoles Benehmen bei dem Trauerempfang, und die alten Damen erklärten, sie würden nie wieder dieser *petite moqueuse* – dieser kleinen mokanten Person – ihre Aufwartung machen.
Ich lachte laut auf, als ich dies hörte. Ich war die Königin von Frankreich! Was kümmerten mich die alten Damen! Sie waren *collets montés* – und es war mir nur zu recht, wenn sie nicht wieder an den Hof kamen.

Mein Benehmen während des Trauerempfanges wurde überall besprochen, ebenso meine törichte Bemerkung, daß Leute über Dreißig zu alt wären, um an den Hof zu kommen. Ich hatte vergessen, wie viele bei Hofe über Dreißig waren!
Meine Gegner hatten ein Lied verfaßt, das eine Warnung für mich sein sollte.

»Petite Reine de vingt ans,
Vous, qui traitez si mal les gens,
Vous repasserez la Barrière
Laire, laire, laire, lanlaire, laire, lanla.«

Falls ich mich nicht gut benahm, würden sie mich wieder aus ihrem Land wegschicken. Das Lied hätte mich vor der Unbeständigkeit des Volkes warnen sollen.

Trotz meiner bekannten Leichtfertigkeit vermutete man allgemein, daß ich einen großen Einfluß auf den König haben würde. Er war ganz offenkundig sehr nachgiebig gegen mich und versuchte immer, mich in jeder Weise zu erfreuen. Ich wußte, es war der Wunsch meiner Mutter wie auch Mercys, daß ich den König mit ihrer Hilfe beeinflussen und lenken sollte, und ich kam mir schon sehr wichtig als Ratgeberin des Königs vor. Jener unfreundliche kleine Vers, der mir zu Ohren gekommen war, mochte von den Freunden des Herzogs von Aiguillon verfaßt worden sein – ganz ohne Zweifel hatte er die Hand mit im Spiele gehabt. Er war ein großer Anhänger der Madame du Barry gewesen, die jetzt wohlverwahrt im Kloster Pont aux Dames war, während er sich weiter am Hofe aufhielt und eine wahre Plage für mich war. Ich wies Ludwig darauf hin und versuchte ihm klarzumachen, daß der Herzog mein Feind war. Mein Gemahl versprach mir, ihn ins Exil zu schicken. Das wollte ich jedoch nicht, wußte ich doch, was es für Männer seiner Art bedeutete, von Paris verbannt zu werden; so bat ich den König, ihn nur seines Amtes zu entheben und es dabei bewenden zu lassen.
Wie blind war ich! Der Herzog wußte natürlich, daß ich seine Entlassung bewirkt hatte, und dankte mir nicht, daß ich den Schlag für ihn gemildert hatte. Er und seine Freunde machten sich in Paris daran, mich zu verleumden, wie sie es so gut zu tun verstanden, und das war der Anfang von Hunderten mir schadenden Pamphleten und

Liedern, die in den folgenden Jahren über mich in Umlauf gebracht wurden.
Doch damals war ich von meinem Triumph berauscht. Ich hatte Aiguillons Entlassung erreicht! Nun würde ich mir meinen lieben alten Freund, Monsieur de Choiseul, zurückholen.
»Der arme Monsieur de Choiseul«, sagte ich eines Tages zu meinem Gemahl, als wir uns allein in unserem Appartement befanden. »Er ist in Chanteloup sehr traurig. Er sehnt sich an den Hof zurück.«
»Ich habe ihn nie gemocht«, erwiderte mein Gemahl.
»Ihr Großvater mochte ihn ...«
»Und entließ ihn rechtzeitig.«
»Das geschah nur wegen der du Barry. Sie war schuld daran. Eure Majestät wird sich doch nicht von einer Frau wie ihr beeinflussen lassen!«
»Ich werde nie vergessen, was er einmal zu mir sagte. ›Monseigneur‹, sagte er, ›ich mag eines Tages das Unglück haben, Euer Untertan zu sein, aber ich werde niemals Euer Diener sein.‹«
»Wir sagen alle manchmal Dinge, die wir nicht meinen. Ich auf jeden Fall.«
Liebevoll lächelnd sah er mich an. »Davon bin ich überzeugt.«
Ich legte ihm die Arme um den Hals. Er errötete leicht. Er mochte diese kleinen Zärtlichkeiten, doch machten sie ihn verlegen. Ich glaube, sie erinnerten ihn an jene peinlichen Umarmungen in unserem Schlafzimmer.
»Ludwig«, begann ich, »ich möchte, daß Sie mir erlauben, Monsieur de Choiseul aufzufordern, wieder an den Hof zurückzukehren. Können Sie mir so eine Kleinigkeit verweigern?«
»Wie Sie wissen, fällt es mir schwer, Ihnen irgend etwas zu verweigern, aber ...«
»Ich wußte, Sie würden mich nicht enttäuschen!« Und ich gab ihn in der Annahme frei, gewonnen zu haben, und verlor keine Zeit, Monsieur de Choiseul mitzuteilen, daß der König ihm gestatte, wieder an den Hof zurückzukehren, und Monsieur de Choiseul verlor seinerseits keine Zeit herbeizueilen.
Er war voller Hoffnung, und obwohl er in der Zwischenzeit sehr viel älter geworden war, fand ich ihn immer noch einen faszinierenden Mann, denn schön war er mit seinem komischen Mopsgesicht ja nie gewesen. Doch ich sollte meinen Gemahl besser kennenlernen. Er ließ sich nicht beeinflussen.

Er hatte mich gern, war stolz auf mich; doch das änderte nichts an seinem Grundsatz, daß Frauen nichts in der Politik zu suchen hatten. Nicht einmal mir würde er erlauben, mich in sie einzumischen.
Kühl blickte er Choiseul an und sagte: »Sie haben zugenommen seit dem letzten Mal, als wir uns sahen, Monsieur le Duc, und Ihr Haar hat sich gelichtet.«
Damit drehte er sich um und ließ den Herzog untröstlich stehen. Der König hatte sich abgewandt und ihn damit entlassen.
Es war bezeichnend. Ich würde meinen Gemahl nicht beeinflussen. Das sollte seinen Ministern vorbehalten bleiben.
Ich bereute meinen Versuch – um des Herzogs willen. Was mich selbst betraf, so war ich bereit, meine Machtträume fahren zu lassen; eine so ernsthafte Angelegenheit wie Politik würde niemals mein Interesse auf längere Zeit binden können, und Mercy würde meiner Mutter mitteilen müssen, daß der König ein Mann war, der seine eigenen Ideen verfolgte, und sie nicht mit meinem Einfluß auf ihn rechnen konnten.
Wie Mercy mir berichtete, bedauerte meine Mutter nicht, daß Monsieur de Choiseul nicht wieder an den Hof berufen worden war. Ich hätte den König gebeten, einen ehemaligen Minister zu empfangen, und indem der König das tat, hätte er seine Achtung vor mir bewiesen. Das freue sie. Was nun Monsieur de Choiseul beträfe, so glaube sie nicht, daß er der Mann wäre, um der französischen Nation im gegenwärtigen Stadium ihrer Geschichte eine große Hilfe zu sein. Doch hätte ich gut daran getan, die Entlassung des Herzogs von Aiguillon zu bewirken.
Es war mit immer sehr angenehm, von meiner Mutter gelobt zu werden; doch sollte ich mich nicht lange an ihrem Lob erfreuen.

9

»Wenn der Brotpreis nicht runtergeht und das Kabinett nicht geändert wird, werden wir Feuer an die vier Ecken des Versailler Schlosses legen!«
»Wenn der Preis nicht gesenkt wird, werden wir den König und die gesamte Brut der Bourbonen ausrotten!«
Plakate, die an die Mauern des Versailler Schlosses während des »Guerre des Farines« im Jahre 1775 angeschlagen wurden

EIN BITTERER VORGESCHMACK

Ludwig machte mir kurz nach unserer Thronbesteigung ein Geschenk, das mir mehr Freude bereitete als alles, was ich jemals besessen habe. Er kam eines Tages in unser Schlafgemach und sagte etwas verlegen, es sei bei allen Königen von Frankreich Brauch gewesen, der Königin bei ihrer Thronbesteigung eine Residenz zum Geschenk zu machen, die ihr ganz allein gehören solle und mit der sie machen könne, was sie wolle. Er hätte beschlossen, mir das Petit Trianon zu schenken.
Das Petit Trianon! Dieses entzückende kleine Haus! Oh, wie herrlich! Ich liebte es. Nichts hätte mich mehr freuen können, erklärte ich.
Er stand lächelnd vor mir, während ich ihm die Arme um den Hals warf und ihn küßte.
»Es ist sehr klein.«
»Ein richtiges Puppenhaus!« rief ich begeistert.
»Vielleicht aber nicht prächtig genug für die Königin von Frankreich?«
»Es ist zauberhaft! Ich würde es nicht gegen das prächtigste Schloß der Welt eintauschen!«
Er lachte leise über meine stürmische Begeisterung, wie er das oft tat.
»Es gehört also mir!« rief ich. »Und ich darf damit machen, was ich will? Ich kann dort wie eine einfache Frau vom Lande leben! Aber das

sage ich Ihnen, Ludwig, einen ganz bestimmten Gast werde ich nicht dorthin einladen, und das ist die Etikette! Die kann hier im Schloß bleiben!«

Ich ließ die Prinzessin Lamballe rufen und begab mich mit ihr und einigen meiner jüngsten Hofdamen unverzüglich zum Petit Trianon, um es mir anzuschauen. Es sah anders aus als bisher, wenn ich flüchtig im Vorbeifahren einen Blick darauf geworfen hatte – wahrscheinlich, weil es jetzt ganz allein mir gehörte. Ich liebte es, weil es so klein war... ein Refugium, gerade weit genug vom Schloß entfernt, um ein Schlupfwinkel zu sein, und doch nah genug, um es ohne langwierige Reise erreichen zu können.

Es war entzückend – eine richtige kleine Villa. In solchen Häusern lebten einfachere Menschen, und wie oft sehnt man sich als Königin inmitten eines Lebens mit so viel ermüdendem Zeremoniell nach einem einfacheren Dasein! Die kleine Clermont-Tonnerre verkündete, es wäre die *maison de plaisir* von Ludwig XV. gewesen – das traute Liebesnest, in dem er und Madame du Barry vor dem Hofleben Zuflucht suchten.

»Das ist jetzt alles vorbei«, erklärte ich energisch. »Jetzt wird es als das Refugium von Marie-Antoinette bekannt werden. Wir werden es verändern. Wir wollen es ganz zu meinem Haus machen, so daß nichts von jener Frau in ihm übrig bleibt.«

»Die Ärmste! Sie würde ohne jeden Zweifel nur zu gern ihr Kloster Pont aux Dames gegen das Trianon tauschen!«

Ich runzelte die Stirn. Ich wollte mich nicht an dem Unglück meiner Widersacher freuen. Es lag mir nicht. Ich wollte sie nur vergessen.

Es waren nur acht Räume in dem Haus vorhanden, und der sonderbare Mechanismus eines Tisches, den man vom Kellergeschoß in das Speisezimmer hinaufbefördern konnte, amüsierte uns alle. Er war für Ludwig XV. konstruiert worden, damit eine Mahlzeit unten zubereitet und dann ohne Dienerschaft im Speisezimmer serviert werden konnte, wenn er mit einer Geliebten ins Petit Trianon kam, die nicht von Dienern gesehen werden wollte. Wir kreischten vor Lachen, als das alte Ding ächzend und quietschend herauf- und herunterfuhr.

Das Haus war geschmackvoll eingerichtet. Mein Großvater hatte natürlich dafür gesorgt. Ich hielt die Möbel mit den fein gestickten Polsterbezügen nicht für die Wahl der du Barry.

»Oh... es ist ideal! Einfach ideal!« rief ich, indem ich von einem Zimmer ins andere lief. »Wie viel Spaß werde ich hier haben!«

Ich eilte an die Fenster und sah hinaus auf schöne Gärten und Rasenflächen. Es ließ sich hier so vieles machen! Ich konnte alles neu einrichten, wenn ich wollte, obgleich mir die jetzigen Möbel gefielen. Hier durfte keinerlei überladene Pracht sein, die mich an das Schloß erinnert hätte. Hier würde ich meine besten Freundinnen empfangen, und wir würden die Rollen der Königin und ihrer Untertanen ablegen.
Das Schloß konnte ich von den Fenstern aus nicht sehen, was den Charme des Hauses noch für mich erhöhte. Hierher konnte ich kommen, wenn ich das Schloß und das Hofleben vergessen wollte. Ich war selig, daß mein Gemahl mir dieses kleine Haus geschenkt hatte. Wie viel entzückender war es doch als das Grand Trianon, das Ludwig XIV. für Madame de Maintenon hatte bauen lassen. Ich hätte mich darüber nie so freuen können. Kaum konnte ich es abwarten, ins Schloß zurückzukehren und meinem Gemahl zu sagen, wie glücklich ich über sein Geschenk war.

Im Februar besuchte uns mein Bruder Maximilian. Meine Mutter hatte ihn auf eine abschließende Bildungsreise durch Europa geschickt, und so kam er natürlich auch nach Versailles, um mich zu besuchen. Er war jetzt achtzehn, und sowie ich ihn sah, begriff ich, wie die Jahre in Frankreich mich verändert hatten. Dies war Bruder Max, der mit Caroline und mir im Park von Schönbrunn gesessen und den Aufführungen unserer älteren Geschwister zugeschaut hatte. Er war immer etwas rundlich gewesen, doch jetzt war er dick geworden; und er machte einen linkischen und ausgesprochen uneleganten Eindruck.
Ich genierte mich ziemlich für ihn, zumal ich jetzt die Franzosen so gut kannte und mir vorstellte, was sie über ihn sagten, obgleich sie ihn so artig empfingen. Aber das war vergebene Liebesmüh bei Max; er bemerkte es nicht und begriff nicht, was er für Fehler machte, denn er meinte, jeder sei im Unrecht, der nicht seiner Meinung war. Er war wie Joseph, doch ohne den gesunden Menschenverstand meines ältesten Bruders.
Ludwig lud ihn ein, ganz privat mit uns zu soupieren, und behandelte ihn wie einen Bruder, und ich freute mich, ihn nach Wien und meiner Familie ausfragen zu können. Doch je länger ich ihm zuhörte, um so deutlicher erkannte ich, wie sehr ich dem Leben meiner Jugend in Österreich entwachsen war. Fünf Jahre war es her, daß ich nackt und zitternd im Salon der Übergabe auf jener Rheininsel gestanden hatte. Ich merkte, ich war Französin geworden, und wenn ich Max ansah – schwerfällig, linkisch und humorlos –, bedauerte ich es nicht.

Es konnte nicht ausbleiben, daß Gerede über meinen Bruder entstand; all seine kleinen Taktlosigkeiten wurden weitererzählt und dazu noch übertrieben. Am gesamten Hof nannten sie ihn den »Erztrottel« und nicht den Erzherzog, und meine Gegner verbreiteten Geschichten über ihn in Paris.

Max hatte nicht nur keine Ahnung von französischer Etikette, sondern war darüber hinaus entschlossen, sich ihr nicht zu beugen, und das führte zu einem bedauerlichen Zwischenfall. Als königlicher Gast war es seine Pflicht, den Prinzen von königlichem Geblüt einen Besuch zu machen, worauf diese nun warteten. Max erklärte jedoch eigensinnig, *er* wäre zu Besuch in Paris, und es sei *ihre* Pflicht, zuerst ihm einen Besuch zu machen. Beide bestanden unnachgiebig auf ihrem Standpunkt, und es entstand eine unangenehme Situation, denn keiner von ihnen wollte nachgeben; als Folge davon lernte Max nicht die Prinzen kennen, und diese, Orléans, Condé und Conti erklärten, es sei eine absichtliche Beleidigung der dynastischen Familie von Frankreich.

Als mein Schwager Provence dann ein Bankett und einen Ball zu Ehren meines Bruders gab, ließen sich die drei Prinzen entschuldigen und verließen Paris. Dies war nun ein offener Affront gegen meinen Bruder.

Das war schon schlimm genug, doch als die Prinzen mit großem Prunk wieder nach Paris zurückkehrten, drängten sich die Leute auf den Straßen, um ihnen zuzujubeln, während sie sich ihr Mißfallen an den Österreichern zumurmelten.

Als der Prinz von Orléans bei Hofe erschien, machte ich ihm Vorwürfe. »Der König lud meinen Bruder zum Souper ein«, sagte ich, »was Sie unterließen.«

»Madame«, erwiderte Orléans hochmütig, »ich konnte den Erzherzog nicht einladen, bevor er mir nicht einen Besuch gemacht hatte.«

»Diese ewige Etikette! Sie langweilt mich.«

Wie impulsiv mir solche Worte entschlüpften! Diese Äußerung würde folgendermaßen interpretiert werden: »Sie macht sich über unsere französischen Sitten lustig. Am liebsten würde sie ihre österreichischen Bräuche hier bei uns einführen.« Ich mußte meine Zunge hüten, mußte nachdenken, bevor ich sprach!

»Mein Bruder ist nur für kurze Zeit in Paris«, erklärte ich. »Es gibt so vieles für ihn zu tun.«

Der Prinz neigte kühl den Kopf, und mein Gemahl gab seinem Unwillen Ausdruck, indem er die Prinzen Orléans, Condé und Conti für eine Woche vom Hofe verwies.

Das war nur ein dürftiger Trost, denn die Prinzen erschienen dauernd in der Öffentlichkeit und wurden vom Volk jubelnd begrüßt, als hätten sie etwas sehr Tapferes und Großartiges getan, indem sie sich weigerten, meinen Bruder einzuladen.

Ich bedauerte nicht, Max abreisen zu sehen. Auch meine Schwester Maria-Amalia erregte Anstoß durch ihr Benehmen in Parma, was in Paris bekannt wurde, und man fand, ich hätte merkwürdige Geschwister.

»Aber was kann man schon von Österreichern erwarten?« fragten sich die Leute.

Das französische Volk schien mich nach dem Besuch von Max nie mehr so gern zu haben wie vorher.

Während ich mit dem Trianon beschäftigt war – und es erfüllte mich tatsächlich derartig, daß ich mit keinem ernsthaften Gedanken an etwas anderes dachte –, hatte sich die Lage in Frankreich zu einer sehr ernsten Situation zugespitzt.

Ich verstand das Ganze nicht richtig, wußte aber, daß der König sehr besorgt war. Er wollte nicht mit mir über diese Sorgen sprechen, denn mein Versuch, ihn zu bewegen, Choiseul wieder zurückzuholen, hatte ihn in seinem Grundsatz bestärkt, mich aus Staatsgeschäften herauszuhalten. Er freute sich, mich glücklich über das Trianon zu sehen; und das füllte mich ganz aus.

Soviel ich verstand, war folgendes passiert:

Ludwig hatte im August Anne Robert Jacques Turgot zum Generalkontrolleur der Finanzen ernannt. Er war ein anziehender Mann in den Vierzigern mit vollem braunem Haar, das ihm bis auf die Schultern fiel; sein Gesicht war gut geschnitten, und er hatte klare braune Augen. Mein Gemahl mochte ihn, weil eine gewisse Ähnlichkeit zwischen ihnen bestand. Sie fühlten sich beide in eleganter Gesellschaft nicht wohl. Wie ich einmal hörte, soll Turgot sich als Kind hinter einem Wandschirm versteckt haben, wenn Besuch kam, um erst wieder zum Vorschein zu kommen, nachdem dieser fort war. Er war immer linkisch und errötete leicht, und diese Unbeholfenheit machte ihn natürlich meinem Gemahl sympathisch.

Ludwig war sehr zufrieden mit seiner Ernennung und erzählte mir ein wenig von Turgot, doch war ich zu vertieft in meine eigenen Angelegenheiten, um lange zuzuhören; ich begriff jedoch, daß die Finanzen des Landes nach Ansicht meines Gemahls Anlaß zu größter Besorgnis gaben und Turgot ein Drei-Punkte-Programm aufgestellt hatte, wie er es nannte:

KEIN BANKROTT!
KEINE STEUERERHÖHUNG!
KEINE ANLEIHEN!

»Sehen Sie«, sagte mein Gemahl, »es gibt nur einen Weg, Turgots Programm zu verwirklichen. Äußerste Sparsamkeit, um die Ausgaben zu verringern. Wir müssen zwanzig Millionen im Jahr einsparen und müssen unsere alten Schulden bezahlen!«

»Ja, natürlich«, stimmte ich zu und dachte: Hellblau und ein blasses Kirschrot für das Schlafzimmer. Mein Schlafzimmer! Mit einem Einzelbett, in dem kein Platz für meinen Gemahl sein wird ...

Ludwig sah mich wie um Verzeihung bittend an. »Turgot hat mir gesagt, ich müßte auf meine eigenen Ausgaben achten. Meine oberste Pflicht sei das Wohl des Volkes. Er sagte: ›Eure Majestät dürfen nicht die Menschen, die sie lieben, auf Kosten des Volkes beschenken!‹ Und ich stimmte ihm aus vollem Herzen zu. Was habe ich für ein Glück, so einen tüchtigen Minister gefunden zu haben!«

»Ja wirklich, großes Glück«, meinte ich. Kein steifer Atlas, überlegte ich. Kein schwerer Brokat. Das paßte ins Schloß, nicht aber in mein reizendes Trianon ... weiche Seide in zarten Farben.

»Hören Sie überhaupt zu?« fragte er.

»Aber ja, Ludwig! Ich bin ganz Ihrer Ansicht. Monsieur Turgot ist ein ausgezeichneter Mann, und wir müssen sparen. Wir müssen an das arme Volk denken.«

Er lächelte und sagte, er wüßte ja, daß ich ihm in allen Reformen, die durchzuführen er beabsichtige, zur Seite stehen würde, denn mir läge das Wohl des Volkes ja genauso am Herzen wie ihm.

Ich nickte. Es stimmte. Ich wollte, daß sie alle glücklich waren und mit uns zufrieden. Später an jenem Tag schrieb ich an meine Mutter:

»Monsieur Turgot ist ein sehr ehrlicher und rechtschaffener Mann, was von größter Wichtigkeit für die Finanzen ist.«

Jetzt erkenne ich, daß es zweierlei ist, gute Absichten zu haben und sie auch in die Tat umzusetzen. Monsieur Turgot war ein ehrlicher und rechtschaffener Mann, doch Idealisten sind nicht immer realistisch; auch war das Glück nicht auf seiner Seite, denn wir bekamen in jenem Jahr eine sehr schlechte Ernte. Er führte den Freihandel im Land ein, doch das konnte den Getreidepreis wegen des knappen Vorrates auch nicht niedrig halten. Außerdem waren die Straßen in schlechtem Zustand, und das Getreide konnte nicht nach Paris gebracht werden. Turgot versuchte diese Situation zu meistern, indem er Getreide aus den königlichen Speichern auf den Markt warf, was zwar den Preis wieder senkte, doch sobald es aufgebraucht war, schnellte der Preis wieder in die Höhe, und das Volk war unzufriedener denn je.

Es gingen bedrückende Gerüchte um, denen zufolge das Volk in verschiedenen Gebieten des Landes hungerte, und die abfälligen Bemerkungen über Turgot nahmen zu.

Und die Nachrichten wurden noch schlechter. In Beauvais, Meaux, Saint-Denis, Poissy und Saint-Germain brachen Aufstände aus, und in Villers-Cotterets rottete sich eine große Menschenmenge zusammen und begann die Märkte zu plündern. Auf der Oise wurden Getreideschiffe, die nach Paris unterwegs waren, gekapert und die Getreidesäcke aufgeschlitzt. Als der König hörte, daß die Plünderer das kostbare Getreide nicht gestohlen hatten, sondern es in den Fluß warfen, war er zutiefst beunruhigt.

»Das klingt nicht nach hungrigen Menschen, sondern vielmehr nach skrupellosen Unruhestiftern«, meinte er ernst.

Turgot, der schwer unter Gicht litt und in die Gemächer meines Gemahls getragen werden mußte, war ständig bei ihm.

Ich war wieder einmal im Trianon gewesen und hatte mich an den Gemälden von Watteau gefreut, die die Wände schmückten, und beschlossen, die kunstvoll geschnitzten und vergoldeten Wandtäfelungen nicht zu verändern; bei meiner Rückkehr ins Schloß schickte mein Gemahl sich gerade an, auf die Jagd zu reiten. Stundenlang hatte er unter vier Augen mit Turgot beraten. Nun wolle er etwas allein sein, um über die deprimierende Situation nachzudenken, sagte er mir. Turgot und Maurepas wären nach Paris gefahren, denn es sei ihnen zu Ohren gekommen, daß organisierte Agitatoren Überfälle auf die dortigen Märkte planten. Mein Gemahl beschloß also, sich eine kurze Ruhepause zu gönnen; außerdem konnte er immer besser im Sattel nachdenken.

Ich war in meinen Gemächern, als der König hereingestürmt kam.

»Ich war gerade aus dem Schloßhof geritten, als ich den Mob sah«, berichtete er aufgebracht. »Sie kommen von Saint-Germain und sind auf dem Weg zum Versailler Markt!«

Ich spürte, wie mir das Blut ins Gesicht schoß... Der Mob... im Anzug auf Versailles! Und der alte Maurepas und Turgot waren in Paris, und hier war niemand, um sie wegzuschicken! Niemand... das heißt... niemand außer dem König!

Er sah bleich, aber gefaßt und entschlossen aus. »Es ist ein schwerer Schlag für mich, daß das Volk sich gegen uns erhebt«, bekannte er.

Ich mußte an den Augenblick denken, als wir erfuhren, daß wir nun das Königspaar von Frankreich waren, und wie wir beide ausriefen, daß wir zu jung dafür seien – und ich vergaß das Trianon, vergaß alles bis auf den Wunsch, ihm zur Seite zu stehen, ihn zu stützen, ihm Kraft zu geben. Ich nahm seine Hand, und er drückte sie.

»Es gilt keine Zeit zu verlieren«, meinte er. »Wir müssen Maßnahmen ergreifen! Sofortige Maßnahmen ergreifen!« Und dann kam wieder der alte Ausdruck der Unsicherheit in sein Gesicht. »Aber die *richtigen* Maßnahmen!« fügte er gequält hinzu.

Die Prinzen von Beauvau und von Poix hielten sich im Schloß auf, und Ludwig schickte nach ihnen... was für ein dürftiger Ersatz für Maurepas und Turgot! Er erklärte ihnen kurz die Situation. »Ich werde Turgot eine Nachricht schicken, und dann müssen wir handeln!« sagte er abschließend.

Ich wußte, er betete im stillen, die Maßnahmen möchten die richtigen sein, die er unternahm. Und ich betete mit ihm.

Er setzte sich darauf hin und schrieb an Turgot:

»Versailles wird angegriffen... Sie können sich auf meine Festigkeit verlassen. Ich habe die Wachen auf den Marktplatz geschickt. Ich begrüße die Vorsichtsmaßnahmen, die Sie in Paris getroffen haben, doch das, was dort passieren könnte, alarmiert mich am meisten. Sie tun recht daran, die Leute zu verhaften, von denen Sie sprechen, doch wenn Sie sie haben, denken Sie daran, daß ich keine Überstürzung will, dafür aber ein gründliches Verhör. Ich habe soeben Befehl gegeben, was hier unternommen werden soll, was ebenso für die Märkte und Mühlen der Umgebung gilt.«

Ich blieb bei ihm und wurde dafür belohnt, denn es schien ihn zu freuen. »Was mich höchst beunruhigt«, gestand er, »ist die Tatsache, daß dies ein organisierter Aufstand zu sein scheint. Es ist gar nicht das Volk.

So schlimm ist die Lage nämlich gar nicht. Es gibt nichts, was wir nicht in Ordnung bringen könnten ... mit etwas Zeit. Aber dies ist organisiert ... geplant ... das Volk wird gegen uns aufgehetzt ... warum nur?«
Ich dachte daran, wie uns das Volk bei meinem Einzug in Paris zugejubelt hatte, und wie Monsieur de Brissac sagte, zweihunderttausend Menschen hätten sich in mich verliebt. Und ich dachte daran, wie das Volk uns im Bois de Boulogne zugejubelt hatte.
»Das Volk liebt uns, Ludwig«, erklärte ich. »Wir mögen unsere Gegner und Feinde haben, aber sie sind nicht das Volk.«
Er nickte, und ich merkte wieder an der Art, wie er mich ansah, daß er froh über meine Gegenwart war.
Es war ein schrecklicher Tag! Ich konnte nichts essen; mir war schwindelig und leicht übel. Die Wartezeit war furchtbar! Als ich dann schließlich eine grölende Menge auf das Schloß zukommen hörte, war ich fast erleichtert.
Es war das erste Mal, daß ich ein wütendes Pöbelvolk sah. Sie waren jetzt im Schloßhof – verwahrloste und in Lumpen gehüllte Gestalten schwangen ihre Stöcke und johlten Beschimpfungen. Ich stand etwas vom Fenster entfernt. Jemand warf etwas herauf; ich sah es auf dem Balkon landen. Es schien ein verschimmeltes Stück Brot zu sein.
Ludwig erklärte, er würde mit ihnen reden, und trat mutig auf den Balkon hinaus. Es entstand einen Augenblick Stille, und er rief: »Mein liebes Volk ...«
Doch seine Stimme ging in ihrem Gebrüll unter. Er wandte sich zu mir um, und ich sah die Tränen in seinen Augen.
»Sie haben es versucht! Sie haben Ihr Bestes versucht!« versicherte ich ihm, konnte ihn aber nicht trösten. Er war traurig und niedergeschlagen, doch ein anderer Mensch als der Ludwig, den ich bisher gekannt hatte. Eine große Entschlossenheit ging von ihm aus. Ich wußte, er würde keine Angst haben, gleichgültig, was auch passierte, und daß sein einziges Ziel war, seinem Volk billiges Brot zu geben.
Ich sah, wie die Wachen vom Prinzen von Beauvau angeführt in den Schloßhof kamen. Sofort stürzte sich der Mob auf ihn; sie bewarfen ihn mit Mehl ... dem kostbaren Mehl, das für Brot gebraucht wurde ... und er war von Kopf bis Fuß damit bedeckt.
»Wir werden das Schloß stürmen!« schrie eine Stimme in der Menge.
Der Prinz rief: »Was wollt ihr denn für einen Brotpreis haben?«
»Zwei *sous*«, war die Antwort.

»Dann wird er zwei *sous* sein!« erwiderte der Prinz.
Ein wildes Triumphgeheul ertönte, und der Mob machte kehrt, um zu den Bäckern zu rennen und Brot für zwei *sous* zu verlangen. So endete der Aufstand in Versailles, doch mehrere von jenen, die man verhaftet hatte, waren gar keine hungernden Bauern, sondern wohlhabende Leute – wie zum Beispiel Artois' oberster Kellermeister; und von dem Brot, über das das Volk sich beschwert hatte, wurden einige Stücke aufgehoben, und es zeigte sich, daß der Teig mit Asche vermischt worden war. Das war wahrhaftig alarmierend!
Ludwig schrieb unverzüglich an Turgot:

»Hier herrscht jetzt wieder Frieden. Der Aufstand begann in Gewalt auszuarten, wurde jedoch von den Truppen niedergehalten. Der Prinz von Beauvau fragte, weshalb sie nach Versailles gekommen wären, und sie antworteten, sie hätten kein Brot ... Ich habe beschlossen, heute nicht das Schloß zu verlassen, nicht aus Angst, sondern damit sich alles beruhigen und normalisieren kann. Monsieur de Beauvau berichtet mir, daß es zu einem törichten Kompromiß kam, durch den sie jetzt Brot für zwei *sous* kaufen können. Es wäre nichts anderes zu tun übriggeblieben, behauptete er, als es ihnen dafür oder für den jetzigen Preis zu überlassen. Der Handel ist jetzt gemacht, aber es sollten Vorsichtsmaßnahmen ergriffen werden, damit sie nicht denken, sie könnten sich ihre Gesetze selber machen. Geben Sie mir hierzu Ihren Rat.«

Turgot kam sofort nach Versailles zurück. »Unser Gewissen ist rein«, versicherte er dem König, »doch der augenblickliche Brotpreis muß geändert werden, oder aber es gibt eine Katastrophe.«
Trotz Turgots Vorsichtsmaßnahmen kam es zu Aufständen in Paris. Der Polizeichef Lenoir verhielt sich merkwürdig passiv; vielleicht wollte er sich nicht gegen die Aufständischen stellen.
Dies war alles sehr beunruhigend! Lenoir weigerte sich, seine Pflicht zu tun, und es wurde mehr Brot gefunden, das durch eine besondere Behandlung schimmelig gemacht worden war. Turgot griff sofort ein und entließ Lenoir aus seinem Amt und ersetzte ihn durch einen Mann namens Albert, der ein Anhänger von ihm war und auf der Stelle energisch durchgriff; er erließ zahlreiche Haftbefehle, und die öffentliche Ordnung wurde wieder hergestellt.
Die Pariser Kommune wurde nach Versailles beordert, wo der König sie empfing.

»Ich muß diese gefährlichen Plünderungen unterbinden«, erklärte er. »Es könnte sonst schnell in einen allgemeinen Aufstand ausarten. Ich bin fest entschlossen, daß weder meine liebe Stadt Paris noch mein Königreich darunter leiden sollen! Ich verlasse mich ganz auf Ihre Treue und Ihre Ergebenheit, wenn ich mich zu Maßnahmen entschließen muß, die dafür sorgen, daß ich sie während meiner Herrschaft nie wieder ergreifen muß!«

Er war entschlossen, wie er mir vorher gesagt hatte, die Ordnung in seinem Königreich wieder herzustellen und die wahren Schuldigen an dieser Erhebung ausfindig zu machen und verurteilen zu lassen.

Die Unruhen in Paris gingen jedoch weiter; und wieder waren diejenigen, die man verhaftete, keine armen Leute ohne Brot, sondern Männer und Frauen mit Geld in den Taschen.

Ludwig war sehr unglücklich über diesen Umstand.

»Es ist eine Verschwörung«, sagte er zu mir, »eine Verschwörung gegen uns! Das macht mir solche Sorge!«

»Aber Sie haben sich wirklich wie ein wahrer König verhalten, Ludwig! Ich höre es wieder und wieder. Man sagt, Sie hätten mit der Art, in der Sie mit dem Magistrat sprachen, die Bewunderung aller erregt.«

»Es fällt mir immer leichter, zu fünfzig Menschen zu sprechen als zu einem einzigen«, gestand er lächelnd.

»Sie werden entdecken, wer diese Verschwörung angezettelt hat«, rief ich, »und dann ist alles gut. Ich glaube, die Franzosen freuen sich, daß sie nun gesehen haben, was für einen starken König sie haben, dem sie vertrauen können.«

Dies entzückte ihn, und er murmelte: »Sie ziehen zu voreilige Schlußfolgerungen. Noch ist nicht alles vorbei.«

Und das war es in der Tat nicht. Als wir beide sein Gemach verließen, bemerkten wir ein an die Tür geheftetes Blatt Papier. Ich las, was darauf stand.

WENN DER BROTPREIS NICHT RUNTERGEHT UND DER KABINETTSRAT NICHT GEÄNDERT WIRD, WERDEN WIR AN DIE VIER ECKEN DES VERSAILLER SCHLOSSES FEUER LEGEN!

Entsetzt starrte ich auf diese Worte und sah dann meinen Gemahl an, der ganz blaß geworden war.

»Ludwig«, flüsterte ich, »es ist, als haßten sie uns!«

»Das ist nicht das Volk!« rief er aus. »Ich kann nicht glauben, daß dies das Volk ist!«

Er war jedoch tief bestürzt. Und das war auch ich. Es war, als bliese ein eisiger Wind durch das Schloß.
Albert berichtete, daß er zahlreiche Verhaftungen hätte vornehmen lassen. Ein Perückenmacher und ein Gazeweber waren beim Stehlen ertappt worden, und man beschloß, ein Exempel zu statuieren. Sie wurden an zwei sechs Meter hohen Galgen erhängt, um den Aufrührerischen ein warnendes Beispiel zu sein.
Ludwig war sehr bedrückt.
»Ich wünschte, sie könnten die Anstifter finden«, sagte er immer wieder. »Ich will nicht, daß die armen Leute bestraft werden, die nur von andern aufgehetzt wurden.« Am liebsten hätte er jene beiden Männer begnadigt, doch Turgot bestand darauf, daß ein abschreckendes Beispiel notwendig wäre; und die Erhängung dieser beiden Männer hatte in der Tat eine ernüchternde Wirkung auf das Volk. Die Aufstände hörten auf. Die Erhebung »La Guerre des Farines« – der Mehlkrieg – war zu Ende.
Es war ganz offenkundig, daß irgendeine Organisation, eine geheime Gruppe von Männern die Getreideknappheit dazu benutzte, eine Revolution auszulösen. Glücklicherweise war dies durch die Entschlossenheit des Königs und das prompte Eingreifen Turgots verhindert worden, ebenso wie durch die Entlassung Lenoirs und die Ernennung Alberts zum neuen Polizeichef, wie durch die Solidarität der Kommune.
Alle stellten Mutmaßungen darüber an, wer wohl dahinter stecken mochte. Einige meinten, es sei der Prinz von Conti, den Max bei seinem Besuch beleidigt hatte. Man flüsterte, er hasse mich und meine Familie so sehr, daß er die französische Monarchie stürzen wolle. Es schien einfach lächerlich, doch stimmte es, daß die Unruhen in Pontoise begonnen hatten, wo er ein Haus besaß.
Alle möglichen Gerüchte kursierten; ich hörte sie mir eine Zeitlang an. So vernahm ich auch, daß Conti Mitglied einer geheimen Organisation sei, die man aller Arten umstürzlerischer Tätigkeiten verdächtigte. Wir hätten dankbar sein sollen für diese bittere Warnung und nicht ruhen sollen, bis wir die Wahrheit all dieser Gerüchte herausfanden. Es wäre bestimmt nicht schwierig gewesen, wenn wir uns ernsthaft darum bemüht hätten.
Aber wir waren alle zu dankbar und erleichtert, daß der »Mehlkrieg« vorbei war, um uns näher mit seinen Ursachen zu befassen. Wir wollten ihn ganz einfach vergessen.

10

»Ein solcher Empfang ist sehr überraschend und so tröstlich nach dem Aufstand, zumal das Brot immer noch teuer ist. Aber es ist typisch für die Franzosen, daß sie sich von bösen Einflüsterungen mitreißen lassen, um dann gleich wieder zur Vernunft zu kommen. Wenn wir den Beifall des Volkes hören und diese Beweise ihrer Liebe und Verehrung erleben, fühlen wir uns um so tiefer verpflichtet, uns mit unserer ganzen Kraft für sein Wohlergehen einzusetzen.« *Marie-Antoinette an Maria-Theresia*

»Ich bedaure, daß Sie diese Freude nicht miterleben konnten, die mir hier zuteil wurde. Es ist meine Pflicht, mich für ein Volk einzusetzen, das mir so viel Glück schenkt. Ich werde mich dieser Aufgabe voll und ganz widmen.«

Ludwig XVI. *an Maurepas*

DIE KRÖNUNG

Ein Monat war seit dem letzten Aufstand um den Brotpreis verstrichen, und alles redete jetzt von der Krönung. Bei so langlebigen Königen wie Ludwig XIV. und Ludwig XV., die beide so lange Zeit regiert hatten, waren Krönungen ein seltenes Ereignis. Ludwig XIV. fürchtete sich selbstverständlich davor, denn es war genau die Art von Zeremonie, die zu umgehen er allgemein vorzog. Er würde in den feierlichsten Augenblicken entsetzlich linkisch sein, und er haßte es, sich so festlich zu kleiden. Außerdem würde das Zeremoniell geradezu archaisch sein, noch genau so, wie es seit den frühesten Anfängen der französischen Monarchie vollzogen worden war. Ludwig hätte viel darum gegeben, dem entgehen zu können.

Mercy und meine Mutter hofften, ich würde ebenfalls gekrönt werden, und um die Wahrheit zu sagen, teilte ich nicht die Abneigung meines Gemahls gegen diese Zeremonie. Ich wäre in meinem Element gewesen, eine schimmernde Gestalt, die gelassen die Huldigung ihrer Untertanen entgegennimmt; so war ich im geheimen enttäuscht, als man beschloß, daß ich nicht gekrönt werden sollte.

»Es würde noch mehr Ausgaben bedeuten«, sagte Ludwig, »zu einem Zeitpunkt, wo überall äußerste Sparsamkeit dringend notwendig ist. Als nächstes kommt sowieso Clothildes Hochzeit und das Kindbett von Artois' Frau ...«

Er machte ein ratloses Gesicht; das delikate Thema war wieder berührt worden. Ich war ebenfalls unglücklich. Artois würde als erster der drei Brüder Vater werden. Wie beneidete ich meine Schwägerin! Mit vollem Elan hatte ich mich in die Umgestaltung des Trianons gestürzt in der Hoffnung, über meinen Neid auf sie hinwegzukommen. Die Glückliche! Glückliche! Was machte es schon, daß sie klein und häßlich war und schielte und eine lange dünne Nase hatte? Sie würde ein Kind haben und Mutter sein!

»Sie werden deshalb also nicht mit mir gekrönt«, fuhr Ludwig fort. »Ich weiß, Sie legen keinen Wert darauf. Wie sehr wünschte ich, daß sich dieses ganze Theater vermeiden ließe!«

Doch eine Krönung mußte sein. Und so brach ich am 5. Juni mit meinen Schwägern und Schwägerinnen nach Reims auf. Gegen Mitternacht erblickten wir dann die Stadt im Mondlicht. Die Menschen lehnten aus den Fenstern – jene, die nicht die Straßen säumten – und jubelten uns begeistert zu. Sie waren fast genauso überschwenglich wie die Bevölkerung von Paris bei meinem offiziellen feierlichen Einzug in ihre Stadt. Da wir einen Tag vor dem König eintrafen, fand ich es sehr aufregend, seinen Einzug mitansehen zu können. Seine Karosse war sechs Meter hoch, und wir sahen, wie ihm der Herzog von Bourbon, der Gouverneur der Champagne, die Schlüssel der Stadt überreichte.

Lange bevor der König vor der Kathedrale ankommen sollte, hatte ich meinen Platz auf der Empore dicht am Hochaltar eingenommen, um mir alles in Ruhe anschauen zu können. Nie in meinem Leben war ich so bewegt gewesen.

Wie ich wußte, hatte die altehrwürdige Zeremonie um sieben Uhr begonnen, in der die Bischöfe von Beauvais und Laon die Prozession anführten, die zu den Gemächern des Königs zog. Der Großchormeister klopfte dann an die Tür und wurde vom Großkämmerer gefragt: »Was ist Euer Begehren?«

»Wir wollen den König!« lautete die Antwort.
»Der König schläft.«
Dieser Dialog wurde zweimal wiederholt, und dann sagte der Bischof: »Wir wollen Ludwig XVI., den Gott der Herr uns als König gegeben hat.« Darauf öffnete sich die Tür, und man sah Ludwig in seiner prachtvollen Krönungsrobe auf dem Prunkbett liegen.
An die Segnung und das Besprengen mit Weihwasser schloß sich dann die Prozession zur Kathedrale an.
Nie werde ich den Anblick meines Gemahls vergessen, wie er durch die Kathedrale zum Hochaltar schritt. Er war ganz in Gold und Purpur gekleidet, sein Mantel war aus Silberbrokat und sein Samtbarett mit Diamanten und Straußenfedern geschmückt. Es gab Augenblicke, in denen er, so zutiefst durchdrungen von seiner göttlichen Berufung, wahrhaftig königlich wirkte, jeder Zoll ein hingebungsvoller Herrscher voller Noblesse. Ich hatte schon einen ersten Eindruck davon während des Mehlkrieges erhalten, als er so furchtlos jenem blutrünstigen Pöbel entgegentrat. Er mochte schüchtern sein vor großen Versammlungen, linkisch im Salon und peinlichst berührt von der Situation in unserem Schlafzimmer, doch er war trotz all dem ein mutiger Mann.
Ich sah zu, wie er aus dem heiligen Gefäß besprengt wurde, das aus den Tagen von Clovis stammte, dem ersten König der Franken; dann folgte der Krönungseid. Das Schwert wurde dem König hingehalten, und er kniete am Altar nieder. Dann bereitete man ihn für die Salbung vor und kleidete ihn danach in die Robe aus Purpur mit den goldenen Lilien. Er saß auf seinem Thron, als ihm die Krone Karls des Großen aufs Haupt gesetzt wurde. Niemals zuvor hatte ich eine derartige Prachtentfaltung gesehen. Der Gedanke ließ mich nicht los, daß diese Krone von sämtlichen Königen Frankreichs getragen worden war, und ich dachte an meinen Großvater, der so jung gewesen war, als man sie ihm aufs kindliche Haupt gesetzt hatte – so jung und so schön, viel anziehender als dieser jetzige Ludwig; und ich mußte an ihn denken, wie ich ihn zuletzt gesehen hatte, auf seinem Sterbebett ... mit aufgesprungenen Lippen und wilden Augen, den grauenvollen Geruch des Todes um sich verbreitend.
Ludwig schaute zu mir hinauf, und einige Sekunden lang blieb sein Blick auf meinem Gesicht haften, als hätte er die feierliche Zeremonie vergessen, überhaupt alles außer uns beiden. Mir erging es ebenso. Es war ein wunderbarer Augenblick! Wir waren uns ganz nah – wie zu einem einzigen Wesen vereint. Und obgleich ich keine große und lei-

denschaftliche Liebe für meinen Gemahl empfand, wußte ich doch, daß ich ihn liebte und auch er mich liebte. Es war eine stille, tiefe Zuneigung, ein Band, das dennoch sehr stark war, gerade weil es ganz ohne Leidenschaft war.

Und ich merkte plötzlich, daß mir die Tränen über die Wangen liefen. Die Flügel des großen Portals flogen auf, und das Volk strömte in die Kathedrale. Der Weihrauchgeruch stieg zu mir auf. Ich hörte die Ausrufe, als man die Tauben als Friedenssymbole fliegen ließ. Die Kanonen begannen ihre Salutsalven abzufeuern, und Trompetenfanfaren und Trommelwirbel erklangen.

Ich schloß mich dem königlichen Zug an, der die Kathedrale verließ. Als wir hinaustraten, erzitterte die Luft von begeisterten Hurraschreien *»Vive le Roi!«*

Jedermann war an jenem Tage glücklich.

Ich schrieb an meine Mutter darüber:

»Die Krönung war in jeder Hinsicht ein großer Erfolg! Alle waren von dem König begeistert und er von ihnen ... Ich konnte nicht verhindern, daß mir die Tränen kamen ... Ein solcher Empfang ist sehr überraschend und so tröstlich nach dem Aufstand, zumal das Brot immer noch teuer ist. Aber es ist typisch für die Franzosen, daß sie sich von bösen Einflüsterungen mitreißen lassen, um dann gleich wieder zur Vernunft zu kommen. Wenn wir den Jubel des Volkes hören und diese Beweise ihrer Liebe und Verehrung erleben, fühlen wir uns um so tiefer verpflichtet, uns mit unserer ganzen Kraft für sein Wohlergehen einzusetzen.«

Mein Gemahl kam zu mir, als ich dies schrieb, und so zeigte ich es ihm.

Er schien immer noch etwas verlegen in meiner Gegenwart, und wir dachten beide mit tiefer Bewegung an jenen Augenblick in der Kathedrale.

»Es war ein wundervolles Erlebnis!« bekannte er. »Ich hatte das Gefühl, als hätte Gott zu mir gesprochen.«

Ich nickte.

»Ich habe an Maurepas geschrieben«, sagte er, »und zwar dies hier.«

Ich las den Brief, der in seinem Inhalt meinem eigenen glich.

»Ich bedaure, daß Sie diese Freude nicht miterleben konnten, die mir hier zuteil wurde. Es ist meine Pflicht, mich für ein Volk einzusetzen, das mir so viel Glück schenkt. Ich werde mich dieser Aufgabe voll und ganz widmen ...«

»Wir empfinden ganz gleich«, meinte ich.
Er ergriff meine Hand und küßte sie; dann sagte er: »Es war eine großartige Zeremonie, nicht wahr? Eine sehr bewegende Zeremonie! Aber nichts hat mich so tief berührt wie Ihre Tränen, als ich zu Ihnen zur Empore hinaufschaute.«
Ich warf mich in seine Arme.
»O Ludwig ... Ludwig! Nichts hat mich jemals so bewegt!«

Ludwig vollzog in Reims ebenfalls den Ritus der Berührung des »Königsübels«, auch einer jener alten Bräuche, die auf die Zeit von Clovis zurückgingen. Die armen an Skrofula erkrankten Menschen waren aus ganz Frankreich für diese Zeremonie nach Reims gekommen; und so säumten zweitausendvierhundert Kranke auf Knien die Avenue, durch die Ludwig kam. Es war ein grausiger Anblick, so viele von dieser schrecklichen Krankheit entstellte Gestalten! Dazu war es ein warmer Tag und der Gestank ekelerregend. Doch Ludwig zuckte nicht mit der Wimper. Seine Augen leuchteten vor heiliger Entschlossenheit, und sein ganzes Gebaren war so königlich, wie es in derartigen Augenblicken sein konnte; er berührte jeden einzelnen, strich ihm von der Stirn bis zum Kinn und dann über jede Wange, wozu er die Worte sprach: »Möge Gott Dich heilen! Der König berührt Dich!«
Zweitausendvierhundertmal sprach er jene Worte, und er sprach sie jedesmal mit voller Überzeugung. Kein König von Frankreich hat jemals diese heilige Pflicht mit größerem Ernst erfüllt, und diese armen kranken Menschen sahen mit anbetender Verehrung zu ihm auf.
Ich war stolz – nicht nur stolz, Königin von Frankreich zu sein, sondern stolz, die Frau eines solchen Mannes zu sein.
Er ließ keinerlei Anzeichen von Ermüdung erkennen, als die lange Prozedur zu Ende war und Provence und Artois ihre Pflicht erfüllten – sie brachten zuerst den Essig, mit dem seine Hände desinfiziert wurden, und dann das Orangenblütenwasser, in dem er sie wusch.
Als ich schließlich mit ihm allein war, sagte ich ihm, er sei wunderbar gewesen, worüber er sich sehr freute.
Wir würden alles zusammen beraten, ließ er durchblicken, und ich überlegte, ob er nachgegeben hätte, wenn ich ihn jetzt gebeten hätte,

Monsieur de Choiseul ein Portefeuille in seinem Ministerrat zu geben. Ich glaube, er hätte es getan, denn er hätte mir einfach nichts abschlagen können. Doch Monsieur de Choiseul gehörte der Vergangenheit an; außerdem wünschte meine Mutter nicht, daß er wieder ein Amt erhielt.

Ich wünschte mir nur eines von Ludwig: Kinder! Und das war das Einzige, was er mir nicht zu geben vermochte – aber ich wußte, er sehnte sich genauso nach ihnen wie ich.

II

»Zu dem traurigen Thema, das meine liebe Frau Mutter so betrübt, kann ich ihr unglücklicherweise nichts Neues mitteilen. Es liegt ganz bestimmt nicht an mir. Ich kann nur auf Geduld und Verständnis bauen.« *Marie-Antoinette an Maria-Theresia*

»Wir erleben hier eine wahre Flut von Schmähschriften und Pamphleten. Keiner am Hof, ich mit eingeschlossen, bleibt davon verschont. In meinem Fall sind sie sogar besonders großzügig. Sie bedenken mich mit zahlreichen Liebhabern, sowohl männlichen wie weiblichen Geschlechts.«

Marie-Antoinette an Maria-Theresia

»Wie ich höre, haben Sie sich Armbänder gekauft, die zweihundertfünfzigtausend Livres gekostet haben, mit dem Ergebnis, daß Ihre Finanzen in Unordnung geraten sind... Ich weiß leider, wie verschwenderisch Sie sein können, und ich kann deshalb nicht hierzu schweigen, weil ich Sie zu sehr liebe, um Ihnen nur zu schmeicheln.«

Maria-Theresia an Marie-Antoinette

»Sie nannte ihn (Jacques Armand) ›mein Kind‹ und überschüttete ihn mit den zärtlichsten Liebkosungen, wobei sie weiter tiefstes Stillschweigen über den schweren Kummer bewahrte, der sie so sehr bedrückte.«

Madame Campans Memoiren

Mein sehnlicher Wunsch nach Kindern wurde immer heftiger. Ich hatte meine kleine Hundefamilie vergrößert, doch wenn ich sie auch innig liebte, vermochten sie kein Ersatz für meinen übermächtigen Wunsch zu sein, Mutter zu werden.

Als meine Schwägerin einem Sohn das Leben schenkte, sehnte ich mich glühend danach, mit ihr zu tauschen; ja sogar als sie qualvoll aufschrie, wünschte ich mir selbst jene Qualen. Erschöpft lag sie in den Kissen, doch irgendwie von ihrem Glück verschönt – kaum noch das reizlose kleine Ding, als das ich sie bisher gekannt hatte. Das große Wunder war ihr widerfahren.

Ich hörte ihre zwischen Hoffnung und Angst hin- und hergerissene hohe Stimme, und ich konnte ihre Empfindungen nachfühlen, als sie die Antwort auf ihre Frage erhielt.

»Ein kleiner Prinz, Madame ...« Es waren die Worte, die sich jede Prinzessin und jede Königin wünscht.

Sie antwortete: »O mein Gott! Wie bin ich glücklich!«

Und wie gut verstand ich das!

Das Kind war gesund und wohlgestaltet, und sein Geschrei erfüllte das Appartement; mir schien es der wundervollste Laut der Welt zu sein. Ich verließ die Suite meiner Schwägerin mit meinem Gefolge, von denen die Prinzessin Lamballe die erste Ehrendame war; ich hatte meine liebe Freundin anstelle von Madame de Noailles in diesen Rang erhoben. Mit jedem Tag gewann ich meine gute Lamballe lieber und wußte einfach nicht, was ich ohne sie getan hätte. Auch die Dienste von Jeanne Louise Henriette Genet, der kleinen Vorleserin, hatte ich mir gesichert; sie hieß jetzt Madame Campan, da sie Monsieur Campans Sohn geheiratet hatte. Sie war eine gute Vorleserin und mir treu ergeben, und ich hätte ebenfalls nicht gewußt, was ich ohne sie gemacht hätte. Selbstverständlich hatte sie nicht den gleichen Rang wie die Prinzessin, sondern nur ihren Platz als Vertrauensperson in meinem Gefolge und war weniger eine nahe Freundin, die mich auf Feste und Bälle hätte begleiten können.

Als wir aus dem Wöchnerinnenzimmer kamen und durch das Schloß gingen, begegneten wir einer Gruppe von Marktfrauen aus Paris. Es war Brauch, daß das Volk bei einer königlichen Geburt zugegen war, obgleich nur die Königin ihre Kinder öffentlich gebären mußte; bei

der Geburt der anderen Mitglieder der königlichen Familie brauchte nur die Familie anwesend zu sein. Die Geburt dieses königlichen Kindes beschäftigte jedoch die Nation, und wenn den Leuten auch der Zutritt in das Gemach der Gräfin nicht gestattet war, hielten sie sich doch im Schloß auf.
Als ich mich daher mit der Prinzessin Lamballe und Madame Campan zu meiner Suite begab, sah ich mich plötzlich inmitten der Marktfrauen. Sie betrachteten mich mit jener unverhohlenen Neugier, an die ich mich inzwischen gewöhnt hatte. Ich nahm mich sehr zusammen, um nicht die Nase zu rümpfen über den Fischgestank – dies waren nämlich die *poissardes*, die Fischweiber, die von allen Pariser Marktfrauen und Händlern für ihre unverblümte Ausdrucksweise am berüchtigtsten waren –, als sie mich umringten und meine Kleider und meine Hände anfaßten. Meine Hände faszinierten sie ganz besonders; meine Finger waren so lang und schlank und die Haut so glatt und weiß; und natürlich funkelten sie im Feuer meiner geliebten Diamanten.
Eine der Frauen schob ihr Gesicht dicht vor meines und deutete mit einer Kopfbewegung zu dem Wöchnerinnenzimmer. »*Sie* sollten jetzt da drin liegen, Madame!« sagte sie. »Sie sollten Thronerben für Frankreich gebären und nicht mit Ihren Freundinnen herumtändeln!«
Ich sah, wie die Prinzessin zusammenzuckte, und merkte, wie mir eine leichte Röte ins Gesicht stieg; doch hob ich den Kopf nur noch höher und versuchte zwischen den Weibern hindurchzuschreiten.
»Sie sollten mit dem König schlafen anstatt die Nächte bis zum Morgengrauen durchzutanzen!«
Diese Frauen hatten mich offensichtlich früh morgens von der Oper nach Hause fahren sehen, wenn sie zu den Markthallen unterwegs waren. Eine von ihnen lachte auf. »Es heißt, er kann nicht ... Stimmt das?« Das rohe Gelächter ertönte von neuem. »Sie sollten dafür sorgen, daß er kann, Madame!«
Dies wurde unerträglich! Der Gestank dieser Frauen, die beleidigenden Worte, die mit jedem Augenblick vulgärer wurden! Genügte es nicht, daß ich meine Schwägerin mit ihrem neugeborenen Sohn in den Armen hatte sehen müssen? Mußte ich mir jetzt auch noch rohe Beleidigungen anhören, die ich nicht verdiente?
Madame Campan war auf einmal neben mir. Ich sah, wie sie mit gelassener Würde Platz schaffte und sich einen Weg durch den Haufen der Weiber erzwang. Meine liebste Lamballe war bei einem derartigen Zwischenfall von keinem großen Nutzen.

»Die Königin ist erschöpft...« sagte Madame Campan.
Der ordinäre Witz, der auf diese Worte hin ertönte, jagte mir einen Schauder über den Rücken. Jetzt war es genug! Schließlich war ich die Königin von Frankreich! Mit meiner königlichsten Allüre schritt ich durch die Schar johlender Weiber, so als sähe und hörte ich sie gar nicht – als existierten sie nicht für mich. Als ich in meine Gemächer gelangte, hörte ich sie immer noch hinter mir herschreien. Neben mir erblickte ich das weinerliche Gesicht der Prinzessin und das ruhige beherrschte von Madame Campan.
»Lassen Sie mich allein ... mit Madame Campan!« befahl ich.
Und als sich die Tür hinter der Lamballe schloß, konnte ich mich nicht länger beherrschen. Schluchzend warf ich mich auf mein Bett.

Mein Gemahl war sehr bekümmert, als ich ihm von dem Vorfall erzählte. »Es ist ungerecht... so ungerecht...« ich brach ab. »Ist es etwa meine Schuld?« Und als ich den betroffenen Ausdruck auf seinem Gesicht sah, fuhr ich rasch fort: »Etwa *unsere* Schuld?«
Er versuchte mich zu trösten, und ich flüsterte: »Es gibt nur einen Ausweg! Die *petite opération*!«
»Ja«, meinte er. »Ja.«
Ich umklammerte seine Schultern, und mein Gesicht leuchtete vor neuer Hoffnung auf. »Sie werden...?«
»Ich werde es erwägen.«
Ich seufzte. Schon so lange erwog er es. Fast sechs Jahre lang. Wovor hatte er bloß Angst? Vor dem Skalpell? Doch gewiß nicht. Er war kein Feigling. Es mußte die Schmach sein. Es würde bekannt werden. Man würde Spekulationen aufstellen, würde uns wieder ausspionieren und beobachten. Sogar jetzt wußte es der gesamte Hof, wenn er zu mir in mein Schlafzimmer kam. Ganz ohne Zweifel rechneten sie sich genau die Zeit aus, die er bei mir verbrachte. Und genau dieses ständige Beobachtetwerden ruinierte unser Zusammenleben. Wenn sie uns nur allein und in Ruhe gelassen hätten!
»Sie werden ... werden die Ärzte konsultieren?«
Er nickte. Er wollte mir jeden Wunsch erfüllen, und ich hatte es unmißverständlich gemacht, daß ich mir Kinder mehr als alles andere wünschte.
Als er gegangen war, setzte ich mich hin und schrieb an meine Mutter:

»Ich habe große Hoffnung, daß es mir gelingt, den König zu bewegen, sich jener kleinen Operation zu unterziehen, durch die alles in Ordnung käme.«

Meine Mutter schrieb zurück, ich müßte ihr weiter darüber berichten, was ich gehorsam tat. Ich schrieb ihr über alles, glaube aber, sie begriff nicht, was diese nun schon so viele Jahre dauernde Situation für eine Wirkung auf mich hatte. Ich war jetzt Zwanzig, war jung und kerngesund, und es war ja nicht, als führte ich das normale Leben eines jungen Mädchens. Da waren jene ständigen quälenden nutzlosen Versuche. Ich war ruhelos und unglücklich; auch meine Empfindungen für meinen Gemahl waren unausgeglichen und wechselten zwischen Hinwendung und resignierter Abwendung. Er war bei den Ärzten gewesen, hatte sich nach allen Einzelheiten der notwendigen Operation erkundigt und sich die dafür notwendigen Instrumente angeschaut. Danach war er zu mir gekommen.
»Ich glaube«, erklärte er, »es wird mit der Zeit von selbst in Ordnung kommen.«
Mir sank das Herz. Er brachte es nicht fertig, sich der Operation zu unterziehen. Wir würden also in der bisherigen unbefriedigenden Weise weiterleben.
Jedes Mal, wenn er durch den *oeil-de-boeuf* Salon zu mir kam, wurde das von den dort Anwesenden vermerkt. Die satirischen Pamphlete und Lieder nahmen zu. Wir waren nicht mehr das junge Königspaar, das ein Wunder vollbringen und Frankreich in ein Land verwandeln würde, in dem Milch und Honig floß. Wir hatten den Mehlkrieg gehabt, er war ein impotenter junger Mann und ich eine frivole junge Frau. Das Bewußtsein, daß diese Leute Spekulationen über unser Zusammensein anstellten, störte uns entsetzlich, und wir fingen beide an, diese nächtlichen Stunden zu fürchten. Aber wir mußten unsere Pflicht tun. Ich kam auf den Gedanken, eine geheime Wendeltreppe zwischen unseren Schlafzimmern bauen zu lassen, damit mich mein Gemahl besuchen konnte, ohne daß jemand es wußte.
Wir taten es, und es war ein gewisser Trost für uns, änderte jedoch nichts an der Situation, und ich wußte, diese würde so bleiben, bis er sich der *petite opération* unterzog.
An meine Mutter schrieb ich:

»Zu dem traurigen Thema, das meine liebe Mutter so sehr betrübt, kann ich ihr unglücklicherweise nichts Neues mitteilen. Es liegt ganz bestimmt nicht an mir. Ich kann nur auf Geduld und Verständnis bauen.«

Meine Mutter sollte aber unbedingt wissen, daß ich bis auf diesen Punkt, in dem mein Gemahl versagte, keinen Grund hatte, mich über irgend etwas zu beklagen.
O ja, ich hatte Ludwig lieb, doch er enttäuschte mich.

Es gibt wirklich keine Entschuldigung für mein Verhalten in der nun folgenden Phase meines Lebens. Ich bin überzeugt, es löste große Bestürzung bei meiner Mutter aus, die mein Tun und Lassen so besorgt aus der Ferne verfolgte. Ich kann nur zu meiner Verteidigung meine Jugend anführen, meine ständig erregten, aber nie befriedigten Sinne und die ungesunde Atmosphäre, in der ich lebte.
Ich brauchte einfach Kinder. Keine Frau war mehr dafür geschaffen, Mutter zu sein, als ich. Jedes Mal, wenn ich ausritt und die kleinen Kinder vor den Bauernhütten spielen sah, beneidete ich jene armen einfachen Bäuerinnen mit den Kleinen, die an ihren Rockschößen hingen. Mein ganzes Wesen sehnte sich schmerzlich nach Kindern. Ich bat diejenigen meiner Hofdamen, die Kinder hatten, mir diese zu bringen, und tollte dann mit ihnen und meinen Hunden in einer Art und Weise herum, die Mercy höchst unschicklich fand.
Was blieb mir unter diesen Umständen als die Suche nach nicht abreißenden Vergnügungen? Ich wollte keine Zeit haben, um über mein unausgefülltes Leben nachzudenken. Zu allem Überfluß begann ich an heftigen Kopfschmerzen zu leiden und bekam Fieber- und Schwindelanfälle. Mercy nannte es »nervöse Hysterie«. Er glaubte nicht, daß ich krank sein könnte. Tatsächlich sah ich ungewöhnlich gesund aus. Ich besaß eine enorme Vitalität. Ich brach jedoch jetzt oft wegen irgendeiner Kleinigkeit in Tränen aus. Es war wirklich höchst beunruhigend.
Ich sehnte mich nach Zärtlichkeit – Beweisen von Zärtlichkeit –, die ich von Ludwig nicht bekam, und ich fing an, die Gefährlichkeit meiner Verfassung zu erkennen. Ich war von attraktiven, kerngesunden jungen Männern umgeben, die mir mit größtem Vergnügen Komplimente machten und mir auf hunderterlei Arten zu verstehen gaben, daß sie mich begehrten. Ihre charmante Galanterie, ihre sehnsüchtigen Blicke erregten mich, doch war ich mir ständig einer warnenden Stimme in mir bewußt, die wie die meiner Mutter klang. Dies ist gefährlich!

Deine Kinder werden die Thronerben Frankreichs sein! Es wäre ein Verbrechen, wenn ihr Vater nicht der König wäre!
Einem kleinen harmlosen Flirt konnte ich allerdings nicht widerstehen. Vielleicht hatte Madame de Marsan recht, und ich war tatsächlich von Natur aus kokett; doch gestattete ich mir nie, mit einem jungen Mann allein zu sein. Ich wußte, ich wurde beobachtet, wußte, ich war von Menschen umgeben, die nur hofften, mich in mein Unglück rennen zu sehen, und wußte, was für skandalöse Dinge über mich verbreitet wurden und daß viele Leute glaubten, ich führe ein unmoralisches Leben.
Mercy machte mir Vorwürfe wegen meiner Ruhelosigkeit. Nie wäre ich vor Morgengrauen im Bett. Ich schiene ein unersättliches Verlangen nach Abwechslung zu haben und umgebe mich mit den jungen und leichtsinnigen Leuten des Hofes und hätte keine Zeit für jene, die mir helfen und raten könnten.
Ich versuchte es ihm zu erklären. Ich wußte, ich konnte offen mit Mercy sein. Er würde die *chansonneurs* auf jeden Fall nicht mit neuem Material für ihre Pamphlete versorgen.
»Meine eigenartige Situation macht mich ganz ratlos«, rief ich verzweifelt aus. »Sie wissen doch, wie mich der König allein läßt! Ich habe Angst, mich zu langweilen! Habe Angst vor mir selbst! Um nicht mit Grübeln anzufangen, brauche ich ständig Abwechslung, ständig neue Vergnügungen!«
Er sah mich ernst an und ging selbstverständlich sofort in seine Suite, um meiner Mutter meine Worte zu berichten.
Ich brauchte einfach jemanden, auf den ich meine zärtlichen Gefühle konzentrieren konnte. Ich liebte die kleine Elisabeth und hatte sie so oft wie möglich bei mir. Clothilde war schon verheiratet und hatte uns verlassen. Meine liebste Freundin war Marie-Thérèse Louise, die Prinzessin Lamballe. Ich fand sie bezaubernd, denn sie war so sanft und lieb, wenn auch manche sie für dumm hielten. Sie hatte eine Angewohnheit in Ohnmacht zu fallen, die Vermond als reine Afferei bezeichnete. So wurde sie vor Freude über ein Blumenbouquet und vor Entsetzen über den Anblick von Schnecken ohnmächtig. Sie gestand mir, sie hätte so unter ihrer Ehe gelitten, daß sie sich jetzt vor ihrem eigenen Schatten fürchte. Arme liebste Lamballe! Sie war meine engste Vertraute in jener Zeit der Ungewißheit. Sie war mir so treu ergeben und sagte, sie wäre gerne einer meiner Hunde, um jeden Tag zu meinen Füßen sitzen zu können. Wir wandelten oft wie zwei Schuldmäd-

chen Arm-in-Arm durch die Gärten, was natürlich alle schockierte, die uns sahen, denn es gehörte sich nicht, daß die Königin sich so in der Öffentlichkeit zeigte. Je unbefriedigter mich jedoch mein Leben ließ, um so entschlossener wurde ich, ihre Etikette mit Nichtachtung zu strafen.

Und dann lernte ich die Gräfin Jules kennen. Sie war das entzückendste Geschöpf, das ich jemals gesehen hatte. Sie hatte große seelenvolle blaue Augen und dickes braunes Haar, das ihr in Locken auf die Schultern herabfiel. Sie trug überhaupt keinen Schmuck – wie ich später entdeckte, besaß sie keinen –, doch eine rote Rose am Dekolleté, als ich sie kennenlernte. Sie war die Schwägerin von Diane von Polignac, der Hofdame von Artois' Gemahlin; Diane hatte sie auch an den Hof gebracht.

Sowie ich sie erblickte, wollte ich wissen, wer sie war, und befahl, sie mir vorzustellen. Sie war damals sechsundzwanzig, sah jedoch genauso jung wie ich aus. Sie hieß Gabrielle Yolande von Polastron und war mit siebzehn mit dem Grafen Jules von Polignac verheiratet worden.

Ich fragte sie, weshalb ich sie nicht schon eher bei Hofe gesehen hätte, denn ich war überzeugt, ich hätte sie bemerkt. Sie antwortete ganz unumwunden, sie wären zu arm, um bei Hofe zu leben, und diese Tatsache schien sie nicht einmal zu bedauern. Meine liebste Gabrielle (für die andern war sie immer die Gräfin Jules) besaß überhaupt keinen Ehrgeiz. Fühlte ich mich deshalb so zu ihr hingezogen? Sie machte sich nichts aus Schmuck, trachtete nicht nach besonderen Ehren und war ein wenig faul, wie ich feststellen sollte; und das alles fand ich reizend. Sie gab mir während dieses ersten Gesprächs das Gefühl, nicht eine Königin zu sein, sondern ein Mensch, zu dem sie sich ebenso hingezogen fühlte wie ich mich zu ihr.

Sie verließe sehr bald wieder den Hof, erzählte sie mir, doch ich sagte, das dürfe sie nicht. Ich würde arrangieren, daß sie bleiben könne. Ich wußte, wir würden Freundinnen werden.

Sie zeigte keinerlei Erstaunen, und es war sogar schwierig, sie zum Bleiben zu überreden. Sie bezweifelte, daß ihr das Leben bei Hofe gefallen würde.

Mein Entschluß stand jedoch fest, und da die Polignacs mit die ehrgeizigste Familie bei Hofe war, überredeten sie Gabrielle, die Ehre anzunehmen, die ich ihr mit diesem Angebot erwies.

Es war eine sehr bedeutungsvolle Begegnung, denn sie leitete einen Wechsel in meinem Leben ein.

Ich langweilte mich nicht länger. Ständig wollte ich Gabrielle um mich haben. Sie entzückte mich.
Sie hatte einen Liebhaber, den Grafen von Vaudreuil. Sie erzählte mir von ihm und erklärte, alle Damen hätten Liebhaber und ihre Ehemänner Mätressen. Es sei ein allgemein akzeptierter Tatbestand. Das mochte er vielleicht für den gesamten Hof sein, nicht jedoch für die Königin! Vaudreuil fand ich ziemlich unheimlich. Er war Kreole und – laut Gabrielle – durch und durch faszinierend, obgleich auch sie sich vor ihm fürchtete. Seine Manieren waren bezaubernd, doch seine Eifersuchtsanfälle schrecklich. Außerdem war er, wie ich merken sollte, ungewöhnlich ehrgeizig.
Selbstverständlich war die Prinzessin Lamballe eifersüchtig auf meine neue Freundin und kritisierte sie dauernd, was mich ungeduldig mit ihr werden ließ, wie ich fürchte. Doch hatte ich sie nach wie vor gern und hielt sie in meiner Nähe, obgleich ich völlig von meiner reizenden Gabrielle fasziniert war.
Die Polignacs hatten eine Clique gebildet und verfolgten natürlich das Ziel, einen Ring um mich zu bilden, um über mich ihre Interessen zu verfolgen; aber ich war zu dumm, um das zu erkennen.
Alles, was ich tat, war wie immer unklug. Meine Freundschaft mit Frauen wurde bekannt und sehr eindeutig interpretiert. Ich befürchtete, daß Berichte darüber meiner Mutter zu Ohren kommen würden, und beeilte mich daher, diese Sache ihr gegenüber zu erwähnen, bevor sie es tat.

»Wir erleben hier eine wahre Flut von Schmähschriften und Pamphleten. Keiner am Hof, ich mit eingeschlossen, bleibt davon verschont. In meinem Fall sind sie sogar besonders großzügig. Sie bedenken mich mit zahlreichen Liebhabern, sowohl männlichen wie weiblichen Geschlechts.«

Meine kluge Mutter muß sich den Kopf zerbrochen haben, wie sie einen Druck auf meinen Gemahl ausüben könnte, um diese gefährliche Situation zu einem guten Ende zu bringen.
Indem ich den Grafen Jules von Polignac zum königlichen Hofstallmeister ernannte, sorgte ich dafür, daß Gabrielle bei Hofe und in meiner Nähe bleiben konnte. Und ich wurde nun vom fröhlichen Wirbel des Lebens mitgerissen. Es gab keine Langeweile mehr! Die Polignac Clique sorgte dafür. Ich verbrachte meine Zeit nur noch mit

lustigen jungen Leuten und war selbst die lustigste von ihnen allen. Gabrielles Appartement lag direkt neben meinem an der Marmortreppe, und ich konnte sie, wann immer ich wollte, ohne alles Zeremoniell besuchen. Ohne Zeremoniell! Das genau war es, was ich immer anstrebte.

Ich fand diese Menschen so interessant und ungewöhnlich. Da war die Prinzessin von Guéménée, die nach Madame de Marsan Gouvernante der kleinen Prinzessinnen geworden war. Eine Zeitlang hatte ich sie sogar sehr gern gehabt, denn sie war wirklich faszinierend. Sie liebte Hunde genauso wie ich, und es machte mir immer Freude, sie zu besuchen, um ihre Hunde anzuschauen – es müssen an die zwanzig reizender kleiner Kerlchen gewesen sein, die, wie sie steif und fest behauptete, besondere Kräfte besaßen und ihr halfen, mit der jenseitigen Welt Kontakt aufzunehmen. Sie hatte ihren Gatten, den Prinzen von Guéménée, verlassen und war die Geliebte des Herzogs von Coigny.

Coigny war sehr charmant, wenn er mir auch mit seinen etwa achtunddreißig Jahren alt erschien; doch seine Manieren waren vollendet, und ich war nicht mehr der törichten Ansicht, daß niemand über Dreißig an den Hof gehöre. Ferner zählten zu der Clique der Prinz von Ligne, ein Dichter, und der Graf von Esterhazy, den ich mit gutem Gewissen sah, da meine Mutter ihn mir als Ungarn empfohlen hatte. Ferner waren da der Baron von Besenval und der Graf von Adhémar, der Herzog von Lauzan und der Marquis de Lafayette, der sehr jung, groß und rothaarig war, weshalb ich ihn ›Bondinet‹ taufte.

All diese trafen sich in Gabrielles Suite, und dorthin begab ich mich, um bei ihnen der erdrückenden Last der Etikette in den *petits appartements* zu entfliehen.

Es war die gute Lamballe, die mich auf Rose Bertin aufmerksam machte. Die Herzogin von Chartres empfahl sie mir ebenfalls. Sie war eine *grande couturière* mit einem Geschäft in der Rue Saint Honoré und galt als äußerst geschickt.

Bei meinem Anblick geriet sie in Entzückensausbrüche über meine Figur, meinen Teint, meine Anmut und meine natürliche Eleganz und erklärte, sie brauche nichts anderes zu ihrem Glück, als meine Kleider machen zu dürfen. Sie hatte einige der hinreißendsten Stoffe mitgebracht, die ich je gesehen hatte, und drapierte diese um mich, ohne mich eigentlich um Erlaubnis zu fragen. Es mangelte ihr in der Tat vollkommen an jenem Respekt, den ich bei meiner gesamten Umgebung gewohnt war; sie benahm sich, als wäre das Schneiderhandwerk wichtiger als die Monarchie. Für sie war ich weniger die Königin als vielmehr ein perfektes Modell für ihre Schöpfungen. Sie machte mir ein Kleid, das ich für das eleganteste hielt, das ich jemals besessen hatte. Ich sagte es ihr, und einen Tag darauf hatte sie einen Stoff »entdeckt«, der geradezu für mich geschaffen wäre; keine andere Frau dürfe ihn tragen. Falls ich ihn nicht wollte, würde sie ihn wegwerfen. Einzig und allein für die Königin von Frankreich würde sie ein Kleid daraus schneidern.

Sie amüsierte mich. Sie wartete nie in den Vorzimmern, sondern kam geradeswegs in meine Gemächer; und wenn jemand aus meinem Gefolge sie als Schneiderin bezeichnete, war sie zutiefst gekränkt.

»Ich bin eine Künstlerin!« protestierte sie. Und das war sie. Sie faszinierte mich mit ihren Reden über Seide und Brokate und Farben und kam nun regelmäßig mit Entwürfen zu mir; manchmal machte ich ihr jedoch auch selbst Vorschläge.

»Wenn Madame nicht schon die Königin von Frankreich wären, wären Majestät eine Künstlerin! So muß sie sich damit begnügen, der Welt diese Meisterwerke vorzuführen.«

Meine Kleider wurden immer eleganter; es war eine unbestrittene Tatsache. Meine Schwägerinnen versuchten, meinen Kleidungsstil nachzuahmen. Rose Bertin lachte nur spöttisch darüber. »Haben die die Figur einer Aphrodite? Und einen Gang, als schwebten sie auf einer Wolke? Haben die den Charme und die Anmut eines Engels?«

Das alles hatten sie nicht, doch waren sie reich genug, um sich die Talente von Rose Bertin zu sichern.

Sie und ich bestimmten die Mode bei Hofe. Wenn ich einen Raum betrat, waren alle atemlos gespannt zu sehen, was ich trug, und eilten dann zu Rose Bertin und baten sie, mein Kleid für sie zu kopieren.

Wie sie mir sagte, wählte sie ihre Klientinnen mit großer Sorgfalt. Diese war zu dünn, jene zu dick und eine dritte völlig reizlos.

»Stellen Sie sich vor, Madame! Gestern hatte die Frau eines Kaufmannes die Frechheit, in mein Etablissement zu kommen! Ob ich für sie arbeiten würde? Diese Unverfrorenheit! Obgleich sie eine *sehr* reiche Kaufmannsfrau war, sagte ich: ›Ich habe keine Zeit, um mit Ihnen zu reden, Madame. Ich habe eine Besprechung bei Ihrer Majestät.‹«

Dies alles verlieh meinem Leben ein neues Interesse, und wenn die

Rechnungen kamen, warf ich kaum einen Blick auf die hohen Summen am unteren Rand des Papiers. Ich kritzelte lediglich »payez« darunter – »zahlen«.

Rose Bertin war sehr zufrieden mit mir – und ich mit ihr.

Oh, die Unvernunft jener Zeit! Ich weigerte mich zu realisieren, was um mich herum in der Welt vorging, und hörte nicht zu, wenn von den unsicheren Beziehungen zwischen Frankreich und England gesprochen wurde, die jeden Moment in einen Krieg ausbrechen konnten. Und den Mehlkrieg hatte ich vollkommen vergessen. Ich tanzte bis drei Uhr in der Früh oder spielte Karten und fing an, um Geld zu spielen.

Wenn ich auch sehr viel getan hatte, um die Herrschaft der Etikette zu brechen, so war mir das selbstverständlich nicht völlig gelungen. Wenn ich morgens aufwachte, brachte mir eine meiner Hofdamen ein Album ans Bett, das Stoffproben all meiner Kleider enthielt. Sowie ein neues Kleid fertig war, wurde ein Stoffmuster in dem Album befestigt. So war es jeden Morgen meine erste Aufgabe zu entscheiden, was ich im Verlauf des Tages tragen würde; dafür brauchte ich eine genaue Aufstellung meines Tagesplans – vielleicht ein Empfang am Vormittag, ein Negligé für den Nachmittag und ein prächtiges Kleid für den Abend. Eine zweite Hofdame stand mit einem Silberteller voller Stecknadeln neben dem Bett; wenn ich meine Wahl getroffen hatte, stach ich jeweils eine Nadel in die betreffende Stoffprobe. Das Album wurde darauf wieder weggetragen, und man brachte die Kleider, damit sie bereithingen, wenn ich sie brauchte.

Das Zeremoniell des Aufstehens war wirklich lästig! Sehnsüchtig dachte ich oft dabei an das Trianon und beschloß, so viel Zeit wie nur irgend möglich dort zu verbringen. In meinem eigenen kleinen Schlafzimmer aufzuwachen! Wie herrlich war das doch! Aus dem Bett zu springen und in meine Gärten hinauszuschauen, die ich nach eigenen Entwürfen umgestalten ließ. Vielleicht sogar in einem hastig über mein Nachtgewand geworfenen Morgenrock hinauszulaufen! Wie war es lustig und wundervoll, mit bloßen Füßen durch das taufeuchte kühle Gras zu gehen! Das war eine meiner großen Freuden im Trianon.

Wie anders war es dort als im Schloß, wo die Etikette mich zu erdrücken und mir meine angeborene Vitalität zu rauben schien!

Eines Wintermorgens wurde das Zeremoniell meines *lever* ins Groteske übertrieben. Beim Ankleiden mußte je eine Hofdame und eine Kammerjungfer neben mir stehen, und als ob das nicht genügte, mußte meine erste *femme de chambre* mit zwei rangniederen Kammerfrauen anwesend sein. Das Ganze war eine langwierige Prozedur, und ich konnte ihr an diesem kalten Wintermorgen weniger Geschmack denn je abgewinnen. Es war Aufgabe der Kammerjungfer, mir meinen Unterrock anzuziehen und mir mein Kleid zu reichen, während der Hofdame die intimere Aufgabe zustand, mir meine Unterwäsche anzuziehen und das Waschwasser einzugießen. War jedoch eine Prinzessin der königlichen Familie anwesend, so mußte die Hofdame ihr dieses Privileg überlassen, und die Prinzessin überreichte mir dann meine Unterwäsche. Diese Rangfolge mußte peinlich genau befolgt werden, denn gelegentlich mochten zwei oder drei Prinzessinnen anwesend sein, und falls eine die einer anderen zustehende Handreichung ausführte – und dadurch zum Ausdruck brachte, daß sie ranghöher war – bedeutete dies einen schweren Verstoß gegen die Etikette.

An diesem Morgen nun stand ich entkleidet da und wartete darauf, daß man mir meine Unterwäsche reichte, die ich gerade von meiner Hofdame entgegennehmen wollte, als sich die Tür öffnete und die Herzogin von Orléans eintrat. Sie streifte sich sofort die Handschuhe ab, als sie sah, was vorging, ließ sich die Unterwäsche von der Hofdame geben und reichte sie mir; doch in jenem Augenblick erschien die Gräfin von Provence.

Ich seufzte tief vor aufsteigendem Ärger. Da stand ich nun splitternackt und bekam nichts anzuziehen! Die Herzogin von Orléans hatte die Zeremonie schon aufgehalten, und jetzt tauchte auch noch meine Schwägerin auf, die tief gekränkt gewesen wäre, wenn nicht sie, sondern jemand anders mir meine Wäsche gereicht hätte. Also gab ich ihr mein Hemd und legte die Hände über meine Brust und wartete mit resigniertem Gesichtsausdruck, wobei ich nur dankbar für eines war: es konnte keine ranghöhere Dame als meine Schwägerin mehr auftauchen und diese alberne Zeremonie wiederholen.

Marie-Josèphe, die meine Ungeduld sah und begriff, daß ich fror, nahm sich nicht die Zeit, ihre Handschuhe auszuziehen, sondern streifte mir so rasch das Hemd über den Kopf, daß sie mir dabei meine Haube herunterriß.

Ich konnte meine Gereiztheit nicht mehr unterdrücken. »Einfach grotesk!« murmelte ich. »Wie ist das lächerlich!«

Dann lachte ich, um meinen Ärger zu kaschieren, war jedoch mehr denn je entschlossen, ihre alberne Etikette nicht länger mitzumachen. Ich begriff zwar, daß sie bei gewissen Staatsanlässen notwendig sein mochte, doch war es einfach absurd, sie derartig ausarten zu lassen.

Ich genoß es daher, Rose Bertin in meinen privaten Gemächern zu sehen, in die nie zuvor ein Kaufmann oder Händler Zutritt gehabt hatte. Und ich verbrachte immer mehr Zeit im Trianon.
Die wirklich große Zeremonie des Tages war die Kreation meiner Frisur. Selbstverständlich ließ ich dafür den besten Friseur aus Paris kommen, was wahrscheinlich bedeutete, daß er der beste der ganzen Welt war. Monsieur Léonard war auf seine Art eine genauso wichtige Persönlichkeit wie Rose Bertin. Jeden Morgen kam er aus seinem Geschäft in Paris nach Versailles herausgefahren, um mich zu frisieren, und die Leute pflegten aus ihren Häusern auf die Straße zu eilen, um ihn in seiner prächtigen, von sechs Pferden gezogenen Kutsche vorbeifahren zu sehen. Kein Wunder, daß ihre Unzufriedenheit über meine Verschwendungssucht zunahm. So wie Rose Bertin ganz allein für mich neue Modestile entwarf, erfand er neue Frisuren für mich. Vor Jahren war meine hohe Stirn beanstandet worden, doch jetzt waren hohe Frisuren Mode, die Frauen mit hohen Stirnen standen, und die Frisuren wurden immer fantasievoller und kühner. Das Haar wurde steif von Pomaden senkrecht über dem Kopf in die Höhe gezogen und mit falschem Haar der gleichen Farbe unterlegt; in einer Höhe von sechzig Zentimetern schuf dann Monsieur Léonard seine Originalkreationen mit Hilfe von künstlichen Blumen und Früchten, Vögeln und Bändern; ja sogar Schiffe und ganze Landschaften entstanden auf diese Weise auf meinem Kopf in luftiger Höhe.
Meine Erscheinung war ständig eines der wichtigsten Gesprächsthemen in ganz Versailles und Paris; man berichtete davon in den Gazetten und machte seine Witze darüber und bedauerte meine Verschwendungssucht. Mercy schrieb selbstverständlich darüber an meine Mutter, doch sie brauchte nicht ihn, um es zu erfahren.
Tadelnd schrieb sie mir:

»Ich kann nicht umhin, mich zu einem Thema zu äußern, über das ich durch viele Zeitungen Kenntnis erhalten habe. Ich spreche von Deiner Art, Dich zu frisieren. Soviel ich verstehe, steigt Deine Frisur von der Stirn bis zu neunzig Zentimeter in die Höhe und ist oben noch mit Federn und Schleifen geschmückt!«

Hohe Frisuren seien Mode, erwiderte ich, und kein Mensch in der Welt fände im geringsten etwas dabei.
Sie antwortete mir darauf:

»Ich habe immer gefunden, daß es gut ist, der Mode zu folgen, doch sollte man nie in Extreme verfallen. Eine hübsche Königin, die noch dazu mit Charme gesegnet ist, hat solche Torheiten ganz gewiß nicht nötig. Vornehme Schlichtheit in ihrer Kleidung unterstreicht nur diese Gaben und steht einem hohen Rang viel besser an. Da Sie als Königin die Mode bestimmen, folgt Ihnen alle Welt, wenn Sie solche Torheiten machen. Ich jedoch, die ich meine kleine Königin liebe und über jeden ihrer Schritte wache, darf nicht dazu schweigen und muß sie vor ihrer Unbesonnenheit warnen.«

In den Briefen meiner Mutter schwang in jener Zeit ein neuer Ton. Sie befahl nicht mehr, sondern warnte mich und versicherte mir ständig, daß sie das einzig und allein aus Liebe zu mir täte.

Ich hätte mehr darauf hören sollen, aber es war so lange her, daß ich sie zuletzt gesehen hatte, und sogar ihr Einfluß auf mich begann zu schwinden. Ich zitterte nicht mehr beim Anblick ihrer Schrift. Schließlich und endlich – wenn sie Kaiserin war, so war ich Königin, noch dazu die Königin von Frankreich! Ich war jetzt erwachsen und konnte tun, was ich wollte.

Ich fuhr also fort, Rose Bertin zu konsultieren. Meine Kleiderrechnungen nahmen riesige Ausmaße an, und meine Frisuren wurden jeden Tag extravaganter und lächerlicher.

Noch dazu ermunterten Artois und sein Vetter Chartres mich, um Geld zu spielen. Wir spielten Pharo, ein Glücksspiel mit Karten, bei dem man sehr viel Geld verlieren konnte. Die gesamte Summe, die mir der König jede Woche zur Bezahlung meiner Schulden gab, schien auf den Spieltischen zu landen.

Ich besaß einfach keinen Sinn für Geld; ich brauchte ja nur auf die mir vorgelegten Rechnungen »payez« zu kritzeln und meiner Dienerschaft die Erledigung zu überlassen. Mein Gemahl war zu nachsichtig. Ich glaube, er verstand den Grund für jene ruhelose Sucht, mich nicht zu langweilen und keine Zeit zum Nachdenken zu haben, und schrieb sich die Schuld daran zu. Er muß immer den Schatten des Skalpells über sich gefühlt haben, dem sich zu stellen er nicht den Mut aufbrachte. Er bezahlte meine Schulden und machte mir nie Vorhaltungen, wenn er auch versuchte, die Glücksspiele einzuschränken und das nicht nur für mich, sondern für den gesamten Hof.

Mehr als alles andere – mehr als Kleider, Glücksspiele, Tanzen und Frisuren – reizten mich jedoch Diamanten. Wie liebte ich diese fun-

kelnden Steine, und sie standen mir wie kein anderer Schmuck. Sie waren kalt, aber voller Feuer, und das war auch ich. Nach wie vor gestattete ich keinem jungen Mann, mit mir allein zu sein; es hieß, ich sei frigide. Unter meinem kühlen Äußeren glühte jedoch ein leidenschaftliches Feuer, das in gewissen Momenten wie ein Diamant aufblitzen konnte. Ich besaß sehr viel Schmuck. Einen Teil hatte ich aus Österreich mitgebracht und ein weiterer stammte aus dem Kästchen, das mein Großvater mir zur Hochzeit geschenkt hatte; doch ein neues Schmuckstück konnte mich immer faszinieren. Wenn das Volk auch über meine Verschwendung murrte, so waren zumindest die Kaufleute entzückt. Die Hofjuweliere Boehmer und Bassange, die aus Deutschland stammten, waren ebenso begeistert von mir wie Rose Bertin und Léonard. Sie legten mir ihre schönen Steine vor, die so köstlich in ihren Seiden- und Samtetuis aussahen, daß ich sie alle unwiderstehlich fand. Und wenn sie mir ein paar Diamantarmbänder zeigten, war ich hingerissen und dachte nicht an den Preis, bis ich beschlossen hatte, sie zu kaufen.
Auch dies löste bei meiner Mutter Protest aus.

»Wie ich höre, haben Sie sich Armbänder gekauft, die zweihundertfünfzigtausend Livres gekostet haben, mit dem Ergebnis, daß Ihre Finanzen in Unordnung geraten sind und Sie Schulden haben ... Es erfüllt mich mit großer Sorge, zumal beim Gedanken an die Zukunft! Eine Königin erniedrigt sich durch eine so auffallende Art, sich zu schmücken, und noch viel mehr durch mangelnde Sparsamkeit. Ich weiß leider, wie verschwenderisch Sie sein können, und ich kann deshalb nicht hierzu schweigen, weil ich Sie zu sehr liebe, um Ihnen nur zu schmeicheln. Verderben Sie nicht durch Ihr leichtfertiges Verhalten den guten Ruf, den Sie sich seit Ihrer Ankunft in Frankreich erwarben! Es ist allgemein bekannt, daß der König sparsam ist; die Schuld für Verschwendung wird daher Sie treffen. Ich hoffe, ich werde nicht mehr so lange leben, um die Katastrophe mitansehen zu müssen, die unaufhaltsam scheint, wenn Sie Ihre Lebensweise nicht ändern.«

Und die warnenden Vorhaltungen gingen weiter, denn meine Mutter hatte von meinen Spielschulden gehört.

»Glücksspiele gehören ganz ohne Zweifel zu den verwerflichsten Vergnügungen. Sie ziehen schlechte Gesellschaft an und provozieren

Klatsch ... Ich bitte Dich, meine liebe Tochter, gib dieser Leidenschaft nicht nach! Laß mich Dich bitten, mit dieser Gewohnheit aufzuhören! Falls ich hören sollte, daß Du diesen dringenden Rat nicht beherzigst, sehe ich mich leider gezwungen, den König in dieser Angelegenheit um Hilfe zu bitten – damit ich Dich vor größerem Unglück bewahre. Ich weiß zu genau, was für Folgen es nach sich ziehen würde. Sie werden nicht nur in den Augen des französischen Volkes Ihr gutes Ansehen verlieren, sondern auch im Ausland – was mich zutiefst bekümmern würde, denn ich liebe Sie so zärtlich.«

Ich wollte ihr eine Freude machen und versuchte es eine Zeitlang, doch bald verfiel ich wieder in meine alten Gewohnheiten. Als Mercy mir deswegen Vorwürfe machte, sagte ich: »Ich glaube, meine Mutter kann die Schwierigkeiten meines Lebens hier nicht so recht verstehen.«
Ich vermute, er konnte es, da er in meiner Nähe lebte, ebenso wie der Abbé Vermond. Vielleicht verurteilten sie deshalb meine Torheiten etwas weniger scharf.
Das Trianon war mein ganzes Entzücken. Ich ließ mit Hilfe des Prinzen von Ligne, der sich in Bel Oeil einen der schönsten Gärten Frankreichs geschaffen hatte, die Gärten neu anlegen. Zu jener Zeit war alles Englische sehr in Mode. Franzosen versuchten, in langen, eng anliegenden Überröcken, dicken Strümpfen und Zylindern wie Engländer auszusehen – selbstverständlich nicht bei Hofe, wo die Herren höchst elegant gekleidet waren, doch bemerkten wir solche Gestalten auf den Straßen in Paris. Vor den Geschäften hingen überall Schilder: ENGLISH SPOKEN HERE, und die Limonadenverkäufer boten jetzt Punsch an, und alle tranken *le thé*. Artois hatte Pferderennen in Frankreich eingeführt, und ich begleitete ihn oft zu den Rennen. Es war ein anderer Vorwand, um Geld zu spielen. Also mußte auch ich einen englischen Garten für mein Trianon haben! In ihm sollte ein kleiner Tempel mit einer exquisiten Erosstatue von Bouchardon stehen. Ich entschied mich für korinthische Säulen rings um die Statue und beschloß, ihn den Liebestempel zu nennen.
Ich erkannte, daß der Prinz von Ligne in mich verliebt war; dies betrübte mich, denn ich schätzte seine Gesellschaft sehr und wagte nicht, diese Freundschaft sich zu mehr entwickeln zu lassen.
Meine Gefühle für ihn mußten bemerkt worden sein, denn meine Mutter schrieb mir und sagte, sie hielte es für gefährlich, daß er so viel in Versailles sei. Ich legte ihm also nahe, zu seinem Regiment zu gehen

und erst nach einer gewissen Zeit wieder an den Hof zurückzukehren; doch war ich erstaunt, wie sehr ich sein Fortgehen bedauerte. Mir war jedoch klar, daß ich vorsichtig sein mußte.
Mercy kam zu mir und redete mir ins Gewissen. Ich hätte viele neue Freunde, wäre dauernd in ihrer Gesellschaft. Es schienen ihm Leute fragwürdiger Moral zu sein. Ob das sehr klug von mir wäre?
Ich sah ihn hinterhältig an, wußte ich doch, daß er eine Mätresse hatte, eine Opernsängerin, Mademoiselle Rosalie Levasseur. Er lebte schon seit Jahren mit ihr zusammen, und wenn es auch eine sehr ehrbare Beziehung war – soweit sie das unter den Umständen sein konnte – fehlte ihr doch der Segen der Kirche. Ich erwähnte es jedoch nicht und begnügte mich mit einer leichtfertigen Erwiderung. Man müsse das Leben genießen, solange man jung wäre. »Wenn ich älter bin, werde ich bestimmt ernsthafter. Meine Leichtfertigkeit wird sich dann geben.«
Zu meinem Erstaunen verstand der alte Kaunitz meine Situation weitaus besser als meine Mutter oder mein Bruder. Er schrieb an Mercy: »Wir sind eben noch so jung, und ich fürchte, wir werden das noch sehr lange bleiben.«

Für meinen Gemahl war diese Zeit ebenfalls nicht einfach.
Die königliche Haltung, die er in dem Mehlkrieg gezeigt hatte, schien verschwunden zu sein; er versuchte sich auf merkwürdige Weise Geltung zu verschaffen. So balgte er sich gern mit seinem Gefolge, und wenn ich zu ihm ging, fand ich ihn oft in einen Ringkampf verstrickt auf dem Fußboden liegen. Er siegte immer über seine Gegner, weil er viel stärker war; dies muß ihm das Gefühl der Überlegenheit verschafft haben, das er brauchte.
Er war in allem das genaue Gegenteil von mir. Er beklagte sich nicht über meine Verschwendung, war jedoch so sparsam, daß es schon fast an Geiz grenzte. Er besaß keinerlei Gefühl für Feinheiten. Manchmal fixierte er einen seiner Freunde und schritt auf ihn zu, so daß der arme Mann rückwärts gehen mußte, bis er mit dem Rücken an die Wand stieß. Dann stellte Ludwig fest, daß er nichts zu sagen hatte, lachte laut auf und ging weg.
Sein Appetit war unersättlich. Ich habe mit eigenen Augen gesehen, wie er zum Frühstück ein gebratenes Hühnchen und vier Koteletts aß, dazu mehrere Scheiben Schinken und sechs Eier; das Ganze spülte er mit einer halben Flasche Champagner hinunter. Er arbeitete stun-

denlang in der Schmiede, die er sich im obersten Stockwerk eingerichtet hatte; dort hämmerte er herum und fertigte Eisenkästen und Schlüssel an. Schlösser waren seine große Leidenschaft. Er hatte in der Schmiede einen Arbeiter namens Gamain, der ihn wie einen Arbeitskameraden behandelte und sogar seine Versuche verhöhnte, was Ludwig in bester Laune hinnahm; der König erklärte sogar, Gamain sei ein besserer Mensch als er.

Beim *coucher* war er der Etikette genauso überdrüssig wie ich und nahm sein *cordon bleu* und warf es dem nächstbesten Höfling zu. Nackt bis zur Taille kratzte er sich dann ungeniert vor seinem Gefolge, und wenn der ranghöchste versuchte, ihm in sein Nachthemd zu helfen, rannte er über Möbelstücke springend durch den Raum und zwang die anderen, hinter ihm herzujagen, bis sie außer Atem waren. Schließlich hatte er Mitleid mit ihnen und ließ sich das Nachthemd anziehen. Anschließend verwickelte er sie dann in eine Unterhaltung und ging in seinem Nachthemd im Gemach herum, wobei ihm seine halbausgezogenen Kniehosen um die Fußgelenke lagen und ihn zu kleinen, schlurfenden Schritten zwangen.

Der Vorfall mit dem Herzog von Lauzan machte mir deutlich, wie gefährlich Ludwig und ich uns schon auseinandergelebt hatten. Bei einem Fest im Hause der Prinzessin von Guéménée erschien Lauzan in einer äußerst prächtigen Uniform; auf seinem Helm steckte eine herrliche Reiherfeder. Ich fand sie sehr schön und sagte das auch impulsiv. Am nächsten Tag kam ein Bote von der Prinzessin von Guéménée mit der Feder und einem Briefchen der Prinzessin, in dem sie schrieb, der Herzog von Lauzan hätte sie gebeten, mich zu bewegen, die Feder von ihm anzunehmen. Es war mir unangenehm, doch wußte ich, es würde ihn tief kränken, wenn ich die Feder zurückschickte; und so entschied ich ohne weiter zu überlegen, daß ich sie einmal tragen und dann beiseite legen würde.

Monsieur Léonard baute sie also in meine Frisur ein, und als Lauzan seine Feder in meinem Haar erblickte, leuchteten seine Augen vor Freude auf.

Am folgenden Tag ließ er sich bei mir melden und bat um eine Audienz. Madame Campan war gerade bei mir, und ich gewährte ihm die Audienz, so wie ich es bei jedem andern getan hätte. Er würde mich gern privat sprechen, bat er, falls ich ihm diese Ehre zu erweisen geruhe.

Ich warf Madame Campan einen Blick zu, dessen Bedeutung sie

kannte. Sie sollte ins Vorzimmer gehen und die Tür angelehnt lassen, damit ich nicht mit ihm allein blieb.

Sowie sich der Herzog allein mit mir wähnte, warf er sich vor mir auf die Knie und bedeckte meine Hände mit Küssen.

»Ich war ganz überwältigt von Freude«, rief er aus, »als ich sah, daß Sie die Reiherfeder trugen! Es war Ihre Antwort ... die von mir so heiß ersehnte Antwort! Sie haben mich zum glücklichsten Mann der Welt gemacht!«

»Hören Sie auf!« gebot ich. »Sind Sie wahnsinnig, Monsieur de Lauzan?«

Er richtete sich auf, und alle Farbe wich aus seinem Gesicht. »Aber Eure Majestät waren doch so gütig, mir durch unser Zeichen zu bedeuten ...«

»Sie können gehen«, sagte ich.

»Aber ...«

»Würden Sie jetzt gehen, Monsieur de Lauzan? Und zwar sofort ... Madame Campan ... kommen Sie herein!« Sie war sogleich zur Stelle. Lauzan blieb nichts anderes übrig, als sich zu verneigen und sich zurückzuziehen.

Ich sagte zu Madame Campan: »Dieser Mann soll mir nie wieder meine Gemächer betreten!« Ich zitterte vor Bestürzung und war sowohl zornig wie erschreckt. Ich wußte, ich hatte auf gewisse Weise Schuld an dem Vorfall; ich war kokett gewesen, hatte mit ihm geflirtet und war so töricht gewesen, die Feder zu tragen. Warum konnten diese Menschen nicht begreifen, daß ich mich nur harmlos amüsieren wollte!

Lauzan sollte mir nie verzeihen. Seine Gefühle für mich waren tatsächlich sehr leidenschaftlicher Natur gewesen, und wenn er nicht mein Liebhaber werden konnte, nun, dann wenigstens mein Feind! Und das wurde er in den schlimmen Jahren, als ich so nötig Freunde brauchte.

Es kamen oft Augenblicke, in denen ich mich danach sehnte, dem Hofleben zu entrinnen; dann begab ich mich zum Petit Trianon, das auf mich wartete; doch manchmal hatte ich den unbestimmten Wunsch, viel weiter weg zu sein. Ich fuhr dann in meiner Kalesche aus, um allein zu sein – ein bei mir sehr ungewöhnlicher Wunsch! Natürlich war ich nie allein! Alles folgte einem vorgeschriebenen Zeremoniell, auch wenn ich ganz informell eine Ausfahrt machte. Ich mußte meinen Kutscher und meine Postillone mitnehmen.

Wir fuhren über Land und durch kleine Dörfer, und ich sah den Kindern beim Spielen zu – reizenden Geschöpfen, die mein zu nennen ich überglücklich gewesen wäre. Als wir einmal so durch ein Dorf fuhren, kam einer der Kleinen plötzlich aus einer Hütte gelaufen und geriet fast unter die Hufe der Pferde. Ich schrie auf, und der Kutscher hielt abrupt an. Der kleine Junge lag strampelnd auf der Straße.

»Ist er verletzt?« rief ich und beugte mich aus der Kutsche.

Das Kind fing furchtbar zu schreien an, als einer der Postillone es aufhob.

Es stieß wütend mit den Füßen um sich, und der Postillon meinte lachend: »Ich glaube kaum, daß ihm irgend etwas fehlt, Eure Majestät. Er hat sich nur erschreckt.«

»Bring ihn zu mir.«

Seine Kleidung war zerrissen, doch sauber. Als ich ihn auf den Schoß nahm, hörte er auf zu schreien und starrte mich staunend an. Er hatte große blaue Augen und blondes langes Haar. Er sah wirklich aus wie ein kleiner Posaunenengel.

»Hast du dir auch nicht wehgetan, mein Liebling?« fragte ich. »Du brauchst gar keine Angst mehr zu haben.«

Eine Frau war aus der Hütte getreten; zwei Kinder, älter als der kleine Junge, kamen hinterher, und ich erhaschte einen Blick auf weitere Kinder.

»Der Kleine...« begann die Frau und sah mich dann mit blankem Erstaunen an. Ich bin nicht sicher, ob sie wußte, wer ich war.

»Was machst du denn da, Jacques?«

Der kleine Junge wandte sein Gesicht von ihr ab und kuschelte sich enger in meinen Schoß. Das bestimmte mich in meinem Entschluß. Er gehörte mir! Die Vorsehung hatte ihn mir geschenkt. Ich bedeutete der Frau, näher an meine Kalesche zu treten.

»Sie sind seine Mutter?«

»Nein, Madame, seine Großmutter. Seine Mutter – meine Tochter – starb vorigen Winter. Sie hat mir fünf Kinder aufgehalst.«

Ich war selig. Aufgehalst! Das war ein Zeichen!

»Ich werde den kleinen Jacques zu mir nehmen«, erklärte ich. »Ich werde ihn adoptieren und ihn wie mein eigenes Kind aufziehen.«

»Er ist der ungezogenste von allen. Wenn Sie vielleicht eines der andern...«

»Nein, ich möchte ihn!« beharrte ich, denn ich liebte ihn bereits. »Geben Sie ihn mir! Sie werden es nie bereuen!«

»Madame ... Sie sind ...«
»Ich bin die Königin.« Sie machte einen tiefen ungeschickten Knicks, und ich fügte hinzu: »Sie werden eine Unterstützung bekommen.« Meine Augen füllten sich mit Tränen der Rührung über ihre Dankbarkeit, denn es war mir immer eine Herzensfreude, den Armen zu helfen, wenn mich ein Umstand wie dieser auf ihr schweres Leben aufmerksam machte. »Und dieser Kleine soll wie mein eigenes Kind aufwachsen.«
Der Junge setzte sich unvermittelt auf und fing zu schreien an. »Will nicht Königin! Will Marianne ...«
»Seine Schwester, Madame«, sagte seine Großmutter erklärend. »Er ist sehr launisch. Er wird Ihnen weglaufen.«
Ich küßte ihn. »Nicht mir!« erwiderte ich, doch er versuchte, sich mir zu entwinden. Ich wies Madame Campan an, den Namen der Frau zu notieren und mich an sie zu erinnern; dann gab ich dem Kutscher Befehl, zum Schloß zurückzufahren.
Der kleine Jacques stieß den ganzen Weg mit Füßen um sich und brüllte, er wolle Marianne und seinen Bruder Ludwig haben. Er war ein tapferes Kerlchen.
»Du weißt ja gar nicht, mein Liebling, was für ein Glückstag dies für dich ist«, sagte ich zu ihm, »und auch für mich!«
Ich erzählte ihm von den Spielsachen, die er bekommen würde ... von einem eigenen kleinen Pony. Wie er das fände? Er hörte es sich an und heulte dann wieder los: »Ich will Marianne!«
»Ein treuer kleiner Kerl«, meinte ich. »Läßt sich nicht bestechen.« Ich herzte und küßte ihn, was ihn nur um so widerspenstiger machte. Seine kleine Wollmütze rutschte herunter, und ich stellte entzückt fest, wie viel hübscher er ohne sie aussah; und ich malte mir aus, wie reizend er erst in den Kleidern aussehen würde, die ich für ihn entwerfen wollte. Dieses rote Wams und die kleinen Holzschuhe würden wir bald ausrangieren!
Als wir vor dem Schloß ankamen, erregte es begreiflicherweise einiges Erstaunen, mich Hand-in-Hand mit einem kleinen Bauernjungen zu sehen. Dieser war jetzt von allem, was er um sich herum erblickte, zu überwältigt, um weiter heulen zu können.
Die neueste Torheit der Königin, so bezeichnete man es. Aber es war mir egal. Endlich hatte ich ein Kind, auch wenn es nicht mein eigen Fleisch und Blut war. Unverzüglich fand ich eine Amme für ihn – die Frau eines meiner Diener, die selbst Kinder hatte und eine gute Mut-

ter war. Ich befahl, ihn seiner neuen Lebenssituation entsprechend einzukleiden, und traf mit Madame Campans Hilfe eine Regelung, wie wir die Geschwister meines kleinen Lieblings zur Schule schicken konnten.
Es waren die glücklichsten Tage seit langer Zeit. Als ich meinen Kleinen dann in einem weißen, spitzenbesetzten Anzug und einer rosaroten Seidenschärpe mit silberner Borte erblickte, auf dem Kopf einen kleinen Hut mit einer Straußenfeder, erschien er mir als das schönste Kind der ganzen Welt.
Ich nahm ihn in die Arme und mußte vor Rührung weinen, und diesmal wehrte er sich nicht mehr. Er schlug seine staunenden, unglaublich blauen Augen zu mir auf und sagte: »Maman.«
Ich nannte ihn Armand. Das war sein Familienname, der mir geeigneter bei Hofe erschien als Jacques. Jeden Morgen wurde er mir gebracht und saß bis zum *lever* auf meinem Bett; wir frühstückten zusammen, und manchmal aß er auch abends mit mir und dem König, der den kleinen Armand ebenfalls recht gern gewann.
Ich war die einzige, die seinen unberechenbaren Eigensinn zu zügeln verstand. Er liebte es, auf meinem Bett zu sitzen und mit den Federn und Ziergestecken für meine Frisuren zu spielen, und wenn ich für ein Bankett oder einen Ball in großer Robe war, pflegte ich schnell noch zu ihm zu gehen, damit er mich so sehen konnte.
Ich liebte ihn, doch auch er liebte mich. Allerdings kam ich damals gar nicht auf den Gedanken, daß ein Kind zu tiefen Gefühlen fähig sein konnte – vielleicht sogar zu tieferen als ich selbst.

Niemand konnte mehr daran zweifeln, daß es zwischen mir und meinem Gemahl nicht zum besten stand. Obgleich er mir gegenüber nie etwas anderes als Güte und Freundlichkeit zeigte, war es doch ganz offenkundig, daß er meiner Gesellschaft die anderer Personen vorzog. So verbrachte er mehr Zeit mit seinem Schmied Gamain als mit mir. Von allen Staatsgeschäften blieb ich völlig ausgeschlossen, und wenn er auch meine Verschwendung duldete, oft meine Schulden für mich bezahlte und dafür dann an allen Ecken und Kanten knauserte, ja mir sogar erlaubte, ein Bauernkind in den Kreis der Familie zu bringen, gab er doch deutlich zu verstehen, daß er keine Einmischung von mir in Politik und Staatsgeschäfte dulden werde, wie nachsichtig und nachgiebig er auch sonst gegen mich sein mochte.
Die Beunruhigung meiner Mutter war nicht mehr zu übersehen, eben-

sowenig wie die von Mercy, Vermond und Kaunitz. Und meine Mutter hatte ihre Feinde in Europa, von denen Friedrich von Preußen der schlimmste war – vielen als Friedrich der Große bekannt, für meine Mutter jedoch Friedrich das Ungeheuer.
Der Preußenkönig hatte seine Spione überall, wodurch er bestens über das Unvermögen Ludwigs, unsere Ehe zu vollziehen, informiert war; und er verfiel auf die Idee, daß dort, wo ein leichtfertiges junges Mädchen versagt hatte, eine erfahrene Frau erfolgreicher sein mochte. Louise Contat, die bekannte Schauspielerin an der Comédie Française war so eine Frau. Sie war mehr als schön; als Frau mit großer Sensibilität und berückendem Charme bemühten sich nicht wenige Herren der Gesellschaft um ihre Gunst.
Eine solche Mätresse würde, wie Friedrich der Große überzeugt war, dem König eine große Hilfe sein. Auf jeden Fall war es einen Versuch wert. Und bevor man diese Liaison einfädelte, war dafür zu sorgen, daß die verführerische Contat eine Freundin Preußens wurde.
Ich habe keine Ahnung, was hieraus entstanden wäre, wenn Vermond und Mercy nicht so wachsam gewesen wären; doch weiß ich eines: mein Gemahl wäre mir niemals untreu geworden.
Mercy schrieb jedoch sehr bald darüber an meine Mutter. Was muß in der Hofburg für Aufregung geherrscht haben! Ich stellte mir die Besprechungen meiner Mutter mit Joseph vor. Mein Bruder war pompöser denn je geworden und glaubte, als Familienoberhaupt wäre es seine Pflicht, auf seine Geschwister aufzupassen und sie, falls nötig, zur Ordnung zu rufen.
Er hatte Caroline in Neapel besucht, und ihre Lebensweise hatte ihm gar nicht gefallen. Arme Caroline! Was hatten die Jahre nur aus ihr gemacht? Sie erregte mit dem Gemahl, den sie so widerwillig akzeptiert hatte, in Neapel Skandale. Es gab vieles, über das Joseph ihr ins Gewissen reden mußte. Caroline brachte zu ihrer Entschuldigung vor, daß sie nur dann einen Liebhaber hätte, wenn sie von ihrem Mann ein Kind erwarte. Als ob alles übrige nicht ins Gewicht fiele, solange nur die rechtmäßige Erbfolge gesichert war! Auch Maria-Amalia hatte seit ihrer Ankunft in Parma Skandale verursacht. Und nun ich in Frankreich – die ganze Welt blickte auf mich, und ich war vergnügungssüchtig und verschwenderisch, wenn auch wenigstens meinem Gemahl treu – obgleich die Gerüchte mich hunderter verderbter Ausschweifungen beschuldigten. Und jetzt bestand die Gefahr, daß mir mein Platz in der Zuneigung meines Gemahls von einer hochintelli-

genten und äußerst reizvollen Schauspielerin weggenommen wurde, die es dem Erzfeind meiner Mutter ewig danken würde, wenn er ihr zu dieser hohen Stellung verhalf.

Es mußte sofort gehandelt werden! Man hätte es schon längst tun sollen!

Mein Bruder Joseph kam also nach Versailles, um sich selbst ein Bild über die wahre Situation zu machen und herauszufinden, was gegen sie zu tun war.

»Suchen Sie nach Gelegenheiten? Erwidern Sie die Zuneigung auch aufrichtig, die der König Ihnen erweist? Oder sind Sie kühl und zerstreut, wenn er zärtlich zu Ihnen ist? Machen Sie etwa einen gelangweilten oder dégoutierten Eindruck? Falls dem so ist, kann man dann erwarten, daß ein Mann von kühlem Temperament sich Ihnen nähert und Sie leidenschaftlich liebt?«

»Ich zittere wirklich um Ihr Glück, denn ich bin leider überzeugt, daß es auf die Dauer nicht so weitergehen kann ... Die *Revolution* wird sehr grausam werden und vielleicht sogar durch Sie verschuldet sein.«

Aus den Instruktionen Kaiser Josephs an Marie-Antoinette

»Jetzt ist mir das Glück zuteil geworden, das von allergrößter Bedeutung für mein ganzes Leben ist ... Meine Ehe ist vollzogen! Gestern wiederholten wir den Versuch, und er war sogar noch erfolgreicher als das erste Mal ... Ich glaube nicht, daß ich schon ein Kind erwarte, hoffe aber, daß das nun jeden Augenblick eintritt.«

Marie-Antoinette an Maria-Theresia

»Ich hoffe, das kommende Jahr wird nicht verstreichen, ohne daß ich Ihnen einen Neffen oder eine Nichte schenke ... Ihnen ganz allein verdanken wir dieses Glück!«

Ludwig XVI. *an Kaiser Joseph*

Ich erhielt die Nachricht, daß mein Bruder in Paris angekommen war und von Mercy empfangen in der österreichischen Botschaft wohnte. Was, so fragte ich mich, mochte Mercy in diesem Augenblick gerade meinem Bruder über mich erzählen? Wohl kaum etwas Schmeichelhaftes! Ich dachte an all die vorwurfsvollen, tadelnden Briefe aus Wien. Meinem Bruder, dem Kaiser von Österreich und Mit-Regenten meiner Mutter, war ganz gewiß nichts verschwiegen worden.
Ich hatte ihn zuletzt bei meinem Abschied aus Wien gesehen, als er mich den ersten Tag jener Reise nach Frankreich begleitete. Wie hatte ich gähnen müssen, als er mir vorhielt, was für ein Glück ich hätte und wie viele Pferde für meine Reise bereitständen! Ich hatte damals nicht bedauert, von ihm Abschied zu nehmen; jetzt jedoch war ich bei der Aussicht, ein Mitglied meiner engsten Familie wiederzusehen, zwischen Vorfreude und Unbehagen hin- und hergerissen.
Joseph hatte Anweisung erteilt, er wolle kein Theater, kein Zeremoniell. Er reiste nicht einmal als der Kaiser von Österreich, sondern als Graf Falckenstein, und war in einem offenen Reisewagen bei strömendem Regen vor der Botschaft vorgefahren. Das wäre wirklich nicht notwendig gewesen! Er hätte ruhig mit gebührendem Pomp und Aufwand kommen können.
Vermutlich würde er mir wegen meiner Verschwendung ins Gewissen reden, überlegte ich. Sie war ihm besonders verhaßt, da er eine spartanische Lebensweise liebte. Schon immer hatte er ein Herrscher sein wollen, dessen erster Gedanke dem Wohl seines Volkes galt, und er reiste gern incognito und tat unerkannt Gutes. Doch böse Zungen behaupteten, wenn er auch eine Zeitlang incognito bliebe, gebe er sich doch auf dem Höhepunkt seines Abenteuers zu erkennen und arrangiere es immer so, daß jemand ihn erkenne. Dann solle er dramatisch erklären: »Ja, ich bin der Kaiser!«
Ich weigerte mich, dies zu glauben. Es war wieder einmal nur niederträchtiger Klatsch. Doch gegen Ende von Josephs Besuch war ich mir dessen nicht mehr so sicher. Es war tatsächlich recht lästig, daß er incognito gekommen war. Warum wohnte er bloß in der Botschaft? Und wenn er nach Versailles käme, sagte er außerdem, hätte er nicht die Absicht, im Schloß oder Trianon zu wohnen. Man solle ihm irgendwo zwei möblierte Zimmer im Ort finden, denn er wolle nicht als Kaiser

von Österreich behandelt werden, sondern nur als gewöhnlicher Bürger.

Ich war gerade bei meiner Morgentoilette und dachte: ›Heute ist es soweit!‹ Mein Haar hing mir lose um die Schultern, denn Monsieur Léonards Sechsspänner war noch nicht die Straße von Paris nach Versailles entlanggerattert gekommen. Da hörte ich Hufgeklapper auf dem Schloßhof. Es war erst halb zehn, und ich kümmerte mich deshalb nicht weiter darum. So war ich höchst überrascht, als man mir meldete, der Abbé Vermond wäre angekommen und hätte Besuch für mich mitgebracht. Dieser wartete nicht, bis er gemeldet wurde, sondern kam jegliches Zeremoniell mißachtend, einfach hereingestürmt.

»Oh! Das ist ... Das ist ja Joseph!«

Und ich vergaß alles außer der Tatsache, daß dies mein Bruder war. Schlagartig hatte ich wieder das Gefühl, ein Kind zu sein ... als wäre ich wieder in Schönbrunn und sollte gerade wegen etwas getadelt werden. Ich lief auf Joseph zu und warf ihm die Arme um den Hals. Er war genauso gerührt, und als er mich küßte, standen ihm die Tränen in den Augen.

»Meine kleine Schwester ... Mein schönes Schwesterchen!«

»Ach Joseph! Es ist einfach herrlich, Sie wiederzusehen! ... Wie ist es lange her! ... Ich habe so oft an Sie und unsere liebe Mutter und Wien gedacht ...«

Ich sprudelte unzusammenhängende Sätze in Deutsch hervor; unbewußt war ich in meine Muttersprache zurückgeglitten. »Ach Joseph! Es ist wundervoll! Es ist ganz so, als wäre ich wieder ein kleines Mädchen.«

Joseph sagte, es wäre eine wahre Freude mich anzusehen, und er war jetzt gar nicht der gestrenge Bruder, der mich wegen meiner Leichtfertigkeit immer so getadelt hatte. Wir Deutschen sind nun einmal sentimentale Leute – wie sehr, hatte ich in all den Jahren ganz vergessen, die ich nun schon unter Franzosen lebte.

Glücklich überfiel ich ihn mit Fragen. »Wie geht es Mama? Wie sehen die Gärten in Schönbrunn aus? Was ist mit unserem kleinen Theater in der Hofburg? Wie geht es diesem und jenem der Dienerschaft? Und meinen kleinen Hunden? Ist Mama wohlauf und glücklich? Ich fürchte, sie hat sich Sorgen gemacht. Wie gern möcht' ich sie wiedersehen! Sie müssen ihr sagen, Joseph ... ihr sagen, daß ich große Sehnsucht nach ihr habe!«

Wir lachten und weinten durcheinander, und Joseph sagte, ich wäre sehr schön geworden. Schon damals wäre ich ein hübsches kleines Mädchen gewesen; jetzt jedoch sei ich eine schöne Frau. Wenn er eine so schöne Frau wie mich finden könnte, würde er wieder heiraten.

Dies alles war nur die Wiedersehensfreude. Wir kosteten sie in jener ersten Stunde voll aus, bevor Joseph die unangenehme Aufgabe in Angriff nahm, deretwegen er nach Frankreich gekommen war, nämlich um mir ernste Vorwürfe und Vorhaltungen zu machen und mir auf den Weg der Besserung zu verhelfen.

Erst als meine fast hysterische Freude über unser Wiedersehen sich legte, konnte ich ihn genauer und, wie ich zugeben mußte, kritisch betrachten. Man konnte ihn kaum schön nennen. Er war absichtlich sehr einfach gekleidet, denn sein Anzug sollte mehr praktischen als eleganten Zwecken dienen. Seine Farbe war am Hof als »puce« – Floh – bekannt, seit Rose Bertin mir ein Seidenkleid von dieser Farbe gemacht hatte, denn als der König es sah, sagte er, es hätte die Farbe eines Flohs. Seitdem war »puce« die große Modefarbe geworden. Doch sie stand meinem Bruder nicht. Mir mißfielen auch die kurzen Stiefel, die ihm das Aussehen eines Mannes aus dem Volk verliehen; und seine Frisur war für einen Kaiser wahrlich nicht sehr angemessen! Er trug das Haar in einer einzigen langen Locke. Er hielt sich ein wenig gebückt und war im ganzen sehr gealtert, seit ich ihn zuletzt gesehen hatte.

»Sie finden, ich sehe nicht wie der Kaiser von Österreich aus. Gestehen Sie es!«

»Sie sehen wie mein Bruder Joseph aus, und mehr will ich nicht.«

»Ah – die haben Ihnen hier beigebracht, feine Komplimente zu machen, aber ich bin ein einfacher Mensch und liebe eine einfache Sprache. Ich möchte jetzt allein mit Ihnen sein, da ich mit Ihnen reden muß.«

»Sie wollen sicher, daß ich Sie zum König führe, der ungeduldig ist, Sie kennenzulernen.«

»Alles zu seiner Zeit«, erwiderte Joseph. »Zuerst einmal möchte ich aus Ihrem Munde hören, ob all diese Gerüchte wahr sind. Sie müssen ganz aufrichtig mit mir sein, denn aus diesem Grunde bin ich hergekommen – – wegen dieser Angelegenheit. Ich muß die volle ungeschminkte Wahrheit wissen.«

Ich geleitete ihn in ein kleines Vorzimmer und schloß die Tür.

»Ganz Europa«, begann er, »redet über Ihre Ehe. Stimmt es oder stimmt es nicht, daß der König nicht in der Lage ist, diese Ehe zu vollziehen?«

»Es stimmt.«
»Obwohl er es oft versucht hat?«
»Leider ja.«
»Und die Ärzte haben ihn untersucht und festgestellt, daß das Skalpell unumgänglich ist, um einen normalen Mann aus ihm zu machen?«
Ich nickte.
»Er scheut vor dieser Operation zurück?«
Wieder nickte ich.
»Ich verstehe. Man muß ihm die Augen für seine Pflicht öffnen!«
Joseph schritt im Zimmer auf und ab, als unterhielte er sich laut mit sich selbst. Trotz seiner einfachen Kleidung entwickelte er ein sehr kaiserliches Auftreten, und ich begann mich zu fragen, ob Joseph wirklich so bescheiden war, wie er uns weismachen wollte.
Er stellte viele intime Fragen, die ich ihm offen beantwortete.
»Es ist höchste Zeit, daß ich gekommen bin«, meinte er.
Ich schickte einen Lakaien zum König mit der Nachricht, daß mein Bruder angekommen sei, und schlug ihm vor, mit diesem unverzüglich zu ihm zu kommen. Dann ergriff ich Josephs Arm und führte ihn zu den Gemächern des Königs. Dieser kam uns bereits entgegengeeilt und umarmte meinen Bruder.
Ich bemerkte, daß mein Gemahl größer als er war, und obgleich keineswegs der eleganteste Mann bei Hofe, sah er doch ausgesprochen distinguiert neben Joseph aus. Dieser hatte jedoch das Benehmen des älteren Bruders. Er mochte incognito reisen, ließ aber sofort durchblicken, daß er den König von Frankreich für rangniedriger hielt als den Kaiser von Österreich. Ludwig trug wegen des kürzlichen Todes des Königs von Portugal Trauer und war in purpurroten Samt gekleidet.
Sie wechselten einige höfliche Redewendungen, und Ludwig versicherte meinem Bruder, daß ihm das gesamte Schloß zur Verfügung stände, worauf Joseph nur lachend den Kopf schüttelte.
»Nein, Bruder«, entgegnete er, »ich ziehe vor, als einfacher Mann zu leben. Meine Unterkunft in Versailles ist mir sehr recht. Ich habe zwei Zimmer in dem Haus eines Ihrer Kämmerer, was mir völlig genügt.«
»Aber dort werden Sie nicht den Komfort finden, an den Sie gewöhnt sind.«
»Ich verschwende nicht viele Gedanken an Komfort, lieber Bruder, und ich bin nicht so an ihn gewöhnt wie Sie. Ein Feldbett und ein Bärenfell ist alles, was ich brauche.«

Er sah sich während seiner Worte in dem goldglänzenden Salon um, und sein Blick war tadelnd, als wäre etwas Sündiges an unserer Pracht. Er müßte die Mitglieder der königlichen Familie kennenlernen, sagte der König, und einige seiner Minister; auf jeden Fall Monsieur de Maurepas. Nichts würde ihn mehr entzücken, versicherte mein Bruder; und so verging der Morgen mit dem Empfang und der Vorstellung dieser Personen. Ich fühlte mich etwas unbehaglich, weil mein Haar nicht frisiert war und mir keine Zeit für diese langwierige Prozedur blieb. Der arme Monsieur Léonard war vermutlich völlig verzweifelt, aber ich mußte bei meinem Bruder bleiben. Wenn er uns doch nur die Zeit seiner Ankunft vorher mitgeteilt hätte! Wieviel angenehmer wäre es für uns alle gewesen! Doch Josephs einfache Sitten sollten uns das Leben während seines Besuches beträchtlich erschweren.

Wir dinierten in meinem Schlafzimmer. Kein Zeremoniell, verlangte Joseph. Also wurde ein Tisch hereingebracht und Stühle ohne Lehnen, was ziemlich unbequem war. Da saßen wir nun stocksteif auf unseren Hockern – und aßen im Schlafzimmer, nur wir drei ganz intim, doch keiner von uns fühlte sich so recht wohl dabei, und ich bin überzeugt, Ludwig und ich wären viel weniger verkrampft gewesen, wenn wir in der gewohnten Weise diniert hätten.

Wir sprachen über alles mögliche in den darauffolgenden Tagen. Joseph war mit einem dreifachen Ziel nach Frankreich gekommen: erstens, um mich zu bewegen, meine leichtfertige Art abzulegen, zweitens, um die Allianz zwischen Frankreich und Österreich zu festigen, und drittens – was vielleicht am allerwichtigsten war – um die Wahrheit über meine unbefriedigende Ehe herauszufinden und diese in Ordnung zu bringen. Es war typisch für Joseph, daß er sich für befähigt hielt, dies alles zu erreichen.

Während der ersten Tage beflügelte uns noch die Wiedersehensfreude, doch erkannte ich bald, daß er den französischen Hof für sehr verschwenderisch hielt und ihn mit großer Kritik sah.

Am zweiten Tag nach seiner Ankunft soupierten wir im Familienkreis in Elisabeths Suite. Ich wollte, daß mein Bruder Elisabeth gern gewann, weil ich sie liebte; sie wuchs zu einem bezaubernden Geschöpf heran. Mir kam der Gedanke, daß Joseph ja wieder eine Frau brauchte, nachdem er seine zwei unglücklichen Ehen hinter sich hatte. Er war der Kaiser von Österreich und brauchte schließlich einen Erben, obwohl seine Brüder die Thronfolge sicherten. Falls Elisabeth ihn jedoch heiratete, würde sie Frankreich verlassen, und es schien mir deshalb gar nicht mehr so eine gute Idee.

Ich vermutete, daß Artois sich hinter Josephs Rücken über ihn lustig machte. Er und Provence fanden meinen Bruder bestimmt unelegant und unkultiviert.

Auch dieses Diner war alles andere als geglückt. Ach, wie wünschte ich, Joseph würde sich wie ein normaler königlicher Gast benehmen! Etwas schien an jenem Abend in alle drei Brüder gefahren zu sein. Ich wage zu behaupten, daß Josephs geschraubte Unterhaltung daran schuld war. Als wir nach dem Essen aufstanden, stellte Provence Ludwig ein Bein, über das dieser stolperte; Ludwig fiel darauf über seinen Bruder her, und sie rangen miteinander, und auch Artois stürzte sich mit in den Kampf. Es war nur Spaß, erschien Joseph jedoch höchst befremdend. Ich hatte schon so oft erlebt, daß mein Gemahl und meine Schwäger sich balgten, manchmal halb im Scherz, manchmal halb im Ernst, denn Provence war nach wie vor so eifersüchtig auf Ludwig, daß diese Ringkämpfe mit ihm eine Erleichterung für ihn bedeuteten. Dem König machten sie immer Vergnügen, und Artois war boshaft genug, sich über alles zu freuen, was unseren Gast schockierte.

Elisabeth und ich tauschten entsetzte Blicke, doch Joseph ignorierte die sich balgenden jungen Männer und redete weiter, ohne sich das geringste Erstaunen anmerken zu lassen. Als ich später zu ihm sagte: »Madame Elisabeth ist schon eine richtige Frau!« entgegnete er streng: »Es wäre begrüßenswerter, wenn der König schon ein richtiger Mann wäre!«

Ich konnte es nicht abwarten, ihm mein Trianon zu zeigen, und nahm ihn am nächsten Tag in Begleitung von zwei Hofdamen dorthin mit. »Das Trianon ist mein Schlupfwinkel. Dort kann ich ganz einfach leben«, erzählte ich ihm.

Voller Stolz führte ich ihn durch den englischen Garten, der fast fertig war. Aber er interessierte ihn nicht. Er fing nun an, mir seine Moralpredigt zu halten. Ob ich nicht erkenne, daß ich in mein Unglück liefe? Ich umgäbe mich mit Männern und Frauen von dubioser Moral. Wäre es da ein Wunder, wenn meine eigene Tugend angezweifelt würde? »Sie sind zu leichtfertig!« rief er aus. »Sie denken an nichts anderes als an Ihre Vernügungen!«

»Ich muß meine Zeit irgendwie ausfüllen.«

»Dann füllen Sie sie doch vernünftig aus!«

»Wenn ich Kinder hätte . . .«

»Aha! Das ist ja des Übels Kern! Aber Ihr Verhalten dem König gegenüber mißfällt mir.«
»Mißfällt Ihnen?«
»Eine Ehefrau sollte unterwürfig und gefügig sein. Sie versuchen nicht genug, ihn zu erfreuen. Sie sollten sich um ihn bemühen! Sollten sich auch mal überwinden, um ihm eine Freude zu machen.«
»Seine Interessen sind so verschieden von den meinen.«
»Sie sollten seine Interessen zu den Ihrigen machen!«
»Sehen Sie mich am Amboß stehen?« Ich hielt ihm meine Hand hin. »Können Sie sich vorstellen, daß ich Schlösser mache... oder mich vielleicht mit meinen Schwägerinnen auf dem Fußboden herumbalge? Es ist für mich einfach unmöglich, dem König in seinen Vorlieben und Neigungen zu folgen.«
»Selbstverständlich sollen Sie das nicht auf diese Art, aber Sie sollten fügsamer sein, sollten ihm zeigen, daß Ihnen seine Gesellschaft angenehm ist. Sie könnten sehr viel dazu beitragen, einen normalen Mann aus ihm zu machen.«
Ich schwieg. Und Joseph fuhr mit seiner Lektion fort. Er warf mir meine durchtanzten Nächte vor, meine Spielleidenschaft, meinen Freundeskreis und meine Verschwendungssucht.
»Ich werde mich zu bessern versuchen«, versprach ich nachgiebig. Seit ich den kleinen Armand adoptiert hatte, war es wirklich etwas besser geworden. Doch irgendwie wurde meine Sehnsucht nach eigenen Kindern durch ihn nur noch größer, wie sehr ich den Kleinen auch liebte.
Joseph weigerte sich, aus seinen möblierten Zimmern auszuziehen, und erklärte, er wolle Paris als normaler Besucher und nicht als Kaiser kennenlernen. So fuhr er in seinem offenen kleinen Reisewagen mit nur zwei Dienern in unauffälligem Grau in Versailles ab; wie immer trug er seinen flohfarbenen einfachen Rock. In Paris angekommen, stieg er aus und wanderte durch die Straßen in der Hoffnung, für einen Mann aus dem Volk gehalten zu werden. Irgendwie benahm er sich aber so auffällig, daß die meisten Leute ihn für eine hochstehende Persönlichkeit hielten; und als dann bekannt wurde, daß mein Bruder bei uns auf Besuch war und ein ganz schlichter Mann sei, der gern unerkannt blieb, war es sehr bald mit seinem incognito vorbei.
Er betrat Geschäfte und machte Einkäufe, ließ sich diese einpacken und nahm sie selbst mit, während seine Lakaien draußen auf der Straße warteten. Wenn er geflüsterte Bemerkungen hörte wie »Es ist der Kai-

ser!« tat er, als höre er sie nicht und wurde kleinbürgerlicher denn je in seinem Benehmen.

Er kam von diesen Ausflügen ein wenig schlammbespritzt, doch sehr befriedigt zurück. Paris begann ihn zu bezaubern. Er erzählte mir vom Sonnenuntergang am Quai Bourbon und der imposanten Silhouette von Notre Dame. Das Stadtbild von Paris sei aus der Entfernung ein hinreißender Anblick, versicherte er mir. Ob ich mich jemals nach dem spitzen Turm der Sainte Chapelle umgedreht hätte und den Türmen der Conciergerie? Nein, antwortete er für mich. Es gäbe nur einen Ort in ganz Paris, der mich interessiere, und das wäre die Oper, in der ich meine Nächte durchtanze.

Ludwig redete er ebenfalls ins Gewissen. Was er von seinem Volk wüßte? Es wäre die Pflicht eines Herrschers, sich unter seine Untertanen zu mischen... natürlich incognito! Ludwig sollte einmal früh aufstehen und sich ansehen, wenn die Bauern mit ihren Erzeugnissen auf den Pariser Märkten ankämen; er sollte sich einmal unter die Bäcker von Gonesse mischen, sollte die Gärtner sehen, wie sie mit ihren Schiebkarren voller Obst und Gemüse in die Stadt kämen. Er sollte die Kontoristen auf ihrem Weg ins Büro und die Kellner in den Bistros sehen, wie sie frühen Kunden ihren Kaffee und ihre *croissants* servierten; er sollte von einer der Kaffeefrauen, die ihre Kannen auf dem Rücken trugen, einen Kaffee kaufen und ihn so auf der Straße stehend aus einer irdenen Tasse trinken. Er sollte in den *carrabas* fahren und einmal eine Rundfahrt in einem *pot de chambre* machen. Auf diese Art und Weise erführe ein König, was sein Volk über ihn und sein Regime denke. Und das alles müßte er incognito machen.

Es schien tatsächlich, als interessiere sich Joseph weitaus mehr für das französische Volk als für irgendwelche Mitglieder der königlichen Familie. Er bezog in seine Erkundungsgänge ebenfalls Museen, Druckereien und Fabriken mit ein; er wollte sehen, wie die Farblauge für Stoffe bereitet wurde und schlenderte durch die Rue de la Juiverie, die Rue de Marmousets und ähnlich unappetitliche Gegenden, um sich mit den Arbeitern zu unterhalten. Sein Akzent, seine Kleidung und sein Bemühen, nicht erkannt zu werden – das alles verriet ihn. Nach kürzester Zeit wußten die Pariser, daß der Kaiser von Österreich unter ihnen weilte, und sie hielten nach ihm Ausschau. Sie erkannten ihn auf der Stelle an seinem schlichten flohfarbenen Anzug, seinem ungepuderten Haar, der einfachen Frisur und seinen ernsthaften Anstrengungen, ihnen zu beweisen, daß er einer von ihnen war und auf alle

Etikette verzichtete. Sie waren hell begeistert von ihm. Er wurde außerordentlich beliebt, und bei den wenigen Gelegenheiten, bei denen er mit uns gesehen wurde, galten alle Hochrufe ihm.
Ich bemerkte seine geheime Genugtuung, und da wußte ich, daß es seine Lieblingsrolle war: der Kaiser zu sein, den das Volk als Kaiser erkannte.
Von den Seifensiedern ging er zu den Teppichwebern, den Botanischen Gärten und Hospitälern. Diese interessierten ihn viel mehr als Theateraufführungen und Bälle in der Oper, obwohl er geruhte, sich einmal in die Comédie Française zu begeben. Und er stattete auch Madame du Barry einen Besuch ab, die inzwischen in Louveciennes lebte, das ihr alter Freund Maurepas ihr nach den zweieinhalb Jahren, die sie im Pont aux Dames verbracht hatte, zuschanzte.
Diese Geste konnte ich nun wirklich nicht verstehen, es sei denn, mein Bruder war einfach nur neugierig, diese berühmt schöne Frau einmal zu sehen. Vielleicht wollte er auch beweisen, was für ein toleranter und freidenkender Monarch er war, der nicht über das Leben schokkiert war, das sie geführt hatte. Erstaunlich war, daß er keine Zeit für den Herzog von Choiseul erübrigte, der bis zu seinem Sturz Österreich ein guter Freund gewesen war.

Und ich fand es ebenfalls unbegreiflich, daß das selbe Volk, das mich so kritisiert hatte, weil ich ihre Sitten und Bräuche nicht beachtete, nun Joseph aus dem gleichen Grunde glühend bewunderte. Mein Bruder begnügte sich jedoch nicht damit, Paris kennenzulernen; auch unsere ganze Familie nahm er sich vor. Nicht nur mir machte er Vorhaltungen, was ich zweifellos verdiente, sondern auch meinen Schwägern.
Artois sagte er, daß er ein Stutzer sei. Er sollte nicht glauben, er könne sich, nur weil er der dritte der Brüder sei, ausschließlich einem Dasein nichtsnutziger Vergnügungen hingeben. Er müßte ernsthafter werden! Er, Joseph, würde sich bemühen, mehr Zeit für private Gespräche mit ihm zu haben; er sollte seine Schwierigkeiten ruhig mit ihm, dem Kaiser, besprechen; dann könnte er ihm seinen kaiserlichen Rat zuteilwerden lassen. Es fiel mir nur zu leicht, mir Artois' Reaktion auszumalen. Er hörte sich alles scheinbar interessiert und aufgeschlossen an, doch hörte ich das Gelächter, das hinterher aus seinem Appartement schallte, und konnte mir vorstellen, womit er seine Freunde so glänzend unterhielt.
Über Provence war sich Joseph weniger im klaren. Ihm bot er nicht seinen Rat an, sondern warnte mich nur vor ihm. »Er hat etwas Eis-

kaltes an sich! Und was seine Frau betrifft – die ist eine Intrigantin! Nicht umsonst ist sie eine Piedmonteserin! Sie ist plump und häßlich, aber halten Sie sie deshalb nicht für unwichtig oder ungefährlich!«

Natürlich waren die Tanten sehr auf seine Gesellschaft erpicht. Sie hätte ihm *so* viel Interessantes zu erzählen, versicherte ihm Adelaide, und Joseph verpaßte nie eine Gelegenheit, sich zu informieren. Er war jedoch recht betroffen, als Adelaide ihn in einen kleinen Salon einlud, um ihm einige Bilder zu zeigen, und sich dann auf ihn stürzte und ihn leidenschaftlich küßte.

Joseph äußerte sein Befremden darüber, denn während sie ihn in verliebter Weise streichelte, hätte sie ihm versichert, das sei völlig in Ordnung. Solche Freiheiten müßte man alten Tanten einräumen.

Als Joseph mir dies erzählte, bat er mich, dafür zu sorgen, daß er nie mehr mit einer der Tanten allein bliebe.

»Sie haben sich immer etwas seltsam benommen«, gab ich zu.

»Wahrhaftig! Aber sie zählen hier an diesem Hof nicht. Es sind die anderen, vor denen Sie sich hüten müssen, vor Provence, kalt wie eine Schlange, und seiner intriganten Frau! Artois ist zu leichtlebig, und seine Gesellschaft ist nicht gut für Sie. Er ist der einzige der Brüder, der Kinder zeugen kann, und wenn ich Ihrem Gemahl gezeigt habe, wie er sein Leiden überwinden kann und Sie schwanger werden, wäre es besser, Sie wären nicht so mit Artois befreundet gewesen. Sie halten sich zu viel in seiner Gesellschaft auf. Es könnte Anlaß zu bösem Gerede geben ...«

Ich versicherte meinem Bruder, daß zwischen mir und Artois keinerlei nähere Bande bestünden, doch wäre er nun mal der lustigste der Familie und liebe die gleichen Vergnügungen wie ich. Er könnte mich immer zum Lachen bringen, und das bräuchte ich so nötig.

»Na, na, na«, meinte Joseph. »Sie werden lernen müssen, daß es im Leben um mehr als nur Lachen und Amüsement geht!«

Josephs päpstliche Art begann uns allen auf die Nerven zu gehen. Ich wünschte mir, er wäre ein bißchen leichtlebiger, hätte um Geld gespielt und dabei viel verloren oder hätte etwas Interesse für die weltlicheren Vergnügungen des Hoflebens gezeigt. Aber das alles lag seinem Wesen völlig fern.

Im weiteren Verlauf seines Besuches fing er außerdem an, mich vor meinen Hofdamen zu kritisieren, was mir nun gar nicht paßte! Er kam hereinmarschiert, wenn ich gerade bei meiner Toilette war, und bekundete sein Mißfallen an meinen kostbaren Kleidern. Wenn mein

Rouge aufgelegt wurde, sah er mit spöttischer Belustigung zu. Ich hätte ihm sagen können, daß Rouge ebenso unerläßlich war wie korrekte Hofkleidung. Sogar die Campan hätte Rouge auflegen müssen, als sie als bescheidene Vorleserin zum erstenmal an den Hof kam!
Er blickte zu einer meiner Hofdamen hinüber, die sehr viel Rouge trug, und sagte: »Noch etwas mehr! Noch etwas mehr! Legen Sie nur ordentlich auf wie hier bei Madame.«
Ich war so wütend, daß ich beschloß, meinen Bruder zu bitten, mir seine Kritik in Gegenwart anderer zu ersparen. Wenn ich allein mit ihm war, machte es mir nichts aus, doch war es wahrhaftig unwürdig für die Königin von Frankreich, vor ihren Untertanen wie ein kleines Kind getadelt zu werden! Was konnte ihrem Prestige wohl mehr schaden?
Kochend vor Wut saß ich vor meinem Spiegel, während Monsieur Léonard mich frisierte.
»Ah, Madame«, meinte er, »wir werden ein solches Kunstwerk schaffen, daß selbst der Kaiser es bewundern muß.«
Ich warf Léonard im Spiegel ein Lächeln zu, und während er sich anstrengte, sich selbst zu übertreffen, kam Joseph mit seiner üblichen Nichtachtung des Zeremoniells herangeschlendert.
»Gefällt Ihnen diese Frisur, Joseph?« fragte ich.
»Ja«, antwortete er in gelangweiltem Ton.
»Sie klingen nicht sonderlich begeistert. Halten Sie sie für unkleidsam?«
»Möchten Sie, daß ich ehrlich bin?«
»Wann, lieber Bruder, wären Sie das nicht gewesen?«
»Nun gut. Ich finde sie zu zerbrechlich, um eine Krone zu tragen.«
Monsieur Léonard machte ein Gesicht, als hätte mein Bruder sich der schwersten Majestätsbeleidigung schuldig gemacht, die überhaupt denkbar ist, und mein Gefolge und meine Freundinnen waren schokkiert, daß mein Bruder in ihrer Gegenwart so mit mir sprach, denn diesmal hatte er nicht so sehr mich oder meine Frisur kritisiert als vielmehr die Königin von Frankreich.
Als ich ihm das hinterher sagte, erwiderte er lediglich: »Ich bin ein offener und ehrlicher Mensch. Ich kann mich nicht verstellen. Ich sage, was ich denke.«
Bisher hatte ich alles Künstliche, die geschmeidige und elegante Unaufrichtigkeit der französischen Konversation nicht gemocht, doch nachdem Joseph einige Wochen bei uns war, sehnte ich mich geradezu

danach. Mercy war etwas nervös wegen der Art, in der Joseph sich benahm. Vermutlich hatte Kaunitz versucht, meinem Bruder Ratschläge für sein Verhalten mir gegenüber mit auf die Reise zu geben; aber er nahm ja von niemandem Ratschläge an. Er hatte vergessen, daß sieben Jahre seit meiner Abreise aus Österreich vergangen waren. Er sah mich immer noch als das törichte kleine Mädchen, sein Schwesterchen. Joseph erzählte mir schließlich, daß Kaunitz ein schriftliches Dossier seiner Instruktionen zusammengestellt hatte, das er nun mir geben würde. »Ich brauche keine Schriftsätze«, erklärte er. »Ich bin ja nun hier, um alles zu klären und mit Ihnen zu besprechen. Und ich bin bestens im Bilde über die Situation.«
Und er fuhr fort, mir Ratschläge zu erteilen, die auch eine gewisse Wirkung auf mich hatten. Er machte mir klar, wie viel Kummer ich meiner Mutter durch mein Verhalten bereitete und wie töricht und gefährlich dieses in vieler Hinsicht war. Er hatte sich unter die Bevölkerung von Paris gemischt, hatte Armut und Not gesehen. Was, glaubte ich, würden diese Menschen wohl empfinden, wenn sie von meiner Verschwendung erfuhren? Er rührte mich mit seinen Vorhaltungen bis zu Tränen der Reue.
»Ich werde mich bessern, Joseph«, gelobte ich. »Bitte sagen Sie unserer Mutter, daß sie sich keine Sorgen machen soll! Ich will ernsthafter werden, ich verspreche es Ihnen!«
Und ich meinte es ganz ehrlich.
Es war wirklich Pech, daß sich jener Zwischenfall ergab, als er mich zu der Prinzessin von Guéménée begleitete. Er hatte schon nicht mitkommen wollen, ließ sich dann aber von mir überreden. Es wurde Pharo gespielt, und die freien Umgangsformen zwischen den Damen und Herren schockierten ihn. Die Unterhaltung sprühte vor Witz und Schlagfertigkeit, war jedoch etwas gewagt; und dann wurde Madame de Guéménée auch noch des Betrugs beschuldigt, was am unglückseligsten vom Ganzen war.
Joseph weigerte sich, länger dort zu bleiben.
»Das ist ja eine richtige Spielhölle!« erklärte er entrüstet, und es folgte eine lange Lektion über die Gefahren der Spielleidenschaft. Ich müßte sie unterdrücken. Es könnte nichts Gutes daraus entstehen! Auch müßte ich meinen Freundeskreis viel sorgfältiger auswählen!
Alles, was wir taten, schien ihm ein geeigneter Vorwand für eine Moralpredigt zu sein, doch wir hörten ihm zu, und er hatte, wie so viele Menschen seiner Art, meistens recht mit dem, was er kritisierte. Er

zog sich oft zu Gesprächen unter vier Augen mit meinem Gemahl zurück; ich vermutete, daß er ihn auf seine Pflichten hinwies und ihm die Gefahren vor Augen führte, die einer Monarchie drohen, die keine Thronerben aufzuweisen hat. Artois hätte einen Sohn; Provence käme in der Erbfolge jedoch vor ihm. Es entständen gefährliche Eifersüchte und Feindschaften, wenn die Erbfolge nicht von Vater auf Sohn gesichert wäre. Joseph hatte selbst keinen Sohn, doch diesem Umstand räumte er keinerlei Beachtung ein, als er den König an seine Pflichten ermahnte. Ludwig gab zu, daß er sich Kinder sehnlicher als irgend etwas anderes wünsche. Josephs Besuch war von allergrößter Bedeutung, denn mein Bruder rang dem König das Versprechen ab, nicht untätig mitanzusehen, wie dieser unbefriedigende und gefährliche Zustand so weiterging. Es müßte etwas dagegen unternommen werden, und er, Ludwig, würde dafür sorgen, daß das geschah.
Mein Bruder reiste Ende Mai wieder ab, nachdem er seit Mitte April bei uns gewesen war. Beim Abschied sagte er mir als letztes, ich sei zu leichtfertig und zerstreut, als daß er viel bei mir in Gesprächen hätte erreichen können; es mangele mir so beklagenswert an jeglicher Konzentrationsfähigkeit. Dies stimmte, wie ich genau wußte. Deshalb hätte er mir seine Instruktionen aufgeschrieben, die ich nun sorgfältig und aufmerksam nach seiner Abreise lesen solle.
Seltsamerweise war ich jetzt, wo er abreiste, tief betrübt, wie sehr er mich auch während seines Aufenthaltes irritiert hatte. Er war ein Teil meiner Heimat und meiner Kindheit; so viele Erinnerungen waren durch ihn wieder wachgerufen worden. Er hatte mir von unserer Mutter erzählt und sie mir dadurch wieder nähergebracht. So weinte ich bitterlich, als ich mich von ihm trennen mußte.
Er umarmte uns sehr liebevoll – mich und den König. Und als er fort war, drehte Ludwig sich zu mir um und sagte mit unbeschreiblicher Zärtlichkeit: »Während seines Besuches waren wir häufiger als sonst zusammen. Ich fühle mich ihm dafür zu einer großen Dankesschuld verpflichtet.«
Es war ein rührendes Kompliment, und ich entdeckte einen neuen entschlossenen Ausdruck in den Augen meines Gemahls.

Als ich dann allein war, las ich Josephs Instruktionen. Sie umfaßten viele Seiten.

»Sie sind jetzt erwachsen, und man kann nicht mehr zu Ihrer Entschuldigung vorbringen, daß Sie noch ein Kind wären. Was geschieht, wenn Sie so weitermachen? Sind Sie jemals auf den Gedanken gekommen, sich diese Frage zu stellen? Eine unglückliche Frau ist eine unglückliche Königin. Suchen Sie nach Gelegenheiten? Erwidern Sie die Zuneigung, die der König Ihnen erweist, auch aufrichtig? Oder sind Sie kühl und zerstreut, wenn er zärtlich zu Ihnen ist? Machen Sie etwa einen gelangweilten oder dégoutierten Eindruck? Falls dem so ist, kann man dann erwarten, daß ein Mann von kühlem Temperament sich Ihnen nähert und Sie leidenschaftlich liebt?«

Ich dachte ernst hierüber nach. Stimmte es? Joseph war bei all seinem pompösen Gehabe ein scharfer Beobachter. Hatte ich meine Empfindungen verraten? Denn ich empfand tatsächlich oft genau diese von ihm vermuteten Gefühle, wenn sich der König mir näherte.
Joseph fuhr fort, mir auf Grund seiner Beobachtungen Vorwürfe zu machen.

»Geben Sie jemals seinen Wünschen nach und unterdrücken Sie Ihre eigenen? Versuchen Sie ihn davon zu überzeugen, daß Sie ihn lieben? Bringen Sie irgendwelche Opfer um seinetwillen?«

Seitenlang ging es so über mein Verhalten meinem Gemahl gegenüber weiter, das er scharf kritisierte.
Er gab mir die Schuld an der Situation zwischen uns beiden, und wenn er auch durchblicken ließ, daß ich nicht für das Leiden meines Gemahls verantwortlich war, so deutete er doch an, daß dieser es möglicherweise durch Mitgefühl und Verständnis meinerseits hätte überwinden können.
Meine Beziehung zu bestimmten Personen bei Hofe sei ein Skandal! Ich hätte geradezu ein Talent, die falschen Freunde an mich heranzuziehen!

»Haben Sie sich jemals die Mühe gemacht zu überlegen, was für eine Wirkung Ihre Freundschaften und Vertraulichkeiten auf die Öffentlichkeit haben können? ... Berücksichtigen Sie, daß der König nie Glücksspiele spielt und es deshalb ein Skandal ist, daß Sie derartig schlechte Gewohnheiten unter Ihren Schutz nehmen? ... Und denken Sie manchmal über die unangenehmen Zwischenfälle nach, die Sie auf Bällen in der Oper erleben? Ich finde, diese Bälle sind von all Ihren Vergnügungen die allergefährlichsten und unschicklichsten, zumal Ihr Begleiter, wie Sie mir sagten, bei diesen Anlässen Ihr Schwager ist, der so gut wie nicht zählt! Was für einen Sinn hat es, incognito hinzugehen und so zu tun, als wären Sie jemand anders...«

Ich lächelte. Was für einen Sinn haben denn *Ihre* Verkleidungen, Bruder Joseph? Und ich hörte geradezu seine Stimme – voller Bedauern über diese leichtfertige Frage! ›Meine Verkleidung verhindert, daß die Leute ihren Wohltäter erkennen – Ihre dient der Jagd nach gefahrvollem Vergnügen! Glauben Sie im Ernst, daß Sie nicht erkannt werden?‹
Nicht ganz, lieber Bruder – ich baue nicht mehr darauf als Sie!

»Alle wissen, wer Sie sind, und wenn Sie eine Maske tragen, erlauben sich die Leute Bemerkungen, die nicht in Ihrer Gegenwart fallen dürften, und sagen Dinge, die nicht für Ihre Ohren geeignet sind... Weshalb wollen Sie nur mit einer Bande von Lüstlingen verkehren? Sie begeben sich doch nicht nur zum Tanzen dorthin... Weshalb nur diese so unschicklichen Unternehmungen... Und während Sie die Nächte mit der Pariser *canaille* verbringen, bleibt der König in Versailles allein.«

Ob ich den dringenden Rat meiner Mutter vergessen hätte? Ob sie nicht seit meiner Abreise aus Wien ständig in mich gedrungen wäre, mich zu bilden? Ich sollte anfangen, Bücher zu lesen... ernsthafte Bücher natürlich! Ich sollte jeden Tag als absolutes Minimum wenigstens zwei Stunden lesen. Und dann sagte er etwas Eigenartiges – gebrauchte ein eigenartiges Wort, an das ich mich später erinnern sollte:

»Glauben Sie mir, ich zittere wirklich um Ihr Glück, denn ich bin leider überzeugt, daß es auf die Dauer nicht so weitergehen kann... Die *Revolution* wird sehr grausam werden und vielleicht sogar durch Sie verschuldet sein.«

Er hatte jenes schreckliche Wort damals nicht unterstrichen – ich tue es jetzt. Mir fiel es nur als ein seltsames Wort auf, doch jetzt sehe ich das Blatt Papier deutlich vor mir, und das Wort scheint mir gerade-

zu aus dem Text entgegenzuspringen ... in Rot, der Farbe von Blut.
Ich gab mir nach Josephs Abreise Mühe, mich zu bessern, denn ich wußte, er hatte recht. Ich sollte wirklich nicht spielen! Mußte mich bemühen, ernsthafter zu werden! Ich zwang mich sogar zum Lesen.
Ich schrieb meiner Mutter, ich würde die guten Ratschläge meines Bruders befolgen. »Ich trage sie in meinem Herzen«, schrieb ich überschwenglich. Ich ging nur noch selten ins Theater und besuchte sogar noch seltener einen Ball in der Oper. Sogar für die Jagd versuchte ich mich zu erwärmen und ritt mehrmals mit meinem Gemahl hinter der Meute. Und ich war immer sehr darauf bedacht, liebenswürdig zu den hundertjährigen Vogelscheuchen zu sein.
Ich gab mir wirklich große Mühe – und das tat auch Ludwig. Er hielt sein Joseph gegebenes Versprechen und unterzog sich endlich der kleinen Operation.
Sie war ein voller Erfolg! Wir waren selig!
An meine Mutter schrieb ich:

»Jetzt ist mir das Glück zuteil geworden, das von allergrößter Bedeutung für mein ganzes Leben ist! ... Meine Ehe ist vollzogen! Gestern wiederholten wir den Versuch, und er war sogar noch erfolgreicher als das erste Mal. Ich dachte im ersten Augenblick daran, einen Sonderkurier zu meiner geliebten Mutter zu entsenden, unterließ es dann aber, weil ich befürchtete, es könnte zu viel Gerede auslösen ... Ich glaube nicht, daß ich schon ein Kind erwarte, hoffe aber, daß das nun jeden Augenblick eintritt.«

Es bewirkte eine sehr große Veränderung bei meinem Gemahl. Er war wie befreit und benahm sich wie ein glücklicher Liebhaber; ständig wollte er bei mir sein, und ich hatte nicht das geringste dagegen. Ich sagte mir immer wieder im stillen: Bald wird mein Traum wahr werden! Jetzt habe ich genausoviel Aussichten, Mutter zu werden, wie jede andere Frau!
Ludwig erklärte, er müßte an meinen Bruder schreiben, dem er dies alles verdanke.

»Ich hoffe, das kommende Jahr wird nicht verstreichen, ohne daß ich Ihnen einen Neffen oder eine Nichte schenke ... Ihnen ganz allein verdanken wir dieses Glück!«

Die Neuigkeit verbreitete sich wie ein Lauffeuer am gesamten Hof. Die Tanten bestanden darauf, alles darüber zu erfahren. Adelaide war in großer Erregung und erklärte ihren Schwestern alle Einzelheiten dazu.

Ludwig hatte ihr in einem jähen Impuls des Vertrauens gestanden: »Ich finde es ein hohes Vergnügen und bedaure nur, daß so viele Jahre verstrichen sind, ohne daß ich es genießen konnte.«

Der König war äußerst gut gelaunt, und der Hof verfolgte alles voller Spannung und schloß Wetten darüber ab, wann sich der Beweis für die jüngst erlangte königliche Männlichkeit einstellen würde. Provence und seine Gemahlin bemühten sich, ihren Ärger zu verbergen, doch bemerkte ich ihn nur zu deutlich. Artois versuchte in seiner üblichen hinterhältigen Weise, Provence zu provozieren, und machte gewagte Witze hinter unserem Rücken über des Königs endlich erlangte Männlichkeit.

Unser Leben war wahrhaftig der Gnade und Ungnade unserer Umgebung ausgeliefert! Es gab für uns keine private Sphäre. So bemerkte man auch, daß ich morgens müde aussah, was verstohlen belustigte Blicke und Gekicher auslöste. Alle beobachteten uns.

Mir war es egal. Ich sehnte nur den Tag herbei, an dem ich verkünden konnte, daß ich ein Kind erwartete.

13

»Meine allergnädigste Frau Mutter! Es war vor einigen Wochen mein erster Impuls, Ihnen sofort von meinen Hoffnungen zu schreiben, und ich bedaure jetzt, diesem Impuls nicht nachgegeben zu haben. Doch der Gedanke daran, wie es Sie betrüben würde, falls meine Hoffnungen sich als falsch erweisen sollten, hielt mich davon ab ...«

Marie-Antoinette an Maria-Theresia

»... der Strom der Schaulustigen, der sich lärmend in das Gemach ergoß, war so gewaltig, daß der Ansturm nahe daran war, die Königin zu gefährden. Der König hatte in der Nacht die Vorsichtsmaßnahme ergriffen, die riesigen Wandschirme mit Schnüren zu befestigen, die um das Bett Ihrer Majestät standen. Wäre er nicht so umsichtig gewesen, wäre die Menge bestimmt auf das Bett gestoßen worden.«

»Die Fenster waren abgedichtet worden, doch der König riß sie mit der Kraft auf, die seine Zuneigung zur Königin ihm in jenem Augenblick verlieh.«

Madame Campans Memoiren

»Wir müssen einen Dauphin haben! Wir brauchen einen Dauphin, den Erben für den Thron!«

Maria-Theresia an Marie-Antoinette

Jeden Tag dachte ich an meine neuerwachten Hoffnungen. Ich wartete sehnlich auf ein Anzeichen dafür, daß ich schwanger war, und gab mir die größte Mühe, Josephs Instruktionen zu befolgen, und überlegte mir dauernd, was meinen Gemahl erfreuen würde. Er war genauso aufmerksam gegen mich. Wir ersehnten beide das gleiche. Ich träumte von meinem kleinen Prinzen. Wenn er mir geschenkt würde, wollte ich nichts mehr vom Leben verlangen. Mein Wunsch nach einem Kind war von brennender Intensität.

In jenem August gab ich ein Fest im Trianon und ließ eine Art Jahrmarkt mit Buden in den Gärten errichten. Ich gestattete den Kaufleuten von Paris, ihre Stände aufzuschlagen, und übernahm selbst die Rolle einer Limonadenverkäuferin. Ich trug ein entzückendes weißes Musselinkleid mit Spitzen, das meine nimmermüde Rose Bertin extra für diesen Zweck entworfen hatte. Alle erklärten, sie hätten noch nie so eine *limonadière* gesehen, und eilten herbei, um sich von mir bedienen zu lassen. Sowohl ich wie meine Hofdamen fanden es den lustigsten Spaß der Welt, Limonade zu verkaufen. Der König blieb ständig an meiner Seite, und alle stellten fest, wie zärtlich wir zueinander waren. Das ganze Jahr lang träumte ich hoffnungsvoll von meinem Kind, doch nichts geschah. Ich begann mich schon zu fragen, ob das überhaupt jemals der Fall sein würde. Jeden Morgen ließ ich mir den kleinen Armand bringen; er entzückte mich, denn er war sehr anhänglich geworden. Seine großen blauen Augen schauten immer so traurig, wenn er wieder fort mußte; er erweckte jedoch eine immer heftigere Sehnsucht nach einem eigenen Kind in mir.

Vielleicht, so überlegte ich niedergeschlagen, als das Jahr sich seinem Ende näherte, wird unsere Ehe unfruchtbar bleiben, obwohl sie vollzogen wurde.

Ich war verzweifelt und stürzte mich trostsuchend in die alten Vergnügungen. Artois war stets an meiner Seite, entschlossen, mich aus meinem Trübsinn aufzuscheuchen, wie er sagte, und mir zu neuer Lebensfreude zu verhelfen. »Verkleiden wir uns und gehen wir auf einen Opernball!«

Es war Karneval, und ich sehnte mich danach, wieder einmal auf einem Ball zu tanzen, doch als mein Gemahl mich fragte, ob ich hinführe, sagte ich »Nein«, weil ich glaubte, er sähe es nicht gern. Er erwiderte jedoch hastig, er dächte nicht im Traum daran, mich von meinen Vergnügungen abzuhalten; ich sollte nur ja auf den Ball gehen, solange mich der Graf von Provence begleitete. Also fing ich wieder an, die Nächte auf Bällen durchzutanzen, und verkehrte auch wieder bei der Prinzessin von Guéménée und erlag meiner Spielleidenschaft. Josephs Warnungen waren vergessen, und ich erlag erneut den alten schlechten Gewohnheiten.

Wir veranstalteten Gesellschaftsspiele und spielten uns lustige Streiche. Artois trieb immer den handfestesten Schabernack, und so beschlossen ich und der Prinz von Ligne, ihm nun unsererseits einen Streich zu spielen. Wir arrangierten oft Konzerte in der Orangerie, in deren Wand oben in einer Nische eine Statue von Ludwig XIV. stand. Wenn das Konzert zu Ende war und wir die Orangerie verließen, verneigte sich Artois immer tief vor dieser Statue und rief: *»Bonsoir, Gran'père!«* hinauf. Ich dachte mir, es würde ihm einen schönen Schrecken einjagen, wenn die Statue ihm dann antwortete. Also ließ ich eine Leiter beschaffen; der Prinz von Ligne sollte zu der Nische hinaufsteigen und, von der Statue verdeckt, Artois mit verstellter tiefer Stimme antworten.

Wir kugelten uns vor Lachen beim Gedanken daran, wie es Artois entsetzen würde, wenn er glauben mußte, daß er den Schatten seines großen Urgroßvaters durch sein leichtfertiges Scherzen aus seiner Gruft heraufbeschworen hatte. Prinz von Ligne machte aber im letzten Moment nicht mit, da einer seiner Freunde ihm erzählt hatte, daß jemand beabsichtige, den Scherz noch etwas weiter zu treiben und ihn ohne Leiter dort oben zu lassen.

Der Prinz hatte wenig Lust, die Nacht oben in der Wand der Orangerie mit der Statue Ludwig des XIV. zu verbringen, und so fiel der ganze schöne Plan ins Wasser. Es ist aber ein gutes Beispiel für die Art, in der wir uns die Zeit vertrieben.

Als ich schließlich in Abgründen der Verzweiflung versank, weil ich nun glaubte, niemals ein Kind zu bekommen, hatte ich zu meiner allergrößten Freude Anlaß zu der gegenteiligen Vermutung. Ich war so aufgeregt vor Glück, daß ich kaum meinen gewohnten Unterhaltungen nachgehen konnte. Ich hatte schreckliche Angst, mich zu irren, und war entschlossen, nichts davon zu sagen, bis ich absolut sicher war. Zu Anfang unserer Ehe hatten alle mich erwartungsvoll beobachtet, waren dessen aber allmählich müde geworden, worüber ich jetzt froh war. Am liebsten hätte ich immer nur Träumen über mein Kind nachgehangen. Ich gab vor, krank zu sein – eine meiner nervösen Unpäßlichkeiten zu haben –, um ungestört daran denken zu können.

»Monsieur le Dauphin!« sagte ich mir jeden Tag Hunderte von Malen. Ich studierte aufmerksam meinen Körper, konnte aber noch nichts Ungewohntes entdecken. Mit größter Vorsicht stieg ich in meine Badewanne, um nicht auszurutschen, und verließ sie ebenso vorsichtig. Aus Gründen der Schicklichkeit trug ich in ihr ein langes, bis zum Halse zugeknöpftes Flanellhemd; und wenn ich herausstieg, ließ ich immer zwei meiner Badefrauen ein Handtuch vor mich halten, damit mein Gefolge mich nicht nackt sah. Jetzt hielt ich diese Maßnahme für doppelt notwendig. Woche um Woche verstrich so, und ich hütete mein Geheimnis, bis ich mir endlich meiner Sache sicher zu sein glaubte. Das Kind hatte sich, wie ich überzeugt war, in mir bewegt!

Mein Gemahl mußte es als erster erfahren! Ich war derartig aufgeregt, daß ich nicht wußte, wie ich es ihm sagen sollte. Die Nachricht würde ihn genauso bewegen und überwältigen wie mich. Ersehnte er dieses Kind nicht ebenso wie ich?

Halb lachend und halb weinend betrat ich sein Gemach. Er erhob sich und kam bestürzt auf mich zu.

Lachend rief ich aus: »Sire, ich komme, um Klage gegen einen Eurer Untertanen zu erheben!«

»Was ist geschehen?« fragte er erschreckt.

»Er hat mich mit Füßen getreten!«

»Sie getreten!« Er war voller Indignation und Entsetzen.

Ich brach in Lachen aus. »In den Bauch«, fuhr ich fort. »Er ist noch recht jung, und ich hoffe deshalb, daß Eure Majestät nicht zu streng mit ihm verfahren werden ...«

Er sah mich an, und langsam dämmerte Verstehen auf seinem Gesicht. Das Kind konnte mich noch nicht geboxt haben, dazu war es noch zu früh; aber ich hatte mir fest eingebildet, seine Bewegungen zu fühlen. Ich wünschte es mir so sehr!

»Kann es sein?« flüsterte er.

Ich nickte, und er umarmte mich. Einige Minuten lang blieben wir unbeweglich stehen. Wir waren so glücklich! Vor Freude weinten wir beide.

Ich schrieb an meine Mutter:

»Meine allergnädigste Frau Mutter! Es war vor einigen Wochen mein erster Impuls, Ihnen sofort von meinen Hoffnungen zu schreiben, und ich bedaure jetzt, diesem Impuls nicht nachgegeben zu haben. Doch der Gedanke daran, wie es Sie betrüben würde, falls meine Hoffnungen sich als falsch erweisen sollten, hielt mich davon ab...«

Plötzlich hatte ich keine Lust mehr auf Bälle. Das Tanzen wäre bestimmt schlecht für das Kind. Ich wollte nur dasitzen und mich in glücklichen Tagträumen auf es freuen.
So schrieb ich wieder an meine Mutter:

»Es gibt stille Augenblicke, in denen es mir nur wie ein schöner Traum erscheint, aber der Traum zerfließt nicht, und ich denke, ich habe keinen Grund mehr, daran zu zweifeln...«

War ich jemals in meinem Leben so glücklich gewesen? Ich glaubte nein. Ein Kind... mein eigenes Kind!
Wenn man mir Armand brachte und er auf meinem Bett saß, war ich ein wenig zerstreut. Nicht ihn sah ich im Geiste vor mir – sondern ein anderes kleines Kind. Mein eigenes... meinen kleinen Kronprinzen!
Ich erzählte meiner Mutter oft in meinen Briefen von meinen Hoffnungen; wie ich für meinen Sohn sorgen wollte und wie ich mich auf ihn vorbereitete. Ich nahm mich mit allem sehr in acht, machte geruhsame Spaziergänge in den Gärten um das Schloß und das Trianon, saß gern in den *petits appartements* und unterhielt mich oder hörte mir schöne Musik an, während ich stickte. So entwarf ich auch die Garderobe meines Kindes. Ich wollte möglichst alles selbst für ihn tun und konnte es einfach nicht abwarten, daß er geboren wurde.
Ich schrieb an meine Mutter:

»Die heutige Kinderpflege ist viel weniger streng. Kleine Babys sollten nicht fest gewickelt werden. Sie sollten in einer luftigen Wiege liegen oder auf dem Arm getragen werden. Wie ich höre, sollten sie so viel wie möglich im Freien sein, um sich dadurch allmählich an frische Luft zu gewöhnen, um schließlich fast den ganzen Tag draußen zu sein. Ich halte das für sehr gut und gesund. Ich habe veranlaßt, daß das Kinderzimmer im Erdgeschoß eingerichtet wird; eine kleine Barriere soll einen Teil der Terrasse davor von der übrigen Terrasse abgrenzen. So wird er früh laufen lernen...«

Wie sehnte ich mich danach, ihn schon in den Armen zu halten! Die Wartezeit war mir viel zu lang. Die Beschwerden der Schwangerschaft kümmerten mich nicht im geringsten, ja ich begrüßte sie sogar. Nie wurde ich es müde, über kleine Kinder zu sprechen, und ich versammelte um mich jene Frauen am Hofe, die Kinder hatten, um mir ihre Erfahrungen anzuhören.
Aber wie langsam verstrich die Zeit des Wartens! Ich wurde so ungeduldig und ihrer überdrüssig; manchmal war ich ganz krank vor Sehnsucht nach meinem Kind.
An einem Augustnachmittag befand ich mich mit meinem Gemahl, meinen Schwägern und ihren Frauen im dicht gedrängten Salon und fing an, müde zu werden. Ich wußte, ich brauchte Ludwig nur anzusehen, und er würde die Gesellschaft sofort aufheben. Er war immer so um meine Gesundheit besorgt und hatte genau wie ich schreckliche Angst, das Kind könnte gefährdet werden.
Da geschah es! Er stand etwas von uns entfernt. Weder mein Gemahl noch seine Brüder kannten ihn. Aber ich! Ich warf nur einen einzigen Blick auf dieses ungewöhnliche und so anziehende Gesicht, sah den Kontrast zwischen dem hellblonden Haar und den dunklen Augen und fühlte mich auf einen Opernball zurückversetzt, auf dem ich als Kronprinzessin maskiert getanzt hatte... bis ich mich selbst zu erkennen gab.
»Oh!« rief ich impulsiv aus. »Da ist ja ein alter Bekannter!«
»Madame!« Er stand vor mir und neigte sich tief über meine Hand. Ich fühlte seine Lippen auf meiner Haut und war glücklich.
»Graf Fersen«, sagte ich ohne nachzudenken.
Er war entzückt, daß ich mich an ihn erinnerte, doch die andern, die mich beobachteten – taten sie das nicht unausgesetzt? – wunderten sich und würden diesen Vorfall nicht so vorbeigehen lassen.
Er hatte sich etwas verändert, doch das hatte auch ich. Wir waren beide erwachsen geworden. Ich fragte ihn, wohin es ihn nach jenem Opernball verschlagen hätte.
Er sei in England gewesen und anschließend in Nordfrankreich und Holland und wäre dann nach Schweden auf sein Schloß Löfstad zurückgekehrt.
»Und waren Sie froh, wieder zu Hause zu sein?«
Er lächelte; er hatte das bezauberndste Lächeln, das ich jemals gesehen hatte. »Der schwedische Hof schien im Vergleich zum französischen ein wenig langweilig.«

Ich freute mich, denn ich liebte Komplimente.
»Aber es ist Ihre Heimat«, meinte ich.
»Gewiß, doch ich bin so lange fortgewesen... Brüssel... Berlin, Rom, London, Paris... ganz besonders Paris!«
»Ich freue mich, daß unsere Hauptstadt Ihnen gefallen hat.«
Er sah mich unverwandt an und sagte: »Es gibt hier etwas, was... ich bezaubernd finde.«
Ich war ganz aufgeregt, denn ich wußte, was er damit meinte.
»Aber Sie haben doch eine Familie... eine große Familie?«
»Einen jüngeren Bruder und drei Schwestern, doch die sind nie zu Hause in Löfstad. Sie leben alle am schwedischen Hof.«
»Natürlich. Aber ich weiß, was es heißt, in einer großen Familie aufzuwachsen und sie dann verlassen zu müssen...«
Ich wagte nicht, länger mit ihm zu sprechen, und er kannte das Hofleben gut genug, um das zu merken.
»Wir werden uns bald einmal wieder unterhalten«, sagte ich verschwörerisch.
Er verneigte sich, und ich wandte mich meiner Schwägerin zu, die neben mir stand. In so einem Augenblick stand Marie Josèphe unweigerlich neben mir! Ihr war bestimmt kein einziges Wort unserer Unterhaltung entgangen.

Was waren es für seltsame Tage! Ich glaube, ich war in meinem ganzen Leben noch nie so glücklich gewesen. Ich wachte oft nachts auf und legte die Hände auf meinen Leib, um das in mir heranwachsende Kind zu fühlen; und ich stellte mir vor, wie mein kleiner Sohn in meinen Armen lag oder wie ich ihm Laufen oder das erste Wort »Maman« beibrachte.
Und dann dachte ich an Axel Fersen mit dem eigenartig schönen Gesicht und den bezwingenden Augen. Natürlich war ich glücklich! Ich hatte noch nie ein Kind erwartet und noch nie einen Mann gekannt, in dessen Gesellschaft ich mich so wohl fühlte. Merkwürdige Gedanken gingen mir durch den Kopf – vielleicht ist das so während der Schwangerschaft. So wünschte ich mir, ich wohnte in einem kleinen Haus mit einem Mann wie Axel Fersen und unseren Kindern... vielen Kindern! Wenn ich das könnte, würde ich restlos glücklich sein, wie ich fest überzeugt war. Was waren schon Glücksspiele, Bälle, Scherze, hinreißende Seiden- und Brokatstoffe, fantastische Frisuren und Diamanten... und eine Krone? Worauf liefen

all diese Dinge letztlich hinaus, wenn man sie mit diesem einfachen Leben vollkommener Zufriedenheit verglich?!

Jetzt kann ich ehrlich mit mir selbst sein und sagen, daß ich restlos glücklich gewesen wäre, wenn das Schicksal mir solch ein Leben vergönnt hätte. Ich halte mich jetzt für eine ganz gewöhnliche Frau – weder klug noch besonders geschickt, doch voller Gefühl, eine Frau, die für nichts so geeignet war wie für die Rolle einer Mutter.

Vom Schicksal war mir jedoch die Rolle einer Königin zugeteilt worden, der ich nicht gewachsen war.

Es war wundervoll, mehr und mehr über Axel Fersen zu erfahren. Seine Musikliebe begeisterte mich. Ich schickte ihm Einladungen zu Konzerten und lud ihn auch manchmal mit wenigen guten Freunden ein. Ich spielte ihnen dann auf der Harfe etwas vor und sang auch gelegentlich dazu. Ich hatte keine sehr gute Stimme, doch klang sie recht angenehm, und alle applaudierten natürlich immer eifrig, wenn ich sang. Ich sang aber eigentlich nur für ihn, da wir nie allein zusammen sein konnten und immer beobachtet wurden. Mir fiel wieder die Warnung meines Bruders Joseph vor Marie-Josèphe ein. Sie sei nicht umsonst eine Piedmonteserin, hatte er gesagt; bestimmt ließ sie mich dauernd von Spionen überwachen. Sie war sehr eifersüchtig. Ihr Gemahl konnte ihr keine Kinder schenken, und so war ihrer beider einzige Hoffnung, ich möge kinderlos sterben und ihnen den Weg zum Thron offenlassen. Und nun erwartete ich ein Kind! Diesem ersten mochten viele weitere Kinder folgen, nachdem wir jetzt alle bösen Gerüchte widerlegt hatten. Marie-Josèphe und ihr Gemahl waren begreiflicherweise alles andere als erfreut.

Obgleich Axel und ich nie allein waren, führten wir doch lange beglückende Gespräche. Er schilderte mir seine zärtliche Mutter und seinen Vater, vor dem er große Hochachtung hatte, und der, wie er zugab, etwas knauserig war und nun darauf wartete, daß sein Sohn aufhörte, durch Europa zu reisen, und sich um seine Karriere kümmerte. Er erzählte mir sogar von Mademoiselle Leyel, einer Schwedin, die in London lebte; seine Familie hatte eine Verbindung mit ihr gewünscht und ihn nach London geschickt, damit er ihr den Hof machte.

»Ihr immenses Vermögen sagte meiner Familie sehr zu«, meinte er ernst.

»Ihnen auch?« wollte ich wissen.

»Ich habe nichts gegen ein großes Vermögen.«
»Ist sie schön?«
»Es wird behauptet.«
»Ihr Abenteuer in London interessiert mich. Erzählen Sie mir mehr darüber!«
»Ich war zu Gast in dem luxuriösen Palais ihrer Eltern.«
»Das muß sehr angenehm gewesen sein.«
»Ach nein – nein.«
»Weshalb denn nicht?«
»Ich war kein sehr enthusiastischer Freier.«
»Sie erstaunen mich!«
»Bestimmt nicht. Ein Traum verfolgte mich ... Vor Jahren ... auf einem Opernball in Paris geschah etwas mit mir ...«
Ich hatte Angst, ihm zu antworten, da meine beiden Schwägerinnen wachsam zuhörten.
»Soso ... Und Sie haben nicht um ihre Hand angehalten?«
»Doch. Es war nun einmal der Wunsch meines Vaters.«
»Sie heiraten also dieses reiche und schöne Mädchen?«
»Keineswegs. Sie erteilte mir einen Korb.«
»Ihnen einen Korb?«
»Eure Majestät scheinen ungläubig. Das Mädchen war nicht dumm. Sie erkannte meine Unvollkommenheiten.«
Fröhlich lachte ich auf. »Wir hätten Sie nur ungern nach London ziehen lassen ... so bald. Sie sind ja gerade erst in Paris angekommen.«
Und so vergingen jene Tage. Wichtige Ereignisse spielten sich um mich herum ab, doch ich beachtete sie nicht. Erst sehr viel später sollte ich mir über sie Gedanken machen. Der gesamte Hof redete über den zwischen England und seinen amerikanischen Kolonien ausgebrochenen Konflikt – und das mit großer Schadenfreude, denn die Franzosen fanden es zu schön, ihre alten Erzfeinde, die Engländer, in Schwierigkeiten zu sehen. Obgleich man in Paris englische Sitten und Bräuche sklavisch nachahmte, wurde der Haß auf unsere Nachbarn jenseits des Kanals von einer Generation an die nächste weitergegeben.
Die Franzosen konnten die Niederlage und Demütigung des Siebenjährigen Krieges mit all seinen Verlusten nicht vergessen; seit 1775, dem Beginn unserer Herrschaft, hatten wir daher die Amerikaner moralisch unterstützt. Es gab sogar viele Franzosen, die fanden,

Frankreich sollte England den Krieg erklären. Mein Gemahl hatte mir vor einiger Zeit einmal gesagt, daß eine Kriegserklärung an England seitens Frankreichs möglicherweise eine Versöhnung zwischen England und seinen Kolonien bewirken könnte; schließlich wären sie alle Engländer und würden wahrscheinlich zusammenhalten, wenn eine ausländische Macht sie angriff. Ludwig war grundsätzlich gegen jeden Krieg. »Wenn ich einen Krieg führen würde«, sagte er, »könnte ich nie so für mein Volk sorgen, wie ich es möchte.«

Als Amerika am 4. Juli 1776 seine Unabhängigkeit erklärte, waren wir alle begeistert und wünschten den Pionieren auf dem fernen Kontinent alles Gute. Ich erinnere mich noch an drei amerikanische Abgeordnete, die damals nach Frankreich kamen; es waren dies Benjamin Franklin, Silas Deane und Arthur Lee. Wie ernst sie waren! Und wie gestreng in ihren dunklen Tuchanzügen und dem ungepuderten Haar! Sie stachen sonderbar von unseren vollendet eleganten Kavalieren ab, wurden jedoch überall empfangen und machten große Furore. Als der Marquis de Lafayette dann nach Amerika segelte, um die Kolonisten zu unterstützen, folgten viele Franzosen seinem Beispiel. Sie drängten den König, England den Krieg zu erklären, doch Ludwig widersetzte sich dem nach wie vor, obgleich wir heimlich Amerika mit Waffen- und Munitionsladungen und sogar Geld unterstützten. Als es dann jedoch zum Zwischenfall zwischen unserer *Belle Poule* und der britischen *Arethusa* kam, sah sich Ludwig gegen seinen Willen gezwungen, England den Krieg zu erklären – zumindest zu Wasser.

Ich hatte Axels Ausführungen über den Kampf der Amerikaner um ihre Unabhängigkeit zugehört; er war ein glühender Verfechter der Freiheit; ich wiederholte seine Argumente in Gesprächen mit meinem Gemahl. Es war eines der wenigen Male, daß ich mich für Staatsgeschäfte interessierte.

Ludwig war zu jener Zeit besonders bestrebt, mich zu erfreuen, und so glaube ich, daß meine Stimme in gewisser Weise ausschlaggebend für ihn war bei der Entscheidung, England den Krieg zu Wasser zu erklären. Ich ergriff begeistert Partei für die Amerikaner. Als jedoch jemand meinen Bruder Joseph nach seiner Meinung fragte, antwortete er: »Ich bin ein professioneller Royalist.« Mercy berichtete mir diese Bemerkung. Sie war eine Warnung und erinnerte mich daran, daß ich aus vollem Herzen jene unterstützte, die sich gegen die Monarchie auflehnten. Es handelte sich hier nicht so sehr darum, wer in dem entbrannten Streit Recht oder Unrecht hatte. Gingen Könige und Königinnen nicht ein Risiko ein, wenn sie es richtig und in der Ordnung fanden, daß sich Untertanen unter gewissen Umständen gegen sie erhoben? Bruder Joseph schien dieser Meinung zu sein, und er hatte mehr Erfahrung als ich in diesen Dingen.

Es wurde ein sehr heißer Sommer, und ich begann meine Schwangerschaft zu spüren. Da ich mir nicht mehr viel Bewegung verschaffen konnte, saß ich gern in der Abendkühle auf der Terrasse – oft sogar bei Mondlicht oder im Schein der Sterne. Wir hatten farbige Lampen zur Beleuchtung der Terrasse anbringen lassen, und jeden Abend spielte ein Orchester in der Orangerie. Das Volk durfte ungehindert in den Gärten herumspazieren, wovon es vollen Gebrauch machte – besonders an warmen Sommerabenden.

Ich saß oft mit meinen Schwägerinnen auf der Terrasse; wir trugen dann einfache weiße Musselin- oder Batistkleider und große Strohhüte mit leichten Schleiern, um unsere Gesichter zu schützen. So wurden wir häufig nicht erkannt, und ab und zu setzten sich Spaziergänger zu uns und redeten mit uns, ohne zu wissen, wer wir waren. Dies führte begreiflicherweise manchmal zu unangenehmen Zwischenfällen. Ein junger Mann setzte sich einmal in der Abenddämmerung neben mich und machte mir Avancen. Ich hatte mit ihm gesprochen, ohne seine Absichten zu bemerken, mußte dann aber rasch aufstehen und fortgehen, denn er hatte deutlich zu verstehen gegeben, daß er genau wußte, wer ich war. Derartige Zwischenfälle waren mir äußerst unangenehm, zumal da meine Schwägerinnen dabei waren und höchstwahrscheinlich darüber an die Tanten berichten würden, die alles, was ich tat, kritisierten und aus jeder Mücke einen Elefanten machten; vielleicht erzählten sie es auch dem sardinischen Botschafter, dem es ein Vergnügen sein würde, die Geschichte auszuschmücken und weiterzuverbreiten. Bestimmt würde es dann heißen, ich ermuntere liebeshungrige Unbekannte. Sie erfanden die haarsträubendsten Geschichten über mich, was wahrhaftig ihr liebster Zeitvertreib zu sein schien.

Als es Herbst wurde, beschloß ich, mich mehr und mehr aus der Öffentlichkeit zurückzuziehen. Ich hatte allen Grund dazu. Ich blieb also in meinen Gemächern, zu denen nur meine engsten Freundinnen Zutritt hatten – meine liebste Polignac, die gute Lamballe und Elisabeth, die ich immer lieber gewann.

Axel Fersen war ein häufiger Gast; wir sangen, musizierten oder unterhielten uns. Es war eine sehr angenehme Zeit.
Mein Gemahl war in dauernden Angstzuständen, für die ich ihn auslachte, und kam etwa zehnmal täglich zu mir, um sich besorgt zu erkundigen, wie ich mich fühle; zusätzlich ließ er dauernd die Ärzte und Hebammen zu sich kommen und verlangte zu wissen, ob auch wirklich alles in Ordnung wäre.

Der Alptraum jener Geburt! Er verfolgt mich noch jetzt. Es ist für jede Frau beim ersten Kind ein erschreckendes, wenn auch überwältigendes Erlebnis. Bei einer Königin ist es aber außerdem noch ein öffentliches Spektakel. Ich mochte ja dem Thronfolger von Frankreich das Leben schenken – also hatte ganz Frankreich ein Recht, mich dabei zu sehen.
Ganz Versailles war voller Schaulustiger. Seit Anfang Dezember war es unmöglich, irgendwo noch ein Zimmer zu bekommen. Die Preise schnellten in die Höhe. Was konnte man anders erwarten? Sie waren alle entschlossen, sich anzusehen, wie ich mein Kind gebar. Es war der 18. Dezember, ein kalter Wintertag, als die ersten Wehen einsetzten. Sämtliche Glocken der Stadt begannen sofort zu läuten, um es allen zu verkünden. Die Prinzessin von Lamballe und meine Hofdamen kamen zu mir in mein Schlafgemach geeilt ebenso wie mein Gemahl, der ziemlich fassungslos war. Unser Eheleben war jahrelang ein derartiges Gesprächsthema gewesen, daß er befürchtete, das Interesse würde jetzt sogar noch größer sein als gewöhnlich bei einer königlichen Geburt. Höchstpersönlich befestigte er die hohen Wandschirme mit dicken Schnüren um mein Bett. »Damit sie nicht so leicht umgestoßen werden können«, meinte er befriedigt. Wie recht hatte er mit dieser Vorsichtsmaßnahme! Anschließend entsandte er Geleitschutz nach Paris und Saint Cloud, um die Prinzen von königlichem Geblüt holen zu lassen.
Kaum waren diese eingetroffen, da stürmten die Schaulustigen das Schloß, und es gelang vielen, sich ihren Weg in mein Schlafzimmer zu bahnen. Man versuchte, nicht zu viele hereinzulassen, doch waren es schließlich mindestens an die fünfzig, alle fest entschlossen, eine Königin bei der Geburt zu sehen.
Die Wehen folgten in immer kürzeren Abständen. Ich versuchte mich damit zu trösten, daß dies ja der Augenblick war, den ich mein ganzes Leben lang herbeigesehnt hatte: ich wurde Mutter!

Ich hatte mit der Prinzessin Lamballe verabredet, daß sie mich durch ein Zeichen wissen lassen sollte, ob es ein Knabe oder ein Mädchen war; in den nun folgenden qualvollen Stunden war ich mir ständig ihrer Gegenwart dicht an meinem Bett bewußt. Die Hitze war grauenvoll, denn die Fenster waren abgedichtet worden, um die kalte Nachtluft auszuschließen; wir hatten jedoch nicht mit einem so vollgepferchten Raum gerechnet. Die Leute standen dicht an dicht gedrängt, so daß kein Platz blieb, um sich zwischen ihnen hindurchzuzwängen; einige waren sogar auf Bänke geklettert, um besser sehen zu können, und stützten sich schwer auf die Wandschirme, die auf mich heruntergestürzt wären, wenn mein Gemahl sie nicht in weiser Voraussicht so solide befestigt hätte. Es wurde eifrig getuschelt und geflüstert. Ich merkte plötzlich, daß ich nicht mehr atmen konnte. Ich kämpfte nicht nur mit den Qualen der Geburt, sondern mußte darüber hinaus auch noch um Atem ringen. Der Geruch nach Essig und anderen Essenzen vermischte sich mit dem schwitzender Körper und machte die Hitze vollends unerträglich.

Die ganze Nacht kämpfte ich um mein Kind ... und um mein Leben, und um halbzwölf am Morgen des 19. Dezembers wurde mein Kind endlich geboren.

Tief erschöpft sank ich zurück. Aber ich mußte wissen, ob es ein Knabe war! Ich sah die Prinzessin von Lamballe an – sie stand neben meinem Bett und schüttelte den Kopf. Es war das eine der beiden verabredeten Zeichen.

Ein Mädchen! ... Mir wurde ganz schwindlig vor Enttäuschung ... und dann drohte ich zu ersticken. Ich sah nur noch verschwommene Gesichter über mir ... ein Meer von Gesichtern – unter ihnen auch das des Königs.

Jemand schrie: »Mein Gott! Laßt sie Luft bekommen! Geht um Gotteswillen zurück, damit sie Luft kriegt!«

Ich verlor das Bewußtsein.

Nachher erfuhr ich von Madame Campan, was passierte. Keiner der Frauen gelang es, sich einen Weg durch die Menschenmasse zu bahnen, um das heiße Wasser zu bringen. Ich brauchte dringend frische Luft, denn ich war kurz davor zu ersticken, wie die Ärzte einstimmig erklärten.

»Räumt das Gemach!« schrie der Geburtshelfer, doch die Neugierigen weigerten sich. Sie waren gekommen, um sich das Schauspiel anzusehen, und das war noch nicht zu Ende!

»Öffnet die Fenster! Öffnet um Himmelswillen die Fenster!«
Doch diese waren wie gesagt fest mit dicken Papierstreifen zugeklebt, es hätte Stunden gedauert, diese zu entfernen, um die Fenster öffnen zu können.
Es gab Augenblicke im Leben meines Gemahls, in denen er wahrhaftig ein König war! Dies war solch ein Moment. Er erzwang sich einen Weg durch die Menge und riß mit einer Kraft, die niemand einem einzelnen Menschen zugetraut hätte, die Fenster auf, worauf köstliche kalte Luft hereinströmte.
Der Geburtshelfer sagte dem Chirurgen, man müßte mich unverzüglich zur Ader lassen auch ohne das heiße Wasser; man machte also einen Einschnitt in meinen Fuß. Wie Madame Campan mir hinterher erzählte, öffnete ich die Augen, als das Blut herausquoll. Da hätten sie alle gewußt, daß ich gerettet war.
Die arme Lamballe fiel natürlich in Ohnmacht, wie vorauszusehen war, und mußte hinausgetragen werden. Der König befahl, das Zimmer von allen Zuschauern zu räumen, doch sogar da weigerten sich noch einige und mußten von den Lakaien und Pagen am Kragen hinausgezerrt werden.
Aber ich lebte und hatte einem Kind das Leben geschenkt – wenn es auch eine Tochter war.

Als ich wieder in mich aufnehmen konnte, was um mich herum vorging, bemerkte ich den Verband an meinem Fuß und fragte, was das wäre. Der König trat an mein Bett und erzählte mir, was vorgefallen war. Alle weinten und umarmten sich vor Freude und Erleichterung.
»Sie sind so glücklich, daß Sie sich wieder erholt haben. Wir befürchteten ...«
Er konnte nicht weitersprechen. Nach einer Pause sagte er: »Ich schwöre Ihnen, es soll nie wieder geschehen!«
»Das Kind ...«
Der König nickte. Es wurde mir gebracht und in den Arm gelegt. Von dem Augenblick an, als ich sie sah, liebte ich meine kleine Tochter und hätte sie in nichts anders haben wollen.
Mein Glück war vollkommen.
»Mein armes Kleines«, flüsterte ich. »Du bist nicht der Sohn, den wir uns wünschten, aber ich liebe Dich deshalb nicht einen Deut weniger! Ein Sohn wäre mehr ein Staatseigentum gewesen. Du sollst mir ganz

allein gehören! Dir wird meine ungeteilte Liebe und Fürsorge gelten! Du sollst all mein Glück mit mir teilen und mich an traurigen Tagen trösten.«
Ich nannte sie nach meiner Mutter. Sie wurde Marie-Thérèse Charlotte getauft, hieß jedoch von Anfang an am gesamten Hof Madame Royale.

Man entsandte Eilboten. Mein Gemahl schrieb sofort eigenhändig an meine Mutter und meinen Bruder. In ganz Paris herrschte großer Jubel mit Umzügen und Freudenfeuern; der Himmel war von ihrem Widerschein so hell erleuchtet, daß es die ganze Nacht taghell war. Das Schloß hallte wider von den Salutschüssen und dem Knallen der Feuerwerkörper.
Nach jenem entsetzlichen Augenblick, als ich in dem überfüllten Raum zu ersticken drohte, verlief alles wie vorgesehen. Das Volk versammelte sich vor dem Schloß und verlangte zu wissen, wie es mir ginge; jeden Tag wurde ein ärztliches Bulletin herausgegeben. Ich war unbeschreiblich glücklich! Endlich hatte ich mein Kind! Der König war einfach selig. Er war so glücklich, jetzt Vater zu sein, und kam dauernd in das Kinderzimmer, um sich staunend seine Tochter anzuschauen. »Wie ist sie entzückend!« murmelte er immer wieder leise vor sich hin. »Seht nur diese Fingerchen! ... Sie hat sogar Nägel – zehn winzig kleine, und sie sind einfach vollkommen ... vollkommen!«
Ich lachte ihn aus, obgleich es mir genauso erging. Ich wollte sie auch ständig sehen und staunend betrachten. Meine Tochter! Meine eigene kleine Tochter!
Wir waren jung und würden noch viele Kinder bekommen. Das nächste würde der Thronfolger sein! Ich war fest davon überzeugt.
Mittlerweile mußte die Geburt von Madame Royale gefeiert werden. Wenige Tage danach passierte etwas Merkwürdiges.
Der Curé der Kirche Madeleine de la Cité erschien im Schloß und verlangte Monsieur Campan zu sprechen. Als er mit diesem allein war, zog er ein Schächtelchen heraus, das ihm, wie er sagte, im Beichtstuhl gegeben worden war, weshalb er nicht den Namen der betreffenden Person nennen könnte. In dem Schächtelchen lag ein Ring, der mir, laut Geständnis des Beichtenden, gestohlen worden war, um ihn für Zauberei gegen mich zu benutzen, damit ich keine Kinder bekam.

Monsieur Campan brachte mir den Ring, den ich tatsächlich als einen von mir erkannte, der mir vor sieben Jahren gestohlen worden war.
»Wir sollten versuchen herauszubekommen, wer das getan hat«, riet Monsieur Campan.
»Ach, lassen Sie nur. Ich habe ja jetzt den Ring wieder, und der Zauber hat denen nichts genützt! Ich habe keine Angst vor denen.«
»Aber möchten Sie denn nicht wissen, Madame, wer ein derartiger Feind von Ihnen war oder immer noch ist?«
Ich schüttelte den Kopf. »Ich ziehe es vor, die nicht zu kennen, die mich hassen.«
Ich sah, daß Monsieur Campan anderer Meinung war und fand, wir hätten uns bemühen sollen, festzustellen, wer unsere Feinde waren, doch meine Abneigung gegen alles Unangenehme siegte, und ich befahl, den ganzen Vorfall zu vergessen.
Wahrscheinlich handelte ich wieder einmal verkehrt. Wenn ich die Nachforschungen angestellt hätte, zu denen Monsieur Campan mir so dringend riet, hätte ich vielleicht in meiner nächsten Umgebung einige meiner schlimmsten Feinde entdeckt.
Ich vergaß jedoch sehr bald den gesamten Vorfall – es gab so viel entschieden Amüsanteres. Der König und ich sollten nach Paris zum Dankgottesdienst fahren. Hundert arme Mädchen heirateten an diesem Tag und bekamen alle eine Aussteuer von mir. Als wir vor Notre Dame ankamen, standen sie alle dort versammelt; sie trugen das Haar kunstvoll geringelt und wurden in der Kathedrale getraut. Wir benutzten die Staatskarosse des Königs; Fanfarenbläser ritten uns voran und kündigten unsere Ankunft an ebenso wie vierundzwanzig Läufer in der prächtigen königlichen Livreé und sechs Pagen zu Pferde. Der Kardinal kam an den Schlag unserer Karosse und hielt eine Ansprache, die der König erwiderte.
Der Zug ging dann weiter durch Paris. Auf einem Balkon in der Rue St. Honoré hatte Rose Bertin ihre Angestellten hinter sich antreten lassen; sie versanken alle in einen zierlichen Knicks, als wir vorbeifuhren. Anschließend fuhren wir nach Sainte Geneviève und zur Place Louis xv. Überall kamen viele Menschen auf die Straße heraus, doch ertönten kaum irgendwelche Hochrufe.
Ich war bestürzt. Was wollten die nur? Sie hatten ihre Feuerwerke gehabt, ihre Büfetts mit kaltem Fleisch und Wein; verschiedene Gefangene waren freigelassen worden, und die Bräute des heutigen Tages hatten ihre Aussteuer erhalten. Und ich hatte ihnen das erste

der *Enfants de France* geschenkt! Was war nur los mit ihnen? Weshalb dieser kalte Empfang? Diese finsteren Blicke?
Ich ließ sofort Mercy rufen, als wir wieder in Versailles eintrafen, und schilderte ihm diesen Empfang.
Er nickte ernst; natürlich hatte er es schon erfahren.
»Es ist einfach unglaublich!« erklärte ich. »Was wollen die bloß?«
»Sie haben so viel von Ihrer Verschwendung gehört und zu viele skandalöse Geschichten über Sie. Kaum ein Tag vergeht, ohne daß nicht ein neues Lied und ein neuer Vers über Sie die Runde macht. Ihre Leichtfertigkeit, Ihre Vergnügungssucht – die sind schuld daran. Es herrscht Krieg, doch Sie denken nur an Ihr eigenes Amüsement. Deshalb ist das Volk gegen Sie, Madame.«
Seine Worte verletzten und erschreckten mich. Es war wirklich unheimlich gewesen, durch jene schweigenden Menschenmengen auf den Pariser Straßen zu fahren.
»Ich werde mich ändern!« erklärte ich energisch. »Ich werde diese zu auffallenden Vergnügungen aufgeben. Ich bin jetzt Mutter!«
Und es war mir ernst damit. Ich wollte es wirklich.
Meine Mutter schrieb mir aus Wien, wie glücklich sie sei, daß ich die Geburt heil überstanden hätte und meine Tochter wohlgeraten und gesund wäre.
»Aber wir müssen einen Dauphin haben!« fuhr sie fort. »Wir brauchen einen Dauphin, einen Erben für den Thron!«

14

»Ich muß Eurer Majestät gestehen, daß Graf Fersen so liebenswürdig von der Königin empfangen wurde, daß es bei verschiedenen Personen Anstoß erregte. Wie ich zugeben muß, kann ich mich nicht des Eindrucks erwehren, daß sie eine Schwäche für ihn hat; ich habe zu deutliche Anzeichen dafür bemerkt, um noch darüber im Zweifel zu sein. Das Verhalten des jungen Fersen bei dieser Gelegenheit war in seiner bescheidenen und reservierten Art bewundernswert, vor allem jedoch in seinem Entschluß, nach Amerika zu reisen.«
Aus einem Brief des schwedischen Botschafters am Versailler Hof an seinen König, Gustav III. *von Schweden*

»Meine allergnädigste Frau Mutter kann ganz beruhigt sein, was mein Verhalten betrifft. Ich bin mir viel zu sehr der Verpflichtung bewußt, weitere Kinder zu bekommen, um irgend etwas in dieser Hinsicht zu versäumen ... Außerdem schulde ich es dem König für seine Güte und sein Vertrauen, zu dem ich mich nur selbst beglückwünschen kann ...«
Marie-Antoinette an Maria-Theresia

»Ich bin bisher diskret gewesen, doch jetzt werde ich sehr deutlich und lästig werden. Es wäre ein Verbrechen, wenn Frankreich keine weiteren Thronerben bekäme! Ich werde ungeduldig, und mir bleibt in meinem Alter nicht mehr viel Zeit.«
Maria-Theresia an Marie-Antoinette

Ich war wirklich ein unverbesserlicher Kindskopf, wie Joseph gesagt hatte. Durch den Vorfall mit dem Ring hätte ich erkennen müssen, daß ich in meiner nächsten Umgebung Feinde hatte, für deren Pläne es wichtig war, daß ich kinderlos blieb. Die finsteren Blicke der Pariser Bevölkerung hätten mich ebenfalls warnen müssen. Frankreich führte einen Krieg, und Kriege bedeuten immer höhere Steuern und größere Entbehrungen für das Volk. Wenn sie dann Geschichten über die Verschwendungssucht ihrer Königin hören und mit eigenen Augen die Beweise dafür sehen, staut sich der Groll in ihnen. Nein, das ist ein viel zu mildes Wort. Sie werden blutrünstig vor Haß. Sie machten mich für ihre Armut verantwortlich, mich, die dumme kleine Königin, die an nichts anderes dachte als an Bälle und schöne Kleider und kostbare Juwelen! Der König hatte durch Hunderte von Beispielen bewiesen, wie ihm das Wohl der Armen am Herzen lag; er kleidete sich sogar einfacher als die meisten der Höflinge. Aber er war von mir behext; er stand unter meinem Pantoffel wie ein liebender Ehemann das bei einer hübschen kleinen Frau so leicht tut. Meine Vergnügungssucht und Gleichgültigkeit gegenüber ihren Nöten war schuld an dem hohen Brotpreis; und ich war nicht einmal Französin, sondern eine Ausländerin!

Sie begannen mich »die Österreicherin« zu nennen. Was hatte ich für ein Recht – ich, eine Ausländerin und noch dazu eine Österreicherin! – nach Frankreich zu kommen und mich zu erdreisten, die Franzosen zu regieren!

Eine Flut von Schmähschriften ging über Paris nieder. Jede unbedachte kleine Geste oder Äußerung wurde in ein Beispiel für meine Verschwendungssucht, meine Gleichgültigkeit gegenüber dem Volk und vor allem für meine Unmoral umgewandelt. Ich brauchte nur ein einziges Wort zu einem Mann zu sagen, und schon war er mein Liebhaber, brauchte einer Frau nur ein Lächeln zuzuwerfen, und schon war meine Beziehung zu ihr widernatürlich.

Ich erfuhr dies alles – es kam mir ungewollt zu Ohren. Ich schüttelte es aber ab, so wie ich mein Leben lang Warnungen in den Wind geschlagen hatte.

Ich schien ein Talent zu haben, mir Feinde zu machen und mir Freunde auszusuchen, die meine Schwierigkeiten nur noch vergrößerten. Ich entschuldigte mich vor mir selber damit, indem ich mir sagte, ich wäre eben nur eine ganz normale Frau, der das Leben eine außergewöhnliche Rolle zugewiesen hätte, die zu spielen ich nicht imstande sei. Vielleicht wäre es ehrlicher gewesen zuzugeben, daß ich nicht die für diese Rolle notwendige Konzentration aufbrachte, denn wenn ich ernsthafter gewesen wäre und auf die Warnungen und Ratschläge meiner wahren Freunde und Verbündeten gehört hätte – auf den König, meine Mutter, Mercy und Vermond und in ihrer begrenzten Weise auch auf meine gute Campan –, hätte ich mein Schicksal vielleicht sogar damals noch ändern können. Ja, ich bin sicher, es wäre noch Zeit gewesen. Mein Weg führte schon bergab, doch war es noch nicht jener kopflose Sturz, bei dem es kein Halten mehr gibt.

Vielleicht, wenn mein Gemahl anders gewesen wäre ... Aber ich will ihm keine Schuld geben. Seine Erziehung war vernachlässigt worden; man hatte ihm niemals etwas über die Raffinessen der Staatskunst beigebracht. Ich erinnere mich genau, wie er verzweifelt ausrief: »Aber sie haben mir nichts beigebracht!« als er vom Tod seines Großvaters erfuhr. Und dieser, Ludwig XV., hatte geäußert, als er sein Ende nahen fühlte: »Ich durchschaue den Mechanismus dieser Staatsmaschine, doch weiß ich nicht, was aus ihr werden soll, wenn ich nicht mehr bin, und wie Berry sich aus der Affäre ziehen wird.«

Mein armer Gemahl – so gütig und doch so untüchtig außer in jenen seltenen Momenten, wenn er seine Zweifel an sich selbst beiseiteschob. Doch damals erkannte ich nichts hiervon. Zotige Reime ... Lügen ... Skandalgeschichten – die hatte es schon immer in Hülle und Fülle gegeben. Ich kam gar nicht auf die Idee, darüber nachzudenken, wer sie wohl in Umlauf brachte. Und so kam ich auch nicht auf die Idee, daß es meine eigenen Schwäger und Schwägerinnen und die Prinzen Condé, Conti und Orléans sein konnten.

Der makabere Tanz, der mit unserem Untergang enden sollte, hatte bereits begonnen – doch ich merkte es nicht.

Es gab so vieles, was mich glücklich machte. Als Wichtigstes selbstverständlich meine süße kleine Tochter. Dann Axel Fersen, der mir wie ein Schatten folgte, stets an meiner Seite; und wenn das nicht möglich war, fühlte ich seine Blicke von der anderen Seite des Raumes. Und der König, mir ewig dankbar, daß ich den Beweis seiner Männlichkeit erbracht hatte, immer gütig, liebevoll und zärtlich, doch nie so sehr wie jetzt. Und schließlich hatte ich noch mein geliebtes Trianon, das sich allmählich völlig verwandelte und alles verlor, was daran hätte erinnern können, daß es einmal das Haus war, in dem Ludwig XV. seine Mätressen empfing. Jetzt war es mein Haus! Die neuen englischen Gärten waren fertig. Die Bibliothek ließ ich weiß ausmalen und hatte viel Spaß daran, meine apfelgrünen Taftvorhänge auszusuchen. Die Bücherregale wurden mit Theatertexten ausgeschlagen, denn ich beabsichtigte, Theaterstücke im Trianon aufzuführen. Ich hatte so großartige Pläne! Ich ließ ein Theater bauen und überlegte schon, wen ich zu meinem kleinen Ensemble auffordern sollte. An die Kosten dachte ich nie, dachte überhaupt nie über Geld nach. Ich verlangte, daß man die Arbeiten schnellstens fertigstellte. »Sollen keine Kosten gespart werden, Madame?« »Nein, stellen Sie es so bald wie möglich fertig. Das ist alles.« Im Verlauf eines Jahres hatten meine Verschönerungen am Petit Trianon über dreihundertfünfzigtausend Livres verschlungen. Und das Land führte Krieg – und die Bevölkerung von Paris beklagte sich über den Brotpreis! Vielleicht hatte ich wirklich den Stein zu jenem furchtbaren Sturz ins Bodenlose ins Rollen gebracht.

Doch ich war ahnungslos glücklich. Zwei Monate nach der Geburt meiner kleinen Tochter überfiel mich der heftige Wunsch, wieder einmal einen Opernball zu besuchen. Es war Fastnachtssonntag, und ich sagte Ludwig, ich hätte solche Lust zu tanzen. Er erklärte in seiner mir in allem nachgebenden Art, er würde mitkommen.

»Und Sie werden sich auch maskieren?« fragte ich.

Er bejahte es, und so fuhren wir zusammen hin. Niemand erkannte uns, und wir bewegten uns ungestört unter den Tanzenden, wenn auch immer zusammen. Ich sah jedoch, daß es ihn langweilte.

»Bitte, Ludwig, lassen Sie uns den nächsten Ball am Fastnachtsdienstag besuchen! Es ist so lustig heute abend gewesen!«

Er versprach es mir, schwach wie er mir gegenüber war. Am Montag schützte er jedoch einen Berg wichtiger Staatsgeschäfte vor. Ich war so enttäuscht, daß er sofort sagte, ich sollte mit einer meiner Hofdamen hinfahren, aber aufpassen, nicht erkannt zu werden. Ich wählte für diesen Ausflug die Prinzessin d'Hénin, eine gutmütige, nicht auffallende Frau, und verabredete, daß wir zum Haus des Herzogs von Coigny in Paris fahren sollten, um dort in eine gewöhnliche Kutsche umzusteigen, die er für uns bereithalten würde. Alles mußte so kurzfristig arrangiert werden, daß das Gefährt, das aufzutreiben er Schwierigkeiten hatte, da es keine Wappen oder Embleme haben durfte, alt und klapprig war. Es sei das einzige, das er so schnell beschaffen konnte, ohne zu enthüllen, für wen es war, sagte der Herzog. Als Folge davon brach das Ding zusammen, bevor wir die Oper erreichten. Unser Kutscher sagte, er würde einen Fiaker holen, und die Prinzessin und ich mußten solange in einen Laden gehen. Ich fand es lustig, denn ich war noch nie in einem öffentlichen Fahrzeug gefahren; so konnte ich es mir auch nicht versagen, meinen Freunden lachend davon zu berichten. Wie dumm war ich! Es war der ideale Stoff zu einer neuen Skandalgeschichte. Die Königin fährt in einem Fiaker in Paris herum! Sie begibt sich in das Haus des Herzogs von Coigny! Zu welchem Zweck? Konnte es irgendeinen Zweifel darüber geben? Dies wurde als das ›Fiakerabenteuer‹ mit mehreren Versionen bekannt.

Und die ganze Zeit hing mein Glück immer mehr von der Anwesenheit Axel Fersens ab. Die Hofgesellschaft begann zu bemerken, wie glücklich ich in seiner Gegenwart war. Zu gerne lauschte ich seinen Erzählungen über seine Schwestern Fabian, Sophie und Hedda, über sein Zuhause in Schweden und über seine Reisen durch andere Länder. Ich war weniger vorsichtig und zurückhaltend als er; er hatte begriffen, wie wir beobachtet wurden, und war um meinen Ruf bedacht. Er wußte, daß ich von Spionen und Feinden umgeben war, was er mir allerdings nicht sagte, denn wir hielten die schöne Mär aufrecht, daß nichts Ungewöhnliches an unserer Beziehung war. Er war nur ein ausländischer Gast an unserem Hof, weshalb ich ein wenig gastlicher und aufmerksamer zu ihm war, als ich das bei einem Franzosen gewesen wäre.

Es war eine idealistische Freundschaft. Wir wußten beide, daß es nicht mehr sein konnte, doch war sie uns als solche sehr kostbar. Er konnte nicht mein Liebhaber werden. Es war meine Pflicht, dem französischen Thron seine Erben zu schenken, und diese durften keinen anderen Vater als den König haben. Wir gaben uns jedoch bunten lockenden Träumen hin, wunderschönen Träumen! Es glich der Liebe eines mittelalterlichen Troubadours zu seiner Dame, die er nur aus der Ferne anbetend verehren darf. Das Romantische unserer Beziehung gefiel mir, und ich dachte nicht an ein Morgen. Ich lud Axel Fersen zu meinen Kartengesellschaften ein, und als ich erfuhr, daß er eines Abends kam, als ich nicht erschienen war, schrieb ich ihm, wie leid mir das täte. Ich hatte gehört, daß er Rittmeister der Leich-

ten Dragoner seines Königs war und äußerte den Wunsch, ihn in seiner Uniform zu sehen.
Das nächste Mal trug er sie. Nie werde ich diesen Anblick vergessen ... er in dieser romantischen Aufmachung! Ein blaues Wams über einer weißen Tunika, dazu eng anliegende sämischlederne Kniehosen; auf der runden militärischen Kappe zwei Straußenfedern – eine blaue und eine gelbe. Mehrere Personen bemerkten, wie ich bei seinem Anblick von Bewegung überwältigt war, doch konnte ich den Blick nicht von ihm lösen. Mit seinem blassen Teint, dem blonden Haar und diesen feurigen dunklen Augen erschien er mir schön wie ein junger Gott. Und ich überlegte mir: Noch nie habe ich solche Gefühle für einen anderen Menschen empfunden! Man sprach jetzt offen über meine Freundschaft mit ihm, und er galt als einer meiner Liebhaber.
Der Zauber war gebrochen, und kurze Zeit später sagte er zu mir: »Ich kann Ihnen durch mein Bleiben nur schaden.«
Kalte Angst überkam mich, und ich erwiderte rasch, ich sei an Verleumdungen gewöhnt. Ein paar mehr könnten mir nicht schaden.
»Ich würde jeden zum Duell fordern, der in meiner Gegenwart auch nur ein Wort gegen Sie sagen würde!«
Der romantische Held! Er war wirklich in jeder Hinsicht vollkommen. Es war ihm ganz ernst. Bereitwillig würde er für mich sterben, was ich genau wußte. Er würde sogar um meinetwillen fortgehen.
Gabrielle de Polignac versuchte mich zu trösten.
»Was habe ich doch nur für ein Pech!« sagte ich, lachte dann aber ironisch. »Wenn es schon niederträchtig von den Leuten ist, mir unzählige Liebhaber anzudichten, ist es wahrhaftig überspannt von mir, bei der imaginären Schar in Wirklichkeit nicht einen einzigen zu haben!«
Gabrielle fand das auch sehr merkwürdig von mir. Kaum eine Frau in unserem Kreis lebte ohne einen Liebhaber. Es war natürlich töricht von mir, mich mit diesen Leuten zu umgeben. Kein Wunder, daß man mich mit ihnen in einen Topf warf. Sogar Gabrielle war die Geliebte Vaudreuils. Und die Liebhaber all dieser Damen wurden außerdem noch mir zugeschrieben, da ich sie häufig in den Appartements meiner Freundinnen traf. Ich hätte mich mit der Gesellschaft der Prinzessin von Lamballe und der meiner lieben kleinen Schwägerin Elisabeth begnügen sollen.
Schließlich beschloß Axel, der immer sehr leidenschaftlich für die

Sache der amerikanischen Unabhängigkeit eingetreten war, nach Amerika zu reisen, um dort dafür zu kämpfen.

Ich war todunglücklich, mußte aber so tun, als bedaure ich lediglich den Fortgang eines Mannes, den ich achtete und dessen Unterhaltung ich schätzte. Es gelang mir allerdings nicht, auch nur einen einzigen bei Hofe zu täuschen.

»Was!« rief eine der Herzoginnen, als sie von seinen Reiseplänen hörte. »Lassen Sie Ihre Eroberung im Stich?«

Ich überhörte diese Bemerkung und lächelte Artois weiter ausdruckslos an, der mich hinterhältig beobachtete.

»Wenn ich eine Eroberung gemacht hätte«, entgegnete Axel kühl, »würde ich sie nicht im Stich lassen. Ich gehe, ohne jemanden zurückzulassen, der meine Abreise bedauern könnte ...«

Er log für mich, da er meine Gefühle zu genau kannte. Es war das einzige, was ihm zu tun übrig blieb. Er wagte nicht, länger zu bleiben.

So reiste er also ab. Ich würde mich nun ganz meinem Kind widmen, beschloß ich.

Gerüchte über meine Freundschaften waren natürlich auch zu meiner Mutter gedrungen, obgleich nicht speziell über Axel. Ich schrieb ihr dazu:

»Meine allergnädigste Frau Mutter kann ganz beruhigt sein, was mein Verhalten betrifft. Ich bin mir viel zu sehr der Verpflichtung bewußt, weitere Kinder zu bekommen, um irgend etwas in dieser Hinsicht zu versäumen ... Außerdem schulde ich es dem König für seine Güte und sein Vertrauen, zu dem ich mich nur selbst beglückwünschen kann ...«

Und das meinte ich auch. Ich war meinem Gemahl zutiefst dankbar für seine Güte gegen mich. So hatte ich Axels Entschluß abzureisen, auch nicht nur aus Furcht, das Kind eines anderen Mannes zu bekommen, zugestimmt, sondern vielmehr aus dem Wunsch, mich als treue Gattin meines Gemahls würdig zu erweisen. Ich wußte, er hatte mich nie mit einer anderen Frau betrogen, hatte nie eine Mätresse gehabt. Sollte er der erste König von Frankreich sein, der diese Tugend anstrebte? Wie viele Frauen an unserem Hof konnten behaupten, einen treuen Ehemann zu haben? Seine Güte gegen mich, sein

ständiges Bestreben, mich zu erfreuen, und jene nie erlahmende Zärtlichkeit, verdienten sie nicht eine Belohnung?
Außerdem war da unser Kind!
Meine kleine Madame Royale! Wie ich sie vergötterte! Ich sah den kleinen Armand jetzt weniger. Er war bestürzt und unglücklich darüber, was ich manchmal unvermittelt begriff; ich ließ ihn dann holen, und er durfte mit mir auf meinem Bett sitzen, während ich ihn mit Süßigkeiten fütterte. Unser Verhältnis hatte sich jedoch unwiderruflich verändert. Er war nicht mehr mein kleiner Sohn – nur noch Armand, der Obhut und Fürsorge der Dienerschaft überlassen. Alle freie Zeit, die mir blieb, widmete ich meiner süßen kleinen Tochter. Es wurde gut für ihn gesorgt, und er genoß weiter alle materielle Fürsorge, doch mir kam nicht die Idee, daß ich in meiner üblichen Gedankenlosigkeit handelte, als ich ihn aus seiner Familie herausriß und ihn als mein Herzblatt verwöhnte, um ihn dann von mir zu schieben. Ich vergaß so schnell, er aber nicht. Er sollte es nie vergessen und wurde einer meiner erbittertsten Feinde, die das ihre zu meinem Untergang beitrugen. Während ich also glaubte, gütig und hilfreich zu sein, hatte ich nur jene bösen Mächte genährt, die sich gegen mich erheben, mich umzingeln und ins Verderben reißen sollten.
Meine Mutter schrieb mir öfter denn je, und die immer wiederkehrende Mahnung ihrer Briefe lautete: Frankreich braucht einen Dauphin! Ich bliebe abends lange auf, hätte sie von Mercy gehört. Ob Frankreich auf diese Art einen Dauphin bekäme? Der König ginge früh zu Bett und stände früh auf, und ich täte genau das Gegenteil. Wie sie höre, würde ich im Trianon, wo ich mich oft aufhielte, sogar alleine schlafen. Sie sei gegen das *lit à part*, getrennte Betten. Jeden Monat hoffte sie von mir zu hören, daß ich in anderen Umständen war, und jedesmal war sie von neuem enttäuscht.

»Ich bin bisher diskret gewesen, doch jetzt werde ich sehr deutlich und lästig werden. Es wäre ein Verbrechen, wenn Frankreich keine weiteren Thronerben bekäme! Ich werde ungeduldig, und mir bleibt in meinem Alter nicht mehr viel Zeit.«

Ich wünschte mir ebenso sehnlich wie sie einen kleinen Dauphin. Nach diesem Brief bemühte ich mich, ruhiger zu leben. Ich las Bücher, wie meine Mutter es immer gewünscht hatte, wenn vielleicht auch nicht die Bücher, die sie für mich ausgesucht hätte. Ich bevor-

zugte Liebesromane. Ich machte wieder einige Handarbeiten und spielte nur ab und zu und nicht um so hohe Beträge wie bisher; mein größtes Glück und Entzücken war jedoch Madame Royale.
Ihr erstes Wort war »Papa«, was mich ebenso entzückte wie den König. Ich schrieb an meine Mutter:

»Das arme kleine Wesen fängt jetzt an zu laufen. Sie hat »Papa« gesagt, und ihre Zähne sind noch nicht zu sehen, doch kann ich sie schon fühlen. Ich freue mich, daß ihr erstes Wort ihrem Vater galt.«

Sie machte täglich irgendwelche kleinen Fortschritte. Wie war ich ergriffen, als sie die ersten schwankenden Schrittchen auf mich zu tat. Selbstverständlich berichtete ich meiner Mutter davon:

»Ich muß meiner lieben Mutter von einer Freude erzählen, die ich vor einigen Tagen erlebte. Ich war mit einigen Hofdamen im Zimmer meiner Tochter und sagte einer von ihnen, sie solle sie fragen, wer ihre Mutter sei. Das süße kleine Geschöpf lächelte, bevor es noch gefragt worden war, und kam mit ausgebreiteten Ärmchen auf mich zugelaufen. Sie kannte mich, der kleine Liebling! Ich war ganz selig vor Glück und liebe sie jetzt sogar noch mehr als vorher.«

Mercy beschwerte sich bei meiner Mutter, er könne mir nichts erzählen, ohne daß ich ihn nicht unterbrach, um ihm zu berichten, daß meine Tochter den ersten Zahn bekommen hätte, »Mama« gesagt habe oder das bisher längste Stück gelaufen sei. Ich würde fast den ganzen Tag bei ihr zubringen und höre ihm noch unaufmerksamer zu als bisher. Ich konnte es ihnen anscheinend niemals recht machen.
Meine Mutter schrieb weiter drängend: »Frankreich braucht einen Dauphin!«
Zu meiner großen Freude glaubte ich, wieder schwanger zu sein. Ich war entschlossen, es nur dem König und einigen meiner besten Freundinnen zu sagen. Ich konnte der Versuchung nicht widerstehen, es Gabrielle, der Prinzessin von Lamballe sowie meiner lieben Elisabeth und Madame Campan zuzuflüstern; ich ließ sie jedoch schwören, es nicht weiterzuerzählen, bis ich absolut sicher wäre.
Aber da geschah etwas Furchtbares. Ich machte eine Spazierfahrt in meiner Kutsche, als plötzlich ein kalter Wind durch das Fenster hereinblies. Ohne nachzudenken sprang ich auf, um es zu schließen. Es

brauchte jedoch mehr Kraft, als ich angenommen hatte, und als Folge dieser Anstrengung hatte ich einige Tage später eine Fehlgeburt.
Ich war völlig gebrochen und weinte bitterlich, und der König weinte mit mir.
Wir dürften nicht verzweifeln, sagte er. Sehr bald würden wir unseren Kronprinzen haben, dessen sei er ganz sicher. Und in der Zwischenzeit hätten wir schließlich unsere bezaubernde kleine Madame Royale.
Es gelang ihm, mich zu trösten, und ich sagte ihm, wie froh ich sei, daß ich niemandem von meinem Zustand erzählt habe mit Ausnahme meiner engsten Vertrauten. Ich malte mir aus, was die Tanten oder meine Schwägerinnen daraus gemacht hätten. Sie hätten mir die Schuld daran zugeschrieben, meiner Vergnügungssucht, meiner ungenügenden Pflichtauffassung ... allem, was meinem Ansehen schaden konnte. Mein Gemahl sagte, wir sollten es auch jetzt als Geheimnis wahren, und ich müßte meine Freundinnen zu strengstem Stillschweigen verpflichten.
Ich war einige Tage krank, doch hatte ich eine so robuste Gesundheit, daß ich mich schnell davon erholte.
Dann bekam ich jedoch die Masern, und da der König sie noch nicht gehabt hatte, zog ich ins Trianon, um ihn nicht anzustecken. Jene am Hof, die die Krankheit gehabt hatten oder das Risiko einer Ansteckung auf sich zu nehmen beschlossen, folgten mir dorthin; Artois und seine Frau, die Gräfin von Provence, die Prinzessin von Lamballe und Elisabeth. Niemand erwartete, daß wir ganz ohne männliche Gesellschaft blieben, und so kamen die Herzöge von Guines und Coigny sowie Graf Esterhazy und Baron von Besenval. Diese vier hielten sich ständig in meinem Schlafzimmer auf und taten ihr Bestes, um mich aufzuheitern, doch erregte es natürlich viel Gerede und Entrüstung. Man taufte die vier Herren meine ›Krankenschwestern‹ und flüsterte, ich hätte gar nicht die Masern – sie wären nur ein Vorwand. Man fragte sich, welche Damen der König wohl wählen würde, um sich von ihnen pflegen zu lassen, wenn er krank würde.
Dieses eine Mal hatte ich Mercy auf meiner Seite. Er erklärte, er sähe nicht ein, warum ich nicht Freunde im Trianon haben solle, die mir bei meiner Krankheit Gesellschaft leisteten. Auch der König fand nichts Verkehrtes dabei. Könige und Königinnen hatten, so lange man sich erinnern konnte, immer Besucher in ihren Schlafgemächern empfangen. Es war eine feste Tradition.
Als es mir besser ging, blieb ich noch etwas im Trianon. Am liebsten

wäre ich ganz dort geblieben. Aus Wien ertönte Protest, und Mercy teilte mir mit, er habe die Genehmigung meiner Mutter, mich daran zu erinnern, daß der Hof eines mächtigen Landes vielen Menschen zugänglich sein müsse. Wenn das nicht der Fall sei, würde es zu Haß und Eifersucht und ernsteren Schwierigkeiten führen.
Ich hörte es mir gähnend an und dachte dabei an das Theaterstück, das ich bald in meinem neuen Theater aufführen wollte. Die Hauptrolle würde ich selbst spielen. Das würden doch bestimmt alle richtig und angemessen finden.
Als Folge dieser Unterredung mit Mercy schrieb ich jedoch an meine Mutter und versicherte ihr, ich würde wieder mehr Zeit in Versailles verbringen, worauf sie mir antwortete:

»Ich bin froh, daß Sie wieder Hof im Schloß abzuhalten beabsichtigen. Ich weiß, wie lästig und langweilig es ist, aber wenn man nicht mit allem Prunk Hof hält, sind die daraus entstehenden Nachteile größer als die persönlichen Opfer, die es von einem verlangt. Das gilt ganz besonders für Ihr Land, dessen Volk für seine Impulsivität bekannt ist.«

Ich gab mir Mühe, ihrem Rat zu folgen, und hielt im Schloß Hof, doch viele der Leute, die ich beleidigt hatte, blieben ihm fern. So sah ich auch nur selten den Herzog von Orléans. Er hatte sich in das Palais Royal in Paris zurückgezogen und empfing dort seine Freunde. Worüber sie sprachen, wußte ich nicht und machte mir auch keine Gedanken darüber. Es erschien mir nur sinnlos, im Schloß Hof zu halten. Weshalb sollte ich nicht zunehmend mehr Zeit im Petit Trianon verbringen, wo das Leben so viel lustiger war im Kreise meiner Freunde.

Der Schlag traf mich ganz unvorbereitet. Ich hatte nicht einmal gewußt, daß sie krank war.
Der Abbé Vermond kam in mein Appartement und sagte, er müsse mich allein sprechen. Seine Augen waren weit aufgerissen und seine Lippen bebten.
»Was ist los?« fragte ich.
»Eure Majestät müssen sich auf ein großes Unglück vorbereiten«, erwiderte er.
Ich erhob mich langsam, den Blick starr auf ihn gerichtet. Ich sah den Brief in seiner Hand, und da wußte ich alles.

»Die Kaiserin ...«
Er nickte.
»Sie ist tot«, wisperte ich tonlos, und ein Gefühl grauenvoller Verlassenheit überkam mich, wie ich es noch nie empfunden hatte.
Wieder nickte er schweigend.
Ich vermochte kein Wort zu sagen. Ich war wie betäubt und fühlte mich wie ein Kind, das sich verirrt hat und nun weiß, daß es niemals mehr in völlige Sicherheit gelangen konnte.
»Es kann nicht sein«, flüsterte ich, doch er mußte es mir bestätigen.
»Ich möchte jetzt allein sein«, erklärte ich mit zitternder Stimme. Er nickte und verließ mich. Ich sank auf mein Bett und dachte an sie, wie ich sie in Wien als Kind gekannt hatte. Ich sah sie wieder vor ihrem Spiegel, während ihre Kammerfrauen sie frisierten, spürte wieder den kalten Wind des Wiener Winters, kälter als alles, was ich seit meinem Abschied aus Österreich erlebt hatte; und ich malte mir aus, wie sie sich über mein Bett beugte, wenn ich mich schlafend stellte. Sogar ihre Stimme hörte ich: »Du mußt dies tun! Darfst nicht das tun! Diese Leichtfertigkeit ... diese Zerstreutheit ...! Du rennst noch in dein Verderben! Ich zittere um dich, mein geliebtes Kind!«
O ja, zittere um mich, Mama, wisperte ich, denn ohne dich bin ich so schrecklich allein und verlassen!

Der König kam zu mir und weinte mit mir. Er hatte eine Viertelstunde verstreichen lassen, um meinen Wunsch, allein zu sein, zu respektieren. Ich hörte ihn im Vorzimmer, wo Vermond wartete. Mein Gemahl sagte zu ihm: »Ich danke Ihnen, Monsieur l'Abbé, für den Dienst, den Sie mir soeben erwiesen haben.« Und da wußte ich, daß er den Abbé zu mir geschickt hatte, damit er mir die traurige Botschaft überbrachte. Dann kam er herein und nahm mich in die Arme.
»Mein Liebling«, murmelte er. »Dies ist so traurig für uns alle, am meisten jedoch für Sie!«
»Ich kann es gar nicht glauben«, stammelte ich. »Ich erhielt noch vor kurzem einen Brief von ihr.«
»O ja, ihre Briefe – Sie werden sie vermissen ...«
Ich nickte. »Nichts wird je wieder so sein wie vorher.«
Und als er so neben mir auf dem Bett saß und meine Hand hielt, war es mir, als hörte ich wieder ihre Stimme, die mich ermahnte, so wie sie es mein ganzes Leben lang getan hatte: Ich dürfte nicht zu sehr trauern! Ich hätte doch meinen Gemahl – und meine kleine Tochter!

Und ich dürfte nicht vergessen, daß Frankreich einen Thronerben brauchte!
Ich erließ Hoftrauer und legte selbst Trauerkleidung an. Ich zog mich völlig in meine Gemächer zurück und sah niemanden als die Mitglieder der königlichen Familie, die Herzogin von Polignac und die Prinzessin von Lamballe. Und so verblieb ich mehrere Tage – fern dem ganzen Treiben am Hofe, und dachte ununterbrochen an meine Mutter.
Als ich schließlich Mercy empfing, berichtete er mir von ihrem Ende. Sie wäre seit Mitte November krank gewesen; die Ärzte hätten von einer Lungenverhärtung gesprochen. Am 29. November hätte sie zu einer ihrer Hofdamen, die an ihr Bett trat, gesagt: »Dies ist mein letzter Tag auf Erden. – Meine Gedanken gelten meinen Kindern, die ich zurücklasse.« Und dann zählte sie uns alle mit Namen auf und erhob dabei wie um Segen flehend die Hände gen Himmel. Als sie zu meinem Namen kam, wiederholte sie mehrmals leise »Marie-Antoinette, Königin von Frankreich« und brach in Tränen aus und weinte lange bitterlich.
Sie lebte noch den ganzen Tag, doch gegen acht Uhr abends begann sie um Atem zu ringen. Joseph, der bei ihr war, flüsterte: »Sie sind sehr krank!«
»Krank genug, um zu sterben, Joseph«, antwortete sie.
Dann gab sie den Ärzten ein Zeichen.
»Ich scheide jetzt«, flüsterte sie. »Zündet die Sterbekerze an und schließt mir die Augen!«
Dann sah sie Joseph an, der sie mit den Armen umfing – und so starb sie.

»Monsieur le Dauphin bittet, sich präsentieren zu dürfen!« *Ludwig* XVI. *zu Marie-Antoinette*

»Ich sah heute morgen unseren kleinen Dauphin. Es geht ihm ausgezeichnet, und er ist schön wie ein Engel. Die Begeisterung des Volkes hält unvermindert an. Auf den Straßen wird nur gesungen und getanzt, und alle Musikanten spielen dazu auf. Es ist wirklich rührend, und ich kenne kein liebenswerteres Volk als das unsere.«

Madame de Bombelles an Madame Elisabeth

Katharina von Medici, Kleopatra, Agrippina, Messalina! Meine Verbrechen übertreffen sogar noch Eure, und wenn die Erinnerung an Eure infamen Taten den Leuten noch heute Grauen einflößt, was für eine Wirkung wird dann die Schilderung der grausamen und lasziven Marie-Antoinette von Österreich haben!«

Zitat aus einer Schmähschrift, die kurz vor und nach der Revolution zirkulierte und »Historisches Essay über das Leben von Marie-Antoinette« betitelt war

»Frankreich, mit dem Gesicht Österreichs soweit erniedrigt, sich mit einem Lumpenfetzen zu bedecken!«

Wurde unter ein Portrait Marie-Antoinettes geschrieben, das sie in einem einfachen Kreolenkleid zeigte

Und abermals sollte ich ein Kind bekommen. Fast ein Jahr war seit dem Tode meiner Mutter vergangen. Wie fehlten mir jene Briefe, die seit zehn Jahren so regelmäßig eingetroffen waren! Ich mußte oft daran denken, wie ich zu zittern pflegte, wenn ich sie öffnete und manchmal auch irritiert war wegen der ständigen Ermahnungen und Kritik. Doch wie oft hatte ich mich in diesem vergangenen Jahr danach gesehnt, einen solchen Brief wieder in der Hand zu halten! Wie hätte es mich glücklich gemacht, ihr eröffnen zu können, daß ich wieder ein Kind erwartete! Aber was nützte es! Sie war für immer von mir gegangen; und doch wußte ich, daß sie durch meine Erinnerung an sie immer um mich bleiben würde.

Ich wünschte mir sehnlich einen Sohn, wagte aber nicht, meine Hoffnungen zu sehr darauf zu richten. Kein Kind hätte ich mehr lieben können als meine kleine Tochter. Ich betete im stillen: »Einen Sohn, schenk mir einen Sohn, lieber Gott! Wenn es Euch jedoch gefällt, mir eine Tochter zu schicken, wird sie mir wie die Verkörperung all meiner Wünsche erscheinen.«

Die Geburt war diesmal anders. Der König hatte dem Volk den Zutritt verboten, um mich nicht wieder einer solchen Gefahr auszusetzen; nur die Familienmitglieder und sechs meiner Hofdamen sollten anwesend sein – die Prinzessin von Lamballe gehörte mit zur Familie – sowie die Ärzte und der Geburtshelfer.

Die Wehen setzten morgens beim Aufwachen am 22. Oktober ein, waren aber so schwach, daß ich noch ein Bad nehmen konnte. Gegen Mittag wurden sie dann heftiger.

Die Geburt war einfacher als bei meiner kleinen Madame Royale, doch als das Kind da war, wurde ich halb bewußtlos und war zu schwach, um in mich aufzunehmen, was um mich herum vorging.

Ich wußte nur, daß viele Menschen um mein Bett standen; es schien eine tiefe Stille zu herrschen, und ich hatte Angst zu fragen, ob es ein Knabe oder ein Mädchen war. Der König hatte allen verboten, es mir mitzuteilen. Er war in den Wochen vor der Geburt sehr besorgt um mich gewesen und hatte angeordnet, daß keiner mir das Geschlecht des Neugeborenen sagen dürfe; er befürchtete, ich könnte über eine Tochter zu enttäuscht sein, daß aber auch die Freude über einen Sohn in diesem Zustand der Erschöpfung mir schaden könnte.

Ich wunderte mich über die seltsame Stille im Raum. Dann fiel mir ein: ›Es ist ein Mädchen!‹ Oder noch schlimmer: tot geboren! Nein! Ich vernahm den Schrei eines Neugeborenen. Es war mein Kind! Ich hätte fast aufgeschrien: »Gebt mir mein Kind! Was macht es, wenn ...« Da erkannte ich den König dicht neben mir; er hatte Tränen in den Augen und schien vor Bewegung vollkommen überwältigt zu sein.

»Sie sehen, wie ruhig ich bin«, sagte ich zu ihm. »Ich habe keine Fragen gestellt.«

Seine Stimme bebte, als er zu mir sagte: »Monsieur le Dauphin bittet, sich präsentieren zu dürfen!«

Ein Sohn!

Mein Traum war erfüllt! Ich streckte die Arme aus, und man legte ihn mir hinein. Ein Knabe ... ein gesunder, wohlgestalteter Knabe!

Auch in den angrenzenden Salons, in denen die Minister und Mitglieder des Hofes warteten, herrschte große Aufregung.

Wie ich später erfuhr, sollen sich alle umarmt und geküßt haben. Bis zu mir drangen freudig erregte Stimmen: »Ein Dauphin! Ich sage Ihnen, es ist wahr! Wir haben einen Dauphin!« Sogar meine Feinde wurden von der allgemeinen Freude angesteckt. Madame de Guéménée, deren Obhut der Kronprinz anvertraut werden sollte, saß in einem Rollstuhl; man reichte ihn ihr und schob sie in ihr Appartement, wo sich alles um sie drängte, um das Kind zu sehen. Alle wollten ihn berühren oder auch nur das Tuch, in das man ihn gewickelt hatte, ja sogar den Stuhl, in dem die Prinzessin saß.

»Er muß unverzüglich ein Christ werden!« erklärte der König.

Und so wurde unser kleiner Kronprinz nachmittags um drei Uhr in der Schloßkapelle getauft.

Einhundertundeins Salutschüsse wurden sofort abgefeuert, damit Paris wußte, daß Frankreich einen Thronerben hatte. Die gesamte Stadt geriet völlig aus dem Häuschen vor Freude. Die Kirchenglocken läuteten, Prozessionen formierten sich, und die Freudenfeuer brannten die ganze Nacht. Natürlich fanden auch die üblichen Feuerwerke statt. Ich vermochte kaum zu glauben, daß dies das selbe Volk war, das sich so hämisch über jene abscheulichen Pamphlete über mich freute. Jetzt baten sie den Herrgott, mich zu beschützen, mich, die Mutter ihres Dauphin. Jetzt tanzten sie, tranken auf mein Wohl und riefen: »Lang lebe der König und die Königin! Lang lebe der Dauphin!«

Sie waren wirklich ein impulsives Volk, wie meine Mutter gesagt hatte.
Ich war selig über mein Kind! Ich ließ Madame Royale holen, damit sie ihren kleinen Bruder sah; Hand-in-Hand standen wir vor seiner Wiege und bewunderten ihn. Sie war jetzt drei Jahre alt und wurde jeden Tag hübscher; außerdem war sie sehr intelligent.
Ich erblickte Armand, der mit finsterem Gesicht an der Tür stand; ich lächelte ihm zu, doch er sah zu Boden. Beim Hinausgehen fuhr ich ihm durchs Haar. Er war nicht mehr so hübsch wie früher, doch vielleicht verglich ich ihn jetzt mit meinen eigenen Lieblingen.
Die Kirchenglocken läuteten drei Tage und drei Nächte lang. Jedesmal, wenn ich aufwachte, hörte ich sie, und mein Glück überkam mich wieder mit überwältigender Intensität.
In Paris wurden die beiden ersten Tage zu Festtagen erklärt. Auf den Straßen floß der Wein in Strömen, und überall standen Büfetts mit kaltem Fleisch. Die Leute trugen Girlanden aus künstlichen Blumen um den Hals und riefen sich als eine Art Begrüßung *»Vive le Dauphin!«* zu. Ein Fest folgte dem andern. Alle Zünfte entsandten Abgeordnete nach Versailles; neun Tage lang dauerten die Festlichkeiten. Der gesamte Hof versammelte sich, um diese Leute zu empfangen, und es herrschte große Heiterkeit, als die Zunft der Sänftenmacher eine Sänfte mit der Darstellung einer Amme und eines Dauphin überreichten. Die Amme war getreulich der Frau nachgebildet, die wir für diese Aufgabe ausgesucht hatten und die im Handumdrehen den Spitznamen *Madame Poitrine* bekam – Madame Busen. Die Schornsteinfeger brachten die Miniaturausgabe eines Schornsteins, auf dem ein kleiner Schornsteinfeger saß, der Loblieder auf den neugeborenen Thronerben sang. Die Schneider übergaben eine winzige Uniform und die Schmiede einen Amboß, auf dem sie ein Lied klopften. Die scharfzüngigen Marktfrauen hatten ihr Schwarzseidenes angezogen, das sie Jahre lang hüteten und nur bei den feierlichsten Anlässen hervorholten, und sangen Lob und Preis auf mich und meinen kleinen Sohn. Auf die ausgefallenste Idee waren jedoch die Schlosser gekommen, die sich dem König besonders verbunden fühlten, weil er sich so für ihren Beruf interessierte. Sie schleppten ein riesiges Schloß herein, das sie dem König feierlich schenkten, und ihr Sprecher fragte, ob Seine Majestät vielleicht versuchen wollten, es aufzumachen ... Das verlange zwar das ganze Können eines richtigen Schlossermeisters; falls der König vorziehen sollte, daß einer von ihnen es vormache, bräuchte er es nur

zu befehlen. Da man jedoch wisse, wie groß die Geschicklichkeit Seiner Majestät sei ... und so weiter. Der König nahm die Herausforderung an und beschloß, es selbst zu versuchen, was ihm auch unter großem Beifall sehr schnell gelang. Als er den Schlüssel umdrehte, sprang eine kleine Stahlfigur aus dem Schloß, die sich als eine kunstvoll geschmiedete Miniatur des Dauphin herausstellte.
Und die Festlichkeiten gingen weiter.
Als ich durch die Straßen von Paris fuhr, jubelte das Volk mir zu. Ich glaubte, meine Indiskretionen und Dummheiten der Vergangenheit seien vergessen und vergeben, weil ich dem Land jetzt das geschenkt hatte, was es sich wünschte: einen Erben für den Thron, einen kleinen Dauphin.

Wenn ich jetzt auf diese Zeit zurückblicke, erscheint sie mir als die glücklichste meines Lebens. Der König war genauso glücklich wie ich. Fast jeder Satz, den er äußerte, enthielt die Wendung »mein Sohn« oder »der Dauphin«. Die gesamte Dienerschaft vergötterte ihn, und die Leute warteten stundenlang, um einen Blick auf ihn zu erhaschen. Er war ein wundervolles Baby, ein schönes zufriedenes Kind, der Mittelpunkt unseres Lebens. Ludwig ging herum und gab jedem die Hand, hörte begierig jeder Unterhaltung zu – über den Dauphin natürlich, wobei ihm jedesmal die Tränen in die Augen traten, was folglich ein Dauerzustand war. Und bei der Taufe konnte er den Blick nicht von ihm lassen, wie Elisabeth mir erzählte, die seine Taufpatin war.
Madame Poitrine war eine gewichtige Persönlichkeit geworden. Der Spitzname paßte zu ihr; sie war von enormem Umfang, und die Ärzte hielten ihre Milch für ausgezeichnet. Sie war die Frau eines der Gärtner und betrachtete den Dauphin als ihr eigenes Kind; und da er die wichtigste Person im ganzen Schloß war, nahm sie, erfüllt von ihrer Wichtigkeit, den Platz gleich nach ihm in der Rangordnung ein. Sie kommandierte wie ein Grenadier herum und stieß wilde Flüche aus, doch ihre Gelassenheit war bemerkenswert. Weder meine noch des Königs Gegenwart vermochte sie im geringsten aus der Ruhe zu bringen. Sie pflegte sogar zu uns zu sagen: »Sie dürfen ihn jetzt nicht anfassen! Ich hab' ihn gerade abgelegt und will nicht, daß er gestört wird.« Es amüsierte uns sehr, und wir mußten darüber lachen, wußten wir doch, wir konnten mit ihr zufrieden sein, denn unser Kind war bei ihr in bester Hut. Mit einem gleichgültigen Achselzucken nahm sie die Kleider an, die wir ihr schenkten – die Spitzen und die feine

Wäsche, weigerte sich aber, Rouge aufzulegen oder sich das Haar zu pudern. Sie halte nichts von all dem, erklärte sie unerschüttert und sähe nicht ein, was es ihrem Baby Gutes tun würde.
Elisabeth zeigte mir einmal viel später einen Brief, den sie damals von einer Freundin, Madame de Bombelle, erhielt. Er rief uns jene glücklichen Tage wieder so deutlich ins Gedächtnis, daß wir beide weinen mußten.

»Ich sah heute morgen unseren kleinen Dauphin. Es geht ihm ausgezeichnet, und er ist schön wie ein Engel. Die Begeisterung des Volkes hält unvermindert an. Auf den Straßen wird nur gesungen und getanzt, und alle Musikanten spielen dazu auf. Es ist wirklich rührend, und ich kenne kein liebenswerteres Volk als das unsere.«

O ja, damals waren sie glücklich und zufrieden mit uns! Weshalb konnte es bloß nicht so bleiben?

Ich schaue jetzt auf die vergangenen Jahre zurück und versuche zu erkennen, wodurch sich diese ganze Tragödie hätte vermeiden lassen. Es muß doch eine Möglichkeit gegeben haben, sie zu verhindern.
Seit ich Königin war, hatten mir die beiden sehr geschickten Hofjuweliere Boehmer und Bassange immer von Zeit zu Zeit einen Besuch gemacht. Madame du Barry hatte ihre Arbeit sehr geschätzt. Vielleicht war das der Grund gewesen, daß sie ein sagenhaft kostbares Kollier anfertigten, welches sie ihr zu verkaufen hofften. Sie hatten die edelsten Steine in ganz Europa aufgekauft und ihr gesamtes Kapital in dieses Schmuckstück investiert. Unglücklicherweise starb Ludwig XV., bevor es fertig war und sie es ihm vorlegen konnten. Danach bestand natürlich keine Hoffnung mehr, es an Madame du Barry zu verkaufen.
Sie waren verzweifelt und dachten dann sofort an mich. Ich war von dem Anblick all jener prachtvollen Steine wie geblendet, fand das Kollier aber im stillen etwas vulgär, da es eher wie ein Sklavenhalsband aussah. Es stellte für mich nicht die große Versuchung dar, wie die Juweliere es hoffnungsvoll angenommen hatten; vielleicht beeinflußte mich auch die Tatsache, daß es ursprünglich für Madame du Barry gemacht worden war.
Die Juweliere waren sprachlos und entsetzt. Sie hatten gedacht, ich würde hingerissen sein und Mittel und Wege finden, es zu kaufen, kannten sie doch meine Leidenschaft für Diamanten.

Sie zeigten darauf das Kollier dem König, der mich rufen ließ, damit ich es mir anschaute. »Gefällt es Ihnen?« fragte er mich.
Ich war damals in einer meiner reuigen Stimmungen, da meine Mutter mich gerade scharf wegen meiner Verschwendungssucht getadelt hatte, und sagte daher, ich fände, wir bräuchten ein Schiff notwendiger als ein Diamantkollier.
Der König stimmte mir zu, doch die Juweliere waren erneut stumm vor Verblüffung. Sie verlegten sich auf Bitten. Sie müßten dieses Kollier verkaufen und hätten gehofft, es würde mir gefallen. Aber ich blieb standhaft. Ich wollte mir nicht die Schuld an dieser Ausgabe sowie den Zorn meiner Mutter – denn sie würde bestimmt davon erfahren – für etwas zuziehen, was mir nicht sonderlich gefiel.
Der König sagte, er würde seine Privatschatulle bis auf den letzten Sou leeren, wenn ich es haben wolle. Ich dankte ihm lachend für dieses Angebot.
Er wäre so großzügig, sagte ich, doch besäße ich genügend Diamantschmuck, und 1 600 000 Francs seien eine grotesk hohe Summe für ein Schmuckstück, das man nur vier- bis fünfmal im Jahr trüge.
Ich vergaß dann den ganzen Vorfall, doch einige Jahre später ließ sich Boehmer bei mir melden und bat, vorgelassen zu werden. Meine kleine Tochter war gerade bei mir. In der Annahme, es handele sich um irgendeine Kleinigkeit, die zu sehen meiner Tochter Spaß machen würde, ließ ich ihn vor. Sowie er eintrat, sah ich, wie aufgebracht er war. Er warf sich auch sogleich vor mir auf die Knie und brach in Tränen aus.
»Madame«, rief er, »ich bin ruiniert, wenn Sie nicht mein Kollier kaufen!«
»Jenes Kollier?« antwortete ich erstaunt. »Aber ich dachte, die Angelegenheit sei abgeschlossen.«
»Ich stehe am Rand des Ruins, Madame! Wenn Sie mein Kollier nicht kaufen, stürze ich mich in die Seine!«
Meine Tochter drängte sich dicht an mich und griff schutzsuchend in die Falten meines Rockes; entsetzt starrte sie den völlig hysterischen Mann am Boden an.
»Stehen Sie auf, Boehmer«, befahl ich. »Ihr Benehmen gefällt mir nicht! Rechtschaffene Leute haben es nicht nötig, auf den Knien zu liegen und zu betteln. Es würde mir leid tun, wenn Sie sich umbrächten, doch wäre ich in keiner Hinsicht für Ihren Tod verantwortlich. Ich habe das Kollier nicht in Auftrag gegeben und habe Ihnen wie-

derholt gesagt, daß ich es nicht haben will. Sprechen Sie mir also nicht wieder davon! Versuchen Sie, es auseinanderzunehmen, und verkaufen Sie die Steine, anstatt zu sagen, Sie würden sich ertränken. Ich bin sehr ungehalten, daß Sie in meiner und meiner Tochter Gegenwart eine derartige Szene machen. Lassen Sie das bitte nicht noch einmal vorkommen, und gehen Sie jetzt!«

Er verschwand, und ich vermied es, ihn danach wieder vorzulassen. Wie ich jedoch hörte, versuchte er nach wie vor verzweifelt, das Kollier zu verkaufen, und ich bat Madame Campan, in Erfahrung zu bringen, ob es ihm gelang, denn der Mann tat mir leid. Eines Tages erzählte sie mir dann, das Kollier sei an den Sultan von Konstantinopel für seine Lieblingsfrau verkauft worden. Ich stieß einen Seufzer der Erleichterung aus.

»Wie bin ich froh, daß wir damit das Letzte von diesem vulgären Halsband gehört haben!«

Ich verbrachte zunehmend mehr Zeit im Petit Trianon. Mein Theater war jetzt fertig, und ich war voller Ungeduld, das erste Stück aufzuführen. Ich hatte mein kleines Ensemble zusammengestellt; es bestand aus Elisabeth, Artois und einigen seiner Freunde sowie der Polignac-Clique. Meine Schwägerin Marie-Josèphe hatte abgelehnt, mitzumachen; es sei unter ihrer Würde, auf einer Bühne Theater zu spielen.

»Aber wenn die Königin von Frankreich es tut, wird es doch nicht unter Ihrer Würde sein!«

»Ich bin zwar nicht die Königin«, hatte sie erwidert, »doch von gleichem Geblüt!«

Ich mußte lachen, aber sie weigerte sich hartnäckig und wurde nur ein Mitglied unserer Zuschauergruppe. Monsieur Campan war wie bereits früher eine große Hilfe als Souffleur und Mit-Intendant, genau wie damals, als wir heimlich in jenem Raum im Schloß Theater gespielt hatten. Dies war jedoch anders. Es war richtiges Theater. Ich warf mich mit wildem Enthusiasmus in die Schauspielerei. Wir führten mehrere Stücke und komische Opern auf. Ich erinnere mich noch an ihre Namen: *›L'Anglais à Bordeaux‹*, *›Le Sorcier‹*, *›Rose et Colas‹*. In *›Le Sabot Perdu‹* spielte ich die Rolle der Babette, die auf der Bühne von ihrem Liebhaber geküßt wird. Artois spielte den Liebhaber, und in dem häßlichen Gerede und den Pamphleten über mich wurde daraus eine Art zügellose Orgie.

Das Volk schien die Verehrung vergessen zu haben, die es mir anläßlich der Geburt des Dauphin entgegengebracht hatte. Immer neue Schmähschriften tauchten mit alarmierender Schnelligkeit auf, und immer war ich die Zielscheibe. Ich konnte einfach nicht verstehen, warum sie mich dazu erwählt hatten. Vielleicht, weil ich keine Französin war? Das französische Volk hatte Katharina von Medici gehaßt, weil sie keine Französin gewesen war – nicht wegen ihres bösen, verderbten Rufes. Sie hatten sie »die Italienerin« genannt. Jetzt war ich »die Österreicherin«.

›*Les Amours de Charlot et Toinette*‹ war ein sehr beliebtes Büchlein, das als Schilderung meines Verhältnisses mit dem Grafen von Artois galt; seit meiner Ankunft in Frankreich hatte man eine Liaison zwischen uns vermutet.

Eines Tages fand der König eine Broschüre mit dem Titel ›*Vie Privée d'Antoinette*‹ in seinen Gemächern, was bewies, daß ich innerhalb des Schlosses gefährliche Feinde hatte, denn einer von ihnen mußte es dort hingelegt haben.

Ich weigerte mich, es zu lesen. Es wäre einfach grotesk, erklärte ich. Alle, die mich kannten, würden lediglich darüber lachen. Ich begriff nicht, daß meine Feinde systematisch ein Bild von mir aufbauten, das viele schließlich für die Wahrheit über mich hielten.

Eines der Pamphlete war sogar in der Ich-Form geschrieben, so als hätte ich es selbst verfaßt. Es erschien mir noch absurder als alle bisherigen, denn die Vorstellung, daß ich, falls ich tatsächlich all der dort aufgezählten Verbrechen schuldig gewesen wäre, eine Beichte ablegte und diese öffentlich drucken und verbreiten ließ, war doch zu aberwitzig für Worte.

»Katharina von Medici, Kleopatra, Agrippina, Messalina! Meine Verbrechen übertreffen sogar noch Eure, und wenn die Erinnerung an Eure infame Taten den Leuten noch heute Grauen einflößt, was für eine Wirkung wird dann die Schilderung der grausamen und lasziven Marie-Antoinette von Österreich haben! ... Eine unmenschliche Königin, eine ehebrecherische Gemahlin, von Verbrechen und Ausschweifungen verderbt ...«

Ich lachte nur und riß es in Stücke. Niemand würde es ernst nehmen. Doch die infame Druckschrift ›Historisches Essay über das Leben von Marie-Antoinette‹ wurde gekauft und in immer neuen Auflagen gedruckt; sie ist sogar jetzt, wo ich dies schreibe, noch im Umlauf.

Weshalb begriff ich bloß nicht, daß es Menschen gab, die entschlossen waren, all diese niederträchtigen Verleumdungen über mich zu glauben! Die einzige Art, in der ich sie als absurde Lügen hätte entlarven können, wäre eine zurückgezogene bescheidene Lebensweise gewesen. Doch was tat ich? Ich zog mich nur schmollend und angewidert ins Trianon zurück. Es war meine kleine eigene Welt. Sogar der König durfte nur auf ausdrückliche Einladung dort erscheinen. Er respektierte es und wartete geduldig, eingeladen zu werden. Er genoß diese Einladungen, denn sie waren für ihn, schwer beladen mit Staatssorgen, eine wohltuende Gelegenheit, den Feierlichkeiten und ermüdenden Unterredungen mit Staatsmännern zu entrinnen.

Wenn wir gerade keine Theaterstücke aufführten, veranstalteten wir kindische Spiele. Unser Lieblingsspiel hieß *Descampativos,* das aus Blinde Kuh entstanden war. Einer wurde hinausgeschickt, während wir uns Bettücher überwarfen, so daß nichts mehr von uns zu sehen war. Der draußen wartende Spieler wurde dann hereingerufen, und wir berührten ihn der Reihe nach, wobei er raten mußte, wer jeder von uns war. Das Lustigste an diesem Spiel waren die Pfänder, die gezahlt werden mußten, und diese wurden immer gewagter. Alles, was wir machten, wurde in den Berichten darüber ins Maßlose übertrieben; aus dem unschuldigsten Vergnügen wurde ein römisches Bacchanal. Ein anderes bei uns sehr beliebtes Spiel hieß *tire en jambe,* bei dem wir alle auf Stöcken ritten und uns gegenseitig bekriegten. Dies war häufig Anlaß zu groben Scherzen, und wenn der König auch einen Ringkampf und rauhe Spiele gern hatte, fand er wenig Geschmack an diesem.

Mein Garten beanspruchte einen Großteil meiner Zeit. Ständig plante ich etwas Neues oder ließ Änderungen ausführen. Merkwürdigerweise schien ein natürlich aussehender Garten viel kostspieliger zu sein als die symmetrischen Rasenflächen und Springbrunnen, die Ludwig XIV. eingeführt hatte. Aus der ganzen Welt ließ ich mir Pflanzen kommen, und Hunderte von Gärtnern waren damit beschäftigt, eine natürliche Landschaft zu schaffen. Ein kleiner Bach sollte durch eine Wiese fließen, doch gab es keine Quelle in der Nähe, aus der man das Wasser dafür hätte ableiten können. »Ihr könnt kein Wasser beschaffen!« rief ich spöttisch. »Das ist doch lächerlich!« Also wurde Wasser mittels einer Rohrleitung von Marly herübergeleitet. Bald hieß es, nicht Wasser, sondern Gold flösse durch den reizenden kleinen Bach beim Trianon. Ich ließ kleine rustikale Brücken bauen; auch ein kleiner Teich mit einer Insel wurde angelegt. Und all das mußte so wirken, als hätte die Natur und nicht Menschenhand es dort geschaffen. Die Kosten für all dies waren schwindelerregend, aber ich berücksichtigte sie nie. Ich mußte immer gelangweilt gähnen, wenn man mir die Zahlen vorlegte, und wußte nie genau, wie viele Nullen es eigentlich waren. Ich überlegte dafür dauernd, wie ich mein kleines Reich noch verschönern könnte. Eines Tages kam ich auf den Gedanken, daß ich ein Dorf anlegen lassen sollte, denn keine ländliche Szenerie war gänzlich ohne ländliche Bevölkerung. Ich würde Bauernhäuser bauen lassen, acht kleine Häuschen mit echten Bauern und Tieren. Ich ließ Monsieur Mique kommen, einen unserer berühmtesten Architekten, und eröffnete ihm meinen Plan. Er war von dem Einfall begeistert. Anschließend bat ich den Künstler Monsieur Hubert Robert mit Mique zusammenzuarbeiten. Acht kleine Bauernhäuser sollten sie für mich errichten – mit Strohdächern und sogar einem Misthaufen vor der Tür. Sie sollten Charme haben, aber gleichzeitig ganz echt wirken.

Die beiden Künstler machten sich begeistert an die ihnen gestellte Aufgabe und scheuten keine Kosten. Ständig machten sie mir Verbesserungsvorschläge, und ich genoß meine Besprechungen mit ihnen. Die Häuser sollten wie richtige Bauernhäuser aussehen. Der Putz sollte an manchen Stellen abgesplittert werden, und die Schornsteine sollten aussehen, als wäre schon jahrzehntelang Rauch aus ihnen aufgestiegen. »Natürlich« lautete die Devise, und es wurden kein Kunstgriff und keine Kosten gescheut, um diese Wirkung zu erzielen.

Als die Häuser schließlich fertig waren, suchte ich Familien aus, die in ihnen wohnen sollten. Es war selbstverständlich nicht schwierig, Bauern zu finden, die nur zu glücklich dieses neue Heim bezogen. Und so hatte ich richtige Kühe, Schweine und Schafe. Es wurde auch Butter gemacht, und meine Bauern wuschen ihre Wäsche und breiteten sie auf den Hecken zum Trocknen aus. Alles, sagte ich, sollte ganz natürlich und echt wirken. So entstand mein Hameau. Mein Theater hatte 141 000 Francs gekostet; ich machte mir damals nicht die Mühe, auszurechnen, was die Bauernhäuser verschlungen hatten – später wagte ich es dann nicht mehr.

Aber ich war glücklich. Ich kleidete mich dort sogar ganz einfach, obgleich Rose Bertin mir versicherte, daß Einfachheit weitaus schwieriger zu erreichen sei als vulgäre Eleganz – und selbstverständlich viel kostspieliger.

In einem schlichten weißen Musselinkleid pflegte ich an meinem Bächlein entlangzuschlendern oder auf einem Grashügel zu sitzen, der so geschickt angelegt worden war, daß jeder vermutet hätte, er sei schon immer dort gewesen. Manchmal angelte ich auch Fische, die dann gekocht und zubereitet wurden, denn in meinem Bach waren reichlich Fische ausgesetzt, genau wie bei einem ländlichen Flüßchen. Manchmal melkte ich sogar die Kühe; diese wurden jedesmal vorher gereinigt und gestriegelt, ebenso wie der Stall. Die Milch floß in eine Porzellanvase mit einem Monogramm. Es war alles ganz entzückend und besaß großen Charme. Die Kühe trugen kleine Glöckchen um den Hals, und ich und meine Hofdamen führten sie an blausilbernen Bändern.

Es war zu reizend! Manchmal pflückte ich auch Blumen und stellte sie eigenhändig im Haus in passende Vasen. Anschließend machte ich dann einen kleinen Spaziergang zu meinen lieben Bauern, um zu sehen, wie sie zurechtkamen, und um mich zu vergewissern, daß sie sich wie richtige Bauern benahmen.

»Wenigstens diese Leute in meinem Hameau sind zufrieden«, stellte ich mit Genugtuung fest. Und das schien mir eine gute Sache zu sein und die Unsummen von Geld zu rechtfertigen, die es gekostet hatte und weiter kostete, denn ich ließ dauernd noch etwas zum Charme des Hameau hinzufügen oder verbessern.

Von Joseph kamen gestrenge Briefe, doch hatten sie nicht die gleiche Wirkung auf mich wie die meiner Mutter. Es fehlte ihnen außerdem jene tiefe Liebe, die sie für mich empfunden hatte. Joseph hielt mich für töricht und dumm – womit er gewiß recht hatte – und machte mir Vorhaltungen, aber das tat er ja bei allen, sagte ich mir.

Selbstverständlich schrieb er auch an Mercy, der wie zu Lebzeiten meiner Mutter mein Aufpasser blieb.

Mercy, der kein unterwürfiger Schmeichler war und nie ein Blatt vor den Mund nahm, zeigte mir, was er an Joseph geschrieben hatte – vermutlich in der Hoffnung, mich dadurch zum Guten zu beeinflussen.

»Madame Royale ist ständig bei ihrer Mutter, und jedes ernsthafte Gespräch wird dauernd von dem spielenden Kind unterbrochen, ein Mißstand, der leider der angeborenen Neigung der Königin entspricht, zerstreut und unaufmerksam zu sein; sie hört kaum noch zu und macht auch keinen Versuch, das Gesagte zu verstehen. Ich habe weniger Einfluß auf sie denn je.«

Er seufzte, als ich dies las, denn meine Aufmerksamkeit blieb auch

jetzt nicht auf den Brief konzentriert; ich überlegte mir gerade im stillen, ob eine blaßrosé Seidenschärpe meinem Herzblatt besser stehen würde als die blaue, die es trug.
Armer Mercy! Er war nach dem Tode meiner Mutter mutlos geworden – oder erkannte er endlich, daß seine Aufgabe, mich vor meinen Torheiten zu bewahren, hoffnungslos war?

Geld! Es schien plötzlich das permanente Hauptgesprächsthema zu sein – und was für ein langweiliges dazu! Anscheinend herrschte ein Defizit in der Staatskasse, das unbedingt aufgefüllt werden mußte, wie Monsieur Necker nachdrücklich verlangte; er war zum Generalkontrolleur der Finanzen ernannt worden. Turgots Maßnahmen waren ein Mißerfolg gewesen, und auch sein Nachfolger, Clugny de Nuis, war nicht erfolgreicher gewesen, obgleich er die Unterstützung der Notabeln genoß – hauptsächlich, weil er versuchte, alles rückgängig zu machen, was Turgot unternommen hatte. Er hatte eine Staatslotterie gegründet, die jedoch nicht wie von ihm geplant funktionierte, und seine Methoden hatten zum finanziellen Ruin geführt. Als er starb, seufzte alles vor Erleichterung auf, und mein Gemahl wandte sich hilfesuchend an Jacques Necker.
Necker war Schweizer, ein erfolgreicher Mann, dem die Bank Thélusson und Necker mit ihren Niederlassungen in London und Paris gehörte. Er hatte bewiesen, daß er mit Finanzen umzugehen verstand, und wurde gleichzeitig von den Philosophen verehrt, da er von der Académie Française einen Preis für ein literarisches Werk erhalten hatte. In mehreren Abhandlungen hatte er die besitzende Klasse angegriffen und den scharfen Kontrast zwischen Arm und Reich angeprangert. Er war selbst ein Mann der Gegensätze – vielleicht mehr als die meisten anderen Menschen. Einerseits ein selbstloser Idealist, trachtete er andererseits glühend nach Macht. Er weigerte sich, eine Bezahlung für seine Arbeit anzunehmen, aber schließlich war er ja ein außerordentlich vermögender Mann und brauchte kein Geld. Er wollte die Lebensumstände der Armen verbessern, wollte dem Land wieder zu Wohlstand verhelfen, doch sollten alle wissen, daß er, Nekker, und kein anderer der große und tüchtige Wohltäter des Landes war.
Er war Protestant; seit der Herrschaft von Heinrich IV. war es keinem Protestanten gestattet gewesen, ein öffentliches Amt zu bekleiden. Es zeigt, was für einen starken Eindruck Necker auf den König machte,

daß dieser sich über jenes Gesetz hinwegsetzte. Ludwig, der seit seiner Thronbesteigung mit allen ihm gegebenen Möglichkeiten versuchte, die Staatsmaschinerie zu verstehen und zu beherrschen, war überzeugt, daß das Land in dieser schwierigen Situation den fähigen Bankier brauchte.

Necker war ein hochgewachsener Mann mit buschigen Augenbrauen unter einer hohen Stirn, über der sich ein Tuff weißen Haares erhob. Er hatte einen gelblichen Teint und so schmale Lippen, als kalkuliere er die Kosten von allem und jedem nach. Im eleganten Samtkostüm sah er ganz merkwürdig aus. Ich sagte zu Rose Bertin, er würde bestimmt besser im schlichten Anzug eines Schweizer Bürgers aussehen und sie sollte ihm lieber einen solchen machen.

»Ich wähle meine Klienten mit der größten Sorgfalt aus, Madame«, erwiderte diese, »denn das ist meine Pflicht, seit ich für die Königin von Frankreich arbeite.«

Necker unterzog den königlichen Haushalt einer Prüfung auf der Suche nach möglichen Einsparungen. Wir beschäftigten zu viele Dienstboten. Allein Madame Royale hatte acht. Keiner von uns bewegte sich jemals irgendwohin ohne ein ganzes Gefolge von Dienerschaft. Gleich am ersten Tag dieser Prüfung verloren vierhundertsechs Dienstboten ihren Posten – andere sollten folgen.

Dies schien jedoch keine ideale Lösung; wenn wir jetzt auch in unserer Haushaltsführung sparten, waren die Entlassenen doch arbeitslos.

Necker und seiner Frau lag der Zustand unserer Hospitäler sehr am Herzen, und der König, stets bereit, derartige gute Werke zu unterstützen, war ganz ihrer Meinung. Die Zustände im Hôtel-Dieu in Paris waren wahrhaftig erschreckend. Mein Gemahl begab sich incognito dorthin und schritt durch die Krankensäle; in Tränen und völlig niedergeschlagen kam er zurück. Aber Frankreich wollte keine Tränen – es brauchte wirksame Maßnahmen! Er wußte dies und faßte den Entschluß, das alte Gemäuer abreißen und es durch vier neue Hospitäler ersetzen zu lassen. Wo sollte er jedoch das Geld dafür hernehmen? Er mußte diesen großartigen Plan aufgeben und sich damit begnügen, das bestehende Gebäude zu vergrößern und Platz für dreihundert weitere Betten zu schaffen. Und währenddessen wuchs ständig der Berg meiner Rechnungen für mein kleines Dorf. Weshalb machte mir niemand klar, wie unverantwortlich mein törichtes Treiben war? Weshalb waren alle immer nur bemüht, mir jede Laune und jeden Wunsch zu erfüllen? – Wollten sie mich wirklich nur verwöh-

nen? Trugen sie dadurch nicht vielmehr das Ihre zu meinem Verderben bei? Bevor ich meine Tochter erwartete, hatte mein Gemahl mich aus Schuldgefühl über die peinliche Situation, in die er mich gebracht hatte, verwöhnt – nachher konnte er mir nicht genug dafür danken, daß ich der Welt bewiesen hatte, daß er ein Mann war.
Doch warum soll ich anderen die Schuld geben? Man sagte mir all diese Dinge, aber ich hörte nicht zu. Ich weinte, als ich von den Zuständen im Hospital erfuhr. Nach der Geburt von Madame Royale hatte ich gebeten, ein Wöchnerinnen-Hospital stiften zu dürfen, was ich dann auch getan hatte. Es beruhigte mein Gewissen, und ich brauchte nun nicht mehr an diese unerfreulichen Dinge zu denken wie sterbenskranke Menschen, die im Hôtel-Dieu auf dem Fußboden lagen, von Ungeziefer geplagt, während die Ratten um sie herumsprangen und niemand da war, der sie pflegte und versorgte.
Necker versuchte ständig, Reformen durchzuführen – für Hospitäler, Gefängnisse und die Lage der Armen. Er erließ ein neues Gesetz – nicht höhere Besteuerung, sondern Staatskredite; das Volk umjubelte ihn, doch die Situation besserte sich in keiner Weise dadurch.
Necker erstrebte nichts mehr als Beliebtheit; er kritisierte mich nie. Jetzt weiß ich, daß er es nur nicht tat, weil der König mich vergötterte und wollte, daß ich meinen Zeitvertreib hatte. Zweifellos war es Nekkers Wunsch, Frankreich Gutes zu tun, doch sein eigentliches Ziel war, sich persönlich Macht und Ruhm zu verschaffen. Ohne Unterstützung des Königs konnte er das nicht – folglich mußte er sich weiter gut mit der Königin stellen.
Die Geldknappheit schien eine ansteckende Krankheit, von der keiner verschont blieb. Es gab einen großen Skandal, als der Prinz von Guéménée ruiniert war. Dies hatte den Bankrott mehrerer Kaufleute zur Folge, die jahrelang seine Lieferanten gewesen waren. Das riesige Heer seiner Dienerschaft war verzweifelt. Die Affäre verbreitete sich wie ein Lauffeuer durch Versailles und Paris, und seine Frau konnte selbstverständlich nicht ihren Posten als Gouvernante der *Enfants de France* beibehalten.
Als Nachfolgerin wählte ich Gabrielle. Sie war nicht sehr darauf erpicht. Vielleicht liebte ich es gerade am meisten an dem liebenswerten Geschöpf, daß sie keinerlei Machthunger besaß. Ich glaube, Gabrielle wäre am glücklichsten gewesen, wenn sie weit weg vom Versailler Hof geruhsam auf dem Lande hätte leben können. Sie machte sich nichts aus Schmuck, nicht mal aus schönen Kleidern. Vielleicht wußte sie,

daß sie schön genug war, um darauf verzichten zu können. Sie war träge und hatte nichts lieber, als in der Sonne auf dem Rasen beim Trianon zu liegen – nur mit mir und vielleicht einigen unserer engsten Freundinnen – und unbeschwert zu plaudern. Sie behauptete, sich nicht als Gouvernante zu eignen. Der Dauphin bräuchte jemanden, der dauernd auf ihn aufpasse.

»Aber das werde ich selber tun«, erklärte ich, »und auch sein Vater und viele andere. Wir wären dadurch mehr denn je zusammen. Sie müssen ja sagen, Gabrielle!«

Sie zögerte immer noch. Als Vaudreuil jedoch davon erfuhr, bestand er darauf, daß sie das Angebot annahm. Also wurde Gabrielle die Gouvernante meiner Kinder. Jetzt weiß ich, daß diese Freundschaft zwischen uns beiden eines der Hauptargumente für die Verleumdungen gegen mich lieferte. Nicht zu fassen! Es war etwas so Schönes – eine schwesterlich liebevolle Freundschaft, der Wunsch zweier Menschen, die vieles gemeinsam hatten, zusammenzusein. Was war daran nur verkehrt? Dennoch wurde es falsch und häßlich ausgelegt. Ich möchte nicht näher auf die bösen Verzerrungen dieser Freundschaft eingehen. Überhaupt all meine Freundschaften wurden das Opfer gemeiner Verleumdungen. Ich ignorierte sie, denn sie waren wirklich zu absurd.

Gabrielles Familie war sehr ehrgeizig. Ich überredete Ludwig, ihren Mann zum Herzog zu ernennen, wodurch sie das *droit de tabouret* bekamen; im übrigen erschien dauernd ein neues Mitglied ihrer Familie, das einen Posten bei Hofe brauchte. Als Folge davon wurden ständig hohe Summen aus der dahinschmelzenden Staatskasse an diese Familie gezahlt.

Geld!

An einem schönen Junitag saß ich in meinem goldschimmernden Salon und spielte Harfe, während meine Gedanken ihre eigenen Wege gingen. Ich überlegte mir, daß ich alt wurde. Fast achtundzwanzig war ich jetzt! Meine kleine Tochter würde im Dezember fünf Jahre alt und der Dauphin im Oktober zwei. Ach, seufzte ich im stillen, ich bin nicht mehr jung! Und eine schreckliche Traurigkeit überfiel mich. Ich konnte mir einfach nicht vorstellen, eines Tages alt zu sein. Was sollte ich bloß machen, wenn ich nicht mehr tanzen, Theaterspielen und mich amüsieren konnte? Heiraten für meine Kinder arrangieren! Meine süße Tochter an den Monarchen irgendeines fernen Landes verlieren! Ich schauderte. Laß mich nie alt werden, lieber Gott! betete ich.

Es klopfte leise an die Tür.
Ich sah von meiner Harfe auf und gab der Prinzessin von Lamballe ein Zeichen, nachzuschauen wer es wäre.
Ein Lakai meldete die Ankunft eines Besuchers.
Ich fuhr zusammen, als ich diesen auf der Schwelle erblickte. Er war beträchtlich gealtert, erschien mir jedoch um nichts weniger attraktiv als früher. Er sieht sogar noch vornehmer aus, überlegte ich mir.
Axel von Fersen kam auf mich zu. Ich erhob mich und hielt ihm die Hand hin; er ergriff sie und küßte sie.
Unvermittelt war ich glücklich und voller Leben. All jene düsteren Gedanken über mein nahendes Alter waren wie weggeblasen.
Er war wieder da!

Wie herrlich war die nun folgende Zeit! Er kam dauernd in meinen Salon, und obgleich wir nie allein waren, konnten wir uns doch unterhalten; wir brauchten uns ja nicht mit Worten zu sagen, was wir für einander empfanden.
Glühend vor Begeisterung erzählte er mir von Amerika. Er hatte das Kreuz von Cincinnatus für besondere Tapferkeit erhalten, trug es aber nicht; sein Souverän, Gustav von Schweden, hatte es verboten, war jedoch so von der Verleihung beeindruckt gewesen, daß er Axel zum Oberst ernannt hatte.
»Jetzt bleiben Sie aber erstmal eine Zeitlang in Frankreich«, sagte ich.
»Ich werde einen Vorwand dafür finden müssen.«
»Und Sie haben keinen?«
»Mein Herz hat einen Grund, aber den kann ich nicht der Welt nennen. Ich brauche noch einen anderen Grund ...«
Ich verstand. Seine Familie drängte ihn, nach Schweden zurückzukehren und mit seinem Nomadenleben aufzuhören. Er sollte heiraten ... ein möglichst reiches Mädchen, sollte seine Zukunft ins Auge fassen. Was konnte dieser sein Aufenthalt in Frankreich nützen?
Er sprach hierüber mit mir, und wir lächelten uns mit zärtlicher Wehmut an. Wir hatten von Anfang an gewußt, daß wir nie ein wirkliches Liebespaar sein konnten. Wie hätten wir auch? Ich war so ganz anders als die Frau, die man in den Pamphleten verhöhnte. Ich war sehr anspruchsvoll und eine große Romantikerin. Ein kurzes billiges Schlafzimmererlebnis hatte keinerlei Reize für mich. Ich glaubte an die Liebe – die große Liebe, zu der unbedingte Loyalität, Treue und Selbstlosigkeit gehören ... eine idealistische Liebe. Ich hatte das Gefühl, daß

Axel mir all das gab. Er sah hinreißend in seiner schwedischen Armeeuniform aus – anders als alle übrigen Männer. Und so war auch mein Bild von ihm – und würde es immer bleiben. Ich suchte keine flüchtigen Gefühle oder die Befriedigung eines momentanen Verlangens. Ich träumte vielmehr davon, daß ich eine einfache Adlige war, daß Axel und ich heirateten und unser idealistisch verklärtes Leben in einem kleinen Haus ähnlich meinem Hameau lebten, wo die Kühe alle vor Sauberkeit glänzten und die Butter in Sèvres Schüsseln gemacht wurde und die Schafe mit silbernen Glöckchen und bunten Seidenbändern geschmückt waren. Nichts Häßliches oder Schmutziges wollte ich in meinem Paradies haben. Außerdem hatte ich ja meine Kinder. Sie erschienen mir einfach vollkommen. Und sie waren Ludwigs Kinder. Ich fand nichts an ihnen, was ich mir anders gewünscht hätte; die kleine Madame Royale hatte schon eine gewisse Ähnlichkeit mit ihrem Vater.

Meine Träume waren ohne alle Logik ... zauberische Tagträume, fern aller praktischen Überlegungen. Ich wollte Romantik ... und Romantik gründet sich nicht auf die Realitäten des Lebens!

Trotz alledem wünschte ich mir, daß Axel in Frankreich blieb.

So war ich selig, als Ludwig mir eines Tages einen Brief von König Gustav von Schweden zeigte. Er lautete:

»Monsieur mon frère et cousin! Nachdem Graf Fersen mit Eurer Majestät Zustimmung in Eurer Armee in Amerika gekämpft hat und sich damit Eures Wohlwollens würdig erwiesen hat, halte ich es nicht für indiskret, um ein eigenes Regiment für ihn zu bitten. Seine Herkunft, sein Vermögen, seine Verbindung zu meiner Person ... veranlassen mich zu der Anahme, daß er Eurer Majestät nützlich und angenehm sein könnte, und da er seine Position bei mir unverändert beibehält, könnte er seine Zeit zwischen seinen Pflichten in Frankreich und Schweden teilen ...«

Ich brauchte nicht lange, um Ludwig davon zu überzeugen, daß dies eine hervorragende Idee war.

Nun hatte Axel einen Grund, öfter in Versailles zu sein, ohne daß böses Gerede entstand; außerdem konnte er in der Uniform eines französischen Soldaten erscheinen.

»Mein Vater ist nicht sehr darüber erfreut«, erzählte er mir. »Er findet, ich vergeude meine Zeit.«

»Das befürchte ich leider auch«, antwortete ich seufzend.
»Nie habe ich sie leichteren Herzens vergeudet!«
»Heute abend findet ein Konzert statt. Ich werde nach Ihnen Ausschau halten.«
Und so ging es weiter.
Vater Fersen war ein energischer Herr. Nun gut, wenn sein Sohn entschlossen war, seine Zeit in Frankreich zu vergeuden, sollte er wenigstens heiraten. Es gab da eine sehr annehmbare junge Person, die ausgezeichnet zu ihm passen würde. Sie besaß ein großes Vermögen. Ihr Vater war in Frankreich außerordentlich mächtig und einflußreich, doch brauchte seine Tochter einen Ehemann mit einem guten alten Adelstitel. Germaine Necker, die Tochter des Finanzministers, war die Erwählte.
Ich war sehr unglücklich, als Axel es mir erzählte. Falls er heiratete, bedeutete es das Ende unserer Romanze. Ich war zwar selbst verheiratet, und es würde nie eine Möglichkeit für mich geben, Axel zu heiraten, aber wer hatte schon einmal von einem verheirateten Troubadour gehört! Wie konnte er dauernd um mich sein, wenn er eine Frau hatte – noch dazu eine Frau wie Germaine Necker, eine Demokratin und Reformanhängerin, ein Mädchen, das von seinen Eltern klar umrissene Ideale und Vorstellungen übernommen hatte.
»Das geht nicht!« erklärte ich.
Axel stimmte mir zu, war jedoch niedergeschlagen. Ihre Eltern wären bereits unterrichtet worden und fänden es eine hervorragende Partie für ihre Tochter. Vater Necker würde tödlich beleidigt sein, wenn Axel jetzt nicht um die Hand seiner Tochter anhielt.
»Wir müssen einen anderen Mann für sie finden«, schlug ich vor. »Jemanden, den sie lieber mag.«
Aber wie konnte eine Frau einen anderen Mann Axel vorziehen, fragte ich mich entsetzt.
Germaine Necker war ein sehr eigenwilliges Mädchen. Sie würde heiraten, wen *sie* wolle, verkündete sie; und seltsamerweise schien ihre Wahl nicht auf Axel gefallen zu sein. Seit vielen Jahren bewarb der Baron de Staël sich um ihre Hand, und sie beschloß, diesen zu heiraten; und energisch wie die junge Person war, hieß sie sehr bald Madame de Staël.
Axel zeigte mir einen Brief an seine Schwester Sophie, an der er sehr hing und der er vieles anvertraute. Sie würde seine wahren Gefühle verstehen, versicherte er mir.

»Ich werde nie den Bund der Ehe eingehen. Es ist gegen meine Natur ... Da ich mich nicht mit der Frau verbinden kann, der ich angehören möchte und die mich wirklich liebt, werde ich mein Leben keiner anderen weihen.«

Unsere romantische Traumwelt blieb uns unversehrt erhalten.
Doch auch so konnte er nicht unbegrenzt in Frankreich bleiben. Familienangelegenheiten riefen ihn zurück nach Schweden. Aber ich wußte ja, er war für immer mein. Er würde nie heiraten – wie er selbst gesagt hatte.
Einige Monate später war er wieder in Paris, diesmal jedoch mit seinem Souverän, König Gustav. Ludwig war gerade auf einem Jagdausflug in Rambouillet, als man mir die Nachricht überbrachte. Als mein Gemahl dann zurückkam und hörte, daß der schwedische König angekommen war, kleidete er sich so eilig an, daß der König von Frankreich seinen Gast mit zwei ungleichen Schuhen an den Füßen empfing – einer hatte eine goldene Schnalle und einen roten Absatz, der andere eine silberne Schnalle und einen schwarzen Absatz. Gustav, dem sein eigenes Äußeres ziemlich gleichgültig war, beachtete es nicht. Für mich war einzig und allein wichtig, daß Axel wieder da war!
Ich verriet meine Gefühle auf hunderterlei von Arten. Wir müßten zu Ehren des Königs von Schweden ein Fest im Trianon geben, erklärte ich unverzüglich; ich war entschlossen, daß es alle bisherigen Feste übertreffen sollte.
Die Hofgesellschaft zog die Augenbrauen hoch; hinter vorgehaltener Hand flüsterten sie kichernd miteinander. Zu wessen Ehren dieses Fest wohl in Wirklichkeit gegeben würde? Ich hatte König Gustav nie gemocht, denn als er letztes Mal nach Frankreich kam – ich war damals noch Kronprinzessin gewesen –, hatte er dem Lieblingshündchen von Madame du Barry ein Diamanthalsband geschenkt. Das sei lächerlich und auch vulgär, hatte ich damals erklärt, denn er erwiese damit der Mätresse des Königs mehr Ehre als dem zukünftigen König von Frankreich.
Aber jetzt war er Axels König, und ich wollte ihm ein Fest geben, denn ich würde es ja gleichsam für Axel veranstalten.
Der Abend begann mit einer Aufführung des Stückes ›Le Dormeur Eveillé‹ von Marmontel; anschließend begaben wir uns in den Englischen Garten. Überall in den Büschen und Bäumen waren Lampions versteckt angebracht worden. Hinter dem Liebestempel hatte ich Grä-

ben ausheben lassen, in denen jetzt Fackeln brannten, so daß das Tempelchen wie auf einem Flammenmeer zu schweben schien.
Gustav äußerte, man könnte glauben, in den elysischen Gefilden zu weilen. Genau diesen Eindruck hatte ich erzielen wollen; aus diesem Grunde hatten alle Gäste auch in Weiß erscheinen müssen, damit sie wie überirdische Wesen im Paradies umherwandeln konnten.
In diesem Rahmen war es Axel und mir möglich, ungestörter zusammen zu sein als je zuvor. Wir konnten uns an der Hand halten, ja, uns sogar küssen. In dem Halbdunkel dieser zauberhaften Sommernacht konnten wir in unseren weißen Gewändern fast glauben, auf einen anderen Stern versetzt zu sein, einen Stern, der uns ganz allein gehörte und auf dem die Worte ›Pflicht‹ und ›Realität‹ unbekannt waren.
Als das Souper dann serviert wurde, mußten wir uns trennen. Ich ging von Tisch zu Tisch, um dafür zu sorgen, daß meine Gäste wohl versorgt wurden mit dem Wildbret, das mein Gemahl selbst erlegt hatte, mit Stör, Fasan und all den bei uns bekannten Delikatessen. So hatte ich es mir vorgestellt, denn trotz all der Prachtentfaltung – und sogar an diesem Hof hatte es noch nie so ein grandioses Fest gegeben – wollte ich mir die Illusion aufrechterhalten, im Trianon in aller Einfachheit zu leben.
Es er gaben sich für mich danach nur noch wenige Gelegenheiten, mit Axel zu sprechen; ich wußte, er mußte mit Gustav wieder nach Schweden zurückkehren.
Einige Tage nach unserem elysischen Sommernachtsfest sahen Axel und ich mit Gustav und anderen Mitgliedern seines schwedischen Gefolges und unseres Hofes zu, wie zwei Männer, Palâtre de Rozier und ein Mann namens Proust, in einem luftgefüllten Ballon hoch über unsere Köpfe emporstiegen. Der Ballon war mit den Wappen von Frankreich und Schweden geschmückt und hieß Marie-Antoinette. Ich vermochte kaum meinen Augen zu trauen, und auch alle übrigen waren zutiefst beeindruckt und erwarteten jede Sekunde ein Unglück, doch der Ballon segelte von Versailles nach Chantilly, und alles redete über die Wunder der Wissenschaft. Ich dachte jedoch an Axel und daran, daß uns bald wieder einer jener Abschiede bevorstand, die jedesmal schwerer zu ertragen waren.
Ich wollte ihm etwas zur Erinnerung schenken, etwas ganz Persönliches, und entschied mich für einen kleinen Almanach, auf den ich die Worte stickte:

»Foi, Amour, Espérance,
Trois, unis à jamais.«
(»Glaube, Liebe, Hoffnung,
diese Drei, ewig unvereint.«)

Madame Vigée Le Brun malte mein Portrait. Sie war ein reizendes graziles Geschöpf und mir sehr sympathisch. Ich unterhielt mich gern mit ihr während unserer Sitzungen. Voller Interesse verfolgte ich, wie das Bild allmählich auf ihrer Leinwand entstand. Eines Tages sagte ich: »Wenn ich keine Königin wäre, würde man sagen, ich sähe arrogant und hochmütig aus, finden Sie nicht auch?«

Sie überging die Bemerkung, als erwarte ich keine Antwort auf sie. Vielleicht dachte sie: obgleich ich eine Königin wäre, gäbe es viele, die fänden, ich sähe so aus. Die mokante Unterlippe, die vor Schließung des Ehevertrages so viele Kommentare erregt hatte, war im Laufe der Jahre noch prononcierter geworden. Es war ein Erbe meiner Habsburger Vorfahren. Ich erzählte dies Madame Le Brun, und sie erwiderte lächelnd, sie gebe den Versuch auf, jemals meinen Teint naturgetreu wiederzugeben.

»Er ist so frisch, so makellos, daß ich keine Farben habe, die ihm gerecht würden.«

Schmeicheleien für eine Königin! Ich hatte aber tatsächlich diesen herrlichen Teint; es wäre falsche Bescheidenheit, etwas anderes zu behaupten.

Zu jener Zeit wurde in ganz Paris und Versailles offen über meine Kleidung geredet. Es kam heraus, daß ich 6000 Livres für ein Kleid bezahlt hatte. Madame Bertin war teuer, das wußte ich, aber sie war schließlich eine Künstlerin, die beste *couturière* von Paris. Sie war keineswegs die einzige Schneiderin, die für mich arbeitete; sie machte nur meine Kleider und Hüte; neben ihr hatte ich noch meine Näherinnen und besondere Ateliers für Reitkleider und Morgenröcke, für Reifröcke und Spitzenkragen, Volants und Unterröcke.

Meine Verschwendungssucht war ein so beliebtes Gesprächsthema, daß ich beschloß, mich von Madame Vigée Le Brun in einer *gaulle* malen zu lassen – einem schlichten Hemdblusenkleid, wie die Kreolinnen es tragen. Ich ließ es aus billigem Batist anfertigen.

Das fertige Portrait war entzückend und wurde in einem Salon aufgehängt, wo die Öffentlichkeit es sich ansehen konnte. Die Leute kamen in Scharen herbei, und es stellte sich bald heraus, daß ich ihnen nichts recht machen konnte.

Die Königin spielt ein Zimmermädchen, lautete ein Kommentar.
Sie will den Seidenkaufleuten und Seidenwebern von Lyon das Geschäft kaputtmachen, um dann die Tuchfabrikanten in Flandern zu unterstützen. Sind die nicht Untertanen ihres Bruders?
Das war schon schlimm genug, doch am verheerendsten und bezeichnendsten war der Kommentar, den jemand unter das Bild kritzelte, während es zur Besichtigung im Salon hing.
»Frankreich, mit dem Gesicht Österreichs – soweit erniedrigt, sich mit einem Lumpenfetzen zu bedecken!«

»Vorausgesetzt, ich spreche in meinen Schriften nicht über Autorität, Religion, Politik, Moral, die offiziellen Vertreter einflußreicher Gruppen, sonstige Affären oder gar über jemanden, der irgendeinen Anspruch auf irgend etwas hat, kann ich alles frei schreiben und unter der Aufsicht von zwei oder drei Zensoren drucken.«

»Verleumdungen! Ihr wißt ja gar nicht, was Ihr verschmäht, wenn Ihr dieses Instrument verachtet! Ich habe schon erlebt, wie Personen von unantastbarer Ehrbarkeit dadurch zu Fall gebracht wurden. Glaubt mir, es gibt kein auch noch so unwahres Gerücht, wie vulgär und niederträchtig auch immer, keine Gemeinheit, kein auch noch so absurdes Lügenmärchen, das die Faulenzer einer großen Stadt, falls sie sich darum bemühen, dem Volk nicht als Wahrheit verkaufen können – und wir haben hier in Paris genug schlangenzüngige Intriganten, die wahre Meister dieser Kunst sind.«

Beaumarchais

»Der Kardinal hat wie ein gemeiner und ungeschickter Betrüger meinen Namen gefälscht. Wahrscheinlich tat er es unter Druck und aus dringender Geldnot und glaubte, den Juwelier noch rechtzeitig bezahlen zu können, bevor irgend etwas herauskam.«

Marie-Antoinette an Kaiser Joseph

Im Mai 1785 wurde mir ein großes Glück zuteil: ich schenkte meinem zweiten Sohn das Leben. Die Geburt fand mit dem selben Zeremoniell statt wie beim Dauphin, denn mein Gemahl wollte nicht, daß ich jemals wieder einer derartigen Gefahr ausgesetzt würde wie bei der Geburt unserer Tochter.
Ludwig trat selbst an mein Bett und verkündete mir bewegt: »Wir haben einen zweiten Sohn!« Und dann kam meine liebe Gabrielle mit dem Kind in den Armen zu mir.
Ich bestand darauf, daß sie ihn mir gab. Ein kleiner Knabe... ein gesunder kleiner Knabe! Ich weinte vor Glück; der König ebenfalls. Tatsächlich weinte alles vor Freude. Mein Gemahl befahl, die Freudenbotschaft unverzüglich Paris zu verkünden.
Mein kleiner Sohn wurde in der Kathedrale Notre Dame vom Kardinal von Rohan getauft – genau wie sein älterer Bruder – und erhielt den Namen Ludwig-Karl. In allen Kirchen wurden Dankgottesdienste abgehalten, die Glocken läuteten, und die Kanonen feuerten ihre Salutschüsse ab. Vier Tage und vier Nächte dauerten die Freudenfeste in Versailles. Ich war so glücklich! Meine Träume wurden wahr. Ich hatte jetzt zwei Söhne und eine Tochter. Unzählige Male beugte ich mich jeden Tag über die kostbare Wiege, in der der kleine Neuankömmling lag.
»Du wirst glücklich werden, mein Liebling«, versprach ich ihm.
Oh, wenn ich das Leid hätte voraussehen können, das diesem Kind bevorstand! Wie viel besser wäre es gewesen, ich hätte ihm nie das Leben geschenkt!

Es gab damals einen Mann, dessen Name in aller Munde war, und zwar den Schriftsteller Beaumarchais, der das Theaterstück ›Die Hochzeit des Figaro‹ geschrieben hatte, für das sich der gesamte Hof und, wie ich glaube, auch das ganze Land brennend interessierte. Der Verfasser hatte große Schwierigkeiten gehabt, das Stück zur Aufführung zu bringen, da der Polizeichef, der Magistrat, der Großsiegelbewahrer und merkwürdigerweise auch der König fanden, daß es nicht gut für Frankreich wäre, wenn das Volk es sähe.
Ich hatte mir schon ausgemalt, wie lustig es sein würde, es in meinem Theater im Trianon aufzuführen; Artois hatte mich bei diesem Plan unterstützt und sah sich schon in der Rolle des Barbiers.

Er huschte in meinen Gemächern herum und trieb die ganzen Schelmenstreiche eines Barbiers so treffend, als wäre er selbst einer. (Kein Wunder, daß die Leute vermuteten, Artois und mich verbände eine engere Freundschaft als der Anstand es erlaubte.) In solchen Dingen verstanden wir uns tatsächlich prächtig. Er sah genausowenig ein wie ich, weshalb wir dieses Stück nicht aufführen sollten.
Jetzt verstehe ich es natürlich nur zu gut und merke, daß der Dialog voll versteckter Anspielungen ist, daß Figaro das Volk verkörpert und der Graf Almaviva das alte Regime, die ins Wanken geratene Hierarchie des Adels. Fast jeder Satz ist voll untergründiger Bedeutung. Es war gar kein Stück über einen Grafen, für den Ehebruch so selbstverständlich ist wie Essen und Trinken, nicht die Geschichte eines schlauen und listenreichen Barbiers – es war vielmehr ein Bild von Frankreich, in dem die Nutzlosigkeit des Adels geschildert wurde und die dem Volk allmählich dämmernde Erkenntnis über die Zustände in seinem Land. Es sollte die Frage in ihnen aufwerfen, wie dem abzuhelfen wäre.
Mir fallen noch kurze Passagen des Dialogs ein.
»Ich wurde geboren, um ein Höfling zu sein.«
»Wie ich höre, ein schwieriger Beruf.«
»Empfangen, nehmen, verlangen! Das ist in drei Worten das ganze Geheimnis.«
»Durch Charakterstärke und Intelligenz können Sie eines Tages zu hohen Ämtern aufsteigen.«
»Durch Intelligenz? Eure Lordschaft macht sich wohl über mich lustig. Man sei gewöhnlich, kriecherisch – dann kann man alles erreichen.«
»Sind Sie etwa ein Prinz, dem man schmeicheln muß? Hör Dir die Wahrheit an, Du Elender, wo Du nicht das Geld hast, einen Lügner zu belohnen.«
»Noble Herkunft, Reichtum, Rang und hohe Ehrenämter, darauf bist Du so stolz! Aber was hast Du getan, um diese Segnungen zu verdienen? Du hast die Mühe auf Dich genommen, geboren zu werden – sonst gar nichts!«
Ich war zu sehr mit meinen eigenen Angelegenheiten beschäftigt, um richtig zu bemerken, daß es in der Gesellschaft, in der ich lebte, gefährlich zu knistern begann. Ich sah in diesen Bemerkungen keinen Zündstoff. Sie erschienen mir nur äußerst amüsant. Mein Gemahl erkannte dagegen sofort die Gefahr.

»Dieser Mensch macht alles lächerlich – alles, was in einem Staat unangetastet respektiert werden sollte.«
»Wird das Stück dann nicht aufgeführt?« fragte ich enttäuscht.
»Nein, das wird es nicht!« entgegnete er mit ungewohnter Schärfe. »Dessen können Sie sicher sein!«
Ich denke jetzt so oft an ihn, den armen Ludwig! Er erkannte so vieles, was ich nicht verstand. Er war klug und hätte sogar ein guter König sein können. Er hatte den besten Willen der Welt, war der gütigste, liebenswerteste Mensch, voller Selbstlosigkeit. Er hatte seine Minister – Maurepas, Turgot, der durch Necker ersetzt wurde, und dieser wiederum durch Calonne – doch keiner dieser Minister war tüchtig genug, um uns über den gähnenden Abgrund zu bringen, der sich mit beängstigender Schnelligkeit vor unseren Füßen auftat. Der liebe Ludwig, der es *allen* recht machen wollte! Aber es war so schwer, es allen rechtzumachen! Und was tat ich? Ich war das ahnungslose Werkzeug ehrgeiziger Cliquen und tat nichts, um meinen Gemahl zu unterstützen, der es sowohl mir wie seinen Ministern recht machen wollte und unschlüssig zwischen uns beiden hin- und herschwankte. Das war seine Schuld; nicht Grausamkeit, Ausschweifungen oder Gleichgültigkeit gegen das Leiden anderer – keines dieser Verbrechen, die die französische Monarchie unterhöhlt hatten und die die tragenden Säulen zu Staub verfallen ließen! Seine Unschlüssigkeit war es, an der seine leichtfertige gedankenlose Frau die Mitschuld traf.
Diese Geschichte mit dem Stück von Beaumarchais war typisch für Ludwigs Schwäche und meine Leichtfertigkeit.
Als ›Figaro‹ verboten wurde, begannen alle sich sehr dafür zu interessieren. Und wie geschickt war es von Beaumarchais, als er erklärte, nur Kleingeister hätten Angst vor kleinen Schriften! Wie gut kannte er die menschliche Natur! Natürlich wollte niemand für einen Kleingeist gehalten werden, und so erhielt er plötzlich von allen Seiten Unterstützung. Gabrielle erzählte mir, ihre Familie fände, man sollte das Stück aufführen. Was für eine Art Gesellschaft es denn wäre, in der Künstler nicht den Mund aufmachen könnten! Das Stück dürfe nicht gespielt werden, nun gut, aber was würde die Leute daran hindern, es zu lesen?
»Haben Sie schon ›Figaro‹ gelesen?« war die Frage, die jeder jedem stellte. Hatte man es nicht und brach nicht augenblicklich in Lobeshymnen aus, so war man ein Kleingeist. Das hatte der schlaue Beaumarchais ihnen einzureden gewußt.

Es gab einen Teil der Gesellschaft, der sich fest hinter Beaumarchais stellte. Auch Katharina die Große und ihr Sohn, der Großherzog Paul, äußerten sich beifällig zu dem umstrittenen Stück und erklärten, sie würden es in Rußland aufführen lassen. Die einflußreichste Unterstützung widerfuhr ihm jedoch durch Artois. Ich glaubte, er hätte solche Lust, es zu spielen, und setzte sich deshalb mit aller Entschlossenheit dafür ein. Er war genauso unbekümmert wie ich und ging sogar so weit, eine Probe im Theater des Königs anzusetzen. Doch hier bewies mein Gemahl ausnahmsweise einmal Festigkeit. Als die Zuschauer eintrafen, schickte er den Herzog von Villequier mit der Anweisung, die Vorstellung zu verbieten.
Kurz danach erklärte der Graf von Vaudreuil, Gabrilles ungestümer Liebhaber, er sähe keinen Grund, weshalb man das Stück nicht privat spielen sollte, holte sich Schauspieler und Schauspielerinnen von der Comédie Française und ließ es in seinem Schloß in Gennevilliers aufführen. Artois fuhr hin, um es sich anzuschauen. Alle, die es sahen, erklärten es für ein Meisterwerk und verlangten zu wissen, was aus der französischen Literatur werden würde, wenn man ihre begabtesten Künstler mundtot mache.
Beaumarchais machte sich im Stück über die Zensur lustig:

»Vorausgesetzt, ich spreche in meinen Schriften nicht über Autorität, Religion, Politik, Moral, die offiziellen Vertreter einflußreicher Gruppen, sonstige Affären oder gar über jemanden, der irgendeinen Anspruch auf irgend etwas hat, kann ich alles frei schreiben und unter der Aufsicht von zwei oder drei Zensoren drucken.«

Dies dürfe man nicht dulden, erklärten viele. Frankreich sei schließlich das Zentrum aller Kultur. Ein Land, das seine Künstler nicht zu würdigen wisse, begehe kulturellen Selbstmord.
Ludwig begann schwankend zu werden, und ich plapperte alle Argumente nach, die ich gehört hatte. Wenn man gewisse unerwünschte Passagen streichen würde ...
»Vielleicht«, gab der König nach. Man würde sehen.
Es war bereits der halbe Sieg. Ich wußte, er würde bald ganz nachgeben.
Und ich sollte recht haben. Im April 1784 gelangte ›Die Hochzeit des Figaro‹ in der Comédie Française zur Aufführung, und ein wahrer Sturm um die Karten setzte ein. Mitglieder des Adels verbrachten den

ganzen Tag im Theater, um ihrer Plätze sicher zu sein, und die Menge strömte den ganzen Tag über zusammen und stürmte fast das Theater, wenn es schließlich abends seine Türen öffnete; sie standen in den Gängen, folgten aber wie gebannt der Vorstellung.

Paris geriet völlig aus dem Häuschen vor Vergnügen über den ›Figaro‹. Man zitierte Stellen aus ihm in ganz Frankreich.

Ein Sieg der Kultur! Was der Adel jedoch nicht begriff, war die Tatsache, daß es ein weiterer Schritt auf die Guillotine zu war.

Und ich glaubte, ich hätte richtig gehandelt, den König mit dazu zu überreden! Nun wollte ich zeigen, wie ich Beaumarchais schätzte, und schlug, um ihn zu ehren, vor, daß mein kleines Ensemble von Freunden sein Stück ›Der Barbier von Sevilla‹ im Trianon spielte, wobei ich selbst die Rolle der Rosine übernehmen wollte.

Anfang August in jenem Jahr 1785, fünf Monate nach der Geburt meines entzückenden kleinen Ludwig-Karls, hielt ich mich im Trianon auf und hatte vor, bis zu den Festspielen Ludwig des Heiligen dort zu bleiben und in dieser Zeit ›Den Barbier von Sevilla‹ zur Aufführung zu bringen.

Wie immer, war ich dort glücklicher als an irgendeinem anderen Ort. Ich weiß noch genau, wie ich durch die Gärten wandelte, um mir die Blumen anzuschauen und zu sehen, was meine Arbeiter für Fortschritte machten; ich blieb jedesmal vor dem Sommerhaus stehen, um einen Blick in mein Theater zu werfen; auf den ionischen Säulen ruhte ein Giebel mit einem Cupido, der eine Leier und einen Lorbeerkranz in Händen hielt. Mich ergriff jedesmal freudige Erregung, wenn ich mein Theater betrat und seine weiß-goldenen Dekorationen auf mich wirken ließ. Über dem Bühnenvorhang schwebten zwei liebliche Nymphen, die mein Wappen zwischen sich hielten; die Decke war von Lagrenée wundervoll ausgemalt worden. Durch den Vorhang, der die Bühne verdeckte, sah es sehr klein aus – jene riesige Bühne, die mein ganzer Stolz war, groß genug für die Aufführung jedes beliebigen Stückes. Und wenn im Verhältnis dazu nur wenig Platz für Zuschauer vorhanden war, nun ja, es war eben ein Familientheater, und wir brauchten nicht so viele Plätze wie ein öffentliches Theater.

Am meisten Spaß machten mir im Trianon neben dem Theater die sogenannten Sonntagsbälle. Jeder konnte daran teilnehmen, vorausgesetzt, er war vorschriftsmäßig gekleidet. Ich hatte angeordnet, daß man mir Mütter mit Kindern sowie Gouvernanten mit ihren Zöglingen vorstellte, und ich genoß es, mich mit diesen über die reizenden Eigenarten ihrer Kleinen wie auch über ihre Wehwehchen zu unterhalten. Auch mit den Kindern selbst sprach ich gern und erzählte ihnen von meinen Lieblingen. Ich war dann immer restlos glücklich. Manchmal tanzte ich auch eine Quadrille mit und wechselte von Partner zu Partner, um den Leuten zu zeigen, daß es im Trianon ohne das Zeremoniell vom Schloß zuging.

Ich war zu jener Zeit besonders glücklich und zufrieden und hatte keine Ahnung, daß ein Unwetter sich über mir zusammenzog. Wie hätte ich es auch merken sollen? Es fing so harmlos an.

Der König wollte seinem Neffen, dem Herzog von Angoulême, Artois' Sohn, diamantenbesetzte Epauletten und Schuhschnallen schenken und hatte diese bei Boehmer und Bassange, den Hofjuwelieren, bestellt; sie sollten sie bei mir abliefern.

Nach der Szene, die Boehmer mir in Gegenwart meiner kleinen Tochter wegen des Diamanthalsbandes gemacht hatte, gab ich Anweisung, ihn nicht vorzulassen, sondern an meinen *valet de chambre* zu verweisen.

Ich übte gerade mit Madame Campan meine Rolle im ›Barbier‹, als mir die Epauletten und Schnallen hereingebracht wurden. Der *valet de chambre* sagte, Monsieur Boehmer hätte außerdem noch einen Brief für mich abgegeben.

Seufzend ließ ich ihn mir reichen, mit meinen Gedanken ganz bei meiner Rolle.

»Oh, dieser lästige Mensch!« stieß ich aus. »Ich glaube wirklich, er ist ein bißchen verrückt.«

Eine der Hofdamen versiegelte gerade Briefe an einer brennenden Kerze, und ich fuhr zu Madame Campan gewendet fort: »Finden Sie, ich lege genug Betonung in diesen letzten Satz? Glauben Sie, sie hätte es so gesagt? Probieren Sie es mal ... zeigen Sie mir, wie Sie es machen würden, liebe Campan.«

»Ausgezeichnet!« stellte ich fest und öffnete den Brief. Ich überflog ihn mit einem leichten Gähnen der Langeweile. Boehmer brachte mich immer zum Gähnen.

»Madame,

wir sind voller Glück und Dankbarkeit, annehmen zu können, daß die letzten uns vorgeschlagenen Arrangements, die wir mit größter Freude und Gewissenhaftigkeit ausgeführt haben, ein weiterer Beweis unserer

Ergebenheit und Verehrung für Ihrer Majestät Befehle sind, und wir empfinden tiefe Befriedigung darüber, daß die herrlichsten Diamanten, die es auf dieser Welt gibt, der größten und besten Königin gehören werden ...«

Ich sah auf und gab den Brief Madame Campan. »Lesen Sie, und sagen Sie mir, was der Mann meint.«

Sie las den Brief und verstand ihn genausowenig wie ich.

»O du meine Güte!« seufzte ich und nahm den Brief wieder an mich. »Dieser Mann wurde geboren, um mich zu quälen! Diamanten! Er kann einfach an nichts anderes denken. Wenn er dieses elende Halsband nicht an den türkischen Sultan verkauft hätte, würde er mich jetzt garantiert weiter belästigen. Aber er hat offensichtlich wieder einige Diamanten, die er mir verkaufen möchte. Wirklich, liebe Campan, sagen Sie ihm, wenn Sie ihn das nächste Mal sehen, daß ich jetzt keine Diamanten mehr will und auch solange ich lebe, keine mehr kaufen werde. Wenn ich Geld übrig hätte, würde ich lieber meinen Besitz in St. Cloud vergrößern und dort Land dazukaufen. Geben Sie sich Mühe, ihm das unmißverständlich klarzumachen. Sagen Sie ihm, was ich Ihnen eben sagte, und sorgen Sie dafür, daß er es endlich begreift.«

»Möchten Eure Majestät, daß ich ihn aufsuche?«

»Ach nein, das ist nicht nötig. Sprechen Sie mit ihm, wenn sich eine Gelegenheit dazu ergibt. Anders käme er nur noch auf irgendwelche anderen verrückten Einfälle. Wenn er denkt, daß ich keine Diamanten mehr mag, wird ihn zweifellos eine Leidenschaft für Smaragde packen. Aber machen Sie es ihm klar ... ohne daß es aussieht, als hätte ich Sie extra damit beauftragt.«

»Er besucht häufig meinen Schwiegervater, Madame, und es kann gut sein, daß ich ihn einmal dort treffe.«

»Das ist eine hervorragende Idee!« lobte ich und lächelte ihr zu. »Sie sind immer so diskret ... so verläßlich. Ich bin Ihnen sehr dankbar dafür, liebe Madame Campan.«

Ich hatte immer noch Boehmers Brief in der Hand und betrachtete ihn voller Abscheu. Dann hielt ich ihn in die Flamme der Wachskerze und sah zu, wie er verbrannte.

»Und jetzt«, sagte ich abschließend, »Schluß mit Monsieur Boehmer und seinen Diamanten!«

Wie sollte ich mich darin irren!
Madame Campan verließ mich für kurze Zeit, um ihren Schwiegervater auf seinem Landsitz in Crespy zu besuchen. Ich vermißte sie, denn niemand – nicht einmal Gabrielle oder Elisabeth – verstand es wie sie, meine Rollen mit mir zu üben, weshalb ich beschloß, sie sehr schnell wieder zurückzurufen. Ich war ganz besessen von dem Stück. Es würde das beste werden, das wir jemals aufgeführt hatten. Die Rolle der Rosine war wie für mich geschaffen. Ich las gern die Beschreibung, die Beaumarchais von ihr gab:

»Man stelle sich die hübscheste kleine Frau der Welt vor, sanft, gütig und zärtlich, lebhaft und heiter, adrett, leichtfüßig, mit zierlicher Taille und runden Armen, taufeuchten Lippen; und solche Hände, solche Füßchen, solche Zähne, solche Augen ...«

Die Tanten sagten mißbilligend: »Ist das etwa eine passende Beschreibung für die Königin von Frankreich?« Sie fanden, es klänge eher nach einer Kokette; es sei völlig würdelos von der Königin von Frankreich, *Bürgerliche* auf der Bühne nachzuahmen.
Ich lachte sie aus. Ludwig hatte gewisse Bedenken, doch gelang es mir immer, ihn von meiner Ansicht zu überzeugen. Er wußte, wie gern ich den ›Barbier‹ aufführen wollte und daß es mich todunglücklich gemacht hätte, nicht mitspielen zu dürfen. Also weigerte er sich, auf die Einwände der Tanten zu hören, und freute sich nur, mich so glücklich über meine Rolle zu sehen. Hatte ich ihm schließlich nicht gerade einen zweiten Sohn geschenkt!
Madame Campan war erst seit einigen Tagen fort, als Monsieur Boehmer sich im Trianon melden ließ und um eine Audienz bat mit der Begründung, Madame Campan hätte ihm geraten, mich unverzüglich aufzusuchen.
Eine meiner Hofdamen überbrachte mir diese Nachricht und fügte noch hinzu, er schiene sehr erregt.
Ich verstand nicht, weshalb er gekommen war, wenn Madame Campan meinen Auftrag gewissenhaft ausgeführt hatte. Aber das hatte sie natürlich, und er war nun – in der Annahme, daß ich Diamanten nicht mehr mochte – mit Smaragden oder Saphiren oder irgendwelchen solchen Steinen gekommen. Er hatte mich mit seinen Diamanten gerade genug belästigt; ich würde nicht zulassen, daß er dieses Theater jetzt mit anderen Steinen wiederholte.

»Ich wünsche Monsieur Boehmer nicht zu sehen«, sagte ich. »Ich habe ihm nichts zu sagen. Er ist verrückt. Sagen Sie ihm, ich würde ihn nicht empfangen.«

Einige Tage später beschloß ich, daß ich wieder Madame Campans Hilfe für meine Rolle brauchte, und bat sie zurückzukommen. Wäre ich nicht derartig von meiner Inszenierung absorbiert gewesen – denn ich begnügte mich nicht damit, nur die reizvollsten Rollen zu spielen, sondern kümmerte mich auch um die Kostüme und Bühnenbilder und entwarf die Dekorationen –, hätte ich merken müsssen, daß Madame Campan bei ihrer Rückkehr sehr nervös war.

Als ich meine Rolle zu Ende gesprochen hatte, sagte ich: »Dieser Narr von Boehmer ist übrigens schon wieder hier gewesen. Er wollte mich unbedingt sprechen und behauptete, Sie hätten es ihm geraten. Ich weigerte mich, ihn vorzulassen. Was hat es wohl zu bedeuten? Was kann er gewollt haben? Haben Sie eine Idee?«

»Madame, es ist etwas sehr Merkwürdiges im Hause meines Schwiegervaters passiert«, sprudelte sie hervor. »Ich wollte es Ihnen erzählen, sobald Sie mich vorließen. Habe ich Ihre Erlaubnis, Ihnen alles zu erzählen?«

»Ich bitte darum!«

»Als Monsieur Boehmer zum Abendessen zu meinem Schwiegervater kam, hielt ich es für eine ausgezeichnete Gelegenheit, Ihren Auftrag auszuführen. Aber, Madame, ich kann Ihnen seine Überraschung gar nicht beschreiben. Er war völlig sprachlos und stammelte dann, er habe Ihnen einen Brief geschrieben und keine Antwort darauf erhalten. Ich schloß, daß es der Brief war, der zusammen mit dem Geschenk des Königs für Monsieur d'Angoulême abgegeben wurde. Ich sagte ihm also, ich hätte ihn gelesen und ihn recht unverständlich gefunden – worauf er erwiderte, das könne er sich denken; die Königin würde ihn jedoch sehr gut verstanden haben. In dem Augenblick kamen gerade weitere Gäste an, die ich empfangen mußte, doch Monsieur Boehmer bat mich dringend, ob er mich nicht im Verlauf des Abends noch einmal unter vier Augen sprechen könne. Sein Benehmen war so sonderbar, daß ich ihm sagte, wir würden in einem geeigneten Moment einen Rundgang durch die Gärten machen und er könne mir dann alles erzählen, was er auf dem Herzen hätte.«

»Ich versichere Ihnen, der Mann ist völlig verrückt.«

»Es ist eine so seltsame Geschichte, Madame, aber er schwört, sie sei wahr.«

»Erzählen Sie also weiter.«
»Er sagte: ›Die Königin schuldet mir eine hohe Summe Geld.‹«
»Ich bin überzeugt, daß das nicht stimmt. Seine Rechnungen sind alle bezahlt worden.«
»Hören Sie nur, Madame, was er dann sagte: ›Die Königin hat mein Diamantkollier gekauft.‹«
»Bitte nein! Nicht schon wieder das Ding! Das hat doch der türkische Sultan!«
»Er sagt, das stimme nicht, Madame. Er sei nur gebeten worden, das zu erzählen. Ich sagte ihm, er würde wohl träumen. ›Die Königin weigerte sich vor langer Zeit, das Kollier zu kaufen – außerdem erbot sich seine Majestät, es ihr zu schenken, was die Königin nach wie vor ablehnte.‹ ›Sie hat ihre Meinung inzwischen geändert‹, sagte er.«
»Aber liebe Campan! Was hat denn dieser ganze Unsinn zu bedeuten?«
»Ich weiß es nicht, Madame, aber Boehmers Geschichte ist sehr merkwürdig. Er versicherte mir, daß Sie das Kollier gekauft hätten. Das sei vollkommen unmöglich, erwiderte ich. Ich hätte es nie in Ihrer Schmuckkassette gesehen. Boehmer antwortete, man hätte ihm gesagt, Sie würden es am Pfingstsonntag tragen, und er wäre sehr überrascht gewesen, daß Sie es nicht getan hätten.«
»Aber hören Sie, Campan! Das ist doch der reinste Blödsinn! Ich sagte Ihnen ja, Boehmer ist verrückt!«
»Ja, Madame, aber alles, was er sagte, klang ganz vernünftig. Er schien alles andere als verrückt und seiner Sache ganz sicher zu sein. Ich fragte ihn, wann Sie ihm denn gesagt hätten, daß Sie das Kollier nun doch kaufen wollten, denn ich wußte ja, daß Sie es nicht wollten und ihn seit langem nicht empfangen hatten. Und da sagte er etwas sehr Eigenartiges, Madame! Er sagte, der Kardinal von Rohan hätte es in Ihrem Auftrag für Sie gekauft.«
»Der Kardinal von Rohan ...! Dann hat er wirklich den Verstand verloren! Ich hasse Rohan! Seit acht Jahren habe ich nicht mit ihm gesprochen!«
»Das habe ich ihm auch gesagt, Madame, doch er antwortete, Eure Majestät täten nur so, als ständen Sie schlecht mit Rohan – in Wirklichkeit wären Sie sehr enge Freunde.«
»Na sowas! Dies wird ja immer toller!«
»Das fand ich auch, Madame. Ich wies Boehmer auch darauf hin, doch er beharrte darauf, daß er die Wahrheit sage. Und wirklich, Madame, falls er verrückt ist, versteht er es ausgezeichnet, einen völlig norma-

len Eindruck zu machen. Auf alles hatte er eine Antwort. Er sagte, die Anweisungen Eurer Majestät wären ihm durch Briefe übermittelt worden, die die Unterschrift Eurer Majestät trügen; er hätte von ihnen Gebrauch machen müssen, um seine Gläubiger zu beruhigen. Das Kollier sollte in Raten bezahlt werden: 30 000 Francs hätte er bereits durch den Kardinal von Rohan von Eurer Majestät erhalten, als diesem das Kollier ausgehändigt wurde.«

»Ich verstehe überhaupt nichts mehr!« rief ich aus, doch schien es nicht länger ein Scherz zu sein. Irgend etwas höchst Mysteriöses ging da vor.

»Mir scheint«, erklärte ich, »Boehmer ist möglicherweise das Opfer eines großangelegten Betrugs geworden. Wir müssen dieser Sache auf den Grund gehen! Ich werde sofort nach ihm schicken.«

Ich entsandte einen Boten nach Paris und befahl dem Juwelier, unverzüglich ins Trianon zu kommen.

»Monsieur Boehmer«, begann ich, »ich wünsche zu wissen, weshalb ich mir eine so wahnsinnige Behauptung anhören soll, nach der Sie mir ein Kollier verkauft haben wollen, das zu kaufen ich mehrmals abgelehnt habe.«

»Madame«, antwortete er, »ich sehe mich leider zu diesem mir äußerst unangenehmen Schritt gezwungen, da ich meine Gläubiger befriedigen muß.«

»Ich sehe nicht ganz, was mich Ihre Gläubiger angehen.«

»Madame«, erwiderte er sehr bekümmert, »es ist zu spät zu leugnen. Wenn Eure Majestät nicht die Güte haben wollen, zuzugeben, daß Sie das Kollier haben, und mir etwas Geld aushändigen lassen, muß ich meinen Bankrott erklären, und der Grund dafür würde allgemein bekannt werden.«

»Sie reden wirklich in Rätseln, Monsieur. Ich weiß überhaupt nichts von diesem Kollier.«

Der Mann war den Tränen nahe. »Verzeihen Sie mir, Madame, aber ich *muß* mein Geld haben!«

»Aber ich sage Ihnen doch, ich schulde Ihnen nichts! Ich habe Ihr Kollier nicht gekauft! Sie wissen doch genau, daß ich seit langer Zeit weder Ihr Kollier noch Sie gesehen habe.«

»Madame, der Kardinal von Rohan zahlte mir die erste Rate, als ich ihm das Kollier aushändigte. Ich muß das Geld haben, das sie mir noch schulden ...«

Ich konnte den Anblick dieses unglücklichen Mannes nicht länger ertragen. »Es muß sich hier um einen Betrug handeln. Die Angelegenheit bedarf der Prüfung. Gehen Sie jetzt, Monsieur Boehmer, aber ich verspreche Ihnen, ich werde mich auf der Stelle mit dieser Sache befassen.«

Er ging, und ich begab mich in mein Schlafzimmer, wo ich längere Zeit allein blieb. Ich zitterte am ganzen Körper vor Furcht. Irgend etwas sehr Sonderbares ging um mich herum vor, und die zentrale Figur war jener umheimliche Mann, der Kardinal von Rohan.

Selbstverständlich war es ein Betrug! Der Mann war ein Schurke. Er hatte sich das Kollier unter dem Vorwand beschafft, es in meinem Auftrag zu kaufen.

Ich hatte eine Menge über ihn gehört, seit er an jenem ersten Tage meiner Ankunft in Frankreich in der Straßburger Kathedrale die Messe zelebriert hatte. Als er der französische Botschafter am Wiener Hof war, hatte meine Mutter mir dauernd über ihn geschrieben und Mercy dringend gebeten, alles zu tun, um seine Abberufung zu erreichen. »All unsere jungen und unschuldigen Mädchen und Frauen sind geradezu behext von ihm«, hatte sie geschrieben. »Seine Ausdrucksweise ist äußerst unschicklich, was sehr schlecht zu seiner Position als Priester und Geistlicher paßt. Er gebraucht diese anstößigen Ausdrücke in der unverfrorensten Weise, gleichgültig in welcher Gesellschaft er sich befindet. Sein Gefolge ahmt natürlich sein schlechtes Beispiel nach – es fehlen ihnen alle menschlichen und moralischen Qualitäten.« Weder ich noch Mercy waren in der Lage gewesen, Rohans Abberufung zu bewirken, doch als mein Gemahl König wurde, änderte sich das, und meine Mutter schrieb, sie wäre sehr befriedigt, daß es nun ein Ende mit »diesem gräßlichen und schamlosen Botschafter« hätte. Sie warnte mich eindringlich vor diesem Mann. Er würde mir nichts Gutes bringen; ich sollte vor ihm auf der Hut sein und dürfte mich nicht von seinem Charme blenden lassen, denn er sei ein großer Charmeur und könnte sehr amüsant sein. Folglich war er in meinen Augen eine Art Ungeheuer, und ich hatte mich immer geweigert, ihn zu empfangen. Es besänftigte auch nicht gerade meine Gefühle, als ich erfuhr, daß er in einem Brief an den Herzog von Aiguillon, den Madame du Barry vor versammelter Gesellschaft in ihrem Salon vorlas, über meine Mutter herzog. In diesem hieß es:

»Maria-Theresia weinte zwar über das unglückliche Los des unterdrückten Polens, aber sie ist eine Meisterin darin, ihre wahren Gedanken zu verbergen und scheint auf Wunsch Tränen vergießen zu können. In der einen Hand hält sie ihr Taschentuch, um sich die Tränen abzutrocknen, und in der anderen ihr Schwert, um bei der Teilung Polens die Dritte zu sein.«

Dieser Brief war zu dem Zeitpunkt geschrieben worden, als ich alles noch durch meine Weigerung, mit Madame du Barry zu sprechen, verschlimmert hatte und meine Mutter mich dringend ermahnte, das ohnehin schon gespannte Verhältnis zwischen Frankreich und Österreich nicht noch zusätzlich durch diese törichte Weigerung zu belasten, während sie selbst strenge Gesetze gegen die Prostituierten Wiens erließ.

Ich haßte Rohan und ignorierte ihn. Es war nicht mein Wunsch gewesen, daß er zum Großalmosenier von Frankreich ernannt wurde, und ich war verärgert, als ich erfuhr, daß er meine Kinder getauft hatte. Doch was konnte ich tun, wo er nun einmal dieses hohe Amt innehatte?

Madame de Marsan, Rohans Cousine, hatte meinen Gemahl ohne mein Wissen gebeten, ihn in dieses Amt zu erheben, und Ludwig, der allen immer gern einen Gefallen tat, hatte es ihr versprochen. Als ich es jedoch hörte, war ich entschlossen, es zu verhindern, um so mehr, als Mercy und meine Mutter mich dazu drängten. Ich hielt Ludwig also vor, er könnte unmöglich einen Mann zum Großalmosenier von Frankreich machen, der meine Mutter beleidigt hätte. Das wäre sehr bedauerlich, antwortete mein Gemahl, aber er hätte es jetzt Madame de Marsan versprochen und wüßte nicht, wie er dieses Versprechen zurücknehmen könne.

»Aber ich!« rief ich aus. »Es ist ganz unmöglich! Dieser Mann hat *mich* beleidigt ... indem er meine Mutter beleidigte! Können Sie eine derartige Auszeichnung einem Mann zuteil werden lassen, der Ihre Gemahlin beleidigt hat?«

»Das könnte ich natürlich nicht ...«

»Dann sagen Sie ihm, daß er dieses Amt nicht erhält! Sie sind schließlich der König!«

»Aber meine Teuerste, ich habe es versprochen ...«

Es erschien mir damals lebenswichtig, mich durchzusetzen. Falls es mir nicht gelang, würde meine Mutter sagen, ich hätte keinen Einfluß auf meinen Gemahl. Ich fing zu weinen an. Ich wäre ihm ganz egal,

schluchzte ich. Mein Gemahl zöge es vor, anderen Frauen Gunstversprechungen zu machen und nicht mir.
Ludwig konnte keine Tränen ertragen. Das wäre nicht wahr. Er täte doch alles, um mich zu erfreuen. Wie es mit jenen Ohrgehängen wäre? Sie enthielten einige von Boehmers besten Diamanten.
Ich weinte weiter. Ich wolle keine Diamanten, wolle nur, daß er sein Madame de Marsan gegebenes Versprechen vergäße. Ob das denn so viel verlangt wäre?
Er würde es also tun, erklärte er sich bereit. Er würde Madame de Marsan sagen, sie müßte sein Versprechen vergessen.
Ich warf ihm die Arme um den Hals. Er sei der beste Ehemann der ganzen Welt!
Ich hatte jedoch meine Rechnung ohne Madame de Marsan gemacht! Sie beklagte sich bitterlich. Der König hätte ihr sein Wort gegeben. Ob sie sich nicht auf des Königs Wort verlassen könne?
»Madame, ich kann Ihnen diese Bitte leider nicht erfüllen«, hatte Ludwig zu ihr gesagt. »Ich habe es der Königin versprochen.«
Ludwigs Güte war gleichzeitig seine größte Schwäche. Wenn sein Großvater oder Ludwig XIV. erklärt hätten, sie brächen ihr Wort, wäre es wie ein Gesetz akzeptiert worden. Doch bei meinem Gemahl war es anders. Man wagte es, mit ihm zu diskutieren, ja sogar, ihn zu kritisieren . . . und in diesem Fall sogar, ihm zu drohen.
»Ich respektiere natürlich die Wünsche der Königin«, hatte die impertinente Marsan entgegnet, die mich schon immer haßte, »aber Eure Majestät können nicht Ihr Wort brechen. Die Königin würde nicht wollen, daß der König, nur um ihr einen Gefallen zu tun, sich eines Vergehens schuldig macht, wozu nicht einmal die Drohung mit dem Tode den schäbigsten Edelmann bewegen könnte. Ich muß mir daher bei allem gebührenden Respekt die Freiheit nehmen, Eure Majestät darauf hinzuweisen, daß ich, nachdem ich das mir gegebene Versprechen verkündet habe, mich sehr gegen meinen Willen gezwungen sähe, ebenfalls bekanntzugeben, daß der König sein Wort gebrochen hat, um der Königin einen Gefallen zu tun.«
Wie Ludwig mir hinterher erklärte, blieb ihm keine andere Wahl, als ihr nachzugeben, denn es stimme nun einmal – er hätte ihr sein Wort gegeben.
Ich war zornig, wußte jedoch, daß weder Tränen noch Bitten etwas daran ändern würden. Also fand ich mich mit der Situation ab und vergaß die ganze Geschichte.

Der Kardinal war ein Mann, den zu akzeptieren ich nicht bereit war. Ich mochte ihn sogar noch weniger denn je. Schließlich hatte ich ihn jedoch ganz aus dem Gesichtsfeld meiner Gedanken verloren.

Als mein Ärger sich allmählich legte, sagte ich mir, daß ich mich nur deshalb so aufgeregt hätte, weil der Kardinal allem Anschein nach seine Hände im Spiel hatte. Trotzdem mußte ich es sofort meinem Gemahl erzählen.

Ludwig hörte mir ernst zu und sagte, Boehmer müßte auf der Stelle einen genauen Bericht über das Vorgefallene verfassen.

Da ich wußte, daß Mercy höchstwahrscheinlich meinem Bruder Joseph etwas von dieser Geschichte berichtet hatte – denn er schrieb nach wie vor nach Wien, wenn auch nicht mehr so oft wie zu Lebzeiten meiner Mutter –, schrieb ich selbst an Joseph und gab ihm die in jenem Augenblick am logischsten erscheinende Erklärung: »Der Kardinal hat wie ein gemeiner und ungeschickter Betrüger meinen Namen gefälscht. Wahrscheinlich tat er es unter Druck und aus dringender Geldnot und glaubte, den Juwelier noch rechtzeitig bezahlen zu können, bevor irgend etwas von der Geschichte herauskam.«

Ich war sehr zornig. Ich haßte diesen Mann. Er hatte nicht nur meine Mutter verhöhnt, sondern sich jetzt auch noch in niederträchtigster Weise an meinem Namen vergriffen. Das sollte er mir büßen! Ich würde nicht auf meine Rache verzichten!

Als Boehmer seinen Bericht darüber schickte, wie sich der Kardinal in dem Auftrag an ihn gewandt hätte, das Kollier für mich zu kaufen, steigerte sich meine Wut nur noch. Er hätte geschworen, diese Anweisung von mir erhalten zu haben.

»Er soll alle Ehren und all seine Ämter verlieren und in Ungnade fallen! Ludwig, Sie müssen mir versprechen, ihn zu verhaften!«

»Den Kardinal von Rohan verhaften! Aber meine Liebe ...«

»Er hat meinen Namen mißbraucht! Hat gelogen und betrogen! Er muß verhaftet werden! Sie müssen es mir schwören, Ludwig!«

Mein Gemahl war unschlüssig. »Wir werden uns mit der Angelegenheit befassen. Noch tappen wir ja etwas im Dunkeln.«

»Im Dunkeln! Wir haben Boehmers Wort, daß er sich mit dieser Geschichte an ihn wandte ... mit dieser Lüge! Wenn Sie ihn nicht verhaften lassen, sieht es aus, als schenkten Sie dieser Verleumdung gegen mich Glauben.«

»Das würde ich doch nie tun, aber ...«

»Dann verhaften Sie ihn!« Ich legte ihm die Arme um den Hals. »Sie müssen ihn verhaften, Ludwig! Wenn Sie es nicht tun, sieht es aus, als wären sogar Sie gegen mich. Versprechen Sie es mir ... versprechen Sie mir jetzt, den Kardinal zu verhaften!«
Mein armer Ludwig! Gab es jemals ein tragischeres Beispiel für einen Mann, der intelligent genug war zu erkennen, wie er nach den Gesetzen der Klugheit handeln mußte, und der doch zu willensschwach war, es dann auch zu tun? Ludwig wollte seinen Frieden haben, wollte niemanden kränken oder verletzen. Er hatte nicht das Rückgrat, angesichts meiner Überredungskünste standhaft zu bleiben, obwohl er genau wußte, daß es mir nur schaden würde, wenn er mir nachgab. Vor den Tränen und Zornesausbrüchen törichter Frauen war er einfach hilflos.
»Also gut! Der Kardinal wird verhaftet«, versprach er mir, und ich war zufrieden.

Es war der 15. August, Mariä Himmelfahrt. Der König beorderte den Baron von Breteuil, den Minister seines Haushaltes, und Monsieur de Miromesnil, den Siegelbewahrer, in sein Arbeitszimmer; ich war bei ihm.
Rasch erklärte er ihnen den Grund dieser Unterredung und teilte ihnen mit, daß er den Kardinal von Rohan auf der Stelle zu verhaften beabsichtige.
Monsieur de Miromesnil protestierte. »Aber Sire! Rohans Rang und Titel geben ihm das Recht, angehört zu werden, bevor man ihn verhaftet!«
Ludwig wurde schwankend, da er im stillen Miromesnil recht gab, doch ich mischte mich schnell ein. »Er hat meine Unterschrift gefälscht! Er hat sich wie ein ganz gemeiner Schwindler benommen. Ich bestehe darauf, daß er verhaftet wird!«
Ich sah das Glitzern in Breteuils Augen. Er haßte den Kardinal ebensosehr wie ich, denn seit er diesen als Botschafter in Wien abgelöst hatte, war er die Zielscheibe seines boshaften Spottes geworden.
Breteuil sagte: »Der Sachverhalt ist völlig klar! Der Kardinal ist der verschwenderischste Mann von ganz Frankreich. Er hat nicht nur das bischöfliche Palais in Straßburg vollständig neu aufbauen lassen, sondern unterhält ein ganzes Gefolge von Frauen, auf die er ein Vermögen verschwendet. Außerdem hat er sich mit dem Zauberer Cagliostro eingelassen, der mit allem Luxus bei ihm in seinem Palais lebt

und dessen Unterhalt den Kardinal ebenfalls Unsummen kostet, obwohl es heißt, Cagliostro würde für seinen Gönner Gold und Edelsteine herstellen. Seit Jahren ist er schon in Geldschwierigkeiten – trotz seiner hohen Einkünfte. Er hat ganz zweifellos große Schulden und wollte sich offensichtlich auf diese Weise seiner Gläubiger entledigen.«
»Er hat seine Kardinalswürde und seinen Namen entehrt«, fügte ich rasch hinzu. »Deshalb verdient er keinerlei Rücksichtnahme!«
Ich konnte sehen, wie mein Gemahl zwischen dem, was er für richtig hielt, und dem, was ich von ihm verlangte, schwankte und warf ihm meinen unwiderstehlichsten flehenden Blick zu. Monsieur de Breteuil, dem es nicht gelang, seine Genugtuung über den bevorstehenden Sturz eines Feindes zu verbergen, kam mir eilfertig zu Hilfe. Und so beschloß der König, Rohan verhaften zu lassen.
Mariä Himmelfahrt war mein Namenstag, und es war ein besonderes *lever* im Schloß vorgesehen, damit ich die Glückwünsche entgegennehmen konnte. Die Galerien und der *oeil-de-boeuf* Salon waren dichtgedrängt voller Menschen. Als Großalmosenier von Frankreich war es die Pflicht des Kardinals, die Heilige Messe in der Schloßkapelle zu zelebrieren. Und so kam er in seiner scharlachroten Robe mit dem Spitzenchorrock, ohne auch nur zu ahnen, was ihm bevorstand. Man teilte ihm mit, der König wünsche ihn mittags in seinem Kabinett zu sprechen. Es muß ihn erstaunt haben, daß weder der König noch ich in vollem Staatsornat erschienen, wie es eigentlich bei solchen Gelegenheiten üblich war. Er kam trotzdem völlig unbeschwert zu uns.
Tief verneigte er sich vor dem König und mir. Ich drehte absichtlich den Kopf zur Seite und tat, als sähe ich ihn nicht, was seine Wirkung auf ihn nicht verfehlte. Ludwig kam ohne Umschweife zur Sache.
»Habt Ihr ein Diamantkollier von Boehmer gekauft, lieber Vetter?«
Der Kardinal erbleichte. »Ja, Sire.«
»Wo ist es?«
»Soviel ich weiß, hat man es der Königin übergeben.«
Mir entrang sich ein Wutausruf, doch der König fuhr unbeirrt fort, als hätte er es nicht gehört: »Wer gab Euch den Auftrag, dieses Kollier zu kaufen?«
»Eine Dame namens Gräfin de la Motte-Valois. Sie gab mir einen Brief Ihrer Majestät, der Königin. Ich dachte, Ihrer Majestät einen Gefallen mit der Ausführung dieses Auftrages zu erweisen.«
Ich konnte mich nicht länger beherrschen. »Glaubten Sie wirklich,

Monsieur, ich hätte ausgerechnet Ihnen einen derartigen Auftrag gegeben, wo ich seit acht Jahren nicht mit Ihnen gesprochen habe?! Und konnten Sie wirklich glauben, es würde mir einfallen, einen derartigen Auftrag durch diese Person durchführen zu lassen?«

Der Kardinal zitterte. »Ich sehe, ich bin grausam getäuscht worden. Ich werde das Kollier bezahlen.« Er wandte sich mir mit demütig bittendem Gesichtsausdruck zu, als flehe er mich um ein wenig Mitgefühl an. Das würde er nicht bekommen! »Mein Wunsch, Eurer Majestät zu Gefallen zu sein, machte mich blind. Ich vermutete keinen Betrug ... den erkenne ich erst jetzt. Ich bin zutiefst bestürzt. Darf ich Eurer Majestät erklären, wie ich in diese Geschichte verwickelt wurde?«

Der König gestattete es ihm, und der Kardinal holte mit zitternden Händen einen Brief aus der Tasche, den er dem König reichte. Rasch trat ich neben meinen Gemahl. Er enthielt ganz eindeutig die Anweisung, das Kollier zu kaufen, und schien von mir geschrieben zu sein; gerichtet war er an die Gräfin de la Motte-Valois.

»Aber das ist nicht meine Schrift!« erklärte ich triumphierend.

»Und seht hier«, sagte der König, »er ist mit ›Marie-Antoinette von Frankreich‹ signiert.« Er schaute Rohan ernst an; dieser sah aus, als würde er gleich in Ohnmacht fallen. »Wie konnte ein Prinz aus dem Hause Rohan und Geistlicher des Königs glauben, die Königin würde so signieren? Ihr müßt doch wissen, daß Königinnen nur mit ihrem Vornamen unterschreiben und sogar die Töchter eines Königs keine andere Unterschrift haben, und daß, falls Mitglieder der königlichen Familie irgendeinen Namen hinzufügen, dieser niemals ›von Frankreich‹ lauten würde! Ich habe hier einen Brief. Er trägt Eure Unterschrift und ist an Boehmer adressiert. Schaut ihn Euch bitte an und sagt mir, daß er eine Fälschung ist.«

Der Kardinal schwankte leicht. Ludwig drückte ihm den Brief in die Hand. »Ich ... ich kann mich nicht an ihn erinnern«, erklärte er.

»Er trägt aber Eure Unterschrift. Ist das Eure Unterschrift?«

»Ja, Sire. Er muß von mir stammen, wenn er meine Unterschrift trägt.«

»Ich verlange eine augenblickliche Erklärung für diese Vorfälle«, befahl der König. Ich konnte sehen, daß ihm Rohan leid tat. So ein stolzer und arroganter Mann, sein Leben lang gewohnt, sich über andere lustig zu machen – jetzt sollte er zu Fall gebracht werden. Das weckte Ludwigs Mitleid, gleichgültig, was für ein Schurke der Kerl auch war.

Nachsichtig sagte er: »Lieber Vetter, ich möchte Euch nicht schuldig sehen. Ich hoffe, Ihr könnt Euer Handeln rechtfertigen. Erklärt mir jetzt, was das alles zu bedeuten hat.«
»Sire«, stammelte der Kardinal, »ich bin im Augenblick zu betroffen, Eurer Majestät antworten zu können ... Ich sehe mich dazu nicht in der Lage ...«
Der König sagte gütig: »Versucht Euch zu fassen, Monsieur le Cardinal, und geht in mein Arbeitszimmer. Dort findet Ihr Papier, Feder und Tinte. Schreibt auf, was Ihr mir zu dem Ganzen zu sagen habt.«
Er verließ uns.
»Er ist ein schuldbeladener Mann«, bemerkte Breteuil, doch der König schwieg. Eine Affäre wie diese war ihm schrecklich.
Wir warteten etwa eine Viertelstunde. Die nebenan im *oeil-de-boeuf* Salon versammelten Menschen mußten allmählich unruhig werden. Sie würden merken, daß etwas nicht stimmte. Der König saß mit gerunzelter Stirn an seinem Schreibtisch und warf ab und zu einen Blick auf die Uhr. Miromesnil machte ein sehr besorgtes Gesicht.
Schließlich erschien der Kardinal mit einem Bogen Papier in der Hand, auf das er anscheinend nur wenig geschrieben hatte.
Ich stand neben dem König und las es mit ihm. Das Ganze war nur ungefähr fünfzehn Zeilen lang und schien sehr konfus. Ich konnte ihm einzig und allein entnehmen, daß eine Frau, die sich als Gräfin de la Motte-Valois ausgab, ihn überzeugt hatte, daß das Kollier für mich gekauft werden sollte und er jetzt wüßte, von dieser Frau arglistig getäuscht worden zu sein.
Der König seufzte und legte das Papier auf den Tisch. Ich schaute nicht in Rohans Richtung, merkte aber, daß er mich immer wieder ansah. Niemals hatte ich ihn so gehaßt wie jetzt.
»Wo ist diese Frau?« verlangte der König zu wissen.
»Ich weiß es nicht, Sire.«
»Und wo ist das Kollier?«
»In den Händen dieser Frau, Sire.«
»Wo sind die angeblich von der Königin unterzeichneten Briefe?«
»Die habe ich, Sire. Aber sie sind gefälscht.«
»Wir wissen sehr wohl, daß sie gefälscht sind!«
»Ich werde sie Eurer Majestät bringen.«
»Ich möchte Euch warnen, lieber Vetter«, sagte der König. »Ihr seid im Begriff verhaftet zu werden.«

Rohan war zutiefst betroffen. »Eure Majestät wissen, daß ich immer Euren Befehlen gehorchen werde, aber ich bitte inständigst darum, mir die Schmach zu ersparen, in dieser hohen päpstlichen Robe verhaftet zu werden.«
Ich sah, wie mein Gemahl schwankend wurde. Er wollte dem Kardinal nur zu gern diese Schmach ersparen. Ich ballte die Fäuste. Ludwig blickte fast entschuldigend zu mir herüber, und ich preßte die Lippen zusammen. Er würde seinem Mitleid mit meinem Feind nachgeben und sich über meine Wünsche hinwegsetzen! Ich ließ ihn durch meinen Gesichtsausdruck deutlich wissen, wie ich einen derartigen Schritt auffassen würde, und er sagte: »Ich fürchte, es muß sein.«
»Eure Majestät wird sich an die engen Bande zwischen unseren Familien erinnern«, fuhr Rohan bittend fort.
Ich sah, daß mein Gemahl sichtlich bewegt war, und Tränen der Wut schossen mir in die Augen. Er bemerkte diese Tränen und sagte: »Ich werde Eure Familie so gut ich kann zu trösten versuchen, Monsieur, und ich wäre höchst zufrieden, wenn Ihr Eure Unschuld beweisen könnt. Aber ich muß meine Pflicht tun – als König wie als Gemahl.«
Monsieur de Breteuil war an meiner Seite. Er machte dem Kardinal ein Zeichen, zur Tür zu gehen, die zu dem *Salon de la Pendule* führte. An einem Tag wie heute war er natürlich voller Menschen; der gesamte Hof war versammelt, zum Teil im *oeil-de-boeuf* Salon, in der Spiegelgalerie wie auch in den anderen Räumen.
Breteuil öffnete die Tür und rief dem Hauptmann der Leibgarde den außergewöhnlichen Befehl zu. Dieser hallte mit schwingendem Echo durch die lange Spiegelgalerie.
»Verhaftet den Kardinal von Rohan!«

Ich schwelgte in blindem Triumph. »So«, sagte ich mir, »das wäre also erledigt! Dieser verruchte Mann wird als Betrüger entlarvt und für all seine Sünden bestraft werden!«
Ich setzte mich sofort hin und schrieb an meinen Bruder:

»Was mich betrifft, so bin ich höchst zufrieden beim Gedanken, daß ich mir somit das Letzte über diese leidige Angelegenheit habe anhören müssen!«

Ich verstehe heute einfach nicht, wie ich mich so täuschen konnte und ob ich das tatsächlich glaubte oder ob ich mich nur weigerte, die Trag-

weite dieser Affäre zu erkennen, die ich irgendwo tief in meinem Innern sehr wohl begriff.
Ich erwartete die Glückwünsche meiner Freunde, erwartete, daß sie mir sagen würden, wie zufrieden sie seien, daß dieser Bösewicht nun endlich für seine Sünden zur Rechenschaft gezogen wurde. Er herrschte jedoch eine seltsam bedrückte Stille in meinen Gemächern. Gabrielle besuchte mich nicht, und mir kam gar nicht der Gedanke, daß ihre Familie ihr geraten haben mochte, sich von mir fernzuhalten. Madame de Campan war schweigsam und zurückhaltend, als wäre sie selbst in die ganze Angelegenheit verwickelt und mache sich Vorwürfe. Man hätte mich warnen müssen! Sie hing wirklich sehr an mir, und wenn ich mich in Gefahr befand, machte sie sich aus Liebe zu mir Sorgen, während sie gleichzeitig zu intelligent war, um sich etwas vorzumachen. Die Prinzessin von Lamballe fand als einzige, es wäre eine gute Tat von mir; nicht umsonst war sie – wie Vermond einmal gesagt hatte – für ihre Dummheit und Instinktlosigkeit bekannt. Elisabeth war traurig; sie war so fromm, daß Unannehmlichkeiten jeder Art sie immer bekümmerten, auch wenn sie jene ereilten, die es, wie sie genau wußte, verdienten. Meine Schwägerinnen schienen merkwürdig zufrieden.
Aber ich hatte an so vieles andere zu denken. Was war mit dem ›Barbier von Sevilla‹? Nichts durfte diese Inszenierung gefährden.
»Wir müssen die Proben fortsetzen, die diese lächerliche Affäre mit dem Kollier unterbrochen hat«, erklärte ich.
Also siedelte ich wieder ins Trianon über und dachte an nichts anderes als an meine Rolle. Als die Campan mir erzählte, daß die Rohans vor Wut darüber kochten, daß ein so illustres Mitglied ihrer Familie verhaftet und in die Bastille gesperrt worden war, lachte ich nur. »Da hätte er schon längst hingehört! – Hören Sie sich jetzt meinen ersten Akt an.«
Wie seltsam, daß der Dialog in diesem Stück eine drohende Warnung enthielt! Ich erinnere mich jetzt an Basils Rede über Verleumdungen, die ich merkwürdigerweise damals gar nicht begriff.
Jetzt fällt sie mir wieder ein.

»Verleumdungen! Ihr wißt ja gar nicht, was Ihr verschmäht, wenn Ihr dieses Instrument verachtet! Ich habe schon erlebt, wie Personen von unantastbarer Ehrbarkeit durch sie zu Fall gebracht wurden. Glaubt mir, es gibt keinen auch noch so unwahren Bericht, wie vulgär und niederträchtig auch immer, keine Gemeinheit, kein auch noch so absurdes Lügenmärchen, das die Faulenzer einer großen Stadt, falls sie sich darum bemühen, dem Volk nicht als Wahrheit verkaufen können – und wir haben hier in Paris genug schlangenzüngige Intriganten, die wahre Meister dieser Kunst sind.«

Wie recht sollte er damit haben, und wie war ich mit Blindheit geschlagen! Wie konnte ich nur annehmen, das Letzte von der Halsband-Affäre gehört zu haben!
Doch mein Denken kreiste ausschließlich um meine Aufführung, und als es endlich soweit war, stand ich am Schluß der Vorführung glücklich über meinen Triumph auf der Bühne und nahm strahlend den Applaus entgegen; ich hatte bisher noch nie eine derartig schwierige Rolle gespielt. Und solch ein Stück in meinem Theater! Und ich selbst in der Hauptrolle! Ich war selig über meinen Erfolg und ahnte nicht, daß ich zum letzten Mal auf jener Bühne stand.

17

»Madame de Boulainvilliers sah einmal von ihrer Terrasse zwei hübsche kleine Bauernmädchen, die beide ein schweres Bündel Brennholz schleppten. Der Priester des Dorfes, der gerade bei ihr war, erzählte ihr, daß die beiden Kinder merkwürdige Papiere besäßen und für ihn kein Zweifel bestände, daß sie von einem Valois abstammten, dem illegitimen Sohn eines Prinzen von Valois.«

Madame Campans Memoiren

»Das Gesicht dieser Frau (Baroness d'Olivia) hatte vom ersten Augenblick an ein Gefühl der Unruhe in mir erweckt, so wie man es in Gegenwart eines Menschen empfindet, den schon einmal gesehen zu haben man überzeugt ist, ohne jedoch sagen zu können, wo oder wann ... Was mir an ihrem Gesicht so besonders auffiel, war die unglaubliche Ähnlichkeit mit der Königin.« *Beugnot*

»Nach diesem fatalen Augenblick (dem Rendezvous in der Venusgrotte) ist der Kardinal nicht länger zwischen Hoffnung und Zweifel hin- und hergerissen; er ist blind und handelt in blindem Gehorsam. Seine Gefügigkeit gegenüber den Anweisungen, die er durch Madame de la Motte erhielt, entsprang dem Gefühl der Dankbarkeit und dem tiefen Respekt, was nun sein ganzes Leben verändern wird. In geduldiger Resignation wartet er auf den Augenblick, in dem die bekannte Güte Eurer Majestät sich zeigen wird, um in der Zwischenzeit absoluten Gehorsam zu leisten. Solcherart ist seine seelische Verfassung.«

Monsieur de Target, Advokat des Kardinals von Rohan, während des Prozesses

Rückblickend erkenne ich jetzt, daß die Halsband-Affäre der Anfang, das erste Donnergrollen des furchtbaren Unwetters war, das über mich hereinbrechen sollte. Ich wollte unbedingt, daß Rohan vor Gericht gestellt und verurteilt wurde; er mußte als der Schwindler entlarvt werden, für den ich ihn hielt. Sollte man etwa Nachsicht mit ihm haben, nur weil er ein Prinz war und einer der großen Familien Frankreichs entstammte? Ich war es meiner Mutter wie auch meinem eigenen Ansehen als Königin von Frankreich schuldig, dafür zu sorgen, daß er seines Betruges und aller anderen Sünden für schuldig befunden wurde, die er meiner Überzeugung nach begangen hatte. Und ich lachte spöttisch auf, als ich mir überlegte, womit seine Familie zweifellos fest rechnete. Sie würden sich darauf verlassen, daß der König Gebrauch von seinem Recht machte, ein mildes Urteil über den Kardinal zu sprechen und ihm eventuell einen *lettre de cachet* zu schicken, was ein kurzes Exil bedeutete; nach dessen Ablauf würde er dann wieder an den Hof zurückkehren, und der ganze Vorfall wäre vergessen.

Ich war fest entschlossen, es nicht dazu kommen zu lassen.

Ludwig war, wie gewöhnlich, unschlüssig. Seine kluge innere Stimme sagte ihm, daß er auf seine weisen Ratgeber hören und seinem eigenen Instinkt folgen solle, die ihm beide rieten: je weniger von der ganzen Affäre bekannt wird, um so besser für uns alle! Doch seine Zuneigung zu mir – er liebte mich aufrichtig – zwang ihn dazu, sich meine Wutausbrüche gegen einen Mann anzuhören, der es gewagt hatte zu glauben, ich würde mich auf heimliche Machenschaften mit ihm einlassen. Wo und wann immer Rohans Name fiel, brach ich in wütende Tiraden gegen ihn aus, die oft mit Tränen endeten.

»Der Kardinal *muß* seine Strafe bekommen!«

Ludwig gab zu bedenken, daß Rohan zu einer der ältesten Familien Frankreichs gehöre; er wäre mit den Condés, den Soubises und den Marsans eng verwandt, die sich alle persönlich beleidigt fühlten, weil ein Mitglied ihres Familienverbandes wie ein gewöhnlicher Verbrecher öffentlich verhaftet worden war.

»Was er auch in der Tat ist!« erklärte ich unnachgiebig. »Und die ganze Welt sollte das wissen!«

»Ja, ja«, meinte mein Gemahl, »Sie haben natürlich recht. Aber nicht nur seine Familie, sondern auch Rom ist verärgert, daß ein Kardinal des Heiligen Stuhls einer derartigen Beleidigung ausgesetzt worden ist.«

»Und warum nicht«, entgegnete ich, »wenn er seine Strafe mehr verdient als ein armer Mann, der Brot gestohlen hat, weil er hungrig war!«

»Sie haben recht«, wiederholte mein Gemahl.

Ich umarmte ihn liebevoll. »Sie werden nie zulassen, daß ein Mann, der *mich* beleidigt hat, seiner gerechten Strafe entgeht!«

»Er soll seine gerechte Strafe erhalten.«

Trotzdem stellte Ludwig es dem Kardinal frei, zu entscheiden, ob er vor dem König oder dem Tribunal von Paris vor Gericht erscheinen wolle. Dieser traf sehr schnell seine Wahl und teilte sie dem König schriftlich mit. Mir fiel auf, daß der Verfasser dieses Briefes gar nicht mehr der verängstigte, entsetzte Mann war, als der er seine Verhaftung im Kabinett des Königs erfahren hatte.

Er schrieb:

»Sire, ich hatte gehofft, durch persönliche Gegenüberstellung die Beweise zu erhalten, die Eure Majestät restlos davon überzeugt hätten, daß ich das ahnungslose Opfer eines Betruges wurde; in diesem Falle hätte ich mir keine anderen Richter als Eure Gerechtigkeit und Eure Güte gewünscht. Da man mir jedoch diese Gegenüberstellung verweigerte und mich so dieser Hoffnung beraubt hat, nehme ich mit respektvoller Dankbarkeit die Erlaubnis Eurer Majestät an, meine Unschuld auf juristischem Wege zu beweisen, und bitte infolgedessen Eure Majestät, die notwendigen Anweisungen zu erteilen, damit mein Fall dem Tribunal von Paris übergeben wird.

Falls ich jedoch hoffen könnte, daß die inzwischen durchgeführten Nachforschungen, die mir im einzelnen unbekannt sind, Eure Majestät zu dem Entschluß bewegen konnten, daß ich nur insofern schuldig bin, als ich mich täuschen ließ, würde ich allerdings Eure Majestät bitten, gemäß Ihrer Gerechtigkeit und Güte Ihr Urteil zu sprechen. Meine Verwandten, die sich meinen Ausführungen anschließen, haben sich erlaubt, ebenfalls zu unterschreiben.

Mit dem Ausdruck meines tiefsten Respektes bin ich

Kardinal von Rohan
von Rohan, Prinz von Montbazon
Prinz von Rohan, Erzbischof von Cambrai
Prinz von Soubise.«

Mein Gemahl war ziemlich beunruhigt, als er diesen Brief gelesen hatte. Die Veränderung in Rohan war ihm ebenfalls aufgefallen. Aus dem verängstigten, zitternden Mann war durch seine Haft in der Bastille ein arroganter Kardinal geworden.
Ich sah, wie Ludwig die Möglichkeiten eines solchen Prozesses gegeneinander abwog.
»Falls ich zugeben würde, daß der Kardinal nur durch Täuschung in diesen Betrug verwickelt wurde, würde er nicht vor dem Tribunal erscheinen wollen.«
Ich lachte laut auf. »Das kann ich mir denken! Natürlich möchte er lieber Ihre Milde und Nachsicht als einen gerichtlichen Urteilsspruch, wenn seine Schuld eindeutig bewiesen ist!«
»Aber falls er nun gar nicht für schuldig befunden wird?«
»Sie scherzen! Selbstverständlich wird er das! Er *ist* schuldig!«
Mein Gemahl betrachtete den Brief erneut; er starrte auf jene Unterschriften – es waren einige der einflußreichsten mächtigsten Namen von ganz Frankreich.
Ich wußte, er wünschte im stillen, man könnte die ganze Angelegenheit irgendwie diskret erledigen, was, wie ich mir sagte, haargenau dem entsprach, was die vornehmen Rohans anstrebten. Aber ich würde dafür sorgen, daß diese Affäre ans Licht der Öffentlichkeit kam!
Meine Verblendung läßt mich noch jetzt schaudern.

Der Prozeß war das wichtigste Ereignis in ganz Frankreich. Jeden Tag sickerten irgendwelche neuen Einzelheiten dazu durch. Die Gräfin de la Motte-Valois war verhaftet worden, ebenso Cagliostro, der berüchtigte Zauberer, und seine Frau wie auch ein Geschöpf, das als Baronesse d'Olivia bekannt war, ein Mädchen von freizügiger Moral, das sich als die Königin ausgegeben haben sollte. Die ganze Geschichte wurde von Tag zu Tag fantastischer. Seit dem Aufstieg des ersten Ballons hatte kein Ereignis das ganze Volk derartig beschäftigt. Dies war sogar noch aufregender – es war der Prozeß um einen mächtigen Kardinal, die Geschichte eines gigantischen Betruges, eines märchenhaften Diamant-Kolliers, das vollkommen von der Bildfläche verschwunden war; es war eine Geschichte voller Skandale und Intrigen, und mittendrin steckte die Königin von Frankreich!
Ich kannte damals nicht alle Einzelheiten dieser unglaublichen Affäre, habe jedoch inzwischen viele verschiedene Versionen gehört. Tatsäch-

lich blieb es mir bis heute nicht erspart, immer wieder etwas darüber zu hören. In Wirklichkeit war es gar nicht so sehr der Kardinal von Rohan, der da vor Gericht stand, sondern vielmehr die Königin von Frankreich.

Wie hätte ich die sich daraus ergebenden Folgen verhüten können? Ich hätte ein ganz anderer Mensch sein müssen! Hätte mich niemals in ein Leben selbstsüchtigen Vergnügens stürzen dürfen. Ich war nicht all der Vergehen schuldig, die man mir in jenem Alptraum von Prozeß vorwarf. Meine Tragödie war nur, daß ich einen Ruf hatte, der alles möglich erscheinen ließ.

Ich muß jetzt die ganze Halsband-Affäre erzählen, die ich nach und nach erfuhr, während alles den Prozeß voller Spannung erwartete, wie auch während seines Verlaufs.

Als mir schließlich die gesamten Einzelheiten bekannt wurden, verlor ich meine Unbekümmertheit. Ich glaube, ich begann zum ersten Mal zu verstehen, was für eine Stimmung in Frankreich herrschte, merkte zum ersten Mal, wie brüchig das Fundament war, auf dem die Monarchie in diesem Lande ruhte.

Der Prinz von Rohan war die zentrale Figur dieses ganzen Dramas; er war allem Anschein nach das ahnungslose Opfer; wie man jedoch einen Mann seiner Erziehung und Bildung so leicht hatte täuschen können, ist schwer zu verstehen. Vielleicht hatte es etwas mit dem seltsamen Cagliostro zu tun, der zusammen mit Rohan verhaftet wurde und eine vage und undurchsichtige Gestalt bleibt, ein geheimnisvoller Mann – Magier oder Scharlatan? Das werde ich nie wissen. Die wichtigste Gestalt in der ganzen unerfreulichen Affäre war wahrscheinlich die Gräfin de la Motte-Valois, jene Frau, die seit dieser unglückseligen Geschichte aus der Ferne ihre sensationsträchtigen Lügen und pornographischen Geschichten über mein Leben schreibt, meine erbitterte Feindin, die ich jedoch niemals gesehen habe und der ich nichts zuleide getan habe – ausgenommen die Tatsache, Königin von Frankreich zu sein. Sie hat eine sehr ungewöhnliche Lebensgeschichte. Sie behauptet, von den königlichen Valois' abzustammen, jenem Zweig der Familie, der vor den Bourbonen auf Frankreichs Thron regierte. Sie war die Tochter eines gewissen Jacques Saint-Rémy, der sich als Nachkomme König Heinrichs des Zweiten ausgab. Dies war anscheinend wahr, denn Heinrich II. hatte einen illegitimen Sohn von einer gewissen Nicole von Savigny gehabt, und dieses Kind, nach ihm Heinrich benannt, wurde von ihm legitimiert und zum Baron von Luz und von Valois ernannt.

Jeanne wuchs als Kind in drückender Armut auf, hatte aber gehört, daß sie von den Valois' abstammte, was sie nie vergaß. In der Zeit, als sie von dem Erlös ihres großen Betruges lebte, führte sie das Wappen ihrer Familie, *d'argent à une fasce d'azur, chargée de trois fleurs de lis d'or* – eine blaue Vase auf silbernem Grund mit drei goldenen Lilien – auf ihrer Kutsche und in ihrem Haus, einfach überall, wo nur irgend möglich.

Sie wuchs in äußerster Armut auf, was zusammen mit dem Bewußtsein, von königlichem Geblüt zu sein, die Wurzel ihres Hasses auf mich gewesen sein mochte wie auch ihres brennenden Wunsches, um jeden Preis den Status zu erlangen, der ihr, wie sie glaubte, zustand.

Zu der Zeit, als Heinrich von Saint-Rémy, Sohn Heinrichs II., in dem Schloß lebte, war es ohne jeden Zweifel ein schöner, gepflegter Besitz gewesen; in den darauffolgenden Jahren war es den Saint-Rémys jedoch nicht möglich gewesen, diesen Lebensstandard aufrechtzuerhalten; die Schloßgräben füllten sich mit stinkendem Wasser, das Dach fiel ein, und das obere Stockwerk war Wind und Wetter ausgesetzt. Als Jeannes Vater geboren wurde, war das einst schöne Schloß nur noch eine traurige Ruine. Er war ein Mann von großer Körperkraft, der aber nicht den Wunsch hatte, das Familienvermögen wieder aufzubauen, falls das mit Arbeit verbunden war. Er war nur an Schnaps und Weibern und Ausschweifungen interessiert und verkaufte nach und nach alles, was noch vom Schloß übrig geblieben war.

Er verführte eines der Mädchen aus dem Dorf, eine gewisse Jossel, und heiratete sie, als sie sein Kind bekam. Sie war eine liederliche Person, und da Jeannes Vater nichts tat als saufen, regierte sie die Familie.

Jeanne war eines der drei Kinder; da beide Elternteile sich nicht um sie kümmerten und sie in einer elenden Hütte hausten, meist nackt, da sie nichts anzuziehen hatten, wären sie verhungert, wenn der Curé und einige mitleidige Nachbarn nicht ab und zu für sie gesorgt hätten. Wenn ich mir dies alles jetzt überlege, kann ich ihr verzeihen, denn ich habe inzwischen ein Elend kennengelernt, das noch größer ist als alles, was sie als Kind durchgemacht haben muß; damals fiel es mir jedoch schwer, ihre Handlungsweise zu verstehen. Heute erkenne ich, daß sie das Bedürfnis hatte, sich an der Gesellschaft zu rächen; und mein Herz empfindet sogar Mitleid mit dieser Frau. Wie unglücklich muß sie als

Kind gewesen sein! Doch während sie nackt vor Kälte und Hunger in der verkommenen Hütte zitterte, vergaß sie nie, daß sie von den königlichen Valois' abstammte.

Eines Tages beschloß die Familie, ein Landstreicherleben aufzunehmen. Inzwischen waren es vier Kinder, Jacques, Jeanne, Marguerite-Anne und Marie-Anne. Die arme kleine Marie-Anne war erst anderthalb Jahre alt und konnte noch nicht richtig laufen; also entschied man, sie nicht mitzunehmen. Ihre Eltern wickelten sie in eine Windel und hängten sie an die Tür eines Bauernhauses. Für die anderen drei Kinder sollte erst jetzt der wirkliche Alptraum ihrer Kindheit anfangen. Ihre Mutter war eine kräftige, ansehnliche Frau, die beschloß, von ihren Reizen Gebrauch zu machen; ihr Vater war von seinem liederlichen Leben krank geworden, weshalb seine Frau ihn vor die Tür setzte und sich mit einem Soldaten zusammentat, der genauso heruntergekommen und herzlos grausam war wie sie selbst. Sie schickten die Kinder zum Betteln aus und verprügelten sie mitleidslos, wenn sie ohne Geld zurückkamen. Doch da ereilte Jeanne ihr Glück. Wenn sie bettelnd am Wege stand, rief sie immer: »Gebt einem armen Waisenkind etwas, das dem Geblüt der Valois' entstammt!« Dies löste natürlich ab und zu Hohn und Spott aus, erregte aber manchmal eine gewisse Aufmerksamkeit. Eines Tages bemerkte die Marquise de Boulainvilliers das Kind, und die Auskünfte des Dorfpriesters erweckten ihre Neugier, und sie beschloß, das kleine Mädchen näher auszufragen. Seine Schönheit und stolze Haltung fielen ihr sofort auf und sie glaubte ihr ihre Geschichte von der königlichen Abstammung und beschloß, ihr zu helfen. Sie nahm Jeanne und ihre kleine Schwester Marguerite-Anne zu sich und schickte sie zur Schule. Marguerite-Anne bekam jedoch bald die Pocken und starb. Jeannes Vater war mittlerweile in äußerster Armut im Hôtel-Dieu in Paris gestorben; die Mutter wurde von ihrem reizenden Galan sitzengelassen und kehrte mit ihrem Sohn Jacques in ihren Heimatort Bar-sur-Aube zurück und fristete dort ihr Leben als Prostituierte. Jacques lief weg und ging in Toulon auf ein Schiff, wo er mit Hilfe von Madame de Boulainvilliers eine gute Karriere als Seemann machte und gerade in dem Augenblick starb, als die Affäre mit dem Kollier ans Licht kam.

Jeanne hatte damit endgültig den Alptraum ihrer Kindheit hinter sich gelassen, und es ist nicht erstaunlich, daß sie entschlossen war, nie wieder in einer solch trostlosen Misere zu versinken.

Madame de Boulainvilliers war gut zu ihr und verschaffte ihr, als sie alt genug dafür war, eine Stelle in einer Schneiderwerkstatt im Faubourg Saint-Germain; aber Jeanne war zu stolz, um dort zu bleiben. In ihrer Autobiographie, die sie nach dem Prozeß verfaßte und um die sich natürlich alles riß, sagte sie, sie wäre »Wäscherin, Wasserträgerin, Köchin, Büglerin, Näherin, alles, nur kein glückliches und geachtetes junges Mädchen gewesen«.

Das war es nämlich, wonach Jeanne am allermeisten strebte – sich die Achtung zu verschaffen, auf die sie, wie sie glaubte, auf Grund ihrer Abstammung Anspruch hatte.

Madame de Boulainvilliers war eine gütige Frau; sie erkannte, daß Jeanne niemals in so untergeordneter Stellung zufrieden sein würde und verstand auch weshalb. Sie nahm sie also wieder zu sich in ihr Haus, wo Jeanne eine Zeitlang wie ein Mitglied der Familie lebte. Sie vergaß auch nicht die kleine Marie-Anne, die das Glück gehabt hatte, von dem gutherzigen Bauern, der sie an seiner Tür fand, aufgezogen zu werden. Die großherzige Madame de Boulainvilliers ließ sie holen, und da die Kleine ein gut erzogenes junges Mädchen geworden war, beschloß sie, die beiden Schwestern auf ein Abschlußpensionat für junge Damen zu schicken. Danach war Jeanne nicht nur ein schönes junges Mädchen von einundzwanzig, sehr gebildet und mit besten Manieren ausgerüstet, sondern wollte als Mitglied der königlichen Familie behandelt werden. Mit vierundzwanzig war Jeanne immer noch ruhelos und unzufrieden, doch da lernte sie einen Soldaten kennen, der zwei Jahre älter war als sie. Er hieß Mark Antoine Nicolas de la Motte und war bei der Gendarmerie. Sie hatten eine Liaison und mußten heiraten. Einen Monat nach der Hochzeit bekam sie Zwillinge, die jedoch nach wenigen Tagen starben. Jeanne war anscheinend die Dominierende in dieser Ehe, und de la Motte lernte sehr bald, daß er zu gehorchen hatte. Als erstes mußte er den Grafentitel annehmen. Er fügte sich den Wünschen seiner Frau, und ihre hochfahrende Art, ihre Angewohnheit, alle dauernd daran zu erinnern, daß sie von den Valois' abstammte, erreichte bald, daß alle den Titel als rechtmäßig akzeptierten. Sie wurden als der Graf und die Gräfin de la Motte-Valois bekannt.

Jeanne und ihr Ehemann begannen unverzüglich ihre Pläne zu schmieden, denn wie konnte man erwarten, daß eine Nachkommin des königlichen Hauses der Valois von dem Sold eines Gendarmeriesoldaten lebte? Eine günstige Gelegenheit ergab sich, als Madame de Boulainvilliers nach Straßburg reiste und zu Gast im Schloß von Saverne war, der prächtigen Residenz des Kardinals von Rohan. Jeanne erinnerte sich daran, daß der Kardinal eine berüchtigte Schwäche für Frauen hatte; sie war ganz ohne Zweifel recht attraktiv. Mit ihren Allüren hochmütiger Verfeinerung, dem schönen kastanienbraunen Haar und den blauen Augen unter feinen schwarzen Brauen war sie eine auffallende Erscheinung. Sie beschloß, den Kardinal für ihre Pläne zu benutzen, wußte aber zu jenem Zeitpunkt noch nicht wie. Jener völlig wahnsinnige Plan sollte ihr erst später kommen, als sich eine Reihe eigenartiger Vorfälle ergab und die Voraussetzung für diesen Betrug schuf, der sonst zu unglaubhaft für jede Realität erschienen wäre.

Ich habe schon viel über den Kardinal von Rohan geschrieben. Ich werde diesen Mann nie ganz aus meinem Denken verbannen können, und sogar jetzt, wo ich mich in mein Schicksal ergeben habe und andere Menschen besser verstehe, empfinde ich nach wie vor eine heftige Abneigung, wenn ich den Namen dieses Mannes höre oder sein Bild sich wie eine dunkle, drohende Wolke vor mein inneres Auge schiebt.
Vermutlich war er auf seine Weise ein schöner Mann, denn man nannte ihn *La Belle Eminence* – Die schöne Eminenz. Manchmal glaube ich, er war ein ungewöhnlich dummer Mann – das muß er doch gewesen sein, denn wer anders als ein Einfaltspinsel hätte sich so täuschen und mißbrauchen lassen?
Ich erinnere mich noch deutlich an sein Gesicht: Es hatte etwas Kindliches – war rund und irgendwie puppenhaft, ohne jedes Fältchen und rosig frisch. Das weiße Haar über der hohen Stirn verriet als Einziges sein Alter und betonte nur noch das rosige Rund seines Gesichts. Er war sehr groß; seine Haltung war voller Anmut und Würde. In seinen Kardinalsgewändern war er eine imposante Erscheinung. Er hatte das Bistum von Straßburg, das reichste von ganz Frankreich, war ein königlicher Prinz, Landgraf von Elsaß, Abt der Großabtei von Saint-Vaast und Chaise-Dieu, Provisor der Sorbonne, Großalmosenier von Frankreich, Superior des Königlichen Hospitals der Quinze-Vingts und Komtur des Ordens vom Heiligen Geist. Und diesen Mann hatte man in Versailles wie einen gewöhnlichen Verbrecher verhaftet – wie seine Familie sagte.
Als er die Bekanntschaft von Jeanne de la Motte-Valois machte, stand er ganz unter dem Einfluß von Cagliostro.
Ich kenne die Wahrheit über Cagliostro nicht. Wer wüßte sie? Einige lachen nur über ihn, andere sagen, er wäre im Besitz eines der großen

Geheimnisse des Universums. Es bleibt die Tatsache, daß der Kardinal, während er ihm nahestand, geradezu grotesken Betrug als Wahrheit hinnahm.
Es gab so viele Geschichten über diesen Zauberer. Ich hörte von meinen Dienstboten, die auf der Straße warteten, um einen Blick von ihm zu erhaschen, Schilderungen über ihn. Er trug einen bodenlangen blauen Seidenmantel und diamantenbesetzte Schuhschnallen; sogar seine Strümpfe waren mit Gold bestickt. Er glitzerte bei der geringsten Bewegung, denn auch seine Hände waren mit Diamanten und Rubinen bedeckt, und seine geblümte Weste war mit weiteren Edelsteinen bestickt, die solches Feuer sprühten, daß alle geblendet wurden. Als er dann verhaftet wurde, hörte ich viele Geschichten über seine Eigenheiten. Am meisten beeindruckte mich jene Episode, bei der er auf einem Platz in Straßburg vor einem Kruzifix stehenblieb und mit lauter Stimme verkündete, so daß alle Umstehenden es hören konnten – er war immer von einer Menschenmenge umgeben –: »Wie kann ein Künstler, der ihn nie gesehen hat, nur eine so vollständige Ähnlichkeit erreichen?«
»Euer Würden haben Christus gekannt?« fragte eine atemlose leise Stimme. »Wir waren sehr befreundet«, lautete die Antwort. »Wie oft sind wir nicht zusammen an den schattigen Ufern des Sees von Genezareth spazieren gegangen! Seine Stimme hatte eine große Süße, aber er wollte nicht auf mich hören. Er liebte diese Spaziergänge am Strand, und dort sammelte er sich auch diese Gruppe von Fischern auf. Das und seine Predigerei hat ihm ein schlimmes Ende bereitet.« Und zu seinem Diener gewandt fügte er hinzu: »Erinnerst du dich an den Tag, als sie Christus in Jerusalem kreuzigten?«
Und nun folgte die verblüffende Pointe des Ganzen: »Nein, Euer Gnaden«, erwiderte der Diener mit gedämpfter, ehrfürchtiger Stimme, mit der alle den berühmten Mann immer ansprachen. »Euer Gnaden vergessen, daß ich erst seit den letzten fünfzehnhundert Jahren in Euren Diensten stehe.« Er war ein kleiner dicker Mann, damals allem Anschein nach in den Vierzigern; er hatte große, leuchtende, lebhafte Augen und eine volltönende Stimme. Er muß ohne jeden Zweifel faszinierend gewesen sein, denn jene, die mit dem Vorsatz zu ihm gingen, ihn zu verhöhnen und als Schwindler zu entlarven, wurden seine glühendsten Anhänger.
Selbstverständlich gab es auch jene, die sagten, er rede kompletten Unsinn, was die Leute nur deshalb für brillant geistreich und die

letzte Weisheit hielten, weil sie es nicht verstünden. Er hatte seine festen Formeln auf gewisse Fragen, so zum Beispiel, wenn er gefragt wurde, wer er wäre: »Ich bin der, der ist!« worauf er hinzufügte: »Ich bin der, der nicht ist!« was so verwirrend war, daß die meisten Leute ganz ehrerbietig wurden und vorgaben, zu den wenigen Weisen zu gehören, die die Bedeutung dieser rätselhaften Orakelsprüche verstünden.

Es kursierten unzählige unheimliche Gerüchte über ihn. Er sei ein Freimaurer und wolle die Ägyptische Freimaurerloge in Frankreich einführen; er werde von Geheimgesellschaften bezahlt, und seine Ziele seien viel gefährlicher als die Täuschung eines einfältigen Kardinals. Er hätte den Stein der Weisen entdeckt und könne Messing in Gold verwandeln und Edelsteine herstellen. Berichte über die Heilungen, die er auf seinen Reisen bewirkte, waren in aller Munde. Er bräuchte einen Gelähmten nur anzuschauen, und schon könne dieser laufen. Er befasse sich aber nicht mit allen Kranken und behalte sich das Recht vor, nur Bevorzugte zu heilen.

Es gab auch eine Gräfin von Cagliostro – eine schöne und charmante junge Frau, die, wie es hieß, »nicht von dieser Welt« war. Man wußte genausowenig, woher sie kam, wie man die Herkunft ihres Mannes kannte. Sie war »ein Engel in menschlicher Gestalt, auf die Erde gesandt, um dem Mann der Wunder die Tage zu versüßen«. Cagliostro war ein treuer Ehemann, der keiner anderen Frau jemals auch nur einen verliebten Blick zuwarf. Ihn interessierte einzig und allein seine Doktrin.

Trotz seines zügellosen Lebens hatte der Kardinal irgendwie etwas Unschuldiges behalten; er war zwar ein Wüstling, doch ein romantischer mit Gefühl. Da er abergläubisch bis zum Exzeß war, zog alles Okkulte ihn unwiderstehlich an. Außerdem liebte er Prunk und Pomp und war ein großer Bewunderer schöner Kleidung und vor allem kostbaren Schmucks. Cagliostro war nun der Zauberer, der ihm durch seine große Weisheit funkelnde Edelsteine aus seinem Schmelztiegel zu bescheren verstand. Eine derartige Leistung konnte gar nicht verfehlen, den Kardinal zutiefst zu beeindrucken. Sehr bald lud er Cagliostro nach Saverne ein, wo die beiden große Freunde wurden.

Der Kardinal trug häufig einen riesigen Edelstein von der Größe eines Hühnereis und erklärte, er hätte mit eigenen Augen gesehen, wie Cagliostro ihn aus dem Tiegel genommen hätte. Wie man den Kardinal täuschte, und ob er getäuscht wurde, bleibt ein Rätsel. Unbestritten bleibt jedoch die Tatsache, daß Cagliostro mit seiner Frau in

großem Luxus im Schloß von Saverne lebte und der Kardinal ihn ständig um sich haben wollte.
Und dann begannen diese beiden Männer in den privaten Gemächern des Kardinals über mich zu sprechen. Ich war gleichsam eine fixe Idee für den Kardinal geworden. Ich hatte mich hartnäckig geweigert, ihn bei Hofe zu empfangen, da ich die Warnungen meiner Mutter vor ihm nicht vergaß, und hatte seine Ernennung zum Großalmosenier zu verhindern versucht. Er wußte, daß ich ihn nicht mochte, und wünschte sich jetzt meine Gunst mit der Leidenschaft eines Menschen, der sein ganzes Leben lang immer nur nach allem, was er begehrte, die Hand auszustrecken brauchte und plötzlich auf etwas stößt, das sich seinem selbstsicheren Griff entzieht.
Aber noch etwas viel Abwegigeres hatte sich in sein Hirn eingeschlichen. Der Kardinal wollte mein Liebhaber werden! Dieser Gedanke bemächtigte sich seiner, und er konnte kaum mehr an etwas anderes denken. Sprach er darüber mit Cagliostro? Fragte er ihn, was für Erfolgschancen er wohl bei mir hätte? Hätte er anstatt mit dem Zauberer mit mir darüber gesprochen, ich hätte ihm eine sehr präzise Antwort geben können!.. Nie, nie hätte ich ihm irgendeine Gunst gewährt, auch wenn ich die Art von Gemahlin gewesen wäre, die ihre Ehegelübde vergißt.
Warum gab sich Cagliostro zu dieser wahnwitzigen Intrige her? Wußte er, worum es ging? Stimmte es, daß er ähnliche Gaben wie Mesmer besaß und in gewissen Augenblicken Menschen dazu zwingen konnte, so zu handeln, wie er es wollte? Und wollte er, daß ich ohne mein Zutun in diesen gigantischen Skandal verstrickt wurde, weil seine Meister in einigen der Geheimlogen der Welt das Ende der französischen Monarchie anstrebten?
Es schien damals nur die Geschichte eines leichtgläubigen Mannes, einer skrupellosen Betrügerin und eines geheimnisumwobenen Zauberers. Ich war mit hinein verwickelt worden, die zentrale Gestalt des ganzen Komplotts, die Gestalt, die während des gesamten Stückes nie wirklich auftritt, doch ohne die es dieses Drama nie gegeben hätte. Jeanne de la Motte-Valois wurde also schleunigst des Kardinals Mätresse; das war eine unerläßliche Voraussetzung für ihre weiteren Pläne. Sie befreundete sich auch mit Cagliostro. Hielt sie ihn für einen Scharlatan? Wußte er, was für eine Intrigantin sie war? Welche Seite dieser unglaublichen Geschichte man auch aufgreift, es bleibt immer alles geheimnisvoll und mysteriös.

Jeanne muß bald entdeckt haben, daß der Kardinal vom Gedanken an mich besessen war. Da erkannte die Gräfin eine Möglichkeit, ihre Stellung zum Kardinal zu festigen. Möglicherweise nahm alles damals seinen Anfang.
Sie hatte sich auch mit einem Kameraden ihres Mannes angefreundet, einem gewissen Rétaux de Villette, einem hübschen jungen Mann von ungefähr Dreißig, mit blauen Augen und frischer Gesichtsfarbe, wenngleich sein Haar schon leicht ergraute. Er verstand sehr geschickt Gedichte zu schreiben und bekannte Schauspieler und Schauspielerinnen nachzuahmen; er beherrschte außerdem verschiedene Schreibstile und konnte so zierlich wie eine Frau schreiben. Dieser junge Mann wurde der Liebhaber der Gräfin – vielleicht hatte sie ihn wirklich gern, vielleicht wollte sie ihn aber auch nur an sich binden, da der Plan bereits in ihrem Denken Gestalt anzunehmen begann.
Jeanne deutete dem Kardinal an, ich hätte ihr gewisse Gunstbezeugungen erwiesen. Dies erschien nicht unmöglich, da meine Freundschaften ständig die Quelle von Gerede bildeten und es allgemein bekannt war, daß ich mich zu schönen Frauen wie der Prinzessin von Lamballe und Gabrielle von Polignac hingezogen fühlte. Jeanne war äußerst reizvoll, darüber hinaus war sie ein Mitglied des Hauses Valois. So war es nicht ausgeschlossen, daß ich sie bemerkt und mit meiner Gunst ausgezeichnet hatte. Bis hierher klang die Geschichte völlig glaubwürdig. Jeanne muß vor Freude über ihren prompten Erfolg ganz überwältigt gewesen sein, denn der Kardinal schenkte ihr ganz offensichtlich Glauben und vertraute ihr seinen brennenden Wunsch an, von mir empfangen zu werden.
Vielleicht, so meinte sie, könne sie ein Wort für ihn bei der Königin einlegen. Jeanne wußte jedoch, daß leere Versprechungen ihn nicht befriedigen würden. Und hier konnte ihr Rétaux de Villette sehr nützlich sein. Wenn er seine Briefe nun mit meinem Namen unterzeichnete, warum sollte der Kardinal dann nicht glauben, sie stammten tatsächlich von mir? Sie waren an meine liebe Freundin, Madame la Comtesse de la Motte-Valois gerichtet und enthielten viele Beweise unserer Freundschaft. Wie konnte er nur glauben, ich hätte solche Briefe an diese Person geschrieben! Und doch tat er das ganz offensichtlich. Manche sind der Ansicht, daß Cagliostro mit den de la Mottes unter einer Decke steckte und den Kardinal dahingehend behexte, die Briefe als von meiner Hand geschrieben zu akzeptieren. Ich würde das als geradezu lächerlich ablehnen, wenn sie nicht mit »Marie-Antoinette

von Frankreich« unterschrieben gewesen wären. Der Kardinal hätte doch, wenn er bei klarem Verstand gewesen wäre, allein daran erkennen müssen, daß sie gefälscht waren. Ich habe einige dieser Briefe gesehen. Mir schauderte, als ich sie las. Sogar jetzt, wo ich so ziemlich alle Einzelheiten kenne, bleibt das Ganze mir ein Rätsel.
Jeanne brachte den Kardinal soweit zu glauben, daß ich mir überlegen würde, ihm eventuell zu verzeihen, falls er eine Rechtfertigung seiner Übeltaten der Vergangenheit verfaßte.
Hocherfreut machte er sich sogleich an die Arbeit und entwarf eine lange Apologie; er verbrachte mehrere Tage damit – schrieb sie immer wieder um und verbesserte sie. Als sie fertig war, nahm die Gräfin sie mit dem Versprechen entgegen, sie mir so bald wie möglich zu geben.
Einige Tage später verfaßte Rétaux de Villette auf goldumrandetem Papier mit einer kleinen Lilie in der Ecke einen Brief an ihn.

»Ich freue mich, Sie nicht länger als Schuldigen betrachten zu müssen. Noch ist es mir nicht möglich, Ihnen die erbetene Audienz zu gewähren, doch werde ich Ihnen diese sobald, wie es geht, gewähren. Seien Sie in der Zwischenzeit äußerst diskret!«

Dieser Brief hatte die gewünschte Wirkung auf den Kardinal. Er war ganz überwältigt vor innerer Bewegung und jetzt nur allzu bereit, die Frau mit schönen Geschenken zu überschütten, die ihm zu einem derartigen Fortschritt in seinen Beziehungen zu mir verhelfen konnte. Die Tatsache, daß er die Glaubwürdigkeit des ganzen Manövers gar nicht in Frage stellte, beweist, daß er der größte Dummkopf von ganz Frankreich gewesen sein muß, was er in Wirklichkeit keineswegs war. Cagliostro hatte für ihn in die Zukunft geschaut und ihm geraten, das ihm am Herzen liegende Projekt ja weiterzuverfolgen. Wie oft habe ich mich gefragt, was für eine Rolle der Zauberer in dem geheimnisvollen Geschehen spielte!
Jeanne wußte nun, daß sie den Kardinal im Glauben lassen konnte, daß ich ihm schriebe, doch wenn er sich in meiner Gegenwart befand, vermied ich es nach wie vor jedes Mal, in seine Richtung zu blicken. Dies ließ sich eine gewisse Zeitlang erklären, aber nicht unbegrenzt. Jeanne war jedoch nie um einen Ausweg verlegen und heckte mit ihrem Mann und ihrem Liebhaber einen grandiosen Plan aus. Sie hatten kein Geld, aber Jeanne sah eine Möglichkeit, wie sie reich werden konnten. Der Kardinal verfügte über ein ungeheures Ver-

mögen; er konnte wohl vorübergehend einmal in Zahlungsschwierigkeiten geraten, besaß aber große Werte. Er sollte die Milchkuh sein, die sie mit den zartesten, geschicktesten Händen melken würden. Trotzdem müßten sie mit aller Vorsicht vorgehen. Der Kardinal müßte ein Rendezvous mit der Königin erhalten – und die Königin müßte ihm ihre Gunst erweisen. Ich konnte mir die beiden Männer vorstellen, die soviel dümmer als Jeanne waren und nur töricht fragten: »Aber wie?« und ihre kühle Antwort: »Wir müssen eben jemanden finden, der die Rolle der Königin spielt!« Wie müssen sie sie mit offenem Mund angestarrt haben! Aber sie war ja das denkende Hirn des ganzen Plans. Hatte es nicht bisher genauso geklappt, wie sie es ihnen vorausgesagt hatte? Sie sollten es nur ihr überlassen! Was sie jetzt bräuchten, sei eine junge Frau, die mir so ähnlich sähe, daß man sie für mich ausgeben könnte. Jeder wußte, wie ich aussah. In den Galerien hingen Bilder von mir. Sie müßten jemanden finden, der meine Farben hätte. Den Rest würden sie ihr schon beibringen.
Jeanne war eine sehr willensstarke Frau, und die beiden Männer waren ihr sklavisch ergeben. Der sogenannte Graf de la Motte-Valois entdeckte Marie-Nicole Lequay, später als Baroness d'Olivia bekannt. Sie war ein junges Mädchen, etwa sechs Jahre jünger als ich; ihre Haarfarbe war meiner sehr ähnlich, ferner hatte sie blaue Augen und einen üppigen Busen. Ihre Freunde nannten sie tatsächlich die »Kleine Königin«, da ihre Ähnlichkeit mit mir oft bemerkt worden war. Sie war Putzmacherin, betrieb aber nebenbei noch ein anderes Gewerbe – wenn auch mehr als Amateurin und nicht professionell – und hatte damals einen Beschützer, Jean-Baptiste Toussaint. Offensichtlich war sie ein liebes Ding, eine Waise, die von einer Frau aufgezogen worden war, die davon lebte, Kinder in Pflege zu nehmen; sie war dieser jedoch wegen der schlechten Behandlung weggelaufen. Sie hatte viele Liebhaber gehabt – nicht unbedingt Galane, die sie bezahlten; sie war ein unkompliziertes, gutmütiges Mädchen, das mit ihren Gunstbeweisen großzügig umging.
Der Graf de la Motte entdeckte sie im Palais Royal, wo sich die jungen Leute trafen, die Anschluß oder ein Abenteuer suchten. Ihm fiel sofort ihre Ähnlichkeit mit mir auf; er nahm sie mit in die Rue Neuve-Saint-Gilles, wo die de la Mottes lebten, wenn sie sich in Paris aufhielten. Jeanne erfaßte sofort die einmalig günstige Gelegenheit. Als erstes änderte sie den Namen des Mädchen – Baroness d'Olivia war ein Anagramm von Valois. Und bald eröffnete sie ihr, daß die Köni-

gin ihr ewig dankbar sein würde, wenn sie ihr einen kleinen Dienst erweisen wolle. Das arme einfältige Mädchen war so überwältigt, daß es ein Leichtes war, sie zu überreden. Jeanne muß sie für zu dumm und unschuldig gehalten haben, um ihr mehr als einen kurzen Auftritt und vielleicht, wenn sorgfältig vorbereitet, einen kurzen Satz zuzutrauen; das würde genügen, solange Jeanne dabei war, um das Rendezvous zu überwachen und einzugreifen, falls etwas schiefging.
Jeanne de la Motte muß wahrhaftig die kaltblütigste Frau der ganzen Welt sein! Wer sonst wäre auf einen derartigen Plan verfallen? Manche mögen genauso skrupellos wie sie sein, aber wer wäre nicht vor einem solchen Abenteuer zurückgeschreckt? Vielleicht sollte es ihr gerade deshalb gelingen, weil sie so felsenfest von dem Erfolg ihres Planes durchdrungen war. Sie hatte alles für das Mädchen vorbereitet. Ihr Haar wurde sorgfältig gepudert und in einer hohen, aber schlichten Frisur frisiert. Sie hatte jenes einfache Kleid kopieren lassen, in dem Vigée Le Brun mich gemalt hatte ... das lange weiße Gewand, das so einen Wirbel verursacht hatte. Dieses war aus Musselin. Über ihm sollte sie einen langen Mantel aus feiner weißer Wolle und einen sehr breitrandigen Hut tragen, der ihr Gesicht beschatten würde. Auch ohne mir so ähnlich zu sehen, wie sie es tat, hätte man das Mädchen in der Dunkelheit ohne weiteres mit mir verwechseln können.
Rosalie, Jeannes Zofe, ein sehr munteres achtzehnjähriges Mädchen mit schwarzen Augen, für die das Leben im Hause der Gräfin ein aufregendes Abenteuer war, half sie ankleiden; während dieser Prozedur brachte Jeanne der neugeschaffenen Olivia ihren Satz bei. Dieser lautete: »Sie dürfen hoffen, daß die Vergangenheit vergessen ist.« Das arme Mädchen hatte keine Ahnung, was das bedeutete. Sie mußte sich nur darauf konzentrieren, den Pariser Straßenakzent zu unterdrücken und einen leicht fremdländischen Tonfall anzunehmen sowie eine anmutige Handbewegung zu machen.
Ich kann mir das arme Ding in den Klauen dieser Leute vorstellen – besonders in denen von Jeanne –, völlig aufgeregt darüber, die Rolle einer Königin zu spielen, der sie, wie man ihr oft gesagt hatte, ähnlich sehen sollte, und gleichzeitig dafür bezahlt zu werden. Jeanne hatte ihr bedeutet, daß nicht nur sie und der Graf sie belohnen würden, sondern daß auch die Königin höchstpersönlich ihr ihre Dankbarkeit erweisen würde. Weshalb sollte sie da noch fragen, worum es eigentlich ging? Man hätte ihr sowieso keine Erklärung gegeben, und sie hätte diese auch gar nicht verstanden. Nein! Sie mußte nur ihre Rolle

so spielen, wie man es ihr sagte, und sie hoffte zweifellos, es zur Zufriedenheit aller zu machen. In der Tasche ihres Musselingewandes steckte ein Brief, den sie herausnehmen und dem Herrn geben sollte; außerdem sollte sie ihm eine Rose reichen und ihren Satz um Himmelswillen nicht vergessen.

Es war eine dunkle Nacht – ohne Mondschein oder Sterne –, geradezu ideal für dieses Rendezvous. Im Park war alles still – das einzige Geräusch war das Plätschern des Wassers in den Springbrunnen. Der Graf und die Gräfin führten das Mädchen in ihrem weißen Gewand über die Terrasse und durch die Kiefern und Tannen, die Ulmen, Weiden und Zedern zu der Venusgrotte.

Ein Mann erschien in einer Uniform, die das Mädchen nur zu bereitwillig für die Livré eines Mitgliedes des königlichen Haushaltes halten mochte.

»Sie sind also gekommen«, sagte der Graf; der Mann verbeugte sich tief. Diese Rolle wurde von Rétaux de Villette gespielt.

Man wies Olivia an, dort stehenzubleiben und zu warten, während der Graf und die Gräfin mit Rétaux zwischen den Bäumen verschwanden. Das arme Mädchen! Sie muß es ziemlich unheimlich gefunden haben, so alleine mitten in der Nacht in jener Grotte zu stehen! Ich möchte wissen, was für Gedanken ihr in jenem Augenblick durch den Kopf gingen!

Doch da erschien ein Mann – groß und schlank, in einem langen Überwurf und einem breitrandigen in die Stirn gezogenen Hut. Es war der Kardinal von Rohan.

Olivia hielt ihm die Rose hin. Sie muß über die Leidenschaft überrascht gewesen sein, mit der er sie entgegennahm. Ich stelle ihn mir vor, wie er sich vor ihr auf die Knie warf und den Saum ihres Gewandes küßte.

Dann schlug er die Augen zu ihr auf, und sie sprach die ihr eingeschärften Worte: »Sie dürfen hoffen, daß die Vergangenheit vergessen ist.« Er erhob sich, näherte sich ihr und überschüttete sie mit einer Flut von Worten. Er sei in Ekstase! Er wolle ihr seine Ergebenheit beweisen und so weiter. Arme kleine Olivia! Was sollte sie von dem allen verstehen! Sie war an solche Eloquenz wahrlich nicht gewöhnt. Wie muß sie erleichtert gewesen sein, als die Gräfin plötzlich wieder neben ihr stand, ihren Arm ergriff und sie in den Schatten zog. »Schnell, Madame! Hier kommt die Gräfin von Artois!«

Der Kardinal verneigte sich tief und entfernte sich eilig. Die Gräfin, die noch immer Olivias Arm umfaßt hielt, war überwältigt von ihrem triumphalen Erfolg. Olivia hatte zwar vergessen, ihm den Brief zu geben, doch hatte der Plan besser geklappt, als sogar sie zu hoffen wagte.

Danach hatten sie den törichten Kardinal dann fest in ihrem Netz. Er glaubte tatsächlich, daß die Gräfin das Rendezvous mit mir arrangiert hatte. Wie konnte er nur so einfältig und leichtgläubig sein! Dachte er wirklich, ich würde mitten in der Nacht allein in den Park hinauskommen, um mich heimlich mit einem Mann zu treffen! Aber er hatte ja jene vulgären Pamphlete gelesen und Verleumdungen gehört, in denen mir Hunderte von Liebhabern vorgeworfen wurden, und wie so viele Franzosen glaubte er ihnen. Vielleicht hatte er deshalb jenen unmöglichen Wunschtraum, einer meiner Liebhaber zu werden.

Ein Freund von Jeanne, ein junger Advokat, hatte zufällig den de la Mottes in der Rue Neuve-Saint-Gilles einen Besuch machen wollen und war gerade dort, als die Kutsche die Abenteurer aus der Venusgrotte zurückbrachte; er schrieb einen Bericht über das, was er dort sah. Ich habe diese Schilderung inzwischen gelesen.

»Kurz nach Mitternacht hörten wir das Geräusch einer sich nähernden Kutsche, aus der dann Monsieur und Madame de la Motte, Rétaux de Villette und eine junge Frau zwischen Fünfundzwanzig und Dreißig mit einer auffallend guten Figur ausstiegen. Die beiden Damen waren mit betont einfacher Eleganz gekleidet ... Sie redeten unverständliches Zeug, lachten und sangen, so daß man kaum wußte, ob sie ganz bei Sinnen waren. Die mir unbekannte Dame beteiligte sich an der allgemeinen Ausgelassenheit, war aber schüchtern und zurückhaltend. Das Gesicht dieser Frau hatte vom ersten Augenblick an ein Gefühl der Unruhe in mir erweckt, so wie man es in Gegenwart eines Menschen empfindet, den schon einmal gesehen zu haben man überzeugt ist, ohne jedoch sagen zu können, wo oder wann ... Was mir an ihrem Gesicht so besonders auffiel, war die unglaubliche Ähnlichkeit mit der Königin.«

Maître Target von der Académie Française, einer der Verteidiger des Kardinals, schrieb:

»Es überrascht mich nicht, daß der Kardinal das Mädchen Olivia in der Dunkelheit für die Königin hielt – die gleiche Figur, der gleiche

Teint, das gleiche Haar und eine geradezu unwahrscheinliche Ähnlichkeit der Gesichtszüge.«

Die erste List war ihnen also gelungen; jetzt galt es, die größere einzufädeln. Target gibt ein zutreffendes Bild der Situation, wenn er über seinen Mandanten schreibt:

»Nach diesem fatalen Augenblick (dem Rendezvous in der Venusgrotte) ist der Kardinal nicht länger zwischen Hoffnung und Zweifel hin- und hergerissen; er ist blind und handelt in blindem Gehorsam. Seine Gefügigkeit gegenüber den Anweisungen, die er durch Madame de la Motte erhielt, entsprang dem Gefühl der Dankbarkeit und dem tiefen Respekt, was nun sein ganzes Leben verändern wird. In geduldiger Resignation wartet er auf den Augenblick, in dem sich die bekannte Güte Eurer Majestät zeigen wird, um in der Zwischenzeit absoluten Gehorsam zu leisten. Solcherart ist seine seelische Verfassung.«

Madame de la Motte erkannte das damals sehr genau. Sie muß sich sehr vorsichtig und wachsam vorwärts getastet haben, denn sogar sie mit ihrem Optimismus muß erkannt haben, daß ein einziger falscher Schritt das gesamte Gebäude aus Lug und Trug zum Einsturz gebracht hätte. Kurze Zeit nach dem Rendezvous in der Venusgrotte erzählte Jeanne dem Kardinal in einer Unterredung unter vier Augen, daß die Königin ihn ganz eindeutig auszeichne. Sie, die großzügigste aller Frauen, wünsche, einer vornehmen aber verarmten Familie fünfzigtausend Livres zukommen zu lassen. Sie verfüge im Moment nicht über Bargeld – falls der Kardinal ihr jedoch diese Summe leihen könne ... und sie Madame de la Motte für sie aushändigen würde ... wüßte sie, daß er wirklich ihr Freund sei.
Wie konnte der Mann nur so ein Dummkopf sein! Es war stets die gleiche Frage! Nicht nur ich, sondern unzählige andere stellten sie sich immer wieder, seit diese unglückselige Geschichte ans Licht kam.
Er glaubte ihr, was sie sagte, weil er es glauben wollte; und die ganze Zeit stand er mit Cagliostro in enger Verbindung, der ihm einredete, in die Zukunft schauen zu können und dort zu sehen, wie dem Kardinal große Vorteile durch seine Beziehung zu einer sehr hochstehenden Persönlichkeit entstanden. Das war dem abergläubischen und leicht zu täuschenden Kardinal Beweis genug.

Da er selbst nicht über diese Summe verfügte, lieh er sie sich von einem jüdischen Geldverleiher mit der Versicherung, jener würde sich geehrt fühlen, wenn er wüßte, zu welchem Zweck das Geld bestimmt wäre.

Auf diese Art begann Jeanne nach und nach immer mehr Geld aus dem Kardinal herauszuholen, genug, um sich einen Besitz in Bar-sur-Aube zu kaufen, wo sie einst als Kind in solchem Elend dahinvegetiert hatte und wo sie die Fiktion aufrechterhalten konnte, daß sie jetzt auf Grund ihrer Verwandschaft mit der königlichen Familie mit allen Ehren bei Hofe empfangen würde.

Wäre sie damals mit dem zufrieden gewesen, was sie sich so erfolgreich erschwindelte, hätte sie möglicherweise bis ans Ende ihres Lebens sorglos leben können. Doch sie war eine unersättlich ehrgeizige Frau und heckte den Plan mit dem Kollier aus.

Auf einer Gesellschaft hörte sie von den Schwierigkeiten der Juweliere. Boehmer und Bassange redeten von nichts anderem als dem Diamantkollier, das sie nicht verkaufen konnten. Sie hätten sich voller Hoffnung auf die Königin verlassen, doch die Königin wolle ihr Kollier nicht. Madame de la Motte hatte mit ihrem Einfluß auf die Königin geprahlt; sie und ihr Mann hatten bereits verschiedenen Leuten mit der Behauptung Geld abgeschwatzt, ihnen zu einflußreichen Posten bei Hofe verhelfen zu können. Es war daher nur natürlich, daß der ratlose Juwelier ihr von dem Kollier erzählte und sie fragte, ob sie die Königin nicht an dem Kollier interessieren könne.

Das sei durchaus möglich, erwiderte Madame de la Motte – und von der Sekunde an hatte sie ihren Plan gefaßt.

Sie würde alles tun, damit die Königin erneut einen Kauf erwöge. Ob sie das besagte Kollier sehen könne?

Nichts sei einfacher als das! Der Juwelier würde es in die Rue-Saint-Gilles bringen.

Ich kann mir gut vorstellen, wie überwältigt sie von dem Anblick war, weiß ich doch noch, wie es mich faszinierte, als ich es zum ersten Mal sah. Es enthielt wirklich einige der schönsten und kostbarsten Edelsteine von ganz Europa. Ich hätte es nie tragen wollen, da ich es vulgär fand, doch war es ganz unzweifelhaft ein prachtvolles Schmuckstück – wohl das kostbarste, das ich je gesehen hatte.

Ich kann mich noch genau an es erinnern. Zu oft habe ich es auf den Zeichnungen von mir gesehen, die in Paris zirkulierten, denn viele waren durchaus bereit zu glauben, daß ich das Kollier gestohlen hatte.

Wenn sie mich besonders schmähen und beleidigen wollten, malten sie es mir daher um den Hals.
In einem eng anliegenden Halsband waren siebzehn Diamanten von der Größe einer Haselnuß eingelassen, was als solches schon hinreißend schön gewesen wäre. Die Juweliere hatten dem jedoch weitere Bögen mit Diamanten in Tropfenform hinzugefügt sowie ganze Trauben und eine zweite Reihe dicker Diamanten; ja sogar eine dritte Reihe, die mit Blütenquasten und Büscheln dieser kostbaren Edelsteine verziert war. Allein eines dieser vier Büschel wäre ein Vermögen wert gewesen. Im ganzen enthielt das Kollier zweitausendachthundert Karat. Noch nie hatte es ein ähnliches Schmuckstück gegeben – und würde es auch nie wieder geben, weder ein so wertvolles noch ein so schicksalsschweres Kollier.
Nachdem Madame de la Motte es gesehen hatte, wurde sie den Gedanken an es nicht mehr los. Sie wollte es nicht als Kollier haben, sah sich jedoch durch jene herrlichen Reihen und Büschel von Diamanten für immer wie eine Königin leben. Falls es ihr gelang, in den Besitz dieses Kolliers zu kommen, es aufzubrechen und die Steine zu verkaufen, würde sie für den Rest ihres Lebens eine reiche Frau sein.
Ihr tatkräftiger Geist arbeitete schnell.
»Wir würden der Person tausend Louis zahlen, die uns einen Käufer für das Kollier findet«, verhießen Boehmer und Bassange.
Wie muß sie darüber gelacht haben! Tausend Louis! Wo das Kollier sechzehnhunderttausend Livres wert war! Sie würde mit der Königin darüber sprechen, erwiderte sie hochmütig, wünsche aber nicht von ihren Freunden, den Juwelieren, dafür entschädigt zu werden, falls es ihr gelingen sollte, das Interesse der Königin zu wecken.
Nur zu gut kann ich mir deren Freude ausmalen.
Madame de la Motte ersann inzwischen ihren gewagtesten und ehrgeizigsten Plan. Der Käufer mußte selbstverständlich der Kardinal von Rohan sein. Einige angeblich von mir stammende Briefe – und der Mann hing wie ein Fisch an der Angel. Er würde sich sofort in Verhandlungen über das Kollier einlassen, wenn es mein Wunsch war.
Madame de la Motte teilte den Juwelieren also mit, daß es zum Kauf kommen würde. Eine sehr hochstehende Persönlichkeit würde diesen im Auftrag der Königin tätigen. Sie selbst, Madame de la Motte, wünsche nicht, daß ihr Name im Zusammenhang damit genannt würde – es wäre eine Angelegenheit zwischen dem Kardinal von Rohan, der Königin und den Juwelieren.

Ganz überwältigt vor Freude und Erleichterung, nun einen Ausweg aus ihren drückenden Sorgen gefunden zu haben, boten die Juweliere Madame de la Motte einen kostbaren Stein als Entschädigung für ihre Vermittlung an. Sie lehnte ihn ab. Sie wäre nur zu glücklich, daß sie hätte helfen können. Dem Kardinal erzählte sie, daß ich das Kollier gern kaufen wolle, ohne daß der König es erführe; ich müßte es daher auf Kredit kaufen, da ich im Augenblick nicht das Geld hätte.
»Ihre Majestät wird die Raten bezahlen«, erklärte sie ihm, »und diese werden jeweils alle drei Monate fällig sein. Selbstverständlich benötigt die Königin für eine derartige Transaktion einen Vermittler. Sie dachte sogleich an Sie.«
Während des Prozesses schilderte der Kardinal, wie es sich abspielte:

»Madame de la Motte brachte mir einen angeblichen Brief der Königin, in dem Ihre Majestät den Wunsch äußerte, das Kollier zu kaufen. Da sie momentan nicht über die dazu nötige Summe verfüge und sich nicht mit den notwendigen Arrangements befassen wolle, wünsche sie, daß ich die Transaktion durchführe und alle für den Kauf erforderlichen Schritte unternähme und entsprechende Termine für die Ratenzahlungen festsetze.«

Der Kardinal war über diesen Brief hocherfreut. Er schätzte sich glücklich, alles für Ihre Majestät zu tun. Es wäre ihm eine hohe Ehre, jedes Arrangement zu treffen, das sie wünsche. Der Preis wurde auf 1,6 Millionen Livres festgesetzt, zahlbar innerhalb von zwei Jahren in vier Sechs-Monats-Raten. Das Kollier würde dem Kardinal am 1. Februar übergeben werden, und die erste Ratenzahlung wäre am 1. August 1785 fällig. Der Kardinal entwarf diese Vereinbarung persönlich und gab sie Madame de la Motte, damit diese sie ihrer lieben Freundin, der Königin, zeige. Als Antwort kam wieder eines jener Briefchen auf goldumrandetem Papier mit der kleinen Lilie oben in der Ecke und der Unterschrift »Marie-Antoinette von Frankreich«; in ihm hieß es, die Königin sei sehr zufrieden mit dem vorgeschlagenen Arrangement und dem Kardinal zutiefst dankbar.
Merkwürdigerweise beschlichen den Kardinal zum ersten Mal Zweifel, als er das Kollier sah. Dieser Mann, der glaubte, ich würde mich nachts mit ihm in der Venusgrotte treffen, der glaubte, er hätte Aussichten, mein Liebhaber zu werden, war überrascht, daß ich ein so vulgäres Schmuckstück wie das Kollier zu tragen wünschte. Er wurde un-

sicher. Er hätte gern ein von der Königin unterzeichnetes Dokument, sagte er zu Madame de la Motte, das ihm den Auftrag erteile, das Kollier für sie zu kaufen.
Das regte die durchtriebene Gräfin nicht weiter auf. Warum nicht? Rétaux de Villette hatte schon andere Dokumente hervorgezaubert. Weshalb nicht auch dieses? In kurzer Zeit war es zur Hand; es trug die übliche Signatur, und neben jeder einzelnen Klausel war in meiner angeblichen Handschrift »bestätigt« geschrieben worden.
Wie konnte der Kardinal sich nur diese Unterschrift ansehen und nicht erkennen, daß sie gefälscht war? Wie konnte er glauben, ich würde so unterschreiben?
Diese Fragen wurden während des Prozesses dauernd gestellt und auch hinterher. Ein Pamphlet gab darauf eine mögliche Antwort:
Man kann Menschen so leicht von der Wahrheit dessen, was sie sich wünschen, überzeugen ... Es war ein Irrtum, wie ein Mann mit einer so leicht erregbaren Fantasie wie der Kardinal ihn leicht begehen kann; er war über ein Arrangement erfreut und entzückt, das einem Gefühl, einem heimlichen Wunsch in dem endlosen Labyrinth seiner Imagination neue Nahrung verschaffte.
Der Handel wurde abgeschlossen. Am 1. Februar händigten Boehmer und Bassange das Kollier dem Kardinal aus, der es noch am selben Tag in die Rue Neuve-Saint-Gilles brachte, wo Madame de la Motte es in Empfang nahm. Man lud ihn ein, in einem Raum mit einer Glastür zu warten, durch die er die Übergabe des Kolliers mitansehen könne. Er sah dann auch einen jungen Mann in der Livrée der Königin eintreten, der sich dem Grafenpaar mit den Worten: »Auf Befehl Ihrer Königlichen Majestät!« vorstellte. Er nahm das Kästchen entgegen und verschwand. Der Kardinal verabschiedete sich darauf. Sowie er fort war, kam Rétaux de Villette, der den Boten der Königin gespielt hatte, mit dem Kästchen zurück; und die drei Verschwörer setzten sich an den Tisch und schwelgten im Anblick ihrer Beute. Aber sie hatten diesen Plan nicht ausgeheckt, um sich die Diamanten nur anzusehen. Sie mußten aus ihren Fassungen herausgebrochen und verkauft werden. Und so machten sie sich unverzüglich an die Arbeit.

Die ganze Affäre hätte viel eher aufgedeckt werden können, denn einige Tage nach der Übergabe des Kolliers stellte sich ein Juwelier bei der Pariser Polizei ein und meldete, ein Mann hätte ihm einige ungewöhnlich wertvolle Diamanten gebracht, die ganz offensichtlich von

Amateuren aus ihren Fassungen herausgebrochen worden seien. Als Folge davon wurde Rétaux, als er wieder in den Laden kam, verhaftet.

Er erklärte jedoch mit großer Glaubwürdigkeit, daß ihm die Steine von einer Verwandten des Königs übergeben worden seien, und zwar von der Gräfin de la Motte-Valois, was er beweisen könne. Als die Polizisten den Namen Valois hörten, machten sie einen Rückzieher und ließen Rétaux wieder frei.

Es war den Dreien aber eine Warnung, die größeren Diamanten nicht in Paris zu verkaufen, und so reiste der Graf nach London. Er kam als reicher Mann zurück – wenngleich die Londoner Juweliere durch den Kauf ein gutes Geschäft gemacht hatten, denn er bekam natürlich nicht den vollen Wert der Steine.

Madame de la Motte war jetzt in ihrem Element! Sie besaß die Gabe, ganz in der Gegenwart leben zu können und sich nicht den Kopf über die Zukunft zu zerbrechen – eine Eigenschaft, die ich nur zu gut verstand.

In königlichem Stil reiste sie mit Lakaien in prachtvoller Livrée nach Bar-sur-Aube ab, in einer Kutsche mit vier englischen Pferden, dazu Teppiche, Tapisserien, Möbel und Kleider. Sie brauchte vierundzwanzig Wagen, um all ihre Schätze mitzuführen, mit denen sie ihr Landhaus einzurichten gedachte. Auf ihren zartgrauen englischen Reisewagen hatte sie das Wappen der Valois mit dem Motto: *»Rege ab avo sanguinem, nomen, et lilia«* eingravieren lassen – »Von dem König, meinem Vorfahren, stammt mein Blut, mein Name und die Lilie.«

In Bar-sur-Aube lebte sie dann mit königlichem Aufwand, so wie sie es wohl immer ersehnt hatte. Sie muß aber doch gewußt haben, daß es nicht von Dauer sein konnte. Die Rechnung konnte einfach nicht ausbleiben.

Vielleicht sollte sie wie ich die Wahrheit jenes Sprichwortes lernen: »Wie man sät, so wird man ernten!«

Der Kardinal war verhaftet worden und hatte seine Schilderung des Vorgefallenen abgegeben, in der Jeanne die Hauptrolle spielte. Zwei Tage später erschien die königliche Garde in Bar-sur-Aube. Jeanne wußte, daß jeder Widerstand sinnlos war. Sie wurde verhaftet und in die Bastille gebracht.

»Die Königin war unschuldig. Um ihrer Unschuld mehr Widerhall zu verschaffen, wünschte sie, daß das Pariser Tribunal den Fall zugewiesen bekam. Das Ergebnis davon war, daß man die Königin für schuldig hielt und das Ansehen der Krone schwer geschädigt wurde.«

Napoleon auf St. Helena

»Ich weiß, daß er (Rohan) nie mehr bei Hof erscheinen kann. Doch der Prozeß, der mehrere Monate dauern wird, hat möglicherweise noch anderes zur Folge. Es begann mit dem Haftbefehl, der ihn bis zur Urteilsverkündigung aller Rechte, Ämter und aller persönlichen Bewegungsfreiheit beraubt. Cagliostro, der Scharlatan, La Motte und seine Frau sowie ein Mädchen namens Olivia, ein Flittchen aus der Gosse, sitzen mit ihm im selben Boot. Was für herrliche Verbündete für einen Großalmosenier, einen Rohan und noch dazu einen Kardinal!«

Marie-Antoinette an Joseph II.

»Der Gram der Königin war außerordentlich groß ... ›Kommt‹, sagte Ihre Majestät zu mir, ›kommt und weint um Eure Königin, geschmäht und beleidigt, das unschuldige Opfer böser Intrigen und großer Ungerechtigkeit ...‹ Der König kam herein und sagte zu mir: ›Ihr habt eine sehr unglückliche Königin! Sie hat allen Grund, es zu sein.‹«

Madame Campans Memoiren

Alle mit in die Halsband-Affäre verwickelten Personen befanden sich in der Bastille mit Ausnahme des Grafen de la Motte, der mit dem, was vom Kollier übrigblieb, nach London entkommen war. Das Tribunal wie auch das ganze Land steigerten sich in ein Fieber der Erregung und Erwartung hinein.

Paris war jeden Tag voll aufgeregter Menschenmassen. Niemand sprach mehr von irgend etwas anderem als dem bevorstehenden Prozeß. Der Kardinal hatte sich vollständig verändert. Er war jetzt in einem eleganten Appartement in der Bastille untergebracht, sehr verschieden von dem, was gewöhnliche Gefangene dort erwartet, und ließ drei seiner Dienstboten zu seiner persönlichen Betreuung dorthin kommen. Er bezahlte täglich hundertzwanzig Livres für seine Unterbringung; dafür durfte er aber auch Besuch von seiner Familie empfangen sowie seine Sekretäre und selbstverständlich seinen Anwalt, mit dem er seine Verteidigung vorbereitete. Die Zugbrücke der Bastille mußte wegen der vielen Besucher den ganzen Tag über unten gelassen werden; ja sogar ein Bankett gab er in seinen Räumen, wo der Champagner nicht fehlte. Im übrigen kümmerte er sich weiter um seine Pflichten und Geschäfte, ganz so, als wäre die Bastille nur ein anderes seiner Schlösser, in dem aufzuhalten er sich aus Gründen der Bequemlichkeit vorübergehend gezwungen sah. Jeden Tag verschaffte er sich im Garten des Gouverneurs Bewegung oder wanderte auf der Plattform der Türme umher.

Von seiner einflußreichen Familie unterstützt, wurde er wieder zuversichtlich. Als er erfuhr, daß Ludwig unter anderem auch Breteuil dazu ernannt hatte, ihn zu verhören, protestierte er sofort mit der Begründung, Breteuil sei ein Feind von ihm. Und Ludwig, bestrebt gerecht zu sein, willigte auf der Stelle ein, eine Änderung zu treffen, und ersetzte Breteuil durch Vergennes, den Außenminister, dem er Oberhofmeister von Castries, den Marineminister, als Assistenten gab.

Madame de la Motte bereitete sich in sehr viel weniger komfortabler Unterkunft in der Bastille auf ihre Verteidigung vor. Ihre blühende Fantasie sollte im Laufe des Prozesses viele fantastische Geschichten erfinden; doch muß sie sehr unsicher geworden sein, als Rétaux und die sogenannte Baroness d'Olivia verhaftet wurden. Sie hatte diese letztere vorsorglich gewarnt und ihr gesagt, sie würde möglicherweise verhaftet werden, denn es lag ihr sehr daran, daß das Mädchen nichts von jenem Rendezvous in der Venusgrotte ausplauderte. Olivia hatte versucht, mit ihrem Liebhaber, Toussaint von Beaussire, zu fliehen, doch waren sie in Brüssel gefaßt worden. Rétaux hatten sie in Genf geschnappt; sie alle saßen nun ebenso wie der Graf und die Gräfin von Cagliostro in der Bastille. Man hielt die Affäre für so wichtig, daß große Anstrengungen unternommen wurden, um den Grafen de la Motte nach Frankreich zurückzuschaffen. England erkannte die Auslieferungspflicht nicht an und weigerte sich, den Franzosen zu helfen; der Graf war also klüger als seine Spießgesellen gewesen, als er sich in dieses Land flüchtete. Man entdeckte jedoch seinen Aufenthalt an der schottischen Grenze und entwarf einen großangelegten Plan, um ihn zu fassen. Ein Schiff wurde nach Newcastle-on-Tyne geschickt, wo seine Vermieter gebeten wurden, ihm eine Droge in den Wein zu schütten, damit man ihn gefesselt in einem Sack an Bord schleppen und nach Frankreich bringen könne; doch de la Motte erfuhr rechtzeitig von diesem Anschlag und entkam.

Wilde Gerüchte kursierten auf den Straßen von Paris, nachdem die Verhaftungen erfolgten. Der Kardinal wurde als der größte Schurke bezeichnet, den Frankreich jemals hervorgebracht hatte, und haarsträubende Geschichten über die Orgien, die sich in seinem Schloß in Saverne abgespielt haben sollten, gingen von Mund zu Mund; jede Frau, die einmal vorübergehend von sich reden gemacht hatte, wurde als eine seiner Mätressen bezeichnet. Paris war gegen den Kardinal, doch der Hof war gegen mich. Ich merkte das auf einmal durch die auf mich gerichteten Blicke und die Besorgnis meiner lieben Campan und Elisabeth. Gabrielle war unentschieden; sie war umgeben von ihrer Familie, und der Kardinal gehörte nun einmal zu einem der größten Häuser Frankreichs. Das war der Haken an der Geschichte. Der Kardinal war öffentlich verhaftet worden, und das war eine Beleidigung des gesamten französischen Adels.

Langsam begann ich zu ahnen, wie sehr man mich haßte – begann an der Aufrichtigkeit dieser Menschen zu zweifeln, die mir immer solchen Respekt und – wie ich geglaubt hatte – solche Zuneigung entgegengebracht hatten.

Und dann schlug die öffentliche Meinung ganz plötzlich um – scheinbar ohne jeden Anlaß oder Grund –, doch vermutlich geschieht nie etwas ohne einen Grund. Die Pariser Bevölkerung, die einen so unträglichen Instinkt für jeden Umschwung hat, gab jetzt dem Kardinal ihre Unterstützung. Er war nicht länger der Schurke dieses Stückes, sondern vielmehr der verleumdete Held. Selbstverständlich mußte es so einen Schurken geben – oder eine Schurkin! Die Gräfin de la Motte? Tja, sie war tief in die Affäre verwickelt, aber diese wäre noch viel aufregender und spannender, wenn es eine niederträchtige, schemenhafte Figur im Hintergrund gäbe! Und diese war die Königin!

Ohne die Königin, so raunte man sich zu, wäre das Ganze nicht passiert. Jeden Tag wurden neue Einzelheiten der Affäre veröffentlicht. Ein Drucker gab tägliche Berichte über den Stand der Dinge heraus, und die Leute rissen ihm fast seine Bögen aus der Druckmaschine. Der Kardinal war wieder ›La Belle Eminence‹ – so vornehm, so schön! Und die Modefarbe für Schleifen und Bänder war gelb-rot und hieß *Cardinal sur la paille* – Kardinal auf dem Strohsack. Man erzählte sich amüsante Anekdoten über ihn. Sein ausschweifender, wüster Lebenswandel war jetzt nur noch galante Lebensart. Als er verhaftet wurde, hatte er unter dem Vorwand, seinen Schuh zuzumachen, einen Zettel an seinen Vertrauten, den Abbé Georgel, kritzeln können; er wies ihn darin an, gewisse Papiere zu vernichten, die die Halsband-Affäre betrafen und sich in seinem Pariser Palais befanden. Der Abbé hatte diesen Befehl ausgeführt und einen großen Teil kostbaren Beweismaterials zerstört. Man redete jetzt darüber, und anstatt zu erkennen, daß der Kardinal sich zu sichern suchte, indem er ihn belastende Papiere vernichten ließ, deutete man es als sein Bemühen, eine ›Gewisse Person‹ aus der Affäre herauszuhalten und zu schützen.

Ich erwartete wieder ein Kind; außerdem machte ich mir Sorgen über die Gesundheit meines ältesten Sohnes. Ich wurde ernsthafter und scharfsichtiger, was mich zwangsläufig deprimieren mußte. Ich verbrachte zunehmend mehr Zeit im Kreise meiner Familie, doch ließ sich die Affäre mit dem Kollier nicht einmal aus meinem privaten Leben fernhalten. Ich war tief hinein verwickelt, obwohl ich nichts damit zu tun gehabt hatte.

Die Anwälte des Kardinals waren die besten von Paris. Target, de Bonnières und Larget-Bardelin; Target galt als einer der leuchtenden Sterne der französischen Justiz. Madame de la Motte wurde von dem sechzigjährigen Maître Doillot verteidigt, den sie so faszinierte, daß er lediglich ihr Sprachrohr wurde und sie sich auf diese Weise in Wirklichkeit selbst verteidigte. Wie sich zeigte, gereichte ihr das nicht zum

Vorteil, doch konnte sie so die unglaublichsten Geschichten über das Vorgefallene von sich geben. Olivia erhielt einen jungen Advokaten frisch von der Universität, der sofort ihren Reizen erlag.

Die allgemeine Spannung stieg unaufhörlich. Alles unterhielt sich ausschließlich nur noch über diesen Skandal. Madame de Cagliostro war freigelassen worden, da sich herausstellte, daß sie nichts mit der Affäre zu tun gehabt hatte. Sie kehrte in ihr Hotel in der Rue Saint-Claude zurück, um dort auf die Urteilsverkündigung zu warten; und als die einflußreichsten Persönlichkeiten des ganzen Landes ihr einen Besuch machten, um damit zu verstehen zu geben, daß man ihr Unrecht getan hätte, empfing sie sie mit verweintem Gesicht. Es wurde tatsächlich Mode, diese Dame zu besuchen.

Es läßt deutlich erkennen, in welcher Richtung sich die öffentliche Meinung bewegte. Die Leute begannen sich schon zuzuflüstern, daß in Wirklichkeit jemand ganz anderes schuldig wäre, jemand, der nicht mit den anderen vor Gericht stünde.

Wie üblich, wurden die Besprechungen der Angeklagten mit ihren Anwälten veröffentlicht. Sie wurden in hohen Auflagen verkauft. Auch die Verteidigungen wurden gedruckt, bevor sie gehalten wurden, und das Volk konnte dadurch den Verlauf des Prozesses ganz genau verfolgen. Es ist so viel über diese Affäre geschrieben worden! So viele Theorien wurden aufgestellt! Wie soll ich wissen, welche von ihnen die wahre ist?

Ich war damals von der Schuld des Kardinals überzeugt. Ich hielt es nicht für möglich, daß er sich so hatte täuschen lassen; doch alle außer mir glaubten an seine Unschuld.

Madame de la Motte stellte die erstaunlichsten Behauptungen über alle und jeden auf, erwähnte jedoch nicht meinen Namen. Wenn man eine ihrer Geschichten widerlegte, erfand sie sofort eine neue. In der Gerichtsverhandlung, in der die Angeklagten sich gegenseitig Fragen stellen durften, brachte sie den Kardinal völlig aus dem Konzept, als er sie fragte, wie sie zu so plötzlichem Reichtum gelangt sei. Das sollte er doch wissen, lautete ihre spöttische Antwort... Er sei eben ein großzügiger Liebhaber gewesen. Olivia warf sie deren losen Lebenswandel vor, und Cagliostro brachte sie dermaßen in Wut, daß sie einen Leuchter ergriff und nach ihm warf.

Cagliostro reagierte mit eloquenten Beschimpfungen... mit einer Flut von Worten, die die meisten nicht verstehen konnten; sie kreisten um seinen Mystizismus und seine Erhabenheit über normale Sterbliche. Als sie jedoch mit Olivias und Rétaux' Schilderung der Szene konfrontiert wurde, die sich in der Venusgrotte abgespielt hatte, raste und tobte sie und fiel in Ohnmacht, weil sie deren Aussagen nicht widerlegen konnte. Doch als der Gefangenenwärter sich dann um sie kümmern wollte, war sie urplötzlich wieder quicklebendig und biß ihn in den Hals.

Neben Madame de la Mottes wilden Ausbrüchen und Cagliostros verworrenen Tiraden stach der Kardinal als ein vornehmer und sogar ehrbarer Mann ab. Seine Beliebtheit nahm mit jedem Tag zu, und als alle Einzelheiten bekannt wurden und die Richter wie das Volk sie zu verstehen versuchten, war man in zunehmendem Maße davon überzeugt, daß der Kardinal nur das Opfer niederträchtiger Schurken geworden war. Olivia, die in der Bastille einem Kind das Leben schenkte, das ihr Liebhaber sofort als seines anerkannte, appellierte sehr wirksam an die Ritterlichkeit der Richter und Zuschauer. Sie hätte nichts Verkehrtes getan. Zwar hätte sie sich als die Königin ausgegeben, das stimme, doch hätte sie keine Ahnung gehabt zu welchem Zweck. Als sie zum Verhör aufgerufen wurde, nährte sie gerade ihr Neugeborenes und bat die Herren Richter, so gütig zu sein und zu warten, bis ihr kleiner Sohn seine Mahlzeit beendet hätte. Alle waren sehr gerührt, und das Tribunal wartete geduldig; und in den Zeitungen hieß es: »Die Justiz verstummte angesichts der Natur.« Und was hinterließ sie für einen Eindruck mit ihrem geöffneten Mieder und dem langen Haar, dem meinen so ähnlich, das ihr weich um die Schultern floß! Als sie in Ohnmacht zu fallen drohte, war auch der gestrengste der Richter bereit, sie in seinen Armen aufzufangen. Alle waren überzeugt, daß so ein entzückendes Geschöpf nur das ahnungslose Werkzeug durchtriebener Halunken gewesen sein konnte und selbst vollkommen unschuldig war, was auch ich glaube.

Und dann hatte Cagliostro in grüner goldbestickter Seidenrobe seinen Auftritt.

»Wer sind Sie, und woher kommen Sie?« wurde er gefragt.

»Ich bin ein erlauchter Wanderer«, rief er mit lauter Stimme aus, was Gelächter hervorrief, das er jedoch bald mit seinen saftigen Beschimpfungen zum Schweigen brachte. Sicherlich gab es viele im Gerichtssaal, die im hellen Tageslicht zwar mitlachten, sich im stillen jedoch angstvoll fragten, was der berüchtigte Zauberer ihnen wohl antun würde. Und so standen sie vor den Richtern – der vornehme Kardinal, die wilde, schöne, skrupellose Gräfin, die reizende junge Kurti-

sane mit dem Baby an der Brust, der Abenteurer Villette und der exzentrische Magier, Zauberer oder Weise. Alles wartete gespannt auf den Urteilsspruch der Richter, der von größter Bedeutung für alle Angeklagten war – und vielleicht in gleichem Maße für mich.
Das Urteil wurde am Mittwoch, den 31. Mai, verkündet; die Gerichtssitzung begann morgens um sechs. Ab fünf Uhr früh hatten sich die Menschenmengen schon auf den Straßen vor dem *Palais de Justice* versammelt, und die Garde, beritten und zu Fuß, hielt die Massen zwischen der Pont Neuf und der Rue de la Barillerie in Schach.
In der Vorhalle des *Grande Chambre* hatten sich zahlreiche Mitglieder von Rohans Familie versammelt; sie trugen alle Trauer und wollten die Richter zweifellos warnen, die an ihnen vorbeikommen mußten. Das Tribunal sollte wissen, daß jedes andere Urteil als ein völliger Freispruch als eine schändliche Beleidigung, ja ein Verbrechen gegen den Adel angesehen würde. Die Rohans waren fest entschlossen, ihren Verwandten mit einem absoluten Freispruch aus dem Gericht herauszuholen. Aus diesem Grunde verkündeten zwei der Richter, sie würden bei Madame de la Motte auf die Todesstrafe plädieren; sie wurde als erste verurteilt und für schuldig befunden – wie konnte es anders sein angesichts des erdrückenden Beweismaterials! Dies war jedoch nur eine schlaue List, denn bei einem Prozeß, der mit einer Todesstrafe ausgehen konnte, durfte kein Geistlicher im Tribunal sitzen. Von den dreizehn Geistlichen unter den Richtern standen nur zwei auf Seiten Rohans; indem letztere nun die Geistlichen ausschlossen, schafften sie sich elf Gegenstimmen aus dem Wege und verloren dabei nur zwei zu ihren Gunsten. Solcherart war die Macht der Rohans.
Madame de la Motte wurde dann gar nicht zum Tode verurteilt; sie sollte nackt vom Henker ausgepeitscht werden, den Buchstaben v für *voleuse* – Diebin – auf die Schulter gebrannt bekommen und für den Rest ihres Lebens in der Salpetrière eingesperrt werden. Ihren Mann verurteilte man zu lebenslänglicher Galeerenarbeit, obgleich sie ihn nicht zur Rechenschaft für seine Verbrechen ziehen konnten. Rétaux de Villette wurde verbannt, und Olivia wurde freigelassen, wenn auch nicht von aller Schuld freigesprochen, da sie sich in dem Komplott als die Königin ausgegeben hatte.
Cagliostro wurde dagegen völlig freigesprochen.
Blieb nur noch die Hauptfigur dieses Dramas – der Mann, der das gespannte Interesse des ganzen Landes auf diesen Prozeß gelenkt hatte. Ein vollständiger Freispruch wurde beantragt. Der Kardinal sei

das ahnungslose Opfer skrupelloser Betrüger geworden – hätte in bestem Glauben gehandelt. Er sei vollkommen unschuldig.
»Ich verteidige nichts anderes als absolute Unschuld«, erklärte sein Advokat, »verteidige sie als Mensch und Anwalt. Und ich bin dermaßen von dieser meiner Überzeugung durchdrungen, daß ich mich dafür in Stücke hacken lassen würde.«
Die Schlacht war geschlagen. Der Kardinal wurde nach sechzehnstündiger Beratung so vollständig freigesprochen, daß auch nicht ein Schatten an seinem Ansehen hängen blieb.
Die Menschenmenge auf den Straßen sang und jubelte. Die Fischweiber von den Märkten hatten sich mit Rosen und Jasminsträußen vor der Bastille aufgestellt. Die Pariser – jene so leicht zu erregenden Massen – gaben johlend ihrer Befriedigung über das Urteil Ausdruck. »Lang lebe das Tribunal! Lang lebe der Kardinal!«

Als ich das Urteil erfuhr, erkannte ich plötzlich, was es bedeutete. Es war die größte Niederlage, die ich jemals erlitten hatte. Mit seinem Urteilsspruch hatte das Gericht zu verstehen gegeben, daß man dem Kardinal seine Annahme, ich würde mich nachts heimlich mit ihm im Versailler Park treffen, nicht vorwerfen konnte – ihm ebenfalls nicht vorwerfen konnte, daß er geglaubt hatte, ich wäre für ein Diamantkollier käuflich!
Mich packte kaltes Entsetzen, und ich warf mich schluchzend auf mein Bett.
Als Madame Campan mich so fand, war sie über meinen wilden Kummer bestürzt und schickte nach Gabrielle, damit diese mich trösten helfe. Doch als ich diese beiden lieben Menschen vor mir stehen sah, denen ich vertraute und die, wie ich wußte, meine Freundinnen waren, rief ich aus: »Kommt und weint um Eure Königin, geschmäht und beleidigt, das unschuldige Opfer böser Intrigen und großer Ungerechtigkeit!« Und dann wurde ich unvermittelt zornig. Die Franzosen haßten mich! Jetzt haßte auch ich sie. »Aber nein – laßt mich Euch lieber dafür bedauern, daß Ihr Französinnen seid!« fuhr ich fort. »Wenn nicht mal ich gerechte Richter in diesem Skandal gefunden habe, der meinem Ansehen schadet, was könntet Ihr Euch dann in einem Prozeß erhoffen, in dem es um Euer Vermögen und Eure Ehre ginge?«
Der König trat ein und schüttelte bekümmert den Kopf.
Er sagte: »Ihr habt eine sehr unglückliche Königin! Sie hat allen Grund, es zu sein. Die Richter waren während des gesamten Prozesses

nur bestrebt, im Angeklagten einen hohen geistlichen Würdenträger zu sehen – einen Prinz von Rohan, während er in Wirklichkeit nur ein armer Kerl ist. Das Ganze war nur ein Plan, um sich die Taschen mit Geld zu füllen, bei dem er dann selbst der Betrogene wurde. Nichts ist leichter zu durchschauen, als das, und man braucht kein Alexander zu sein, um diesen gordischen Knoten zu zerhauen.«

Ich schaute ihn an – diesen gütigen und doch so völlig unfähigen Mann – und mußte an den Tag denken, als wir bei der Nachricht, nun König und Königin zu sein, ausgerufen hatten: »Wir sind zu jung, um zu herrschen!«

Wie recht hatten wir damit gehabt! Und wir waren nicht nur zu jung, sondern noch etwas viel Schlimmeres: wir waren dieser großen Aufgabe nicht gewachsen – er durch sein Unvermögen, eine Entscheidung zu treffen, auch wenn er wußte, daß es die richtige war, und ich... ich war der unverbesserliche Kindskopf, wie Joseph gesagt hatte – das törichte Kind, das meine Mutter in mir erkannte und um das sie sich solche Sorgen gemacht hatte. Aber jetzt wußte ich es wenigstens; bisher hatte ich es noch nie richtig eingesehen.

Das Urteil wurde an Madame de la Motte auf der Treppe vor dem *Palais de Justice* vollzogen. Wie zu erwarten war, wehrte sie sich mit aller Kraft dagegen. Sie kämpfte und biß ihre Wärter, und als das V ihr auf die Schulter gebrannt werden sollte, tobte sie so heftig, daß es auf ihrem nackten Busen landete. Hinterher trug man die Ohnmächtige in Sackleinen und Holzschuhen in die Salpetrière, wo sie den Rest ihres Lebens bei schwarzem Brot und Linsen zubringen sollte. Doch sowie die Strafe vollzogen war, erklärte die Pariser Bevölkerung sie zu einer Heldin. Der Herzog und die Herzogin von Orléans führten eine Kollekte für sie durch, und viele gute Dinge wanderten so in die Salpetrière. Meine dumme Lamballe wurde von dem allgemeinen Elan angesteckt und brachte einige Delikatessen ins Gefängnis, was natürlich gleich das Gerücht entstehen ließ, ich hätte sie dorthin geschickt, weil mein schlechtes Gewissen mich plage. Und dann wurde das Gerücht laut, daß die von Madame de la Motte erzählte Geschichte doch wahr sei und sie wirklich in meinem Auftrag gehandelt hätte. Mir schien, die Halsband-Affäre sollte nie in Vergessenheit geraten, obwohl ich damals nicht ahnte, wie recht ich mit diesem Eindruck haben sollte. Wenige Wochen nach ihrer Einweisung ließ man Madame de la Motte aus ihrem Gefängnis fliehen, und es wurde geflüstert, ich hätte ihre Flucht arrangiert.

Sogar als dann die Flut ihrer Schmähschriften und Pamphlete aus England herüberzuströmen begann, wohin sie sich geflüchtet hatte, hielten die Leute weiter an dieser absurden Version fest. Die selbsternannte Gräfin wurde in verschiedenen englischen Häusern empfangen, wo sie ihre skandalösen Geschichten über das Leben am französischen Hof zum besten gab, in denen ich unweigerlich eine der Hauptgestalten war.

Nachdem sie mir einmal solches Unrecht und solchen Schaden zugefügt hatte, schien sie unter dem Zwang zu stehen, es auch weiter tun zu müssen.

Es war ein Wendepunkt in unserem Leben, und wir wußten es, sowohl Ludwig wie ich.

Er war so gütig zu mir! Er glaubte an meine Unschuld, und ich war ihm dafür zutiefst dankbar. Er war liebevoll und gut, begriff jedoch nicht, wie sich der Abgrund vor uns auftat.

Jetzt weiß ich, daß er uns noch hätte retten können, wenn er damals Festigkeit bewiesen hätte – wenn er energische Entschlossenheit dem Tribunal gegenüber gezeigt hätte, wäre es vielleicht möglich gewesen, etwas von jenem überlieferten Respekt vor der Monarchie zu retten und zu bewahren, der mit erschreckender Geschwindigkeit abbröckelte. Und vor allem hätte er mir gegenüber fest bleiben müssen. Nie hätte er zulassen dürfen, daß die Halsband-Affäre öffentlich bekannt wurde. Man hätte ihr unter Wahrung voller Verschwiegenheit und Diskretion auf den Grund gehen und sie in der gleichen Weise beilegen sollen.

»Niemand freut sich mehr als ich darüber, daß die Unschuld des Kardinals bewiesen worden ist«, erklärte Ludwig.

Aber weil ich so unglücklich war, so verstört, da ich die unheilvollen Folgen dieses Prozesses ahnte, schickte er dem Kardinal einen *lettre de cachet,* der ihn in seine Abtei in Chaise-Dieu verbannte.

Cagliostro und seine Frau wurden ebenfalls vom König verbannt. Dies war seine Schwäche mir gegenüber.

Wenn er nicht einer Meinung mit dem Tribunal war, hätte er diese Unzufriedenheit mit ihrem Urteilsspruch offen bekunden sollen. Statt dessen akzeptierte er dieses und verbannte die Freigesprochenen dann ins Exil.

Ich konnte die schreckliche Deprimiertheit nicht von mir abschütteln, die mich überkommen hatte.

Mercy schrieb darüber an meinen Bruder:

»Der Kummer der Königin ist viel größer, als der Anlaß ihn zu rechtfertigen scheint.«

Das stimmte. Eine innere ahnungsvolle Stimme sagte mir jedoch warnend, daß dies das größte Unglück sei, das mich je ereilt hätte – was ich allerdings nicht richtig verstand. Ich wußte lediglich, daß es so war.
Ich hatte all meine Leichtfertigkeit verloren und glaubte, nie wieder fröhlich und unbekümmert sein zu können.

19

»Wenn Verschwendung und mangelnde Sparsamkeit die königliche Schatzkammer leeren, ertönt ein Schrei der Verzweiflung und des Entsetzen. Darauf nimmt der Finanzminister seine Zuflucht zu katastrophalen Maßnahmen, wie zum Beispiel als letzter Ausweg, die Goldwährung zu verschlechtern oder höhere Steuern zu erlassen ... Es steht außer jedem Zweifel, daß die jetzige Regierung schlechter ist als die des verstorbenen Königs, was die allgemeine Unordnung und den Wucher betrfft. Solch eine Situation kann unmöglich lange weitergehen, ohne mit einer Katastrophe zu enden.«

Graf Mercy-d'Argenteau

»Ich mache mir über die Gesundheit meines ältesten Sohnes Sorgen. Sein Wachstum ist irgendwie gestört, denn sein eines Bein ist kürzer als das andere, und sein Rückgrat ist etwas gekrümmt und steht zu weit heraus. Außerdem neigt er seit einiger Zeit zu Fieberanfällen und ist im ganzen dünn und zart.«

Marie-Antoinette an Joseph II.

»Vier Wachskerzen wurden auf ihren Toilettentisch gestellt; zuerst ging eine aus, die ich wieder anzündete; dann ging die zweite und auch die dritte aus, worauf die Königin in einem Anfall von Entsetzen hastig meine Hand ergriff und zu mir sagte: ›Unglück hat die Macht, uns abergläubisch zu machen. Wenn jetzt auch noch die vierte Kerze ausgeht, kann nichts mich davon abbringen, es als ein verhängnisvolles Omen zu betrachten.‹ Und die vierte Kerze ging aus!«

Madame Campans Memoiren

Nichts war mehr so wie vorher. Ich hatte vom Baum der Erkenntnis gegessen. Ich war nicht länger das unbekümmerte Kind. Ich wurde mir meiner wachsenden Unbeliebtheit beim französischen Volk bewußt, und was ich einst für den Gipfel des Vergnügens gehalten hatte, erschien mir jetzt als reine Zeitvergeudung.

Die Königin, die die Mode bestimmt hatte, die so leichtfertig ihrem Vergnügen nachgejagt war und sich begeistert in Spiele wie *descampativos* und *guerre panpan* gestürzt hatte, erschien mir jetzt nur noch wie ein törichtes Kind. Ich war erwachsen geworden. Außerdem war ich im Augenblick der Urteilsverkündung, die mich so unglücklich gemacht hatte, hochschwanger und schenkte etwa einen Monat später einer Tochter das Leben. Meine kleine Sophie-Béatrix war von Geburt an sehr zart. Vielleicht hatte der Kummer und Zorn während der letzten Wochen meiner Schwangerschaft meine Gesundheit untergraben und so auch meinem Kind geschadet. Die Kleine war jedoch eine gnädige Ablenkung für mich, und ich saß stundenlang neben dem wimmernden Kind und sagte mir: solange es gesund und groß wird, ist mir alles Übrige egal!

Ich hatte jetzt vier Kinder. Es war das, was ich mir immer gewünscht hatte – Mutter zu sein und mit meinen Kindern und für meine Kinder zu leben.

Die Pamphlete gegen mich wurden immer aggressiver und waren überall. Sie hingen an den Mauern der Pariser Gebäude und zeigten mich alle mit dem Diamanthalsband. Es hieß, ich verstecke es in meiner Schmuckkassette und hätte die arme Madame de la Motte nur als Sündenbock geopfert. Wo und wann immer ich mich außerhalb des Schlosses zeigte, warfen mir die Leute finstere Blicke zu und verharrten in feindseligem Schweigen. Ich dachte oft an meinen ersten feierlichen Einzug in Paris. Wie anders war es jetzt! Was hatte ich nur verkehrt gemacht? Nun gut, ich war verschwenderisch und gedankenlos gewesen, aber doch nie schlecht und verderbt! Und bevor die Polignacs mich baten, mich mit um die Gewährung von Audienzen zu kümmern, hatte ich mich auch aus allen Staatsgeschäften herausgehalten. Wie ich jetzt zugeben mußte, mischte ich mich aus dem Wunsche ein, den Polignacs zu gefallen. Seltsamerweise schien mein Gemahl, der in vieler Hinsicht ein kluger Mann war, meinem Urteil zu vertrauen. Ich glaube, die Bewunderung, die meine Erscheinung immer bei anderen erweckte, machte ihn blind. Dabei war ich keine leichtlebige Frau. Ich war ihm eine treue Gattin, etwas, was man nur von sehr wenigen Ehefrauen am französischen Hof sagen konnte. Romantisch wie ich war, sehnte ich mich nach dauernder Abwechslung, nach gewagten Eskapaden, dem ersten Stadium der Verliebtheit, dem unverbindlichen Flirt – ich war von Natur aus kokett –, empfand jedoch keine echten Liebesbedürfnisse, die um jeden Preis eine Befriedigung verlangten. Vielleicht hatte jene erste Berührung mit der Liebe, die so frustrierend und demütigend gewesen war, ihre Wirkung auf mich gehabt. Denn obgleich ich immer von einer Gruppe mich bewundernder Männer und Frauen umgeben war, die mir ihre leidenschaftliche Zuneigung gestanden, blieben diese Freundschaften doch immer platonisch. Etwas anderes wollte ich nicht. Die bloße Vorstellung einer amoureusen Affäre war mir zuwider. Mein Leben muß einem Gemälde von Watteau geglichen haben – zart, fein und voll romantischen Charmes. Aber wie sollte das Volk und auch meine Umgebung das verstehen? Mein Verhalten ließ jene gräßlichen Geschichten über sexuelle Orgien ja glaubhaft erscheinen, die man mit meinem Namen verknüpfte. Nur der König hielt an seiner Achtung und Verehrung für mich fest. Ich war nachsichtig mit seinen Schwächen gewesen, hatte jene demütigenden Versuche mehrere Jahre lang auf mich genommen und mich niemals beklagt oder ihm Vorwürfe gemacht; jetzt ließ er mich auch an seinem Triumph teilhaben. Seine Männlichkeit war bewiesen worden, und ich hatte großen Anteil daran. Infolgedessen war er bestrebt, mir Freude zu machen. Und wenn ich ihn um eine Gunst für Freunde bat, haßte er es, mir diese zu verweigern, auch wenn sein gesunder Menschenverstand ihm vielleicht sagte, daß das klüger wäre.

Ich denke jetzt oft mit großer Zärtlichkeit an ihn, vor allem an seine Liebe zu unseren Kindern. Wie lächelten die Leute, wenn er ›mein Sohn‹ oder ›der Dauphin‹ sagte und immer nach einer Gelegenheit suchte, das Gespräch auf die Kinder zu bringen. Und unsere Kinder liebten uns. Für sie waren wir nie der König und die Königin, sondern nur ›der liebste Papa‹ und ›die liebste, liebste Maman‹. Mich liebten sie ganz besonders, und auch ich war bei ihnen in den Kinderzimmern immer restlos glücklich. Klarer denn je erkannte ich jetzt, daß Ludwig und ich viel besser in einen einfacheren Lebensrahmen gepaßt hätten. Wir hätten unseren Kindern gute, schlichte Eltern sein können.

Daß das Schicksal uns auf den Thron von Frankreich gesetzt hatte, das war die Tragödie unseres Lebens!

Wie kam es nur zu dieser grauenvollen Katastrophe? Sogar jetzt kann ich es nicht sagen, sogar jetzt frage ich mich, wann jener Augenblick eintrat, jener Wendepunkt im Leben von Menschen, der zu Größe und Ruhm ... oder aber zu ihrem Untergang führen kann. Wenn meine liebe Gabrielle nicht so ehrgeizige und raffgierige Verwandte gehabt hätte, wäre alles vielleicht gar nicht so gekommen. Ach nein, das war wohl doch zu unwichtig, um ausschlaggebend zu sein.

Man beschuldigte mich, gegen die französischen Interessen mit Österreich zusammenzuarbeiten. Jeder auch noch so unbedeutende Vorfall wurde zu meinen Ungunsten ausgelegt, wie Menschen es tun, die nur noch von einem einzigen Gefühl des Hasses durchdrungen sind. Ich war Österreicherin und deshalb in Frankreich unerwünscht.

Mein Bruder führte gegen Preußen und die Türkei Krieg; die französische Allianz mit Österreich hatte vorgesehen, daß Frankreich in einem derartigen Fall seinem Verbündeten Geld oder Soldaten zur Unterstützung schicken sollte. Ich wußte selbstverständlich, daß Joseph die Soldaten brauchte und nicht die 15 000 000 Livres, die Monsieur de Vergennes und sein Kabinett ihm zu schicken beschlossen. Ich bat Vergennes, zu mir zu kommen, um ihm zu sagen, daß man die Soldaten schickte und um ihm meine Gründe dafür zu nennen. Monsieur de Vergennes teilte mir jedoch mit, es entspräche nicht der französischen Politik, Franzosen im Dienste Kaiser Josephs kämpfen zu lassen; deshalb würde man das Geld schicken. Es fehle in Wien nicht an Geld, erklärte ich ihm, doch brauche man dringend Soldaten, worauf Vergennes mir nahelegte, mich doch daran zu erinnern, daß ich die Mutter des französischen Kronprinzen wäre; ich müßte aufhören, mich als Schwester des österreichischen Kaisers zu betrachten. Es war geradezu, als glaubte er, ich wolle Frankreich um Österreichs willen opfern, was natürlich ganz unsinnig war.

Das Geld ging nach Wien ab, und ich war sehr unglücklich. Ich sprach mit meiner lieben Campan darüber, die mir in jenen schweren Tagen immer näher kam.

»Wie können die nur so gemein sein!« rief ich aus. »Sie haben all das viele Geld vom öffentlichen Postamt abgeschickt und es bekannt werden lassen, daß die mit französischem Geld vollgeladenen Wagen zu meinem Bruder nach Österreich unterwegs sind. *Ich*, sagen sie, würde meinem Bruder Geld aus Frankreich schicken, wo es hier so dringend gebraucht würde. Und ich wollte gerade nicht, daß man ihm Geld schickt! – Man hätte es ihm genauso geschickt, wenn ich nicht seine Schwester wäre. Oh, liebe Campan, was soll ich bloß machen? Was kann ich sagen? Aber hat es überhaupt noch einen Sinn? Denn sie werden ja doch gegen mich sein, ganz egal, was ich mache oder sage!«

Ich bemühe mich jetzt zu verstehen, was in jener Zeit in Frankreich vorging, als wir immer näher an den Abgrund herangetrieben wurden. Unter Ludwig XIV. war die französische Monarchie unantastbar bis in ihre Grundfesten gewesen. Seine Macht war uneingeschränkt und absolut gewesen; und er konnte sie aufrechterhalten, weil Frankreichs Stern unter ihm aufging. Durch seine Kriege, wie auch auf dem Gebiet der Kunst und Wissenschaft, verhalf er Frankreich zur führenden Stellung unter den anderen Nationen. Er war ein Autokrat, doch ein König, auf den sein Land und sein Volk stolz sein konnten. Der Pomp und die höfische Etikette erschienen damals nicht lächerlich, weil er wirklich groß genug war, um diesen Rahmen mit seiner Persönlichkeit auszufüllen. Nicht umsonst nannte man ihn den *Roi Soleil* – den Sonnenkönig.

Und nach ihm sein Urenkel, unser lieber Großvater. Unter seiner langen Herrschaft hatte das Fundament, auf dem die Monarchie ruhte, zu bröckeln begonnen. Madame Campans Vater hatte recht gehabt. Der Zerfall hatte längst eingesetzt, bevor wir den Thron bestiegen. Das Volksvermögen vieler Generationen wurde in leichtfertigen und zügellosen Ausschweifungen verpraßt. Seit den Tagen des alten Roms, so hieß es später, hätte es nicht solch eine Verschwendung und einen derartigen Sittenverfall gegeben wie am Hofe Ludwig des XV. Als mein Gemahl König wurde, hätte sich das alles ändern müssen. Es kann keinen französischen König gegeben haben, der weniger zu Verschwendung und jeder Art von Ausschweifung neigte als er. Ludwig wollte ein guter König sein; mit ganzem Herzen war er um das Wohl seines Volkes besorgt und wollte nie etwas für sich selbst, nur ihr Vertrauen in ihn und die Vorstellung, daß er ihr großer Vater war, der Frankreich wieder zu Größe und Ruhm führen würde. Maurepas sollte ihn beraten; Ludwig hörte auf ihn, doch wenn ich meine Bitten und Forderungen stellte, gab er mir nach und wußte nie, auf wen von uns beiden er nun im Endeffekt hören sollte. Er war unschlüssig. War das der Grund für unseren Untergang? Es war ihm nicht gegeben, rasch zu denken oder jemals eine Entscheidung zu treffen. Es war nicht Dummheit – eher das Gegenteil. Er war zu sehr bereit, immer beide Seiten eines Problems zu sehen, was oft das getreueste Bild des wahren Sachverhalts ergibt; doch hinderte es ihn daran, klare energische Entscheidungen zu treffen. Er gab erst etwas der einen Seite nach, zögerte dann, machte einen Rückzieher ... und gab der anderen Seite nach, um dann wieder schwankend zu werden und unschlüssig hin- und herzupendeln. Mein armer Ludwig! Seine Motive waren immer so selbstlos, und er bemühte sich immer so verzweifelt, die richtige Handlungsweise herauszufinden, was ihm nur so selten gelang.

Er hatte sich dazu erzogen, in allen Situationen ruhig und gelassen zu bleiben, was ihm durch seine Veranlagung nicht sehr schwer fiel. Doch auch seine guten Eigenschaften wirkten sich zu seinem Nachteil aus, denn gerade seine Ruhe und Gelassenheit hinderte ihn daran, das Verhängnis zu erkennen, als es schon über unseren Köpfen hing. Er sagte nur: »Ach, das wird vorbeigehen. Es ist nur eine Bagatelle.«

Wären die Finanzen des Landes nicht so zerrüttet gewesen, hätte sich die Katastrophe vielleicht noch vermeiden lassen. War es unsere Schuld, daß die Finanzen am Rande des völligen Bankrotts entlangschwankten? Möglicherweise habe ich in gewissem Maße mit daran schuld. Mein geliebtes Trianon war wie ein gefräßiger Moloch, der den Kopf mit dem riesigen Rachen in die Schatzkammer grub und trank und trank und trank. Mein weißgoldenes Theater, meine kunstvoll-kunstlosen Gärten, mein Hameau ... sie hatten alle viel, sehr viel Geld gekostet! Aber ich hatte nicht an die Kosten gedacht, weil sie so schön waren, und sie machten nicht nur mich, sondern Tausende von Menschen glücklich.

Turgot und Necker hatten versucht, die Finanzen des Landes wieder in Ordnung zu bringen, was ihnen jedoch mit ihren Maßnahmen nicht gelungen war. Sie wurden durch Calonne abgelöst. Seine Taktik war, Geld vom Volk zu leihen und die Steuern zu senken. Das jährliche Defizit betrug jetzt über 100 000 000 Livres.

Alle redeten vom Defizit. Ich hatte einen neuen Namen erhalten. Mein Bild mit dem Kollier war überall zu sehen, und jetzt stand darunter ›Madame Déficit‹.

Als Calonne sein neues Amt antrat, waren wir alle optimistisch und voll guter Hoffnung. Wir erkannten nicht, daß er nur an den Augenblick dachte und die Situation sich einzig und allein deshalb zu bessern schien, weil er Vertrauen erweckte. Aber Vertrauen genügte nicht. Wenn ich ihn fragte, ob eine Ausgabe möglich wäre, antwortete er

mir immer: »Wenn das, was Eure Majestät verlangen, möglich ist, ist es schon geschehen; wenn es unmöglich ist, wird es geschehen.«
Es schien eine höchst ermutigende und geschickte Antwort, doch ließen sich unsere Schwierigkeiten nicht durch sie lösen.
Aber dann vergaß ich all diese ermüdenden finanziellen Probleme, weil ich mir ernste Sorgen um zwei meiner Kinder machen mußte. Ich hatte mich damit abgefunden, daß es schwierig sein würde, die kleine Sophie-Béatrix großzuziehen, doch jetzt ging es plötzlich meinem ältesten Sohn, Ludwig-Joseph, gar nicht gut. Es fing mit Rachitis an, und trotz all der sorgfältigen Pflege, mit der die Ärzte und ich ihn umsorgten, verschlechterte sich sein Zustand zusehends.
Bald stellte sich heraus, daß das Rückgrat in Mitleidenschaft gezogen war und mein kleiner Liebling ein Krüppel werden würde. Ich war verzweifelt! Mein einziger Trost war das blühend gesunde Aussehen meiner geliebten Madame Royale und ihres jüngeren Bruders, des Herzogs von Normandie, der mit seinen blauen Augen und blondem Haar so hübsch und gesund aussah.
Er war ein eigenartiges Kind, mein kleiner Dauphin! Vielleicht kam es daher, daß er nicht so kräftig wie andere Knaben seines Alters war; er war verschlossen und sehr intelligent. Manchmal kam er mir wie ein kleiner alter Mann vor. Ich liebte ihn heiß, wie man ein Kind liebt, um dessen Gesundheit man sich dauernd Sorgen machen muß. Ich war ständig in den Kinderzimmern, um auch ein Auge auf Sophie-Béatrix zu haben. Gabrielle war mir dabei eine treue Gefährtin, nur bestürzte es mich sehr, als der Dauphin plötzlich eine Abneigung gegen sie entwickelte. Ich konnte nicht verstehen, wie jemand Gabrielle nicht mochte – sie sah so entzückend aus, war so sanft und immer freundlich und liebte Kinder über alles. Doch hatte es immer Intrigen gegen die Polignacs gegeben, und wenn Gabrielle auch ganz anders war als ihre Familie, blieb sie doch eine Polignac, was niemand vergaß. Der Herzog von Harcourt war der Erzieher des Dauphin, und ich glaube, er flüsterte meinem Sohn diesen Haß auf seine Gouvernante ein. Ich versuchte, es zu unterbinden, was bemerkt wurde. Und ich sollte bald erkennen, daß man mir auch bei meinen Kindern keine völlige Freiheit ließ.
Ich weiß noch, wie ich eines Tages Ludwig-Joseph Bonbons und Lutschpastillen brachte, denn er mochte Süßigkeiten so gern. Der Herzog von Harcourt wies mich respektvoll darauf hin, daß der Dauphin nur solche Süßigkeiten essen dürfte, die die Ärzte ihm verschrieben.

Ich war im ersten Augenblick wütend, daß es mir nicht erlaubt sein sollte, meinem Sohn Bonbons zu geben, doch als ich seinen armen kleinen Körper betrachtete, überlegte ich mir, daß es vielleicht besser war, die Ärzte entscheiden zu lassen, was für ihn gut war.
Nur wenige Tage danach berichtete Gabrielle mir, der Dauphin hätte sie hinausgeschickt.
»Sie benutzen zu viel Parfüms, Herzogin«, hätte er gesagt. »Mir wird davon übel.«
»Aber ich hatte mich gar nicht parfümiert!« protestierte Gabrielle mit Tränen in den Augen.
In gewisser Hinsicht hatte ich mehr Freude an meinem jüngeren Sohn, der jetzt beinah zwei Jahre alt war. Er vergötterte mich und liebte es über alles, auf mir herumzuklettern und Monsieur Léonards kunstvolle Frisuren mit größtem Interesse und Entzücken zu untersuchen. Er war ein fröhliches und etwas eigenwilliges Kind und an allem in seiner Umgebung lebhaft interessiert. Da er nicht eine so gewichtige kleine Persönlichkeit wie sein älterer Bruder war, betrachtete ich ihn als mein ausschließliches Eigentum.
Die kleine Sophie-Béatrix wurde immer schwächer. Ich konnte sie gar nicht mehr allein lassen. Es war herzzerreißend mitansehen zu müssen, wie das winzige, bleiche Geschöpfchen nach Atem rang. Nie werde ich den Tag vergessen, an dem sie in meinen Armen starb... Ich sah auf das stille kleine Gesichtchen hinunter und war noch nie in meinem Leben so unglücklich gewesen.
Behutsam legte ich sie in ihre Wiege zurück und versuchte mich trostsuchend an den Gedanken zu klammern, daß ich ja noch andere Kinder hatte; doch wenn ich jetzt zurückblicke, scheint es mir, als wäre es der Anfang all meines Kummers und großen Leids gewesen.
Die finanziellen Probleme des Landes wurden immer gravierender, und wo und wann immer die Leute von dem Defizit sprachen, fiel auch mein Name. Meine Verschwendung sei an allem schuld, ich sei eben die Österreicherin, die zum Nutzen ihres Vaterlandes gegen Frankreich gearbeitet hätte. Ich hätte die Finanzen ihres Landes durch den geheimen Kauf des Diamantkolliers und die Kosten des Trianons ruiniert.
Ich kümmerte mich nicht um diese Verleumdungen. Mein ganzes Denken kreiste voller Besorgnis um die sich immer mehr verschlechternde Gesundheit meines Ältesten.
Er war ein außerordentlich gescheiter Knabe und konnte so klug da-

herreden, wie man es einem Kinde seines Alters gar nicht zugetraut hätte. Doch seine Mißbildung trat immer deutlicher hervor, und ich weinte oft heimlich darüber. Er konnte nicht mehr wie sein kleiner Bruder spielen, sondern saß nur noch mit seinem Hund Moufflet neben sich da; alle meine Kinder hatten meine Liebe zu Hunden geerbt.
Mein Gemahl trauerte mit mir um den Verlust unserer kleinen Tochter und den besorgniserregenden Zustand des Dauphin. Ich bin überzeugt, daß dieser ihn mehr mit Sorgen erfüllte als Calonnes Vorschlag, gewisse Vertreter des Adels und Klerus' einzuberufen – die Notabeln – damit diese ihre Meinung äußerten, wie man das Land aus der alarmierenden Lage herausreißen könnte, in die es immer tiefer hineingeriet.
Calonne wollte die Privilegien abschaffen und eine gerechte Besteuerung für alle einführen. Es war eine Idee, die der sorgfältigsten Prüfung bedurfte. »Das kann nur eine Versammlung der Notabeln.«
Mein Gemahl war sehr beunruhigt. Er wußte, daß die Einberufung dieser Versammlung ein direkter Schlag für die Macht der Monarchie war; Calonne wies jedoch darauf hin, daß der große Heinrich IV. auch davon Gebrauch gemacht hätte. Vergennes war dagegen, und Ludwig schwankte eine Zeitlang unschlüssig zwischen den Meinungen seiner beiden Minister; doch dann bewog ihn der bedrohliche Zustand der Staatskasse, Calonnes Vorschlag zuzustimmen. Diese Versammlung würde aus sieben Prinzen königlichen Geblütes bestehen, vierzehn Erzbischöfen und Bischöfen, sechsunddreißig Herzögen und Vertretern des Hochadels, zwölf Mitgliedern des Staatsrats, achtunddreißig Richtern, zwölf Deputierten und fünfundzwanzig Ratsherren aus den Magistraten der größeren Städte; es sollte ein Querschnitt durch die Schichten des Volkes sein, die dem König und Parlament am besten mit ihrem Rat würden helfen können.
Nachdem er sich einmal entschlossen hatte, die Notabeln einzuberufen, war Ludwig sehr zufrieden.
Am Morgen des 30. Dezembers sagte er zu mir: »Ich habe heute nacht kein Auge zugetan – aber nur aus Freude.«
Der arme Ludwig! Wie wenig Verständnis hatte er doch für die wahre Situation! Er glaubte so fest, alle verfolgten den gleichen uneigennützigen Standpunkt wie er selbst.
»Die Maxime unserer Könige war immer: ›Wie der König es will, so will's das Gesetz!‹« fuhr er fort. »Meine Maxime soll jedoch sein: ›Wie es das Wohl des Volkes will, so will es der König!‹«

Er war glücklicher, als er es je seit dem Tode von Sophie-Béatrix gewesen war, da er fest glaubte, diese Maßnahme würde die Lösung unserer Probleme erbringen. Lafayette, der kürzlich aus Amerika zurückgekehrt war, setzte sich mit aller Entschiedenheit für die Einberufung der Notabeln und die Abschaffung der Privilegien ein. Er war mit neuen freiheitlichen Ideen zurückgekommen – und er war nicht der einzige! Die Philosophen schrieben über die Freiheit und predigten die Freiheit. Und im Palais Royal, dem Herrschaftsgebiet unseres alten Feindes, des Herzogs von Orléans, fanden im Innenhof Versammlungen statt, bei denen über die Abschaffung weiterer Privilegien diskutiert wurde. ›Freiheit‹, ›Gleichheit‹, ›Brüderlichkeit‹ lauteten die Parolen, für die man sich begeisterte. Franzosen hatten jenseits des Ozeans für diese gekämpft – warum sollten sie es nicht in Frankreich selbst tun? Es war sehr unwahrscheinlich, daß die Einberufung der Notabeln die Lösung unserer Schwierigkeiten erbrachte. Würde der Adel gewillt sein, Steuern zu zahlen? Würde er sich bereiterklären, einen größeren Anteil an der finanziellen Bürde des Landes zu übernehmen? Die Notabeln waren machtlos. Es hieß, sie wären nicht in der Lage, Steuergesetze zu erlassen. Nur eine Versammlung der Generalstände könnte das.
Zum ersten Mal fiel dieses Wort.
Die Einberufung der Notabeln erwies sich dann auch als Mißerfolg. In den Straßen von Paris benutzten sie den englisch-französischen Ausdruck für die Notabeln ›Not-Ables‹ – was aus den ›Notables‹ die ›Unfähigen‹ werden ließ. Die Versammlung mußte aufgelöst werden; sie hatte den Sturz Calonnes zur Folge, der ja für ihre Einberufung verantwortlich gewesen war.
Das Volk verlangte die Rückberufung Neckers.
Wer sollte Calonne ersetzen? Abbé Vermond war an meiner Seite. Sein Freund, Loménie von Brienne, Erzbischof von Toulouse, sei der Mann für diese Aufgabe. Er wäre dessen ganz sicher. Ich tat meinen Freunden immer gern einen Gefallen; Vermond war mir seit meiner Ankunft in Frankreich treu ergeben gewesen – und sogar schon vorher in Wien –, und so wollte ich gern diese Ernennung für ihn durchsetzen. Der König war nicht dafür, und auch alle übrigen sprachen sich dagegen aus. Wie immer wurde er schwankend – ich insistierte ... und er gab nach.
Jetzt war ich mitten drin in den Staatsgeschäften. Loménie von Brienne war keineswegs der Mann für diese Aufgabe. Sogar das Par-

lament war gegen ihn und widersetzte sich allem, was er vorschlug. Die alleinige Tatsache, daß ich seine Ernennung befürwortet hatte, genügte ihnen, um gegen ihn zu sein. Und als er in einem sinnlosen Versuch, mir seine Dankbarkeit zu beweisen, den Vorschlag machte, mich an den Sitzungen teilnehmen zu lassen, damit ich in der Regierung des Landes mitreden könne, machte mich das unbeliebter denn je.

Die Leute auf den Straßen sangen jetzt: »Sollen wir uns etwa von Madame Défizit regieren lassen? Niemals!«

Sie veranstalteten Umzüge mit Plakaten, die vulgäre Darstellungen von mir zeigten – immer mit dem Kollier um den Hals und der Unterschrift ›Madame Défizit‹.

Im Palais Royal wurde die Stimmung gegen mich ständig aufgepeitscht, und in Bellevue, das Ludwig den Tanten geschenkt hatte, sprach man unausgesetzt über meine Schlechtigkeit und Verderbtheit und erfand immer neue Geschichten darüber – je unwahrscheinlicher, desto besser.

»Es ist die Königin!« lautete der Schrei. »Es ist die Königin, die an der Not unseres Landes schuld ist! Wer anders als die Hauptperson in der Halsband-Affäre, wer anders als die Österreicherin, Madame Défizit!«

Brienne hatte keine rettende Idee. Sehr schnell sah ich ein, wie falsch es von mir gewesen war, mich für seine Ernennung einzusetzen. Ihm fiel nichts anderes ein als der Vorschlag, Geldanleihen aufzunehmen und neue Darlehen auszugeben. Der Staatsrat lehnte es ab, und der König unterstützte in einem seltenen Anflug von Entschlossenheit seinen Minister.

»Ich befehle Ihnen, die Anweisungen von Monsieur de Brienne auszuführen!« rief er.

Daraufhin erhob sich Orléans und erinnerte den König daran, daß das, was er da eben gesagt hätte, rechtswidrig sei.

Da Ludwig wußte, daß Orléans mit seinen nächtlichen Versammlungen im Palais Royal eine Gefahr bedeutete, war er dieses eine Mal energisch und verbannte ihn auf seine Besitzungen in Villers-Cotterets. Dadurch kam es zu einem Zwiespalt zwischen dem König und dem Parlament, und die Magistrate des gesamten Landes standen geschlossen hinter dem Parlament von Paris. »Brienne muß gehen!« forderte das Volk nicht nur in der Hauptstadt, sondern im ganzen Land. In mehreren Städten kam es zu Aufständen. Die Leute verlangten die

Wiederernennung Neckers, und die war nur möglich, wenn Brienne entlassen wurde.
Und dann wurde der Schrei laut: »Das Land braucht die Generalstände!«

Zu jenem Zeitpunkt starb Madame Louise, die jüngste der Tanten. Sie war eine der Glücklichen, die nicht zu lange lebte, wie die meisten von uns.
Sie war in ihrem Kloster mit der festen Gewißheit gestorben, daß ihr ein Platz im Himmel sicher war, denn im Sterben rief sie aus, als spräche sie mit ihrem Kutscher: »Ins Paradies! Schnell! Vorwärts!«
Ich glaube, sie war die glücklichste der Tanten; durch ihr Klosterdasein blieb sie von den Belastungen und Problemen verschont, die einen so großen Teil unseres Lebens am Hofe ausmachten.
Ich hielt mich immer mehr im Trianon auf, ging in den Gärten spazieren oder unterhielt mich mit meinen Bauern im Hameau. Ein heftiges Gefühl, entfliehen zu müssen, hatte mich erfaßt. Die Kinder behielt ich ständig bei mir – meine beiden gesunden Lieblinge und den Dauphin, der zusehends dünner wurde.
Rose Bertin erschien eines Tages mit neuen Stoffproben. Sie hätte eine hinreißende Seide – und auch den bezauberndsten Atlas, den ich jemals gesehen hätte.
»Es ist jetzt alles anders«, ließ ich sie wissen. »Ich habe noch viele Kleider in den Schränken. Sie müssen fürs erste reichen.«
Ungläubig sah sie mich an und lächelte dann ihr hinterlistiges Lächeln.
»Warten Eure Majestät nur, bis Sie den neuen blauen Samt gesehen haben!«
»Ich möchte ihn nicht sehen«, erwiderte ich. »Und ich werde jetzt nicht mehr so oft nach Ihnen schicken.«
Sie lachte und rief einer ihrer Frauen zu, sie solle den Samt ausbreiten, doch ich drehte mich um und ging ans Fenster.
Sie war wütend; ich sah es, als sie sich empfahl. Sie hatte rote Flekken im Gesicht und die Augen halb geschlossen. Wie hatte ich diese Frau nur jemals gemocht, fragte ich mich; und ich sollte mich noch viel mehr darüber wundern! Denn als sie erkannte, daß ich es wirklich ernst gemeint hatte, wurde sie immer wütender und rachsüchtiger und redete mit ihren Kunden über meine Extravaganz und Verschwendung und eilte sogar auf die Märkte, um dort darüber herzuziehen.

Ich hatte wirklich kein Interesse an neuen Kleidern. Ich hatte mich verändert. Ich mußte mit gutem Beispiel vorangehen, mußte meine Ausgaben einschränken. So eröffnete ich auch dem Herzog von Polignac, daß ich ihn aus dem Amt meines Hofstallmeisters entlassen müßte. Es war sowieso nur ein müheloser und höchst einträglicher Ruheposten, der mich jährlich fünfzigtausend Livres kostete. Ich hatte ihn ja auch nur um Gabrielles willen geschaffen. Auch ihren Liebhaber, den Grafen von Vaudreuil, enthob ich seines Amtes als Groß-Falconier.

»Das wird uns ruinieren!« rief der wütende Graf.

»Besser Sie als Frankreich«, entgegnete ich mit einer gewissen Schärfe. Ich begann einzusehen, wie töricht ich gewesen war, diesen Leuten derartige Geschenke zu machen. Ich erkannte, wie sie meine gedankenlose Großzügigkeit ausgenutzt hatten, die eigentlich gar keine Großzügigkeit gewesen war, hatte ich doch etwas verschenkt, was mir gar nicht gehörte. Ich spürte, wie sich diese Leute von mir abwandten – Gabrielle allerdings nicht, die nie etwas für sich selbst erbeten hatte, immer nur für ihre Familie, weil die sie dazu gedrängt hatte. Und auch nicht die gute Lamballe, die mir eine selbstlose Freundin war, und meine liebe Elisabeth, die innig an meinen Kindern hing und mir dadurch noch näher kam. Sie waren meine wahren Freunde. Doch die anderen begannen schon damals, mich im Stich zu lassen.

Es gab jedoch einen Freund, der nach Frankreich zurückgekehrt war und dessen Anwesenheit mir sehr viel bedeutete. Axel Fersen! Er erschien auf Gesellschaften, und wir konnten nie mehr als einige vorsichtige Worte wechseln. Aber die reine Tatsache, daß er da war, erfüllte mich mit einer großen Gelassenheit. Ich fühlte, er wartete nur auf den Augenblick, in dem ich ihm ein Zeichen geben würde, und dann wäre er sofort an meiner Seite.

Dem Dauphin ging es immer schlechter. Ich war ständig bei ihm und wachte an seinem Bett. Meine Besorgnis um ihn ließ mich eine Zeitlang die anderen Probleme vergessen. Hier bahnte sich eine Tragödie an, viel herzzerreißender und viel mehr greifbare Wirklichkeit für mich als alle Schwierigkeiten Frankreichs. Ich schrieb an meinen Bruder darüber:

»Ich mache mir über die Gesundheit meines ältesten Sohnes Sorgen. Sein Wachstum ist irgendwie gestört, denn sein eines Bein ist kürzer als das andere, und sein Rückgrat ist etwas gekrümmt und steht zu weit heraus. Außerdem neigt er seit einiger Zeit zu Fieberanfällen und ist im ganzen dünn und zart.«

Am liebsten wäre ich immer bei ihm gewesen und hätte ihn selbst gepflegt, aber das war nicht möglich. So hatte zum Beispiel die Oper gebeten, daß der König und ich einer Galavorstellung beiwohnten, und Ludwig sagte, man würde von uns erwarten, daß wir erschienen.
Ich fürchtete mich davor und sagte ihm das auch. Ihn wollten sie sehen – ihn liebten sie. Mich haßten sie. Sie wurden mit den grausamsten Lügen über mich vollgestopft. Die Vorstellung, in die Oper fahren zu müssen, war mir geradezu verhaßt, erinnerte doch allein schon das Gebäude mich an jene Zeit, als ich dort so ausgelassen auf den Opernbällen getanzt hatte.
»Es ist unsere Pflicht, hinzugehen«, erklärte Ludwig bedrückt.
Bevor wir nach Paris aufbrachen, begab ich mich wie so oft zu den Kindern, um ihnen mein Kleid zu zeigen. Der kleine Ludwig-Karl kreischte vor Begeisterung und streichelte die weiche Seide meines Rockes. »Schöne, schöne Maman«, sagte er und bestand darauf, mir Moufflets letztes Kunststück vorzuführen. Moufflet war der klügste Hund der Welt, und er wünschte immer, er gehöre ihm. Mein armer kleiner Dauphin lag in seinem Bett; die Decke verbarg seinen mißgestalteten Körper. Ich hätte am liebsten losgeheult, als ich mich über ihn beugte und ihm einen Kuß gab. Er legte die Ärmchen um meinen Hals und klammerte sich zärtlich an mich. Wenn niemand da war, der ihn gegen mich aufhetzte, liebte er mich leidenschaftlich.
Das Bild meiner Kinder begleitete mich auf der Fahrt in die Oper. Es war ein sehr festlicher Abend, und ich freute mich unendlich, daß man dem König so zujubelte. Mir jubelte niemand zu, und ich hörte den Ruf »Madame Défizit!« und »Wo ist das Diamantkollier?« Und als ich die königliche Loge betrat, sah ich das Blatt Papier, das man dort befestigt hatte. Es wurde eiligst entfernt, doch ich hatte die Worte »Zittert, Tyrannen!« schon gelesen.
Und ich zitterte tatsächlich unkontrollierbar während der ganzen Aufführung. Ludwig jedoch saß mit jenem gelassenen Lächeln neben mir, das anscheinend nichts zu erschüttern vermochte.

Wie war ich glücklich, als es meinem Sohn etwas besser zu gehen schien! Ich vergaß alle um ihn ausgestandenen Ängste und klammerte mich an die Hoffnung, daß er sich nun wirklich von seiner Krankheit erholen würde. Er war so ein intelligentes Kind und amüsierte mich immer mit seinen klugen Aussprüchen.

»Er wird einmal ein sehr weiser König«, sagte ich zu seinem Vater, der der gleichen Ansicht war.

Die Ärzte hatten ihn in ein Korsett geschnürt und hofften, dadurch sein Rückgrat begradigen zu können. Er beklagte sich nie; er war schon ein kleiner tapferer Mann! Es lag mir sehr am Herzen, daß er mit seinem Geld umzugehen lernte. Der Umgang mit Geld beschäftigte mich damals sehr, und ich wies seinen Erzieher und seine Gouvernante an, ihm nie mehr als das ihm zustehende Taschengeld zu geben. Er war damals ganz fasziniert von einer mechanischen Puppe, die er einmal gesehen hatte und sich seitdem glühend wünschte. Ich wollte sie ihm schenken, denn er sagte mir, er hätte den Herrgott gebeten, dafür zu sorgen, daß er sie bekäme. Er erzählte mir weiter, daß einer aus seinem Gefolge ihn daran erinnert hätte, daß es besser wäre, den Herrgott um Weisheit zu bitten und nicht um irdische Reichtümer.

»Worauf ich erwiderte«, berichtete er mit einem verschmitzten Lächeln, »daß ich nicht einsähe, weshalb ich ihn nicht um beides bitten sollte, wenn ich schon einmal dabei wäre.«

Wie konnte man anders als über ein solches Kind staunen?

»Mein Liebling«, rief ich aus. »Du mußt mir versprechen, all die nahrhaften Sachen aufzuessen, die man dir gibt! Du mußt ein großer starker Mann werden! Dein Papa war als Kind auch nicht sehr kräftig, aber schau ihn dir jetzt an!«

»Das will ich ja auch«, beteuerte er.

»Du solltest sagen ›*wir* wollen‹ es, mein Herz ... so wie der König es tut.« Ich versuchte immer, ihn auf sein späteres Königtum vorzubereiten, denn ich vergaß nie, wie sein Vater ausgerufen hatte, man hätte ihm nichts darüber beigebracht.

»Der König und ich sagen zusammen ›wir wollen‹, Maman, aber er sagt nicht ›wir‹, wenn er von sich alleine spricht, das weiß ich ganz genau.«

Er sah so ernst und so klug aus, und ich wußte nicht, ob ich weinen oder lachen sollte. Und dann, als ich gerade neue Hoffnung geschöpft hatte, wurde er wieder krank. Er wachte mitten in der Nacht mit schrecklichen Krämpfen auf, die sehr schmerzhaft sein mußten. Er litt so, mein geliebter Sohn, und ich konnte nichts für ihn tun. Die Ärzte untersuchten ihn ununterbrochen und schlugen dauernd andere Behandlungsmethoden vor. Sie quälten ihn mit Zugpflastern und

erwogen, sein Rückgrat abzuätzen. Er ertrug das alles mit einer liebenswürdigen Gelassenheit, die wirklich erstaunlich war. Es verschaffte ihm eine gewisse Erleichterung, auf einem Billardtisch zu liegen; ich ließ wenigstens eine Matratze darauf ausbreiten, damit es etwas weicher war. Er las sehr viel – meistens geschichtliche Bücher. Einmal erlebte ich mit, wie die gute Lamballe ihn fragte, ob er sich in seinem Buch die spannenden Stellen heraussuche – er las gerade die Geschichte Karls des Siebenten. Fast mißbilligend sah er meine gute törichte Lamballe an und erwiderte: »Ich weiß nicht genug darüber, um eine Auswahl treffen zu können, Madame, und es ist alles so interessant.«
Als es ihm schlechter ging, wollte er niemanden außer mir um sich haben. Seine Augen leuchteten jedesmal auf, wenn ich hereinkam. »Maman«, sagte er dann, »Sie sind so schön! Es geht mir immer viel besser, wenn Sie bei mir sind. Erzählen Sie mir von früher!«
Er meinte damit jene Zeit, als er noch herumlaufen und spielen konnte, wie sein kleiner Bruder es so liebte. Moufflet rollte sich dann neben ihm auf dem Billardtisch zusammen, und ich erzählte ihm von kleinen Vorfällen von früher; so zum Beispiel, wie er einmal im Trianon-Theater bei seinem Vater auf dem Schoß zuschauen durfte.
»Ich weiß, ich weiß!« rief er. »Und was passierte dann?«
Er nickte eifrig mit dem Köpfchen, während ich ihm die Geschichte erzählte, die er Wort für Wort kannte, da ich sie ihm schon viele Male erzählt hatte – wie ich meinen Text vergessen hatte und Monsieur Campan in seinem Souffleurkasten mit der großen Brille auf der Nase die betreffende Stelle zu finden versuchte. Da hatte mein kleiner Sohn ihm mit aufgeregter Stimme, die im ganzen Theater zu hören gewesen war, zugerufen: »Nehmen Sie die große Brille ab, Monsieur Campan! Maman kann Sie nicht hören!«
Er lachte vergnügt auf und steckte mich mit seinem Lachen an, obgleich ich, wie immer damals, den Tränen nahe war.
Die Luft von Versailles sei vielleicht nicht rein genug für den Dauphin, meinte einer der Ärzte; La Muette wäre möglicherweise bekömmlicher.
»Dort ist man aber nicht vor dem kalten Wind geschützt«, gab ein anderer zu bedenken.
»Ha! Der Wind fegt ja gerade die Luft rein!«
»Monseigneurs Zimmer hier im Schloß ist feucht«, meinte Sabatier. »Die Fenster gehen auf den Schweizer See, der ungesundes stehendes Wasser hat.«

»Unsinn«, widersprach Lassone. »Die Luft von Versailles ist sehr gesund!«
Meinem Gemahl fiel ein, daß er als Kind nach Meudon geschickt worden war und es hinterher geheißen hatte, die Luft hätte ihn gekräftigt. So traf Ludwig die Entscheidung. Der Dauphin wurde nach Meudon gebracht.

Die Generalstände sollten in Versailles zusammentreten. Ich hatte Angst vor den Generalständen, da ich eine wachsende Besorgnis bei all jenen bemerkte, die ich zu meinen wahren Freunden zählte. Bei den wenigen Gelegenheiten, wo ich einige Worte mit Axel reden konnte, war auch ihm seine Sorge anzumerken. Ich wußte, er hielt die Situation für sehr ernst und hatte Angst um mich.
»Ludwig«, sagte ich deshalb zu meinem Gemahl, »wäre es nicht vielleicht besser, die Generalstände etwas weiter von Paris entfernt einzuberufen?«
»Sie müssen in Versailles und der Hauptstadt tagen«, erwiderte er.
»Sie werden Ihnen Ihre Macht und Ihre Würde wegnehmen«, sagte ich, denn ich war leider überzeugt davon. Sie waren von allen Schichten des Volkes gewählt worden. Mitglieder der untersten Klassen würden so Einfluß auf die Regierung bekommen, und das würde zu einer Situation führen, die weder Ludwig XIV. noch Ludwig XV. geduldet hätten. Mein Gemahl versicherte mir jedoch, daß es notwendig sei.
Große Vorbereitungen waren für die Eröffnungssitzung im Gange; das Land hatte wieder Hoffnung geschöpft. Es war, als erhoffte sich jeder von den Generalständen ein Wunder.
Als ich meinen Sohn in Meudon besuchte, vergaß ich all meine Ängste vor dem bevorstehenden gefährlichen Ereignis – denn auch ich würde meinen Platz in der feierlichen Prozession einnehmen müssen –, da die Lebenskräfte des Dauphin erschreckend dahinschwanden. Sein spitzes Gesichtchen leuchtete auf, als er mich sah. »Wenn Sie da sind, ist es immer am schönsten«, sagte er leise.
Ich setzte mich neben seinen Billardtisch und hielt seine Hand. Was ich anziehen würde, wollte er wissen. Ein weiß-silber-violettes Kleid, sagte ich ihm.
»Sie werden sehr schön darin aussehen«, meinte er nachdenklich. »Wenn ich gesund und kräftig wäre, würde ich neben Ihnen in der Kutsche fahren.«
»Ja, mein Liebling. Deshalb mußt du jetzt schnell gesund werden!«

»Ich würde es nicht mehr rechtzeitig schaffen, Maman«, erklärte er ernst und dann: »Ich möchte so gern die Prozession sehen, Maman! Bitte, bitte erlauben Sie, daß ich sie vorbeifahren sehen kann! Ich möchte so gern Sie und den lieben Papa sehen!«
»Es würde zu anstrengend für dich sein, mein Liebling.«
»Es strengt mich nie an, Sie zu sehen! Es geht mir dann immer besser. Bitte, Maman!«
Ich wußte, ich konnte es ihm nicht abschlagen, und versprach es ihm.

Die Glocken läuteten, und die Sonne schien. Es war der 4. Mai 1789 – der Tag, an dem die Generalstände zusammentraten. Die Straßen in Versailles waren bunt geschmückt, und überall flatterte die Lilienfahne sanft im leichten Wind. Wie ich hörte, gab es in ganz Versailles kein einziges Zimmer mehr zu vermieten.
Überall herrschte Zuversicht und Optimismus. Man flüsterte, die alte Zeit wäre jetzt vorbei, wo das Volk bald etwas mitzureden haben würde bei der Verwaltung und Regierung des Landes. Nur deshalb träten die Generalstände zusammen. Der König sei ein guter Mann. Er hätte die Generalstände einberufen. Die Steuern sollten abgeschafft werden – oder gerecht verteilt werden. Das Brot würde billiger. Frankreich würde mit einem Wort das Paradies auf Erden.
Ich erinnere mich noch so genau an jenen Tag. Wie war ich unglücklich! Ich haßte den warmen Sonnenschein, haßte die Gesichter der Menge, haßte ihre jubelnden Zurufe, von denen nicht ein einziger mir galt. Die Musikkapellen spielten, und die Schloßwache und die Schweizer Garde waren aufmarschiert. Hinter ihnen schritten sechshundert Männer in schwarzen Anzügen mit weißen Krawatten und schwarzen Hüten mit herabhängender Krempe in feierlicher Prozession. Sie waren der Dritte Stand, die Abgeordneten des Bürgertums aus dem ganzen Land; dreihundertvierundsiebzig Anwälte befanden sich unter ihnen. Hinter ihnen schritten die Prinzen; die auffallendste Erscheinung unter ihnen war der Herzog von Orléans, der beim Volk schon wohl bekannt und sehr beliebt war. Was für einen Kontrast bildeten die Vertreter des Adels neben den schwarzgekleideten Männern – in kostbaren Seiden, Spitzen und Gold und mit riesigen buntwogenden Straußenfedern auf den Hüten. Ferner waren da die Kardinäle und Bischöfe in ihrem prächtigen Ornat – ein großartiger Anblick. Kein Wunder, daß die Menge seit Stunden gewartet hatte, um sie vorbeiziehen zu sehen. In jener Prozession schritten auch die Männer, deren

Namen mich in den kommenden Jahren verfolgen sollten – Mirabeau und Robespierre! Und der Kardinal von Rohan!
Ich fuhr in meiner Kutsche direkt hinter ihnen. Ich saß unbeweglich und blickte weder nach rechts noch nach links. Ich spürte das feindselige Schweigen, das mir überall entgegenschlug, hörte die geflüsterten Worte »Die Österreicherin!« »Madame Défizit!« »Heut' hat sie das Kollier nicht an!« Und dann schrie jemand: *»Vive d'Orléans!«*
Ich wußte, was das bedeutete. Lang lebe mein Feind! Ihn ließen sie hochleben, wenn ich vorbeifuhr.
Ich bemühte mich, an etwas anderes zu denken. Ich mußte doch lächeln! Mein kleiner Sohn würde die Prozession von der Veranda über den Ställen aus vorbeiziehen sehen. Und ich dachte an ihn und nicht an diese Menschen, die mich so unverhohlen haßten. »Was liegt mir an ihnen?« sagte ich mir. »Wenn er nur wieder gesund und kräftig wird! Dann soll mir alles andere gleich sein!«
Ich hörte, wie die Menge meinem Gemahl zujubelte. Ihn haßten sie nicht. Nur ich war die Ausländerin, die Urheberin all ihres Unglücks und ihrer Not. Sie hatten in mir ihren Sündenbock gefunden.
Wie froh war ich, schließlich wieder in meine Gemächer zurückkehren zu können, als diese qualvolle Prozedur zu Ende war.

Ich saß an meinem Frisiertisch, umgeben von meinen Hofdamen. Ich war müde, wußte aber, ich würde nicht schlafen können, wenn ich zu Bett ging. Madame Campan hatte vier Kerzen auf den Frisiertisch stellen lassen, und ich sah zu, wie sie sie anzündete.
Wir sprachen über den Dauphin und seine jüngsten Aussprüche und wie er die Prozession genossen hätte. Da ging plötzlich die eine Kerze von ganz alleine aus.
»Das ist ja seltsam!« sagte ich. »Es zieht gar nicht.« Und ich bedeutete Madame Campan, sie wieder anzuzünden.
Sie tat es, doch da ging auch schon die zweite Kerze aus.
Mein Gefolge erstarrte in erschrecktem Schweigen. Ich stieß ein nervöses Lachen aus und meinte: »Was sind das bloß für Kerzen, Madame Campan! Die gehen ja beide aus.«
»Es muß ein Fehler im Docht sein, Madame«, sagte sie. »Ganz ohne Zweifel!« Doch der Ton, in dem sie es sagte, verriet, daß sie es sehr wohl bezweifelte.
Und einige Augenblicke, nachdem sie die zweite Kerze wieder angezündet hatte, verlöschte auch die dritte.

Jetzt fühlte ich, wie meine Hände zitterten.
»Es zieht gar nicht«, wiederholte ich, »und doch sind drei dieser vier Kerzen ausgegangen ... eine nach der anderen.«
»Es ist bestimmt ein Fehler in der Herstellung, Madame«, beteuerte meine gute Campan.
»Es ist so viel Unglück passiert«, sagte ich. »Glauben Sie, daß Unglück uns abergläubisch macht?«
»Ich halte das durchaus für möglich, Madame«, antwortete sie.
»Wenn jetzt auch noch die vierte Kerze ausgeht, kann nichts mich davon abbringen, es als ein verhängnisvolles Omen zu betrachten.«
Sie wollte gerade etwas Beruhigendes sagen – da verlöschte die vierte Kerze!
Mir wurde das Herz schwer wie ein Stein. »Ich werde jetzt zu Bett gehen – ich bin sehr müde«, verkündete ich.
Und dann lag ich im Bett und dachte an das Spalier der feindlichen Gesichter, durch das meine Kutsche hindurchgefahren war, und an die bösen leisen Stimmen; und an das kleine blasse Gesichtchen, das ich auf der Veranda über den Ställen gesehen hatte.
Und ich konnte nicht schlafen.

Ludwig und ich wurden nach Meudon gerufen und begaben uns in aller Eile dorthin.
Ich saß am Bett meines Sohnes; er wollte mich nicht wieder fortlassen. Seine kleine heiße Hand lag in meiner, und er flüsterte immer wieder: »Maman, meine schöne, liebe Maman!«
Mir liefen die Tränen über die Wangen, und ich konnte nichts dagegen tun.
»Sie weinen um mich, Maman«, sagte er leise, »weil ich sterbe, aber Sie dürfen nicht traurig sein! Wir müssen alle sterben.«
Ich flehte ihn an, nicht zu sprechen; er müsse seinen Atem schonen.
»Papa wird für Sie sorgen«, fuhr er unbeirrt fort. »Er ist ein guter Mensch.«
Ludwig war tief bewegt; ich fühlte seine Hand auf meiner Schulter, gütig und liebevoll. Er war wirklich ein guter Mensch! Ich mußte daran denken, wie sehnlich wir uns Kinder gewünscht hatten! Wie hatten wir darunter gelitten, als wir keine bekommen konnten, und wie litten wir jetzt, weil wir einen Sohn hatten! Der kleine Ludwig-Joseph kämpfte unsagbar tapfer um sein Leben. Ich glaube, er klammerte sich

so daran, weil er wußte, wie ich betete, er möge bei uns bleiben. Sogar in jenen letzten Augenblicken dachte er an mich.
Verzweifelt schrie ich im geheimen auf: »O Gott! Laß mir meinen Sohn! Nimm mir alles, was du willst, aber laß mir meinen Sohn!«
Aber Gott läßt nicht mit sich handeln ...
Ich fühlte, wie eine warme kleine Hand sich in meine schob – mein jüngerer Sohn stand neben mir. Ludwig hatte die beiden Kinder holen lassen; sie sollten mich daran erinnern, daß sie mir blieben – meine reizende zehnjährige Tochter und mein vierjähriger Ludwig-Karl.
»Tröstet Eure Mutter!« sagte der König leise zu ihnen.
Und ich zog meine Kinder eng an mich, und die Berührung ihrer kleinen, warmen Körper war in gewisser Weise tatsächlich ein Trost.

20

25. Juni 1789: »Nichts. In Saint-Appoline war eine Hirschjagd, und ich war nicht da.«
14. Juli 1789: »Nichts.«

Tagebuch von Ludwig XVI.

»Ich komme gerade aus Versailles. Monsieur Necker ist entlassen. Dies ist das Zeichen für einen St. Bartholomäus Tag der Patrioten. Heute abend werden die Schweizer und die deutschen Bataillone uns die Kehle durchschneiden. Uns bleibt nur eine einzige Rettung: der Griff zu den Waffen!«

Camille Desmoulins im Palais Royal

»Das Volk sprach immer noch mit Zuneigung und Verehrung vom König und schien zu glauben, er sei ihren Forderungen nach Abschaffung der sogenannten Mißstände wohlwollend gesinnt; sie waren jedoch überzeugt, daß er durch den Grafen von Artois und die Königin gegen sie beeinflußt werde. Auf diese beiden richtete sich folglich der Haß aller Unzufriedenen.« *Madame Campans Memoiren*

DER 14. JULI

Die vier Kerzen waren ausgegangen, und es schien, als verlöschten damit auch meine Lebenslichter. Zwei Kinder hatte ich im Verlauf von zwei Jahren verloren. Ich wandte mich meinen mir verbliebenen Kindern zu ... meiner harmonischen, hübschen Tochter, die ich zärtlich ›Mousseline‹ nannte und die mir nie Sorgen machte, immer so liebevoll und ruhig; und meinem geliebten Sohn. Der jetzige Dauphin war ganz anders als sein verstorbener Bruder; eigensinnig, aber liebenswert, liebte er mich sogar noch leidenschaftlicher, als jener es getan hatte. Er hatte ein so fröhliches Wesen, und sein vergnügtes Lachen war in jener Zeit der Trauer die beste Medizin für mich. Er war störrisch und be-

kam Wutanfälle, wenn man ihm nicht seinen Willen ließ – doch bei welchem vierjährigen Kind wäre das anders? Er gehorchte mir aber immer, wenn ich ihm zeigte, daß ich es gern so wollte. Er hing abgöttisch an seiner Schwester, und es war eine Freude, die beiden zusammen zu sehen, denn sie bemutterte ihn gern, und er wollte ihr immer von allem, was er besaß, abgeben. Wie bei den meisten Knaben galt seine große Passion Uniformen und Soldaten. Bei den Wachen war er sehr beliebt; er beobachtete sie gern vom Fenster aus oder ging noch lieber in die Gärten hinunter und marschierte neben ihnen her.
Sein Charme bezauberte sie alle. Ich nannte ihn meinen *›chou d'amour‹*, was etwa dem deutschen ›Herzblatt‹ entspricht. Ich wollte nicht, daß er sich seiner Rangstellung schon zu sehr bewußt war, andererseits sollte er aber besser als sein Vater auf seine spätere Aufgabe vorbereitet werden.
Ich sprach also mit ihm über die Veränderung, die sein Leben durch den Tod seines Bruders erfahren hatte.
»Du, mein Liebling«, sagte ich, »bis jetzt also Dauphin geworden.«
Er nickte, während er mit seinem dicken Fingerchen ein Muster auf meinem Kleid nachzog.
»Und das bedeutet«, fuhr ich fort, »daß du eines Tages der König von Frankreich wirst. Stell dir das doch nur vor!«
Ernst schaute er mich an. »Ich werde Ihnen was viel Schöneres erzählen, soll ich?« fragte er.
Ich hob ihn auf den Schoß. »Was könnte wohl schöner als das sein, mein Liebling?«
Er näherte seinen Mund meinem Ohr und flüsterte: »Jetzt gehört Moufflet mir!«
Ich hielt ihn anscheinend zu fest an mich gedrückt, denn er sagte: »Maman, es ist schön, geliebt zu werden, aber es tut weh.«
Eine Welle zärtlicher Bewegung stieg in mir auf, und ich dachte: Ach, mein Kleiner! Wie recht hast du!

Unser Leben näherte sich mit erschreckender Geschwindigkeit einem furchtbaren Höhepunkt; der Tod meines Sohnes hatte mich das vorübergehend vergessen lassen. Jetzt erkannte ich jedoch, daß ich noch anderen Grund hatte, mir große Sorgen zu machen.
Die erste Versammlung der Generalstände hatte in der *Salle des Menus Plaisirs* stattgefunden; der König, Baretin, der Siegelbewahrer, und Necker hatten gesprochen. Necker erklärte der Versammlung, man

hätte sie auf ausdrücklichen Wunsch des Königs einberufen, dessen Hauptziel es sei, durch diese Maßnahme zu erreichen, daß die beiden vermögenden Stände – der Adel und der Klerus – sich um des Landes willen zu großen Opfern bereit erklärten.
Es kam zu einem Vorfall, der bezeichnend für die neue Stimmung des Volkes war. Nachdem der König barhäuptig gesprochen hatte, setzte er seinen Hut wieder auf, worauf – nach altem Brauch – die Vertreter des Adels die Hüte abzunehmen und die Mitglieder des Dritten Standes sich hinzuknieen hatten, was letztere jedoch nicht taten, ja, sie setzten sogar ihre Hüte auf.
Der Adel gab seiner Empörung Ausdruck, und jemand rief dem Dritten Stand den Befehl zu, sofort die Hüte abzunehmen. Es war ganz offenkundig, daß diese sich hartnäckig weigern würden, es zu tun. Was geschehen wäre, wenn mein Gemahl nicht mit großer Geistesgegenwart nun seinen eigenen Hut abgenommen hätte, vermag ich nicht zu sagen; dies bedeutete, daß alle es ihm nachmachen mußten, auch die aufsässigen Vertreter des Dritten Standes. Ein unangenehmer Zwischenfall war scheinbar vermieden worden. Der Vorfall war jedoch typisch für den Kampf, der nun zwischen den Vertretern des Adels und Klerus und den Mitgliedern des Dritten Standes entbrennen sollte.
Der Name des Grafen von Mirabeau war in aller Munde. Er war ein Aristokrat von Geburt, hatte jedoch in seiner Kindheit entsetzlich unter einem sadistischen Vater leiden müssen, der ihn geschlagen und gequält und sogar ins Gefängnis geworfen hatte. Er war ein brillanter Kopf und hatte durch seinen Übertritt zum Dritten Stand dessen Position ungemein gestärkt; und es zeigte sich bald, daß es zu einem Zusammenstoß zwischen dem Dritten Stand und den restlichen Mitgliedern der Generalstände kommen würde.
Der Dritte Stand hatte sich selbst zur Nationalversammlung erklärt; sie behaupteten, sechsundneunzig Prozent des Volkes zu repräsentieren. Sie fingen an, ihre eigenen Gesetze zu erlassen und verkündeten, sie würden eine Verfassung aufstellen, in der festgesetzt würde, wie viel Macht dem König zustände.
Der Herzog von Luxemburg, der Präsident des Adels, ließ sich mit dem Herzog de la Rochefaucould-Liancourt beim König zu einer Audienz melden und führte eine sehr ernste Unterredung mit meinem Gemahl. »Die Monarchie ist verloren, wenn Eure Majestät nicht sofort die Generalstände auflösen«, erklärte de la Rochefaucould-Liancourt.

Der König war in einem Dilemma. Er wolle es allen recht machen, antwortete er.
Er ließ Necker rufen, der ihm riet, eine Versöhnung der beiden Parteien anzustreben. Ich war dagegen. Irgend etwas sagte mir, daß die Generalstände unseren Untergang planten. Ich war daher absolut auf Seiten der beiden Herzöge, die die Auflösung der Generalstände verlangten. Die Deputierten seien ein Verein von Verrückten, sagte ich. Wir müßten sie wieder wegschicken.
Wie immer konnte Ludwig sich nicht entschließen. Erst tendierte er zu meinem Vorschlag, dann zu Neckers. Und dann schloß er einen Kompromiß: Mit Rebellen würde er nicht verhandeln, erklärte er.
Am 20. Juni, als der König auf der Jagd in Le Butard war, wollte der Dritte Stand trotzdem wieder zusammentreten. Die *Salle des Menus Plaisirs* war geschlossen; so hielten sie ihre Versammlung auf dem Platz des *Jeu du Paume* ab und schworen, sich nicht eher zu trennen, bevor sie nicht den Wunsch des Volkes erfüllt und eine Verfassung zugesichert bekommen hätten.
Dies war die offene Auflehnung gegen den König, denn er hatte das Recht, die Generalstände aufzulösen, falls er es wünschte.
Als Ludwig erfuhr, daß sie diesen Schwur, der als Ballhausschwur bekannt wurde, getan hatten, war er so unentschlossen wie eh und je. Auf der einen Seite waren jene, die erklärten, man müßte die Männer, die jetzt Rebellen genannt wurden, mit dem Militär wegjagen, und auf der anderen Seite stand Necker, der zu versöhnlichen Maßnahmen riet. Doch da verkündete Mirabeau, der denkende Kopf und die eigentliche Triebkraft des Dritten Standes, die Nationalversammlung würde nur den blanken Bajonetten weichen, während Jean Sylvain Bailly, der Präsident der Nationalversammlung, hinzufügte, die nun einmal versammelte Nation könne von niemandem aufgelöst oder nach Hause geschickt werden.
Und die Nation hatte sich tatsächlich versammelt. Nur erkannten wir das nicht rechtzeitig genug. Der Herzog von Orléans, der seine Stimme ebenfalls dem Dritten Stand gab, hatte schon seit langem im Palais Royal den Samen des Aufruhrs gesät und geschürt und unterstützte jetzt Agitatoren. Jeden Tag fanden neue Versammlungen statt, erschienen neue Pamphlete und Traktate.
Die Worte »Freiheit« und »das Volk« hatten eine magische Wirkung. In Versailles und Paris war die Atmosphäre spannungsgeladen, und überall herrschte eine unbestimmte Furcht. Wir waren nicht in der

Lage zu erraten, was als nächstes passieren würde. Axel sprach mit mir und sagte: »Sie wissen, daß ich immer hier bin, wenn man mich brauchen sollte.« Und mir war wohler zumute als seit langer Zeit. Vielleicht verstand er als Ausländer, der sich in Paris unter das Volk mischen konnte, die Situation viel besser als das uns möglich war. Wir glaubten einfach nicht, daß die Monarchie gefährlich in ihren Grundfesten schwankte; wir merkten es nicht. Er jedoch hatte jene Menschenansammlungen im Palais Royal gesehen, hatte die Unzufriedenheit des Volkes gehört.

Ludwig mußte nach Paris fahren, um dort einer Versammlung der Generalstände beizuwohnen, und ich hatte Angst, was dort passieren mochte. Ich konnte es Necker nicht verzeihen, daß er ihn nicht begleitete, obgleich ich ihn ausdrücklich darum gebeten hatte; doch er war verärgert, daß der König nicht seinen Rat befolgte. Ludwigs beste Eigenschaft war sein Mut. Nie erlebte ich, daß er Furcht hatte, wie die meisten Menschen es unweigerlich in entsprechenden Situationen gehabt hätten. Wenn er die falschen Maßnahmen ergriff – was leider häufig vorkam –, geschah das nie aus Furcht. Aber ich wußte, daß er sogar jetzt, wo er sich entschlossen hatte, unnachgiebig und fest zu bleiben, wieder schwankend werden würde, wenn jemand ein gutes Gegenargument vorbrachte.

Er gab eine energische Erklärung in der Versammlung ab. Er würde keine Veränderungen an gesetzlichen Institutionen dulden, womit er die Armee meinte. Er würde für eine gerechte Besteuerung sorgen; der Adel und der Klerus müßten auf ihre Privilegien verzichten. Und er bat um Rat, wie man die *lettres de cachet* – die Bannbriefe – abschaffen könnte.

Als er wieder ging, befahl er, die Versammlung für die Nacht aufzuheben, doch niemand gehorchte seinem Befehl. Und als des Königs Hofmarschall, der Marquis de Dreux-Brézé, erschien und verkündete, die Versammlung sei hiermit geschlossen, alle möchten nach Hause gehen, erhob sich Mirabeau und rief, sie würden gehen, wann es ihnen passe, und er, Brézé, könne ja zu denen zurückkehren, die ihn geschickt hätten; und er wiederholte, sie würden nur der Macht der Bajonette weichen.

Wie typisch war es für Ludwig, seine Festigkeit ebenso schnell wieder zu verlieren, wie er sich zu ihr entschlossen hatte. Als Brézé ihm über das Vorgefallene Bericht erstattete, zuckte er nur die Achseln und meinte: »Nun gut. Lassen Sie sie also, wo sie sind.«

Und dann beging er einen folgenschweren Fehler. Er entließ Necker und ernannte Breteuil zum neuen Generalkontrolleur der Finanzen.
Ich war mit den Kindern im Trianon und las ihnen aus den Fabeln von La Fontaine vor. Meine Tochter stand an meinen Stuhl gelehnt und folgte dem Text mit den Augen; mein Sohn saß auf meinem Schoß und hing gespannt an meinen Lippen. Ab und zu jauchzte er vor Vergnügen über einen Satz auf, der ihm besonders komisch erschien.
Im Trianon hatte sich seit etwa einem Jahr vieles verändert. Das Theater blieb geschlossen – mir fehlte der nötige Elan, wieder Stücke aufzuführen. Ich wandelte oft mit Gabrielle durch die Gärten, und wir bemühten uns, nicht über die Befürchtungen zu sprechen, die uns bedrückten. Ich war nicht mehr von einem Kreis fröhlicher junger Männer umgeben. Sie hatten ihre einträglichen Posten bei Hofe verloren, hinter denen sie alle so hergewesen waren und die ich ihnen so frohen Herzens verliehen hatte. Sie schmollten jetzt verärgert. »Es bedeutet den Ruin für uns alle!« war ihr empörter Ausruf gewesen. Ich hatte zu lesen aufgehört und das Buch zugeklappt.
»Ich möchte Ihnen meine Blumen zeigen, Maman«, sagte Ludwig-Karl. Und so gingen wir in den Garten, um uns die Ecke anzuschauen, die ich ihm abgetreten hatte, da er Blumen so liebte und sie schon jetzt mit Hilfe der Gärtner anpflanzte. »Blumen und Soldaten, Maman«, hatte er mir einmal anvertraut, »ich weiß nicht, was ich von beiden am liebsten mag.«
Mit den Kindern an der Hand ging ich durch die Gärten. Meine lieben Bauern kamen aus ihren Häuschen, machten ihren Knicks und betrachteten die Kinder mit zärtlicher Bewunderung. Niemand hätte vermutet, was in der Welt um uns herum vorging. Das Trianon war erneut meine Zufluchtsstätte. Mein Sohn ließ meine Hand los und rannte voran. Er lief zu »seinem Garten«, um uns dort zu empfangen.
»Ich habe mit einem Grashüpfer gesprochen«, verkündete er. »Er lachte eine alte Ameise aus. Aber er wird nicht mehr lachen, nicht wahr, Maman, wenn der Winter kommt?«
»Wann hast du denn mit dem Grashüpfer gesprochen, mein Herz?«
»Gerade eben. Ihr konntet ihn nicht sehen. Er sprang aus dem Buch, als Sie vorlasen.«
Ernst sah er mich an.
»Das hast du dir ja nur ausgedacht«, sagte seine Schwester.
Aber er schwor, daß es wahr sei. »Ich kann es schwören!« beteuerte er. Ich lachte, aber seine Übertreibungen beunruhigten mich doch etwas.

Er wollte gar keine Unwahrheit sagen, besaß nur eine so blühende Fantasie.
Er pflückte einige Blumen und überreichte sie mir und seiner Schwester. »Wenn Sie wieder auf einen Ball gehen, Maman, mache ich Ihnen ein Halsband aus Blumen.«
»Wirklich, mein Liebling?«
»Ja, Maman. Ein ganz, ganz schönes! Es wird viel schöner als eins aus Diamanten.«
Die warnenden Schatten ließen mir auch hier keine Ruhe.
Ich hob ihn hoch und schloß ihn fest in die Arme.
»Ich möchte viel lieber eines aus Blumen!« sagte ich und küßte ihn.

Man berichtete mir, was in Paris vorging. Es hatte den Anschein, als bereite sich die Stadt in jenen heißen Julitagen auf etwas vor, als warte sie auf etwas. Immer häufiger hörte ich die Namen der gefährlichen Männer – Mirabeau, Danton und Orléans, der größte Verräter von ihnen allen, ein Prinz von königlichem Geblüt, der das Land zum Aufstand gegen uns aufhetzte.
»Was erhofft er sich nur davon?« fragte ich Ludwig. »Etwa Ihren Platz einzunehmen?«
»Das wäre durchaus möglich«, erwiderte mein Gemahl.
Ich erfuhr, daß die Menschenmengen sich Tag und Nacht nur so in den Innenhof des Palais Royal drängten und daß Orléans in seinem kleinen Hoheitsgebiet bereits König war. Es hieß, der Journalist und Agitator Camille Desmoulins stehe in seinen Diensten. All diese Männer arbeiteten gegen uns, und jedes Mittel war ihnen recht.
»Sie werden im Kampf gegen den Thron immer den kürzeren ziehen«, erklärte Ludwig gelassen.
Madame Campan war schweigsamer und ernster denn je.
»Erzählen Sie mir alles, was Sie wissen«, befahl ich. »Verschweigen Sie mir nichts!«
»Es ist in Paris zu Aufständen gekommen, Madame. Der Mob stürmt durch die Straßen, und die Ladenbesitzer verbarrikadieren ihre Geschäfte.«
»Rohe Gewalt!« murmelte ich betroffen. »Wie ich sie hasse!«
»Danton hält im Hof des Palais Royal Reden – Desmoulins ebenfalls. Sie haben die grüne Kokarde abgetrennt, weil das die Farben des Grafen von Artois sind.«
»Ich fürchte, sie hassen Artois fast ebenso wie mich.«

Ich war tief traurig und dachte an jene ausgelassenen Unternehmungen, die wir beide früher so genossen hatten.
»Sie haben die Farben von Monsieur d'Orléans gewählt, Madame – rot-weiß-blau, die Trikolore. Sie fordern Neckers Rückberufung und ziehen mit Büsten von Necker und dem Herzog von Orléans durch die Straßen.«
»Dann haben sie ja jetzt ihre Helden!«

Ludwig hatte sich schon wieder umbesonnen und beschloß, jetzt energisch durchzugreifen. Er wollte das Militär einberufen und die Bastille besetzen lassen. Die Generalstände müßten aufgelöst werden. Und er befahl, bei der Besetzung der Bastille die Gewehre nicht gegen das Volk zu benutzen.
Nie werde ich jene Nacht vom 14. Juli vergessen. Es war ein heißer, drückender Tag gewesen, und wir hatten uns schließlich in unsere Schlafgemächer zurückgezogen.
Ich konnte nicht einschlafen. Wie anders war doch Ludwig als ich! Nichts schien seinen Schlaf jemals stören zu können. Man mußte ihn wecken, als der Bote kam, der niemand anders als der Herzog de la Rochefaucould-Liancourt war, der in wilder Eile mit einer schrecklichen Nachricht von Paris herübergeritten war. Sein Gesicht war aschfahl und seine Stimme zitterte.
Ich hörte, wie er rief, man möchte ihn unverzüglich zum König lassen, und stand auf und warf mir einen Morgenrock über.
Die Diener des Königs wollten ihn abweisen. Der König sei im Bett – man könne ihn nicht um diese Zeit wecken!
»Weckt den König!« lautete Liancourts schroffer Befehl. »Ich muß den König sprechen!« Und schon war er in dessen Schlafgemach.
»Sire«, rief er. »Das Volk hat die Bastille gestürmt!«
Ludwig setzte sich im Bett auf und rieb sich die Augen.
»Die Bastille ...« murmelte er.
»Sie haben die Bastille gestürmt, Sire!«
»Aber ... der Kommandant ...«
»Sie haben Launay ermordet, Sire! Sie haben seinen Kopf auf eine Pike gespießt und sind so in das Gefängnis eingezogen.«
»Das würde ja nach einer Revolte aussehen«, sagte der König.
»Nein, Sire! Es ist viel schlimmer – es ist eine Revolution!« erwiderte der Herzog mit todernstem Gesicht.

21

»Ich appelliere an Sie! Es ist mein Wunsch, daß ich und die Nation eine Einheit bilden, und ich habe daher in vollem Vertrauen auf die Zuneigung und die Treue meiner Untertanen Befehl erteilt, die Truppen von Paris und Versailles abzuziehen.«

Ludwig XVI. *vor der Nationalversammlung*

»Die Königin erschien darauf auf dem Balkon. ›Ah!‹ sagte die Frau mit dem Schleier, ›die Herzogin ist nicht bei ihr.‹ ›Nein‹, erwiderte der Mann, ›aber sie ist noch in Versailles. Sie ist wie ein Maulwurf an ihrer Wühlarbeit, aber es wird uns doch gelingen, sie auszugraben.‹ ... Ich hielt es für meine Pflicht, der Königin von dem Gespräch dieser beiden Unbekannten zu berichten.«

Madame Campans Memoiren

»Adieu, liebste aller Freundinnen! Es ist ein schreckliches und doch notwendiges Wort: Adieu!«

Marie-Antoinette an Gabrielle von Polignac

DIE FREUNDE VERLASSEN VERSAILLES

Die Schreckensherrschaft war über uns hereingebrochen.
Artois kam mit weißen Lippen zu uns; all seine frühere Fröhlichkeit war verschwunden.
»Überall in Paris bringen sie Leute um!« stieß er hervor. »Ich habe erfahren, daß mein Name ganz oben auf der Liste ihrer Opfer steht!«
Ich lief zu ihm und warf ihm die Arme um den Hals. In letzter Zeit hatte ein sehr kühles Verhältnis zwischen uns geherrscht, doch war er nach wie vor mein Schwager, und da wir früher so gute Freunde gewesen waren, verbanden uns viele gemeinsame Erinnerungen.
»Sie müssen fort!« rief ich und sah ein grausiges Bild vor meinem inneren Auge: Artois' auf eine Pike aufgespießten Kopf.

»Ja«, sagte der König ruhig. Er war der einzige von uns, der seine Ruhe bewahrte. »Sie müssen Ihre Vorbereitungen treffen, abzureisen.«
Ich fragte mich, wie es um mich bestellt sein mochte. Wo stand wohl mein Name auf ihrer Liste? Bestimmt ganz oben an erster Stelle! Und ich dachte an meine lieben Freundinnen – an Gabrielle, die das Opfer so vieler Skandale gewesen war, und an meine gute Lamballe.
»Es werden noch andere fliehen müssen«, erklärte ich.
Artois erriet meine Gedanken, so wie er es früher zu tun pflegte.
»Sie meinen die Polignacs«, sagte er.
Ich ging sofort in meine privaten Gemächer und schickte Madame Campan zu Gabrielle, um sie zu holen.
Sie kam verschreckt zu mir. Ich schloß sie liebevoll in die Arme.
»Liebste Freundin«, sagte ich, »Sie werden fortmüssen.«
»Sie schicken *mich* fort?«
Ich nickte. »Solange es noch Zeit ist.«
»Und Sie?«
»Ich muß beim König bleiben.«
»Und Sie denken ...«
»Ich denke gar nichts, Gabrielle. Ich wage nicht mehr nachzudenken.«
»Aber ich kann nicht fortgehen! Ich will Sie nicht alleinlassen! Und die Kinder!«
»Sind Sie auch wie die Rebellen? Vergessen auch Sie, daß ich immer noch die Königin bin? Sie werden abreisen, Gabrielle, weil ich es so will!«
»Und Sie verlassen?«
»Und mich verlassen!« bestätigte ich ihr, indem ich mich abwandte. »Weil es mein Wunsch ist.«
»Nein! Nein!« rief sie. »Das können Sie nicht von mir verlangen! Wir haben so vieles zusammen erlebt und durchgemacht ... wir müssen zusammenbleiben! Sie wären glücklicher, wenn ich hier bliebe.«
»Glücklicher! Ich glaube manchmal, ich werde nie wieder in meinem Leben glücklich sein. Es wäre jedoch tröstlicher für mich, an Sie weit weg von hier in Sicherheit denken zu können, als ständig in der Angst zu leben, die könnten das mit Ihnen machen, was sie mit dem Marquis de Launay gemacht haben. Treffen Sie also sofort Ihre Reisevorbereitungen! Artois verläßt uns ebenfalls. Jeder einzige, der fort kann, muß verschwinden ... und vielleicht kommen auch wir bald nach!«
Ich lief aus dem Gemach, da ich am Rande meiner Kräfte war.

Ich ging wieder zum König. Mehrere Boten waren inzwischen aus Paris eingetroffen. Das Volk verlangte die Anwesenheit des Königs. Wenn er nicht käme, würden sie nach Versailles kommen und ihn holen. Sie wollten ihn in Paris haben, wollten »gut für ihn sorgen«.
»Wenn Sie hingehen, kommen Sie vielleicht nicht wieder zurück«, warnte ich ihn.
»Ich werde zurückkommen«, antwortete er so ruhig und unerschüttert, als handele es sich um einen Jagdausflug.
Das Volk verlangte, daß seine Brüder ihn begleiteten, und so zitterte ich nicht nur um meinen Gemahl, sondern auch um Artois. Sie behaupteten nach wie vor, er wäre mein Liebhaber; das war ein alter Skandal, doch die alten Skandale wurden jetzt wieder neu hervorgeholt.
Die Kutsche stand vor der Tür, und ich begleitete Ludwig hinunter. »Gott schütze Sie!« flüsterte ich, und er drückte mir fest die Hand. Er war zutiefst überzeugt, daß sein Volk ihm nichts Böses tun würde; ich konnte seinen Optimismus jedoch nicht teilen. Immer wieder fragte ich mich, ob ich wohl jemals sein Gesicht wiedersehen würde.
Ich mußte mich irgendwie beschäftigen, da ich nicht wagte, allein zu bleiben und nachzudenken. Ich sah dauernd im Geiste, wie der Mob in die Bastille eindrang und Launays aufgespießten Kopf vor sich hertrug – nur war es nicht mehr Launays Kopf, sondern der des Königs!
Ich würde versuchen, mich ganz normal zu benehmen. Aber was sollte ich machen? Meine Kinder verloren ihre Gouvernante. Ich mußte also eine neue für sie finden.
Ich dachte eine Zeitlang darüber nach und entschloß mich dann für Madame de Tourzel – eine Witwe; sie war eine ernsthafte, seriöse Frau, die eine der wertvollsten menschlichen Eigenschaften besaß: absolute Loyalität.
Ich teilte ihr ihre Ernennung mit, und sie verstand, warum ich sie gewählt hatte. Sie mußte erfahren haben, daß das Volk auf den Pariser Straßen Bilder von mir und Gabrielle verbrannte und obszöne Abbildungen und Verse über mich von Hand zu Hand gingen. O ja, Madame de Tourzel verstand es sehr gut, und ich hätte ihr am liebsten gesagt, wie dankbar ich ihr für die ruhige Art war, in der sie mir für die Ehre dankte und mir schwor, meinen Kindern so lange treu zu dienen, wie ich ihr die Erlaubnis dafür geben würde.

Danach kehrte ich in meine Gemächer zurück. Ich wollte allein sein, denn ich befürchtete zu sehr, meine entsetzliche Angst zu verraten. Was mochte nur in Paris meinen Gemahl erwarten? War es so weit mit ihnen gekommen, daß sie ihren König ermorden würden? Was sollte ich machen? Sollte ich meine Flucht mit den Kindern vorbereiten?

Ich würde etwas Kleidung einpacken lassen, würde Anordnung geben, die Reisewagen für die Abfahrt bereitzuhalten.

Ich ging zu den Kindern. Ich mußte bei ihnen bleiben, denn ich befürchtete einen Verrat. Mein Sohn brachte mir das Buch mit den Fabeln von La Fontaine.

»Laß uns die über den Fuchs lesen, Maman ... Ich habe heute nacht einen Fuchs gesehen. Der Soldat brachte ihn herein ...«

Ich legte ihm die Hand auf den Kopf. »Nicht jetzt, mein Liebling.«

Er sah mich erstaunt an. »Wo ist Madame de Polignac, Maman?« wollte er wissen.

»Sie ist in ihrem Appartement«, berichtete ihm seine Schwester. »Sie ist sehr beschäftigt.«

»Alle sind heute so anders«, beklagte sich mein Sohn, doch dann hellte sich sein Gesichtchen auf. »Kommen Sie, Maman! Ich möchte Ihnen meinen Garten zeigen.«

»Ich denke, wir werden heute drinnen bleiben, mein Herz. Ja ... ich werde Euch doch vorlesen.«

So saß ich da und las ihnen vor, horchte jedoch die ganze Zeit angstvoll auf die Ankunft eines Boten. Was für grauenvolle Nachrichten er mir möglicherweise überbringen würde, daran wagte ich nicht einmal zu denken.

Es war elf Uhr abends, als der König endlich zurückkam. Ich saß wartend in meinem Appartement und machte Qualen der Angst durch. Er war umgeben von den Deputierten der Nationalversammlung in Paris zu seiner Kutsche geschritten. Ein lärmender Haufen von Männern und Frauen, die Stöcke in den Händen trugen, folgte ihm nach Versailles. Ich hörte den Ruf: »Vive le Roi!« und fühlte, wic meine Lebensgeister sich wieder hoben. Schnell lief ich hinunter, um ihn zu begrüßen.

Er sah sehr müde aus, doch so ruhig und gelassen wie immer. Sein Rock war befleckt, die Krawatte verrutscht, und an seinem Hut steckte die Trikolore.

Ich weinte fast vor Erleichterung, und er war gerührt über meine innere Bewegung.

»Sie hätten längst im Bett sein sollen«, sagte er. »Sie sind ja ganz erschöpft von der Warterei.«

Als ob es uns anderen allen so leicht wie ihm fiel, angesichts so grauenvoller Geschehnisse zu schlafen!

Aber diese Leute ließen uns keinen Frieden. Sie drängten in den Schloßhof.

»Wir wollen den König!« schrien sie. »Und die Königin! Und den Dauphin!«

Ich sah fragend meinen Gemahl an; er nickte. Ich wandte mich an Madame Campan, die in jenen schrecklichen Tagen ständig an meiner Seite war.

»Gehen Sie zu der Herzogin von Polignac und sagen Sie ihr, man möchte mir sofort meinen Sohn bringen.«

»Und möchte Eure Majestät, daß Madame de Polignac ihn bringt?«

»Nein, nein! Sagen Sie ihr, sie soll nicht kommen! Diese gräßliche Menge darf sie nicht sehen.«

So brachte Madame Campan mir meinen Sohn. Der König führte ihn auf den Balkon, und das Volk schrie: *»Vive le Roi! Vive le Dauphin!«* Und mein kleiner Sohn hob die Hand und winkte ihnen zu, was sie zu rühren schien.

»Die Königin!« schrien sie jetzt.

Madame Campan legte mir die Hand auf den Arm. Die Sorge um mich stand ihr im Gesicht geschrieben. Ich wußte, sie fragte sich voller Entsetzen, was der Mob mit mir machen würde, wenn ich mich zeigte.

Aber ich mußte auf den Balkon hinaustreten. Falls ich es nicht tat, würden sie das Schloß stürmen. Meinen Gemahl und meinen Sohn hatten sie hochleben lassen. Sie hegten keinen Groll gegen sie – zumindest nicht in jenem Augenblick. Aber wie stand es um mich? Ich trat auf den Balkon hinaus, während ich ein lautloses Gebet murmelte und an meine Mutter und all ihre Warnungen und Ratschläge dachte und mich fragte, ob sie jetzt wohl vom Himmel auf mich herabsah. Ich hatte mich großer Torheiten schuldig gemacht, würde ihr aber wenigstens jetzt keine Schande machen. Falls ich sterben mußte, würde ich als eine Habsburg sterben, so wie sie es von mir erwarten würde. Und so stand ich da, den Kopf hoch erhoben und fest entschlossen, mir keine Angst anmerken zu lassen. Es entstand eine Stille, die lange Zeit zu dauern schien ... und dann schrie jemand: *»Vive la Reine!«*

Die Hochrufe waren ohrenbetäubend. Mir wurde schwindlig, doch ich stand unbeweglich da und lächelte.
Die Menge jubelte uns zu – mir, dem König und dem Dauphin. Es war, als haßten sie uns nicht mehr – als liebten sie uns.
Ich war jedoch nicht mehr so einfältig und naiv wie früher und wußte, daß die Liebe eines Volkes von einem Tag zum andern in kalten Haß umschlagen kann. Hosianna und Golgatha waren nicht weit voneinander entfernt gewesen.
Und schließlich war jener nicht endenwollende Tag dann doch vorbei, und wir sanken erschöpft in unsere Betten. Ludwig schlief auf der Stelle ein, doch ich lag wach und grübelte darüber nach, was für neue Prüfungen als nächstes auf uns warteten.

Der König erzählte mir am nächsten Morgen, was sich in Paris abgespielt hatte. Durch seinen Schlaf erfrischt, sah man ihm nicht an, was er hinter sich hatte. Nie habe ich einen Menschen gekannt, der Unglück so ungerührt ins Gesicht zu sehen vermochte. Es war fast, als hätte die göttliche Vorsehung ihn extra für die Rolle ausgerüstet, die seiner harrte.
Als er in Paris ankam, wurde er von Bailly, dem Bürgermeister, der jetzt Präsident des Dritten Standes geworden war, empfangen und bekam von ihm die Schlüssel der Stadt überreicht. Diese Rückkehr zu einem alten traditionellen Brauch hatte Ludwigs Optimismus geweckt, was bei ihm nie schwer war. Alles würde gut werden!
Bailly sagte: »Ich bringe Eurer Majestät die Schlüssel Eurer guten Stadt Paris. Dies waren die Worte, die man auch zu Heinrich dem Vierten sprach. Er eroberte das Volk zurück – hier hat das Volk seinen König zurückerobert!«
Diese Worte waren nun alles andere als beruhigend. Der Vergleich, den sie zwischen ihm und dem König zogen, den die Franzosen immer für ihren größten und besten gehalten hatten, war beleidigend. Ludwig zeigte jedoch keinen Ärger und nahm gelassen die Schlüssel der Stadt entgegen. Ich konnte mir gut sein mildes Lächeln vorstellen, das er dem drohenden Haufen zuwarf, der seine Kutsche umringte. Die Tatsache, daß er ihre Drohungen einfach nicht zu bemerken schien, muß sie aus dem Konzept gebracht haben.
Auf der Place Louis xv. feuerte jemand einen Schuß auf ihn ab, der ihn jedoch verfehlte und statt dessen eine Frau tötete; in dem Riesentumult wurde der Zwischenfall aber kaum bemerkt.

Vor dem *Hôtel de Ville* stieg Ludwig aus seiner Kutsche und schritt unter einem Spalier aus Piken und Stöcken hindurch, das die Menge für ihn bildete. Er begab sich zu dem Thron, während die schreienden Männer und Weiber in die Halle drängten. Ich konnte mir diese Szene lebhaft vorstellen, die jeden anderen Menschen mit Entsetzen erfüllt hätte; er sah sich nach wie vor als ihr großer Vater, der jetzt allerdings traurig war, weil seine Kinder sich so schlecht benahmen, doch jederzeit bereit, es ihnen beim ersten Anzeichen der Reue mit einem Lächeln zu verzeihen.

Sie empfanden aber keine Reue. Sie waren jetzt die Herren, und wenn sein Auftreten sie auch verwirrte, so waren sie doch entschlossen, das nicht zu vergessen und dafür zu sorgen, daß er es ebenfalls nicht vergaß.

Er wurde gefragt, ob er der Ernennung von Jean Sylvain Bailly zum Bürgermeister von Paris zustimme und der von Marie Joseph Gilbert Motier de Lafayette zum Kommandant der Nationalgarde. Er gab seine Zustimmung. Dann nahm er den Hut ab und erklärte, barhäuptig vor ihnen stehend: »Ich appelliere an Sie! Es ist mein Wunsch, daß ich und die Nation eine Einheit bilden, und ich habe daher in vollem Vertrauen auf die Zuneigung und die Treue meiner Untertanen Befehl erteilt, die Truppen von Paris und Versailles abzuziehen.«

Hochrufe ertönten. Er lächelte gütig und erkannte nicht, daß er damit den Rebellen den Weg zur Revolution freigab.

Als sie ihm die Trikolore reichten und verlangten, er solle sie an seinen Hut stecken, war er nicht weiter bestürzt. Wie hätte sein Großvater wohl auf eine derartige Herausforderung reagiert? Und wer hätte gar gewagt, sie Ludwig XIV. anzubieten? Doch mein Ludwig nahm sie freundlich entgegen und steckte das Symbol des Volkes an seinem Hut fest. Er, der König, wäre einer von ihnen. Was konnten sie daraufhin machen? Sogar in einem solchen Moment muß seine Königswürde sie etwas eingeschüchtert haben.

Sie jubelten ihm zu und schrien: *»Vive le Roi!«*

Glücklicherweise gab es auch einige Männer unter den dort Versammelten, die, obgleich sie Reformen anstrebten, doch gegen Anwendung von Gewalt waren und erkannten, daß man das Land nur vor großem Unheil bewahren konnte, wenn diese Reformen auf ordnungsgemäße und gesetzliche Weise durchgeführt wurden. Einer von diesen war der Graf von Lally-Tollendal.

Er rief: »Bürger! Freut Euch über die Anwesenheit Eures Königs und die Wohltaten, die er Euch erweisen wird!« und an meinen Gemahl gewandt, fuhr er fort: »Es gibt hier nicht einen einzigen Menschen, Sire, der nicht bereit wäre, für Sie sein Blut zu vergießen. König und Bürger! Laßt uns der Welt eine freie und gerechte Nation zeigen unter einem geliebten König, der nichts bloßer Gewalt verdankt, sondern alles seiner Tugend und seiner Liebe zum Volk!«

Wenn ich mir diese Szene so ausmale, wie Ludwig sie mir schilderte, glaube ich sogar jetzt noch, daß er Frankreich hätte retten können. Gerade sein unerschütterlicher Mut forderte ihnen Respekt und Achtung ab, und seine guten Absichten waren immer zu erkennen. Wäre er doch nur energischer und konsequenter gewesen! Hätte er doch nur einen geraden Kurs verfolgt und entschlossene Maßnahmen ergriffen! Aber dann wäre er eben nicht Ludwig gewesen, der Mensch, der er nun einmal war.

Mit Tränen der Bewegung stand er vor der Menge und rief: »Mein Volk kann immer auf meine Liebe zählen!«

Und so war er, umgeben von seinen ihm zujubelnden Untertanen mit der Trikolore am Hut nach Versailles zurückgekehrt.

Wir sprachen den ganzen Vormittag darüber. Ich hatte nachts überhaupt nicht geschlafen, sondern wachgelegen und versucht, Pläne zu machen. Wir konnten nicht länger hierbleiben! Ich wußte, wir waren in Gefahr. Ich hatte Madame Campan gleich nach der nächtlichen Rückkehr des Königs mit dem Auftrag hinuntergeschickt, sich unter das im Schloßhof versammelte Volk zu mischen und mir zu berichten, was sie dort so hörte – und das war sehr aufschlußreich gewesen!

»Es war leicht zu erkennen, Madame, daß viele in dem Mob sich nur verkleidet hatten. Sie waren gar keine armen Leute, obwohl sie sich so angezogen hatten. Ihre Sprache verriet sie.«

»Haben Sie mit irgendwelchen geredet?«

»Einige sprachen mich an, Madame – auch eine Frau mit einem schwarzen Spitzenschleier über dem Gesicht. Sie packte ziemlich grob meinen Arm und sagte: ›Ich kenne Sie sehr gut, Madame Campan! Sie sollten Ihrer Königin sagen, daß sie sich nicht länger in die Staatsgeschäfte einmischt! Sie soll es ihrem Mann und unseren guten Generalständen überlassen, für das Wohl des Volkes zu sorgen!‹«

Ich schauderte. Dann zwang ich mich jedoch zu fragen: »Was sonst noch?«

»Dann kam ein als Marktverkäufer verkleideter Mann auf mich zu. Er hatte den Hut tief in die Stirn gezogen. Er ergriff mich am Arm und sagte: ›Ja, sagen Sie ihr nur immer wieder, daß es mit dieser Versammlung der Generalstände nicht so gehen wird wie mit den bisherigen, die dem Volk nichts nützten. Sagen Sie ihr, das Volk wäre im Jahre 1789 zu aufgeklärt, um so weiterzumachen, und man würde jetzt keinen Deputierten des Dritten Standes mehr sehen, der seine Rede mit einem Knie auf dem Boden hielte! Sagen Sie ihr das, haben Sie gehört?‹«

»Das haben die also gesagt?«

»Ja, Madame, und als Sie auf den Balkon hinaustraten ... da redeten sie über meinen Kopf hinweg miteinander, aber in Wirklichkeit war es für mich bestimmt.«

»Und was sagten sie?«

»Die Frau mit dem Schleier sagte: ›Nein, aber die Herzogin ist noch in Versailles. Sie ist wie ein Maulwurf an ihrer Wühlarbeit, aber es wird uns doch gelingen, sie auszugraben.‹«

»War das alles, Madame Campan?«

»Ja, Madame. Sie gingen dann weg, und ich beeilte mich, wieder ins Schloß zu kommen.«

»Ich bin froh, daß Sie mir das alles erzählt haben. Unterlassen Sie bitte nie, mir diese Dinge mitzuteilen.«

»Ich würde es als Vernachlässigung meiner Pflicht halten, es nicht zu tun.«

Ich drückte ihr die Hand. »In Zeiten wie diesen«, sagte ich bewegt, »ist es gut, Freunde zu haben.«

Der König hörte ernst zu, als ich ihm erzählte, was Madame Campan mir berichtet hatte.

»Es wird immer einige geben, die gegen mich sind«, meinte er.

»Vielleicht sollten wir eher erstaunt sein, wenn wir Leute entdecken, die *für* uns sind!« entgegnete ich verbittert. »Wir müssen fort, Ludwig! Wir sind hier nicht mehr sicher!«

»Wie könnten wir Versailles verlassen?«

»Ganz einfach! Indem wir heimlich mit den Kindern und denjenigen unserer Freunde fliehen, denen wir vertrauen.«

»Artois hätte schon fort sein müssen. Ich sah die feindseligen Blicke, die sie ihm zuwarfen. Es wurden auch Schreie gegen ihn laut; einer rief: ›Es lebe der König, trotz Ihnen und Ihren Ansichten, Monseigneur!‹ Und mein Bruder sah hochmütig und gleichgültig geradeaus. Das mochten sie nicht. Ich hatte Angst um ihn. Ja, Artois muß rasch fort.«

»Artois ... und Gabrielle! Sie sind hier beide nicht mehr sicher. Aber auch wir sind es nicht mehr!«
»Ich bin der König, meine Liebe. Es ist meine Pflicht, bei meinem Volk zu bleiben.«
»Und Ihre Kinder?«
»Das Volk erwartet, daß der Dauphin in Versailles bleibt.«
»Ich habe aber Mordlust in ihren Gesichtern gesehen! Und ich habe ihre Stimmen gehört!«
»Es ist eine Angelegenheit, die der Staatsrat entscheiden muß.«
»Dann rufen Sie den Staatsrat zusammen! Es darf keine Verzögerung geben!«
»Ich finde, wir sollten hierbleiben.«
Ich versuchte, ihm die Gefahren vor Augen zu halten, die uns und unseren Kindern hier drohten. Wenn uns unser Leben lieb wäre, dürften wir nicht länger hierbleiben! Ich hätte schon alles packen lassen. Besonders sorgfältig meine Schmuckkassette. Sie enthielt ein Vermögen.
»Wohin sollten wir denn fliehen?«
»Nach Metz. Ich denke schon seit Tagen über nichts anderes mehr nach. Wir könnten nach Metz gehen, und es käme dann zu einem Bürgerkrieg, in dem wir diese Rebellen niederwerfen würden.«
»Das muß der Staatsrat entscheiden«, wiederholte Ludwig.
Und der Staatsrat trat zusammen, und sie berieten einen ganzen Tag und eine ganze Nacht. Ich lief indessen in meinen Gemächern fast krank vor Ungeduld und innerer Spannung ruhelos auf und ab. Ich hatte meinem Gemahl gesagt, daß wir fort müßten, daß es keinen Aufschub dulde und hatte meinen Freunden befohlen, sowie es dunkel würde abzufahren, weil ich wußte, daß es gefährlich war, länger hierzubleiben.
Und Ludwig hörte sich die Meinungen des Staatsrates an! Sie sollten entscheiden! Ich hatte ihm aber doch die Notwendigkeit einer sofortigen Flucht nahegelegt! Er konnte mein flehentliches Bitten nicht ignorieren.
Schließlich kam er aus dem Sitzungszimmer heraus. Ich lief ihm entgegen und sah ihm mit fiebernder Spannung ins Gesicht.
Er lächelte liebevoll. »Der König muß bei seinem Volk bleiben!«
In zorniger Verzweiflung und mit Tränen hilfloser Wut wandte ich mich brüsk von ihm ab. Sein Entschluß war jedoch gefaßt. Was auch geschehen mochte, wir mußten beide hier bleiben – und das mußte auch der Dauphin.

Die Nacht war angebrochen. Im Schloßhof hörte man die gedämpften Geräusche verstohlener Aktivität, leise Stimmen und das ungeduldige Scharren von Pferdehufen.

Sie waren alle im Begriff abzufahren – all jene fröhlichen Freunde, die Spielgefährten meiner glücklichen, unbeschwerten Zeit. Auch um Vermond mußte ich mir Sorgen machen; die Wut des Volkes hatte sich auf ihn gerichtet, weil er in meiner nächsten Umgebung gelebt hatte. Ich hatte ihm daher gesagt, er müßte sich nach Österreich begeben und erst wieder nach Frankreich zurückkehren, wenn glücklichere Zustände herrschten.

Er war jetzt ein alter Mann, der Abbé. Er hätte mir gern gesagt, daß er mich nie verlassen würde, doch das Grauen kam immer näher gekrochen und spiegelte sich schon in den Gesichtern von ihnen allen. Auch er würde also fortgehen.

Ich hatte Abschied von ihnen genommen, von jenen Mitgliedern unserer Familie und unseres Haushaltes, denen wir befohlen hatten, sich fern von Versailles und Paris in Sicherheit zu bringen.

Gabrielle und ihre Familie befanden sich auch unter ihnen. Meine liebe Gabrielle, der es so schwer wurde, mich zu verlassen. So viele Jahre lang war sie meine engste Gefährtin gewesen, hatte mich aufrichtig geliebt und war mir eine echte Freundin gewesen; sie hatte mit mir um den Tod meiner Kinder getrauert, hatte mir geholfen, sie zu erziehen – hatte sich mit ihnen über ihre kindlichen Glanzleistungen gefreut und ihre kindlichen Kümmernisse geteilt.

Ich konnte den Gedanken nicht ertragen, sie zu verlieren. Mich erfaßte der Impuls, in den Schloßhof hinunterzulaufen und sie anzuflehen, mich doch nicht zu verlassen. Aber wie durfte ich sie wieder in Gefahr bringen! Ich durfte sie nicht mehr sehen, durfte sie nicht in Versuchung bringen, hierzubleiben, durfte vor allem mich selbst nicht in diese Versuchung bringen. Ich liebte diese Frau wie eine Schwester. Mir blieb nichts anderes für sie zu tun übrig, als zu beten, daß sie wohlbehalten in Sicherheit gelangen möge.

Die Tränen strömten mir die Wangen herab. Ich nahm einen Bogen Papier und schrieb an sie. »Adieu, liebste aller Freundinnen! Es ist ein schreckliches und doch notwendiges Wort: Adieu!«

Und voller Bitterkeit lachte ich auf. Ich hatte die Zeilen wie immer mit Klecksen übersät. Aber sie würde verstehen, auch wenn die Schrift ungleichmäßig und zittrig war, mit welcher Aufrichtigkeit, welch tiefer und dauerhafter Liebe ich sie geschrieben hatte. Ich schickte einen

Pagen mit dem Brief und der Anweisung hinunter, diesen Madame de Polignac wenige Sekunden vor ihrer Abfahrt zu übergeben.
Und dann warf ich mich auf mein Bett und drehte das Gesicht zur Wand.
So lag ich da und lauschte. Und schließlich hörte ich, wie die Kutschen und Reisewagen über das Pflaster des Schloßhofes fortrollten.

Die großen Säle hallten wider vor Leere – lastende Stille herrschte in der Spiegelgalerie, tödliche Stille in dem *oeil-de-boeuf* Salon – im *Salon de la Paix* ertönte nicht ein Laut. Wir gingen morgens zur Messe, begleitet von einigen wenigen aus unserem Gefolge wie Madame Campan und Madame de Tourzel. Keine Feste, keine Kartenpartien, keine Bankette. Nur dieses bedrückende Warten, das Warten auf etwas noch viel Entsetzlicheres, was jenseits all unserer Vorstellungskraft lag. Jeden Tag erreichten uns neue Schreckensbotschaften über die Aufstände in Paris – und nicht nur in Paris; das gesamte Land war davon erfaßt worden. Entfesselte Horden stürmen die Schlösser – plündernd und brandschatzend. Niemand arbeitete mehr, und kein Brot kam mehr nach Paris. Die Bäcker hatten ihre Fensterläden fest verrammelt; doch die Rotten hungriger Menschen, die sich vor ihnen versammelten, rissen die Läden herunter und drangen in die Bäckereien ein. Sie suchten nach Brot, und wenn sie keines fanden, legten sie Feuer an andere Häuser und ermordeten wahllos jeden, den sie für ihren Feind hielten.
Und die Agitatoren leisteten indessen fleißige Arbeit. Männer wie Desmoulins veröffentlichten immer noch ihre Nachrichtenblätter, in denen sie das Volk mit umstürzlerischen Ideen aufwiegelten und sie zum Aufstand gegen den Adel aufhetzten. Exemplare des *Courrier de Paris et de Versailles* und des *Patriote Française* wurden zu uns ins Schloß geschmuggelt. Unglücklich und entsetzt lasen wir, was Marat über uns und unseresgleichen schrieb.
Jeden Morgen fragte ich mich beim Aufwachen, ob es wohl mein letzter Tag sein würde. Und jeden Abend, wenn ich einzuschlafen versuchte, fragte ich mich, ob der Pöbel wohl in dieser Nacht kommen würde, um mich aus dem Bett zu zerren und auf die grauenvollste Weise zu ermorden, die sie sich ausdenken konnten. Denn in all diesen Veröffentlichungen stand dauernd mein Name. Den König haßten sie nicht, verachteten ihn nur als Schwächling, der sich von mir beherrschen ließ. Ich war die Harpyie, der große Sündenbock in diesem fürchterlichen Drama einer Revolution.

Foulon, einer der Finanzberater, der allgemein wegen seiner gefühllosen Einstellung gegenüber den Nöten des Volkes verhaßt war, wurde kaltblütig ermordet. Er sollte einmal gesagt haben, wenn die Leute Hunger hätten, sollten sie doch Heu fressen. Sie fanden ihn in Viry, schleiften ihn durch die Straßen, stopften ihm den Mund mit Heu voll und hingen ihn an einer *lanterne* auf, um ihm dann den Kopf abzuschlagen und mit diesem johlend durch die Straßen zu ziehen. Mit seinem Schwiegersohn, Monsieur Berthier, machten sie es genauso in Compiègne. Ich wußte, dieses grauenvolle Schicksal hatte jene beiden Männer ereilt, weil Foulon dem König geraten hatte, sich selbst zum Beherrscher der Revolution aufzuschwingen, bevor diese ihn beherrsche.

Es war entsetzlich, über die Schicksale der Menschen nachzudenken, die man gekannt hatte. Ich zitterte um meine geliebte Gabrielle, die auf dem Weg zur Grenze war, denn ich hörte, daß im ganzen Land Equipagen und Reisewagen angehalten wurden, man die Insassen herauszerrte und sie zwang, sich auszuweisen. Kam dann heraus, daß es sich um Aristokraten handelte, schnitt man ihnen die Kehle durch .. oder verfuhr noch grausamer mit ihnen. Was würde Gabrielle widerfahren, wenn man sie entdeckte! Ihr Name war zu oft in einem Atemzug mit meinem genannt worden.

Ich träumte sogar von dem armen Monsieur Foulon und fragte mich, wer seine Bemerkung über das Heu wohl so entstellt hatte. So hieß es auch über mich, ich hätte einmal gefragt, als ich hörte, daß das Volk Brot verlangte: ›Warum essen sie nicht Kuchen?‹ Es war einfach absurd! Nie hatte ich etwas Derartiges gesagt.

Tante Sophie hatte einmal geäußert, die Leute sollten doch Pastetenkruste essen, wenn es kein Brot gäbe. Die arme Sophie war immer etwas wirr und sonderbar und haßte Pastetenkruste. Sie hatte diese Bemerkung gemacht, als sie schon alt und krank und dem Tode nahe war; wie so oft wurde dann mir dieser Ausspruch zugeschrieben. Nichts war zu trivial, um es als Waffe gegen mich zu verwenden – und nichts zu unglaubhaft. In den Augen des Volkes war ich der wildesten Exzesse und Ausschweifungen fähig und galt trotzdem gleichzeitig als die schlaueste Intrigantin.

Gegen solche Verleumdungen ist man machtlos. Das Volk war entschlossen, sie zu glauben.

So krochen die Tage jenes furchtbaren heißen Sommers dahin. Ich gab mir verzweifelte Mühe, mich ganz normal zu verhalten und die Furcht zu bekämpfen, die mich so oft überfiel.

Wiederholt versuchte ich den König zur Flucht zu bewegen. Meine Schmuckkassette stand fertig gepackt. Ich war von der Notwendigkeit durchdrungen, daß wir ebenso wie unsere Freunde fliehen mußten. Da ich keine Nachrichten über Gabrielle und Artois erhielt, nahm ich an, daß sie sich in Sicherheit befanden, denn von ihrer Ermordung hätte ich bestimmt erfahren.

Vier Menschen gab es, die ich in jenem Sommer immer mehr ins Herz schloß, denn ich erkannte, daß ihre Freundschaft zu mir echt war; und nur in Zeiten wie dieser begreift man voll den Wert solcher Zuneigung und Ergebenheit. Meine liebe einfältige Lamballe, meine fromme Elisabeth, die treue Madame de Tourzel und meine kluge und ernsthafte Madame Campan. Sie waren ständig um mich. Sie setzten ihr Leben aufs Spiel, indem sie bei mir blieben, aber ich konnte sie nicht bewegen, mich zu verlassen.

Ich glaube, die praktische und gewissenhafte Art, in der Madame de Tourzel und Madame Campan ihren täglichen Pflichten und Aufgaben nachgingen – ganz so, als hätte sich überhaupt nichts geändert – half mir am meisten.

Ich unterhielt mich gern mit Madame de Tourzel über die Kinder, und es gelang uns dann, eine Atmosphäre um uns zu schaffen, die fast friedlich und harmonisch war. Ich erzählte der Gouvernante zum Beispiel von meinen kleinen Sorgen um den Dauphin. »Ich habe erlebt, wie er bei einem unvermuteten Geräusch erschreckt zusammenfährt ... etwa, wenn ein Hund bellt.«

»Er ist sehr sensibel, Madame.«

»Er ist etwas zu heftig, wenn er sich ärgert ... und er ärgert sich leicht.«

»Wie alle gesunden Kinder seines Alters. Er ist aber so ein gutartiges Kind, Madame! Und so großzügig!«

»Gott segne ihn! Als ich ihm neulich ein Geschenk gab, bat er gleich um eines für seine Schwester. Er hat ein großes Herz. Aber ich mache mir etwas Sorgen über seine Neigung, so zu übertreiben.«

»Nur der Beweis für eine schöpferische Fantasie, Madame.«

»Ich glaube eigentlich nicht, daß er sich über seine Stellung als Dauphin im klaren ist. Aber das ist vielleicht ebensogut. Unsere Kinder begreifen sowieso zu schnell ...«

Wir schwiegen. Sie muß sich genau wie ich gefragt haben, wie schnell er begreifen würde, was um uns herum vorging.
Ein Page erschien in der Tür. Ein Besucher sei für mich da. Mein Herz tat einen unangenehmen Sprung und flatterte aufgeregt. Wie konnte ich wissen, wer es war? Wie konnte ich wissen, wann jene Meute mit den blutrünstigen Fratzen halb irrer Amokläufer über mich herfallen würde?
Ich fragte nicht nach dem Namen des Besuchers, erhob mich nur schweigend und wappnete mich auf das nun Kommende.
Als ich ihn dann in der Tür erblickte, schlugen meine Gefühle so in das genaue Gegenteil um, daß ich dachte, ich würde ohnmächtig.
Er kam auf mich zu, ergriff meine beiden Hände und küßte sie. Was mochte nur Madame de Tourzel denken? Sie verneigte sich und ließ uns allein.
Schweigend sah er mich an, so als müßte er jede Einzelheit meines Gesichts erst wieder neu entdecken.
»Sie ... Sie sind gekommen ...« hörte ich mich albernerweise stammeln.
Er antwortete nicht. Warum sollte er auch? War es nicht offensichtlich, daß er gekommen war?
Mir fielen wieder die haßerfüllten Schreie des Pöbels ein und was sie mit Menschen gemacht hatten, die mir nahestanden.
»Es ist nicht der richtige Augenblick«, sagte ich. »Hier droht große Gefahr! Alle sind schon fort ...«
»Gerade deswegen bin ich gekommen«, erwiderte Axel.

»Ich fange an, etwas glücklicher zu sein, weil ich sie ab und zu ungestört sehen kann, was uns ein wenig über alles Schwere hinweghilft, was sie zu tragen hat, die Arme! Sie ist ein wahrer Engel in ihrem ganzen Verhalten, ihrem Mut und ihrer Zärtlichkeit. Niemand hat je so lieben können wie sie.«

Axel von Fersen an seine Schwester Sophie

»Mir schaudert sogar jetzt noch beim Gedanken an die *poissardes* – die Fischweiber oder besser gesagt: die Furien –, die sich weiße Schürzen umgebunden hatten, in denen sie, wie sie kreischten, die Eingeweide von Marie-Antoinette auffangen wollten, um dann Kokarden aus ihnen zu drehen.«

»Es ist wahr; die Mörder drangen in das Schlafgemach der Königin ein und durchlöcherten das Bett mit ihren Messern.«

»Die *poissardes* liefen vor und neben dem Wagen Ihrer Majestäten einher und schrien: ›Wir wollen kein Brot mehr – wir haben ja jetzt den Bäcker, des Bäckers Frau und des Bäckers Sohn!‹ Und mitten in dieser Horde von Kannibalen schwankten die abgeschlagenen und auf zwei langen Stöcken aufgespießten Köpfe von zwei ermordeten Leibwächtern.«

Madame Campans Memoiren

Früher war das Petit Trianon mein Schlupfwinkel für meine Träumereien und kindlich unbeschwerten Vergnügungen gewesen. Jetzt war es mein Zufluchtsort vor den Greueln der Gegenwart um uns herum. Früher hatte ich mich in jenem kleinen Paradies abgekapselt und mich geweigert, die Lektionen zu lernen, die meine Mutter mir so unermüdlich erteilte, und hatte nie auf Mercys und Vermonds Warnungen gehört. Jetzt versuchte ich dort das sich heranwälzende Verderben zu vergessen. Ich versuchte, mich wieder in jene Traumwelt zu versetzen, die ich mir dort vor Jahren erschaffen hatte. Ich glaubte immer noch an sie, glaubte immer noch, daß ich hätte glücklich sein können, wenn sie mir vergönnt gewesen wäre. Ich hatte damals wirklich nicht viel verlangt. In Wirklichkeit waren die schönen Kleider, die Diamanten und all die Verschwendung mir gar nicht wichtig gewesen. Hätte Rose Bertin mich nicht zu jenen extravaganten Torheiten angestachelt und wären die Hofjuweliere nicht so hartnäckig gewesen, wäre mir nie eingefallen, so viel von ihnen zu kaufen. Bestimmt nicht, denn wonach ich mich im Grunde sehnte, war ein glückliches Heim mit Kindern – vor allem Kindern –, für die ich sorgen konnte, und einem Mann, den ich liebte. Ich hatte Ludwig auf meine Art lieb. Vielleicht sollte ich besser sagen: ich hatte eine große Zuneigung zu ihm. Doch genauso, wie er nicht für die Rolle eines Königs geschaffen war, war er es auch nicht für die eines Ehemannes.

Er war der gütigste, rücksichtsvollste Gemahl der ganzen Welt, dessen Schwächen jedoch so sichtbar waren. Sogar wenn er meinen Wünschen nachgab, wußte ich im stillen, daß ich ihn mehr achten würde, wenn er mir diese abgeschlagen hätte. Er war ein Mann, den man gern hatte, den man aber nicht vollkommen respektieren konnte. Ihm fehlte jene Kraft, die jede Frau sich bei einem Mann wünscht. Und auch sein Volk wünschte sie sich, doch er hatte sie als König genausowenig wie als Ehemann.

Versuche ich mich für die fieberhaften Wochen im Trianon zu entschuldigen – jene Wochen des Wartens zwischen dem schicksalsschweren 14. Juli und dem verhängnisvollen Tag im Oktober, der der tragische Wendepunkt in unserem Leben sein sollte? Vielleicht tue ich es, doch sogar wenn ich jetzt daran zurückdenke, wo mein Leben hinter mir liegt und der Tod mir schon über die Schulter schaut, glaube ich, daß ich so und nicht anders hätte handeln sollen.

Ich liebte das Trianon mehr als jeden anderen Ort der Welt – und diese ganze übrige Welt stürzte um mich herum zusammen – bald würde ich auch mein Trianon verlieren ... meine Kinder ... mein Leben ...! Ich griff also nach jenem kurzen Idyll. Ich mußte mein Leben erfüllen! Ich empfand diesen Drang, dieses leidenschaftliche Bedürfnis heftiger als je zuvor.

Axel hatte Versailles voreilig verlassen, da er die Konsequenzen fürchtete, die ein längerer Aufenthalt hätte nach sich ziehen können. Er erzählte mir hinterher, wie sehnlich gern er geblieben wäre; er hätte jedoch gewußt, daß sein Name sogar in jenem Augenblick immer noch mit meinem genannt wurde und sei sich darüber im klaren gewesen, was mir zustoßen konnte, falls er blieb.

Und jetzt? Jetzt war alles anders. Die gesamte Situation hatte sich geändert. Jetzt brauchte ich ihn. Ich brauchte jeden wahren Freund; und er versicherte mir, daß ich nie im Leben einen so treuen Freund finden würde wie ihn.

»Sie riskieren Ihr Leben, wenn Sie hierbleiben«, gab ich zu bedenken.

»Leben bedeutet für mich, Ihnen zu dienen«, erwiderte er, »und, falls nötig, es für Sie zu wagen oder auch zu verlieren!«

Ich weinte in seinen Armen und sagte, ich könnte das nicht zulassen.

Ich könnte es nicht verhindern, lautete seine Antwort. Ich könnte ihm zwar befehlen zu gehen, doch er würde nicht gehorchen. Er sei gekommen, um bei mir zu bleiben, mir näher zu sein als sogar jede Gefahr.

Er hatte sich unter das Volk gemischt, hatte gelesen, was sie über mich verbreiteten, und ihre Drohungen gegen mich gehört; er wiederholte sie mir nicht, doch hatten sie ihn von der Notwendigkeit überzeugt, an meiner Seite bleiben zu müssen.

Und während ich ihn anflehte zu gehen, wünschte ich mir nichts sehnlicher, als daß er bei mir bliebe; und unsere Liebe war zu stark, um ihr widerstehen zu können.

Das Trianon war die ideale Zufluchtsstätte für Liebende; wir konnten uns dort unbeobachtet treffen.

Ich glaube nicht, daß ich meinen Gemahl jemals hätte betrügen können. Ich war nicht die Art von Frau, die Liebe für ihren Ehemann heucheln und gleichzeitig einen geheimen Liebhaber haben kann. Ludwig wußte von meiner Beziehung zu Axel Fersen; er verstand sehr genau, daß ich für den schwedischen Grafen anderes empfand als jemals für irgendeinen anderen Mann. Es hatte Skandale wegen anderer Männer gegeben wie Luzan, Coigny, Artois ... und vieler anderer, die mir aber nichts bedeutet hatten. Bei Axel Fersen war es etwas anderes. Und das wußte Ludwig seit langem.

Es gab eine Zeit, in der Pamphlete über mich und Axel verfaßt und auch dem König in die Hände gespielt wurden. Wie unglücklich war ich darüber gewesen!

Er hatte meine Empfindungen für Axel damals erraten, doch hatte ich ihm deutlich gezeigt, daß jener niemals mein Liebhaber sein würde, während ich die Kinder meines Gemahls bekam, *les Enfants de France.* Ich war mir meiner Pflicht voll bewußt.

Und Ludwig verstand mich. Er ließ mich in seiner gütigen Art wissen, daß er es verstand und mein Verhalten zu würdigen wußte, begriff er doch genau, daß ich gegen meine Gefühle machtlos war. Axel war dann wieder abgereist, und ich hatte weitere Kinder bekommen. Ludwig konnte mich nie für all die Demütigungen jener ersten Ehejahre entschädigen. Jetzt bestand keine physische Beziehung mehr zwischen uns; schon seit der Geburt von Sophie-Béatrix nicht mehr. Wir dachten damals, nun genug Kinder zu haben – zwei Söhne und zwei Töchter. Wie konnten wir ahnen, daß wir zwei von ihnen verlieren würden und es vielleicht sogar besser gewesen wäre, wenn wir Frankreich niemals Königskinder geschenkt hätten? – Beide waren wir nicht abhängig von körperlicher Liebe. Doch meine Liebe zu Axel war anders als alles, was ich vorher erlebt hatte. Unsere Vereinigung war äußerer Ausdruck unserer seelisch-geistigen Nähe. Ohne jene fieberhafte Atmosphäre um uns herum wäre es niemals geschehen, ohne jenes Gefühl, nur noch von einem Tag zum andern zu leben, ja, von einer Stunde zur andern, weil wir nie wußten, was die nächste uns bringen würde.

Und Ludwig wollte es so. Dieser gütige und verständnisvolle Mann wollte, daß ich während jener schrecklichen Tage so glücklich wie nur irgend möglich war.

So lebte ich zwischen der Liebe dieser beiden Männer, beide genauso verschieden wie meine Gefühle für sie. Meine Kinder waren immer in meiner Nähe. Vielleicht tat ich Unrecht, vielleicht war ich töricht; aber das war ich ja so oft gewesen! Es erschien mir damals als die einzige Möglichkeit, jene grauenvollen Tage zu überstehen.

Der August brach an – mit erdrückender Hitze. Mir war, als lebte ich zwei Leben – eines im leeren Schloß, in dem nur noch die Echos der

Vergangenheit und die bösen Vorahnungen einer grauenhaften Zukunft umgingen, und ein anderes im Trianon, meinem glücklichen Heim, dem Tor zu einer anderen Welt, wo meine rotbäckigen, ehrbaren Bauern in ihren Häuschen lebten, so ganz anders als jene entsetzlichen Horden, die Messer und Knüppel schwangen und nach Brot und Blut schrien.

Wir trafen uns immer in der Abenddämmerung. Ich ging dann zum Liebestempel – wie passend hatte ich ihn doch getauft! Und dort saßen wir dann und träumten und unterhielten uns und fragten uns jedes Mal – obgleich wir es nie aussprachen – ob es wohl das letzte Mal war, daß wir uns in den Armen lagen...

Die Leibgarde ließ uns im Stich. Ich wachte eines Morgens auf und entdeckte, daß niemand mehr da war, um uns zu beschützen.

Am 4. August mußte der König der Abschaffung des Feudalsystems zustimmen und sich mit der Errichtung seiner Statue auf dem Platz der zerstörten Bastille einverstanden erklären, welche die Inschrift tragen sollte: ›Dem Wiederhersteller der Freiheit in Frankreich.‹ Diese Statue ist nie aufgestellt worden und wird es jetzt auch nie mehr werden. Wenn er auch bereit wäre, auf seine sämtlichen eigenen Rechte zu verzichten, erklärte Ludwig, sei er nicht willens, die Rechte anderer preiszugeben, woraufhin Schreie laut wurden, man solle den König von Versailles nach Paris holen. Wir fragten uns, was das bedeuten würde.

Einige Wochen später stellte Lafayette eine Erklärung der Menschenrechte nach dem amerikanischen Vorbild auf; es war der Anfang jenes Erlasses, der alle erblichen Titel abschaffen und die Gleichheit aller Menschen verkünden sollte.

Lafayette war, glaube ich, manchmal etwas erschrocken über die Ausschreitungen des Pöpels und versuchte, sie zu mäßigen, was ihm aber bei verschiedenen Gelegenheiten nicht mehr gelang; trotzdem verhinderte er, wie ich überzeugt bin, daß sie den König während jener August- und Septemberwochen mit Gewalt nach Paris in die Tuilerien holten.

Mercy kam regelmäßig zu mir. Wie ernst er in jenen Tagen war! Und wie begierig ich jedem seiner Worte lauschte! Er sagte mir, er halte es für hellen Wahnsinn, wenn der König weiter in Versailles bliebe. Axel erklärte mir ebenfalls jedes Mal, wenn wir uns sahen, wir müßten fliehen. Wir wären hier in ständiger allergrößter Gefahr, versicherte er mir.

»Der Marquis von Bouillé hat fünfundzwanzig- bis dreißigtausend Mann an der östlichen Grenze bei Metz«, sagte Mercy. »Es sind treue Royalisten, denen er die Verachtung für die *canaille* eingeimpft hat. Sie würden für ihren König und ihre Königin kämpfen. Man muß den König überreden, sich unverzüglich nach Metz zu begeben!«
Ich wäre ganz seiner Ansicht, versicherte ich Mercy, und auch ... andere hätten mir dringend dazu geraten.
Mercy sah mich streng an. Er wußte, wen ich mit »andere« meinte. Er, der mich die ganzen Jahre, die ich nun schon in Frankreich lebte, so genau beobachtet hatte – anfangs im Auftrage meiner Mutter, dann für meinen Bruder, wenn auch für diesen nie so aufmerksam wie für erstere – muß um meine Liebe zu Axel gewußt haben. Trotzig erwiderte ich seinen Blick, doch er machte mir keine Vorwürfe. Vielleicht verstand auch er meine innere Not jener Zeit und fühlte, daß es nur gut für mich sein konnte, einen so treuen Freund zu haben, auf den ich mich hundertprozentig verlassen konnte.
So sagte er lediglich: »Ich bin froh, daß Sie so kluge Freunde haben.«
Und ich wußte, daß er das auch meinte.
Es gelang mir jedoch immer noch nicht, Ludwig zur Flucht zu bewegen. Er könnte nicht weglaufen, sagte er. Ganz gleichgültig, wie sein Volk sich auch gegen ihn benahm, er müßte seine Pflicht ihm gegenüber erfüllen. Über Lafayettes Einstellung waren wir uns gar nicht im klaren. Er hatte die Nationalgarde als Leibgarde nach Versailles geschickt, weil er, wie Mercy meinte, ganz ohne Zweifel von unseren Bemühungen informiert worden war, den König zur Flucht nach Metz zu bewegen.
Im September kam das Regiment Flandern nach Versailles, und die Offiziere dieses Regiments und der Leibgarde beschlossen, ihre Freundschaft durch ein gemeinsames Abendessen zu demonstrieren; und in Anbetracht der damaligen Stimmung wurden einige der Unteroffiziere und einfachen Soldaten ebenfalls dazu eingeladen.
Ludwig bot ihnen für diesen Abend das Theater an; auf der Bühne wurden Tische aufgestellt, und man lud Mitglieder der noch vorhandenen Hofgesellschaft ein, in den Logen Platz zu nehmen.
Ich befürchtete, das Bankett könnte mit einem Unglück enden, mit dem ich damals ja ständig rechnete; ich beschloß daher, Madame Campan hinzuschicken, damit sie mir einen getreuen Bericht über das erstattete, was sich dort abspielte.
Einige Herren des Staatsrates hatten gemeint, es wäre gut, wenn der

König und ich uns ebenfalls hinbegäben, doch ich war dagegen; ich hatte Angst, mein Erscheinen könnte irgendwelche Gewalttätigkeiten auslösen – ich war einfach zu unbeliebt beim Volk.
Madame Campan sagte, sie würde ihre Nichte mitnehmen und mir genau über alles berichten.
Mein Gemahl begab sich auf die Jagd. Es war erstaunlich, wie er angesichts all dieser Geschehnisse unbeirrt an seinen Gewohnheiten festhielt, als ginge das Leben ganz normal weiter. Ich saß in dem Kindertrakt, denn ich war nie gern weit von den Kindern entfernt, wenn ich die Gefahr näher als sonst vermutete.
Eine meiner Frauen kam zu mir und erzählte mir, die Soldaten würden sich höchst anständig und loyal benehmen; der Herzog von Villeroi, der Hauptmann der ersten Kompanie der Garde, hatte alle Anwesenden aufgefordert, vier Toasts auszubringen – auf den König, auf die Königin, auf den Dauphin und die königliche Familie. Dies war dann auch geschehen, und obwohl jemand einen Toast auf die Nation vorschlug, hatte er damit wenig Beachtung gefunden.
Während sie mir dies erzählte, kam mein Gemahl von der Jagd zurück, und ich forderte die Frau auf, ihm alles zu wiederholen.
»Es wäre vielleicht gut, wenn wir uns zeigten«, sagte ich. »Die könnten sonst denken, wir hätten Angst, und das wäre womöglich am allerschlimmsten.«
Mein Gemahl stimmte mir zu, denn ich habe nie erlebt, daß Ludwig jemals im geringsten um seine eigene Sicherheit besorgt war, auch nicht in den schrecklichsten Momenten. Ich ließ Madame de Tourzel holen und bat sie, mir die beiden Kinder zu bringen.
Der Dauphin war ganz aufgeregt.
»Wir werden jetzt zu den Soldaten gehen«, erzählte ich ihm.
Nichts hätte ihn mehr erfreuen können; er brannte darauf, die Soldaten zu sehen, und meinte, auch Moufflet würde sie gern sehen, doch ich sagte, Moufflet könnte dieses Mal nicht mitkommen.
Wir gingen also in das Theater und zeigten uns in der Mittelloge gegenüber der Bühne. Es entstand eine überraschte Stille, und dann ging der Jubel los.
»Vive le Roi! Vive la Reine!« Ja, sogar *›Vive la Reine!‹* Meine Lebensgeister hoben sich so, wie lange Zeit nicht mehr.
Ich hatte das Gefühl, daß unsere Sache nicht völlig hoffnungslos war, daß wir noch Freunde hatten und ich mich von jenen Leuten mit den wilden Gesichtern zu sehr hatte beunruhigen lassen.

Die Tische waren in Hufeisenform mit zweihundertzehn Gedecken aufgestellt worden – und da saßen nun jene Soldaten ... diese treuen Soldaten, deren Freundschaftsbeteuerungen die wenigen anderen Stimmen untergehen ließen.

»Sie möchten, daß wir auf die Bühne herunterkommen«, sagte mein Gemahl mit Tränen in den Augen. Er war immer tief bewegt, wenn seine Untertanen ihm ihre Zuneigung bekundeten.

Ich nahm meinen Sohn auf den Arm und trug ihn hinunter, denn ich wollte mich nicht von ihm trennen. So betraten wir alle vier die Bühne.

Die Fröhlichkeit und Bewunderung des Dauphin begeisterte die Soldaten, und ich stellte ihn auf einen Tisch, als sie auf sein Wohl tranken. Er spazierte dann sehr vorsichtig über die Tische, um kein Glas umzustoßen, und erzählte den Männern, daß er Soldaten am allerliebsten hätte ... sogar noch lieber als Hunde; er würde wohl auch Soldat werden, wenn er groß wäre.

Sie waren hingerissen von ihm. Wer wäre es nicht gewesen? Und dann die liebreizende Mousseline, die so glücklich war, weil sie glaubte, alles käme nun für uns wieder in Ordnung und die Ängste der vergangenen Monate wären vorbei.

Sie stimmten eines der damals beliebten Lieder von dem Komponisten Grétry an – ein gutes und königstreues Lied.

O *Richard, ô mon Roi,*	O *Richard, o mein König*
L'univers t'abandonne.	*das Universum gibt Dich auf.*
Sur la terre il n'est donc que moi	*Auf der ganzen weiten Erde*
Qui m'intéresse à ta personne.	*stehe nur noch ich zu Dir.*

Es war herrlich, dort zu stehen und zu erleben, was für Erfolge mein kleiner Sohn feierte und was für Bewunderung diese guten Leute meiner Tochter entgegenbrachten – und was für Zuneigung und Verehrung sie für den König und mich empfanden.

Wie hatte mir all das gefehlt! Und ich betete, das Schicksal möge mir noch einmal eine Chance geben, eine gute Königin zu sein und daß alles wieder so würde wie früher! Dann würde ich mich mit meinem Gemahl mit allen Kräften für das Wohl des französischen Volkes einsetzen. Und ich schlief in jener Nacht friedlicher als seit langer Zeit.

Am nächsten Vormittag ließ ich Madame Campan holen und bat sie,

mir zu berichten. Sie sagte, sie wäre überrascht gewesen, als sie uns gesehen hätte und tief bewegt über das Lied ›*O Richard, ô mon Roi*‹ wie auch über ›*Peut on affliger ce qu'on aime?*‹, das darauf gefolgt war.
»Sie waren aber nicht vollkommen glücklich?« fragte ich.
»Obgleich viele Euren Majestäten zujubelten«, erwiderte sie, »gab es doch andere, die es nicht taten. In der Loge neben mir und meiner Nichte saß ein Mann, der uns Vorwürfe machte, weil wir ›*Vive le Roi!*‹ gerufen hatten. Er sagte, amerikanische Frauen würden uns verachten, daß wir so einem einzigen Menschen zujubelten. Es wäre ein Skandal mitansehen zu müssen, wie hübsche Französinnen in so unterwürfiger Gesinnung erzogen würden. Worauf meine Nichte erwiderte, wir würden alle in nächster Nähe des Königs leben, und das wäre gleichbedeutend damit, ihn zu lieben und zu verehren, und er solle lieber den Mund halten, denn seine Untreue gegen einen guten König würde uns nicht einen Deut beeinflussen.«
Ich lachte. »Aber war es nicht wundervoll? Sie waren so begeistert! Sie lieben uns und wollen, daß wir es wissen. Wir haben so viel von unseren Feinden gesehen, daß wir unsere Freunde ganz vergessen haben.«
Sie war weniger überschwenglich als ich, die gute Campan; sie war immer so viel klüger und scharfsichtiger als ich.
Die Berichte über diesen Abend erregten einige Verwirrung in Paris. Die Pamphletisten druckten in fieberhafter Hast ihre Bögen in der Angst, andere würden uns möglicherweise ebenfalls ihre Freundschaft beweisen wollen. Marat und Desmoulins schrieben über diesen Abend, als wäre es eine obszöne Orgie gewesen. Sie behaupteten, wir hätten alle auf der Trikolore herumgetrampelt. Wäre es nicht an der Zeit, daß jemand »der Österreicherin« die Kehle durchschneide?
Das Brot war in der Hauptstadt immer knapper geworden, und es gab auch kein Mehl mehr.
»Sie horten das Mehl des Volkes in Versailles!« lautete der Schrei, der durch die Straßen von Paris gellte.
Der Winter lag vor uns – der kalte Hungerwinter –, denn der Oktober war jetzt angebrochen.

Es war der Nachmittag des 5. Oktobers, ein trüber Tag mit bedecktem Himmel und einzelnen Schauern. Ich beschloß, mich ins Trianon zu begeben. Vielleicht würde ich ein wenig zeichnen. Vielleicht würde Axel kommen. Wenn wir zusammen sein konnten, und sei es auch noch so kurz, brachte ich immer wieder die Kraft auf, so weiterzuleben. Ich erkannte jetzt, daß das Bankett nicht der wundervolle Wendepunkt gewesen war, wie ich es mir eingeredet hatte. Ich hatte von den Aufständen und Plünderungen gehört, die weitergingen und mit jedem Tag barbarischer und grausamer wurden. Die gräßlichen Berichte der Greueltaten rissen nicht ab. Wir waren weniger in Sicherheit als noch vor einer Woche, denn die uns drohende Gefahr nahm mit jeder Stunde zu.

Warum wollte Ludwig bloß nicht nach Metz fliehen! Er mußte doch einsehen, daß es der einzige Ausweg war. Manchmal glaubte ich schon, er würde endlich einwilligen, doch wurde er dann immer wieder schwankend.

Ich würde mich also jetzt ins Trianon begeben und zwischen den Regenschauern vielleicht zum Hameau gehen. Vielleicht trank ich dort ein Glas frischer Milch von meinen Kühen oder setzte mich in den Liebestempel und träumte von Axel.

Das Petit Trianon! Sogar an einem so grauen Tag war es schön. Ich saß in dem weiß-goldenen Salon und blickte in meine Gärten. Hatte ich eine Vorahnung, daß ich das alles nie wiedersehen sollte?

Ich wanderte durch das ganze Haus und berührte hier und da die geschnitzte und vergoldete Wandtäfelung. Ich ging auch in mein Schlafzimmer, das so ganz mein eigenes Reich gewesen war, und mußte wieder daran denken, wie ich dort meinen Freundeskreis empfing und wie auch mein Gemahl als ein Gast gekommen war – wie wir die Uhr eine Stunde vorgestellt hatten, damit er eher ging und wir wieder ungestört vergnügt sein konnten.

So viele Erinnerungen an die Vergangenheit ... und an die Gegenwart! Ich sehnte mich danach, Axels Stimme zu hören – an jenem Tag heftiger als jemals zuvor, wie ich mir eingestand. Ich wünschte mir, ihn über den Rasen auf das Haus zukommen zu sehen. Doch er kam nicht.

Der Regen hatte aufgehört, und ich nahm meinen Zeichenblock und ging in die Grotte, wo ich aber nur dasaß und nachdachte, ohne zu zeichnen. Ich blickte über die Rasenflächen mit ihren sich verfärbenden Baumgruppen. Es blühten nur noch wenige Blumen. Der Winter stand vor der Tür. Wie schön war es hier! Jene sanft geschwungenen Rasenflächen, der Teich, das Tempelchen, die Wiesen, die reizenden kleinen Häuschen des Hameau ... mein eigenes kleines Dorf, das so natürlich und echt aussah und in Wirklichkeit der Gipfel alles Künstlichen war. Wie liebte ich dies alles!

Es bestand kein Grund zur Eile. Ich würde bis zum Anbruch der Dunkelheit bleiben, vielleicht sogar die Nacht hier verbringen. Ich könnte die Kinder holen lassen. Wie angenehm wäre das ... nicht im Schloß zu schlafen und so zu tun, als wäre Versailles weit, weit weg!
Da hörte ich Schritte. Mein Herz tat einen erwartungsvollen Sprung. Konnte es Axel sein, der in der Hoffnung kam, mich hier zu finden? Der Gedanke vertrieb all meine wehmütigen Überlegungen, und ich war für einen Augenblick wieder die lebensfrohe junge Frau, die hier ihre Sonntagsbälle auf den Rasenflächen veranstaltete und ihre mit Schleifen geschmückten Kühe in kostbare Porzellaneimer melkte.
Doch dann sah ich, daß es nicht Axel war, sondern einer der Pagen vom Schloß. Sein Haar war unordentlich, und er schien erhitzt und außer Atem, doch seine Erleichterung war unverkennbar, als er mich erblickte.
»Madame ... Madame ...« rief er schon von weitem. »Ich habe eine Nachricht vom Grafen von Saint-Priest für Sie!« Der Graf war einer jener Minister, die in Versailles wohnten.
»Du bist ja gelaufen«, sagte ich, doch er unterbrach mich ohne alles Zeremoniell. »Monsieur de Saint-Priest sagt, es sei höchst dringend und eilig! Ihre Majestät müßten sofort ins Schloß zurückkommen!«
Ich machte das Billett auf und las: »Kommen Sie sofort ins Schloß zurück! Der Pöbel ist im Anzug auf Versailles!«
Kaltes Entsetzen packte mich. Ich stand auf und ergriff meinen Hut.
»Ich werde gleich durch den Park zurückgehen«, sagte ich.
»Monsieur de Saint-Priest befahl mir, die Kutsche zu bringen, Madame. Einige Gruppen könnten schon in Versailles sein. Die Gefahr ist sehr groß!«
»Bring mich also zur Kutsche!«
Schweigend fuhren wir zum Schloß zurück.

Kaum war ich angekommen, da kehrte auch der König von seiner Jagd zurück. Er war etwas schlammbespritzt, doch so gelassen und ruhig wie immer.
Der Graf von Saint-Priest wartete voller Ungeduld auf uns.
»Es bleibt nur noch wenig Zeit«, sagte er. »Die Weiber von Paris sind im Anzug! Sie haben schon die Außenbezirke von Versailles erreicht.«
Der Hauptmann der Garde kam herein, salutierte und fragte nach seinen Befehlen.
»Befehle!« rief Ludwig aus. »Für eine Schar von Frauen! Sie scherzen wohl!«

Saint-Priest antwortete: »Sire, diese sind keine gewöhnlichen Frauen! Es kann gut sein, daß verkleidete Männer dabei sind. Sie sind in einer furchtbaren Stimmung!«

»Wir können nicht Soldaten gegen Frauen einsetzen, lieber Graf«, erklärte der König.

Saint-Priest zog die Augenbrauen hoch. Da hörte ich eilige Schritte auf der Treppe, und Axel kam hereingestürzt. Seine Blicke suchten sofort mich, und seine Erleichterung war unverkennbar.

»Der Pöbel ist im Anmarsch! Es sind ... blutrünstige Mörderinnen! Die Königin und ihre Kinder müssen sofort fliehen!«

Ludwig lächelte ihn gütig an, als verstände er die Besorgnis eines Liebhabers. »Monsieur de Saint-Priest wünscht gerade über diese Frage zu sprechen«, sagte er. »Sie sollten uns Ihren Rat dazu geben, lieber Graf.«

Ich fühlte Axels Ungeduld. Er hatte schließlich jene Weiber gesehen, wußte, in was für einer Verfassung sie waren; er hatte ihre Bemerkungen gehört ... und er wußte, sie wollten Blut ... mein Blut! Er wußte ebenfalls, daß der Aufmarsch der Frauen eine schlaue List der Revolutionäre war. Auf Männer hätten die Soldaten geschossen, doch der ritterliche König würde nie das Feuer auf Frauen eröffnen lassen. Die Anführer der Revolutionäre hatten sich das sehr klug ausgedacht! Sie hatten die Weiber von Paris aufgehetzt – hatten die Brotvorräte zurückgehalten, so daß die Brotknappheit noch schlimmer schien als sie in Wirklichkeit war, und hatten ihre Pamphlete gegen mich eifriger und gründlicher denn je verbreitet und waren in ihnen gemeiner denn je gewesen.

Ich war der Grund, weshalb die Weiber auf Versailles losmarschiert kamen! Sie wollten meinen Kopf – wollten mit dem König und meinen Kindern im Triumph nach Paris zurückkehren ... und mit mir ...! Doch sollte es mein verstümmelter und zerstückelter Körper sein, den eine Horde entfesselter Weiber im Blutrausch wie Kannibalen mitschleppen wollte.

Dies alles konnte ich in Axels Gesicht lesen. Nie hatte ich ihn so in Angst gesehen – in Angst um mich, denn ich hatte nie erlebt, daß er jemals um seine eigene Sicherheit besorgt gewesen war, immer nur um mich.

Saint-Priest war über unsere Beziehung im Bilde, doch konzentrierte sein ganzes Denken sich darauf, die Monarchie zu retten. Er wußte, daß Axel ein guter Freund war, ein absolut verläßlicher Freund; er

könnte eine Hilfe sein – auf wen wäre mehr Verlaß als auf einen liebenden Mann?
Saint-Priest berief sofort eine Versammlung der noch übriggebliebenen königstreuen Minister ein. Man müßte unverzüglich handeln, erklärte er ihnen. Die Seinebrücken sollten vom flandrischen Regiment besetzt werden, und der König würde dann unter starkem Schutz der Garde dem heranmarschierenden Pöbel entgegenreiten. Mit tausend Pferden und bewaffneten Soldaten könnte er dem Mob befehlen, umzukehren; für den Fall, daß sie sich weigern sollten, bliebe keine andere Alternative, als das Feuer auf sie zu eröffnen.
»Und wenn das erfolglos bleibt? Wenn bewaffnete Männer und Frauen darunter sind und ein Kampf ausbricht?« fragte der König.
»Dann würden Sie sich, Sire, an der Spitze Ihrer Truppen nach Rambouillet begeben und dort Pläne machen, wie Sie zu den Truppen in Metz stoßen könnten.«
»Ein Bürgerkrieg?« fragte der König.
»Immer noch einer Revolution vorzuziehen!« entgegnete Axel.
»Das würde aber bedeuten, daß der König in Gefahr wäre«, wandte ich ein.
»Madame«, antwortete Axel, »*Sie* sind jetzt in diesem Augenblick in der höchsten Gefahr!«
Der König wurde schwankend. Ich wußte, was geschehen würde. Er würde ihnen entgegenreiten, aber niemals den Befehl geben, auf Frauen das Feuer zu eröffnen. Saint-Priests exzellenter Plan würde scheitern, weil mein Gemahl sich niemals mit der dafür notwendigen Entschlossenheit einsetzen würde. Ich mußte bei ihm sein! Ich hielt es für entscheidend wichtig, daß ich an seiner Seite blieb. Außerdem wollte ich nicht, daß er Gefahren ausgesetzt wurde, die ich nicht ebenfalls auf mich nahm.
Ich wandte mich daher zu ihm und sagte: »Ich glaube, wir sollten zusammen bleiben. Sie sollten mit mir und der ganzen Familie sofort nach Rambouillet aufbrechen.«
Der König zögerte. Und dann entschied er, er könne nicht desertieren. Er müßte sich seinem Volk stellen. Und so redeten wir hin und her, und Axel wurde immer ungeduldiger, und man überbrachte uns die Nachricht, daß der Plebs beinah das Schloß erreicht hätte. Einige trügen große Messer – sie würden wilde Drohungen ausstoßen – sie wollten mein Blut, wollten den König nach Paris mitnehmen.
»Sire!« beschwor Saint-Priest meinen Gemahl. »Wenn Sie sich von

dem Pöbel nach Paris mitnehmen lassen, haben Sie Ihre Krone verloren!«

Necker, der befürchtete, seine Beliebtheit beim Volk zu verlieren, riet von dem Rambouillet-Plan ab. Und Ludwig schwankte zwischen diesen beiden – den einen Augenblick sagte er zu Saint-Priest: »Jaja, mein lieber Graf. Sie haben recht! Wir müssen es so machen ...«, um dann gleich zu Necker zu sagen: »*Sie* haben recht! Ich muß hierbleiben!« und zu mir gewandt: »Wir müssen zusammen bleiben! Wir dürfen uns nicht trennen!«

Und währenddessen verrannen die entscheidenden kostbaren Minuten. Doch das war es, was Ludwig vermutlich wollte. Die Entscheidung würde ihm so erspart bleiben. Die Umstände sollten für ihn entscheiden. So hatte er es immer gemacht. Und genau deshalb schwankten wir jetzt am Rande einer Revolution! Ich erkenne es jetzt so deutlich ... erkenne so deutlich die Schritte, die unsern Sturz herbeiführten, die vielen Gelegenheiten, die das Schicksal uns immer wieder bot; doch jedes Mal hatte Ludwig so lange gezögert, bis es zu spät war und die Entscheidung nicht mehr bei ihm lag.

Unten im Schloßhof scharrten die Pferde ungeduldig vor dem Reisewagen, und die Dienerschaft wartete auf ihre Anweisungen. Und sie warteten und warteten ...

Es hatte wieder zu regnen angefangen, und die Weiber von Paris schlugen ihre Röcke über den Kopf, um sich gegen den Regen zu schützen, und riefen sich obszöne Bemerkungen zu, deren Zielscheibe natürlich ich war. Und so kamen sie in Versailles an ... kalt und naß und hungrig – und betrunken, denn sie hatten die am Wege liegenden Weinhandlungen geplündert.

Hinter ihnen ritt Lafayette und die Nationalgarde. Wir wußten nicht, ob er vorhatte, sie zu mäßigen. Wir wußten nie, was wir von Lafayette zu erwarten hatten, wußten lediglich, daß seine Maßnahmen immer zu spät kamen, um noch wirksam zu sein; wir vermuteten, daß er nicht restlos begeistert war von dieser Revolution, die auszulösen er sein Bestes getan hatte. Er war erfüllt von amerikanischen Ideen und Idealen. Zweifellos schwebte ihm ein kurzer Kampf vor, nach dessen Ende man eine neue Nation auf den Überresten der alten errichten konnte, eine Nation, in der Freiheit, Gleichheit und Brüderlichkeit herrschten. Er hatte es jedoch nicht mit einer Schar von Kolonisten zu tun, die für ein Freiheitsideal kämpften! Seine Armee bestand aus dem Abschaum der Gosse, aus Agitatoren und Prostituierten, die

von Neid zerfressen waren, die die ganze Zeit nach Blut schrien und das nicht, weil sie Freiheit wollten, nicht, weil sie sich eine neue Lebensweise aufbauen wollten – sondern nur aus blutrünstiger Rachgier. Lafayette war selbst ein Ehrenmann und muß das erkannt haben. Er wußte, daß er eine Furie geweckt hatte der bösen Lust, der Gier, des Neides, der Faulheit, der Völlerei, der blinden Wut und des falschen Stolzes ... eine Furie der sieben Todsünden. Und ich glaube, es war ihm gar nicht wohl dabei!
Doch die Tatsache, daß die Nationalgarde mit ihrem Kommandanten dabei war, bewies, daß es kein gewöhnlicher Auflauf war. Er diente einem Zweck; und wenn es das Ziel der Weiber war, mich zu töten, so war es das Ziel der Garde, den König mit nach Paris zu nehmen.

Über dem Städtchen von Versailles war Nebel aufgestiegen; er drang auch in das Schloß und hing wie graue Gespenster in den hohen Räumen. Der Pöbel hatte jetzt das Schloß umzingelt. Ich konnte ihren Singsang hören: »Du pain! Du pain!« – Brot! Brot!
Und dann vernahm ich meinen Namen. Sie wollten die Königin! Sie wollten ihren Kopf auf einer Pike! Sie würden sich um ihren Körper schlagen! Sie würden aus ihren Eingeweiden Kokarden drehen! Sie würden ihr das Herz herausreißen und es nach Paris tragen! Sie würden ihr mit einem Schlachtermesser die Kehle durchschneiden! Sie würden ihr das verschimmelte Brot, das sie essen müßten, in den Hals stoßen und sie zwingen, es runterzuschlucken, bevor sie sie erwürgten!
O mein Gott!
Ich versuchte krampfhaft, an meine Mutter zu denken, die mir immer gesagt hatte, ich dürfte nie Angst vor dem Tod haben. Wenn er für mich käme, sollte ich ihn willkommen heißen, denn er sei nur das Ende aller irdischen Sorgen. O liebste Mutter, wie bin ich glücklich, daß du diesen Tag nicht mehr erleben mußt!
Und ich dachte an meine Kinder. Ihnen würden sie doch bestimmt nichts tun! O Gott, was würde nur aus uns werden?
Die Gelassenheit des Königs war uns allen eine Hilfe. Er weigerte sich zu glauben, daß sein gutes Volk uns etwas zuleide tun würde. Auch mir würden sie nichts tun, da sie wüßten, wie ihn das treffen würde. Und als sie verkündeten, sie würden eine Abordnung von Frauen entsenden, die mit ihm verhandeln sollte, erklärte er sich freudig bereit, sie zu empfangen.

Fünf Frauen wurden ausgewählt, die mit dem König sprechen und ihm ihre Nöte schildern sollten. Es gab uns neue Hoffnung, da es ein vernünftiger Vorschlag zu sein schien.

Die Frauen wurden vor den König geführt; als Sprecherin wählten sie Louison Chabry, ein Blumenmädchen von außergewöhnlicher Schönheit, die wahrhaftig gut genährt aussah, was ein Beweis dafür war, daß nicht alle Leute in Paris hungerten.

Sie schien mir ein unverschämtes Ding, doch als sie sich den höfischen Manieren des Königs gegenübersah, war sie völlig verwirrt und brachte keine Silbe heraus. Sogar Ludwig, der seinem Großvater so unähnlich war, hatte etwas von jener Ausstrahlung seiner Vorfahren geerbt, und die dummdreiste Louison begriff plötzlich, daß sie vor einem König stand, und konnte ihn nur noch in fassungslosem Staunen anstarren und »Du pain, Sire« stottern. Vielleicht war der Marsch im Regen zu viel für sie gewesen oder war sie auch von Aufregung überwältigt – sie wurde auf jeden Fall ohnmächtig und wäre zu Boden geglitten, wenn der König sie nicht aufgefangen hätte.

Ludwig ließ seinen Arzt holen, der das Mädchen wieder zum Leben erweckte. Mein Gemahl sprach dann von ihren Nöten und Schwierigkeiten, und sie konnte ihn auch jetzt nur mit vor Staunen runden Augen wie hypnotisiert anglotzen und murmeln: »Ja, Sire. – Nein, Sire.« Wären sie doch nur alle so einfach zu behandeln gewesen wie Louison!

Er erzählte ihr, er betrachte sich als der große Vater seines Volkes, und es wäre sein einziger Wunsch, sie glücklich zu machen und dafür zu sorgen, daß sie genug zu essen hätten. Sie glaubte es ihm ganz offenkundig und war bereit, ihre revolutionären Ideen fahrenzulassen und ohne weitere Umstände eine königstreue Untertanin zu werden. Und als sie ging, küßte Ludwig sie fast leidenschaftlich. Es war das erste Mal, daß ich ihn eine Frau mit Freude küssen sah. Er machte sogar einen Scherz und sagte, dieser Kuß wäre die ganze Aufregung wert. Die ganze Aufregung wert! dachte ich verbittert. Die blutrünstige heulende Hefe des Volkes vor den Toren des Schlosses zu haben! Möglicherweise die Krone zu verlieren! Es gab Augenblicke, in denen ich fast glaubte, seine an Lethargie grenzende Gelassenheit wäre ein körperlicher Defekt. Hätte ein normaler Mann angesichts einer solch beispiellosen Katastrophe so ruhig bleiben können?

Louison kehrte zu den ihren zurück. Keiner von uns konnte sich vorstellen, wie ihr Bericht von denen aufgenommen wurde.

Inzwischen wurde es dunkel, und die Weiber zogen ihre Röcke aus – um sie zu trocknen, wie sie sagten – und mischten sich unter die Soldaten, die eigentlich das Schloß bewachen sollten.
Der schreckliche Tag wich einer schrecklichen Nacht.

Saint-Priest und Axel beschworen den König, sofort zu handeln. Es wäre heller Irrsinn, noch länger hierzubleiben!
Und Ludwig sah langsam ein, daß es tatsächlich besser wäre, wenn wir nach Rambouillet gingen – nicht nur ich und die Kinder, sondern auch er und die restliche Familie.
Er ergriff meine Hand und sagte: »Sie haben recht, wir dürfen uns nicht trennen. Wir werden zusammen nach Rambouillet gehen.«
Ich eilte in den Kindertrakt.
»In einer halben Stunde fahren wir!« rief ich Madame de Tourzel zu. »Machen Sie die Kinder fertig.«
Doch während ich noch sprach, erschien einer der Pagen des Königs und teilte mir mit, daß eine Flucht nicht mehr möglich wäre, weil der Pöbel auch die Ställe besetzt hätte und keine Kutschen herauslassen würde.
Ich hätte heulen können! Wieder hatten wir zu lange gezögert und verloren. –
Ich sagte also Madame de Tourzel, sie solle die Kinder nicht wecken, und ging wieder in das Appartement meines Gemahls. Axel stand plötzlich neben mir; er konnte sich nicht länger beherrschen. Er ergriff meine Hand und sagte beschwörend: »Sie müssen mir den Befehl geben, Pferde aus den Ställen zu holen! Es kann sein, daß ich sie brauche, um Sie zu retten!«
Ich schüttelte traurig den Kopf. »Sie dürfen Ihr Leben nicht für mich aufs Spiel setzen!«
»Aber für wen denn sonst?« begehrte er auf.
»Für den König«, erwiderte ich und fügte dann hinzu, um seine verzweifelte Besorgnis zu mindern, die ihm so deutlich in den Augen geschrieben stand: »Ich habe keine Angst. Meine Mutter lehrte mich, keine Angst vor dem Tod zu haben. Wenn meine Stunde gekommen ist, werde ich dem Tod gefaßt entgegensehen, hoffe ich.«
Er wandte sich ab. Er war entschlossen, mich zu retten. Aber wie konnte die Liebe eines einzigen Mannes mich vor jenem johlenden Mob retten, der meinen Kopf wollte!
Lafayette kam gegen Mitternacht in Versailles an, und nachdem er

seine Garde auf der Place d'Armes abstellte, begab er sich zum Schloß, um den König zu sprechen.

Er trat mit theatralischem Gehabe ein. Ich fragte mich oft, ob Monsieur de Lafayette sich als der romantische Held der Revolution sah, der die Reformen, die das Land seiner Ansicht nach am nötigsten brauchte, mit einem Minimum an Gewalt durchsetzen wollte. Er hielt eine hochtrabende Rede darüber, wie er dem König treu ergeben diene und seinen eigenen Kopf bringe, um den Seiner Majestät zu retten, worauf Ludwig erwiderte, der General dürfte nie daran zweifeln, daß er sich immer freue, ihn zu sehen und seine guten Leute aus Paris. Er bat den General, ihnen das auszurichten.

Der General fragte, ob jene Leibwachen, die ihren Posten vor einigen Wochen im Stich ließen und sich der Nationalgarde anschlossen, wieder ihre alten Pflichten übernehmen dürften; es wäre ein Vertrauensbeweis.

Was konnten Vertrauensbeweise bei dem Mob da unten ausrichten? Trotzdem bin ich überzeugt, daß sowohl Ludwig wie Lafayette an ihre Wirkung glaubten.

Der König nahm meine Hand und küßte sie.

»Sie sind erschöpft. Es ist ein anstrengender Tag gewesen. Gehen Sie zu Bett und schlafen Sie jetzt. Unser guter Monsieur de Lafayette wird dafür sorgen, daß alles ruhig bleibt.«

Lafayette verneigte sich. »Eure Majestät brauchen keine Sorge zu haben«, versicherte er. »Die Leute haben versprochen, die Nacht über Ruhe zu halten.«

Ich ging in mein Schlafgemach und sank auf mein Bett. Es war wahr – die Ereignisse des heutigen Tages hatten mich restlos erschöpft.

Kurz vor Anbruch der Morgendämmerung wachte ich durch ungewohnte Geräusche auf. Ich fuhr hoch und starrte in die Dunkelheit. Da... wieder hörte ich jene Laute... rauhe, vulgäre Stimmen! Woher mochten sie kommen? Ich klingelte, und eine meiner Frauen erschien sogleich. Sie muß nebenan gewesen sein, was mich überraschte, denn ich hatte ihnen gesagt, sie sollten nicht in meiner Nähe schlafen, sondern in ihren eigenen Betten.

»Wessen Stimmen sind das?« fragte ich.

»Es sind die Frauen aus Paris, Madame. Sie gehen auf der Terrasse herum. Es ist nichts zu befürchten. Monsieur de Lafayette hat sein Wort gegeben.«

Ich nickte beruhigt und schlief wieder ein, doch kurze Zeit danach weckte mich die gleiche Kammerfrau; eine zweite stand neben ihr an meinem Bett.

Der Raum war erfüllt von schreienden Stimmen.

»Rasch, Madame ...! Sie müssen sich ankleiden! Der Mob dringt ins Schloß ein! Sie sind schon ganz nah ...«

Ich sprang aus dem Bett. Madame Thiébaut, die Schwester meiner lieben Campan, war auch da. Sie streifte mir in höchster Eile Schuhe an die Füße und versuchte mir einen Morgenrock überzuwerfen. Doch da vernahm ich die Stimmen ganz nah:

»Hier entlang! Wir holen sie uns! Dies ist ihr Appartement ... Ich werde ihr eigenhändig das Herz rausschneiden!«

»Nein ... nein! Die Ehre steht mir zu!«

»Kommen Sie! Schnell!« flüsterte Madame Thiébaut in höchster Erregung. »Es ist keine Zeit mehr zum Ankleiden! Sie sind ja fast schon da!«

»In des Königs Appartement ...« stammelte ich. »Die Kinder ...«

Meine Frauen zogen mich durch den schmalen Korridor zum *oeil-de-boeuf* Salon. Die Tür war abgeschlossen. Ich hatte nie erlebt, daß sie zugeschlossen war, und wurde von panischem Grauen gepackt, denn ich erkannte an der Nähe der Stimmen, daß die Eindringlinge bereits in meinem Schlafzimmer waren.

Madame Thiébaut schlug mit der Faust an die Tür. »Öffnet ... Öffnet um Gotteswillen! Um der Königin willen!!! Öffnet ...«

Ich hörte die Wutschreie. »Sie hat uns zum Narren gehalten! Sie ist entwischt! Wo ist sie? Wir werden sie schon finden!«

»O Gott!« betete ich. »Hilf mir, tapfer zu sein! Jetzt ist es soweit! Dies ist der Tod ... ein grauenvoller Tod ...«

Ich hämmerte an die Tür. Plötzlich ging sie auf, und wir fielen geradezu in den *oeil-de-boeuf* Salon hinein. Der Page, der die Tür aufgemacht hatte, schloß sie sofort wieder ab, und wir liefen in das Appartement des Königs hinüber. Ich schluchzte vor Grauen. Dem Tod konnte ich ins Gesicht sehen, nicht aber einem grausam-sadistischen, obszönen Meuchelmord durch die Hände jener wilden Furien.

»Der König!« rief ich.

»Er hat sich in Ihr Schlafgemach begeben«, teilte man mir mit.

»Aber da sind sie doch!«

»Er hat den geheimen Gang benutzt.« Also jenen Gang, über den er früher zu mir zu kommen pflegte, als der Hof seine nächtlichen Be-

suche bei mir gespannt verfolgte und sich darüber amüsierte. Wie gut, daß ich damals diesen Einfall gehabt hatte!
Aber was würde ihm geschehen? Wäre er sicher vor ihnen? Sie schrien ja nach meinem Blut und nicht nach seinem.
»Die Kinder...« begann ich, und da kam auch schon Madame de Tourzel mit ihnen herein; sie hatte sie hastig aus ihren Bettchen geholt und ihnen Morgenröcke über die Nachthemden geworfen.
Sie kamen zu mir gelaufen, und ich umarmte sie heftig und hielt sie an mich gedrückt, als wollte ich sie nie wieder loslassen. Und dann kam auch der König – völlig ruhig und kaum in Eile.
»Sie sind in Ihrem Schlafgemach«, sagte er, »und demolieren den Raum.«
Ich hatte eine schauerliche Vision und sah im Geiste, wie sie das von mir noch warme Bett aufschlitzten, wie sie den Baldachin herunterrissen und über meine Kostbarkeiten herfielen. Merkwürdigerweise dachte ich an die kleine Uhr, die mein Sohn so liebte und die ein Lied spielen konnte.
Ich hörte die Melodie ganz deutlich.

»Il pleut, il pleut bergère,	*Es regnet, kleine Schäferin,*
Presse tes blancs moutons ...«	*treib sie heim, Deine weißen Schafe ...*

»Hört!« fuhr ich auf. »Was ist das?«
Wütende Schläge donnerten gegen die Tür vom *oeil-de-boeuf* Salon. Wir warteten in atemlosen Entsetzen, was geschehen würde, und ich glaubte, sogar Ludwig dachte, unsere letzte Stunde sei gekommen.
Doch dann verstummten die Schläge, und einer der Pagen kam angerannt und meldete uns, daß die Garde den Pöbel aus dem Schloß treibe.
Ich sank auf einen Stuhl und bedeckte das Gesicht mit den Händen. Mein Sohn zog an meinem Gewand. »Maman, was machen denn die alle?« Wortlos zog ich ihn an mich. Ich brachte keinen Laut heraus. Meine Tochter ergriff ihren Bruder an der Hand und sagte: »Du mußt Maman jetzt in Ruhe lassen!«
»Warum?« wollte er wissen.
»Weil es so vieles gibt, an das sie denken muß.«
Sie werden meinen Sohn umbringen! schoß es mir entsetzt durch den Kopf. Er lächelte mich an und flüsterte: »Es ist alles gut, Maman! Moufflet ist ja hier!«

»Dann ist wirklich alles gut«, erwiderte ich leise.
Er nickte.
Im Königshof und dem Marmorhof schrien sie nach Orléans. Mich überlief ein Schaudern. Wie tief hatte der Herzog von Orléans bei all dem eigentlich seine Hände im Spiel?
Elisabeth hatte den Dauphin auf den Schoß genommen; es war mir ein Trost, daß sie bei uns war.
»Maman«, fing mein Sohn wieder an, »Chou d'amour hat Hunger.«
Ich küßte ihn. »Du bekommst bald etwas zu essen.«
»Moufflet aber auch«, erinnerte er mich, und wir mußten alle lächeln.
Die Meute vor dem Schloß schrie jetzt nach dem König.
»Der König soll auf den Balkon kommen!«
Ich sah Ludwig an. Er trat hinaus. Sie mußten ihn einfach bewundern. Er zeigte keinerlei Anzeichen von Furcht; daß er auch keine empfand, konnten sie nicht wissen.
Lafayette war eingetreten. Er war eindeutig überrascht, daß die Weiber ins Schloß eingedrungen waren. Er hatte doch ihr Wort gehabt, daß sie es nicht tun würden.
Es erstaunte mich nicht, daß er den Spitznamen ›General Morphium‹ hatte; er muß in seinem Bett fest geschlafen haben, als die Rotte von Mördern in das Schloß einbrach.
Provence erschien kurz darauf mit dem Herzog von Orléans, beide wohl rasiert und gepudert. Provence sah so kalt und undurchsichtig wie immer aus, und Orléans hatte etwas Verschlagenes im Blick. Wie Madame Campan mir hinterher erzählte, beschworen viele, ihn verkleidet unter den mordgierigen Eindringlingen gesehen zu haben; kein anderer als Lafayette begab sich auf den Balkon.
»Der König!« verlangte der Mob.
Lafayette verneigte sich und präsentierte ihnen den König. Der General hob die Hand und teilte ihnen mit, der König habe jetzt der Erklärung der Menschenrechte zugestimmt. Damit sei viel erreicht worden, und er wüßte, daß sie nun wieder nach Hause gehen wollten. Er, der Kommandant der Nationalgarde, fordere sie hiermit dazu auf.
Erwartete er wirklich, daß sie ihm gehorchen würden? Er kann doch nicht so ein Dummkopf gewesen sein! Er war ein Mann, der seine Rolle spielte – die Rolle des Helden des Augenblicks.
Der Pöbel rührte sich natürlich nicht von der Stelle. Sie würden nicht auf das verzichten, dessentwegen sie gekommen waren!

Und dann schrie jemand: »Die Königin! Die Königin auf den Balkon!«
Der Schrei wurde aufgegriffen und ertönte jetzt ohrenbetäubend aus Hunderten von Kehlen.
»Nein«, erklärte der König. »Sie dürfen nicht...«
Axel war unter den Anwesenden. Er machte einen Schritt auf mich zu, doch ich gebot ihm mit den Augen, sich zu beherrschen. Er durfte unsere Liebe nicht vor all diesen Leuten verraten. Das hätte unsere Situation nur verschlimmert. Ich ging auf die Balkontür zu.
Meine Tochter fing zu weinen an, und ich sagte zu ihr: »Es ist nichts Schlimmes, mein Liebling! Hab keine Angst, kleine Mousseline! Die Leute wollen mich nur sehen.«
Und dann war es Axel, der die Hand meiner Tochter in meine drückte und mir meinen Sohn auf den Arm hob.
»Nein!« schrie ich auf.
Aber er stieß mich schon auf den Balkon hinaus. Er glaubte, den Kindern würden sie nichts tun.
Ein Meer von Schweigen umgab mich, als ich so dort stand. Dann rief jemand: »Ohne Kinder! Wir wollen nicht die Kinder!«
Ich war überzeugt, daß sie mich nun umbringen würden. Ich drehte mich um und reichte Madame de Tourzel den Dauphin. Meine kleine Tochter versuchte, sich an mein Gewand zu klammern, doch ich stieß sie zurück ins Zimmer.
Und so trat ich alleine auf den Balkon. Es summte in meinem Kopf, aber vielleicht war das auch das Flüstern unter mir. Mir war, als bräuchte ich Minuten für jenen einen kurzen Schritt. Es war, als wäre die Zeit selbst stehengeblieben, als warte die ganze Welt darauf, daß ich diese Schwelle überschritte – die Schwelle zwischen Leben und Tod.
Dort stand ich nun ganz allein und wehrlos vor diesem Mob, der nach Versailles gekommen war, um mich auf schaurigste Weise umzubringen. Ich hatte die Hände über meinem gold-weiß gestreiften Gewand gefaltet, das man mir hastig übergeworfen hatte, als wir mein Schlafgemach fluchtartig verließen; mein Haar fiel mir lose um die Schultern.
Ich vernahm eine Stimme: »Na, da ist sie ja, die Österreicherin! Schießt sie tot!«
Ich neigte den Kopf wie zum Gruß, und die Stille dauerte und dauerte.
Ich weiß nicht, was in jenen Sekunden oder Minuten vorging – weiß nur, daß die Franzosen das emotionalste Volk der ganzen Welt sind.

Sie lieben und hassen mit mehr Vehemenz als andere Menschen. All ihre Gefühle sind sehr intensiv und das um so mehr, als sie nur von flüchtiger Dauer sind.
Meine scheinbare völlige Furchtlosigkeit, vielleicht auch meine feminine Wehrlosigkeit oder meine kühle Gleichgültigkeit vermochten sie vorübergehend zu rühren.
Jemand schrie: »*Vive la Reine!*« und andere stimmten in den Hochruf mit ein. Ich blickte auf das Meer von Gesichtern unter mir – auf jene verkommenen Leute mit ihren Messern und Stöcken und den grausamen Gesichtern. Und ich hatte keine Angst.
Ich neigte noch einmal den Kopf und trat vom Balkon zurück in den Raum, wo mich sekundenlang verwirrtes Schweigen empfing.
Dann umarmte mich der König mit Tränen in den Augen, und meine Kinder klammerten sich in die Falten meines Gewandes und weinten. Es war aber nur eine kurze Gnadenfrist gewesen.
Schon wieder schrien sie: »Nach Paris! Nach Paris mit dem König!«
Der König sagte, diese Frage müßte mit der Nationalversammlung besprochen werden; man würde diese nach Versailles einladen.
Doch der Pöbel draußen wurde immer unruhiger.
»Nach Paris!« johlten sie. »Nach Paris mit dem König!«
Saint-Priest war in größter Sorge, ebenso Axel. »Sie werden das Schloß stürmen!« sagte er. »Es ist ganz offenkundig, daß Sie, Monsieur de Lafayette, nicht die Macht haben, sie zu mäßigen.« Lafayette konnte das nicht bestreiten.
»Ich muß weiteres Blutvergießen verhindern!« erklärte der König. »Ich werde daher freiwillig und in Frieden nach Paris gehen.« Er wandte sich zu mir und sagte schnell: »Wir müssen zusammen bleiben ... wir alle.«
Und dann trat er auf den Balkon hinaus und sagte: »Liebe Freunde! Ich werde mich mit meiner Frau und meinen Kindern nach Paris begeben. Ich werde das, was mir am Kostbarsten ist, der Liebe meiner guten und getreuen Untertanen anvertrauen.«
Freudengeheul ertönte. Der Marsch war ein Erfolg gewesen! Sie hatten erreicht, was sie wollten, auch wenn ich noch am Leben war.
Lafayette kam vom Balkon wieder in den Raum zurück.
»Madame«, meinte er ernst, »Sie sollten sich das sehr genau überlegen!«
»Ich habe es mir überlegt«, entgegnete ich. »Ich weiß, daß diese Leute mich hassen, weiß, daß sie mich umbringen wollen. Doch wenn das

mein Schicksal ist, muß ich es auf mich nehmen. Mein Platz ist an der Seite meines Gemahls!«

Um ein Uhr verließen wir Versailles. Der Regen des Vortages war hellem Sonnenschein gewichen; es war ein schöner Herbsttag, aber das Wetter vermochte nicht, unsere gedrückte Stimmung zu heben.

In dem Wagen, in dem ich mit dem König fuhr, befanden sich auch unsere Kinder mit Madame de Tourzel sowie der Graf und die Gräfin von Provence und Elisabeth.

Nie werde ich jene Fahrt vergessen! Obgleich ich noch größere Demütigungen und größeres Leid erleben sollte, bleibt sie mir doch unauslöschlich vor Augen. Der Gestank jener Meute, ihre lüsternen, boshaften Fratzen neben unserem Gefährt, die mordgierigen Blicke, die sich auf mich richteten ... diese endlosen sechs Stunden – denn so lange brauchten wir für die Fahrt. Ich roch den Blutgeruch in der Luft. Einige dieser Kannibalen hatten mehrere Wachen ermordet und trugen deren Köpfe vor uns auf Piken einher – vermutlich als grimmige Warnung, damit wir wußten, was sie mit uns machen würden. Sie hatten sogar einen Friseur gezwungen, das Haar auf diesen abgeschlagenen Köpfen zu frisieren; der arme Mann war, von Empörung und Grauen geschüttelt, mit dem Messer im Rücken dazu erpreßt worden.

Auf den mitgeführten Kanonen saßen rittlings betrunkene Weiber gleich entfesselten Mänaden und kreischten sich obszöne Bemerkungen zu. Sehr häufig fiel mein Name. Mir war zu übel von dem Ganzen, als daß ich mich viel um das, was sie über mich sagten, gekümmert hätte. Einige der Weiber liefen halbnackt Arm-in-Arm mit den Soldaten, denn sie hatten sich nicht die Mühe gemacht, ihre Röcke wieder anzuziehen. Sie hatten auch die königlichen Kornspeicher geplündert und Wagen mit Mehlsäcken vollgeladen, die allerdings von den Soldaten gut bewacht wurden. Die *poissardes* – die Fischweiber – tanzten um diese Wagen herum und sangen: »Uns soll's nicht mehr an Brot fehlen! Wir bringen den Bäcker und des Bäckers Frau und des Bäckers Sohn nach Paris!«

Mein kleiner Sohn wimmerte: »Ich bin so hungrig, Maman! *Chou d'amour* hat nichts zum Frühstück bekommen ... und auch nichts zum Mittagessen ...« Ich tröstete ihn so gut ich konnte.

Schließlich langten wir in Paris an. Bailly, der Bürgermeister, hieß uns im Licht von brennenden Fackeln willkommen.

»Was für ein großartiger Tag«, sagte er, »an dem die Pariser endlich Seine Majestät mit seiner Familie in ihrer Stadt bei sich haben dürfen!«

»Ich hoffe«, entgegnete Ludwig, »mein Aufenthalt in Paris wird im Land wieder Frieden, Harmonie und Ordnung herstellen.«

Müde und erschöpft wie wir waren, mußten wir zum *Hôtel de Ville* fahren, wo wir auf dem Thron saßen, auf dem die Könige und Königinnen von Frankreich vor uns gesessen hatten. Ludwig sagte Bailly, er sollte dem Volk mitteilen, daß er sich immer voller Freude und Vertrauen unter den Einwohnern seiner guten Stadt Paris aufhalte. Doch als Bailly dem Volk diese Botschaft ausrichtete, ließ er das Wort Vertrauen weg; ich merkte es sofort und machte ihn darauf aufmerksam.

»Hört nur«, rief Bailly darauf. »Dies ist sogar noch besser, als wenn mein Gedächtnis mich nicht im Stich gelassen hätte!«

Sie machten sich über uns lustig! Sie taten, als behandelten sie uns wie ihren König und ihre Königin, während wir in Wirklichkeit nichts anderes als ihre Gefangenen waren. Und dann gönnte man uns eine kurze Ruhepause. Sie erlaubten uns, in die Tuilerien zu fahren – jenes düstere, verlassene Residenzschloß, das sie für uns als Wohnsitz bestimmt hatten.

23

»Niemand würde all das für möglich halten, was in den letzten vierundzwanzig Stunden geschehen ist, und noch die kühnste Fantasie könnte sich nicht ausmalen, was wir durchmachen mußten.«

Marie-Antoinette an Mercy

»Wenn man sich der Aufgabe weiht, eine Revolution zu dirigieren, besteht die Schwierigkeit nicht darin, sie anzufachen, sondern darin, sie zu bändigen.«

»O vortrefflicher aber schwacher König! O unglückseligste aller Königinnen! Eure Unschlüssigkeit hat Euch in einen schrecklichen Abgrund gestürzt. Wenn Sie meinen Rat zurückweisen oder mein Plan scheitern sollte, wird sich ein Leichentuch über dieses Königreich herabsenken.«

Mirabeau

»Er (Fersen) hat sich in dem Dorf Auteuil einquartiert ... und begibt sich abends im Schutz der Dunkelheit nach Saint-Cloud. Ein abgelöster Soldat der Wache begegnete ihm um drei Uhr in der Früh, als er gerade das Schloß verließ. Ich hielt es für meine Pflicht, hierüber mit der Königin zu sprechen. »Glauben Sie nicht«, sagte ich zu ihr, »daß die Anwesenheit des Grafen von Fersen und seine Besuche im Schloß eine weitere Gefahrenquelle sein könnte?!« Sie sah mich mit jenem hochmütig-verächtlichen Gesichtsausdruck an, den Sie so gut kennen, und erwiderte: ›Sagen Sie das doch ihm selbst, wenn Sie es für richtig halten ...‹«

Saint-Priest

IN DEN TUILERIEN SAINT-CLOUD

Ich betrat die Tuilerien mit einem grauenhaften Vorgefühl unseres Verhängnisses. Es war lange her, daß der Palast bewohnt gewesen war, und überall schlug einem feuchte Kälte entgegen. Die Gänge waren sogar tagsüber so dunkel, daß sie mit Öllampen erleuchtet werden mußten, die ständig qualmten. Wir waren so erschöpft, daß wir nur noch schlafen wollten. Der Dauphin hatte es aufgegeben, uns darauf hinzuweisen, daß er hungrig sei; seine Augen fielen ihm halb zu, doch er sagte: »Dies ist ein häßliches Schloß, Maman! Lassen Sie uns jetzt wieder nach Hause fahren!«

»Aber aber, *mon Chou d'amour,* Ludwig der Vierzehnte lebte hier, und es gefiel ihm. Also mußt auch du es mögen.«

»Warum gefiel es ihm?«

»Das wirst du vielleicht noch herausfinden.«

Er war zu schläfrig, um weitere Fragen zu stellen, worüber ich froh war.

Ich versuchte, auf dem hastig zurechtgemachten Bett einzuschlafen, schreckte jedoch dauernd aus dem unruhigen Halbschlaf hoch und glaubte, wieder die Bewegung unseres Wagens zu spüren, wieder die Schreie des Pöbels zu hören und jene blutigen aufgespießten Köpfe über der Horde schwanken zu sehen.

Was wird nur aus uns werden? fragte ich mich angstvoll.

Der König schlief tief und fest.

Am Morgen hoben sich meine Lebensgeister ein wenig. Die Sonne ließ den verfallenen Zustand des Palastes erst richtig erkennen, doch war das Tageslicht wenigstens tröstlich und beruhigend; diese Nacht lebendig überstanden zu haben, erschien mir irgendwie schon ein Triumph.

Der König war voller Zuversicht. »Wir werden uns Möbel aus Versailles kommen lassen«, sagte er. »Ich bin sicher, mein Volk will, daß wir angemessen untergebracht sind.«

Es schien kaum möglich, daß er immer noch an die Liebe und Zuneigung seines Volkes glauben konnte.

Unsere treuen Dienstboten trieben einige Nahrung für uns auf, und wir konnten uns dann das Schloß genauer anschauen. Der einzige unversehrte Teil schien der Flügel zu den Gärten zu sein. Im ersten Stockwerk befanden sich mehrere bewohnbare Zimmer, in denen wir das Schlafgemach des Königs, Elisabeths Schlafzimmer und je ein Schlafzimmer für den Dauphin und seine Schwester einrichteten, sowie einen Salon und einige Empfangsräume; mein Schlafzimmer befand sich im Erdgeschoß mit vier weiteren Zimmern. Eine Treppe verband die beiden Stockwerke, so daß wir im Fall einer Gefahr sehr schnell beisammen sein konnten.

Es schien jedoch, als sollte uns wenig Frieden vergönnt sein, denn das Pöbelvolk versammelte sich von neuem im Laufe des Vormittags. Mein Sohn hörte sie und kam zu mir gerannt.

»*Mon Dieu,* Maman«, rief er. »Ist es schon wieder gestern?«

Ich versuchte ihn zu beruhigen, doch die Weiber schrien schon wieder johlend nach mir – ich solle auf den Balkon herauskommen. Ich tat es wie am Vortag in der Annahme, möglicherweise meinem Tod entgegenzutreten. Aber dies war eine andere Menge, wie ich sofort erkannte, eine weniger entfesselte und dafür nüchternere Menge; es waren die Pariser Bürger. Sie standen zwar fest hinter den revolutionären Ideen, waren aber nicht die Verbrecher und die Prostituierten, die Pariser Unterwelt, die nach Versailles gezogen waren. Ich spürte gleich den Unterschied und glaubte, ich könnte mit ihnen reden.

Wieder herrschte Schweigen, während ich dort stand. Ich wußte, sie hatten Respekt vor meinem Mut – weil ich keine Angst vor ihnen hatte.

»Liebe Freunde!« rief ich. »Ihr solltet wissen, daß ich meine gute Stadt Paris liebe.«

»O ja«, erwiderte eine Stimme. »So sehr, daß Ihr sie am 14. Juli besetzen lassen wolltet und am 5. Oktober bereit wart, an die Grenze zu fliehen!«

Hochrufe und Gelächter ertönten, doch wie anders waren sie als der blutrünstige Haufen von gestern!

»Wir müssen aufhören, einander zu hassen!« erklärte ich, und wieder trat jene Stille ein.

Und dann sagte jemand: »Sie hat Mut, diese Österreicherin!« Und wieder Stille – und dann: »*Vive la Reine!*«

Sehr getröstet trat ich wieder ins Zimmer zurück, obgleich ich genau wußte, daß nichts jemals mehr so wie früher sein würde.

Ich setzte mich hin und schrieb an Mercy, dem ich befohlen hatte, sich eine Zeitlang vom Hof fernzuhalten, weil ich befürchtete, daß man den österreichischen Botschafter als Feind betrachten könnte und er dadurch in Gefahr wäre.

»Wenn wir vergessen könnten, wo wir uns befinden und wie wir hierher kamen, sollten wir mit der Stimmung der Pariser Bevölkerung zufrieden sein, vor allem heute morgen. Ich hoffe, daß sich vieles beruhigen wird, wenn das Brot nicht zu knapp wird ... Niemand würde all das für möglich halten, was in den letzten vierundzwanzig Stunden geschehen ist, und noch die kühnste Phantasie könnte sich nicht ausmalen, was wir durchmachen mußten.«

Der König kam in mein Zimmer und sagte: »Ich hörte, wie die Leute Ihnen zujubelten. Dies ist das Ende der Revolution. Wir werden jetzt eine neue Gesellschaftsordnung ausarbeiten ... die beste für uns alle.«
Ich umarmte ihn, war aber leider nicht seiner Ansicht. Ich konnte nicht vergessen, wie milde das Volk auch heute gestimmt sein mochte, daß wir Gefangene waren; und wie ich zu Madame Campan sagte, als ich erfuhr, daß sie uns zwingen wollten, Versailles zu verlassen, um uns in die Tuilerien zu bringen: »Wenn Könige gefangen genommen werden, läßt man sie nicht mehr lange leben.«
Die Stimmung des Volkes hatte sich tatsächlich geändert, denn in den nun folgenden Tagen begannen Möbel aus Versailles einzutreffen. Den ganzen Tag lang waren Tischler und Polsterer im Palast an der Arbeit, und nach kurzer Zeit sahen jene Appartements, die wir uns ausgesucht hatten, allmählich mehr nach einer königlichen Residenz aus. Unsere königliche Leibwache, die aus alten Adelsfamilien ausgewählt gewesen war, wurde natürlich entlassen und durch Mitglieder von Lafayettes Nationalgarde ersetzt, was uns lästig war, denn diese Männer waren neugierig und schlecht erzogen und zeigten wenig Skrupel, mit plumper Aufdringlichkeit in unser Privatleben einzudringen.
Ich hatte schreckliche Angst, mein Sohn könnte diese Wachen beleidigen, und schärfte ihm daher ein, wie notwendig es wäre, freundlich zu ihnen zu sein. Dies fiel ihm dann auch gar nicht schwer; er stellte ihnen endlose Fragen und unterhielt sich auf eine Weise mit ihnen, daß sie seinem Charme nicht widerstehen konnten.
Er war alt genug, um sich über das, was mit uns geschah, zu wundern und unser gegenwärtiges Leben mit dem bisherigen zu vergleichen; wir versuchten zwar alle, in seiner Gegenwart unsere Furcht vor der Zukunft zu verbergen und ihn glauben zu machen, alles sei ganz normal. Er war jedoch zu aufgeweckt, um sich täuschen zu lassen.
Eines Tages lief er zu dem König und sagte: »Papa, ich möchte Ihnen etwas sehr Ernstes sagen.«

Sein Vater lächelte und antwortete, er würde gern mehr über diese ernste Angelegenheit erfahren.
»Was ich nicht verstehe, Papa«, erklärte der Dauphin, »wie kommt es, daß die Leute, die Sie immer so liebten, plötzlich alle so böse auf Sie sind? Was haben Sie getan, um sie so wütend zu machen?«
Der König nahm seinen Sohn auf den Schoß und antwortete: »Ich wollte das Volk glücklicher machen, als es das war, aber ich brauchte Geld, um die Kriegskosten zu bezahlen; also bat ich das Volk um Geld, wie alle Könige es tun müssen. Aber die Magistrate, die das Parlament bilden, waren dagegen und behaupteten, nur das Volk selbst hätte das Recht, dem zuzustimmen. Ich forderte also die einflußreichsten Einwohner – sei es durch Herkunft, Vermögen oder geistige Gaben – aller Städte auf, nach Versailles zu kommen. Man nennt sie die Generalstände. Als sie sich versammelten, verlangten sie Zugeständnisse von mir, die ich ihnen nicht einräumen konnte, weder vor mir selbst noch im Hinblick auf dich, der du eines Tages ihr König sein wirst. Böse und schlechte Männer, die das Volk aufwiegelten, sind für das verantwortlich, was in den letzten Jahren geschehen ist. Du darfst nicht denken, das Volk hätte daran schuld.«
Ich weiß nicht, ob der Dauphin das alles verstand, wenn er auch ernsthaft nickte, doch schien er nach diesem Gespräch viele seiner kindlichen Gewohnheiten abzulegen.

Und so wurde es Winter, jener düstere Winter. Wir hatten uns an die neue Daseinsweise gewöhnt, die so ganz anders war als unser bisheriges Leben. Versailles und das Petit Trianon schienen Jahre zurückzuliegen. Aber auch ich hatte mich verändert.
Ich war jetzt vierunddreißig; das Leben hatte mir eine schreckliche Lektion erteilt. Ich begann einzusehen, daß ich niemals so vom Volk verleumdet und verschmäht worden wäre, wenn ich mich anders verhalten hätte. Sie haßten den König nicht wie mich.
Ich hatte mich so sehr verändert, daß ich jene Gemächer im Erdgeschoß für mich wählte, um etwas abseits der Familie zu sein – um allein sein und nachdenken zu können. Wie war es seltsam, daß ich, die ich mich niemals auch nur für wenige Sekunden auf irgend etwas hatte konzentrieren können, was mich nicht interessierte, jetzt versuchte, mich selbst zu ergründen und zu verstehen.
Ich verbrachte Stunden damit, die Ereignisse der Vergangenheit aufzuschreiben und festzuhalten, was ich auch bis jetzt beibehalten habe;

es ist die einzige Möglichkeit für mich, mich selbst kennenzulernen und jeden Schritt zu verstehen, der mich dorthin gebracht hat, wo ich jetzt stehe.
Ich hatte mich wirklich verändert. Aus einem leichtfertigen, unbekümmerten jungen Ding war eine nachdenkliche Frau geworden. Die Veränderung war sehr abrupt erfolgt – aber nicht abrupter als die Veränderung meiner äußeren Lebensumstände. Es kam mir vor, als hätte ich in vierundzwanzig Stunden ein ganzes Leben voller Angst und Leid durchgemacht. Ein derartiges Erlebnis mußte auf jeden Menschen seine Wirkung haben.
Wenn ich mich an meine damaligen Briefe an Mercy erinnere, erkenne ich, wie groß diese Veränderung tatsächlich war.

»Je unglücklicher ich bin, um so größer wird meine Zuneigung zu meinen wahren Freunden. Ich freue mich so sehr auf den Augenblick, wenn ich Sie wieder ungehindert sehen und ich Ihnen die Gefühle beweisen kann, die von mir zu erwarten Sie jedes Recht haben – Gefühle der Dankbarkeit und tiefen Zuneigung, die mich bis an mein Lebensende begleiten werden.«

Endlich erkannte ich Mercys Qualitäten und seinen Wert, denn ich begriff, wie anders alles hätte verlaufen können, wenn ich auf seine Warnungen und die meiner Mutter gehört hätte. Doch die Tatsache, daß ich jetzt meine Fehler einsah, tröstete und ermutigte mich – eine Tatsache, für die erst großes Leid mir die Augen geöffnet hatte.
In jenem Winter schienen die Tage endlos lang und eintönig. Mein einziger Trost waren meine Kinder und Axel, der mich oft besuchte. Ich pflegte auch im Schulzimmer zu sitzen, während der Abbé Davout meinen Sohn unterrichtete; bekümmert sah ich dann, wie schwer es ihm fiel, sich zu konzentrieren, was mich so sehr an mich selbst in meiner Kindheit erinnerte, daß ich ihn vor dieser gefährlichen Anlage warnte.
»Aber Maman«, antwortete er ernst, »es sind hier so viele Soldaten, und die sind so viel interessanter als Schulstunden!«
Große Soldaten, mahnte ich, müßten auch ihre Lektionen lernen.
Wir begaben uns jeden Tag zur Messe und nahmen unsere Mahlzeiten gemeinsam ein. Wir kamen uns näher als jemals zuvor, denn wir lebten jetzt wie eine bürgerliche Familie und saßen mit den Kindern bei Tisch, die sich an der Unterhaltung beteiligten. Die arme Adelaide

und Victoria hatten sich sehr verändert. Sophie war gestorben, und ihre Schwestern sagten ständig: »Die Glückliche! Daß ihr dies erspart blieb!« Sie waren nicht mehr meine Feindinnen, denn dieser Schicksalsschlag hatte auch auf sie seine Wirkung gehabt. Sie waren intelligent genug zu erkennen, daß die Skandalgeschichten, die sie so emsig über mich verbreitet hatten, entscheidend dazu mitgeholfen hatten, uns in die jetzige Situation zu bringen, und sie empfanden Reue über ihr gedankenloses Tun. Ich glaube, sie waren auch erstaunt darüber, daß ich keinen Groll gegen sie hegte. Ich hatte keine Zeit, rachsüchtig zu sein; es hätte mir außerdem kein Vergnügen gemacht, ihnen all das vorzuhalten, was sie mir angetan hatten. Sie taten mir nur leid, die beiden alten Prinzessinnen, die so lange in einer Gesellschaftshierarchie gelebt hatten, die nun unter ihren Füßen zusammenbrach und sie völlig hilflos ihrem Schicksal überließ.

Ihre Haltung mir gegenüber hatte eine vollständige Wandlung erfahren; sie waren jetzt liebevoll und zärtlich zu mir – adorierten mich vielleicht sogar, denn Adelaide konnte ja nie etwas halb tun, und Victoria folgte ihr nach wie vor in allem.

Elisabeths Ähnlichkeit mit einer Heiligen trat noch stärker hervor. Sie war ständig um mich und die Kinder. Wir begannen zusammen einen Wandteppich zu sticken, eine Arbeit, die lange Stunden jenes Winters so angenehm verstreichen ließ, wie das unter den Umständen nur möglich war.

Nach dem Mittagessen pflegte der König sich in seinen Sessel zu werfen und etwas zu schlafen oder sich dafür in seine Gemächer zu begeben. Er war sehr liebevoll mit der ganzen Familie, und es gelang ihm immer, die hysterischen Verzweiflungsausbrüche der Tanten zu beruhigen, die ihnen trotz großer Beherrschung von Zeit zu Zeit entfuhren. Sie sehnten so glühend die alte Zeit zurück; es fiel ihnen von uns allen am schwersten, sich an das neue *régime* anzupassen.

Ich lebte für Axels Besuche. Wir konnten allerdings nie allein zusammen sein, führten aber lange geflüsterte Gespräche. Er sagte, er hätte keine ruhige Sekunde, solange ich noch hier in Paris wäre; er dachte dauernd an diese grauenhafte Fahrt von Versailles nach Paris.

»Diese *canaille* ... Oh, wie ich sie hasse! Wie ich sie verachte! Gott allein weiß, was die Ihnen hätten antun können! Wie soll ich Ihnen die Qualen schildern, die ich litt, als ich Sie in deren Mitte wußte! Ich sage Ihnen: ich werde nicht eher ruhen, als bis Sie aus dieser Stadt heraus sind! Ich möchte am liebsten, daß Sie gleich mitkommen ... dorthin, wo Sie in Sicherheit sind.«

Ich hörte ihm lächelnd zu. Seine Liebe zu mir, die Zärtlichkeit meiner Kinder und die Güte meines Gemahls waren das einzige, was mir das Leben noch lebenswert machte.

Und während jenes langen Winters war »Flucht« das immer wiederkehrende Grundthema der Vorträge meines Geliebten.

Nach einiger Zeit legten sich meine Ängste ein wenig. In gewissem Sinne waren wir Gefangene, doch blieb uns in den Tuilerien wenigstens dem Schein nach ein Hofstaat. Lafayette war ein ständiger Besucher; er versicherte dem König, sein treuer Diener zu sein. Er war gewiß voll guter Absichten und Vorsätze und in dieser Hinsicht Ludwig nicht unähnlich. Er war nur immer im entscheidenden Augenblick nicht zur Stelle, war immer zu langsam, wenn eine rasche Entscheidung not tat, und immer zu schnell, wenn diese sorgfältige Überlegung verlangte. Wir waren jedoch froh über seine Freundschaft.

Er hatte Beweise dafür, daß Orléans den Marsch nach Versailles mit organisiert hatte, und war überzeugt, daß jene Personen, die beschworen, den Herzog verkleidet an jenem schrecklichen Morgen in der Rotte von Eindringlingen erkannt zu haben, sich nicht geirrt hatten; er war deshalb der Ansicht, man sollte Orléans dorthin schicken, wo er keinen weiteren Schaden mehr anrichten konnte.

Der König wollte nicht glauben, daß sein eigener Vetter ein derartiger Verräter sein könnte. Doch Lafayette rief: »Sire, sein Plan ist, Sie zu entthronen und Regent von Frankreich zu werden! Gerade seine Geburt macht dies ja möglich!«

»Was für Beweise haben Sie dafür?« fragte der König bestürzt.

»Jede Menge, Sire! Und ich kann weitere beschaffen. Der Pöbel, der auf Versailles loszog, war dicht durchsetzt mit Männern in Frauenkleidung. Es waren gar nicht die Frauen von Paris, für die wir sie halten sollten. Viele von ihnen waren bezahlte Agitatoren, und einer derjenigen, der den Marsch organisierte, war Monsieur d'Orléans.«

»Ich kann das nicht glauben«, beharrte der König, doch ich versuchte ihm klarzumachen, daß es ganz und gar nicht so unglaubhaft war. Orléans war seit dem Tag meiner Ankunft in Frankreich mein Feind gewesen, und ich traute es ihm durchaus zu.

Der König sah mich hilflos an, doch Lafayette, jetzt meiner Unterstützung sicher, fuhr fort: »Sire, einige hörten sogar den Schrei ›*Vive Orléans, notre roi d'Orléans!*‹ Ich denke, das sagt alles. Er hat vor,

Sie und die Königin zu beseitigen und sich selbst auf Ihren Platz zu setzen. Er müßte aus Frankreich verbannt werden.«
»Laßt ihn also nach England gehen«, willigte der König ein. »Aber ich finde, man sollte sagen, er führe eine Mission für mich aus. Ich möchte meinen Vetter nicht öffentlich des Hochverrates beschuldigen.«
Also begab sich Orléans nach London, wo er Madame de la Motte traf; und die beiden planten dann gemeinsam, mit was für neuen Schmähungen und Verleumdungen sie mich überschütten könnten.

Jene langen Wintertage! Jene zugigen dunklen Korridore! Jene qualmenden Öllampen! Und diese Wachen, die uns dauernd in unserem Privatleben störten!
Ich glaube, ich hätte diesen Winter nicht durchgestanden, wenn Axel nicht gewesen wäre. Gabrielle fehlte mir entsetzlich! Die Prinzessin von Lamballe war mir eine gute Freundin, und ich hatte sie aufrichtig lieb, aber sie hatte in meinen Gefühlen nie den gleichen Platz wie Gabrielle eingenommen. Elisabeth war ein ständiger Trost – und selbstverständlich meine Kinder. Meine Tochter wuchs zu einem lieben, verständigen Mädchen heran. Sie hatte sich mit unserem veränderten Leben abgefunden und nahm alle damit verbundenen Unannehmlichkeiten ohne ein Wort der Klage auf sich. Sie wurde in dieser Haltung sehr von ihrer Tante Elisabeth beeinflußt; die beiden verstanden sich ausgezeichnet und waren dauernd beisammen. Manchmal, wenn ich ganz besonders traurig und mutlos war, ließ ich mir meinen kleinen *Chou d'amour* bringen, der mich immer mit seinen komischen, altklugen Aussprüchen aufheiterte. Gemäß seinem kindlichen Alter hatte er sich rasch und mühelos an das Leben in den Tuilerien gewöhnt, und mir schien manchmal, er hatte die ganze Pracht von Versailles und dem Petit Trianon völlig vergessen. »Wir müssen aufpassen, daß wir ihn nicht zu sehr verwöhnen«, sagte ich zu Madame de Tourzel.
»Aber er ist so ein Herzblatt! Es ist wirklich schwierig, es nicht zu tun. Wir dürfen jedoch nicht vergessen, daß wir ihn zu einem König erziehen müssen.«
Sie stimmte mir zu, und ich überlegte mir wie so oft, was für ein Glück ich doch hatte, von so vielen wahren Freunden umgeben zu sein und daß man diese nur in Zeiten der Not erkennt.
Der König verließ sich mehr und mehr auf mein Urteil. Er schien die Veränderung in mir zu bemerken, und mir fiel ein, wie er zu Anfang

unserer Ehe gesagt hatte, er würde nie dem Rat einer Frau Gehör schenken. Wir hatten uns beide verändert. Eine Eigenschaft von ihm änderte sich jedoch nicht – jene unnatürliche Ruhe und Gelassenheit. Es hatte fast den Anschein, als fehle es ihm an Interesse für seine und unsere Belange.

Ich hörte einmal, wie einer seiner Minister sagte, wenn er mit dem König Staatsgeschäfte bespräche, gäbe der ihm immer das Gefühl, über Angelegenheiten zu sprechen, die den Kaiser von China und nicht den König von Frankreich angingen.

Aus diesem Grunde sah ich mich genötigt, mich immer mehr mit diesen Fragen zu befassen. Ich hatte mich immer aus ihnen herauszuhalten versucht, doch Mercy hatte mir warnend gesagt, wenn ich mich nicht um sie kümmere, würde niemand es tun. Jemand müßte am Steuer eines Schiffes stehen, das von einem fürchterlichen Sturm hin- und hergeworfen würde. Dieser Ausspruch stammte von Mirabeau, der jetzt, wo Orléans nicht mehr im Lande war, der einzige Mann war, der die Revolution aufhalten konnte.

Und dieser Mann hatte recht. Er war ein brillanter Kopf, wie ich wußte. Mercy schrieb mir oft über ihn, und Axel erzählte mir von ihm. Er sei ein Schurke, erklärte Axel, und wir sollten ihm nicht trauen; er wäre im Augenblick der mächtigste Mann von ganz Frankreich, weshalb wir ihn aber auch nicht ignorieren dürften.

Es wurde bemerkt, daß ich immer größeren Einfluß auf die Staatsgeschäfte nahm. Der König stimmte nie einer Sache zu, ohne nicht offen zu erklären, er wolle erst »die Königin darüber zu Rate ziehen«. Ich hatte, so unwissend und ignorant ich auch war, wenigstens eine feste Meinung darüber, was zu tun war, und das war besser als die Haltung des Königs, der nie auch nur zwei Tage lang die gleiche Ansicht vertrat. Ich war dafür, einen festen Standpunkt gegen die Revolutionäre zu beziehen. Wir hätten genug nachgegeben, erklärte ich. Wir dürften nicht weiter nachgeben! Und Axel bestärkte mich in dieser Auffassung, die ich vielleicht sogar von ihm hatte. Er war nicht nur mein Geliebter, sondern auch mein kluger Ratgeber, und die Tatsache, daß er und Mercy in so vielen Punkten miteinander übereinstimmten, freute mich.

Mirabeau begann, seine Meinung zu ändern. »Der König hat nur einen Ratgeber – seine Frau!« erklärte er jetzt. Und das bedeutete, daß er mich für eine größere Macht in Frankreich hielt als den König.

»Wenn man sich der Aufgabe weiht, eine Revolution zu dirigieren«,

soll Mirabeau damals gesagt haben, »besteht die Schwierigkeit nicht darin, sie anzufachen, sondern vielmehr darin, sie zu bändigen.«
Ich entnahm diesem Ausspruch, daß er den Wunsch hatte, sie zu bändigen, wie er es nannte.

Im Februar starb mein Bruder Joseph. Ich war wie betäubt, als ich den Brief von Leopold las, der seine Nachfolge angetreten hatte. Joseph und ich waren durch ein ganz besonderes Band verbunden gewesen, obgleich seine ewige Kritik mich geärgert hatte; ich erkannte jetzt, daß er mir damit immer nur hatte helfen wollen und erkannte ebenfalls, wie viel Weisheit seine Vorhaltungen und Ratschläge enthalten hatten. Leopold und ich hatten uns nie so nah gestanden, und so hatte ich jetzt das Gefühl, daß sogar die lieben alten Bande zu Wien mir entglitten.

Wir litten alle unter Erkältungen; der König hatte zugenommen, da ihm seine wilde Reiterei und Jagd fehlte, an die er gewohnt gewesen war; eine gelegentliche Partie Billard war kein Ersatz dafür. Mir selbst ging es alles andere als gut, und ich konnte die Vorstellung an einen langen heißen Sommer in der ungesunden Luft der Tuilerien nicht ertragen. Als ich vorschlug, wir sollten doch für den Sommer nach Saint-Cloud übersiedeln, stieß ich auf keinen nennenswerten Widerstand. Ich war sehr erleichtert und beschwingter als seit langer Zeit, denn als wir unsere Kutschen bestiegen, versuchte nur ein kleiner feindseliger Haufen unsere Abfahrt zu verhindern, während eine viel größere Menschenmenge rief, wir bräuchten die gesündere Luft. *»Bon voyage au bon Papa!«* riefen sie uns zu, was den König glücklich machte und meine Lebensgeister noch mehr hob.

Ich glaubte tatsächlich, die Revolution wäre vorbei und man würde uns nach einiger Zeit erlauben, wieder nach Versailles zurückzukehren – zwar in ein verändertes Leben, aber immerhin in ein würdevolles und ein unserem Status angemessenes.

Wie war es wundervoll, in Saint-Cloud zu sein! Die Luft war belebend, und wie schön schien es im Vergleich zu den düsteren Tuilerien, die ich haßte. Ich hatte das Gefühl, alles wäre fast wieder wie früher. Natürlich war Saint-Cloud nicht das Trianon, aber es kam diesem doch unter den Umständen sehr nahe.

Mercy, der sich in Brüssel aufhielt, riet mir in seinen Briefen dringend, die Angebote Mirabeaus nicht zu übersehen; er strebe ein *rapprochement* an und sei der einzige Mann in ganz Frankreich, der die Revo-

lution zu einem Ende bringen und dem König wieder zu seinem Thron verhelfen könne.
Ich dachte über den Mann nach – von Geburt aus Aristokrat, war er vom Adel nicht sonderlich gut aufgenommen worden und hatte sich zweifellos aus diesem Grund dem Dritten Stand angeschlossen. Er hatte seine Talente in den Dienst Orléans gestellt, doch dieser war jetzt im Exil; und Mirabeau vollzog eine Kehrtwendung und wollte jetzt die Revolution zu einem Ende bringen, die auszulösen er mitgeholfen hatte. Vielleicht hatte er ihren Verlauf nie vorausgesehen noch gewollt, hatte vielleicht wirklich auf rechtlichem Wege Reformen und Änderungen einführen wollen. Auf jeden Fall wollte er das jetzt.
Er hatte sich in Briefen an den König gewandt, die dieser nicht beantwortet hatte. Ich hatte diese Briefe gelesen und Ludwig nicht zugeredet, sie zu beantworten, weil ich fand, einen Mann, der mit für die Auslösung dieser ganzen Tragödie verantwortlich war, sollte man für immer meiden.

»Ich werde von jetzt an das sein, was ich im Grunde immer gewesen bin«, schrieb Mirabeau, »der Verteidiger einer monarchischen Macht, die von Gesetzen reguliert wird, und der Verfechter der Freiheit, wie die monarchische Autorität sie garantiert. Mein Herz folgt der Richtung, die mein Verstand mir bereits als den richtigen Weg gezeigt hat.«

Ich hörte eine Menge über diesen Mann. Axel sprach dauernd über ihn. Er sei zu mächtig und einflußreich, als daß man ihn ignorieren dürfe. Er könnte uns helfen und nützen. Er hätte das Volk schon ein Mal angeführt – er würde es auch ein zweites Mal können. Er, und nur er ganz allein sei imstande, diese untragbare Situation zu beenden.
»Und sie schlagen vor, wir sollen uns mit so einem Mann auf Vereinbarungen einlassen?« fragte ich.
»Ja, das tue ich!« entgegnete Axel voll nachdrücklicher Überzeugung.
»Weshalb möchte er sich mit uns zusammentun?« verlangte ich zu wissen. »Nur, weil er Präsident der Nationalversammlung werden will, die rechte Hand des Königs, sein erster Minister! In Wirklichkeit will er der wahre Herrscher über Frankreich werden.«
Axel lächelte mich liebevoll an. »Wenn er erstmal die Monarchie wieder hergestellt und gefestigt hat, werden der König und die Königin

in einer genügend starken Position sein, um mit ihm fertigzuwerden, falls das nötig sein sollte.«

»Ich verstehe Ihre Überlegungen.«

Und da Axel dafür war, diesen Mann für unsere Pläne einzuspannen, machte er mir allmählich klar, daß es eine ausgezeichnete Idee wäre. Vielleicht sprach Mirabeau selbst auch meine Eitelkeit an, denn mir ... und nicht dem König wollte er seine Pläne unterbreiten.

Ich wünschte, jener Sommer möge nie enden. Unsere Rückkehr in die Tuilerien stand mir schrecklich bevor. Axel wohnte in dem nahegelegenen Dorf Auteuil und kam nach Einbruch der Dunkelheit ins Schloß, wo er bis zum Morgengrauen bei mir blieb. Wir waren bedenkenlos verwegen und tollkühn – aber was war es auch für eine Zeit! Unsere Leidenschaft war ohne Zweifel von einer solchen Intensität, weil wir nie wußten, welches die letzte Nacht war, die wir zusammen verbrachten.

Einer der uns zugeteilten Wachsoldaten sah ihn eines Morgens und lauerte ihm danach wieder auf. Er glaubte, Saint-Priest darüber Bericht erstatten zu müssen. Dieser sprach eines Tages mit mir darüber, als wir allein waren. »Glauben Sie nicht, daß die Anwesenheit des Grafen von Fersen und seine Besuche im Schloß eine weitere Gefahrenquelle sein könnten?«

Ich fühlte, wie meine Gesichtszüge erstarrten. Dieses dauernde Bespitzeltwerden war mir so verhaßt!

Hochmütig entgegnete ich: »Wenn Sie es für richtig halten, sagen Sie es doch dem Grafen selbst.«

Saint-Priest sagte nichts zu Axel, doch ich erzählte es ihm. Es beunruhigte ihn, und er sagte, er dürfte nicht so oft kommen und blieb einige Nächte lang fort; länger ertrug er es aber nicht – und ich auch nicht – und so gingen seine nächtlichen Besuche weiter.

Er überredete mich schließlich, Mirabeau zu empfangen, und ich willigte ein, ihn im Park von Saint-Cloud zu treffen, damit unsere Begegnung wie rein zufällig aussah. Es mußte natürlich ganz geheim arrangiert werden und erinnerte mich an jenes andere Rendezvous, das angeblich zwischen mir und dem Kardinal von Rohan im Park von Versailles stattgefunden haben sollte. Dieses sollte bei hellem Tageslicht erfolgen. Mercy, der über den Plan unterrichtet war und ihn aus vollem Herzen guthieß, gab seiner Freude darüber Ausdruck, daß ich auf den Rat meiner guten Freunde gehört hätte. Er war genau wie Axel beseelt von dem Wunsch, die Monarchie wieder hergestellt zu

sehen, und da sie beide mit dem Nachdruck ihrer ganzen Persönlichkeit für ein Treffen mit Mirabeau eintraten, konnte ich es nur für einen guten Plan halten und warf mich voller Enthusiasmus in die Vorbereitungen.
An Mercy schrieb ich:

»Ich habe einen Platz gefunden, der, wenn auch nicht sonderlich bequem, sich doch für dieses geplante Treffen eignet und nicht die Nachteile der Gärten und des Schlosses hat.«

Ich wählte einen Sonntagmorgen um acht, als der Hof noch schlief und alles menschenleer und verlassen war, und schlüpfte hinaus, um diesen Mann zu treffen.
Obwohl ich viel über ihn gehört hatte, war ich auf seine Häßlichkeit nicht vorbereitet. Seine Haut war von Pockennarben zerfressen, und sein Haar stand wie eine strubbelige Bürste in die Höhe. Es war ein brutales Gesicht, das große Kraft und Vitalität verriet. Ich hatte gehört, daß Frauen ein Schauder des Ekels überlief, wenn sie ihn zum ersten Mal sahen, sie sich dann aber leidenschaftlich in ihn verliebten. Er war ein Mann, der Hunderte von Frauen verführt hatte, der Jahre in einem französischen Gefängnis verbracht hatte, der ungezählte Pamphlete verfaßt hatte und der tatsächlich der stärkste und mächtigste Mann im ganzen Land war.
Seine Stimme erschien mir als die schönste, die ich jemals gehört hatte, aber vielleicht kam das nur durch den Kontrast zu seinem abstoßenden Aussehen. Er hatte ausgezeichnete Manieren und behandelte mich wirklich wie die Königin – mit einer Ehrerbietung, die ich so oft in jener Zeit vermißte.
Er erzählte mir, daß er die Nacht im Hause seiner Schwester zugebracht hätte, um pünktlich zur Stelle zu sein; ich bräuchte auch nicht zu befürchten, daß irgendeiner der Leute, die mich beobachteten, von dem Treffen wüßten, denn er hätte vorsichtshalber seinen Neffen als Kutscher verkleidet und sich von diesem herbringen lassen.
Und dann begann er mir darzulegen, wie er uns helfen und nützlich sein wollte. Er könnte es! Er würde dem Volk seinen Willen aufzwingen! Ich müßte nur den König bewegen, ihn zu empfangen, damit er uns beiden seine Pläne unterbreiten könnte. Aufmerksam hörte ich ihm zu. Sein Enthusiasmus, der so kraß von Ludwigs Lethargie abstach, begeisterte mich. Er erinnerte mich an Axel, der bereit war,

Himmel und Hölle in Bewegung zu setzen, um mich zu retten – nur war Axel schön und dieser Mann so häßlich. Ich hielt ihn für befähigt, seine Pläne verwirklichen zu können, und sagte ihm das auch. Ich bin überzeugt, daß er es aufrichtig meinte, als er die Hand aufs Herz legte und erklärte, in Zukunft wäre es sein größter Wunsch im Leben, mir zu dienen. Ich könnte mich von jetzt an voll auf ihn verlassen – er würde für mich kämpfen.

Er hätte mir neue Hoffnung gegeben, sagte ich, und er erwiderte, ich könnte auch wieder hoffnungsvoll in die Zukunft schauen, denn bald würden all die Demütigungen hinter mir liegen, die ich hätte ertragen müssen.

Es ging eine solche Kraft von diesem Mann aus, daß ich nicht anders konnte, als ihm Glauben zu schenken.

Ich trennte mich von ihm mit dem Gefühl, daß unsere Unterredung ein ausgesprochener Erfolg war. Axel war hocherfreut, ebenso Mercy. Ich war überzeugt, daß wir jetzt nichts anderes zu tun hatten, als zu warten, daß Mirabeau in Aktion trat.

Und als ich hörte, daß er an den Grafen de la Marck, einen der Vermittler des Rendezvous' geschrieben hatte: »Nichts soll mich aufhalten! Lieber würde ich sterben, als meine gegebenen Versprechen nicht erfüllen!« war ich selig.

Es war Herbst geworden, und wir mußten Saint-Cloud verlassen. In tiefer Niedergeschlagenheit kehrten wir in unser düsteres, ach so düsteres Domizil zurück.

Die Tanten waren todunglücklich. Sie konnten nicht richtig verstehen, was geschehen war, und haßten die Horden von Menschen, die uns ständig beobachteten und uns ohne jeden Respekt behandelten; und sie haßten die Wachsoldaten, die uns so unverschämt kontrollierten.

Sie waren dauernd in Tränen, und ihre Gesundheit verschlechterte sich bedenklich. Sie beneideten die arme Sophie mehr denn je. Jeder, der dies nicht mehr miterleben müßte, sei zu beneiden, erklärte Adelaide.

Mirabeau stand jetzt mit uns in Verbindung, und der König empfing ihn. Falls ein Plan ausgearbeitet würde, gemäß dem wir Paris verlassen müßten, wäre es vielleicht ebensogut, die Tanten aus dem Wege und in Sicherheit zu bringen, sagte ich. Ludwig stimmte dem Vorschlag zu, unternahm jedoch wie immer nichts zu seiner Durchführung; also wandte ich mich an Axel. Er sagte, wir sollten alles für ihr unauffälliges Verschwinden vorbereiten. Sie sollten die Grenze überqueren und eventuell nach Neapel fahren, wo meine Schwester sie bestimmt aufnehmen würde.

Nie werde ich den Tag ihrer Abreise vergessen. Sie waren verzweifelt wie zwei Kinder, die sich verirrt haben. Sie umarmten mich liebevoll, und Adelaide rief schluchzend, sie wolle, daß ich mitkäme ... ich, der gute Ludwig und die süßen Kinderchen. Ich sagte ihr, daß wir das nicht könnten, und sie sah mich stumm an; ich wußte, sie bat mich um Verzeihung für all die gehässigen Bosheiten der Vergangenheit. Ich war ihr nicht mehr böse und wollte, daß sie das wußte. Bisher war es mehr aus Gleichgültigkeit gewesen, doch jetzt begriff ich, daß es zu viel Haß auf der Welt gibt; ich wollte nicht noch dazu beitragen.

Ich küßte sie auf die Wangen und sagte, ohne selbst auch nur eine Sekunde daran zu glauben, wir würden vielleicht bald alle wieder beisammen sein. Und dann gingen sie in den Hof hinunter, wo die Reisewagen warteten. Voller Entsetzen sah ich, daß sich ein Menschenauflauf gebildet hatte und einige versuchten, ihre Abfahrt zu verhindern. »Sollen wir sie fortlassen?« schrie jemand, und ich lauschte mit wild klopfendem Herzen auf die Antwort.

Es entstand eine Pause, doch als der Kutscher die Pferde anpeitschte und der Wagen losrollte, versuchte niemand, ihnen zu folgen. Es wären ja nur Mesdames – die spinnerten alten Damen!

Ich stand am Fenster und starrte hinaus, ohne etwas zu sehen.

Sie waren fort ... ein weiteres Kapitel unseres Lebens war zu Ende.

Es verging lange Zeit, bevor ich Nachricht von ihnen erhielt. Ihre Reisekutsche wäre unterwegs angehalten worden; abstoßende, glotzende Gesichter hätten sich zu ihnen reingedrängt, doch da keine von ihnen die verkleidete Königin sein konnte, hätte man sie weiterfahren lassen, und so wären sie schließlich in Neapel angelangt, wo meine Schwester Caroline sie rührend aufgenommen hätte.

Ich erfuhr, daß sie mit einer Art Verehrung von mir sprachen. Ihr früheres Verhalten muß ihnen also wirklich leid getan haben.

Orléans war nach Paris zurückgekehrt. Warum sollte er auch nicht? Nur, weil der König ihn ins Exil verbannt hatte? Was für eine Macht hatte denn noch der König? Die Pariser Bevölkerung begrüßte ihn freudig. Und mit ihm kam Jeanne de la Motte. Weshalb sollte auch sie Frankreich länger fernbleiben? Es bestand jetzt keine Gefahr mehr,

daß man sie ihre Strafe für die Rolle absitzen ließ, die sie in der Halsband-Affäre gespielt hatte. Jedermann glaubte, sie wäre nur der arme Sündenbock gewesen und ich hätte das Kollier.
Sie richtete sich an der Place Vendôme ein und widmete sich der Schriftstellerei, und ich war immer die Hauptfigur in all ihren Werken. Sie schrieb jetzt ihre neueste Version über die Halsband-Affäre, und ihre Bücher wurden mit Begeisterung aufgenommen, denn sie verfolgten nur ein Ziel: mich zu schmähen und zu verleumden.

Mittlerweile konzentrierte Mirabeau seine gesamte Energie darauf, die Monarchie wieder herzustellen. Ich glaube, er hätte es geschafft. Er arbeitete mit der Nationalversammlung und mit dem König zusammen, und wir waren einer versöhnlichen Einigung näher als seit langer Zeit. Mirabeau hätte uns retten können. Ich erkenne das jetzt ganz deutlich.
Er verfolgte dabei nicht nur altruistische Ziele. Er strebte ebenfalls nach persönlicher Macht wie auch nach Reichtum. Er hatte enorm hohe Schulden. Der König sollte eine Million Livres aufbringen, die in Mirabeaus Besitz übergehen würde, wenn er die Revolution zu einem Ende gebracht hatte und der König wieder fest auf seinem Thron saß. Seine, Mirabeaus, Schulden sollten selbstverständlich beglichen werden, und er wäre der ewigen Dankbarkeit des Königs gewiß.
Mit seiner goldenen Stimme und den meisterhaft vorgetragenen klugen Argumenten gelang es ihm, die Nationalversammlung zu beeinflussen. Marat, Robespierre und Danton verfolgten es jedoch äußerst wachsam. Ebenso Orléans. Sie müssen den Eindruck gehabt haben, daß Mirabeau all das wieder zerstören wollte, wofür sie das Volk aufgewiegelt hatten.
Er sprach schonungslos offen mit dem König.
»Vier Feinde«, erklärte er, »sind im Anzug gegen uns: die fälligen Steuern, die unvermeidlichen Bankrotte, die Armee und der Winter. Wir könnten uns darauf vorbereiten, mit diesen Feinden fertigzuwerden, indem wir sie für unsere Ziele ausnutzen. Ein Bürgerkrieg ist nicht unumgänglich, könnte aber von Nutzen für uns sein.«
Ludwig war entsetzt. »Ein Bürgerkrieg! Ich könnte nie meine Zustimmung dazu geben.«
»Das Gesetz und die rechtliche Ordnung wären nur Waffen, um gegen den Pöbel zu kämpfen. Und haben Eure Majestät irgendwelche Zweifel darüber, wer gewinnen würde?«

Ludwig sah mich an. »Der König würde nie einem Bürgerkrieg zustimmen«, sagte ich.
Mirabeau war außer sich.
»O vortrefflicher aber schwacher König!« donnerte er. »O unglückseligste aller Königinnen! Eure Unschlüssigkeit hat Euch in einen schrecklichen Abgrund gestürzt. Wenn Sie meinen Rat zurückweisen oder mein Plan scheitern sollte, wird sich ein Leichentuch über dieses Königreich herabsenken. Aber ich würde dem allgemeinen Untergang entrinnen, und ich könnte mir dann voller Stolz sagen, ›ich setzte mich großen Gefahren aus in der Hoffnung, sie retten zu können, aber sie wollten sich nicht retten lassen!‹«
Und damit verließ er uns. Wie recht hatte er! Und wie verblendet und töricht waren wir! Doch der König wiederholte lediglich: »Ich würde nie einem Bürgerkrieg zustimmen!«
Und auch ich hatte Angst davor – zu große Angst, um den Versuch zu machen, ihn umzustimmen, was mir zweifellos gelungen wäre.
Mirabeau war kein Mann, der gleich aufgibt, nur weil wir seinen ersten Plan abgelehnt hatten. Er wußte um Axels Verehrung für mich und sprach mit ihm über die Notwendigkeit, uns aus Paris herauszuschaffen. Mirabeau hielt das für einen guten Plan und schlug vor, Axel solle sich sofort nach Metz in die Nähe der Grenze begeben, wo der Marquis de Bouillé mit den königstreuen Truppen stationiert war. Er sollte die dortige Lage herausfinden, Bouillé in den Plan einweihen und so schnell wie möglich nach Paris zurückkommen, damit man mit den Vorbereitungen beginnen könnte.
Axel kam zu mir, um sich zu verabschieden, und mich packte Entsetzen. »Sind Sie sich im klaren darüber«, fragte ich ihn, »was diese *canaille* mit Ihnen machen würde, wenn die herausbekämen, daß Sie für uns arbeiten?«
»Vollkommen im klaren«, entgegnete er. Aber sie würden es nicht herausbekommen. Der Plan würde klappen. Er würde mich in Sicherheit bringen.
»Sie würden sich nicht darum kümmern, daß Sie Ausländer sind«, beschwor ich ihn. »O Axel! Verlassen Sie Frankreich! Bleiben Sie ihm fern ... bis all dies vorbei ist!«
Er lächelte mich nur liebevoll an und nahm mich in die Arme. Er wäre ja bald wieder von Metz zurück, beruhigte er mich, und dann müßte alles sehr schnell gehen. Er würde Paris verlassen ... und ich mit ihm.
Er reiste also nach Metz, und ich versuchte mich an die tägliche Routine

dieses neuen Daseins ohne ihn zu gewöhnen – so monoton und eintönig, doch gleichzeitig wie ein schwelendes Feuer, das jede Sekunde zu einer wilden Feuersbrunst emporlodern konnte.
Es war herrlich, als Axel heil und unversehrt zurückkam, aber die Nachrichten, die er mitbrachte, waren nicht gut. Bouillé bekam Angst, denn seine Truppen wurden unruhig. Berichte über das, was sich in Paris abspielte, drangen auch zu ihnen – oft in grotesken Übertreibungen, und er war sich ihrer Loyalität nicht mehr so sicher. Bouillé machte die Inaktivität des Königs dafür verantwortlich. Falls endlich entschlossene Maßnahmen ergriffen werden sollten, dürfte man nicht länger mit ihnen warten.
Axel war genau der gleichen Ansicht und Mirabeau ebenfalls.
»Sie sollten mit den Vorbereitungen für die Flucht beginnen«, sagte Mirabeau zu Axel. »Als Schwede erregen Sie weniger Verdacht als ein Franzose.« In der verbleibenden Zeit bemühte er sich weiter, seinen ersten Plan durchzusetzen. Er forderte kühne Unerschrockenheit vom König, verlangte, daß er sich wie ein König benahm; er sollte auf die Straßen gehen und sich dem Volk zeigen, denn das Volk haßte ihn nicht. Sie bewiesen ihm ja ihre Zuneigung, indem sie ihn sogar jetzt noch ihren *›petit Papa‹* nannten.
»Ich halte es für unklug, wenn sich die Königin auf der Straße zeigt«, gab Axel zu bedenken.
Mirabeau zuckte die Achseln. »In einer Situation wie dieser muß man gewisse Risiken eingehen. Die Stimmung des Volkes ist im Augenblick so, daß ich nicht mit einer akuten Gefährdung für die Königin rechne. Diese Stimmung kann sich natürlich jederzeit plötzlich ändern.«
»Ich möchte nicht, daß sich die Königin dem Pöbel aussetzt!« erklärte Axel heftig.
Sogar diese beiden waren jetzt uneins.
In den Tuilerien herrschte jedoch neue Hoffnung. Axel arbeitete für uns, wie nur ein Mann es kann, der aus ganzem Herzen liebt; und Mirabeau trieb die geballte wilde Entschlossenheit eines ehrgeizigen Mannes zu dem selben Ziel. Ich war daher überzeugt, der Fluchtplan könnte gar nicht schiefgehen.

Doch das Schicksal war gegen uns, und das Unglück schien uns immer dicht auf den Fersen, jederzeit bereit, uns einzuholen.
Ich konnte es einfach nicht glauben, als man mir mitteilte, Mirabeau sei tot. Noch am Tag zuvor schien er bei bester Gesundheit zu sein,

und alle hatten über seine Vitalität gestaunt. Tagsüber hielt er lange anstrengende Reden in der Nationalversammlung und entwarf Pläne mit dem König – um nachts in Sinnesfreuden zu schwelgen. Wie ich hörte, schlief er in der Nacht, bevor er starb, mit zwei Opernsängerinnen. Wir wußten nicht genau, wie oder woran er starb. Wir wußten nur, daß er nicht mehr lebte.

Das offizielle Urteil der Ärzte lautete ›Tod durch natürliche Umstände‹, aber wir werden nie wissen, wer Mirabeau umbrachte. Er war ein Mann, der ganz ohne Zweifel an gewissen Krankheiten litt. Das Leben, das er seit so langer Zeit führte, mußte sie unweigerlich mit sich gebracht haben. Doch gab es viele, die behaupteten, die Orléanisten hätten beschlossen, einen Mann aus dem Wege zu räumen, der auf zwei Schultern trüge – auf der einen die Monarchie und auf der anderen die Nationalversammlung. Es war bestimmt nicht weiter schwierig gewesen, jemanden zu finden, der bereit war, ihm ein kleines Pülverchen in den Wein oder das Essen zu schütten.

Es änderte alles nichts an der Tatsache, daß wir Mirabeau verloren hatten und mit ihm unsere größte Hoffnung, die Monarchie wieder herzustellen.

Und so kehrten wir zu der täglichen Routine in den Tuilerien zurück. Ich verbrachte sehr viel Zeit in meinem Zimmer und schrieb. Ich begriff jetzt, wo ich die verhängnisvollsten Irrtümer und Fehler begangen hatte und wie ich anders hätte handeln sollen. Falls mir das Leben noch jemals eine Chance gab, würde ich nicht wieder dieselben Fehler machen!

Ich stickte weiter an meinem Wandteppich mit Elisabeth und verbrachte lange Stunden im Gespräch über die Kinder; manchmal spielten wir auch eine Partie Billard mit dem König. Um uns etwas Bewegung zu verschaffen, machten wir Spaziergänge im Bois de Boulogne, hatten außerhalb unserer Appartements aber immer ein unsicheres Gefühl. Unsere Erfahrungen in Versailles hatten uns zwar gelehrt, daß auch noch so dicke Mauern uns nicht vor der rasenden Wut des Pöbels schützen konnten; trotzdem gaben sie uns ein gewisses Gefühl der Sicherheit. Mein Sohn stand weiter sehr freundschaftlich mit den Soldaten, was ich unterstützte, weil ich wollte, daß sie eine Zuneigung zu ihm faßten; falls der Pöbel uns jemals wieder so wie in Versailles überfallen sollte, würden seine Soldatenfreunde ihn dann vielleicht beschützen.

Ich sehnte den Sommer und die verhältnismäßige Freiheit von Saint-Cloud herbei. Beides schien so fern, und ich schlug dem König daher vor, über Ostern in aller Stille nach Saint-Cloud zu gehen. Er war einverstanden, und ich sagte, ich würde also die Vorbereitungen dafür treffen.

In Erinnerung an die Abreise der Tanten und das Pöbelvolk, das beratschlagt hatte, ob man sie fahren lassen sollte oder nicht, wollte ich nicht, daß es allgemein bekannt wurde; trotzdem mußten gewisse Vorbereitungen getroffen werden, von denen die Mitglieder meines engsten Kreises erfuhren.

Ich hatte volles Vertrauen zu ihnen, obgleich eine gewisse Madame Rochereuil neu hinzugekommen war, von der ich nur wenig wußte; sie war mir jedoch warm empfohlen worden und mir kam nie der Gedanke, daß sie nicht verläßlich sein könnte. Alles war vorbereitet, und Ostern stand vor der Tür; die Kutschen warteten im Hof, und wir waren zur Abfahrt fertig. Als wir jedoch losfuhren, sahen wir uns plötzlich vom Pöbel umringt; es war die gleiche Art von Abschaum aus der Gosse, der uns von Versailles nach Paris gebracht hatte. Mir wurde schlecht vor Ekel und Grauen; mein Sohn wandte das Gesicht vom Fenster der Kutsche ab, und ich legte tröstend den Arm um ihn.

Und dann kamen auch schon die Beleidigungen – die rohen Obszönitäten. »Der kleine Papa muß bei seinen Kindern bleiben!« schrien höhnisch die Horden.

Lafayette kam mit seinen Soldaten angeritten und befahl dem Mob, zurückzuweichen und die königlichen Fahrzeuge durchzulassen; aber sie verhöhnten ihn nur und bewarfen ihn mit Dreck. Ich wußte instinktiv, daß dies wieder ein organisierter Auflauf war.

»Ihr benehmt Euch wie Feinde der Verfassung!« schrie Lafayette sie an. »Wenn Ihr dem König den Weg versperrt, macht Ihr ihn zu einem Gefangenen und annulliert die Gesetze, die er erlassen hat!«

Aber sie wollten nicht auf diese Stimme der Vernunft hören. Was ging sie Vernunft an? Sie waren für diesen Zweck zusammengerufen worden, waren bezahlt worden, um genau das zu tun, was sie taten.

Sie stierten mit bösen, hämischen Augen in die Fenster unserer Kutsche, und als der König zu ihnen sprechen wollte, brüllten sie ihn mit »Fettes Schwein!« an.

Ich konnte nicht anders, als ihnen meine Verachtung zeigen; es war mir immer unmöglich, sie zu verbergen. So verriet mein Gesicht deutlich die Verachtung, die ich für dieses Gesocks empfand.

»Seht sie euch an!« johlten sie. »Sollen wir uns etwa von der *putain* regieren lassen?«
Lafayette kam an unsere Kutsche geritten.
»Sire«, sagte er, »habe ich Ihren Befehl, das Feuer auf den Mob zu eröffnen?«
»Das könnte ich nie zulassen!« rief Ludwig. »Ich will nicht, daß ein einziger Blutstropfen für mich vergossen wird. Wir werden in die Tuilerien zurückkehren.«
Die Wagen wendeten also, und wir fuhren umgeben vom johlenden und kreischenden Pöbel zurück.
Als Ludwig ausstieg, sagte er seufzend: »Sie sind Zeuge, daß wir von jetzt an nicht mehr frei sind.«
Ich war völlig verzweifelt und sagte zu meinem Gemahl, als wir wieder jenen verhängnisvollen Palast betraten: »Wir sind in der Tat Gefangene! Sie sind fest entschlossen, uns nie mehr aus den Tuilerien herauszulassen.«

»Seid Ihr schwachsinnige Narren, daß Ihr keine Maßnahmen ergreift, um die Flucht der königlichen Familie zu verhindern?! Pariser, Dummköpfe, die Ihr seid, ich bin es leid, Euch immer und immer wieder zu sagen: bringt den König und den Dauphin an einen sicheren Ort! Sperrt die Österreicherin ein!...« *Marat in ›L'Ami du Peuple‹*

11. Juni: »Lafayette hat Anweisung erteilt, die Wachen zu verdoppeln und alle Reisewagen zu durchsuchen.«
18. Juni: »Von 2 Uhr 30 bis 6 Uhr bei der Königin.«
19. Juni: »Beim König... Blieb von elf bis Mitternacht im Schloß.«
20. Juni: »Beim Abschied sagte der König zu mir: ›Monsieur de Fersen, was auch geschehen mag, ich werde nie vergessen, was Sie alles für mich getan haben.‹ Die Königin weinte bitterlich. Ich verließ sie um 6... Kehrte nach Hause zurück. Um acht schrieb ich der Königin, um den Treffpunkt der wartenden Frauen zu ändern und ihnen zu sagen, daß sie mir die genaue Zeit durch die Leibwache mitteilen sollten...«

Graf von Fersens Tagebuch

»Der König hat hiermit abgedankt! Von nun an ist Ludwig eine Null für uns! Wir sind jetzt frei und ohne einen König. Ob es sich lohnt, einen anderen zu ernennen, bleibt abzuwarten.«

Ein von den Jakobinern erlassener Beschluß nach der Flucht der königlichen Familie

»Sire, Eure Majestät kennt meine Ergebenheit, aber ich habe Euch nicht im Zweifel darüber gelassen, daß ich auf Seiten des Volkes bleibe, falls Ihr Euer Anliegen von dem des Volkes trennt.«

Lafayette an Ludwig XVI.

DIE FLUCHT NACH VARENNES

Als Axel hörte, daß man uns gezwungen hatte, in die Tuilerien zurückzukehren, kam er auf der Stelle von dem Dörfchen Auteuil nach Paris, wo er sich wieder eingemietet hatte, um in unserer Nähe zu sein. Er war tief bestürzt und überzeugt, daß wir in höchster Gefahr schwebten.

Ich brachte ihn zu meinem Gemahl, der sich seine Ansichten zur Situation anhörte, und in Anbetracht der gewalttätigen Ausschreitungen des Pöbels war Ludwig schließlich bereit zuzugeben, daß wir eine Flucht in Erwägung ziehen müßten.

Artois und der Prinz von Condé, die wohlbehalten die Grenze erreicht hatten, verschärften die Lage noch zusätzlich durch ihr allzu freies Gerede über ihre Bemühungen, eine Armee gegen die Revolutionäre aufzustellen. Sie reisten von einem ausländischen Hof zum andern im Bestreben, die Herrscher zum Kampf gegen das französische Volk zu überreden und dieses zu zwingen, die Monarchie wieder anzuerkennen. Mein Bruder Leopold schrieb darüber an Mercy:

»Der Graf von Artois bedenkt nicht die Situation seines Bruders und meiner Schwester. Er begreift nicht, was für einer Gefahr er sie durch seine Projekte und Bemühungen aussetzt.«

Mercy beschwor mich ebenfalls, den König zur Flucht zu bewegen. Wir müßten aus Paris fort! Der König müßte eine königstreue Armee aufstellen und sich mit Drohungen oder Gewalt wieder das verschaffen, was man ihm gegen jedes Recht genommen hätte. Ludwig begann einzusehen, daß es notwendig war – aber es war zu spät, denn Mirabeau war tot. Er war der einzige, der es gekonnt hätte.

Wir hatten jedoch immer noch Freunde und überzeugten Ludwig schließlich davon, daß eine Flucht unumgänglich war.

Axel bat, man möge ihm die Vorbereitungen übertragen. Er wollte sofort mit ihnen beginnen und als erstes einen Reisewagen anfertigen lassen, der für unsere Flucht geeignet wäre. Er kam ständig zu uns in die Tuilerien, und damit dies nicht zu sehr auffiel, erschien er manchmal in Verkleidungen. Ich wußte daher nie, ob er als Lakai, als Kutscher oder als gebeugter, alternder Aristokrat unvermutet vor mir stand.

Es verlieh den Tagen einen neuen Reiz. Seit langem war ich nicht so beschwingt und voller Hoffnung gewesen, und Axel war geradezu besessen von wilder Entschlossenheit, diesen Plan erfolgreich zu verwirklichen. »Ich werde Sie in Sicherheit bringen!« versprach er mir.

Und er erzählte mir von dem Reisewagen, der eine höchst luxuriöse Equipage wurde. »Nur das Beste ist gut genug«, hatte er erklärt und einige seiner Besitzungen in Schweden beliehen, um das dafür nötige Geld zu beschaffen. Es war wundervoll, so geliebt zu werden!

Nach seinem Plan sollten wir mit sowenig Begleitung wie irgend möglich fliehen. Madame de Tourzel mußte mitkommen, um sich um die Kinder zu kümmern; sie sollte eine adelige russische Dame sein, eine Baronin Korff, die mit ihren beiden Kindern, deren Gouvernante und einem Lakai und drei Zofen auf Reisen war; Elisabeth sollte eine von diesen Zofen sein und ich die Gouvernante, Madame Rochet. Axel hatte einen Paß auf den Namen von Madame von Korff besorgt. Wir wußten, wir konnten Madame de Tourzel vertrauen, daß sie ihre Rolle gut spielen würde.

Die Tage verstrichen wie im Flug; wir waren schon schrecklich aufgeregt, und sogar Ludwig wurde davon angesteckt und erwartete voller Ungeduld den Augenblick unserer Flucht. Es dürften keine Pannen eintreten, erklärte Axel; alles müßte bis in die kleinsten Einzelheiten sorgfältig im voraus geplant werden! Es dürfte uns einfach kein Fehler unterlaufen! Aus Paris herauszukommen, würde am allerschwierigsten sein. Das wäre der gefährlichste Teil des ganzen Fluchtplanes. Axel wollte selbst die Rolle des Kutschers übernehmen und unseren Wagen lenken. Alles hinge davon ab, sagte er, soweit wie nur irgend möglich von Paris entfernt zu sein, wenn unsere Flucht entdeckt würde.

Provence, der mit uns fliehen sollte, gab zu bedenken, daß der Reisewagen zu prunkvoll wäre und Aufmerksamkeit erregen könnte, worauf Axel ihn daran erinnerte, wie viele Kilometer wir in ihm fahren müßten. Es würde eine anstrengende Reise, die man der Königin in einem schlecht gefederten Gefährt nicht zumuten könne.

Provence zuckte die Achseln und sagte, er würde selbst einen Wagen für sich und seine Gemahlin besorgen, und dieser war dann das schäbigste Vehikel, das er auftreiben konnte.

Ludwig stellte noch eine Bedingung. Während Axel uns als Kutscher verkleidet selbstverständlich bis zur Grenze fahren wollte, bestimmte der König, daß er uns nur bis Bondy, der ersten Haltestation, begleiten solle.

Axel war verzweifelt. Dies wäre sein Plan! Er trüge die Verantwortung dafür! Doch wie könne er das, wenn er uns in Bondy verlassen müsse!

Doch Ludwig war ausgerechnet dieses eine Mal nicht umzustimmen. Ob er wohl im geheimen Vergleiche zwischen sich und Axel zog und erkannte, warum ich diesen in einer Weise lieben konnte, wie es mir niemals bei ihm möglich gewesen war und niemals möglich sein würde? Ich hielt es für ausgeschlossen, daß er eifersüchtig war; ich wußte, daß er mich auf seine Art liebte, aber es war mehr eine liebevolle Zuneigung ohne alle Leidenschaft. Er blieb jedoch fest und wollte nicht zulassen, daß Axel uns weiter als bis Bondy begleitete; und so blieb uns nicht anderes übrig, als uns seiner Entscheidung zu fügen. Als Datum unserer Flucht hatten wir uns auf den neunten Juni geeinigt.

Meine Vorbereitungen nahmen mich völlig in Anspruch. Madame Campan half mir dabei; sie war in den Plan eingeweiht, denn ich konnte ihr voll vertrauen. Ich würde in Montmédy nicht gern als eine Gouvernante ankommen, sagte ich ihr, sondern als Königin. Wie könnte ich aber alles mitnehmen, was ich brauchen würde? Madame Campan solle alles für mich vorbereiten; sie solle die dafür notwendige Wäsche und Kleidung bestellen und das ebenfalls für die Kinder. Sie hatte einen Sohn im Alter des Dauphin, der für ihn als Modell dienen konnte.

Ich wußte, sie würde diese Anweisungen getreulich ausführen, obgleich ich an ihrem Gesicht sah, daß sie dagegen war. In ihrer immer aufrichtigen Art sagte sie dann auch: »Madame, die Königin von Frankreich wird überall, wo sie hinkommt, Wäsche und Kleidung finden. Diese Käufe können hier leicht auffallen, was wir doch um jeden Preis vermeiden müssen.«

Ich war voll fröhlicher Zuversicht und verfiel wieder in meine alte Unbekümmertheit; so lächelte ich ihr nur zu. Aber sie war gar nicht glücklich über diesen Auftrag. Ich erzählte ihr von unserem Reisewagen. Ich mußte einfach voller Stolz von ihm sprechen, weil doch Axel ihn entworfen hatte. »Er ist grün mit gelb«, sagte ich, »und mit weißem Utrechter Samt ausgeschlagen.«

»Madame«, erwiderte sie, »so ein Wagen wird niemals unbemerkt bleiben!« Und mit einem Anflug von Schärfe, den sie sogar mir gegenüber nicht unterdrückte, fügte sie hinzu, dieses Gefährt unterscheide sich sehr von dem, in dem Monsieur de Provence und seine Gemahlin reisen würden.

»O ja, sehr«, gab ich zu; ihr Wagen sei ja auch nicht von Axel entworfen worden. Erst später, als es zu spät war, sollte ich erkennen, wie fest verwurzelt jene Vorschriften der Etikette, über die ich mich so bei meiner Ankunft in Frankreich mokiert hatte, in unserem Denken waren. Sogar unser Fluchtversuch hatte in königlicher Weise vonstatten zu gehen, obwohl es doch gerade unser Königtum war, das wir verbergen mußten! Wir würden zu sechst in dem Wagen reisen – ich selbst mit dem König und den Kindern sowie Elisabeth und Madame de Tourzel. Unsere Reisegeschwindigkeit würde sich durch so viele Passagiere erheblich verringern, doch wir mußten zusammen fahren, und Madame de Tourzel mußte selbstverständlich als Baronin Korff bei uns sein. Da ich mich nie selbst angekleidet hatte, mußten zwei Kammerfrauen mitkommen, die uns in einem Kabriolett folgen würden. Ferner mußten wir Vorreiter und Lakaien haben, wodurch schließlich unsere Reisegesellschaft über ein Dutzend Menschen umfaßte. Auch unsere in neue Kisten gepackte Kleidung mußte mitgeführt werden, was unsere Kalesche noch langsamer und schwerfälliger machen würde.

Aber es war eine wundervolle Equipage! Es erfüllte mich jedesmal mit Vergnügen, sie mir nur anzuschauen. Axel hatte aber auch an alles gedacht! Sogar ein silbernes Eßservice war vorhanden, sowie ein Fach für Weinflaschen, ein Schränkchen und auch zwei Nachttöpfe aus gegerbtem Leder.

Es wäre zuviel verlangt gewesen zu hoffen, unser Plan würde ohne Hindernisse anlaufen, und diese Klippen ergaben sich dann auch in reicher Fülle.

Die erste tauchte in Gestalt von Madame Rochereuil auf. Ich war kurz nach unserer erzwungenen Rückkehr in die Tuilerien mißtrauisch geworden, als wir Ostern in Saint Cloud hatten verbringen wollen; denn ich erfuhr, daß sie einen Liebhaber hatte, einen gewissen Gouvion, der ein wilder Revolutionär war. Dieser und kein anderer hatte auch dafür gesorgt, daß sie in meinen Haushalt kam, um mich zu bespitzeln. Sie hatte damals Gouvion unsere Absicht verraten, nach Saint Cloud zu gehen, wodurch den Orléanisten Zeit blieb, den Pöbel aufzuhetzen und unsere Abfahrt zu verhindern.

Wie gern hätte ich mir diese Person vom Halse geschafft! Aber wir waren ja Gefangene und konnten uns nicht mehr die Menschen aus-

suchen, die wir in unseren persönlichen Diensten um uns zu sehen wünschten.
Ich teilte Axel also mit, daß wir nicht am neunten fliehen könnten, weil diese Person mich hätte packen sehen und vielleicht sogar dieses Datum erlauscht hätte. Würden wir nun an diesem Tag zu fliehen versuchen, würde man uns bestimmt daran hindern. Wir müßten mit unseren Vorbereitungen fortfahren und die Frau im Glauben lassen, daß der neunte der festgesetzte Termin wäre, und in den Tuilerien bleiben, als sei alles ein Irrtum gewesen. Wenn wir dann ihr Mißtrauen eingelullt hätten, könnten wir rasch aufbrechen, ohne daß sie davon eine Vorwarnung bekäme.
Axel sah ein, daß ich recht hatte, war jedoch unglücklich darüber, denn – so sagte er – je länger wir die Flucht aufschöben, um so gefährlicher würde sie. Wir setzten ein neues Datum fest, den neunzehnten Juni, was uns genügend Zeit ließ, Madame Rochereuil davon zu überzeugen, daß sie sich geirrt hatte.
Dies war der erste Rückzieher, doch als solcher unvermeidlich, wie wir uns alle einig waren. Je näher der neunzehnte kam, um so unerträglicher wurde die Spannung. Wie dankbar war ich für Ludwigs unerschütterliche Ruhe! Wenigstens ihm fiel es nicht schwer, seiner Umgebung ein gelassenes Gesicht zu zeigen. Ich gab mir die größte Mühe, wagte aber nicht, Elisabeth anzuschauen aus Angst, ich könnte durch einen Blick verraten, daß wir ein Geheimnis hüteten. Selbstverständlich hatten wir den Kindern nichts gesagt.
Der neunzehnte stand vor der Tür. Alles war bereit.
Es wurde unmißverständlich klar, daß etwas durchgesickert war, denn im *L'Ami du Peuple* erschien ein Artikel von Marat, in dem dieser einen geheimen Fluchtplan der königlichen Familie argwöhnte.

»Der König soll mit Gewalt in die Niederlande gebracht werden unter dem Vorwand, sein Fall wäre die Angelegenheit der Könige von Europa. Seid Ihr schwachsinnige Dummköpfe, daß Ihr keine Maßnahmen ergreift, um die Flucht der königlichen Familie zu verhindern? Pariser, Dummköpfe die Ihr seid, ich bin es leid, Euch immer wieder zu sagen, daß Ihr den König und den Dauphin an einen sicheren Ort bringen und die Österreicherin und ihren Schwager und den ganzen Rest der Familie einsperren sollt! Wenn Ihr auch nur einen Tag zu lange damit wartet, kann es das Verhängnis der Nation sein und drei Millionen Franzosen das Grab schaufeln!«

Axel war hysterisch vor Angst und Sorge. »Es ist *zu* zufällig, um ein Zufall zu sein!« stöhnte er.

»Ich weiß genau, es ist diese Rochereuil!« rief ich aus. »Sie hat etwas gemerkt, wenn ich auch nicht glaube, daß sie mit Sicherheit weiß, was es zu bedeuten hat.«

»Aber wir müssen am neunzehnten fort!« beharrte Axel. »Wir können nicht riskieren, noch länger zu warten.«

Der achtzehnte war angebrochen, und wir waren bereit, die Flucht am nächsten Tag zu versuchen. Da kam Madame de Tourzel aufgeregt zu mir und teilte mir flüsternd mit, Madame Rochereuil hätte sich für den zwanzigsten einen freien Tag erbeten.

»Wie ich in Erfahrung bringen konnte, will sie einen kranken Freund besuchen. Gouvion geht es nicht gut, und so deutet alles darauf hin, daß er dieser kranke Freund ist.«

»Wir müssen unsere Flucht auf den zwanzigsten verschieben«, erklärte ich und schickte sofort einen Boten zu Axel. Er war sehr bestürzt über die erneute Verschiebung, denn alle, die entlang unserer Route an dem Fluchtplan beteiligt waren, hatten ihre Instruktionen erhalten. Wir vereinbarten, daß Léonard, der Friseur, dem ich voll vertrauen konnte, meinen Schmuck nach Brüssel bringen sollte; gleichzeitig würde er dann den uns erwartenden Reitern begegnen und ihnen sagen, daß wir einen Tag später kämen.

Léonard reiste also mit dem Schmuck in Richtung Brüssel ab, und wir zählten in atemloser Spannung die Stunden bis zum Anbruch des zwanzigsten.

Der so entscheidend wichtige Tag war da. Die Sonne schien von einem strahlend blauen Himmel, was uns ein gutes Omen dünkte. Es würden nur wenig Menschen in der Stadt sein, flüsterte ich Elisabeth zu; an einem so schönen Tag würden die meisten aufs Land hinausfahren. Madame Rochereuil hatte sich zu ihrem kranken Freund begeben.

Der Tag kroch so unsagbar langsam dahin, daß ich dachte, er würde niemals enden. Äußerlich erschien es ein ganz gewöhnlicher Tag wie jeder andere, was genau unserem Wunsche und unseren Bemühungen entsprach.

Endlich war es Zeit, zu Abend zu speisen. Wir ließen uns wie immer Zeit dabei, obgleich es natürlich nicht mit dem gleichen Zeremoniell stattfand, wie wir es in Versailles über uns hatten ergehen lassen müssen. Das war eine Veränderung, für die man dankbar sein konnte.

Anschließend begab ich mich in mein Schlafzimmer und eilte von dort zum Zimmer meiner Tochter im ersten Stock. Ihre Kammerfrau, Madame Brunier, öffnete mir die Tür. Ich sagte ihr, sie müßte Madame Royale so rasch wie möglich ankleiden und sich bereithalten, mit Madame Neuville, der Kammerfrau des Dauphin, aus dem Schloß zu schlüpfen. Ein Kabriolett würde an der Pont-Royal auf sie warten; sie würden in diesem unverzüglich Paris verlassen und in Claye auf uns warten.

Meine Tochter war alt genug, um zu erraten, was dies bedeutete. Sie stellte keine Fragen. Armes Kind! Sie wuchs in einer sonderbaren Welt auf. Sie betrachtete ein wenig erstaunt das einfache Kleidchen, das wir für sie hatten machen lassen; es war aus moosgrünem Kattun mit kleinen blauen Blümchen – hübsch genug für die Tochter einer russischen Baronin, aber kaum das Gewand einer königlichen Prinzessin. Ich zog sie einige Sekunden lang an mich und küßte sie zärtlich. »Mein Liebling ... meine kleine Mousseline! Du wirst gehorchen und Dich sehr beeilen, nicht wahr?«

Sie nickte und sagte fast vorwurfsvoll »Ja, Maman«, als wundere sie sich, daß ich sie überhaupt fragen konnte.

Von dort zu meinem Sohn. Er war schon wach und stieß einen Entzückensruf aus, als er mich erblickte.

»Maman! Wo fahren wir hin?«

»Wo viele Soldaten sind, mein Herz.«

»Darf ich mein Schwert mitnehmen? Schnell, Madame, bringen Sie mir mein Schwert! Und meine Stiefel! Ich werde ja Soldat.«

Und er war ganz unglücklich, als er sah, was er anziehen sollte: ein Kleid! »Oh ... ist es denn ein Spiel?« wollte er wissen. »Wir fahren in Verkleidungen!« Und er fing an zu lachen. Er liebte jede Art von Theaterspiel. »Und dann noch heute abend! Das ist die beste Zeit für solche Spiele.«

»Du mußt jetzt ganz still sein, *Chou d'amour*, und Dich sehr beeilen und alles so machen, wie man es Dir sagt. Alles hängt davon ab!«

Er nickte verschwörerisch. »Sie können sich auf *Chou d'amour* verlassen, Maman.«

»Das tue ich auch, mein Liebling«, sagte ich und gab ihm einen Kuß.

Es war viertel vor elf. Axel hatte einen sehr sorgfältigen Zeitplan aufgestellt, nach dem wir jetzt aufbrechen mußten. Die Kinder sollten mit Madame de Tourzel als erste das Schloß verlassen. Ich war dagegen gewesen, weil mir der Gedanke unerträglich war, daß die Kinder die gefahrvolle Reise ohne mich begannen. Axel würde jedoch bei ihnen sein, bis ich zu ihnen stieß, und damit mußte ich mich trösten.

Madame de Tourzel nahm den Dauphin auf den Arm, und mit meiner Tochter an der Hand führte ich sie in das Appartement eines der Höflinge des Königs, der Paris gerade am Vortag verlassen hatte; infolgedessen standen seine Räume leer. Ich hatte die Schlüssel zu ihnen. Von dort traten wir durch eine Tür, die nicht bewacht wurde, in den Prinzenhof, wo Axel uns erwartete. Ich erkannte ihn kaum in seiner Kutscherlivrée.

In der Mitte des Hofes stand der Fiaker, der sie zu dem Treffpunkt in der Rue de l'Échelle an der Ecke des Place du Petit-Carrousel bringen sollte.

Axel hob den Dauphin in den Wagen, Marie-Thérèse stieg, gefolgt von Madame de Tourzel, ein, und Axel schloß den Schlag. Für die Dauer einer kurzen Sekunde sah er mich an und ließ mich ohne Worte wissen – denn er wagte nicht zu sprechen –, daß er sie notfalls mit seinem Leben schützen und verteidigen würde. Dann sprang er auf den Kutschbock, schwang die Peitsche, und das Gefährt rollte aus dem Hof.

Mir war völlig übel vor Angst und Aufregung. Wenn meine Kinder nun erkannt würden? Wenn mein Sohn in der Erregung über dieses Abenteuer sie nun verriet? Wenn sie überfallen würden? Grauenvolle Gesichter tauchten wieder vor mir auf, wie sie sich aus dem wütenden Pöbel mir entgegengereckt hatten, und ich sah in Gedanken immer wieder, wie die blutbefleckten Hände nach meinen Lieblingen griffen.

Axel würde sie beschützen, versicherte ich mir. Seine Liebe zu mir würde ihm die Kraft von zehn Männern geben und die List, einer Rotte von Kannibalen zu entkommen.

Ich durfte nicht länger hier im Prinzenhof stehen! Falls man mich sah, würde der gesamte Plan scheitern. Ich forderte damit ja geradezu das Unglück heraus! Schnell ging ich wieder ins Schloß zurück und eilte durch das leere Appartement in den Salon, wo Provence und seine Gemahlin sich gerade verabschiedeten. Ich umarmte sie und wünschte ihnen alles Gute und viel Glück. Er und seine Frau waren niemals meine Freunde gewesen, doch unser gemeinsames Unglück hatte diese Zwistigkeiten zurücktreten lassen. Provence war realistischer als Ludwig. Wenn er König gewesen wäre... Doch wer vermöchte das zu sagen? Die alte Rivalität stand nicht mehr zwischen ihnen. Unser aller gemeinsames Ziel war jetzt nur noch, die Monarchie zu retten.

Ich hörte, wie sie ebenfalls durch jenes leerstehende Appartement hinausschlüpften. Sie verließen die Tuilerien in ihrer schäbigen Kutsche und machten sich eiligst auf den Weg.
Ich verließ den König, der eine Besprechung mit Lafayette hatte, und ging in mein Schlafzimmer. Meine Frauen entkleideten mich für die Nacht, die Dienstboten schlossen die Fensterläden – und ich blieb allein. Ich ließ den Zeiger der Uhr nicht aus den Augen.
Endlich war es viertel nach elf – die längste halbe Stunde meines Lebens lag hinter mir.
Madame Thiébaut kam herein. Ich sprang aus dem Bett, und sie half mir in das graue Kleid und den schwarzen Mantel. Ein großer Hut mit einem über mein Gesicht herabfallenden Schleier vervollständigte meinen Aufzug, der mich völlig veränderte. Ich war fertig!
Madame Thiébaut schob den Riegel von der Tür zurück; ich trat hinaus, fuhr jedoch entsetzt zurück. Vor meinem Zimmer stand ein Wachtposten! Lautlos schloß ich die Tür und starrte Madame Thiébaut an. Was nun? Sie hatten von unserem Plan erfahren! Sie warteten jetzt, daß ich aus meinem Zimmer kam! Ob der Fiaker ihnen schon in die Hände gefallen war? Was würde meinen Kindern und Axel geschehen?
Madame Thiébaut flüsterte, sie würde hinausgehen und versuchen, die Aufmerksamkeit des Wachtposten auf sich zu lenken; wenn er dann mit dem Rücken zur Tür stände, müßte ich es irgendwie schaffen, über den Korridor zu laufen und in das leere Appartement zu gelangen. Es sei ein verzweiflungsvoll gewagter Plan, doch bliebe uns keine andere Wahl.
Und wir machten es so. Ich war immer sehr leichtfüßig gewesen; angespornt vom Gedanken an meine Kinder huschte ich geräuschlos über den Flur zur Treppe und flog diese hinunter. Unten blieb ich eine Sekunde lang lauschend stehen. Nichts war zu hören. Es war mir gelungen! Vor der unbewachten Tür zum Hof wartete der treue Leibgardist auf mich, der mich zum Treffpunkt in der Rue de l'Échelle geleiten sollte. Er war als Kurier verkleidet, und ich erkannte ihn kaum.
»Madame!« wisperte er in größter Aufregung. Die Wache vor meinem Zimmer hatte mich um fast zehn Minuten verspätet.
»Sie sollten meinen Arm nehmen.«
Ich tat es, und so schritten wir über den Prinzenhof, wie ein Kurier mit seiner Frau oder Geliebten – zumindest hoffte ich das.

Niemand schenkte uns einen Blick. Es klappt! frohlockte ich. Bald werde ich bei den Kindern sein!
Es war völlig unwirklich. Hier ging ich am Arm eines Kuriers durch die Straßen von Paris, streifte Männer und Frauen an den Schultern, die mich nicht näher anschauten ... zum Glück! Ich fragte mich, was sie wohl sagen oder tun würden, wenn einer von ihnen plötzlich ihre Königin in mir erkannte. Darüber näher nachzudenken, wagte ich jedoch nicht.
Wie wenig wußte ich von unserer Hauptstadt! All diese Straßen und Gäßchen waren mir neu. Das Opernhaus und die Theater waren alles, was ich von Paris kannte ...
Auf einmal blieb mein Begleiter mit einem Ruck stehen; eine Kutsche kam auf uns zu, vor der ein Fackelträger in der Livrée von Lafayette herlief. Hastig zog er mich in den Häuserschatten. Ich senkte den Kopf, konnte aber durch meinen Schleier den General aus nächster Nähe sehen. Es gab einen Augenblick, in dem er mich unweigerlich erkannt hätte, wenn er mir zufällig ins Gesicht geblickt hätte – und das wäre das absolute Ende von allem gewesen.
Doch das Glück war auf meiner Seite. Er schaute nicht zu der Frau hinüber, die da auf dem Bürgersteig stand, und seine Kutsche rollte an uns vorbei. Mir war von dem Schreck ganz schwindlig, und mein Begleiter flüsterte: »Dem Himmel sei Dank, Madame!«
»Vielleicht hätte er mich gar nicht erkannt«, murmelte ich leise.
»Es ist nicht leicht für Sie, Madame, sich zu verkleiden«, erwiderte er. »Ich werde jetzt lieber einen etwas längeren Weg zur Rue de l'Échelle einschlagen. Wir können nicht das Risiko eingehen, noch mehr Kutschen zu begegnen.«
»Das wird wohl am besten sein.«
»Wir müssen uns beeilen, weil wir etwas länger brauchen werden und schon später dran sind als geplant.«
Anstatt also über die Hauptstraßen zu gehen, schlüpften wir durch schmale Gänge und Gäßchen, und nach kurzer Zeit blieb mein Führer stehen und erklärte unglücklich, er hätte sich verlaufen.
Ich war mir überdeutlich der verrinnenden Zeit bewußt. In jener ersten halben Stunde war sie mir so endlos lang erschienen, während sie jetzt in boshafter Geschwindigkeit dahinraste. Mein Begleiter war verzweifelt, und ich war einer Panik nahe. Ich stellte mir Axels Besorgnis vor. Sogar mein Gemahl mußte inzwischen bei ihnen eingetroffen sein, da wir ja Lafayette auf seinem Rückweg von den Tuilerien hat-

ten vorbeifahren sehen. Sowie Ludwig ihn losgewesen war, hatte er bestimmt nicht länger gezögert.
Eine endlose halbe Stunde lang irrten wir durch jene Gäßchen – nach dem Weg zu fragen wagten wir nicht. Schließlich stieß mein Begleiter einen leisen Triumphschrei aus: wir waren in der Rue de l'Échelle angelangt!
Sie waren alle da – Axel lief in höchster Unruhe auf und ab, Elisabeth sah bleich wie ein Gespenst aus, und der König war aus seiner gewohnten Gelassenheit aufgescheucht; meine Tochter beruhigte den Dauphin, der jammernd wissen wollte, wann ich denn nun käme. »Wir haben uns verlaufen«, erklärte ich, und Axel half mir wortlos in den Fiaker einsteigen, in dem mich dann alle gleichzeitig umarmen wollten. Ich war vor Erleichterung den Tränen nahe. Ich nahm meinen Sohn auf den Schoß, während mir mein Gemahl berichtete, wie reibungslos er die Tuilerien hätte verlassen können.
Mit etwa einer Stunde Verspätung traten wir dann unsere Flucht an.

Der König blickte aus dem Wagenfenster, während wir durch seine Stadt hindurchfuhren. Ich wußte, er war sehr traurig, hatte er sich doch so lange einer Flucht widersetzt; er glaubte, sich dadurch seiner Ahnen nicht würdig zu erweisen. Ich nahm seine Hand und drückte sie, und er erwiderte den Druck.
»Dies ist nicht der kürzeste Weg zum Stadttor von Saint Martin«, flüsterte er mir zu.
»Der ... Kutscher wird den Weg kennen«, erwiderte ich.
»Aber es ist nicht der kürzeste Weg«, wiederholte er, und ich überlegte, ob er etwa einen geheimen Groll empfand, weil Axel und nicht er der Held dieses Abenteuers war. Er hatte meine Liebe zu Axel scheinbar so gut verstanden, doch vielleicht gab es Tiefen in diesem ungewöhnlichen Menschen, der mein Gemahl war, die ich noch nicht erforscht hatte.
Der Fiaker schwenkte in die Rue de Clichy ein, wo unsere Kalesche auf uns warten sollte. Axel sprang vom Bock und klopfte an die Tür des vereinbarten Hauses. Der Pförtner sagte ihm, daß sie zur verabredeten Zeit losgefahren wäre. Befriedigt stieg Axel wieder auf den Kutschbock, und weiter ging die Fahrt.
Um halb zwei passierten wir die Stadtgrenze, fuhren noch etwas weiter und hielten dann an. Es herrschte große Verwirrung, denn unsere Kalesche stand nicht am vereinbarten Platz.

Axel war völlig ratlos. Er stieg ab, und ich hörte ihn rufen. Hilflos und untätig saßen wir da, während die Zeit weiter mit gespenstischer Schnelligkeit dahinraste. Wieviel Zeit hatten wir bis jetzt schon verloren? Wieviel Verspätung hatten wir bereits?
Erst nach einer halben Stunde fand Axel unseren Reisewagen. Der von ihm eingestellte Kutscher war unruhig geworden, weil wir nicht kamen, und hatte es für besser gehalten, sein Gefährt an einer weniger sichtbaren Stelle zu verstecken. Und das hatte er dann so erfolgreich gemacht, daß wir eine kostbare halbe Stunde mit der Suche danach verloren.
Es war jetzt zwei Uhr. Da dies die kürzesten Nächte des Jahres waren, würde die Morgendämmerung uns in etwa einer Stunde überfallen. Wir hätten schon viel weiter fort sein sollen.
Axel fuhr den Fiaker neben die Kalesche, so daß wir direkt in diese umsteigen konnten. Und weiter ging die Fahrt. Nach einer halben Stunde erreichten wir Bondy, wo laut Beschluß des Königs Axel uns verlassen sollte.
Fast dachte ich, er würde sich weigern, doch er war von Geburt an ein treuer Royalist, und die Befehle des Königs waren daher zwingend für ihn.
Bondy! Der Ort unserer Trennung. Wir hatten angehalten. Der Wagenschlag öffnete sich – und unser Kutscher stand davor.
»Adieu, Madame de Korff«, sagte er und sah mich dabei an.
Der König versicherte ihm mit bewegter Stimme, er würde nie vergessen, was er für ihn und seine Familie getan hätte.
Axel verneigte sich und erwiderte, es sei ihm ein Vergnügen und eine Pflicht gewesen. Als letztes beugte er sich zu mir und mahnte: »Eure Majestät dürfen nicht vergessen, daß Sie während der Reise Madame Rochet, die Gouvernante, sind!« Und es gelang ihm, in diese Worte eine ganze Welt zärtlicher Liebe und Ergebenheit zu legen. Dann bestieg er das Pferd, das ihn nach Le Bourget zurückbringen sollte.
Und während ich dem sich entfernenden Hufschlag lauschte, versuchte ich, das Gefühl dunkler Vorahnung aus meinem Herzen zu verbannen und mir zu versichern, daß wir uns in zwei Tagen in Montmédy wiedersehen würden.
Mit nunmehr zwei Stunden Verspätung setzten wir unsere Reise fort.

Die Kinder schliefen, und ich war froh darüber; der König ebenfalls. Würde jemals etwas seinen gesunden Schlaf stören? Elisabeth, Ma-

dame de Tourzel und ich schlossen die Augen, doch ich bezweifele, daß die beiden schliefen; ich tat es auf jeden Fall nicht.
Der Dauphin wachte auf. Er sei hungrig.
Ich sagte ihm, wir würden ein Picknick machen, was er immer sehr gern mochte. Er fing an, es sich auszumalen. Wir würden einen schönen Platz dafür finden – vielleicht im Schatten. Es würde ein Frühstückspicknick. Wir würden im Wagen bleiben, sagte ich ihm und zeigte ihm das Schränkchen voll köstlicher Dinge. Er war entzückt, und wir fanden alle, daß er so ein drolliges kleines Mädchen in seinem Kleidchen und dem Hütchen abgab, daß wir lachen mußten; und dann merkten wir, wie hungrig wir waren.
Wie anders sah doch alles im hellen Tageslicht aus! stellte ich bei mir fest. Die Ängste beschleichen uns des Nachts. Und doch war es der Schutz der Dunkelheit, den wir so dringend brauchten. Der helle Sonnenschein konnte uns verraten. Mir fielen wieder die Worte ein: ›Es ist schwierig für Sie, Madame, sich zu verkleiden.‹ Es stimmte. Mein Porträt war so oft gemalt worden, hatte so oft in den Salons gehangen; vulgäre Zeichnungen von mir hatten täglich in der Hauptstadt die Runde gemacht, und wenn sie auch alles andere als gut waren, wiesen sie doch eine gewisse Ähnlichkeit auf, denn das Volk sollte ja wissen, wen sie darstellten.
Im Augenblick lachte ich jedoch mit den Kindern, während wir die Delikatessen verspeisten, die Axel einer königlichen Reisegesellschaft für würdig befunden hatte. Und ich bemühte mich, nicht daran zu denken, was in den Tuilerien geschehen würde, wo man unsere Flucht in Kürze entdecken würde – falls das nicht schon geschehen war.
Ludwig nahm eine Landkarte heraus und verfolgte die Route, die wir nehmen würden ... von Bondy nach Claye, wo wir die beiden Kammerfrauen treffen würden, die vorausgefahren waren, und von dort nach La Ferté und Châlons-sur-Marne entgegen.
Châlons-sur-Marne! Wie sehnlich wünschte ich mir, bereits dort zu sein, denn dort würde die Kavallerie unter dem jungen Herzog von Choiseul zu uns stoßen, dem Neffen meines alten Freundes, und hinter der Stadt würde Bouillé auf uns warten, um uns nach Montmédy zu geleiten ... und in Montmédy ... Sicherheit ... und Axel!
Wie viel beruhigter und sorgloser wäre ich gewesen, wenn Axel auch jetzt noch unser Kutscher gewesen wäre!
Der Dauphin beklagte sich, es wäre ihm zu heiß. Es war wahrhaftig

erdrückend heiß im Wagen, der sich mühsam seinen Weg bergauf bahnte, überladen wie er war. Madame de Tourzel schlug vor, auszusteigen und mit den Kindern den Berg hinaufzugehen, um die Pferde zu entlasten und den Kindern etwas frische Luft und Bewegung zu verschaffen.

Dies schien ein guter Gedanke, doch der Dauphin wollte dann eine Zeitlang auf den Wiesen herumlaufen und rannte weg, und Madame de Tourzel und seine Schwester mußten ihn erst wieder einfangen. Der Klang seiner vergnügten Schreie war wie Balsam, aber die kostbaren Minuten verrannen.

Am Nachmittag hielten wir in Petit Chaintry an, dem kleinen Dorf bei Chaintry, denn Axel hatte klugerweise gesagt, wir sollten lieber in kleineren Orten die Pferde wechseln.

Ein junger Mann kam aus dem Gasthof, um sich unsere Kalesche anzuschauen. Er war sehr redselig; ich hörte, wie er mit dem Kutscher schwatzte. Er hätte noch nie so eine prächtige Karosse gesehen. Die Reisenden müßten sehr reiche und mächtige Herrschaften sein. Er hieße Vallet ... Gabriel Vallet, und sei der Schwiegersohn des Postmeisters. Er sei selbst Gastwirt und führe oft nach Paris.

Er kam dicht am Wagenfenster vorbei, um zu sehen, was für Leute in so großem Stil reisten. Und da sah er uns.

Ich warf Ludwig einen besorgten Blick zu. Seine Perücke war die ungepflegte Perücke eines Bediensteten, der er jetzt ja angeblich war, doch die schweren Gesichtszüge der Bourbonen waren seit Jahrhunderten in Frankreich wohl bekannt.

Und da fiel sein Blick auf mich. Sah ich auch wirklich wie eine Gouvernante aus? Ich fühlte, wie sich der hochmütige Ausdruck in mein Gesicht schlich, den ich einfach nicht unterdrücken konnte, sowie ich in Berührung mit dem Volk kam.

Der Bursche schlenderte weg, und ich sah, wie er und der Postmeister flüsternd die Köpfe zusammensteckten. Dann kam der Postmeister an unseren Wagen.

Er verbeugte sich, und seine Worte jagten mir einen Schauder durch die Glieder.

»Eure Majestät, dies ist eine große Ehre, und wir werden sie bis an unser Lebensende nicht vergessen. Wir sind nur bescheidene kleine Leute, doch alles, was wir besitzen, steht Ihnen zu Diensten.«

Ludwig, den jede Bezeugung der Zuneigung seitens seiner Untertanen immer sehr gerührt hatte, war jetzt dadurch bewegter denn je. Die

Tränen traten ihm in die Augen, und er sagte, es mache ihn glücklich, unter Freunden zu weilen.
Der Postmeister winkte seine Frau und seine Kinder herbei und stellte sie uns vor; und dann kam auch noch Vallets Frau und murmelte ihrerseits, was für eine große Ehre es sei.
»Eure Majestät, wir haben gerade einen Gänsebraten fertig. Wenn Sie uns die Ehre erweisen würden, ihn zu essen, würden wir uns tief geehrt fühlen.«
Ludwig war sofort ganz König. Eine solche Einladung auszuschlagen wäre hartherzig. Wir mußten also alle aussteigen und mit dem Postmeister und seiner Familie den Gänsebraten essen. Die Kinder waren natürlich entzückt. Es war so eine Erleichterung, aus dem stickigen Wagen herauszukommen. Und es war ganz offenkundig, daß diese königstreue Familie begriff, daß wir auf der Flucht waren.
Als wir unser Mahl beendet hatten und der König erklärte, wir müßten jetzt weiterfahren, wenn er auch gern noch länger bei so guten, freundlichen Leuten bliebe, bat Vallet um eine Gunst. Ob er bis Châlons-sur-Marne als unser Kutscher mitfahren dürfe?
Wie konnte der König so ein Angebot abschlagen? Es bedeutete einen zusätzlichen Passagier für uns; doch es war nichts dagegen zu machen, und so ging unsere Fahrt weiter. Und um seinen Eifer zu zeigen, versuchte Vallet den Wagen schneller zu fahren, als das möglich war, mit dem Ergebnis, daß zwei Pferde stürzten und das Geschirr beschädigt wurde. Die Reparatur erforderte wieder Zeit, und als wir schließlich in Châlons anlangten, hatten wir noch mehr Verspätung.
Châlons war eine große Stadt, doch die Einwohner interessierten sich mehr für ihren Weinanbau als für die Revolution. Unser Gefährt erregte Aufmerksamkeit, doch die Leute zuckten nur die Achseln. Irgendwelche reichen Emigranten! Von denen gab es im Augenblick zu viele, um sich weiter darum zu kümmern.
Ich begann einzusehen, daß es ein Fehler gewesen war, Vallet mitzunehmen; er war zwar einer der königstreuesten Untertanen, konnte aber sein Glück über die ihm zuteil gewordene Ehre nicht verbergen. Während die Pferde gewechselt wurden, sprachen einige Leute ihn an, und er ließ durchblicken, daß er sich auf keiner gewöhnlichen Mission befände. Die Leute musterten schon argwöhnisch die prunkvolle Kalesche. Zwei Kinder! Das allein war verdächtig.
Ich war nur zu froh, als wir wieder aus Châlons hinausfuhren. Der König hatte nichts bemerkt und machte es sich zu einem Schläfchen

gemütlich. Wir näherten uns Pont de Somme-Vesle, wo wir gemäß dem Plan auf die Kavallerie des Herzogs von Choiseul treffen sollten, die uns dann sicheres Geleit bis zu Bouillés Truppen geben würde. Das Schlimmste war überstanden. Wir konnten uns nun alle mit glücklicher Erleichterung sagen, daß das Ende dieser Reise in Sicht war. Die Hitze war quälend. Mein Sohn wollte wieder aussteigen und Blumen pflücken. Er liebte Blumen doch so sehr, und sein kleiner Garten im Park des Trianon hatte ihm schmerzlich gefehlt.

»Bitte, Madame Rochet«, sagte er spitzbübisch zu mir.

Der König erwachte und meinte, man solle Monsieur de Dauphin diesen Wunsch erfüllen; ja, eine kurze Rast würde uns allen gut tun.

Das schwerfällige Gefährt hielt also am Straßenrand an, und Madame de Tourzel und Elisabeth stiegen mit den Kindern aus.

Der Dauphin pflückte seine Blumen und brachte sie mir.

Ich brannte voller Ungeduld darauf, weiterzufahren, doch der König sagte, einige Minuten mehr würden nichts ausmachen und sah glücklich lächelnd den Kindern durch die offene Wagentür zu. Da hörten wir plötzlich eiligen Hufschlag. Ein Reiter tauchte vor uns auf der Straße auf. Er kam geradeswegs auf uns zugeritten und hielt nicht bei uns an, obgleich er sein Tempo etwas verminderte. Im Vorbeireiten schrie er uns zu: »Seht Euch vor! Euer Plan ist bekannt! Man wird Euch anhalten.« Und weg war er, bevor wir ihm irgendwelche Fragen hätten stellen können. Wir liefen alle in den Wagen zurück, und der König befahl, so schnell wie möglich weiterzufahren.

Wir erreichten Pont de Somme-Vesle, wo die Kavallerie uns erwarten sollte. Der Ort war wie ausgestorben. Während die Pferde gewechselt wurden, kam ein Kavallerist an unseren Wagen geritten.

»Wo ist der Herzog von Choiseul?« fragte der König.

»Er ist nicht mehr da, Sire«, lautete die Antwort.

»Was? Aber er hatte Befehl, uns hier zu erwarten!«

»Sie kamen nicht zum vereinbarten Zeitpunkt, Sire. Der Herzog konnte die wirre Nachricht von Monsieur Léonard nicht verstehen, und Monsieur de Choiseul nahm an, Sie hätten Paris gar nicht verlassen und der ganze Plan sei annulliert.«

»Er hatte Befehl, hier zu warten!«

»Ja, Sire, aber er befürchtete Schwierigkeiten. Die Leute wollten wissen, warum Truppen auf der Straße warteten, und es liefen Gerüchte um, eine prachtvolle Karosse, wie sie nur ein König benutzen würde, sei unterwegs hierher. Es kam zu Zusammenstößen zwischen den Bauern und Soldaten, und so hat sich Monsieur de Choiseul nach Clermont zurückgezogen und Monsieur Léonard mit einer Botschaft an den Marquis de Bouillé geschickt, um ihm die Lage zu erklären.«

Mich überkam schreckliche Angst. Ich sah die Kette von unglückseligen Zwischenfällen, die dies heraufbeschworen hatte; der Wachtposten vor meinem Zimmer, der furchtbare Schock, Lafayettes Kutsche zu begegnen, wodurch wir einen anderen Weg einschlugen – damit hatte es begonnen. Dann die Suche nach unserer Kalesche... ein Unglück hatte ein anderes nach sich gezogen. Wir hätten nicht anhalten und den Gänsebraten essen sollen! Wir hätten den Kindern nicht mehrmals eine Rast erlauben dürfen! Ich erkenne, daß nicht nur eine unglückliche Verkettung von Umständen schuld war, und ich frage mich, ob es das überhaupt jemals war.

»Aber wir müssen weiter!« erklärte ich. »Wir müssen dann eben ohne Begleitschutz weiterfahren. Wir haben jetzt Choiseuls Husaren verfehlt, aber die Dragoner werden in Sainte-Menehould sein, und wir müssen so rasch wie nur irgend möglich zu ihnen stoßen!«

Beklommen fuhren wir weiter.

Als wir in Sainte-Menehould einfuhren, wußte ich sofort, daß etwas nicht stimmte. Axel hatte es nicht so geplant. Oh, warum war er nur nicht bei uns geblieben! Das war in meinen Augen das größte Verhängnis. Das Städtchen war voller Soldaten, was natürlich die Neugier der Bewohner erweckt hatte. Etwas ganz Außergewöhnliches würde sich in ihrer Mitte ereignen. Aber was?

Und in diese von mißtrauischer Spannung geladene Stadt rollte die prachtvollste Reisekutsche, die es jemals gegeben hatte, und seine Passagiere waren zwei Kinder, ein Lakai, der dem König merkwürdig ähnlich sah, und eine Gouvernante mit einem ungebührlich hochmütigen Gesicht und eine russische Dame, die irgendwie ihre Hochachtung vor ihrem Diener und ihrer Gouvernante nicht verbergen konnte; sowie eine stille, junge Frau, die eine Art Dienerin sein sollte, doch die Allüren einer Prinzessin hatte.

Wer waren diese Reisenden? Reiche Emigranten, nun ja, aber sehr besondere Emigranten, die verblüffende Ähnlichkeit mit einer sehr berühmten Familie hatten!

Ich wußte damals nicht, was ich später erfuhr, nämlich daß der Sohn des Postmeisters ein glühender Revolutionär war, ein gewisser Jean-

Baptiste Drouet. Er hatte uns finsteren Blickes gemustert, ohne uns jedoch zu erkennen. Aber das Gerücht hing in der Luft. Es muß nach dem Pferdewechsel gewesen sein, als wir auf dem Weg nach Varennes waren, daß jemand Drouet dieses Gerücht erzählte. Der König und die Königin wären aus Paris geflohen und reisten auf dieser Straße in Richtung Montmédy.

Es war zehn Uhr abends und schon dunkel, als wir in Varennes eintrafen. Der König schlief, aber ich wußte, ich würde so leicht keinen Schlaf finden, bevor wir nicht Montmédy erreicht hatten. Wir rollten unter einem Torbogen hindurch, der gerade breit genug für unseren Wagen war, als jemand uns befahl, anzuhalten.

»Die Reisepässe!« verlangte eine Stimme.

Madame de Tourzel holte die gefälschten Dokumente hervor, mit denen Axel sie ausgerüstet hatte und laut denen sie, Madame de Korff aus Rußland, mit ihren beiden Kindern und ihrer Dienerschaft reiste.

Ich erkannte den Mann, der ihr den Paß abnahm, nicht als Jean-Baptiste Drouet von der Poststation in Sainte-Menehould, aber ich sah, daß er vor Aufregung zitterte.

»Dieser Paß ist nicht in Ordnung!« verkündete er und musterte mich dabei eingehend, obgleich er mit Madame de Tourzel sprach.

»Aber ich versichere Ihnen, er ist in Ordnung!« protestierte diese.

»Bedaure, aber ich muß ihn mit zum Stadtkommissar nehmen und Sie auffordern, mich dorthin zu begleiten.«

»Was!« rief Madame de Tourzel bestürzt aus. »Wir alle?«

»Ja, Madame, Sie alle! Man wird Sie zum Haus von Monsieur Sausse begleiten.«

Ich blickte aus dem Wagenfenster und sah, daß wir von jungen Männern umringt waren, die alle die Kokarde der Revolution trugen.

Unser Wagen fuhr langsam weiter und hielt dann vor einem Haus an. Der König zeigte keinerlei Anzeichen von Bestürzung. Er flüsterte uns zu: »Es hat nichts zu bedeuten. Nur eine Paßkontrolle. Das geht in Ordnung. Fersen wird dafür gesorgt haben.«

Monsieur Sausse war nicht nur der Stadtkommissar, sondern auch Besitzer eines Ladens und Bürgermeister von Varennes. Ein freundlicher, gemütlicher Mann, der, wie ich sofort erkannte, sich am liebsten aus allen Unannehmlichkeiten heraushalten würde.

Er prüfte den Paß und erklärte ihn für in Ordnung. Wir erhielten seine Genehmigung, sofort weiterzufahren.

Drouet war jedoch ein fanatischer Revolutionär. »Aber dies ist der

König und die Königin!« schrie er. »Wollen Sie ein Verräter sein, Monsieur Sausse, und sie dem Volk durch die Finger schlüpfen lassen?«
Monsieur Sausse bekam Angst, denn vor seiner Tür versammelte sich schon eine Menschenmenge.
Er sah uns wie um Entschuldigung flehend an, und ich erkannte den ehrfürchtigen Respekt in seinen Augen. Er hatte uns gleich erkannt ... genau wie Drouet.
»Zu meinem größten Bedauern können Sie Varennes heute nacht nicht mehr verlassen«, sagte er. »Ich biete Ihnen die bescheidene Gastlichkeit an, über die ich verfüge.«
Alles war aus! Wilde Verzweiflung überschwemmte mich. Der Pöbel strömte auf der Straße zusammen. Ich konnte schon das Geschrei hören. Es würde wieder so wie an jenem grauenvollen Tag im Oktober werden ...
Ich hörte das wilde Johlen und konnte vom Fenster ihre Sensen und Mistgabeln sehen.
Nicht noch einmal das! betete ich. Weshalb hatten wir nur diesen Fluchtversuch gemacht? Weshalb erkannten wir denn nicht, daß Gott gegen uns war?
Nicht Gott, verbesserte ich mich, sondern wir selbst hatten dieses Unglück über uns gebracht!
Die Sausses waren jedoch unsere Freunde. Sie hatten ein gutes Abendessen für uns zubereitet und gaben damit deutlich zu erkennen, daß sie uns nur Gutes und viel Glück wünschten. Wenn es in ihrer Macht gelegen hätte, sie hätten uns weiterfahren lassen. In ihrem bescheidenen Heim behandelten sie uns wie ihr Königspaar. Sie wagten allerdings nicht, uns zur Flucht zu verhelfen. Ihr Leben wäre in dem Fall nichts mehr wert gewesen, wie sie genau wußten. Und was für einen Sinn hatte ein Fluchtversucht, wenn der Pöbel das Haus umzingelt hatte?
In ganz Varennes trieb Drouet seine Revolutionäre zusammen. Zweifellos malte er sich schon die große Ehrung aus, die ihn erwartete. Der Mann, der die Flucht des Königs und der Königin vereitelte!
Ich wunderte mich, wie der König angesichts dieses Verhängnisses essen konnte. Über seinen gesunden Appetit unter diesen Umständen konnte ich nur staunen. Während er aß, erzwangen sich zwei Soldaten den Weg ins Haus, und meine Lebensgeister hoben sich, als ich sie erblickte, denn sie waren königstreue Dragoner.

Sie hießen Damas und Goguelat und meldeten uns, daß sie eine Kompanie Soldaten in die Stadt gebracht hätten, doch als ihre Leute das Zusammenströmen der Revolutionäre gesehen hätten und erfuhren, daß der König und ich festgehalten wurden, hätten sie desertiert. Sie hätten keine Lust gehabt, die Wut der Anführer der Revolution auf sich zu ziehen, indem sie dem König und der Königin zur Flucht verhalfen.
Wenig später traf dann auch Choiseul selbst ein; er hatte eine kleine Kompanie mitgebracht und sich ebenfalls den Weg zu uns mit der Waffe erkämpfen müssen.
Es sei ein erbitterter Kampf gewesen, berichtete er, in dem es nicht ohne einige Verletzte auf seiten des Mobs abgegangen wäre. Der gesamte Plan sei schiefgegangen, und man müßte jetzt von hier aus neu planen.
»Ich habe Bouillé benachrichtigt, und es kann nicht lange dauern, bis er zu uns stößt. Ich schlage vor, Sire, daß wir uns unseren Weg aus Varennes hinaus erkämpfen und die Straße nach Montmédy weiterfahren; so können wir Bouillé gar nicht verfehlen. Er hat seine königstreuen Truppen dabei, und niemand wird dann mehr wagen, uns anzugreifen. Wir können so Eure Majestäten in Sicherheit bringen.«
»Das ist ein ausgezeichneter Plan!« rief ich mit unbeschreiblicher Erleichterung. »Wir müssen es so und nicht anders machen!«
Doch der König schüttelte den Kopf. »Ich habe schon immer gesagt, daß ich nicht für Blutvergießen unter meinem Volk verantwortlich sein will. Wenn wir versuchen würden, uns unseren Weg hinaus zu erkämpfen, würden viele dabei ums Leben kommen. Jene Leute da draußen sind entschlossen, uns nicht fortzulassen.«
»Aber das ist nur ein Mobhaufen«, erwiderte Choiseul. »Sie haben zwar ihre Sensen und Mistgabeln, aber die können gegen unsere Waffen nichts ausrichten.«
»Es würde zu einem Gemetzel kommen, wie ich bereits sagte. Wer weiß, die Königin oder der Dauphin könnten verletzt werden.«
»Wir können die Kinder schützen!« beschwor ich Ludwig. »Ich bin bereit, dieses Risiko auf mich zu nehmen!«
»Ich würde es niemals zulassen«, entgegnete der König. »Denn selbst wenn wir alle in Sicherheit gelangten, würden bestimmt einige meiner Untertanen umkommen. Nein, nein. Wir müssen auf Bouillé warten. Wenn die Leute ihn sehen, werden sie einsehen, daß es zwecklos ist, gegen ihn und seine Truppen zu kämpfen. Sie werden nach Hause gehen und uns in Frieden ziehen lassen.«

»Es ist durchaus möglich, Sire, daß die Revolutionäre beschließen, Eure Majestäten nach Paris zurückzubringen, *bevor* Bouillé eintrifft!«
»Wir müssen es darauf ankommen lassen. Ich will nicht, daß wegen mir Blut vergossen wird.«
Ich sah den störrischen Ausdruck in seinem Gesicht und wußte, daß nichts ihn von seinem Entschluß abbringen konnte.
Und ich wußte ebenfalls, daß jetzt alles davon abhing, ob Bouillé noch rechtzeitig in Varennes ankam.

Ich tat in jener Nacht des Grauens kein Auge zu. Zu sehr war ich mir der Stimmen vor dem Haus und des Scheines ihrer Fackeln bewußt. Ich betete lautlos. Nur nicht das noch einmal! Es ist mehr, als ich zu ertragen vermag! Laß Bouillé kommen, lieber Gott! ... Oder schick uns einen schnellen gnädigen Tod, aber nicht das! ... Und der ganze Horror jener furchtbaren Fahrt von Versailles nach Paris überkam mich wieder ... die schauerlichen Bilder jener Rotten ... dieser verkommenen, entfesselten Meute ... der Blutgeruch ... die verzerrten, mordlüsternen Gesichter, die obszönen Worte auf ihren gemeinen Lippen ... Ich haßte sie, möge der Herrgott mir verzeihen! Aber sie waren die *canaille*, und es war nicht die Liebe zu ihrem Vaterland, die sie antrieb – es war die Lust an der Grausamkeit. Und ich sagte mir: ich möchte lieber jetzt auf der Stelle sterben, als das noch einmal durchmachen müssen. Und die Kinder! Meine armen, unschuldigen Kinder! Sie dieser Schmähung auszusetzen! Und dieses schreckliche Schauspiel von allem, was niedrig, gemein und tierisch auf dieser Welt ist, vor ihren klaren, reinen Augen auszubreiten! O mein Gott, erspar uns das!
Und Ludwig schlief! Fast hätte ich ihn dafür hassen können. War er überhaupt ein Mann ... zu schlafen, wenn wir alle in einer derartigen Gefahr schwebten? Er wolle kein Blutvergießen ... er wollte nicht, daß seinen lieben Kindern etwas geschähe ... seinen *Kindern!* ... Diese kreischenden, blutgierigen Bestien da draußen ... Und die nannte er seine Kinder! Warum war bloß Axel nicht da! Axel hätte uns einen Weg aus ihnen heraus erkämpft.
Wie ich jene entsetzliche Nacht überstand, ich weiß es nicht. Irgendwann jedoch brach die Morgendämmerung an, und mit dem Tageslicht nahm der Lärm vor dem Haus zu. Ich versuchte die Augen zu schließen, versuchte, doch etwas einzuschlafen. Wenn ich nur einige wenige Minuten so schlafen könnte wie Ludwig die ganze Nacht!
Wildes Hämmern an der Haustür ließ mich hochfahren. Schwere

Tritte erklangen auf der Treppe, und zwei Männer drangen in unser Zimmer ein.
Den einen erkannte ich als einen der Wachtposten aus den Tuilerien namens Romeuf, der andere war ein Mann namens Bayon.
Sie erklärten, sie kämen im Auftrag der Nationalversammlung. Einer von ihnen überreichte dem König ein Dokument, das ich gleichzeitig mit Ludwig überflog. Er sei all seiner Rechte enthoben, und man hätte diese beiden Männer geschickt, um ihn an der Fortsetzung seiner Reise zu hindern.
Ich knüllte es zusammen und schleuderte es in die Zimmerecke.
Die beiden Männer sahen hilflos zu. Sie empfanden wenigstens etwas Scham über ihren Auftrag.
Der König sagte freundlich: »Der Marquis von Bouillé ist im Anmarsch. Falls Sie versuchen sollten, uns zu zwingen, nach Paris zurückzukehren, könnte es zu einem Blutvergießen kommen.«
»Wir haben Befehl von Monsieur de Lafayette, Sie nach Paris zurückzubringen, Sire.«
»Und wie steht es um die Befehle Eures Königs?« entgegnete ich zornig.
»Wir müssen den Beschlüssen der Nationalversammlung gehorchen, Madame.«
»Ich möchte jedes Blutvergießen vermeiden«, sagte Ludwig ruhig. »Ich will nicht gegen mein eigenes Volk kämpfen. Wenn der Marquis von Bouillé eintrifft, werde ich mit ihm und seinen Truppen Varennes verlassen. Von dem Ort, an den wir uns begeben werden, will ich dann mit den Anführern dieser Revolution über eine Verständigung verhandeln.«
Romeuf sah seinen Kameraden an. »Wir könnten warten, bis der Marquis eintrifft«, schlug er vor, »denn wir haben ja keinen Befehl darüber erhalten, *wann* wir nach Paris zurückkommen sollen.«
Bayon hatte nicht die gleiche loyale Gesinnung. »Bist du verrückt?« herrschte er seinen Kameraden an. »Bouillé kommt mit bewaffneten Truppen! Die Leute haben doch nichts anderes als ihre Mistgabeln und ein paar Sensen und Messer. Wir müssen uns auf den Rückweg nach Paris machen, *bevor* Bouillé hier eintrifft!«
»Wir sind sehr erschöpft«, sagte ich bittend. »Vor allem die Kinder!«
Bayon antwortete nicht und verließ wortlos den Raum. Ich hörte, wie er hinunterging und mit den Leuten draußen sprach.
Romeuf sah uns um Entschuldigung bittend an und sagte: »Sie müs-

sen sich etwas einfallen lassen, was Ihre Abfahrt verzögert, Majestät. Sowie Bouillé einmal hier ist, sind Sie in Sicherheit.«

»Ich danke Ihnen«, sagte ich leise.

Doch da kam Bayon zurück. Schon erklangen draußen Schreie »À Paris!«

»Machen Sie sich sofort zur Abfahrt fertig!« befahl Bayon.

»Wir dürfen die Kinder nicht erschrecken«, antwortete ich. »Sie sind überanstrengt und können noch nicht geweckt werden.«

»Wecken Sie sie auf der Stelle, Madame!«

Also weckten Madame de Tourzel und Madame Neuville sie. Der Dauphin musterte Bayon und Romeuf und kreischte vor Vergnügen.

»Jetzt haben wir Soldaten!« rief er begeistert. »Kommt ihr mit uns?«

»Ja, Monsieur le Dauphin«, erwiderte Bayon.

Sogar die beiden Soldaten fanden, daß wir vor der Abfahrt frühstücken müßten, und befahlen Madame Sausse, etwas zu essen zu richten. Ich sah ihr an, daß sie wild entschlossen war, solange wie nur irgend möglich dafür zu brauchen.

Bayon war ungeduldig. Er ermahnte sie warnend, daß die Leute keine sehr freundlichen Gefühle für eine langsame Hausfrau haben würden, die Schuld daran hätte, daß ihre Befehle verzögert würden. Arme Madame Sausse! Sie tat wirklich alles, um uns zu helfen. Menschen wie sie und Romeuf bedeuteten einen großen Hoffnungsschimmer für uns in unserer verzweiflungsvollen Lage.

Ich versuchte, etwas zu essen, was mir jedoch unmöglich war. Ja, die einzigen, die überhaupt etwas von den Dingen würdigen konnten, für deren Zubereitung die gute Madame Sausse so lange Zeit gebraucht hatte, waren der König und die Kinder.

»Los jetzt!« befahl Bayon.

Und immer noch keine Spur von Bouillé!

Jetzt ist alles aus! sagte ich mir. Wir können keinen Vorwand mehr erfinden, um noch länger zu bleiben. O mein Gott, schick uns Bouillé! Bitte gewähre uns diese Gnade!

»Kommt!« drängte Bayon grob. »Es hat jetzt gerade lang genug gedauert.« Er trieb uns zur Haustür, als Madame Neuville einen leisen Schrei ausstieß und zu Boden fiel; sie fuchtelte mit den Armen und gab seltsame Laute von sich, so als habe sie einen Anfall schrecklicher Krämpfe.

Ich kniete neben ihr und rief: »Holt einen Doktor!« Natürlich wußte ich, daß sie nur schauspielerte.

Bayon erteilte unter Flüchen den Befehl, einen Arzt zu holen, doch der Mob vor dem Haus war entschlossen, den Arzt in einer Rekordzeit herbeizuschaffen.
Während ich neben Madame Neuville am Boden kniete, betete ich unablässig. »Lieber Gott, laß Bouillé kommen! Laß Bouillé kommen!«
Es war jedoch der Arzt und nicht Bouillé, der kam, und Madame Neuville konnte ihren Anfall nicht länger heucheln. Sie erhielt ein Beruhigungsmittel, und man half ihr, sich zu erheben. Sie schwankte und wäre wieder gestürzt, doch Bayon stützte sie und zerrte sie mit Hilfe des Doktors hinaus in das Kabriolett.
Und immer war noch nichts von Bouillé zu sehen!
»À Paris!« gröhlte das Pack. Es würde keinen Aufschub mehr dulden. Es gab keine Hilfe für uns. Wir mußten Madame Neuville hinausfolgen. Ein wilder Schrei ertönte, als wir aus dem Haus traten. Ich hielt die kleine Hand des Dauphin fest umklammert und war in zu großer Sorge um ihn, um selbst Angst zu haben.
Es war wieder so weit! ... Ich kannte es ja so gut. Nie würde ich es vergessen. Diese demütigende Fahrt ... viel länger dieses Mal ... nicht nur von Versailles nach Paris, sondern von Varennes nach Paris.

Der Alptraum dauerte drei Tage. Nach jener Fahrt von Versailles nach Paris hatte ich geglaubt, den absoluten Tiefpunkt aller Demütigungen, alles Grauens, alles Abscheus und körperlichen Ungemachs erreicht zu haben. Ich sollte lernen, daß es noch schlimmer kommen sollte.
Die Hitze war erdrückend. Wir konnten uns weder waschen noch umziehen, und während der ganzen Fahrt waren wir umzingelt von jenen kreischenden, johlenden Barbaren. Ich kann sie einfach nicht als Menschen bezeichnen, denn jede Spur menschlicher Güte und Würde schien ihnen abhanden gekommen zu sein. Sie schleuderten uns die gemeinsten Schmähungen ins Gesicht – wobei die meisten mir galten. Ich war der Sündenbock, was ich ja schon seit langem gewohnt war.
»Nieder mit Antoinette!« brüllten sie. *»Antoinette à la lanterne!«*
Nun gut, überlegte ich, aber schnell ... schnell! Ich ziehe mit Freuden vor zu sterben, als weiter ein Leben unter diesen Umständen zu ertragen. Laßt nur meine Kinder unangetastet und frei. Laßt sie das Leben ganz gewöhnlicher Adliger führen ... und tötet mich ruhig, wenn es das ist, was ihr wollt!
Sie hatten uns zwei Abgeordnete aus der Nationalversammlung zur Bewachung in den Wagen gesetzt – Pétion und Barnave. Ich hielt sie

nicht für schlechte Männer. Es bestand ein deutlicher Unterschied zwischen dem entfesselten Pöbel und jenen, die daran glaubten, daß die Revolution zum Besten Frankreichs notwendig war und deren Devise Freiheit, Gleichheit, Brüderlichkeit lautete. Sie wären bereit gewesen, an einem Konferenztisch darüber zu verhandeln, und Ludwig wäre auf ihre Wünsche und Forderungen eingegangen. Männer wie diese hatten nichts mit jenen Bestien da draußen gemein, die uns ihre Obszönitäten zuschrien, die unsere Köpfe forderten ... und andere Körperteile ... die unser Blut wollten und bei der Vorstellung, es fließen zu sehen, in dämonischer Lust gellend auflachten. O ja, diese beiden Männer waren anders! Sie sprachen mit uns – ihrer Meinung nach sogar ganz vernünftig. Wir wären Menschen wie alle anderen, sagten sie. Wir hätten kein Anrecht auf Privilegien, nur weil wir in einer anderen Gesellschaftsklasse als sie geboren wären. Der König hörte ihnen aufmerksam zu und war durchaus geneigt, ihnen zuzustimmen. Sie sprachen von der Revolution und darüber, was sie vom Leben forderten und über dessen ungleiche Bedingungen. Es sei wirklichkeitsfern anzunehmen, ein Volk würde unbegrenzt darben, während eine gewisse Gesellschaftsschicht die Summe für ein Kleid ausgäbe, von der eine Familie ein ganzes Jahr lang leben könnte.

Der Dauphin faßte eine Zuneigung zu den beiden Männern, die diese erwiderten. Er las laut die Worte auf den Knöpfen ihrer Uniformen vor. »*Vivre libre ou mourir.*«

»Wollen Sie wirklich frei leben oder lieber sterben?« fragte er sie ernst, und sie bestätigten ihm, daß es so sei.

Elisabeth und Madame de Tourzel waren, wie ich fühlte, einem Zusammenbruch nahe. Ich wußte, es war an mir, das zu verhindern. Ich tat es, indem ich kühle Gleichgültigkeit heuchelte. Es gefiel dem Pöbel nicht, zwang ihm aber einen gewissen Respekt ab. Wenn wir die Jalousien hochziehen mußten, was sie von Zeit zu Zeit verlangten – Barnave und Pétion rieten uns, es lieber zu tun, denn sie wurden immer gewalttätiger – saß ich kerzengerade da und starrte eisig und ungerührt geradeaus. Sie kamen dann an das Wagenfenster heran und schrien mir Obszönitäten ins Gesicht, doch ich blickte weiter vor mich hin, als wären sie nicht vorhanden.

»Hure!« kreischten sie, und ich schien sie gar nicht zu hören.

Sie verhöhnten mich, doch mein Verhalten hatte seine Wirkung auf sie.

Als man uns etwas zu essen brachte, schrien sie, sie wollten uns essen

sehen. Elisabeth bekam furchtbare Angst und meinte, wir sollten lieber die Jalousien hochziehen, wie der Mob es forderte, doch ich weigerte mich, es zu tun.
»Wir müssen unsere Würde wahren!«
»Aber sie werden den Wagen zerschlagen, Madame«, warnte Barnave.
Ich fand jedoch, wir würden uns selbst erniedrigen, wenn wir jetzt die Jalousien hochgezogen hätten, und so weigerte ich mich, bis ich schließlich die Knochen meines Hähnchens hinauswerfen wollte; und ich schleuderte sie mitten hinein in die Horde, als sähe ich sie nicht.
Pétion war der fanatischere der beiden; in Barnave entdeckte ich eine gewisse Bewunderung für mich. Er bewunderte meine Art mit dem Pöbel, und ich konnte genau sehen, wie er seine Meinung über uns änderte. Er hatte arrogante Aristokraten für Unmenschen gehalten, und ich bemerkte sein fassungsloses Staunen, als ich Elisabeth »Schwesterchen« nannte oder diese den König mit »Bruder« ansprach. Die beiden waren überrascht darüber, wie wir mit den Kindern redeten, wie auch von der zärtlichen Zuneigung beeindruckt, die ganz offenkundig zwischen mir und meiner Familie herrschte.
Sie müssen jahrelang mit den schamlosen Lügen jener absurden Pamphlete vollgestopft worden sein und mich für ein Ungeheuer gehalten haben, unfähig für jede Art liebevoller Gefühle – eine Messalina oder Katherina von Medici.
Anfangs versuchte Pétion unverschämt über Axel zu sprechen; es hatte zu viele Gerüchte über unsere Freundschaft gegeben.
»Wir wissen, daß Ihre Familie die Tuilerien in einem gewöhnlichen Fiaker verließ, der von einem Schweden kutschiert wurde.«
Entsetzen packte mich. Sie wußten, daß Axel uns gefahren hatte!
»Wir möchten von Ihnen gern den Namen dieses Schweden erfahren«, fuhr Pétion fort, und ich sah an dem Glitzern in seinen Augen, daß er es genoß, vor meinem Gemahl so über meinen Liebhaber reden zu können.
»Glauben Sie etwa, ich wüßte den Namen eines Droschkenkutschers?« entgegnete ich zornig. Und der hochmütige Blick, den ich ihm zuwarf, schüchterte ihn so ein, daß er dieses Thema nicht weiter verfolgte.
Pétion war ein Dummkopf. Als Elisabeth schlief, sank ihr Kopf auf seine Schulter – sie saß neben ihm –, und ich sah an der selbstzufriedenen Art, in der er sich zu bewegen vermied, daß er glaubte, sie hätte es mit Absicht getan. Was Barnave betraf, so wurde sein Verhalten mir gegenüber im Verlauf jeder weiteren Stunde immer ehrerbietiger.

Ich glaube, wenn uns die Gelegenheit dazu geblieben wäre, hätten wir die beiden von ihren revolutionären Ideen heilen können, und sie wären unsere treuen Diener geworden.

Dies waren die lichteren Momente jenes Alptraumes von einer Fahrt. Sie stehen mir auch jetzt noch deutlich vor Augen, umgeben von so unsagbarem Grauen.

Wir näherten uns Paris, wo uns natürlich das Schlimmste erwartete. Wir waren erschöpft, verschmutzt und ungepflegt. Die Hitze schien unerträglicher und die Pöbelmassen feindseliger und größer denn je.

Als jemand in der Menge »Vive le Roi!« schrie, stürzten sie sich auf ihn und schnitten ihm die Kehle durch. Ich sah sein Blut hervorsprudeln, bevor ich wegblicken konnte.

Dies war Paris... dieselbe Stadt, in der man mir – es schien ein ganzes Menschenleben her zu sein – versichert hatte, zweihunderttausend seiner Bewohner hätten sich in mich verliebt.

Jetzt drängten sie sich alle haßerfüllt um unsere Kalesche.

Und ein Gesicht mit gehässig zurückgezogenen Lippen schob sich mir entgegen – ein Gesicht, das ich einst geküßt hatte.

»Antoinette à la lanterne!«

Es war Jacques Armand, der kleine Junge, den ich auf der Dorfstraße gefunden und wie mein eigenes Kind aufgezogen hatte, bis meine eigenen Lieblinge geboren wurden und ich ihn vergaß.

Schlugen denn jetzt all meine früheren Sünden und leichtfertigen Gedankenlosigkeiten auf mich zurück, um mich wie eine Schar von Aasgeiern zu umzingeln und auf mein Ende zu warten?

Ich hielt meinen Sohn an mich gezogen; ich wollte nicht, daß er es sah.

Er wimmerte. Dies sei schrecklich und gar nicht schön! Er wolle die Soldaten sehen! Er möchte diese Leute nicht!

»Wir werden bald zu Hause sein«, versuchte ich ihn zu trösten.

Zu Hause – jenes düstere Gefängnis, aus dem wir vor einigen Tagen geflohen waren! Ich will nicht über das noch Folgende schreiben. Die Erinnerung daran ist mir unerträglich! Niemand, der es nicht miterlebt hat, kann sich derartige Greuel vorstellen.

Ich war fast froh, als wir schließlich in den Tuilerien anlangten und unter wilden Schmähungen und Verwünschungen und blutgierigen Drohungen aus unserer Kalesche taumelten.

Was für eine ruhmlose Heimkehr!

Erschöpft und verzweifelt begaben wir uns in unsere alten Gemächer.

»Alles ist aus!« bemerkte ich. »Wir sind wieder da, wo wir vor unserem Fluchtversuch standen.«
Aber das stimmte natürlich nicht. Wir hatten uns weiter unserem Untergang genähert. Es gab jetzt keinen König und keine Königin von Frankreich mehr. Ich wußte es, ohne daß es mir jemand hätte sagen brauchen.
Ich nahm den Hut ab und schüttelte mein Haar aus.
Es war lange her, seit ich mich zuletzt im Spiegel gesehen hatte, und ich starrte einige Sekunden lang die Frau mit den rotgeränderten Augen, dem schmutzigen Gesicht und dem zerrissenen Kleid an, ohne sie zu erkennen. Doch nicht diese Dinge, sondern etwas ganz anderes bestürzte mich.
Mein Haar, das meine Brüder und Madame du Barry einst zu dem Spitznamen »Karotte« inspiriert hatte und das die Schneider von Paris als goldfarben bezeichneten, war schneeweiß geworden.

»Ich existiere noch ... mehr nicht. Was habe ich mir für Sorgen um Sie gemacht, und wie werden Sie darunter gelitten haben, ohne Nachricht von uns gewesen zu sein ... Erwägen Sie auf gar keinen Fall, zurückzukommen! Man weiß, daß Sie es waren, der uns zur Flucht verhalf. Alles wäre verloren, wenn Sie sich hier blicken ließen.«

»Ich möchte Ihnen sagen, daß ich Sie liebe und nur noch Zeit für diesen Gedanken habe. Sorgen Sie sich nicht um mich. Es geht mir gut ... Ich sehne mich danach, das gleiche von Ihnen zu hören ... Lassen Sie mich wissen, wohin ich meine Briefe schicken soll, damit ich Ihnen schreiben kann, denn ohne das kann ich nicht leben. Lebwohl, Du liebenswertester und geliebtester aller Männer.«

Marie-Antoinette an den Grafen von Fersen

»Erst im tiefen Leid erkennt man, wer man ist. Mein Blut pulst in den Adern meines Sohnes, und ich hoffe von ganzem Herzen, er wird sich eines Tages seiner Großmutter, Maria-Theresia, würdig erweisen!«

Marie-Antoinette an Mercy

13. Februar, 1792: »ging zu ihr. In großer Sorge wegen der Nationalgarde.«

14. Februar: »Sprach den König um sechs Uhr. Ludwig ist wahrhaftig ein Ehrenmann.«

Fersens Tagebuch

»Die Marseillaise war der größte General der Republik.« *Napoleon*

Ich durchlebte jene ersten Tage in den Tuilerien wie in einer Art von Betäubung. Ich fuhr aus dem Schlaf hoch und glaubte, verdreckte Hände kröchen über meinen Körper, während mir stinkender, versoffener Atem ins Gesicht schlug. Tausende von Malen machte ich wieder das ganze Grauen jener Rückfahrt nach Paris durch. Lafayette hatte uns vor der Wut des Pöbels mit Männern wie dem Herzog von Aiguillon und dem Vicomte von Noailles gerettet, die niemals meine Freunde gewesen waren, die jedoch jetzt das entfesselte Rasen des Mobs angewidert hatte.

Überall, wo wir hinblickten, standen jetzt Wachen. Wir waren mehr Gefangene denn je. Man war entschlossen, uns nicht noch einmal eine Gelegenheit zur Flucht zu lassen. Wir erfuhren, daß Provence und Marie-Josèphe unbehelligt die Grenze überquert hatten. Ihr schäbiges Vehikel war durchgeschlüpft, wo unsere luxuriöse Kalesche uns zum Verhängnis geworden war. Ich verscheuchte den Gedanken, daß es Axels Wagen war, der uns verzögert und schließlich verraten hatte. Axel hatte nur das Beste für mich gewollt, doch Flüchtlinge sollten im Kampf um die Freiheit auf allen Luxus verzichten.

Als ich hörte, daß Bouillé nur eine halbe Stunde zu spät mit seinen Truppen in Varennes eintraf, weinte ich. Als er entdeckte, daß wir fort waren, hatte er seine Truppen aufgelöst, denn es war ja sinnlos geworden, gegen die Revolutionäre zu kämpfen. Nur eine halbe Stunde hatte uns von dem Weg in die Freiheit getrennt! Hätten wir doch nicht angehalten, um Blumen zu pflücken! Wären wir doch nur weniger aufwendig und dadurch schneller gereist! Die Freiheit war schon in Reichweite für uns gewesen, und wir hatten sie verspielt. Und das nicht durch irgendwelche unglückseligen Umstände. Ich mußte ehrlich sein und das klar erkennen. Wir selbst und nicht unsere Sterne hatten unser Unglück heraufbeschworen.

Ich war tiefunglücklich während jener langen Wintermonate. Ich versuchte sogar eine geheime Intrige durch Barnave, der mir während jener schauerlichen Fahrt seine Bewunderung gezeigt hatte. Ich schrieb ihm schmeichelhafte Briefe, die zu ihm hinausgeschmuggelt wurden. Seine Klugheit, so schrieb ich, hätte mich so beeindruckt, daß ich ihn jetzt um seine Mithilfe bäte; falls nötig, sei ich zu einem Kompromiß bereit. Ich glaubte fest an seine guten Absichten. Ob er bereit wäre,

mir zu helfen? Barnave war geschmeichelt und entzückt, obgleich natürlich auf der Hut. Er zeigte meine Briefe einigen seiner besten Freunde und schrieb mir, sie wären durchaus interessiert und würden vorziehen, mit mir und nicht mit dem König zu verhandeln. Ich müßte alles, was in meiner Macht stände, tun, um meine Schwäger nach Frankreich zurückzuholen und meinen Bruder, Kaiser Leopold, dazu bewegen, die französische Verfassung anzuerkennen. Sie schickten mir sogar den Entwurf eines solchen Briefes, den ich auch für Leopold abschrieb, obwohl ich nicht im geringsten beabsichtigte, mich der neuen Verfassung zu unterwerfen und sofort einen geheimen Zusatzbrief an meinen Bruder sandte, um ihn über die Bedeutung und Entstehung des ersten zu unterrichten. Ich hatte mich auf ein gefährliches Doppelspiel eingelassen, für das ich schlecht geeignet war, sowohl intellektuell wie emotionell. Ich hinterging diese Männer, die bereit waren, meine Freunde zu sein und mir zu helfen, doch ich konnte nicht so leicht aufgeben, was ich für das Privileg und mir zustehende Recht meiner Geburt hielt. Ich mußte einen Versuch machen, das wiederzuerlangen, was wir verloren hatten, da mein Gemahl nichts unternahm. Aber wie verhaßt war mir dieser Betrug! Lug und Trug gehörten nicht zu meinen schlechten Eigenschaften.
Ich schrieb an Axel:

»Ich kann mich selbst nicht verstehen und muß mich immer wieder fragen, ob wirklich ich es bin, die so handelt. Aber was soll ich machen? Es ist notwendig geworden, diese Dinge zu tun, und unsere Lage wäre noch schlimmer, wenn ich untätig geblieben wäre. Wir können auf diese Weise Zeit gewinnen, und Zeit ist, was wir brauchen. Was für ein glücklicher Tag wird es für mich sein, wenn ich die Wahrheit sagen und diesen Männern beweisen kann, daß ich in Wirklichkeit niemals die Absicht hatte, mit ihnen zusammenzuarbeiten.«

Doch war ich weiter sehr unglücklich über diese Rolle, die ich auf mich genommen hatte. Noch schlimmer war, daß ich keine Nachricht von Axel bekam. Wo war er? Warum setzte er sich nicht mit uns in Verbindung? Ich hörte, er sei in Wien und versuche, meinen Bruder für unsere Sache zu interessieren und ihn zu überreden, eine Armee nach Frankreich zu entsenden, mit der dann unsere königstreuen Truppen sich vereinigen und so wieder Recht und Ordnung – und die Monarchie – in unserem gequälten Land herstellen sollten.

Als ich erfuhr, daß Graf Esterhazy nach Wien reiste, bat ich ihn, einen Ring für Axel mitzunehmen. Er trug drei eingravierte Lilien und auf der Innenseite die Inschrift *Lâche qui les abandonne*. Im Begleitbrief zu dem Ring schrieb ich an Esterhazy:

»Wenn Sie an Graf Fersen schreiben, sagen Sie ihm, daß auch noch so viele Kilometer und Länder nie Herzen trennen können. Dieser Ring ist genau seine Größe. Bitten Sie ihn, ihn um meinetwillen zu tragen. Ich habe ihn selbst die vergangenen zwei Tage getragen. Sagen Sie ihm, er käme von mir. Ich weiß nicht, wo Graf Fersen sich im Augenblick aufhält. Es ist qualvoll, ohne Nachricht zu sein und nicht einmal zu wissen, wo die Menschen sind, die man liebhat.«

Sowie ich diesen Brief mit dem Ring an Esterhazy abgeschickt hatte, der mein treuer Freund war und meinen Auftrag zuverlässig ausführen würde, fiel mir mit Schrecken ein, Axel könnte es als Vorwurf auffassen und sich wieder hierher in Gefahr begeben. So schrieb ich sofort einen zweiten Brief an ihn:

»Ich existiere ... mehr nicht. Was habe ich mir für Sorgen um Sie gemacht, und wie werden Sie darunter gelitten haben, ohne Nachricht von uns gewesen zu sein! ... Gebe der Himmel, daß Sie dies erreicht! ... Erwägen Sie auf gar keinen Fall, zurückzukommen! Man weiß, daß Sie es waren, der uns zur Flucht verhalf. Alles wäre verloren, wenn Sie sich hier blicken ließen. Wir werden Tag und Nacht bewacht ... Seien Sie ruhig! Mir wird nichts geschehen. Adieu. Ich werde Ihnen nicht wieder schreiben können ...«

Aber ich mußte ihm einfach schreiben. Ich hätte diese trostlosen Tage sonst nicht durchgestanden.
So schrieb ich ihm schon bald wieder:

»Ich möchte Ihnen sagen, daß ich Sie liebe und nur noch Zeit für diesen Gedanken habe. Sorgen Sie sich nicht um mich. Es geht mir gut ... Ich sehne mich danach, das gleiche von Ihnen zu hören. Schreiben Sie mir in verschlüsseltem Code über die Post und adressieren Sie den Brief an Monsieur de Browne und den zweiten Umschlag darin an Monsieur de Gougens. Lassen Sie mich wissen, wohin ich meine Briefe schicken soll, damit ich Ihnen schreiben kann, denn ohne das kann ich nicht leben. Lebwohl, Du liebenswertester und geliebtester aller Männer. Ich umarme Sie aus ganzem Herzen ...«

Die Art, in der man uns behandelte, empörte mich. Nachts wurden die Türen meines Appartements verriegelt, und meine Schlafzimmertür mußte offenstehen. Zeitweilig erfaßte mich der wilde Drang, mich gegen alles aufzulehnen, und dann wieder überkam mich tiefe Resignation. Ich führte jedoch die Korrespondenz mit Barnave fort.
Endlich erhielt ich Nachricht von Axel. Er wollte nach Paris kommen. Ich war über diese Aussicht verständlicherweise selig, wenn auch gleichzeitig in großer Sorge.
»Es würde unser Glück gefährden«, schrieb ich ihm warnend, »und Sie können mir glauben, daß ich das ehrlich meine, denn ich habe das größte Verlangen, Sie zu sehen.«
Ich blieb jetzt den ganzen Tag in meinen Gemächern. Ich hatte keine Lust mehr, hinauszugehen, und schrieb die meiste Zeit.
Meine Kinder waren ständig um mich. Sie waren mein einziger Trost und mein einziges Glück – der einzige Grund, warum ich noch am Leben hing.
Axel schrieb ich:

»Die Kinder sind das einzige Glück, das mir geblieben ist. Wenn ich ganz traurig bin, nehme ich meinen kleinen Sohn in die Arme und drückte ihn an mein Herz. Das tröstet mich immer.«

Die Nationalversammlung hatte einen Entwurf der Verfassung aufgestellt und ihn dem König zur Anerkennung vorgelegt, was nur eine leere Geste war. Der König war ihr Gefangener und hatte gar keine andere Wahl, als sie anzuerkennen.
»Es ist der moralische Tod«, sagte ich zu ihm, »schlimmer als der körperliche Tod, der uns von all unseren Sorgen und Nöten befreit.«
Er erkannte die Verfassung an und wußte genau, daß er damit alles aufgab, wofür er stand.
Ludwig mußte sogar der Sitzung der Nationalversammlung beiwohnen. Ich ging hin, um seine Ansprache zu hören, und kochte vor zorniger Trauer, als ich mitansehen mußte, wie die Abgeordneten sitzen blieben, als Ludwig seinen Eid ablegte.
Als wir in die Tuilerien zurückkehrten, war er so niedergeschlagen, daß er sich in einen Sessel fallen ließ und in Tränen ausbrach. Ich

legte die Arme um ihn im Bemühen, ihn zu trösten, und weinte mit ihm; obgleich ich jetzt überzeugt war, daß uns dieses gräßliche Unglück erspart geblieben wäre, wenn er entschlossen und energisch gehandelt hätte, als es noch Zeit war, konnte ich doch nicht seine Güte und sein liebevolles Verständnis vergessen. Es war, wie ich immer deutlicher erkannte, gerade diese seine Herzensgüte, die uns endgültig in diese verzweiflungsvolle Lage gebracht hatte.

Ich schrieb an Mercy:

»Was die Anerkennung der Verfassung betrifft, so muß jeder denkende Mensch erkennen, daß wir nicht frei sind, was immer wir auch tun mögen. Es ist aber entscheidend wichtig, diesen Ungeheuern, die uns umgeben, keinen Grund zu geben, mißtrauisch zu werden. Was für einen Verlauf die Dinge auch nehmen werden – nur die anderen europäischen Mächte können uns noch retten. Wir haben die Armee verloren, haben alles Geld verloren, und es gibt in diesem Land keine Institution, die dem bewaffneten Pöbel entgegentreten könnte. Auch auf die Anführer der Revolution wird nicht mehr gehört, wenn sie versuchen, zur Ordnung zu mahnen. So sieht die traurige Lage aus, in der wir uns befinden. Fügen Sie dem hinzu, daß wir nicht einen einzigen Freund haben und daß alle uns hintergehen und verraten, einige aus Haß und die anderen aus Schwäche und Ehrgeiz. Ich selbst bin nur noch ein Schatten meiner selbst, und es ist so weit gekommen, daß ich den Tag fürchte, an dem man uns dem Schein nach die Freiheit wiedergibt. Wenigstens haben wir angesichts der völligen Passivität, zu der man uns zwingt, keinen Grund, uns Vorwürfe zu machen. Sie finden meine ganze Seele in diesem Brief ...«

Und etwas später schrieb ich ihm:

»Erst im tiefen Leid erkennt man, wer man ist. Mein Blut pulst in den Adern meines Sohnes, und ich hoffe von ganzem Herzen, er wird sich eines Tages seiner Großmutter Maria-Theresia würdig erweisen!«

Ich schämte mich über meine geheimen Verhandlungen mit Barnave. Ich war nicht geschickt genug für so etwas und hatte nicht den Wunsch, anders als offen und ehrlich zu leben.

An Axel schrieb ich:

»Es wäre nobler gewesen, sich zu weigern, die Verfassung anzuerkennen, aber eine solche Weigerung wäre unmöglich gewesen... Lassen Sie mich Ihnen sagen, daß diese eingeschlagene Taktik noch die beste ist. Die Torheiten der Emigranten haben uns dazu gezwungen; und da wir sie anerkennen mußten, war es notwendig, keinen Zweifel darüber aufkommen zu lassen, daß wir es aus voller Überzeugung taten.«

Ich war sehr unglücklich darüber und überzeugt, daß meine Mutter keineswegs zufrieden mit meinem Verhalten gewesen wäre. Aber sie war schließlich nie in einer derartigen Situation gewesen. Sie hatte nie, umgeben von einer gröhlenden, blutrünstigen Horde, von Versailles nach Paris und von Varennes nach Paris fahren müssen! Die Anerkennung der Verfassung durch den König hatte unmittelbar ihre Wirkung. Die strenge Bewachung der Tuilerien wurde aufgehoben. Vor meinem Appartement stand kein Posten mehr, und ich durfte nachts die Schlafzimmertür zumachen und ungestört schlafen.
Wir hatten die Revolution somit anerkannt und waren nicht mehr in Ungnade. Wenn wir uns außerhalb der Tuilerien zeigten, hörten wir sogar Leute rufen *»Vive le Roi!«* und was noch unfaßlicher war *»Vive la Reine!«*

Es war ein grauer Februartag mitten in diesem grausam kalten Winter. Ich befand mich allein in meinen Gemächern im Erdgeschoß, als ich sich nähernde Schritte vernahm. Entsetzt fuhr ich hoch, denn trotz der veränderten Einstellung uns gegenüber konnte ich nie wissen, wann eine jener Gestalten, die mich in meinen Alpträumen so hartnäckig verfolgten, vor mir stehen würde, das blutige Messer in der Faust, um das mit mir zu machen, was sie mir so oft angedroht hatten.
Die Tür öffnete sich, und ich stand und starrte und glaubte zu träumen – dieses Mal aber den allerschönsten Traum! Es konnte doch gar nicht wahr sein!
Ich hatte ihn sofort erkannt. Auch in der abwegigsten und geschicktesten Verkleidung würde ich ihn immer erkennen. Und ich war diesen einen Augenblick nur überflutet von Glück – von reinem, ungetrübtem Glück – einem Gefühl, wie ich geglaubt hatte, es nie mehr in meinem Leben zu empfinden.
»Axel!« schrie ich. »Es kann nicht sein!«
Er lachte überglücklich. »Können Sie Ihren eigenen Augen nicht trauen?«

»Aber hierherzukommen ...! Oh ... es ist doch so gefährlich! Sie müssen sofort wieder verschwinden!«

»Das ist mir eine nette Begrüßung«, beklagte er sich lachend und umarmte mich so fest, daß ich wußte, er hatte nicht die Absicht, mich je wieder zu verlassen.

Und ich konnte mich nur an ihn klammern und kümmerte mich diesen einen Augenblick nicht darum, was ihn hergebracht hatte oder wie er hergekommen war – nur die eine Tatsache zählte: er war da!

Ich war wie benommen. Man kann nicht so ohne weiteres aus den Abgründen hoffnungsloser Verzweiflung zum Gipfel des Glücks emporsteigen. Und das sagte ich ihm auch. Ich weinte und lachte durcheinander, und wir klammerten uns aneinander, und eine kurze Zeit gelang es uns, die ganze Welt des Leids und Grauens zu vergessen. Es war die Kraft unserer Liebe.

Später erfuhr ich dann sein unglaubliches Abenteuer. Er hatte mir einmal geschrieben: »Ich lebe nur, um Ihnen zu dienen.« Und er hatte es ernst gemeint. Er hatte sich einen falschen Paß verschafft, auf dem er die Unterschrift des Königs von Schweden fälschte; sein Inhaber war angeblich auf einer wichtigen diplomatischen Mission nach Lissabon unterwegs. Diese Rolle des Diplomaten übernahm nun sein Kammerdiener, während Axel als dessen Diener fungierte. Die Papiere waren nicht näher geprüft worden, und sie hatten Paris ohne Schwierigkeiten erreicht, wo er bei einem Freund wohnte, der bereit war, ihm zu helfen und das damit verbundene Risiko einzugehen.

»Sowie es dunkel war«, erzählte er, »bin ich dann hergekommen. Ich hatte ja noch den Schlüssel, und da die Tür unbewacht war, kam ich geradewegs und ungehindert zu Ihnen.«

»Aber die wissen, daß Sie uns fliehen halfen. Dies ist heller Wahnsinn!« Und das war es auch – aber ein himmlischer Wahnsinn, und ich konnte nicht anders, als glückselig sein, daß er da war.

Axel blieb die ganze Nacht und den folgenden Tag bei mir. Am Abend bat ich Ludwig, in mein Appartement zu kommen, da ein alter Freund ihn zu sehen wünsche.

Als Ludwig erschien, eröffnete Axel ihm eifrig die Pläne, die er für eine erneute Flucht gemacht hatte.

»Wir sollten aus den Fehlern der letzten lernen«, sagte er. »Diesmal wird es uns gelingen!«

Ludwig schüttelte den Kopf. »Es ist unmöglich.«
»Aber wir sollten es doch versuchen«, beschwor ich meinen Gemahl.
Aber der störrische Ausdruck war wieder in sein Gesicht gekommen.
»Wir können doch offen reden«, sagte er. »Man wirft mir Schwäche und Unentschlossenheit vor, aber da noch nie jemand in meiner jetzigen Situation gewesen ist, können sie gar nicht wissen, wie sie an meiner Stelle gehandelt hätten. Ich verpaßte den rechten Augenblick, fortzugehen, und der war sehr viel früher als unser Fluchtversuch. Das war der Moment, in dem ich hätte handeln müssen. Es hat seitdem keinen zweiten für mich gegeben. Ich bin von allen im Stich gelassen worden.«
»Nicht vom Grafen Fersen!« erinnerte ich ihn.
Er lächelte traurig. »Das stimmt. Und ich werde nie vergessen, was Sie für uns getan haben. Aber, mein lieber Graf, die Nationalgarde steht rings um die Tuilerien postiert. Es wäre ein hoffnungsloses Unterfangen und würde die Situation nur verschlimmern, so wie es unser erster Versuch getan hat.«
Axel war nach wie vor überzeugt, daß uns eine Flucht gelingen würde, und der König gestand schließlich seine wahren Gründe, weshalb er die ihm angebotene Hilfe ablehnte. Er hatte sein Wort gegeben, nicht wieder einen Fluchtversuch zu machen.
Ich war außer mir, doch Axel sagte zu mir: »Der König ist ein ehrlicher Mann.«
Ehrlich, ja! Aber was nützte Ehrlichkeit bei solchen Feinden?
Axel war immer noch sicher, König Gustav überreden zu können, uns zu Hilfe zu kommen. Er wollte sofort in seine Heimat zurückkehren und dort für unsere Befreiung kämpfen.
Wir nahmen Abschied, und er verließ mich. Ich war todunglücklich, ihn so schnell hergeben zu müssen, doch seine Gegenwart hatte mich so belebt, daß ich wieder Hoffnung schöpfte. Axel würde nie aufhören, sich für unsere Rettung einzusetzen. Und wenn ich daran dachte, vermochte ich mir einzureden, daß eines Tages alles gut werden würde.
Aber das Unglück verfolgte uns weiter. Axel war noch nicht lange in Schweden, wo er ohne weitere Zwischenfälle anlangte, als uns die Nachricht vom Tode König Gustavs erreichte. Er hatte bei seinem Ende an uns gedacht, denn seine letzten Worte waren: »Die Jakobiner in Paris werden über meinen Tod frohlocken.«
Wie recht hatte er! Und eine weitere Tür war für uns zugefallen. Wir konnten jetzt nur noch auf Hilfe von Österreich oder Preußen hoffen.

Madame Campan kehrte zu mir zurück. Ich freute mich sehr, sie wiederzusehen, hatte ich sie doch immer gern gehabt und ihren nüchternkritischen Verstand geschätzt. Ich dachte daran, wie sie auf ihre diskrete Weise gegen die prunkvolle Kalesche gewesen war, die Axel so voller Stolz für uns hatte anfertigen lassen.
Sie war bestürzt, als sie mich sah, und ich fing ihren Blick auf mein Haar auf.
»Ja, Madame Campan«, sagte ich traurig, »es ist weiß geworden.«
»Es ist nach wie vor schön, Madame«, erwiderte sie.
Ich zeigte ihr einen Ring, den ich mit einer Haarlocke umflochten hatte. Ich wollte ihn der Prinzessin von Lamballe schicken, der ich befohlen hatte, nach London zu gehen; sie war nur widerstrebend abgereist. Ich wollte ihr zeigen, wie froh ich war, sie in Sicherheit zu wissen. Ich hatte die Worte »Von Sorgen gebleicht« in den Ring gravieren lassen. Es sollte eine Warnung für sie sein, nicht nach Frankreich zurückzukehren, denn sie hatte mir geschrieben, sie könne es nicht aushalten, von mir getrennt zu sein; wenn ich in Gefahr wäre, wolle sie es ebenfalls sein.
»Sie war immer etwas dumm«, bemerkte ich zu Madame Campan, »doch die gütigste und liebevollste Seele von einem Mensch. Ich bin so glücklich, daß sie nicht hier ist.«

Mein Bruder Leopold war gestorben, und sein Sohn Franz war Kaiser. Er war vierundzwanzig, und ich hatte ihn nie gekannt. Er bekundete wenig Mitgefühl für meine Situation. Er unterstützte auch nicht jene Emigranten, die in seinem Land gegen die Revolutionäre in Frankreich arbeiteten; er wies sie aber auch nicht aus.
Das Verhältnis zwischen Frankreich und Österreich war sehr angespannt geworden, und sie brachten Ludwig schließlich so weit, den Krieg zu erklären. Mir kam es wie ein böser Alptraum vor. Ich dachte daran, wie meine Mutter daraufhin gearbeitet hatte, die Allianz zwischen Frankreich und Österreich zu festigen – und jetzt führten diese beiden Länder Krieg gegeneinander!
Aber ich war nicht unglücklich darüber. Ich konnte gar nicht mehr unbeliebter werden als ich es bereits war. Und wenn meine Landsleute Frankreich besiegten, würde ihre erste Aufgabe sein, die Monarchie wieder herzustellen. So war ich im Gegenteil überglücklich darüber und schrieb an Axel:

»Gebe Gott, daß die Herausforderungen endlich gerächt werden, die wir von diesem Land hinnehmen mußten! Niemals bin ich stolzer als jetzt gewesen, von Geburt eine Deutsche zu sein.«

Vielleicht war es töricht von mir, so etwas zu sagen, denn ich hatte in Wirklichkeit längst vergessen, daß ich eigentlich eine Deutsche war. Auch meine Muttersprache konnte ich kaum noch sprechen. Mein Gemahl war Franzose, meine Kinder waren Franzosen, und ich betrachtete nun schon seit vielen Jahren dieses Land als meine Heimat.
Es waren vielmehr die Franzosen selbst, die sich geweigert hatten, mich anzuerkennen und als eine der ihren aufzunehmen. Nichts wünschte ich mir sehnlicher, als noch einmal von vorne anfangen zu können, noch einmal eine Chance zu haben. Ich hatte bittere Lektionen erteilt bekommen und war jetzt vernünftig genug, aus ihnen zu lernen und nicht wieder die gleichen Fehler zu begehen. Ich wollte nur noch in Frieden leben, um meinen Sohn zu einem guten König für Frankreich zu erziehen. Das war alles, was ich mir wünschte.
Die Prinzessin von Lamballe kehrte doch nach Paris zurück, und noch während ich sie umarmte, machte ich ihr Vorwürfe.
»Sie sind immer ein kleiner Dummkopf gewesen!«
»Ja, ich weiß«, erwiderte sie lachend und legte die Arme um mich und fragte, wie ich nur hätte denken können, daß sie es aushalten würde, noch länger von mir getrennt zu sein, während sie all diese schrecklichen Geschichten über das, was sich in Paris abspielte, gehört hatte.

Und wieder wurde es Juni. Ein Jahr war jetzt seit unserem Fluchtversuch verstrichen. Die Sommerwochen waren die Zeit der Gefahr; das Volk versammelte sich dann auf den Straßen und im Palais Royal, und es war leichter, sie zum gewalttätigen Aufruhr aufzuhetzen.
Man schien aber auch jeden Versuch zu machen, den König zu demütigen. So wurde er aufgefordert, zwei Dekrete zu sanktionieren, in denen die Ausweisung von Priestern sowie die Anlage eines Lagers für zwanzigtausend Menschen außerhalb von Paris verfügt wurde. Ludwig hätte es getan, doch ich beschwor ihn, von seinem Vetorecht Gebrauch zu machen. Die Revolutionäre gerieten in höchste Wut darüber, und ich sollte diesen meinen Rat noch sehr bereuen, doch konnte ich nicht anders, als die Schwäche meines Gemahls beklagen.
Das Volk hatte jetzt einen neuen Schimpfnamen für mich: Madame Veto. Sie erinnerten sich ebenfalls daran, daß ich ja die Österreicherin

war und daß sie sich mit Österreich im Krieg befanden. Die Mitglieder der Nationalversammlung glaubten jetzt, niemals ihre Feinde im Ausland besiegen zu können, bevor sie nicht mit denen im eigenen Land aufgeräumt hatten. Und ich war dieser Feind – nicht der König.

Vergniaud, einer ihrer Führer, donnerte seine Warnungen in die Versammlung.

»Von meinem Platz hier, an dem ich spreche«, rief er, »kann ich den Wohnsitz sehen, in dem falsche Ratgeber den König hintergehen und irreführen, der uns die Verfassung gegeben hat ... Ich sehe die Fenster des Schlosses, wo sie eine Gegenrevolution aushecken und ihre Pläne schmieden, wie sie uns wieder in die Sklaverei zurücktreiben können. Laßt jene, die in besagtem Schloß leben, erkennen, daß unsere Verfassung einzig und allein dem König die Unverletzbarkeit zusichert! Laßt sie wissen, daß unsere Gesetze ohne Unterschied zwischen den Schuldigen aufräumen werden und daß niemand hoffen sollte, seinen Kopf vor der Guillotine zu retten, dessen Verbrechen für uns erwiesen sind!«

Dies war ein direkter Angriff gegen mich. Ich war an solche Attacken aus dem Munde des Pöbels gewöhnt, doch es war etwas anderes, wenn sie von den Anführern der Revolution kamen.

Es war der 20. Juli – der Tag, an dem wir vor einem Jahr aus Paris geflohen waren – als sich der Mob um die Tuilerien zusammenrottete. Sie schrien: »Nieder mit dem Veto! Es lebe die Nation!«

Ich sah sie vom Fenster aus – mit ihren verdreckten roten Kappen auf dem Kopf und den Messern und Knüppeln in den Händen. Dies waren die *sansculottes* . . . der blutdurstige Mob. Sie drangen in das Schloß ein. Mein erster Gedanke galt den Kindern. Ich rannte nach oben, wo Madame de Tourzel und die gute Lamballe bei ihnen waren.

»Sie haben den König!« rief die Prinzessin mir entgegen.

»Ich muß zu ihm!« erklärte ich entsetzt. »Wenn er in Gefahr ist, muß ich bei ihm sein!« Und an Madame de Tourzel gewandt, fuhr ich fort: »Beschützen Sie die Kinder ...!«

Einer der Wachtposten war eingetreten und verstellte mir den Weg. »Sie schreien nach Ihnen, Madame. Wenn sie Sie sähen, wären sie nicht mehr zu halten. Bleiben Sie hier! Bleiben Sie bei dem Dauphin und der Prinzessin.«

Mein Sohn klammerte sich an meine Röcke.

»Bleiben Sie bei uns, Maman! Bleiben Sie bei uns!« schrie er. Und der

Wachtposten forderte uns auf, uns an die Wand zu stellen, und schob einen großen Tisch als eine Art Barriere vor uns. Einige meiner Frauen waren auch noch zu uns hereingestürzt gekommen.

»Sie sind wegen Ihnen gekommen«, sagte Elisabeth zu mir. »Ich werde hinausgehen. Die werden dann mich für die Königin halten ... und das gibt Ihnen eine Chance, mit den Kindern zu fliehen.«

Ich wollte nichts davon hören, und auch der Soldat ließ sie nicht gehen. »Wir können nichts anderes tun als hierbleiben. Das Volk ist jetzt im ganzen Schloß und hat es außerdem von draußen umzingelt. Es gibt keine Möglichkeit hinauszukommen. Diesen Raum zu verlassen, würde Sie nur in allergrößte Gefahr bringen und niemandem etwas nützen.«

Elisabeth kam widerstrebend zu uns hinter den Tisch zurück. Die Soldaten der Nationalgarde waren also gekommen, um uns zu beschützen. Einer von ihnen setzte mir, wie auch dem Dauphin, eine rote Kappe auf; meinem Sohn war sie zu groß, so daß sie ihm über das gesamte Gesichtchen rutschte.

Wir hörten jetzt das wilde Geschrei aus dem Zimmer, in dem sie den König festhielten. Mich packte nacktes Entsetzen beim Gedanken daran, was meinem Gemahl geschehen mochte. Später hörte ich, daß er ihnen erneut Respekt abrang. Es ist schwierig zu verstehen, wie ein Mann, dem es so an Entschlußkraft mangelte und der als Trottel verspottet wurde, einen Mob bezwingen konnte, der mit dem festen Vorsatz kam, ihn zu ermorden.

Es war jene außergewöhnliche Gelassenheit, jene Fähigkeit, dem Tod ungerührt ins Gesicht zu sehen. Ich ließ mir nie meine Angst anmerken, doch zeigte ich ihnen meine ganze Verachtung. Ludwig dagegen verlor nie seine Zuneigung für sie. Wie gemein und niederträchtig sie ihn auch behandelten, sie waren und blieben seine Kinder. Es war echter Mut. Die Wachen riefen, es wäre ihre Pflicht, den König mit ihrem Leben zu schützen; sie wären fest entschlossen, diese ihr Pflicht zu tun. Aber was konnten ein paar Soldaten gegen diesen Pöbelhaufen ausrichten?

»*À bas le veto!*« brüllte der nur als Antwort.

Doch die Wachen erinnerten sie daran, daß der Person des Königs nichts geschehen dürfe. So stände es in ihrer Verfassung.

»Ich kann nicht mit Euch über das Veto verhandeln«, sagte Ludwig ruhig, »aber ich werde tun, was die Verfassung von mir verlangt.«

Einer dieser Schurken trat mit einem Messer in der Hand auf ihn zu.

»Haben Sie keine Angst, Sire«, sagte einer der Wachen. »Wir werden Sie mit unserem Leben schützen.«

Der König lächelte gütig. »Leg die Hand auf mein Herz«, befahl er dem Mann, »und du wirst merken, ob ich Angst habe oder nicht.«

Der Mann tat es und rief aus, wie sonderbar es wäre, daß ein Mensch in einer solchen Situation so ruhig sein könnte.

Niemand von ihnen konnte mehr bezweifeln, daß der Puls des Königs völlig normal war, was sie restlos verblüffte.

Durch so außergewöhnlichen Mut aus dem Konzept gebracht, wußten sie nun nicht, was sie tun sollten, und so hielt einer dem König seine rote Kappe auf der Spitze seiner Pike hin.

Ludwig nahm mit einer so selbstverständlichen Geste, die ihm nur vom Himmel eingegeben worden sein konnte, diese Kappe und setzte sie sich auf.

Die mordgierige Meute war einen Augenblick stumm vor Ratlosigkeit. Dann riefen sie *»Vive le Roi!«*

Die Gefahr für den König war vorbei, aber gegen ihn hatten sie ja nie großen Groll gehegt. Sie stürzten aus dem Zimmer und kamen zu dem Raum, in dem ich mit den Kindern und meinen Frauen hinter dem Tisch stand.

Eine Gruppe von Soldaten schob sich sofort um den Tisch zusammen. Die Rotte starrte mich an. »Da ist sie! Das ist die Österreicherin!«

Der Dauphin wimmerte leise, er bekam keine Luft unter der Kappe. Einer der Soldaten sah meinen besorgten Blick und nahm sie ihm ab. Die Weiber protestierten, doch er rief: »Wollt ihr ein armes, unschuldiges Kind ersticken lassen?«

Und die Weiber ... denn es waren wieder in der Hauptsache Weiber ... schämten sich und gaben nichts zur Antwort. Ich war erleichtert. Ich fühlte, wie sich mein Sohn mit beiden Händen in meine Röcke krallte und das Gesicht in ihnen verbarg, um dieses ganze Grauen nicht zu sehen.

Es war furchtbar heiß, und die Luft in dem vollgepferchten Raum war zum Ersticken. »O Gott«, betete ich im stillen. »Laß den Tod rasch kommen!«

Ich würde ihn willkommen heißen, denn wenn wir alle zusammen starben, würde es keine solche Qualen mehr für uns geben.

Die Soldaten hatten ihre blanken Bajonette gezückt. Der Mob beobachtete sie wachsam und mißtrauisch, während sie mir ihre Obszönitäten entgegenschleuderten. Ich betete weiter: »Lieber Gott! Verschließ die Ohren meiner Kinder!« Und ich konnte nur hoffen, daß sie nichts davon verstanden.

Ein Kerl, der einen Spielzeuggalgen in der Hand hielt, an dem eine kleine weibliche Puppe baumelte, kam an den Tisch und sang: *»Antoinette à la lanterne!«*

Ich hob den Kopf noch höher und tat, als sähe ich ihn nicht.

Eines der Weiber versuchte, mich anzuspucken. »Hure!« kreischte sie. »Gemeines Weibsbild!«

Meine kleine Tochter drückte sich enger an mich, wie um mich vor dieser Megäre zu schützen, und auch mein Sohn schob sich noch tiefer in mein Gewand.

Ich blickte der Frau ins Gesicht und sagte: »Habe ich dir jemals etwas getan?«

»Sie haben Elend über unsere Nation gebracht!«

»Das hat man Euch gesagt, aber man hat Euch angelogen. Als Frau des Königs von Frankreich und Mutter des Dauphin bin ich eine Französin. Ich werde meine ursprüngliche Heimat nie wiedersehen. Nur in Frankreich kann ich glücklich oder unglücklich sein. Und ich war glücklich, als Ihr mich liebtet.«

Sie schwieg, und ich sah, wie ihre Lippen zuckten; sie hatte Tränen in den Augen.

Ich merkte, wie still es ringsum wurde. Alle schwiegen und hatten mir zugehört.

Die Frau betrachtete meinen Sohn und sah mich dann an: »Verzeihen Sie mir, Madame. Ich kannte Sie nicht. Aber ich sehe jetzt, daß Sie eine gute Frau sind.« Und dann drehte sie sich um und ging weinend weg.

Dieser Vorfall gab mir neuen Mut. Man mußte den Leuten nur klarmachen, daß sie mit Lügen vollgestopft worden waren, denn wenn sie vor mir standen, begriffen sie, daß diese nicht stimmten.

Eine andere Frau meinte: »Sie ist nur eine Frau ... mit Kindern.«

Dies löste höhnische Bemerkungen aus, doch irgend etwas war geschehen. Die Tränen der Frau hatten den Mord aus dem Raum vertrieben. Sie wollten jetzt fort von hier.

Lange Zeit standen wir hinter dem Tisch, und erst gegen acht Uhr abends hatten die Wachen das Schloß völlig von dem Mob gesäubert und konnten wir uns unseren Weg über die Überreste der zertrümmerten Türen und Möbel in unsere Gemächer bahnen.

Da ich vermutete, daß Axel von diesem neuen Überfall erfahren und in Sorge um uns sein würde, setzte ich mich unverzüglich hin und schrieb an ihn:

»Ich bin noch am Leben, allerdings nur wie durch ein Wunder. Der zwanzigste war eine einzige grauenvolle Qual! Aber ängstigen Sie sich nicht um mich! Vertrauen Sie meinem Mut!«

Wir lebten jetzt in einem verwüsteten Schloß, und ich fühlte, wir standen kurz vor dem verhängnisvollen Abgrund. Ich spürte, wie mit der zunehmenden Hitze die Spannung immer mehr anstieg. Dieser Überfall auf die Tuilerien würde nicht der einzige und letzte Angriff sein, dessen war ich sicher.

Ich wies Madame Campan an, eine gefütterte Unterziehweste für den König anfertigen zu lassen; falls er plötzlich tätlich angegriffen würde, bliebe so für die Wachen Zeit, ihn zu retten. Sie wurde aus fünfzehn Lagen italienischen Tafts gemacht; außerdem gehörte noch eine normale Weste und ein breiter Gürtel dazu. Ich ließ sie ausprobieren. Sie widerstand Dolchstößen und ließ sogar die Kugeln von darauf abgefeuerten Schüssen abprallen.

Ich befürchtete, jemand könnte sie entdecken, und trug sie deshalb selbst drei Tage lang, bevor ich eine Gelegenheit fand, sie dem König zum Anprobieren zu geben. Ich lag im Bett, als er es dann tat, und hörte, wie er Madame Campan etwas zuflüsterte. Die Weste paßte ihm, und er behielt sie auch an. Als er gegangen war, fragte ich Madame Campan, was er zu ihr gesagt hätte.

Sie wollte es mir nicht erzählen, doch ich bestand darauf: »Sie sollten es mir lieber sagen. Sie müssen doch verstehen, daß es ebensogut für mich ist, alles zu wissen.«

»Seine Majestät sagte: ›Ich unterziehe mich nur dieser Unbequemlichkeit, um die Königin zu erfreuen. Sie werden mich nicht ermorden. Sie haben ihre Taktik geändert. Sie werden mich auf andere Art und Weise umbringen.‹«

»Ich fürchte, er hat recht, Madame Campan«, sagte ich. »Wie mir der König sagte, glaubt er, daß das, was sich hier anbahnt, eine Wiederholung einstiger Geschehnisse in England ist. Die Engländer köpften ihren König, Charles I. Ich fürchte, sie werden meinen Gemahl vor Gericht stellen. Aber ich bin eine Ausländerin, liebe Campan, ich gehöre nicht zu ihnen. Möglicherweise werden sie weniger Skrupel bei mir haben. Mich werden sie höchstwahrscheinlich ermorden. Wenn die Kinder nicht wären... es wäre mir egal. Aber die Kinder, liebe Campan, was wird aus ihnen werden?«

Die gute Campan war zu intelligent und ehrlich, um mir zu widersprechen; in ihrer praktischen Art setzte sie sich sofort hin und machte mir eine ähnliche Weste.

Ich dankte ihr, als sie fertig war, wollte sie aber nicht tragen.

»Wenn sie mich umbringen, Madame Campan, wäre es nur eine Erlösung für mich. Es würde mich endlich von dieser qualvollen Existenz befreien. Nur um die Kinder mache ich mir Sorgen. Aber Sie sind ja da und die gute Tourzel, und ich glaube nicht, daß sogar diese Menschen grausam mit kleinen Kindern sein würden. Wenn ich daran denke, wie gerührt jene Frau war... und das nur wegen der Kinder. Nein, nicht mal diese Meute würde ihnen etwas zuleide tun. Wenn sie mich also umbringen, trauern Sie nicht um mich! Denken Sie daran, daß ein glücklicheres Leben auf mich wartet als diese irdische Existenz.«

Madame Campan war sehr besorgt. Den ganzen schwülen Juli über weigerte sie sich, nachts zu Bett zu gehen. Sie saß im leichten Halbschlaf vor meinem Schlafzimmer, bereit, beim ersten Geräusch aufzuspringen. Und dadurch rettete sie mir vermutlich einmal das Leben.

Es war ein Uhr nachts, als ich aus leichtem Schlaf auffuhr und Madame Campan über mich gebeugt erblickte.

»Madame!« wisperte sie. »Hören Sie! Da schleicht jemand auf dem Flur entlang!«

Erschreckt setzte ich mich im Bett auf. Der Korridor führte an meinen sämtlichen Zimmern entlang und war an beiden Enden zugeschlossen. Die gute Campan stürzte ins Vorzimmer, wo der Kammerdiener schlief. Er hatte ebenfalls die leisen Schritte gehört und war gerade im Begriff hinauszustürmen. Wenige Sekunden später vernahmen Madame Campan und ich die Geräusche eines Ringkampfes.

»Oh, liebe Campan, liebe Campan!« sagte ich und legte die Arme um dieses gute, treue Geschöpf. »Was würde ich nur ohne Freunde wie Sie machen? Am Tage Schmähungen und nachts Mörder! Wo soll das nur enden?«

»Sie haben Ihnen treu ergebene Diener, Madame«, erwiderte sie bescheiden.

Und das stimmte, denn der *valet de chambre* kam in diesem Augenblick herein; er zerrte einen Mann hinter sich her.

»Ich kenne den Elenden, Madame«, erklärte er. »Er gehört zur Dienerschaft des Königs. Er gesteht, daß er den Schlüssel aus der Tasche Seiner Majestät genommen hat, als dieser im Bett war.«
Es war ein kleines Männchen, und der *valet de chambre* war groß und kräftig, wofür ich dankbar sein mußte, da es sonst in jener Nacht mit mir zu Ende gewesen wäre. Der erbärmliche Wurm hatte sich zweifellos den Beifall des Pöbels verschaffen wollen, indem er das tat, was sie dauernd kreischend androhten und forderten.
»Ich werde ihn einsperren, Madame«, sagte der Kammerdiener.
»Nein«, entgegnete ich. »Laß ihn laufen. Schließ ihm die Tür auf und schick ihn aus dem Schloß weg. Er kam, um mich zu ermorden, und wenn es ihm gelungen wäre, hätte ihn das Volk morgen im Triumphzug durch die Stadt getragen.«
Der Diener gehorchte. Als er zurückkam, dankte ich ihm und sagte, es bedrücke mich, daß er wegen mir Gefahren ausgesetzt wäre. Er hätte vor nichts Angst, erwiderte er, und trüge immer ein paar ausgezeichnete Pistolen bei sich zu dem einzigen Zweck, mich zu beschützen.
Vorfälle wie diese bewegten mich immer tief, und als ich mit Madame Campan in mein Schlafzimmer zurückging, sagte ich ihr, daß ich die Loyalität von Menschen wie ihr und diesem *valet* nie zu würdigen gewußt hätte, wenn diese schrecklichen Zeiten mir nicht die Augen dafür geöffnet hätten.
Sie war gerührt, machte aber schon Pläne, wie sie am nächsten Tag gleich alle Schlösser bei mir, wie auch im Appartement des Königs, ändern lassen würde.

Der große Terror war jetzt über uns hereingebrochen. Es war, als wäre eine neue Menschenrasse in die Stadt eingedrungen – klein, sehr dunkel, geschmeidig und blutrünstig – die Menschen aus dem Süden, die Männer aus Marseille.
Sie brachten das Lied mit, daß Rouget de Lisle, einer ihrer Offiziere, komponiert hatte. Wir hörten es bald in ganz Paris auf den Straßen; man nannte es die »Marseillaise«. Ein blutrünstiger Text zu einer aufpeitschenden Melodie, was das Lied zwangsläufig so populär machen mußte. Es verdrängte das bisherige beliebte *Ça ira,* und mich überlief jedesmal ein Schauder, wenn ich es hörte. Es verfolgte mich geradezu. Ich glaubte es nachts zu hören, wenn ich aus unruhigem Halbschlaf aufwachte, denn ich schlief in jenen Nächten kaum noch.

»Allons, enfants de la patrie,
Le jour de gloire est arrivé.
Contre nous de la tyrannie
Le couteau sanglant est levé,
Le couteau sanglant est levé.
Entendez-vous dans ces campagnes
Mugir ces féroces soldats?
Ils viennent jusque dans nos bras
Egorger nos fils, nos compagnes.
Aux armes, citoyens!
Formez vos bataillons!
Marchons! Marchons! Qu'un sang impur
Abreuve nos sillons.«

Die Gärten vor unseren Appartements waren jetzt immer dicht belagert, und die Leute spähten in die Fenster. Jeden Augenblick konnte durch einen kleinen Funken die Feuersbrunst ausbrechen. Wir wußten nie, was in der nächsten Stunde für Greuel geschehen würden. Händler boten ihre Waren unter meinen Fenstern an. *»La Vie Scandaleuse de Marie Antoinette!«* schrien sie. Sie verkauften kleine Figuren, die mich in verschiedenen unanständigen Positionen mit Männern und Frauen darstellten.

»Warum sollte ich noch am Leben hängen?« sagte ich zu Madame Campan. »Weshalb sollten Vorsichtsmaßnahmen getroffen werden, um ein Leben zu schützen, das zu leben nicht mehr lohnt?«

Ich schrieb an Axel von dem uns umgebenden Terror. Wenn unsere ausländischen Freunde nicht öffentlich erklären würden, Paris anzugreifen, falls uns etwas geschähe, würden wir sehr bald ermordet werden.

Axel tat alles, was in seinen Kräften stand, wie ich genau wußte. Niemand hatte sich jemals unermüdlicher für eine Sache eingesetzt. Wenn nur mein Gemahl halb soviel Energie wie Axel gehabt hätte! Ich versuchte ihn zum Handeln zu bewegen. Vor unseren Fenstern standen die Wachen. Wenn er ihnen gezeigt hätte, daß er eine Führernatur war, hätten sie ihn anerkannt und respektiert. Ich hatte ja erlebt, wie sogar der skrupelloseste Revolutionär von ein wenig echter königlicher Würde eingeschüchtert werden konnte. Ich flehte ihn an, zu den Wachen hinauszugehen und eine Art Inspektion vorzunehmen.

Er nickte; ich hätte sicherlich recht. Er ging hinaus, und es war herzzerreißend, ihn zwischen den Reihen der Soldaten hindurchstolzieren zu sehen. Er war so dick und schwerfällig geworden, daß er nie mehr würde jagen können.

»Ich zähle auf Euch«, sagte er zu ihnen. »Ich habe volles Vertrauen zu meiner Garde.«

Ich hörte das leise, höhnische Gelächter, sah, wie ein Soldat vortrat und hinter ihm herwatschelte, indem er den pompösen Gang des Königs nachmachte. Unsere Situation brauchte Würde, unantastbare Würde. Wie töricht war ich gewesen, diese von Ludwig zu erwarten.

So war ich erleichtert, als er wieder hereinkam. Ich schaute ihn nicht an, um nicht die Demütigung auf seinem Gesicht sehen zu müssen.

»Lafayette wird uns vor den Fanatikern retten«, erklärte er. »Sie sollten nicht verzweifeln.«

»Ich frage mich nur«, entgegnete ich verbittert, »wer uns vor Monsieur de Lafayette retten wird!«

Der Siedepunkt kam, als der Herzog von Braunschweig das Manifest von Koblenz bekanntgab. Militär würde gegen Paris eingesetzt, wenn die geringsten Gewaltausschreitungen gegen den König und die Königin vorkämen.

Es war das Signal, auf das sie gewartet hatten. Die Aufwiegler waren emsiger denn je an ihrer schmutzigen Arbeit. In ganz Paris zogen die Rotten des Pöbels umher ... die *sansculottes* und die heruntergekommenen Kerle aus dem Süden; und im Gehen gröhlten sie: *»Allons, enfants de la patrie ...«*

Sie behaupteten, wir würden in den Tuilerien eine Gegenrevolution vorbereiten.

Und am zehnten August setzten sich dann die *faubourgs* in Marsch, und ihr Ziel waren die Tuilerien.

Wir wußten, der Sturm würde nun losbrechen. Ich hatte die Nacht des neunten in meinen Kleidern verbracht und war mit Madame Campan und der Prinzessin Lamballe durch die Korridore gewandert. Der König schlief, wenn auch angezogen. In ganz Paris hatten die Sturmglocken zu läuten begonnen, und Elisabeth kam zu mir, um bei uns zu sein.

Etwa gegen vier Uhr beobachteten wir gemeinsam den Anbruch der Morgendämmerung; der Himmel war blutrot.

»So muß Paris beim Massaker der Bartholomäus-Nacht ausgesehen haben«, sagte ich zu ihr.

Elisabeth nahm meine Hand und preßte sie: »Wir werden zusammenbleiben.«
»Falls meine Stunde gekommen ist und Sie überleben ...«
Sie nickte. »Die Kinder, natürlich. Sie werden mir wie meine eigenen sein!«
Die Stille, die eintrat, als die Glocken plötzlich verstummten, schien sogar noch beängstigender. Marquis de Mandat, der Kommandant der Nationalgarde, der uns viele Male vor dem Tode bewahrt hatte, wurde ins *Hôtel de Ville* beordert. Wir sahen ihn voll böser Vorahnungen gehen, und als kurz darauf ein Bote ankam, um uns mitzuteilen, daß der Marquis auf dem Weg ins Rathaus brutal ermordet worden war und man seine Leiche in die Seine geworfen hatte, wußte ich, daß unser Verhängnis nahe war. Unmittelbar danach kam der oberste Anwalt von Paris in aller Eile angeritten.
Er verlangte den König zu sprechen. Ludwig erhob sich von seinem Bett; seine Kleider waren verdrückt, die Perücke verrutscht und seine Augen schwer vom Schlaf.
»Die *faubourgs* sind im Anmarsch«, eröffnete ihm der Anwalt. »Sie kommen hierher! Sie wollen ein Blutbad!«
Der König beteuerte sein Vertrauen zur Nationalgarde.
O Gott! dachte ich. Seine Sentimentalität wird uns noch alle diesen Mördern ausliefern! Die Wachen standen rings um das Gebäude, doch ich hatte so manches finstere Gesicht unter ihnen gesehen. Hatten sie sich nicht über den König lustig gemacht, als er einen Versuch machte, ihre Front abzuschreiten? Hatte nicht der eine Soldat seinen Gang nachgeäfft?
»Ganz Paris ist im Anzug!« warnte der Anwalt. »Eure Majestäten sind nur noch in der Nationalversammlung sicher. Wir müssen Sie dorthin bringen. Es ist keine Minute zu verlieren! Gegen so viele würden keine Maßnahmen helfen. Jeder Widerstand wäre unmöglich.«
»Dann lassen Sie uns gehen«, willigte der König ein. »Ruft den Haushalt zusammen!«
»Nein, Sire. Nur Sie und Ihre Familie!«
»Aber wir können nicht all diese guten, treuen Leute im Stich lassen, die hier mit uns gelebt haben!« protestierte ich. »Sollen wir sie etwa der blinden Wut des Pöbels ausliefern?«
»Madame, wenn Sie sich dieser Bedingung widersetzen, tragen Sie die Verantwortung für den Tod des Königs und den Ihrer Kinder.«
Was konnte ich also machen? Ich dachte an die liebe Campan, die

Lamballe, Madame de Tourzel... all jene Menschen, die ich fast ebenso liebte wie meine eigene Familie. Ich sah jedoch ein, daß ich machtlos war.
Wir verließen die Tuilerien. Einige Horden musterten uns schon durch die Gitter, und andere waren in die Gärten eingedrungen, doch machten sie keinen Versuch, uns aufzuhalten. Der Boden war dick mit welken Blättern bedeckt, obwohl es erst August war. Der Dauphin wirbelte sie fast vergnügt mit den Füßen hoch. Armes Kind! Er war so an alarmierende Situationen wie diese gewöhnt, daß er sie schon als zu seinem Leben gehörend betrachtete, und solange wir nur beisammen waren, schienen sie ihm gleichgültig zu sein. Das war etwas, wofür man dankbar sein konnte.
Ich vernahm schon das Geschrei und Gejohl des heranrückenden Mobs. Sie waren bereits ganz nahe. Man hörte schon das kehlig gegröhlte *»Allons, enfants de la patrie...«*
Der König sagte gelassen: »Die Blätter fallen früh in diesem Jahr.«
Als wir uns der Nationalversammlung näherten, hob ein großer Mann plötzlich den Dauphin hoch. Entsetzt schrie ich auf, doch er sah mich freundlich an und sagte: »Haben Sie keine Angst, Madame. Ich will ihm nichts Böses tun. Aber wir haben keine Minute zu verlieren.«
Ich konnte meinen bangenden Blick nicht von dem Kind losreißen und hatte fürchterliche Angst, doch der Dauphin lächelte und sagte etwas in seiner altklugen Weise zu seinem Träger.
Als wir an unserem Ziel anlangten, wurde mir mein Sohn zurückgegeben. Ich dankte dem Mann und packte die Hand meines Kindes so fest, daß er sich beklagte, ich täte ihm weh. Aber wir waren im Gebäude der Nationalversammlung, wo man uns in die Loge der Berichterstatter führte, während der Präsident erklärte, die Versammlung hätte geschworen, sich an die Verfassung zu halten und den König zu schützen.
Auf dem Gang von den Tuilerien war mir meine Handtasche und meine Uhr gestohlen worden. Ich lachte mich selbst dafür aus, daß ich den Verlust dieser wertlosen Dinge flüchtig bedauerte, denn von unserer Loge konnte ich das Geschrei des entfesselten Pöbels hören, der jetzt bei den Tuilerien angelangt war. Angstvoll fragte ich mich, was unseren treuen Freunden widerfahren mochte. Ganz besonders dachte ich natürlich an die Prinzessin von Lamballe, die in England in Sicherheit hätte sein können, aber aus Liebe zu mir zurückgekommen war.

Ich weinte leise vor mich hin und fragte mich, was als nächstes geschehen werde, denn wir konnten bestimmt nicht in den Trümmerhaufen zurückkehren, der von den Tuilerien übrig bleiben würde.
Aber was machte es schon? Warum für eine Existenz kämpfen, die keinerlei Anstrengung mehr wert war?

26

»Wenn es notwendig ist, werde ich zu sterben wissen.«
Ludwig XVI.

»Franzosen! Ich sterbe unschuldig der Verbrechen, die man mir zur Last legt. Ich vergebe denen, die meinen Tod wollen, und ich bete, mein Blut möge nicht auf Frankreich fallen.«
Ludwig XVI. *auf dem Schafott*

ALS GEFANGENE IM TEMPEL

Wir wurden im Tempel untergebracht – nicht in dem Palais, das einst der Sitz der Ritter des Templerordens gewesen war und in dem Artois eine Zeitlang gewohnt hatte und in dem ich ihn einmal in meinem lustigen Pferdeschlitten zum Abendessen besucht hatte – sondern in der Festung daneben, dem düsteren Gefängnis, nicht unähnlich der Bastille mit seinen Rundtürmen, den Fensterschlitzen und den Innenhöfen, in die nie ein Sonnenstrahl drang. Wir waren jetzt regelrechte Gefangene.

Der Tempel war dem Abgeordneten und Staatsanwalt Jacques René Hébert unterstellt, einem Mann, den die idealistischeren Anführer der Revolution wie Desmoulins und Robespierre verachteten. Er war grausam und skrupellos und höchst erfreut über die Revolution – aber nicht, weil er ehrlich glaubte, sie könnte den Armen zu besseren Lebensbedingungen verhelfen, sondern weil sie ihm die Gelegenheit verschaffte, seine Grausamkeit zu befriedigen. Er war durch seine Zeitung *Père Duchesne* mächtig und einflußreich geworden, in der er seinen Teil dazu beigetragen hatte, die Massen aufzuwiegeln.

Meine Bestürzung war groß, als ich erfuhr, daß wir diesem Mann ausgeliefert waren. Wenn er mich sah, betrachtete er mich immer unverschämt, und ich wußte, er dachte an die skandalösen Dinge, die über mich geschrieben worden waren. Ich las geradezu seine schmutzi-

gen Gedanken und bemühte mich in meiner Angst, Gleichgültigkeit zu heucheln, was mich arroganter denn je erscheinen ließ.
Aber es gab auch einige unter den Abgeordneten, die uns und der Welt zeigen wollten, daß Grausamkeit nicht zu ihrem Programm gehörte. Sie waren es, die den Pöbel in Schach hielten und uns erst unlängst vor den mordgierigen Händen gerettet hatten. Es waren die Männer, die Reformen – Freiheit, Gleichheit, Brüderlichkeit – auf gesetzlichem Wege anstrebten und im Moment an der Macht waren. Unser Leben war daher nicht so unerträglich, wie Hébert es zweifellos nur zu gern gewollt hätte. Der große Turm des Tempels war für uns hergerichtet worden; dem König hatte man vier Zimmer zugewiesen, und Elisabeth, ich und die Kinder wohnten in weiteren vier Zimmern. Wir durften draußen spazierengehen – natürlich immer streng bewacht, doch verweigerte man uns nicht die tägliche Bewegung, die man für unsere Gesundheit für notwendig hielt. Essen und Trinken war reichlich, ebenso Kleidung und Bücher.
Es überraschte mich, wie mühelos Ludwig und Elisabeth sich an dieses neue Dasein gewöhnten. Wie anders ich dagegen! Sie kamen mir wie willenlose Marionetten vor. Elisabeth war so gefügig und nahm das Unglück, das über uns hereingebrochen war, als Gottes Willen hin. Vielleicht war das der Unterschied zwischen uns – sie hatte einen festen Glauben, der mir fehlte, und irgendwie beneidete ich sie – sowohl Ludwig wie Elisabeth. Sie waren so passiv, wollten nie kämpfen, nahmen alles fatalistisch hin. Elisabeth hatte ihre Religion; wie sie mir erzählte, hatte sie immer gedacht, daß sie gern das Leben einer Nonne führen würde. Nun, das Leben im Tempel war wie in einem Kloster. Ludwig hatte ebenfalls seine Religion, aber auch sein Essen und Trinken, und er schlief viel, auch tagsüber, und solange man nicht von ihm verlangte, das Blut seines Volkes zu vergießen, hatte er sich soweit mit der Situation abgefunden.
Sie machten mich rasend, und doch bewunderte ich sie und beneidete sie sogar irgendwie. Ich saß manchmal am Fenster und beobachtete, wie Ludwig dem Dauphin beibrachte, seinen Drachen im Hof steigen zu lassen. Immer gütig und geduldig, hatte er nichts von dem Gebaren eines Königs.
Ich hörte, wie viele der einfachen Männer, die man uns zur Bewachung gab und die im *Père Duchesne* Berichte über mich und den König gelesen hatten, ihrem Erstaunen darüber Ausdruck gaben, daß der König in Wirklichkeit ja ein ganz einfacher Mann sei, der mit

seinem Sohn im Hof spielte und diesen zum Vergnügen des Kindes mit Schritten abmaß. Manchmal sahen sie ihn auch nach einer Mahlzeit sein Schläfchen machen oder still mit einem Buch dasitzen. Und sie sahen mich mit meiner Handarbeit oder wie ich mich um die Kinder kümmerte oder ihnen vorlas; und ich fühlte, wie überrascht sie waren. Zugegeben, ich war arrogant, aber wie hätte eine so hochmütige Frau sich auf jene obszönen Abenteuer einlassen können, die sie über mich gehört hatten? Wie könnte eine solche Hure nur so zärtlich an ihrer Familie hängen?

Und ich überlegte mir oft, daß es nie zu dieser Revolution hätte kommen brauchen, wenn wir das Volk gekannt hätten und das Volk uns.

Der September brach mit noch sommerlich warmem Wetter an. Die Nachricht erreichte Paris, daß die Preußen und Österreicher im Anmarsch wären. Der Pöbel strömte auf die Straßen. Sie riefen, bald wären meine Verwandten da und würden alle Franzosen umbringen, die die Königin schlecht behandelt hätten. Und wieder hörte ich die Schreie: *L'Autrichienne à la lanterne!*«

Die kurze Ruhepause war vorbei. Was kam jetzt?

Wieder läuteten die Glocken der Stadt Sturm.

Wir hatten uns alle in einem Zimmer versammelt. Es war uns ein Bedürfnis, im Unglück zusammen zu sein.

»Es kann sein«, meinte der König, »daß der Herzog von Braunschweig Paris schon erreicht hat, in welchem Falle wir damit rechnen können, in Kürze befreit zu werden.«

Wenn das doch nur wahr wäre! Aber ich hatte keinen falschen Optimismus mehr, um mir etwas vorzumachen. Die Horden kamen unter unser Fenster gestürmt, und ich hörte sie schreien: »Antoinette ans Fenster! Komm und sieh, was wir dir gebracht haben, Antoinette!«

Der König begab sich zum Fenster und rief mir sofort zu, nicht zu kommen.

Aber es war zu spät. Ich hatte es schon gesehen. Ich hatte die Pike gesehen, auf deren Spitze der Kopf meiner geliebten Freundin schwankte, der Kopf der Prinzessin von Lamballe... Ich wußte in jener Sekunde, daß ich diesen Anblick nie loswerden würde, solange ich auch lebte. Dieses einst so schöne und jetzt in fassungslosem Grauem erstarrte Gesicht... von dem immer noch schönen Haar umflutet... und das gräßliche, gräßliche Blut...!

Wie sollten sie mich trösten?

»Warum ist sie auch zurückgekommen?« haderte ich. »Habe ich sie nicht beschworen! Sie hätte in völliger Sicherheit in England bleiben können! Aber was hat sie je gemacht ... außer für mich dazusein?«
Und ich dachte an hundertlei Vorfälle der Vergangenheit. Wie sie mir bei meiner Ankunft in Frankreich entgegengekommen war ... so viel herzlicher und liebevoller als die übrige Familie. »Sie ist dumm!« hatte Vermond erklärt. Oh, meine liebste und so dumme Lamballe! Warum bist du nur aus dem sicheren England gekommen ... um bei mir zu sein, um mich zu trösten, um mein Unglück mit mir zu teilen? Und um so zu enden! Wie ich sie haßte, diese heulenden Kannibalen da draußen! Ich steigerte meinen Haß in eine Art Raserei; es war die einzige Möglichkeit für mich, über diesen Schock irgendwie hinwegzukommen.
Später brachte man mir den Ring ... den Ring, den ich ihr nach England geschickt hatte. Sie hatte ihn getragen, als ihre Mörder sie aus dem Gefängnis schleiften, in das man sie gebracht hatte, als wir in den Tempel eingesperrt wurden.
Sie war eines der Opfer der sogenannten September-Morde geworden! Der Pöbel hatte die Erlaubnis erhalten, alle in den Gefängnissen zu ermorden, die verdächtig erscheinen konnten.
Was für eine einmalige Gelegenheit für die blutgierige Meute, wenn Männer wie Danton diese Morde billigten! Und wie viele meiner Freunde waren in diesen Massakern umgekommen? Dies waren bestimmt die schwärzesten Tage in der gesamten Geschichte Frankreichs.
Drei Wochen nach diesem grausigen Tag hörten wir wieder Geschrei auf den Straßen. Wir versammelten uns wie zuvor und warteten. Was für ein gräßliches Ereignis stand uns jetzt bevor?
Das Volk wäre heute nicht wütend, sagten die Wachen; sie würden feiern und auf den Straßen tanzen. Wir würden es bald hören.
Frankreich hatte keinen König mehr! Die Monarchie war abgeschafft! Das Verhalten unserer Umgebung uns gegenüber änderte sich schlagartig. Niemand redete den König mehr mit »Sire« an. »Eure Majestät« zu sagen, wäre ein Verrat an der Nation gewesen, und der Himmel mochte wissen, was das für Strafen auslösen konnte.
Wir waren nicht mehr der König und die Königin, sondern Ludwig und Antoinette Capet. Ludwigs Kommentar dazu war: »Das ist nicht mein Name. Es ist der Name eines meiner Vorfahren, aber nicht meiner.«
Doch niemand kümmerte sich darum. Wir waren nur noch die Capet-

Familie – keinen Deut anders als jede beliebige andere Familie, abgesehen von der Tatsache, daß wir streng bewacht wurden und das Volk uns weiter schmähte und mit dem Tode drohte.

Hébert genoß es, uns zu beleidigen. Er nannte Ludwig mit größter Genugtuung »Capet« und hielt die Wachen an, es ebenfalls zu tun. Sie gähnten uns ins Gesicht, saßen breitbeinig vor uns, spuckten in unseren Zimmern auf den Boden und taten alles, um uns daran zu erinnern, daß uns unser Königtum genommen war.
Doch sogar das war nicht von Dauer. Der König blieb trotz allem ein Symbol. Es gab immer noch einige, die es nicht vergaßen und uns heimlich den Respekt und die Ehrfurcht erwiesen, die sie nicht einfach ablegen konnten, nur weil man ihnen gesagt hatte, wir wären jetzt nicht mehr der König und die Königin.
Wir hatten nur zwei Diener, Tison und Cléry. Tison war ein böser alter Mann, der seine Frau tyrannisierte und sie zwang, uns zu bespitzeln. Sie schliefen sogar nachts in einem Raum neben dem Zimmer, in dem ich mit dem Dauphin schlief; meine Tochter schlief mit Elisabeth in deren Zimmer. Durch eine Glaswand konnten Tison und seine Frau jedoch alles verfolgen, was wir taten, und wir waren niemals ohne das Gefühl, wachsam beobachtet zu werden.
Der König erhob sich immer morgens um sechs. Cléry kam dann zu mir und frisierte mich, Elisabeth und meine Tochter, worauf wir alle gemeinsam beim König frühstückten. Ludwig und ich gaben anschließend dem Dauphin Stunden, denn mein Gemahl legte großen Wert darauf, daß er nicht in Unwissenheit aufwuchs. Oft sagte er traurig, er würde nicht zulassen, daß die Erziehung seines Sohnes ebenso vernachlässigt würde wie seine eigene. Ganz besonders wichtig war es ihm, daß der Dauphin sich mit Literatur befaßte, und er ließ ihn ganze Passagen von Racine und Corneille auswendig lernen, was Ludwig-Karl mit Begeisterung tat. Doch die ganze Zeit wurden wir beobachtet. Ich weiß noch, wie ich einmal dem Dauphin mathematische Formeln erklärte und der Wachsoldat, der nicht lesen konnte, mir das Lehrbuch aus der Hand riß und mich beschuldigte, ihm einen Geheimcode beizubringen.
So vergingen unsere Tage. Wäre die düstere, bedrückende Umgebung nicht gewesen und die ständige mißtrauische Bewachung, hätte ich wahrscheinlich in dieser schlichten Lebensweise sogar ein bescheidenes Glück finden können. Ich sah meine Kinder mehr, als das früher in

Versailles möglich war, und unser Verhältnis wurde immer liebevoller und vertrauter. Wenn ich nicht so viel über meine Tochter schreibe, liegt das nicht etwa daran, daß ich sie weniger liebe. Sie hat ein liebes, sanftes Wesen; ihr fehlt das mehr leidenschaftliche Temperament ihres kleinen Bruders. Sie ist Elisabeth sehr ähnlich und war eine der großen Trostquellen meines Lebens. Doch da Ludwig-Karl der Dauphin war, hatte ich ständig Angst um ihn; ich mußte dauernd für seine Sicherheit und sein Wohl sorgen und beschäftigte mich daher zwangsläufig gedanklich mehr mit ihm.

Wenn wir unsere Mahlzeiten beendet hatten, machte der König wie jeder andere Familienvater ein Schläfchen, während ich oft vorlas – meist etwas Geschichtliches; manchmal lösten Elisabeth und Marie-Thérèse mich auch ab und lasen aus leichteren Büchern vor wie »Tausendundeine Nacht« oder Miss Burney's »Evelina«. Und wenn der König aufwachte, stellte er uns Rätsel aus dem *Mercure de France.* So hatten wir wenigstens uns. Es gab immer etwas zu nähen, denn Elisabeth und ich mußten selbst unsere Kleidung in Ordnung halten.

Jeden Tag mußten wir jedoch neue Demütigungen erdulden, wurden wir von neuem daran erinnert, daß wir Gefangene waren, nichts Besseres als alle anderen – ja, daß wir sogar viel schlechter daran waren, denn unsere Kerkermeister waren zumindest freie Menschen. Wir hatten jedoch noch Freunde. Turgy, einer unserer alten Diener aus Versailles (er hatte mir damals die Tür vom *oeil-de-boeuf* Salon aufgeschlossen, als die Meute mir auf den Fersen war) hielt uns dauernd auf dem laufenden über das, was draußen vorging. Und Madame Cléry stellte sich immer vor unseren Fenstern auf der Straße auf und posaunte die letzten Neuigkeiten so laut heraus, daß wir sie hören konnten. Ich entdeckte außerdem, daß einige der Wachsoldaten, die haßerfüllt ankamen, ihre Meinung völlig änderten, wenn sie uns auf eine Weise zusammenleben sahen, die alle Gerüchte Lügen strafte, die sie gehört hatten. Ich pflegte ihnen die abgeschnittenen Locken der Kinder zu zeigen und ihnen zu erzählen, in welchem Alter ich all diese Locken abgeschnitten hatte. Ich hatte sie mit parfümiertem Schleifenband zusammengebunden und mußte immer etwas weinen, wenn ich sie in die Hand nahm. Und ich erlebte oft, wie jene harten Männer sich tief bewegt abwandten.

Aber nichts ist von Dauer, und Ludwig hatte recht gehabt, als er sagte, sie würden ihn nicht ermorden, sondern hätten einen anderen Plan, um ihn zu beseitigen.

Wir erfuhren, daß sie Ludwig wegen Hochverrats vor Gericht stellen wollten.
Als erstes nahm man uns alle scharfen Gegenstände weg – Messer, Scheren und sogar Gabeln, obgleich wir zum Essen Gabeln benutzen durften; diese wurden uns aber anschließend sofort wieder weggenommen.
Und eines Abends wurde Ludwig mitgeteilt, daß er von uns getrennt würde.
Es war ein furchtbarer Schlag! Wir waren zu der Überzeugung gelangt, alles durchstehen zu können, solange wir nur beisammen bleiben.
Wir weinten bitterlich, aber es war vergeblich.
Ludwig wurde von uns isoliert.
Es folgten die Wochen des Wartens. Was ging vor? Ich hatte keine genauere Vorstellung. Wir wußten lediglich, daß der König nicht länger ein gewöhnlicher Gefangener in Untersuchungshaft war, sondern ein zum Untergang verdammter Mann.
All jene kalten Tage lang wartete ich auf eine Nachricht. Manchmal hörte ich meinen Gemahl in seinen Räumen auf und ab gehen, die direkt unter meinen lagen. Und dann kam am zwanzigsten Januar ein Mitglied der Pariser Kommune zu mir und teilte mir mit, ich dürfe mit meinen Kindern und meiner Schwägerin meinen Mann besuchen.
Mich erfaßte ein schreckliches Gefühl dunkler Vorahnung, denn ich ahnte, was es bedeutete.
Sie hatten meinen Gemahl zum Tode verurteilt ...

Ich kann das Bild jenes Raumes mit der Glastür nicht aus meiner Erinnerung verbannen. Der Schein einer einzigen Öllampe verbreitete ein trübes Licht, doch als ich mit dem Dauphin an der Hand eintrat, erhob sich der König sofort von seinem Korbstuhl und kam mir entgegen, um mich zu umarmen.
Stumm klammerte ich mich an ihn. Was hätten Worte ausdrücken können, auch wenn ich sie über die Lippen gebracht hätte?
Elisabeth und meine Tochter weinten leise, und der Dauphin brach in lautes Schluchzen aus; da konnte auch ich nicht länger die Tränen zurückhalten.
Ludwig gab sich rührende Mühe, uns zu beruhigen. Er ließ wenig innere Erregung erkennen. Sein großer Kummer war, uns so unglücklich zu sehen.
»Es kommt manchmal vor«, sagte er, »daß ein König die Strafe für die Vergehen seiner Vorfahren auf sich nehmen muß.«

Nie werde ich vergessen, wie er dort vor mir stand – in seinem braunen Rock mit der weißen Weste, das Haar nur leicht gepudert – mit einem Gesicht, als bäte er fast um Verzeihung. Er ging und ließ uns in dieser schrecklichen Welt allein – darüber war er unglücklich.
Um uns abzulenken, erzählte er von dem Prozeß und wie man ihm Fragen stellte, die er nicht hätte beantworten können. Er hätte niemals jemandem etwas zuleide tun wollen, hätte er ihnen gesagt. Er liebe sein Volk wie ein Vater seine Kinder.
Er war tief erregt, als er uns erzählte, daß sein Vetter Orléans unter den Richtern gesessen hätte.
»Wenn mein Vetter nicht gewesen wäre«, sagte er, »wäre ich nicht zum Tode verurteilt worden. Seine Stimme gab den Ausschlag.« Er war ratlos und konnte es nicht verstehen, warum dieser Vetter, der in seiner unmittelbaren Nähe aufgewachsen war, ihn auf einmal so hassen sollte, daß er seinen Tod wollte.
»Ich habe ihn immer gehaßt!« entfuhr es mir. »Ich wußte von Anfang an, daß er unser Feind war!«
Doch mein Gemahl legte begütigend seine Hand auf meine und beschwor mich, niemanden zu hassen und zu versuchen, mich mit allem abzufinden. Er kannte mein heftiges, stolzes Wesen, doch ich hatte eines gelernt: Falls ich, wenn meine Stunde kam, dem Tod ebenso mutig ins Auge sehen konnte wie er, wäre ich dankbar!
Der arme kleine Ludwig-Karl hatte begriffen, daß sein Vater sterben mußte, und ließ seiner Bestürzung darüber in einem leidenschaftlichen Ausbruch freien Lauf.
»Warum? Warum?« rief er zornig. »Sie sind ein *guter* Mensch, Papa! Wer könnte Ihren Tod wollen? Ich werde sie umbringen ... werde sie alle umbringen! ... Ja, das werde ich! ...«
Sein Vater zog ihn an sich zwischen seine Knie und sagte ernst zu ihm: »Mein Sohn, versprich mir, daß du nie daran denken wirst, meinen Tod zu rächen!«
Die Lippen des Dauphin waren eigensinnig zusammengepreßt, wie ich es so gut an ihm kannte. Der König hob ihn jedoch auf den Schoß und fuhr fort: »Komm! Ich möchte, daß du die Hand hebst und schwörst, daß du den letzten Wunsch deines Vaters erfüllen wirst.«
Das Kind hob also die Hand und schwor, die Mörder seines Vaters zu lieben. Und dann war es Zeit, und der König mußte gehen. Ich klammerte mich an ihn und fragte: »Werden wir Sie morgen sehen?«
»Ja, um acht Uhr«, antwortete er leise.

»Um sieben! Bitte, um sieben!«
Er nickte und bat mich, nach unserer Tochter zu sehen, die ohnmächtig geworden war. Der Dauphin rannte zu den Wachen und bestürmte sie, sie möchten ihn zu den Herren in Paris bringen, damit er sie bitten könne, seinen Papa nicht sterben zu lassen.
Ich konnte ihn nur auf den Arm nehmen und versuchen, ihn zu beruhigen. Doch dann warf ich mich selbst auf mein Bett und lag dort, auf jeder Seite eines der Kinder, während Elisabeth vor dem Bett kniete und betete.

Zitternd und natürlich ohne eine Sekunde zu schlafen, lag ich die Nacht auf meinem Bett und wartete schon früh am nächsten Morgen auf meinen Gemahl.
Doch er kam nicht ...
Statt seiner kam Cléry.
»Er befürchtete, es würde Sie zu sehr quälen«, sagte er.
Und so saß ich und wartete und dachte an meinen Gemahl, an unsere erste Begegnung und an die vom Vortag, die nun unsere letzte gewesen war. Ich verlor jedes Gefühl für die Zeit und war wie betäubt vor Kummer und Verzweiflung.
Und dann hörte ich irgendwann dumpfen Trommelwirbel ... hörte das Geschrei des Volkes ...
»Lang lebe die Republik!« rief einer der Wachsoldaten unter meinem Fenster.
Und da wußte ich, daß ich Witwe war.

27

»Veuille Dieu tout-puissant sauver une tête si chère! J'aurais trop perdu si je la perds.«

Axel von Fersen

»Meine liebe Sophie! Du hast inzwischen sicherlich von dem schrecklichen Unglück gehört – daß man die Königin in die Conciergerie gebracht hat, wie auch von dem Erlaß jenes verächtlichen Konvents, der sie dem Revolutionstribunal zur Verurteilung überantwortet. Ich habe aufgehört zu leben, seit ich dies erfahren habe, denn es ist kein Leben mehr, so wie ich jetzt zu existieren und solche Qualen zu leiden, wie ich sie jetzt durchmache. Wenn ich doch nur irgend etwas tun könnte, um ihre Befreiung zu bewirken, wäre die Pein bestimmt weniger grauenvoll, aber ich finde es so qualvoll, daß meine einzige Möglichkeit sich darauf beschränkt, andere um Hilfe für sie anzuflehen ... Ich würde mit Freuden mein Leben opfern, um sie zu retten, und kann es nicht! Es wäre mein größtes Glück, für ihre Rettung zu sterben ...«

Axel von Fersen an seine Schwester Sophie

»Non, jamais il n'y aura plus pour moi de beaux jours, mon bonheur est passé et je suis condamné à d'éternels regrets et à trainer une vie triste et languissante.«

Fersens Tagebuch

Sie gaben mir Trauerkleider, ein schwarzes Kleid mit Unterrock, schwarzseidene Handschuhe, zwei Kopftücher aus schwarzem Taft und einen schwarzen Umhang.
Ich warf einen gleichgültigen Blick darauf. Mein Ende konnte jetzt nicht mehr fern sein, sagte ich mir.
Ich ging nie wieder in den Hof hinunter, denn ich konnte es nicht ertragen, an den Räumen vorbeizukommen, die der König bewohnt hatte. Dafür stieg ich mit Elisabeth und den Kindern auf den Turm, um frische Luft zu schöpfen. Ganz oben war eine von einer Brüstung umgebene Terrasse, und dort gingen wir an jenen Winternachmittagen auf und ab.
Toulan, einer der Wachen, hatte mir den Siegelring des Königs und eine Locke von seinem Haar gebracht. Sie waren von der Pariser Kommune konfisziert worden, doch Toulan hatte sie gestohlen und mir gebracht, weil er glaubte, sie würden mir ein gewisser Trost sein. Toulan! Ein Mann, der beim Sturm auf die Tuilerien dabeigewesen war, entschlossen, uns umzubringen. Er war wegen seiner glühenden revolutionären Ansichten und seiner Verläßlichkeit zu unserer Bewachung ausgesucht worden; aber sie vergaßen, daß er auch ein Herz hatte. Ich sah die Tränen in seinen Augen, sah seine Bewunderung für unsere Seelenstärke. Er war ein rechtschaffener Mann. Und es gab noch einen anderen, Lepitre, den wir für uns gewonnen hatten.
Ich hatte außerdem noch Cléry, des Königs *valet*, und Turgy, der in Versailles in der Küche gearbeitet hatte; er war unerschrocken und verwegen und sehr mutig, denn er hatte erreicht, einer unserer Wächter zu werden, indem er wilde Geschichten über seinen revolutionären Eifer erfand.
Ich bin diesen treuen Menschen sehr dankbar. Sie waren es, die mir in jenen schwersten Tagen wieder Hoffnung gaben, denn die ersten Wochen nach Ludwigs Tod saß ich nur teilnahmslos da und dachte über die Vergangenheit nach – machte mir die bittersten Vorwürfe und bereute Hunderte von Torheiten. Ich sprach auch mit diesen Getreuen voller Trauer über den Tod des Königs. Toulan war es, der mir sagte: »Es gibt immer noch einen König von Frankreich, Madame!«
Das stimmte! Mein kleiner Sohn war jetzt Ludwig XVII. Wenn ich ihn aus dem Gefängnis herausbringen könnte ... wenn ich Verbindung zu

meinen Freunden aufnehmen könnte... Und plötzlich erwachte ich wieder zum Leben – ich hatte wieder ein Ziel.
Mein kleiner Kreis war glücklich über die Veränderung. Ich erkannte, daß ich ihr Mittelpunkt war; Elisabeth war zu passiv und die Kinder zu klein. Toulan und Lepitre dachten sich alle möglichen Schliche aus, um Nachrichten zu mir hereinzuschmuggeln. Turgy, der beim Essen servierte, wickelte Zettelchen um die Flaschenkorken, was aussah, als diente das Papier dazu, daß sie fester schlossen. Und obgleich die Tisons das Brot nach möglicherweise darin versteckten Botschaften untersuchten und unter die Deckel der Schüssel spähten, entdeckten sie nie diese List. Turgy trug auch manchmal Zettel in den Taschen, die dann einer von uns nach einem vereinbarten Zeichen herausfischte, wenn er beim Servieren dicht an uns vorbeikam. Von Madame Clérys Posaunenstimme vor meinem Fenster erfuhr ich, daß ganz Europa über Ludwigs Hinrichtung empört war. Sogar in Philadelphia und Virginia erfüllte dieser Mord alle mit Schaudern. Man mochte sich einer tyrannischen Monarchie entledigen, nun ja, aber ihren Repräsentanten kaltblütig ermorden, der kaum für alles verantwortlich sein konnte, nein, das nicht!
Die allgemeine Mißbilligung und Empörung bewirkte jedoch nicht, daß die Republik uns gegenüber nachsichtiger oder milder wurde, ja, sie stachelte sie sogar zu noch größerer Schärfe an.
Doch der Gedanke daran, daß ich in der Welt noch Freunde besaß, gab mir wieder einen Grund, leben zu wollen: die Flucht!
Als ich hörte, daß Axel sich bemühte, Mercy zum Handeln zu drängen, und ihn überredet hatte, den Prinzen von Coburg zu bewegen, ein Regiment ausgewählter Männer nach Paris zu schicken, um mich aus dem Tempel herauszuholen – so verwegen dieser Plan auch war und wie wenig Gehör er auch fand –, schöpfte ich wieder Mut und Hoffnung. Es war mehr der Plan eines liebenden Mannes als der eines nüchtern denkenden Strategen, genauso wie die Flucht nach Varennes. Axel war, wie ich jetzt erkannte, von einem so frenetischen Wunsch besessen, mich in Sicherheit zu bringen, daß dieser ihm in seiner leidenschaftlichen Intensität den Blick für die praktischen Gegebenheiten trübte. Ich liebte ihn jedoch nur um so mehr dafür.
Unter den Nachrichten, die man mir heimlich zusteckte, war auch die vom Tode Jacques Armands; er war in der Schlacht von Jemappes ums Leben gekommen. Traurig dachte ich an den reizenden kleinen Jungen, den ich damals auf der Dorfstraße aufgelesen hatte, als ich

mir so sehnlich Kinder wünschte. Er war ein Ersatz für mich gewesen, bis ich meine eigenen Lieblinge bekam, und das hatte er mir nie verziehen ... und jetzt war er tot, der arme Junge!
Ich sprach Elisabeth gegenüber davon, wie traurig das doch wäre. Sie versuchte, mich zu trösten, indem sie mir vorhielt, was für ein anderes Leben er doch durch alles, was ich für ihn getan hatte, gehabt hätte. Aber ich erwiderte: »Ich habe ihn benutzt, Elisabeth. Ich habe ihn als Spielzeug benutzt, um mich eine Zeitlang daran zu erfreuen. Man darf Menschen nicht so mißbrauchen! Ich erkenne das jetzt. Es gibt so vieles, was ich jetzt erkenne! Aber von einem bin ich überzeugt, Elisabeth. Keine Frau hat jemals teurer für ihre Torheiten bezahlen müssen als ich! Wenn ich noch einmal eine Chance bekäme ...«
»Das werden Sie!« versicherte sie mir in ihrer ruhigen Art. Ich war dessen jedoch gar nicht sicher. Mir fehlte ihr Glaube.

Jeden Abend kam der *illuminateur*, um die Lampen anzuzünden. Ich freute mich jedesmal über sein Erscheinen, denn er brachte immer seine zwei Söhne mit; ich hatte Kinder ja immer geliebt. Sie waren ziemlich schmutzig, und ihre Kleidung war von dem Öl für die Lampen verfleckt, da sie ihrem Vater bei seiner Arbeit halfen. Der *illuminateur* blickte nie in meine Richtung. Es gab so viele, die wie er Angst hatten, für Royalisten gehalten zu werden. Diese furchtbare Revolution wurde nicht umsonst ›der Terror‹ genannt. Unzählige ihrer Anhänger zitterten ständig in Angst und Schrecken um ihr Leben und wußten nie, wann das riesige Ungeheuer, das sie ins Leben gerufen hatten, nun nach ihnen schnappen würde.
Die beiden Kinder betrachteten manchmal sehnsüchtig das Essen auf dem Tisch, und es machte mir Freude, ihnen etwas davon zu geben. Sie verschlangen es gierig, während sie mich mit großen Augen unter ihren Schlapphüten ansahen und ich mich fragte, was für Lügengeschichten sie wohl über die Königin gehört hatten.
Madame Tison kam dann immer ärgerlich hereingeschlurft und durchsuchte ihre Taschen, um zu sehen, ob ich ihnen nicht etwa eine Botschaft zugesteckt hatte.
Diese Besuche des *illuminateur* waren wegen seiner beiden Söhne eine der angenehmsten Unterbrechungen des Tages.
Toulan sprach einmal mit dem Lampenanzünder und fragte ihn, ob seine Söhne seinen Beruf erlernten, was dieser mit einem stummen Kopfnicken bejahte.

Toulan sah, wie die beiden Buben mich mit ehrfürchtiger Scheu anstarrten. »Was guckt ihr so?« erkundigte er sich. »Diese Frau etwa? Ihr braucht nicht rot zu werden, Jungens. Wir sind jetzt alle gleich.«

Der *illuminateur* gab seine Zustimmung dazu, indem er auf den Boden spuckte.

Ich war daran gewöhnt und überlegte nur, ob Toulan etwas Verdächtiges in dem Verhalten des Mannes gewittert und es deshalb gesagt hatte. Wir mußten alle sehr vorsichtig und auf der Hut sein.

Als der *illuminateur* eines Tages allein erschien, war ich enttäuscht und vertiefte mich wieder in mein Buch.

»Eure Majestät ...«

Überrascht blickte ich auf. Der Mann füllte die Lampe auf recht ungeschickte Weise, und ich sah, daß es nicht der *illuminateur* war, der immer mit seinen Söhnen kam.

»Ich bin Jarjayes, Madame. General Jarjayes.«

»Ja aber ..«

»Toulan hat den *illuminateur* bestochen und in einer Taverne betrunken gemacht. Ich stehe mit dem Grafen Fersen in Verbindung ...«

Als ich diesen Namen hörte, hätte ich vor Glück in Ohnmacht fallen können.

»Der Graf ist fest entschlossen, Sie zu befreien. Er hat mir eine Nachricht zukommen lassen, in der er mir mitteilt, daß er nicht eher ruhen wird, bevor Sie nicht befreit sind.«

»Ich wußte, er würde das tun ... Ich wußte es ...«

»Wir müssen sehr vorsichtig vorgehen, Madame. Aber halten Sie sich bereit. Toulan ist unser verläßlicher Freund. Lepitre ebenfalls ... aber wir müssen seiner ganz sicher sein.«

Ich sah Madame Tison mißtrauisch in der Tür auftauchen und versuchte dem General durch meinen Gesichtsausdruck zu verstehen zu geben, daß wir beobachtet wurden. Er begriff und entfernte sich. Seine Worte lösten eine wilde Woge der Hoffnung in mir aus. Axel hatte mich nicht vergessen! Er hatte die Hoffnung nicht aufgegeben!

Von Toulan erfuhr ich, daß der Plan Gestalt annahm. Er sollte Kleider zu uns ins Gefängnis schmuggeln, in denen der Dauphin und seine Schwester wie die beiden Söhne des Lampenanzünders aussehen würden. Elisabeth und ich sollten als städtische Ratsherren verkleidet werden. Es würde nicht weiter schwierig sein, die Hüte, Umhänge und

Stiefel zu beschaffen – und natürlich die unerläßlichen rot-weiß-blauen Leibbinden.

Die Tisons, die nie aus unserer Nähe wichen, waren das größte Hindernis. Wir konnten nie hinausgelangen, solange sie uns bewachten.

Toulan war jedoch ein einfallsreicher Mann. »Wir werden sie durch ein Rauschgift betäuben«, erklärte er.

Sie hatten eine Schwäche für spanischen Tabak. Weshalb sollte Toulan ihnen nicht ein Päckchen davon schenken? Dieses wäre dann mit Rauschgift durchtränkt und würde sie für mehrere Stunden unschädlich machen. Wir würden uns schnell verkleiden und in Toulans Begleitung das Gefängnis verlassen. Es war ein kühner doch nicht unmöglicher Plan.

»Ich würde einen Paß brauchen«, sagte ich, aber auch daran hatte er gedacht. Lepitre könne ihn besorgen.

Und wenn die Flucht entdeckt würde, könnten wir alle schon in England sein.

Wir hielten uns bereit und warteten.

Lepitre war jedoch kein mutiger Mensch. Vielleicht war er auch einfach überfordert. Er hatte schon den Paß beschafft, als eine zufällige Bemerkung von Madame Tison ihn in Zweifel darüber stürzte, ob sie etwas von dem Plan wußte.

Lepitre konnte sich danach nicht mehr entschließen, weiter mitzumachen. Es sei zu riskant, erklärte er. Wir müßten einen anderen Plan machen, bei dem ich allein fliehen würde. Aber das wollte ich selbstverständlich nicht. Nie würde ich mich aus freien Stücken von den Kindern und Elisabeth trennen.

Ich schrieb an Jarjayes:

»Wir haben einen schönen Traum geträumt – das ist alles. Aber es war ein großer Gewinn für uns, bei dieser Gelegenheit einen weiteren Beweis für Ihre treue Ergebenheit zu erhalten. Mein Vertrauen in Sie ist unbegrenzt. Sie werden immer feststellen können, daß es mir nicht ganz an Mut fehlt, doch die Interessen meines Sohnes sind das Allerwichtigste für mich, und was für Türen mir auch offenstehen sollten: ich werde nie bereit sein, ihn zu verlassen. Ohne meine Kinder werde ich nichts unternehmen, und ich bedaure deshalb nicht einmal das Scheitern irgendwelcher derartiger Pläne.«

Ich schickte ihm den Siegelring des Königs und die Haarlocke, damit

er beides dem Grafen von Provence oder Artois überbringe, denn ich befürchtete, man könnte mir beides wegnehmen. Außerdem ließ ich einen Wachsabdruck von einem Ring machen, den Axel mir einmal geschenkt hatte und der die Inschrift trug »Alles führt mich näher zu Dir.«
Ich schickte diesen Abdruck mit einem Billett an Jarjayes, in dem ich schrieb:

»Ich möchte, daß Sie diesen Wachsabdruck jemandem geben, der wie Sie wissen, voriges Jahr aus Brüssel nach Paris kam, um mich zu sehen. Sagen Sie ihm, die Inschrift hätte sich nie mehr als jetzt bewahrheitet.«

Es wurde noch ein weiterer Fluchtplan vorbereitet, doch ich glaube, ich rechnete von Anfang an mit seinem Scheitern. Ich war allmählich zu der Überzeugung gelangt, daß ich zum Tode verdammt war und nichts mich mehr zu retten vermochte.
Baron von Batz, ein royalistischer Abenteurer, arbeitete mit Elisabeth und Marie-Thérèse einen Plan aus, bei dem ich in der Uniform eines Wachsoldaten im Begleitschutz von treuen Wachen das Gefängnis verlassen sollte. Der Dauphin sollte unter dem Umhang einer dieser Männer hinausgeschmuggelt werden.
Alles war vorbereitet, doch die Tisons waren mißtrauisch geworden, und am Tage vor der geplanten Flucht meldete Madame Tison, daß Toulan und Lepitre ihr verdächtig erschienen und zu freundlich zu mir wären.
Als Folge davon wurden die beiden entfernt, und der ganze Plan war vereitelt, denn ohne ihre Hilfe ließ er sich nicht durchführen.

Über die nun folgende Szene kann ich kaum schreiben. Mich überkommt bei der Erinnerung daran eine so überwältigende Verzweiflung und ein solcher Schmerz, daß meiner Hand vor Qual die Feder entfällt. Sie hätten sich keine grausamere Folter ausdenken können. Meine Kinder waren in dieser Zeit des tiefen Leids und Grauens mein großer Trost gewesen. Sie hatten es mir möglich gemacht, auf Gemeinheit und Grausamkeit nach außen hin nur mit überlegener Gleichgültigkeit zu reagieren. Jetzt hatten sie die Art und Weise gefunden, wie sie diesen Panzer aus Verachtung und Gleichgültigkeit durchbohren konnten.
Es war im Juli – ein heißer, schwüler Tag; und wir befanden uns alle

in unserem Zimmer, Elisabeth, die beiden Kinder und ich. Ich stopfte die Jacke meines Sohnes, während Elisabeth uns vorlas.
Wir blickten alle erschreckt auf, denn dies war kein gewöhnlicher Besuch. Sechs Mitglieder der Pariser Kommune waren eingetreten.
Ich erhob mich.
»Messieurs«, begann ich.
Einer von ihnen fing zu sprechen an, und seine Worte trafen mich wie das Dröhnen der Totenglocke für einen geliebten Menschen.
»Wir sind gekommen, um Ludwig-Karl Capet in seine neue Unterkunft zu bringen.«
Ich stieß einen Schrei aus und breitete die Arme nach meinem Sohn aus. Er stürzte sich mit vor Entsetzen weit aufgerissenen Augen in sie hinein.
»Das können Sie nicht...«
»Die Pariser Kommune findet, es ist an der Zeit, daß er der Fürsorge eines Erziehers übergeben wird. Bürger Simon wird diese Aufgabe übernehmen.«
Simon! Ich kannte diesen Kerl. Ein Schuster von der niedrigsten, gewöhnlichsten, gemeinsten Gesinnung!
»Nein, nein, nein!« schrie ich.
»Wir sind in Eile«, erklärte einer der Männer kalt. »Komm jetzt, Capet. Du wirst woanders wohnen.«
Ich fühlte, wie mein Sohn sich in meine Röcke krallte, aber rohe Hände packten ihn und rissen ihn fort.
Ich stürzte ihm nach, doch sie schleuderten mich zurück. Elisabeth und meine Tochter fingen mich im Fall auf.
Sie waren fort! Sie hatten meinen Sohn mitgenommen!
Kein anderer Gedanke fand in meinem verstörten Hirn Platz.
Meine Schwägerin und Tochter taten alles, um mich zu trösten. Aber es gab keinen Trost! Nie werde ich die Schreie meines Sohnes vergessen, als sie ihn fortschleppten. Er schrie voller Verzweiflung nach mir.
»Maman! ... Maman! ... Laß mich nicht wegholen!«
Es verfolgt mich bis in meine Träume. Nie werde ich das vergessen – und nie werde ich ihnen verzeihen, daß sie mir und meinem Kind das antaten!
Tieferes Leid gab es nicht.
Ich sollte jedoch erleben, daß diese satanischen Bestien weitere Einfälle hatten, um mich noch teuflischer zu quälen.

Mein Sohn war mir genommen.
Das Leben hatte keinen Sinn mehr für mich. Ich hatte ihn verloren... meinen geliebten Sohn, meinen *chou d'amour!*
Wie konnten sie das nur einer Frau und Mutter antun? Geschah es, weil sie wußten, daß solange wie ich ihn hatte, ich dies Leben ertragen konnte, ich hoffen konnte, ja, sogar glauben konnte, daß mir noch ein Glück geblieben war?
Ich lag apathisch auf dem Bett. Meine Tochter saß neben mir und hielt meine Hand, als wolle sie mich daran erinnern, daß sie mir geblieben war.
Wie ich jemals jene Tage ohne sie und Elisabeth überstanden hätte, weiß ich nicht.

Madame Tison benahm sich sonderbar. Vielleicht tat sie das schon seit einiger Zeit, aber ich beachtete sie ja kaum. Ich konnte nur an meinen armen Sohn in den Händen dieses grausamen Schusters denken. Was machten sie mit ihm? Weinte er jetzt nach mir? Fast wünschte ich, er wäre wie sein Bruder gestorben, um niemals dies zu erleben.
Manchmal hörte ich wie aus weiter Ferne Madame Tison erregt auf ihren Mann einreden oder in lautes Geheul ausbrechen.
Eines Tages kam sie dann herein und warf sich mir zu Füßen.
»Madame...« rief sie, »verzeihen Sie mir! Ich werde verrückt, denn ich habe dieses Unglück über Sie gebracht. Ich habe Sie bespitzelt... Man wird Sie wie den König ermorden... und ich bin schuld daran! Ich sehe ihn nachts... ich sehe seinen blutüberströmten Kopf... wie er herunterkippt, Madame, und auf mein Bett! Sie müssen mir Ihre Verzeihung erteilen, Madame! Ich werde wahnsinnig... wahnsinnig...«
Ich versuchte, sie zu beruhigen.
»Sie haben getan, was man von Ihnen verlangte. Machen Sie sich keine Vorwürfe. Ich verstehe es.«
»Diese Träume... diese Träume...! Immer diese Alpträume... Sie lassen mich nicht in Ruhe... sie verfolgen mich... sogar am Tage! Sie gehen nicht weg! Ich habe den König ermordet . . . ich . . . ich habe...«
Die Wachen kamen hereingestürzt und trugen sie hinaus.
Madame Tison hatte den Verstand verloren.

Aus einem der Fensterschlitze konnte ich von der Treppe aus auf den

Hof hinunterschauen, auf den man meinen Sohn an die frische Luft hinausschickte. Was für ein Glück bedeutete es, ihn nach all diesen unsagbar schweren Tagen zu sehen! Aber er sah nicht mehr wie mein Sohn aus. Sein Haar war verwahrlost, seine Kleidung schmutzig, und er trug die speckige rote Kappe auf dem Kopf.

Ich rief nicht seinen Namen aus Angst, ihn dadurch nur von neuem unglücklich zu machen. Ich konnte wenigstens dort auf der Treppe stehen und ihn beobachten. Er kam jeden Tag zur gleichen Zeit auf den Hof hinaus, und es gab also wieder etwas, für das zu leben sich lohnte. Ich würde nicht mit ihm sprechen können, doch ich sah ihn.

Er schien nicht unglücklich zu sein, wofür ich dankbar war. Kinder sind ja so anpassungsfähig. Dafür mußte ich dankbar sein. Und ich begriff, was sie mit ihm machten. Sie machten einen der ihren aus ihm, brachten ihm Grobheiten bei ... machten einen Sohn der Revolution aus ihm. Dies war also die Aufgabe des Schusters – ihn vergessen zu lassen, daß er königliches Blut in den Adern hatte und ihm seine Würde zu nehmen, um zu beweisen, daß zwischen Königssöhnen und den Söhnen des Volkes kein Unterschied besteht.

Mir schauderte, als ich seine Schreie hörte. Und ich lauschte seinen Liedern. Sollte ich mich nicht freuen, daß er singen konnte?

»Allons, enfants de la patrie ...«

Das Lied der blutrünstigen Revolution! Hatte er die Männer vergessen, die seinen Vater ermordeten?

Ich lauschte der Stimme, deren Klang mir so vertraut war.

> *»Ah, ça ira, ça ira, ça ira,*
> *En dépit des aristocrates et de la pluie,*
> *Nous nous mouillerons, mais ça finira*
> *Ça ira, ça ira, ça ira.«*

Oh, mein Sohn! Mein geliebter Sohn! Sie haben dir beigebracht, uns zu verraten!

Und ich lebte für jene Augenblicke, in denen ich an dem schmalen Schlitz stehen und ihn bei seinen Spielen sehen konnte.

Nur wenige Wochen, nachdem sie mir meinen Sohn genommen hatten, hörte ich eines Nachts gegen ein Uhr morgens, wie an die Tür geklopft wurde.

Die Kommissare wären gekommen, um mich zu sprechen. Der Kon-

vent hätte verkündet, die Witwe Capet würde vor Gericht gestellt. Ich würde dafür vom Tempel in die Conciergerie gebracht.
Ich wußte, ich hatte mein Todesurteil erhalten. Sie würden mich genau wie Ludwig zum Tode verurteilen.
Es dulde keinen Aufschub. Ich müßte mich sofort zum Gehen fertigmachen.
Sie erlaubten mir, von meiner Tochter und meiner Schwägerin Abschied zu nehmen.
Ich bat sie, nicht um mich zu weinen und wandte mich hilflos von ihren entsetzten, verzweifelten Blicken ab.
»Ich bin bereit«, sagte ich.
Mir war fast leicht zumute, wußte ich doch, es bedeutete den Tod. Es ging die Treppe hinunter, vorbei an jenem Fensterschlitz ... sinnlos, jetzt hinunterzuschauen! Nie mehr ... nie mehr würde ich ihn sehen! Ich stolperte und schlug mit dem Kopf gegen den steinernen Bogen.
»Haben Sie sich weh getan?« fragte einer der Wachen im Anflug plötzlicher Güte, wie es manchmal bei diesen brutalen Männern geschah.
»Nein«, erwiderte ich. »Mir kann jetzt nichts mehr wehtun!«

Und so bin ich nun hier ... Gefangene in der Conciergerie.
Es ist das finsterste aller französischen Gefängnisse. Während der Schreckensherrschaft ist es als das Vorzimmer des Todes berüchtigt geworden. Ich warte darauf, daß der Tod mich abberuft, so wie all die vielen Menschen einst darauf warteten, zur Audienz in meine Prunkgemächer in Versailles gerufen zu werden. Jetzt, wo ich hier bin, weiß ich, daß meine Tage gezählt sind.
Seltsamerweise bin ich hier menschlicher Güte begegnet. Madame Richard, meine Kerkermeisterin, ist eine so ganz andere Frau als Madame Tison. Vom ersten Augenblick an spürte ich ihr Mitgefühl. Und ihre erste gütige Geste bestand darin, ihren Mann zu veranlassen, ein Stück Teppich an der Zellendecke anzubringen, weil das Wasser auf mein Bett tropfte. Und sie erzählte mir, daß die Marktfrau, der sie zugeflüstert hätte, daß das Hühnchen für mich sei, verstohlen das dickste ausgesucht hätte. Auf hunderterlei von Arten gab sie mir zu verstehen, daß sie meine Freundin war.
Sie hatte einen Sohn im Alter des Dauphin.
»Ich wage nicht, Fanfan zu Ihnen zu bringen, Madame«, sagte sie, »da ich fürchte, es könnte Sie an Ihren Sohn erinnern und Sie noch trauriger machen.«

Ich sagte ihr jedoch, es würde mich freuen, Fanfan zu sehen, und so brachte sie ihn zu mir. Sie hatte recht gehabt – ich mußte weinen, denn sein Haar war genauso blond wie das meines Sohnes, doch hörte ich gern seinen Erzählungen zu und freute mich auf seine Besuche.
Meine Gesundheit begann, mich im Stich zu lassen. Die Feuchtigkeit verursachte mir Gliederschmerzen, und ich litt unter häufigen Blutungen. Meine Zelle war klein und kahl; die Wände waren feucht, und die Tapete – sie war mit den französischen Lilien bedruckt – löste sich an vielen Stellen ab. Der Steinboden hatte ein Zickzackmuster, auf das ich so lange starrte, daß ich jede kleinste Zacke im Schlaf kannte. Die Einrichtung bestand nur aus einem Bett und einem Wandschirm. Ich war froh über diesen, da ich ständig beobachtet wurde und er mir den letzten Rest privater Sphäre verschaffte. Es war nur ein kleines vergittertes Fenster vorhanden, durch das man auf den gepflasterten Gefängnishof blickte, denn meine Zelle lag halb im Souterrain.
Madame Richard hatte mir die Hilfe eines ihrer Dienstmädchen angeboten; Rosalie Lamorlière war ein freundliches, sanftes Geschöpf wie ihre Herrin, und die beiden taten alles, um mir das Leben erträglicher zu machen. Madame Richard war es auch, die Michonis, den Gefängnisinspektor, überredete, mir Nachrichten von Elisabeth und Marie-Thérèse zu verschaffen.
»Was für einen Schaden kann das der Republik zufügen?« meinte die gute Frau.
Und Michonis, der ein gutherziger Mann war, konnte auch keinen darin entdecken. Er ließ mir sogar Kleider aus dem Tempel bringen und erzählte mir, Madame Elisabeth hätte gesagt, sie wären, was ich bräuchte. Ich freute mich in all meinem Leid über sie, denn mein Äußeres war mir immer wichtig gewesen, und es fiel mir leichter, meine Schicksalsschläge hinzunehmen, wenn ich richtig angezogen war. Mit milder Genugtuung entledigte ich mich daher des langen schwarzen Kleides, das unten am Saum ausgefranst war, und des weißen Schultertuchs, das mir nie weiß genug gewesen war.
Meine Augen tränten jetzt immer – ich hatte zu viel geweint. Mir fehlte das kleine Augenbad aus Porzellan, das ich im Tempel benutzt hatte. Rosalie brachte mir einen Spiegel, der, wie sie sagte, ein Fund gewesen wäre; fünfundzwanzig Sous hätte sie für ihn am Quai bezahlt. Mir schien, ich hatte noch nie einen so reizenden Spiegel besessen; er hatte einen roten Rahmen mit kleinen Figuren darauf.
Wie endlos langsam die Tage dahinkriechen! Es gibt nichts, was ich

tun könnte. Ich schreibe ein wenig, aber auch dabei werde ich mißtrauisch beobachtet. Ständig sitzt eine Wache in der Ecke meiner Zelle, manchmal sogar zwei. Ich sehe zu, wie sie Karten spielen. Madame Richard hat mir Bücher gebracht, und ich lese viel. Ich habe noch einen winzigen Lederhandschuh von meinem Sohn, als er klein war. Und mein größter Schatz ist ein Bild von ihm, das ich in einem Medaillon ständig bei mir trage. Ich küsse es oft, wenn die Wachen nicht hinschauen.
Die Nächte sind so lang! Man erlaubt mir keine Lampe und nicht einmal eine Kerze. Die Ablösung der Wachen weckt mich immer, wenn ich gerade in leichten Halbschlaf gesunken bin. Ich schlafe sehr wenig.

Heute kam Michonis in meine Zelle. Ein Fremder begleitete ihn. Er schickte die Wachen für einen Augenblick hinaus und sagte, er würde schon aufpassen. Der Fremde sei gekommen, um sich Gefängnisse anzuschauen. Ich stellte die üblichen Fragen über meine Familie, und als ich ihn mir näher ansah, erkannte ich ihn als einen Oberst der Grenadiere, einen mutigen und durch und durch loyalen Mann, den Chevalier de Rougeville. Er begriff, daß ich ihn erkannte hatte, und warf mit einer unauffälligen Bewegung etwas in den Ofen.
Als er und Michonis hinausgegangen waren, eilte ich hin und fand eine Nelke. Ich war enttäuscht, doch als ich sie näher untersuchte, entdeckte ich ein dünnes, zwischen die Blütenblätter gestecktes Papier.
Darauf stand:
»Ich werde Sie nie vergessen. Falls Sie drei oder vierhundert Pfund für Ihre Bewacher brauchen, werde ich diese am nächsten Freitag bringen.« Und es hieß weiter, er hätte einen Plan für meine Flucht. Ob ich damit einverstanden wäre?
Ich fühlte, wie die Hoffnung sich wieder in mir regte. Ich hielt dies für einen neuen Versuch von Axel. Ich wußte, er würde nie erlahmen, sich Möglichkeiten für meine Befreiung auszudenken. Man würde mir das Geld bringen, damit ich meine Wachen bestechen konnte ... und einen Weg finden, mich aus dem Gefängnis herauszuholen! Wenn ich draußen war, würden wir meine Kinder und meine Schwägerin befreien und zu Axel fliehen! Und dann würden wir versuchen, die Monarchie wieder herzustellen, um diese Schreckensherrschaft zu einem Ende zu bringen! Ich glaubte, wir würden das schaffen. Menschen wie die Richards, Rosalie und Michonis bestärkten mich in diesem Glauben. Doch wie sollte ich eine Antwort hinausschmuggeln?

Ich zerriß den Zettel und schrieb:
»Ich verlasse mich auf Sie! Ich werde kommen.«
Ich mußte diese Botschaft irgendwie Rougeville zukommen lassen. Rosalie würde es tun, aber was geschah, wenn es entdeckt würde? Das wäre eine schlechte Art und Weise, sie für ihre treuen Dienste zu belohnen!
Nein, ich würde weder sie noch Madame Richard mit hineinziehen und bat daher einen der Wachsoldaten, Gilbert, den Zettel dem Fremden zu geben, wenn dieser das nächste Mal in die Conciergerie käme, was er sicherlich tun würde. Der Fremde würde ihn mit vierhundert Louis dafür entlohnen. Gilbert nahm den Zettel, bekam dann aber Angst und zeigte ihn Madame Richard. Sie hatte Mitgefühl mit mir, wollte ihren Kopf aber nicht riskieren und zeigte ihn ihrerseits Michonis. Sie waren beide gute Menschen, und ich tat ihnen leid, aber sie waren nun einmal Angestellte der Republik. Sie wollten mich nicht verraten, und so beauftragte Michonis Madame Richard, mir warnend vorzuhalten, in was für eine Gefahr derartige Versuche uns alle bringen würden.
Wenn Gilbert den Mund gehalten hätte, wäre alles gut gegangen, aber es wäre nur ein weiterer vergeblicher Versuch gewesen, der sowieso zu vage war, als daß er hätte verwirklicht werden können, und ich wunderte mich hinterher, wie ich so dumm hatte sein können, etwas anderes zu hoffen.
Gilbert meldete es aber seinem vorgesetzten Offizier, und als Ergebnis davon wurden Michonis und die Richards entlassen.
Ihre Nachfolger sind nicht unfreundlich, wollen aber im Hinblick auf das, was den Richards widerfuhr, keine Risiken eingehen.
Mir fehlt diese gütige Frau – und mir fehlt der kleine Fanfan.
Und die Tage und Nächte schleppen sich noch langsamer dahin.
Bald werden sie mich vor Gericht stellen.

Es ist soweit. Heute morgen wurde meine Zellentür aufgeschlossen, und ein Gerichtsdiener trat mit vier Gendarmen ein. Sie kamen, um mich in das alte *Grand Chambre* zu holen, das jetzt ›Halle der Freiheit‹ heißt.
Es ist der Sitz des Revolutionstribunals. Die alten Tapisserien mit den Lilienwappen waren entfernt worden, und auch das Bild von der Kreuzigung war durch ein neues ersetzt, das die Menschenrechte darstellte. Man führte mich zu einer Bank vor Hébert, dem Staatsanwalt. Der Saal lag im Halbdunkel, da er nur von zwei Kerzen erleuchtet wurde.

Der Mann fragte nach meinem Namen, und ich erwiderte gelassen: »Marie-Antoinette von Lothringen und Österreich.«
»Vor Ausbruch der Revolution unterhielten Sie politische Verbindungen zu ausländischen Mächten, die im Widerspruch zu den Interessen Frankreichs standen, wodurch Sie sich große Vorteile verschafften.«
»Das ist nicht wahr.«
»Sie haben die Gelder Frankreichs, die Früchte vom Schweiße des Volkes, für Ihre Vergnügungen und Intrigen vergeudet.«
»Nein«, entgegnete ich, doch war mir innerlich ganz elend. Ich dachte an meine Verschwendungen: an das Petit Trianon, an Madame Bertins Rechnungen, an Monsieur Léonards Künste. Ich war schuldig ... zutiefst schuldig.
»Seit der Revolution haben Sie nie aufgehört, im Ausland wie auch hier in Frankreich Intrigen gegen die Freiheit zu schmieden ...«
»Seit der Revolution habe ich mir selbst jegliche Korrespondenz mit dem Ausland untersagt und mich in nichts hier in Frankreich eingemischt.«
Aber das stimmte nicht. Ich log. Ich hatte meine Hilferufe an Axel gerichtet, hatte an Barnave und Mercy geschrieben.
O ja, sie würden mir meine Schuld beweisen, denn in ihren Augen war ich schuldig.
»Sie waren es, die Ludwig Capet die Kunst der Heuchelei und Verstellung beibrachten, durch die er das gute französische Volk so lange getäuscht und betrogen hat.«
Ich schloß die Augen und schüttelte nur stumm den Kopf.
»Als Sie im Juni 1791 Paris verließen, öffneten Sie die Türen und ließen alle hinaus. Es steht außer jedem Zweifel, daß Sie es waren, die Ludwig Capets Handlungen bestimmten und ihn zur Flucht überredeten.«
»Ich kann nicht finden, daß das Öffnen einer Tür beweist, daß man dauernd die Handlungen eines anderen Menschen beherrscht hat.«
»Sie haben keine Sekunde lang aufgehört, die Freiheit zerstören zu wollen. Sie wollten um jeden Preis herrschen und den Thron über die Leichen der Patrioten hinweg wieder besteigen.«
»Wir hatten es nicht nötig, den Thron wieder zu besteigen – wir saßen ja auf ihm. Wir haben nie etwas anderes als das Glück Frankreichs gewollt. Solange es glücklich war, solange es glücklich *ist*, werden wir immer zufrieden sein.«
»Meinen Sie, ein König wäre für das Glück eines Volkes notwendig?«

»Ein Einzelner kann das nicht beurteilen.«

»Sie bedauern zweifellos, daß Ihr Sohn einen Thron verloren hat, den er bestiegen hätte, wenn das Volk, das sich endlich seiner Rechte bewußt geworden ist, diesen Thron nicht zerstört hätte?«

»Ich werde nie etwas für meinen Sohn bedauern, wenn sein Land glücklich ist...«

Und die Fragen hagelten weiter auf mich herab.

Wie es mit dem Trianon gewesen wäre? Wer die Kosten getragen hätte?

»Es bestand ein extra Fond dafür. Ich hoffe, alle dazu gehörenden Unterlagen werden bald veröffentlicht, denn ich bin überzeugt, die Kosten sind maßlos übertrieben worden.«

»Im Petit Trianon begegneten Sie auch zum ersten Mal Madame de la Motte.«

»Ich bin ihr nie begegnet!«

»Aber haben Sie sie nicht zu Ihrem Sündenbock in dem Betrug mit dem Diamantkollier gemacht?«

»Ich bin ihr nie begegnet!«

Und dann war mir, als taumele ich durch einen grauenvollen Alptraum... als wäre ich gestorben und in die Hölle geraten. Ich konnte nicht glauben, richtig zu hören.

Was sagten diese Untiere da über meinen Sohn? Sie beschuldigten uns des Inzests. Mein eigenes Kind! Meinen achtjährigen Sohn! Ich vermochte es nicht zu fassen. Dieser Hébert... dieses Vieh... dieser rohe Kerl aus der Gosse eröffnete dem Gericht, ich hätte meinem Sohn unmoralische Praktiken beigebracht... ich hätte... Aber das kann ich nicht zu Papier bringen. Es ist zu furchtbar... zu grausig... zu niederträchtig und skandalös!

Mein Sohn hätte es zugegeben, sagten sie. Wir hätten diesen Praktiken gefrönt... er und ich und Elisabeth... Seine engelhafte Tante Elisabeth und ich, seine Mutter!

Leeren Blicks starrte ich vor mich hin. Ich sah ihn wieder im Gefängnishof spielen... meinen Sohn, der jetzt in den Händen dieser bösen Männer war. Ich sah die dreckige rote Kappe auf seinem Kopf, hörte die rohen Worte aus seinem Mund, hörte ihn mit seiner Kinderstimme *Ça ira* singen.

Sie hatten dieses Geständnis von ihm erpreßt, hatten ihm eingedrillt, was er sagen mußte. Sie hatten ihn mißhandelt und gezwungen, etwas zu sagen, was er nicht verstand. Er war acht Jahre alt. Ich war seine

Mutter. Ich liebte ihn heiß. Ich hatte meinen Geliebten und meinen Gemahl verloren – und mein Sohn war mein Ein und Alles gewesen. Und sie hatten ihn so weit gebracht, derartige Ungeheuerlichkeiten von mir zu sagen ... und von seiner Tante, die ihn seine Gebete gelehrt hatte.

Und ich hatte geglaubt, am Endpunkt meines Leides angelangt zu sein, als sie ihn mir nahmen! Wie sehr hatte ich mich damals getäuscht! Es gab noch teuflischere Qualen ... diese!

Namenloses Entsetzen packte mich. Was hatten sie mit meinem Sohn gemacht, um ihn zu solchen Aussagen zu bringen? Sie mußten ihn mißhandelt ... ihn geschlagen haben ... ihn Hunger leiden lassen! Ihn, den König von Frankreich ... mein Herzblatt ... meinen Liebling!

Hébert – die Leute im Gerichtssaal brauchten ihn doch nur anzuschauen, um zu wissen, was für ein verkommenes Subjekt er war! – beobachtete mich verschlagen. Wie er mich haßte! Ich weiß noch genau, wie er mich musterte, als wir ihm im Tempel in die Hände fielen. Satan! schrie es in mir. Du bist nicht wert, auf dieser Erde zu leben! O mein Gott! Rette mein Kind vor solchen Bestien!

Ich fühlte, daß ich kurz vor einer Ohnmacht war, und blickte krampfhaft auf die eine Kerze, um es zu verhindern. Und dann spürte ich etwas, dem ich so oft in meinen Gefängnissen begegnet war ... das Mitgefühl von Frauen. In diesem Gerichtssaal waren auch Mütter, und sie verstanden, wie mir zumute war. Sie hielten mich für einen Staatsfeind; ich war hochmütig und arrogant und hatte die Gelder Frankreichs vergeudet ... aber ich war eine Mutter wie sie und liebte meinen Sohn, wie sie genau wußten. Ich spürte plötzlich, daß diese Frauen hier mich in Schutz nehmen würden.

Und auch Hébert merkte es und wurde ein wenig unsicher.

Er glaube nicht, daß diese abscheulichen Untaten aus Lust an ihrer Unmoral begangen worden seien, als vielmehr mit dem ausschließlichen Ziel, die Gesundheit meines Sohnes zu schwächen, damit ich ihn später hätte beherrschen können, wenn er König geworden wäre, um dann so durch ihn zu regieren.

Ich konnte diesen Unmensch nur mit der ganzen haßerfüllten Verachtung anschauen, die ich für ihn empfand. Die Frauen im Zuschauerraum konnte ich nicht sehen, doch wußte ich, sie waren da und spürte, sie standen auf meiner Seite. Vielleicht waren es dieselben, die *»Antoinette à la lanterne!«* geschrien hatten, doch jetzt sahen sie nicht die Königin in mir, sondern nur eine Mutter, die von einem

Mann, dem die Brutalität und rohe Gemeinheit im Gesicht geschrieben stand, so entsetzlicher Untaten beschuldigt wurde. Und sie glaubten seinen Anschuldigungen nicht.
Die Geschichten über meine Liebhaber glaubten sie, doch dies nicht. Ich hörte, wie jemand sagte: »Die Angeklagte äußert sich nicht zu diesem Punkt der Anklage.«
Und ich hörte meine Stimme laut und deutlich durch den Saal klingen: »Wenn ich mich nicht dazu äußere, so nur deshalb, weil die Natur sich weigert, eine derartige Beschuldigung gegen eine Mutter zu beantworten. Ich appelliere an alle in diesem Saal anwesenden Mütter!«
Ich spürte die Erregung, hörte das zornige Gemurmel.
»Führt die Angeklagte ab!« lautete der Befehl.

In meiner Zelle wartete Rosalie auf mich. Sie versuchte, mir etwas Essen aufzudrängen, doch ich konnte nichts essen. So überredete sie mich, mich hinzulegen.
Ein wenig später berichtete sie mir, sie habe gehört, daß Robespierre wütend auf Hébert wäre, weil dieser jene ungeheuerliche Anklage gegen mich erhoben hätte. Jeder wüßte, daß sie nicht stimme. Niemand zweifele an meiner Liebe zu meinem Sohn. Robespierre hätte Angst gehabt, daß die Frauen, wäre ich noch länger im Gerichtssaal geblieben, gegen meine Richter vorgegangen wären und meine Freilassung verlangt hätten wie auch, daß man mir meinen Sohn zurückgäbe.
»O Madame, Madame!« schluchzte Rosalie und kniete neben meinem Bett nieder und weinte bitterlich.
Und abermals wurde ich vor das Tribunal geholt und mußte mir die Liste meiner Verbrechen anhören. Ich hätte mit ausländischen Mächten Verschwörungen ausgeheckt; ich hätte meinen Mann zu seinen Vergehen verleitet; ich hätte das Geld der Nation auf das Trianon und meine Favoriten vergeudet. Der Name der Polignacs fiel, doch die andere haarsträubende Anklage wurde mit keinem Wort mehr erwähnt.
Und dann wurden die Fragen den Geschworenen vorgelegt:
»War der Beweis erbracht für die Intrigen und geheimen Verhandlungen mit ausländischen Mächten und anderen sich im Ausland aufhaltenden Feinden der Republik? Für Intrigen und geheime Verhandlungen, die darauf abzielten, besagten Mächten und Feinden durch vorübergehende Unterstützung das Eindringen in französisches Staatsgebiet zu ermöglichen und das Vorrücken ihrer Armeen zu erleichtern?«

»War die Witwe Capet der Beteiligung an diesen Intrigen überführt?«
»War es bewiesen, daß eine Verschwörung und ein Anschlag geplant war, um einen Bürgerkrieg gegen die Republik zu führen?«
»War Marie-Antoniette, Witwe des Ludwig Capet, der Beteiligung an diesem Anschlag und dieser Verschwörung überführt?«

Man brachte mich in einen kleinen Raum, während die Geschworenen berieten, doch das Urteil war ein schon längst feststehender Beschluß. Und dann kam es. Ich war für schuldig befunden und zum Tode verurteilt worden.

Ich sitze jetzt in meiner Zelle und schreibe diese letzten Zeilen. Es gibt nicht mehr viel zu sagen.
Ich muß aber noch an Elisabeth schreiben. Ich denke an das, was mein Sohn über sie ausgesagt hat, und da ich ihre keusche Gesinnung kenne, verstehe ich gut, wie schockiert sie gewesen sein muß. Ich muß erreichen, daß sie es versteht.
»An Sie, meine liebe Schwester, schreibe ich diesen letzten Brief. Ich bin eben verurteilt worden – nicht zu einem schmachvollen Tod, denn schmachvoll ist er nur für Verbrecher, sondern vielmehr dazu, Ihrem Bruder zu folgen. Unschuldig wie er, hoffe ich die gleiche Festigkeit wie er vor seinem Ende aufzubringen. Ich bin ruhig, so wie man es ist, wenn das eigene Gewissen einem keine Vorwürfe macht. Es schmerzt mich zutiefst, meine armen Kinder verlassen zu müssen. Sie wissen, daß ich einzig und allein für diese lebte und für Sie, liebste Schwester. In was für einer Lage lasse ich Sie zurück, Sie, die Sie aus Liebe zu uns alles geopfert haben, um bei uns zu sein ...«

Und ich schrieb auch über meine Tochter, die von Elisabeth getrennt worden war, wie man mir berichtet hatte. Sie solle ihrem Bruder helfen, falls das möglich wäre ... und dann mußte ich über meinen Sohn schreiben, mußte erreichen, daß seine Tante Verständnis aufbrachte.
»Ich muß jetzt über etwas schreiben, was mir von Herzen wehtut. Ich weiß, was für Kummer dieses Kind Ihnen zugefügt hat. Verzeihen Sie ihm, liebste Schwester! Denken Sie an sein Alter und wie leicht es ist, ein Kind dazu zu bringen, das zu sagen, was man will, auch wenn es kein Wort davon versteht. Ich hoffe, es kommt der Tag, an dem er sich des Wertes Ihrer Güte und zärtlichen Liebe um so mehr bewußt sein wird ...«

Die Tränen ließen alles vor meinen Augen verschwimmen ... ich konnte nicht weiter schreiben – später würde ich die Feder noch einmal zur Hand nehmen und den Brief beenden.

Meine letzte Stunde ist gekommen. Der Karren wird mich jeden Augenblick abholen.
Sie werden mir das Haar abschneiden ... werden mir die Hände auf dem Rücken zusammenbinden ... und ich werde durch die Straßen fahren, jenen berüchtigten Weg, den so viele meiner Freunde aus der alten Zeit gefahren sind ... den auch Ludwig vor mir fuhr – jene Straßen, die ich einst in meiner Kutsche mit den Schimmelgespannen entlangfuhr und wo Monsieur de Brissac zu mir sagte, zweihunderttausend Franzosen hätten sich in mich verliebt ... durch die Rue Saint Honoré, wo Madame Bertin vielleicht auf ihrem Balkon steht, zu der Place de la Revolution und dem Monstrum der Guillotine.
Sie werden mich mit ihren Schmähungen und Beschimpfungen wie all die anderen Male überschütten, und ich werde während dieser letzten Fahrt mein Leben an mir vorbeiziehen lassen. Ich werde jene Straßen mit den kreischenden, johlenden und gestikulierenden Horden um mich herum, die alle nach meinem Blut schreien, aber gar nicht sehen. Ich werde an Ludwig denken, der mir diesen Weg vorangegangen ist – und an Axel, der irgendwo um mich trauert . . . Oh, traure nicht zu sehr um mich, Geliebter, denn ich werde von all meinen Qualen erlöst! Ich werde an meinen Sohn denken und zu Gott beten, daß er sich nicht zu bittere Vorwürfe macht. Mein Liebling ... es war nicht weiter schlimm! Ich verzeih Dir ... Du wußtest ja gar nicht, was Du sagtest.
So warte ich jetzt und bete darum, daß ich auf dieser letzten Fahrt mich als wahre Tochter meiner Mutter erweise – daß ich dem Tod so tapfer ins Gesicht sehe, wie sie es von mir erwartet hätte.
Sie kommen! Ich kann nicht weiter schreiben ...
Eine große Ruhe hat mich erfaßt, und ich weiß: das Schlimmste ist vorbei! Die größten Qualen liegen hinter mir! Was jetzt noch kommt, ist der letzte scharfe Schnitt, der Erlösung bringt ...
Ich bin bereit. Ich habe keine Angst.
Zu leben braucht Mut – nicht, zu sterben!

Bitte umblättern:

Maurice Druon

Auf dem Scheiterhaufen hatte der Großmeister der Templerritter im Jahre 1314 den Papst, den König und das Haus der Kapetinger verflucht. Wie dieser Fluch sich in nur wenigen Jahrzehnten erfüllte, wie Liebe und Ehebruch, Machtgier und Grausamkeit, Verrat und Mord dabei zusammenwirkten, erzählt Maurice Druon in seiner historischen Romanfolge über die Großen und Mächtigen im Frankreich des 14. Jahrhunderts: Die unseligen Könige

Der Fluch aus den Flammen
Band 8145

Der Mord an der Königin
Band 8146

Das Schicksal der Schwachen
Band 8147

Die Macht des Gesetzes
Band 8148

Die Wölfin von Frankreich
Band 8164

Lilie und Löwe
Band 8165

Ein König verliert sein Land
Band 8166

Fischer Taschenbuch Verlag

fi 390/3

Wilkie Collins

»Es gibt keinen zeitgenössischen Romancier, der nicht etwas von Collins lernen könnte: die Kunst, den Leser zu interessieren.«
[T.S.Eliot]

Der rote Schal
Roman. Band 1993

Ein verhängnisvoller Name und eine schöne Unbekannte mit dem roten Schal bringen schicksalhafte Verstrickungen und tödliche Gefahr in die spannende Handlung dieses klassischen Kriminalromans, der bereits 1866, bei seinem Erscheinen, die Leser im viktorianischen England in Atem hielt.

Lucilla
Roman. Band 8135

»Einer der besten und einer der erfreulichsten und psychologisch interessantesten Romane von Collins. Hier werden wir endlich einmal mit Kriminal- und Gespenstergeschichten verschont und erhalten dafür eine höchst fesselnde Erzählung voll psychologischen wie pathologischen Interesses.«
(Interpretation von 1885)

Mad Monktons Geist
Roman. Band 8185

Alfred Monkton, der letzte Sproß einer alten englischen Familie, lebt zurückgezogen auf Wincot Abbey. Ein auf der Familie lastender Fluch und grauenhafte Geschichten, die allerdings längst der Vergangenheit angehören, haben ihn zum »outlaw« werden lassen.

Fischer Taschenbuch Verlag

fi 396/2

Emile Gaboriau

Emile Gaboriau (1835–1873) stammte aus ärmlichen Verhältnissen und verdiente seinen Lebensunterhalt als Journalist und Gerichtsreporter, wobei er nicht nur die Ohnmacht des Angeklagten kennenlernte, sondern auch ein Prinzip, dem er in allen seinen Reportagen und späteren »Erfindungen« treu blieb: »Man muß dem Anschein mißtrauen.« Emile Gaboriau gehört zu den Vätern des modernen Detektivromans. Er ist in die Schule Balzacs und Poes gegangen, Conan Doyle und Agatha Christie haben von ihm gelernt.

Die Affäre Lerouge

Roman. Band 8004

In Bougival, einem kleinen, unweit von Paris gelegenen Ort, wird die Witwe Lerouge erschlagen neben dem Kamin ihres Schlafzimmers aufgefunden. Ihr Häuschen ist verwüstet, die Zimmer sind durchwühlt. Der Kommissar glaubt an einen Raubmord. Aber wer ist der Täter; wer überhaupt die Witwe Lerouge?

Der Strick um den Hals

Roman. Band 8121

Es kann dafür gebürgt werden, daß dieser »Edel-Thriller für jeden Liebhaber des Obskuren ein Nervengift leckerster Sorte ist« – und »ein gesunder Zeitvertreib für Melancholiker.«

Süddeutsche Zeitung

Fischer Taschenbuch Verlag

fi 494/1

Catherine Gaskin

Alles andere ist Torheit
Roman. 352 Seiten. Ln., Wolfgang Krüger Verlag
und als Fischer Taschenbuch Band 8244

Die englische Erbschaft
Roman
Fischer Taschenbuch Band 2408

Wie Sand am Meer
Roman
Fischer Taschenbuch Band 2435

Denn das Leben ist Liebe
Roman
Fischer Taschenbuch Band 2513

Der Fall Devlin
Roman
Fischer Taschenbuch Band 2511

Das grünäugige Mädchen
Roman
Fischer Taschenbuch Band 1957

Im Schatten ihrer Männer
Roman
Fischer Taschenbuch Band 8245

Fischer Taschenbuch Verlag

fi 255 / 3